Collection des Auteurs Latins publiée sous la direction de M. Nisard.

VENANCE FORTUNAT.

POÉSIES MÊLÉES

TRADUITES EN FRANÇAIS POUR LA PREMIÈRE FOIS

PAR

M. CHARLES NISARD,

MEMBRE DE L'INSTITUT,

AVEC LA COLLABORATION, POUR LES LIVRES I-V,

DE M. EUGÈNE RITTIER,

PROFESSEUR AU LYCÉE SAINT-LOUIS.

PARIS,

LIBRAIRIE DE FIRMIN-DIDOT ET Cⁱᵉ,

IMPRIMEURS DE L'INSTITUT DE FRANCE,

RUE JACOB, 56.

VENANCE FORTUNAT.

VENANCE FORTUNAT.

POÉSIES MÊLÉES

TRADUITES EN FRANÇAIS POUR LA PREMIÈRE FOIS

PAR

M. CHARLES NISARD,

MEMBRE DE L'INSTITUT,

AVEC LA COLLABORATION, POUR LES LIVRES I-V,

DE M. EUGÈNE RITTIER,

PROFESSEUR AU LYCÉE SAINT-LOUIS.

PARIS

LIBRAIRIE DE FIRMIN-DIDOT ET Cie,

IMPRIMEURS DE L'INSTITUT, RUE JACOB, 56.

—

1887.

VENANTI HONORI CLEMENTIANI
FORTUNATI,

PRESBYTERI ITALICI,

OPERA POETICA

MISCELLANEA.

LUTETIÆ PARISIORUM.

1887.

AVERTISSEMENT.

Cette traduction est la première qu'on ait faite des poésies mêlées de Fortunat. Il n'en a été publié aucune autre, que nous sachions, en aucune langue, tant a paru insurmontable la difficulté d'interpréter ce poète, contemporain de Sigebert et de Brunehaut, le meilleur des poètes latins d'un temps où il n'y en a déjà plus de bons. C'est même à raison de cette difficulté, et faute d'un traducteur assez hardi pour l'aborder, qu'on a dû ajourner la publication du volume dont Fortunat fait partie, et qui était le complément nécessaire d'une collection des auteurs latins traduits en français. La tâche a fini par tenter un savant membre de l'Académie des inscriptions et belles-lettres, M. Charles Nisard. De profondes études sur les écrivains latins de l'extrême décadence, une curiosité généreuse qu'excitait, loin de la rebuter, la perspective d'un travail ingrat, le rendaient particulièrement capable de débrouiller, puis de traduire, un auteur où les obscurités de la barbarie s'ajoutent à celles de la décadence.

Mais pour venir à bout d'un si long travail, M. Charles Nisard a dû appeler à son aide un humaniste distingué, professeur au lycée Saint-Louis, M. Eugène Rittier, lequel a bien voulu se charger des cinq premiers livres des poésies mêlées de Fortunat. Il faut excepter toutefois de ces cinq livres un certain nombre de pièces dont M. Charles Nisard s'était réservé la traduction, comme il s'était également réservé celle des sept autres livres et de l'Appendice, qui forme un livre à part. En s'offrant bravement à prendre sa part d'une besogne où il apportait à la fois la connaissance approfondie et la pratique journalière de la latinité classique, M. Rittier y a mis une condition qui fait honneur à sa modestie. Se défiant de la sévérité de goût à laquelle le porte naturellement sa juste prévention pour les auteurs de la latinité classique, et craignant d'en avoir fait par endroits porter la peine à Fortunat, il a expressément demandé que M. Charles Nisard revît son travail, et que, dans cette revision comme dans la correction des épreuves, il eût le dernier mot. Celui-ci a eu d'autant moins de scrupule à obtempérer à ce désir, qu'en sa qualité et avec sa responsabilité de traducteur principal, il avait à donner à la traduction entière l'unité de méthode et de style nécessaire à une œuvre de ce genre. Moyennant ces conditions, remplies avec tout le soin que pouvait désirer M. Rittier, et en lui laissant tout le mérite de ce qui est dû à son excellente plume, M. Charles Nisard a acquis le droit de se considérer comme le premier traducteur de Fortunat, et de revendiquer pour lui seul les critiques dont cette traduction pourrait être l'objet.

Le texte qu'on a suivi, non sans en différer quelquefois dans le choix de certaines variantes, est celui qu'a donné M. Frédéric Leo dans les *Monumenta Germaniæ historica*, en cours de publication à Berlin. C'est le meilleur à tous égards, soit pour les corrections nombreuses et excellentes qu'il a subies, soit pour le rétablissement et la reconstitution de certaines pièces confondues ou partagées à tort, soit enfin pour le retranchement et le renvoi à un *Appendix spuriorum* de beaucoup d'autres attribuées jusqu'ici, sans preuves décisives, à notre poète, et que, pour cette raison, on n'a point admises ici ni traduites. Au reste, après cette édition à laquelle a présidé M. Mommsen, et qui est remplie de ses savantes corrections, on ne pouvait guère prétendre en donner une meilleure; on ne pouvait même pas le tenter. Le peu de passages où l'on s'est permis de différer d'opinion avec l'éminent éditeur allemand, on les a indiqués dans les notes avec toutes les raisons possibles pour justifier ce désaccord. On a fait de même dans la *Dissertation* qui précède cette traduction, et à laquelle on renvoie le lecteur.

Pour les notes on en a souvent emprunté à Lucchi, et on l'a nommé, pour peu qu'elles eussent quelque importance.

VIE

DE VENANTIUS FORTUNATUS,

TRADUITE DU LATIN DE M. A. LUCCHI PAR M. EUGÈNE RITTIER.

N. B. Cette *Vie* dont la longueur nécessaire ne diminue en rien l'intérêt, précède l'édition de Fortunat en 2 vol. in-4°, que Lucchi publia à Rome en 1786-87, et a pour auteur ce savant bénédictin lui-même. Elle est écrite en latin; mais la raison pour laquelle on n'en donne pas le texte original se comprend assez, sans qu'il soit utile de l'expliquer. La méthode en est toute simple et n'en vaut que mieux pour cela. L'auteur suit pas à pas l'ordre chronologique, discutant avec une lucidité parfaite toutes les circonstances de cette vie qui ont donné matière à controverses, tantôt signalant les fréquentes erreurs historiques du P. Brower, le premier éditeur et commentateur de Fortunat, tantôt réduisant à leur juste valeur les conjectures aventureuses de Liruti, auteur d'une monographie de ce poète (*Notizie delle vite... dei letterati del Friuli*, l. I), enfin montrant partout et toujours une sagacité et une prudence singulières. Cette manière d'entendre et d'exercer la critique suffirait pour recommander l'œuvre de Lucchi et en assurer le crédit; mais il faut y ajouter une connaissance très étendue de l'histoire, principalement de l'ecclésiastique. On en verra dans cette vie les nombreux et irrécusables témoignages, ainsi que dans les notes et commentaires dont il a enrichi son édition, et dont nous avons usé largement.

1. Venantius Honorius Clementianus Fortunatus, évêque de Poitiers, était Italien d'origine et de nation. En outre de ces quatre noms, sous lesquels il est ordinairement connu, il semble s'en attribuer lui-même un cinquième, comme l'a remarqué le très savant Jean Joseph Liruti, dans son ouvrage intitulé : *Notizie delle Vite ed opere scritte dei Letterati del Friuli*, vol. I, ch. 12.

En effet, écrivant l'épitaphe de Léonce Ier, évêque de Bordeaux (livre IV, pièce.) Fortunat s'adresse à lui en ces termes à la fin du morceau : « Reçois, ô Léonce, ces humbles vers que t'offre ton affectionné Théodose; tu en méritais de plus beaux. »

Mais peut-être faut-il admettre que Fortunat a pris dans cette pièce le personnage et le nom d'un autre, d'autant qu'il n'y a aucune autre preuve qu'il ait eu ce nom de Théodose, en plus de ceux sous lesquels on le connaît. Il lui est d'ailleurs arrivé souvent de prendre dans ses poésies un personnage d'emprunt, comme le prouvent plusieurs pièces. Pour ne pas aller chercher plus loin, celle qui suit l'épitaphe que nous venons de citer, et qui a pour sujet la mort de Léonce II, évêque de Bordeaux, se termine à peu près de la même façon. Le poète, prenant le personnage et le nom de Placidine, qui avait été l'épouse de Léonce, s'exprime ainsi :

« Placidine, ton épouse, chère encore à ta cendre, te rend ce devoir funèbre, et son amour sans borne y trouve une consolation. »

2. P. Christophe Brower, au chapitre 1er de la *Vie de Fortunat*, pense qu'il prit le nom de Venantius, de saint Venantius de Bourges, qui eut autrefois en Gaule une très grande réputation de sainteté, et le nom de Fortunatus, de saint Fortunat, martyr de l'Église d'Aquilée, pour lequel il eut toujours une vénération et une dévotion particulière. Mais il est inutile de s'arrêter plus longtemps à ces détails, au sujet desquels Brower se livre à des recherches minutieuses.

3. Quoi qu'il en soit, un si grand nombre de noms a fait conjecturer à quelques-uns que Fortunat était de vieille race et de sang romain. Les anciens Romains, en effet, avaient l'habitude de porter plusieurs noms, tant pour distinguer la famille, que pour rappeler quelque qualité et quelque manière d'être de la personne. Appien d'Alexandrie, dans la préface de son histoire des *Guerres des Romains*, dit à propos de cet usage : « Chaque Romain avait autrefois un seul nom, comme les autres hommes; puis ils en ont eu deux, et bientôt quelques-uns même commencèrent à en avoir trois, afin de se faire mieux reconnaître à certain trait caractéristique du corps, ou à quelque qualité de l'âme. C'est ainsi que les Grecs aussi ajoutaient à leurs noms divers surnoms. »

4. Mais s'il est vrai qu'au temps de la République romaine, parmi tous les noms que portait chaque citoyen, le premier, comme le remarque Brower, s'appelait le prénom, le second étant le nom propre de la *gens* ou de la famille, et le troisième un surnom commun, auquel venait parfois s'en ajouter un quatrième, qui était un surnom personnel, la confusion se mit plus tard dans tous ces noms : le plus souvent le dernier de tous devint le véritable prénom, et servit à distinguer celui à qui il appartenait des autres membres de la même maison et de la même famille. Lisez à ce sujet la dissertation de Sirmond, en tête des œuvres de Sidoine Apollinaire; il y parle longuement de l'usage en vigueur aux époques postérieures; quant à la pluralité des noms. C'est par suite de cet usage

que notre auteur, bien qu'il eût plusieurs noms, a été généralement connu, de son temps et dans l'âge suivant, sous celui de Fortunat.

5. Il avait une sœur, nommée Titiana, dont il parle en ces termes, dans la pièce 6 du livre XI, adressée à l'abbesse Agnès (vers 7 et 8) : « Je ne vous ai jamais regardée d'un autre œil et avec d'autres sentiments que si vous eussiez été ma sœur Titiana. »

Ce passage a fait conjecturer à Liruti que le père de Fortunat s'appelait Titius ou Titianus, puisque c'était autrefois l'usage chez les Romains de donner aux filles un nom tiré de celui du père ; il ajoute que Titius est le nom propre de la *gens* ou de la famille dont était issu Fortunat. Mais, si ce nom est celui de la famille, je m'étonne qu'on l'ait donné à la sœur de Fortunat, plutôt que de le donner à Fortunat lui-même, ou de le donner du moins au frère et à la sœur. Je me range donc à l'avis de Sirmond, qui, dans le passage cité plus haut, expose sur ce sujet, en s'appuyant sur le témoignage des vieux textes, l'usage suivi aux derniers siècles de Rome dans la dénomination des personnes : « Le nom propre de chacun et les noms qui accompagnaient le nom propre, surnoms ou prénoms (et tous ces noms divers variaient à peu près avec chaque personne), étaient empruntés le plus souvent aux ascendants ou aux autres parents, pères, oncles paternels, aïeuls, bisaïeuls, et autres membres de la famille. En effet, il n'y avait plus alors de noms fixes et immuables, communs à toute la *gens* ou à toute la famille, portés par les femmes elles-mêmes, et transmis de père en fils, comme à l'époque où tous les membres de la *gens Cornelia* ou de la *gens Julia* s'appelaient *Cornelii* ou *Julii*, où de même tous ceux de la maison ou de la famille des Scipions ou des Cicérons portaient le nom de Scipion ou de Cicéron. A la chute de la République, ces vieux usages commencèrent à s'effacer peu à peu et à se perdre ; et bien qu'au début il en soit resté quelques traces dans les noms des *gentes*, que certaines familles conservaient avec soin, bientôt ce dernier vestige du passé disparut à son tour, de telle façon qu'il n'y eut plus de nom fixe ni pour la *gens* ni pour la famille, et que bien souvent les fils, les pères et les frères portèrent des noms tous différents ou presque tous différents. »

6. Pour ce qui est de la patrie de Fortunat, il est né sur le territoire de Trévise, dans un lieu appelé *Duplavilis*, ou *Duplabilis*, ou *Duplavenis*. On le sait de façon certaine par les déclarations formelles de Fortunat lui-même ou d'autres écrivains. En ce qui le concerne, au livre IV de la *Vie de saint Martin* (vers 665 et suiv.), s'adressant, comme l'ont fait souvent d'autres poètes, à son livre qu'il envoyait de Gaule en Italie, il dit expressément qu'il est né à *Duplavilis* :

« Si tu te glisses jusqu'aux lieux où s'élève ma chère Trévise, mets-toi, je t'en conjure, à la recherche de mon illustre ami Félix. Puis traversant Cénéta et Duplavilis où j'ai tant d'amis, où est ma terre natale, la demeure de mes parents, le berceau de ma race, où habitent ma mère, ma sœur, mes neveux, salue pour moi en passant, je t'en prie, ceux que j'aime d'une affection si fidèle. »

Paul Diacre, de son côté, au livre II, chap. 13 de l'*Histoire des Lombards*, n'est pas moins précis : « Fortunat, dit-il, est né à Duplavilis, à peu de distance du château de Cénéta et de la ville de Trévise. »

7. Fortunat est donc né sur le territoire de Trévise, à Duplavilis, que ce fût un bourg, une petite ville, une contrée s'étendant sur les bords de la Piave (*Plavis*), qui probablement même lui a donné son nom. Il y a aujourd'hui dans cette région un bourg ou une petite ville, qui s'appelle dans la langue du pays *Valdebiadena*. Cette localité, habitée par une population très estimable, réclame Fortunat comme un de ses citoyens et de ses enfants.

8. Cluvier, au chap. 13 du tome I*er* de l'*Italie antique*, place Duplavilis à l'endroit « où, dit-il, on voit aujourd'hui sur une hauteur, près de la rive gauche du fleuve, une petite ville appelée dans la langue du pays *S. Salvadore*. » Mais le très savant et très éminent comte Rambauld degli Azzoni, chanoine de l'église de Trévise, duquel j'ai fait ailleurs l'éloge dans une dissertation où il montre que Fortunat était citoyen de Trévise, et qu'il a mise à ma disposition avec son obligeance habituelle, prouve d'une façon péremptoire que Duplavilis n'a pu être la ville dont parle Cluvier. Fortunat, en effet, dans le passage où il trace à son livre la route qu'il devra suivre en allant de Gaule en Italie, lui dit qu'au sortir d'Aquilée il ira à Concordia, de Concordia à Trévise, puis à Cénéta, puis à Duplavilis, pour gagner Padoue ; ce qui prouve que Duplavilis, la patrie de Fortunat, était située non pas entre Trévise et Cénéta, mais au delà de Cénéta, dans la direction de Padoue. Ce n'est pas là la position de la ville de *S. Salvadore* ; elle est entre Trévise et Cénéta, à égale distance de l'une et de l'autre. D'ailleurs, cette ville n'existait pas au sixième siècle, et jusqu'en 1245 le flanc de la montagne resta nu et inhabité. Aussi Azzoni ne doute-t-il pas que Duplavilis, où naquit Fortunat, ne soit la ville appelée aujourd'hui *Valdebiadena*, sur le territoire de Trévise ; d'autant que la similitude du nom, telle qu'elle résulte de documents antiques qu'il cite, est tout à fait favorable à cette opinion.

9. A la vérité, J. Joseph Liruti, qui partage sur cette question l'avis de Cluvier, ajoute pour son compte que Duplavilis n'est que le nom d'un domaine dans lequel les parents ou les grands-parents de Fortunat, citoyens d'Aquilée, à ce qu'il croit, s'étaient retirés pour échapper à la brutalité d'Attila et des autres barbares dont les armées désolèrent maintes fois Aquilée, et pour fuir les horreurs de la guerre.

10. Mais je ne sais pas jusqu'à quel point on peut admettre l'opinion toute personnelle de ce savant, si considérable d'ailleurs, quand Fortunat, dans le passage cité plus haut, dit en termes fort nets, non seulement que Trévise est sa ville (*suam*), et que Duplavilis, où il a tant d'amis, est son pays natal, le pays de sa famille, de ses parents (*amicos inter Duplavilenses natale solum est mihi sanguine, sede parentum*), mais encore que là est le berceau de sa race (*prolis origo patrum*) : il ne me semble pas que l'on puisse employer d'expressions plus claires pour désigner ce qui s'appelle la patrie.

11. J'accorderai pourtant volontiers que Fortunat n'a pas fait un long séjour dans la maison et dans le pays de son père : il est certain, en effet, qu'il a, dans sa jeunesse, demeuré un certain temps à Aquilée, cité jadis très florissante, ainsi qu'il le déclare lui-même au livre IV de la *Vie de saint Martin* (vers 653 et suivants), dans ce passage où il s'adresse encore à son livre :

« Si, par hasard, tu vas à Aquilée, salue les Cantius, fidèles amis du Seigneur, et l'urne bénie du martyr Fortunat. Offre aussi tes vœux et tes hommages au pieux évêque Paul, qui, dans ma jeunesse, voulut me convertir. »

12. Liruti conclut de ces derniers mots que Fortunat fut baptisé à Aquilée par Paul, évêque de cette ville, et ce fait lui semble confirmer pleinement son opinion qui fait du poëte un citoyen d'Aquilée.

13. Mais, sans m'arrêter à relever ce qu'il y a d'excessif à conclure, de ce que Paul a désiré que Fortunat se convertît, qu'il s'est converti en effet, il me semble beaucoup plus probable que Paul, évêque d'Aquilée, désira plutôt que Fortunat, alors encore enfant ou adolescent, laissant de côté tout autre souci, embrassât la vie monastique à Aquilée ; et que, peut-être parce qu'il méditait de se rendre à Ravenne, afin de s'adonner à l'étude des lettres dans cette ville, qui était comme l'école de toutes les connaissances, Fortunat ne crut pas devoir déférer au vœu du pontife. Ce qui est certain, c'est que c'était l'usage à cette époque de dire de ceux qui embrassaient la vie monastique qu'ils se convertissaient. Sans parler du témoignage de saint Benoît (*Règle*, 58), et de celui de Grégoire le Grand (livre II, ép. 4 et 66 de l'édition de Paris), Baudonivia, contemporaine de Fortunat et religieuse du monastère de Poitiers, dit au sujet de sainte Radegonde (*Vie de sainte Radegonde*, 3) : « Après que, cédant à la grâce divine, elle se fut séparée d'un roi mortel, alors que, suivant ses vœux, elle vivait retirée à Suèdes (1), dans la maison que le roi lui avait donnée, pendant la première année de sa conversion, etc. » Or, on sait que Radegonde, élevée dès sa plus tendre enfance dans la foi chrétienne, lorsqu'elle se fut séparée du roi Clotaire, son époux, comme il sera dit plus loin, reçut immédiatement le voile, à Noyon, des mains du bienheureux Médard, évêque (2) ; c'est, par conséquent, l'année où elle se fit religieuse que Baudonivia appelle la première année de sa conversion. De même Fortunat (livre IV, pièce XXIII, vers 3 et suiv.), parlant d'un certain Julien, qui après avoir été marchand, avait renoncé au commerce et s'était consacré tout entier à Dieu en donnant ses biens aux pauvres, s'exprime en ces termes : « Après avoir été marchand, il eut à la fin le bonheur de se convertir, de sortir du monde, de se purifier de toutes ses souillures. Après n'avoir pensé qu'à s'enrichir, il a distribué son or aux pauvres ; ses trésors l'ont précédé au ciel, où il devait aller un jour les retrouver. »

14. Il y avait du reste à Aquilée, dès le temps de Rufin (3), un monastère très célèbre, où Rufin avait été moine, et il n'y en avait à peu près aucun autre en Italie à cette époque, à l'exception de celui de Vercell. Il est probable que c'est dans ce monastère d'Aquilée que Paul voulut faire entrer Fortunat, peut-être dans la pensée qu'admis ensuite dans le clergé de cette ville (car le clergé d'alors était presque toujours engagé dans la vie monastique) (4), il pourrait plus tard, grâce à ses vertus et à sa rare intelligence, rendre à l'église d'Aquilée de plus grands services.

15. Cependant, quand je remarque que Paul ou Paulin (duquel Ughelli a longuement parlé dans l'*Italia sacra*), n'est monté sur le siège d'Aquilée qu'en l'an 558 ou 559.(1), j'en viens facilement à croire que Fortunat n'a pas habité Aquilée dans un âge si tendre. En effet, si l'on admet qu'il est né vers l'an 530, et s'il était arrivé à la vieillesse, quand il mourut à Poitiers à peu près au début du septième siècle, il était dans sa vingt-huitième ou sa vingt-neuvième année, lorsqu'il demeurait à Aquilée, sous le pontificat de Paulin. Et s'il raconte qu'au temps de sa jeunesse Paul l'a engagé à se convertir, il faut croire ou bien qu'il appelle cette époque le temps de sa jeunesse, par comparaison avec celle où il a composé son poëme sur la *Vie de saint Martin* (à savoir avant l'an 576) (2), ou bien encore que Paul, avant d'être évêque d'Aquilée, mais étant peut-être déjà clerc ou moine de l'église de cette ville, engagea Fortunat, alors enfant ou adolescent, à embrasser le même genre de vie.

16. Je ne refuserais pas non plus d'admettre que Fortunat a pu faire à Aquilée des progrès dans la piété et dans la connaissance des choses qui se rapportent à la pratique de la religion, et que Paulin l'y a peut-être aidé. Mais tandis que l'illustre Liruti en trouve la preuve dans ce fait que l'explication du symbole, publiée par Fortunat, s'accorde de point en point avec celle qu'en avait donnée auparavant Rufin, prêtre et moine de l'église d'Aquilée, cette conformité me paraît prouver que Fortunat, ayant eu entre les mains l'explication du symbole de Rufin, l'appropria à l'instruction des fidèles de l'église de Poitiers (3), mais non pas qu'ils ont reçu tous deux dans la même église les premiers enseignements de la religion chrétienne. D'autant plus que le symbole d'Aquilée, d'après le témoignage de Rufin lui-même (*Invect. in S. Hieronymum*, I), porte, conformément à la tradition et à l'usage constant de cette église : *et carnis* hujus *resurrectionem*, tandis qu'il n'y a pas trace du mot *hujus* dans le symbole expliqué par Fortunat.

17. Pour revenir au point où nous en étions avant cette digression, Fortunat ne voulut pas consentir à ce que Paul souhaitait de lui, probablement, comme je l'ai dit, parce qu'il méditait d'aller demeurer dans quelque autre endroit où il pût s'adonner avec plus de liberté et de facilité à l'étude des lettres. Aucune ville, à cette époque, n'était plus propre à ce dessein que la célèbre Ravenne. Il y avait longtemps qu'Honorius, empereur d'Occident, y avait établi sa résidence : depuis, après la défaite des Romains et la chute de l'empire, Odoacre roi des Goths, et ensuite, lorsque Odoacre fut tombé sous son toit, Théodoric, roi tout à la fois des Goths et des Romains, d'autres princes enfin après Théodoric, y habitèrent successivement. Or les villes royales, si riches d'ailleurs en ressources de toute nature, ont encore sur les autres villes l'avantage de nourrir un plus grand nombre de lettrés et d'offrir à l'étude un terrain plus favorable. La générosité des princes, l'espoir des honneurs, d'autres avantages encore y attirent les savants de tous les points du monde, surtout quand le souverain est lui-même un ami des lettres ; et nul plus que Théodoric, bien qu'il

---

(1) Fortunat, *Vie de sainte Radegonde*, 14, dit que cette villa de Suèdes était située sur le territoire de Poitiers, près du bourg de Condate.
(2) Voyez Fortunat, *Vie de sainte Radegonde*, 12.
(3) Voyez la *Vie de Rufin*, en tête de ses *Œuvres*, Vérone, 1745.
(4) Voyez Ruinart, *Préface des Œuvres de Grégoire de Tours*, 33.

(1) Voyez Pagi, *Critica in annales ecclesiasticos Baronii*, année 559. — Muratori, *Annali d'Italia*, années 550 et 570. — Paul Diacre, *de Bello Long.*, I, 25.
(2) Au livre IV, vers 636, de la *Vie de saint Martin*, Fortunat, s'adressant à son poëme, dit : « *Inde parisiacam properabis ad arcem, Quam modo Germanus regit.* » Or, saint Germain, évêque de Paris, est mort en 576.
(3) Voyez livre XI, pièce I, note 1.

se soit montré parfois violent et cruel n'a favorisé les gens d'étude et fait preuve lui-même d'un goût très vif pour les lettres. Voyez comment il parle dans une lettre à Cassiodore (livre III, ép. 28) : « Nous avons toujours grand plaisir, dit-il, à voir ceux qui, par leurs glorieuses actions, ont fait sur notre âme une impression ineffaçable ; ils nous ont, en effet, donné un gage durable de leur affection pour nous, en nous prouvant leur amour pour la vertu. » Quant à son zèle infatigable pour l'étude, Athalaric, son successeur, nous le fait apprécier, quand il écrit au même Cassiodore : « Lorsque les affaires publiques lui laissaient quelque loisir, il étudiait dans vos histoires les pensées des sages, afin d'égaler dans sa conduite les vertus des anciens. Il s'appliquait avec une ardeur extraordinaire à s'instruire de la marche des étoiles, de la configuration des mers, des sources merveilleuses ; il voulait, par une étude si attentive de la nature, devenir comme un philosophe en manteau de pourpre. » Il n'est pas étonnant que, sous de tels princes, les études aient été plus florissantes à Ravenne qu'en aucun autre pays, et qu'admirablement organisées dans les gymnases publics, elles aient continué à fleurir jusque dans les âges suivants, de telle façon que les hommes avides de savoir accouraient de toute part dans cette ville pour s'y instruire.

18. C'est donc à Ravenne que vint habiter Fortunat, et il y demeura le temps nécessaire pour y faire une ample et précieuse provision de savoir, comme le prouve le témoignage de Paul Diacre, qui dit de lui au livre II, ch. 13 de l'*Histoire des Lombards*: « Nourri et formé à Ravenne dans l'étude de la grammaire, de la rhétorique, de la métrique, il y devint très habile. » Lui-même, au livre Ier (vers 26 et suiv.) de la *Vie de saint Martin*, tout en parlant de sa personne avec une extrême modestie, nous dit quelles sont les sciences à l'étude desquelles il s'est principalement livré pendant son séjour à Ravenne :

« Pour moi, dit-il, pauvre génie, le plus humble des écrivains de l'Italie, chargé de défauts et léger de pensée, intelligence paresseuse, esprit obtus ; moi qui suis sans art et sans pratique, qui n'ai qu'un peu de babil ; qui me suis borné à tremper mes lèvres dans les eaux de la grammaire et à les mouiller légèrement dans le fleuve de la rhétorique, qui me suis à peine assez frotté au droit pour me débarrasser de ma rouille ; moi qui désapprends tous les jours ce que j'ai appris autrefois, et qui de tant de belles choses n'ai retenu que leur odeur, je ne porte ni la robe bordée de pourpre des magistrats, ni le chaperon des savants, et je reste dans la condition misérable à laquelle me condamne mon insuffisance. »

19. Brower conclut de ce passage (*Vie de Fortunat*, ch. II) « que Fortunat était si peu lettré qu'il n'obtint jamais la robe prétexte, insigne des fonctions publiques, et qu'il ne prit jamais le chaperon pour enseigner. » Ce qui est le plus probable, c'est que Fortunat, par suite de sa modestie naturelle et du genre de vie qu'il avait résolu d'embrasser, renonça volontairement à tous ces honneurs, si c'étaient là des honneurs, et non pas qu'un homme d'une intelligence et d'une instruction au-dessus de l'ordinaire ait été trouvé trop ignorant et trop peu lettré pour obtenir des distinctions accessibles au premier venu. D'autant plus que l'on sait d'ailleurs avec quel soin Fortunat s'est toujours appliqué à déprécier son propre mérite ; de telle sorte qu'il n'est pas étonnant qu'après avoir dédaigné les honneurs de propos délibéré et par goût, il ait cherché dans cet effacement volontaire un moyen de rabaisser la réputation de talent et de savoir qu'il s'était acquise.

20. Non seulement donc il se livra à Ravenne à l'étude de la grammaire, de la rhétorique et de la métrique, qui lui furent utiles dans la suite pour la composition de tant d'œuvres soit en vers soit en prose, mais encore il y acquit une certaine connaissance du droit, bien que son excessive modestie lui fasse dire qu'il ne s'est occupé de ces sciences que d'une façon superficielle et qu'il les a à peine effleurées.

21. Fortunat eut pour compagnons d'études, comme cela devait nécessairement arriver dans une ville qui était alors le séjour des lettres, d'autres hommes illustres comme lui par leur science et leur talent. Il les invite tous à célébrer la gloire de saint Martin, évêque de Tours, dans ce passage où il dit à son livre : « Qu'un affectueux souvenir te conduise ensuite auprès de nos anciens compagnons ; parlant à de vieux amis, tu peux compter sur leur indulgence. C'est à eux que j'offre ce poëme, comme une matière qui fournira à leur bouche harmonieuse de beaux chants à la gloire de Martin, et qui inspirera à leur génie des vers dignes d'être répandus dans tout l'univers (1). »

22. Pendant qu'il était encore à Ravenne, il fut atteint d'une grave maladie des yeux et faillit perdre la vue. Il y avait dans cette ville une basilique des saints martyrs Jean et Paul, et dans la basilique un autel consacré à la mémoire de saint Martin, évêque de Tours, connu dès lors dans le monde entier par sa réputation de sainteté et par ses miracles. Sur la muraille était peinte une image du saint. Fortunat entra un jour en hâte dans cette basilique pour implorer sa guérison ; comme une lampe brûlait près de l'autel, dans un enfoncement, il frotta ses yeux de l'huile de cette lampe, et se trouva tout à coup délivré de son mal. Mais il faut l'entendre raconter lui-même comment ce miracle s'accomplit, au livre IV de la *Vie de saint Martin* (vers 680 et suivants) :

« Gagne ensuite plus doucement l'aimable Ravenne ; visite la chapelle de Martin, le sanctuaire où le pouvoir miraculeux du saint me rendit la lumière que je n'espérais plus revoir. En retour d'un si grand bienfait offre-lui tout au moins l'hommage de ma reconnaissance. Sous la plus haute voûte de la basilique de Paul et de Jean, on voit sur la muraille une image de Martin, une peinture qui mérite d'attirer les regards par le charme de son coloris. Sous les pieds du saint, l'artiste a ménagé une ouverture ; là est une lampe dont la flamme nage dans une urne de verre. C'est là que je courus un jour, en proie à de cruelles souffrances, désespéré de sentir mes yeux se fermer à la lumière. A peine l'huile bénite les eut-elle touchés, que le brouillard de feu qui brûlait mon front se dissipa, et que l'onction bienfaisante m'enleva instantanément mon mal. »

23. En même temps que Fortunat, Félix, son ami et son compagnon d'études, atteint comme lui d'une maladie des yeux, fut guéri par le pouvoir de saint Martin et par la vertu de son huile. C'est ce que raconte Paul Diacre au livre II, chap. 13 de l'*Histoire des Lombards* : « Fortunat, dit-il, souffrait cruellement d'un mal d'yeux, et Félix, son ami, était aussi grave-

(1) *Vie de saint Martin*, IV, vers 702 et suivants.

ment atteint du même mal; tous deux se rendirent à la basilique des bienheureux Paul et Jean située dans cette ville (Ravenne); dans cette basilique est un autel consacré au bienheureux confesseur Martin, près duquel il y a un enfoncement où l'on a placé une lampe pour éclairer; à peine Fortunat et Félix eurent-ils frotté leurs yeux malades de l'huile de cette lampe que la douleur disparut et qu'ils se trouvèrent guéris comme ils l'avaient souhaité. » Grégoire de Tours fait un récit semblable au livre I, chap. 15, des *Miracles de saint Martin.*

24. C'est ce même Félix, nommé peu de temps après évêque de Trévise, qui, lorsqu'Alboin, roi des Lombards, envahit l'Italie à la tête d'une nombreuse armée, se porta à sa rencontre jusqu'à la Piave. « Alboin, raconte Paul Diacre dans le passage cité plus haut, Alboin, qui était très généreux, lui promit sur sa demande de ne pas toucher aux biens de son église, et confirma bientôt cette promesse par un rescrit. » Fortunat parle de Félix au livre IV de la *Vie de saint Martin* : « Si tu te glisses jusqu'aux lieux où s'élève ma chère Trévise, mets-moi, je t'en conjure, à la recherche de mon illustre ami Félix, à qui Martin rendit autrefois la vue en même temps qu'à moi (1). »

25. La grandeur d'un tel bienfait, la reconnaissance qu'il inspira à Fortunat donnèrent une nouvelle ardeur à sa piété, à sa dévotion envers saint Martin; c'est alors qu'il forma le projet de se rendre en Gaule pour visiter le tombeau du saint, pour lui porter lui-même ses hommages et pour accomplir le vœu qu'il lui avait fait. C'est ce que dit encore Paul Diacre dans le passage que nous avons déjà cité plusieurs fois : « Fortunat, à la suite de sa guérison, eut une telle dévotion à saint Martin qu'il quitta sa patrie, peu de temps avant l'arrivée des Lombards en Italie, pour aller à Tours visiter le tombeau de ce bienheureux. » Il explique lui-même son voyage de la même façon au livre Ier de la *Vie de saint Martin*, un peu après le début. Il put d'ailleurs espérer que, pendant son absence, les désordres auxquels la malheureuse Italie était depuis longtemps en proie, et ceux dont la menaçaient encore de tous côtés de nouvelles armées barbares, auraient le temps de prendre fin, et que, plus tard, une fois la tranquillité rétablie, la paix rendue au pays, il pourrait venir revoir sa patrie et sa famille.

26. En quelle année Fortunat a-t-il quitté l'Italie pour se rendre en Gaule? C'est un point sur lequel on ne s'accorde pas. Brower dit qu'il est arrivé en Gaule en 565. C'est également l'opinion de Pagi, dans ses notes aux *Annales* de Baronius pour l'année 564. Ce qui est certain, c'est qu'il est parti pour la Gaule peu de temps avant l'invasion de l'Italie par les Lombards, d'après le témoignage de Paul Diacre dans le passage plusieurs fois cité. Or les Lombards ont envahi l'Italie vers 568, d'après le même Paul Diacre, *Histoire des Lombards*, II, ch. 33.

27. Mais voici les faits qui semblent confirmer l'opinion de Brower et de Pagi : Fortunat était en Gaule lorsque Sigebert, roi d'Austrasie, épousa Brunehaut, fille d'Athanagilde, roi des Goths d'Espagne; il a en effet composé en leur honneur un épithalame que l'on peut lire au livre VI pièce 1^a. Or, ce mariage eut lieu dans la cinquième année du règne de Sigebert; et Sigebert monta sur le trône en 561, Clotaire, son père, étant

(1) *Vie de saint Martin*, IV, vers 665 et suivants.

mort cette année-là, au témoignage de Grégoire de Tours, *Histoire des Francs*, IV, ch. 21. Par conséquent, en 566 Fortunat était déjà en Gaule et jouissait de la protection et de la faveur de Sigebert.

28. De plus, il habitait déjà Poitiers quand Gelésuinthe, sœur de Brunehaut, passa par cette ville pour aller épouser Chilpéric, frère de Sigebert. Il dit au sujet de cette princesse, livre VI, pièce v, vers 215-216 et 223-224.

« Elle passe encore quelques villes et atteint Poitiers, qu'elle traverse avec une pompe royale. Arrivé depuis peu dans cette ville, je l'y ai vue passer portée mollement dans une tour d'argent roulante. »

Or, on place ce mariage dans la seconde année qui suivit celui de Sigebert et de Brunehaut, et Fortunat ne s'est certainement pas rendu à Poitiers avant d'avoir fait un certain séjour auprès de Sigebert et d'avoir accompli son vœu au tombeau de saint Martin, à Tours.

29. Brower ajoute que Fortunat (livre II, pièce xvi), loue Sigebert du zèle qu'il met à achever la basilique de Saint-Médard commencée par Clotaire, et que Sigebert venait de couvrir. En effet, à la fin de la pièce, le poète s'adressant à saint Médard s'exprime ainsi : « C'est avec un zèle passionné et par amour pour toi que Sigebert se hâte d'achever ton église, et presse le travail. Veille donc sur la grandeur de celui qui l'a élevée à la hauteur où elle est maintenant, et protège selon ses mérites celui qui t'a donné un toit. » Il est probable, dit Brower, que ce fut peu de temps après la mort de Clotaire que Sigebert s'occupa de terminer cet édifice, à la construction duquel il savait que son père avait pris tant d'intérêt, dont Clotaire avait si vivement souhaité l'achèvement et dans lequel il avait voulu être enterré.

30. Mais Liruti n'est pas tout à fait d'accord avec Brower et avec Pagi : il veut que l'on place l'arrivée de Fortunat en Gaule en 567, ou au plus tôt en 566. Il n'est pas hors de propos d'examiner rapidement cette opinion, que d'autres auteurs ont partagée. Cet examen pourra répandre quelque lumière sur la question qui nous occupe. Tout d'abord, Liruti doute que Fortunat ait pu partir pour la Gaule peu de temps avant l'arrivée des Lombards en Italie. En effet, d'après Paul Diacre, Félix, le compagnon d'études de Fortunat, et son compagnon de voyage, selon Liruti, ayant été nommé évêque de Trévise, se porta à la rencontre d'Alboin, roi des Lombards, jusqu'à la Piave, comme nous l'avons dit plus haut : or il est presque impossible qu'en si peu de temps Félix soit allé en Gaule, qu'il soit ensuite revenu en Italie, qu'il ait été nommé évêque de Trévise et qu'il se soit porté à la rencontre d'Alboin. Liruti croit donc que Paul Diacre, qui manque souvent d'exactitude, surtout lorsqu'il raconte des événements d'une époque éloignée, a dû commettre ici quelque erreur de chronologie.

31. Mais, sans vouloir quant à présent justifier Paul Diacre et le défendre d'une telle accusation, je ne crois pas que le savant Liruti ait cette fois aucune bonne raison de mettre en doute son exactitude et sa véracité. En effet, aucun témoignage, aucun texte ne prouve, à ma connaissance du moins, que Félix ait accompagné Fortunat dans son voyage en Gaule. Paul Diacre ne le dit pas, bien qu'il raconte que Félix et Fortunat, atteints de la même maladie des yeux, furent guéris de la même manière par le pouvoir de saint Martin; au contraire, il parle de Fortunat et du vœu qu'il avait

fait d'aller en Gaule, de façon à faire entendre qu'il s'agit de Fortunat seul et non plus de Félix. Grégoire de Tours ne le dit pas davantage, quoiqu'il raconte également cette guérison miraculeuse, livre I, ch. 15 des *Miracles de saint Martin*. Enfin Fortunat lui-même ne le laisse entendre nulle part; et pourtant, si le fait était vrai, il aurait trouvé plus d'une occasion d'y faire allusion dans ses écrits. Bien plus, dans la lettre à Grégoire de Tours qui est en tête du 1er livre de ses poésies, il dit clairement qu'il a fait sans aucun compagnon le voyage d'Italie en Gaule : « Jugez vous-même, dit-il, si, voyageant ainsi par monts et par vaux, j'ai pu rien faire de raisonnable, alors que je n'avais ni la crainte d'un critique pour prévenir mes écarts, ni les applaudissements d'un compagnon pour m'encourager. »

32. Il est impossible de croire, ajoute Liruti, que Félix, contemporain de Fortunat, et, par conséquent, encore jeune, ait été nommé évêque de Trévise en un temps où l'on n'arrivait à cette haute dignité que dans l'âge mûr, et après avoir passé successivement par tous les degrés de la hiérarchie. Je ne veux rien dire ici de la discipline de cette époque, où l'on considérait le mérite plutôt que l'âge, comme je pourrais le prouver par de nombreux exemples. J'accorderai même que Félix était exactement du même âge que Fortunat. La seule chose que l'on en puisse conclure, c'est que Fortunat n'était plus tout jeune quand il passa en Gaule; et, en effet, s'il est né, comme on le croit, vers 530, il était, au moment de son voyage, dans sa trente-cinquième ou sa trente-sixième année.

33. Ce qui décide surtout ce savant à penser que le voyage de Fortunat en Gaule doit être placé en 567, c'est que Fortunat raconte qu'il était depuis peu à Poitiers quand Gélésuinthe passa par cette ville, pour aller épouser Chilpéric. Or le voyage de Gélésuinthe eut lieu en 567, comme nous l'avons montré plus haut. On doit croire, d'autre part, que Fortunat, aussitôt qu'il fut arrivé en Gaule, se rendit au tombeau de saint Martin, et que de là il alla immédiatement à Poitiers. « Lorsqu'il fut arrivé à Tours, comme il en avait fait le vœu, écrit Paul Diacre, il passa à Poitiers, où il se fixa. » Par conséquent, il n'est venu en Gaule qu'en 567, ou au plus tôt en 566. Ainsi raisonne Liruti.

34. Mais je ne vois pas pourquoi il donne ici tant de poids à l'autorité de Paul Diacre, après avoir lui-même reconnu qu'il se trompe quelquefois lorsqu'il rapporte des faits d'une époque éloignée. Si Paul Diacre a pu commettre une erreur en indiquant la date approximative du départ de Fortunat pour la Gaule, à plus forte raison a-t-il pu se tromper en fixant celle de son établissement à Poitiers. Mais je ne veux pas insister sur ce point. Il me paraît probable, d'une part, que Fortunat, à son arrivée en Gaule, ne s'est pas rendu immédiatement à Tours, et qu'il est resté quelque temps auprès de Sigebert, soit à Metz, soit à Reims, villes où les rois d'Austrasie avaient leur résidence. En effet, il a composé un épithalame en l'honneur de Sigebert, qui, ainsi qu'on le verra plus loin, lui donna un compagnon et un guide pour le voyage qu'il allait entreprendre à travers la Gaule. Et d'autre part, le témoignage de Paul Diacre est loin de prouver que Fortunat, en quittant Tours, soit allé tout droit à Poitiers. Tout ce que dit Paul Diacre, c'est qu'après avoir accompli son vœu à Tours, Fortunat vint à passer par Poitiers et s'y établit. Mais il ne dit pas depuis combien de temps il était parti de Tours. On ne sait pas non plus combien de temps il est resté à Tours où le retenaient et sa dévotion aux cendres de saint Martin, et l'accueil bienveillant et affectueux d'Euphronius, évêque de Tours, auquel l'unissait une étroite amitié. Ne peut-on pas croire d'ailleurs que, si Fortunat a écrit qu'il était depuis peu à Poitiers quand Gélésuinthe passa par cette ville, c'est qu'il considérait l'époque où il composait son chant funèbre sur la mort de cette princesse, arrivée sans doute assez longtemps après? Ce qui donne à cette opinion une grande force, c'est que Fortunat était nécessairement en Gaule avant l'année 567, puisqu'il célébra par un épithalame le mariage de Sigebert et de Brunehaut, qui eut lieu, comme nous l'avons dit plusieurs fois, en 566, et qu'il se lia d'amitié avec Nicétius, évêque de Trèves, qui vivait encore quand il lui adressa la pièce 11 du livre III. Or Nicétius est mort vers la fin de 566, s'il faut en croire Lecointe (*Annales ecclésiastiques*, 566, n° 60).

35. De tout ce qui précède, il faut, je crois, conclure que le voyage de Fortunat en Gaule doit être placé en 565. Il ne peut certainement avoir eu lieu ni avant 564, ni après 566. Quant à la route qu'il a suivie, aux contrées qu'il a visitées, il les fait assez connaître lui-même dans sa lettre à Grégoire de Tours (livre Ier, pièce 1) lorsqu'il dit :

« Je ne m'appartenais guère quand j'ai écrit ces vers. Parti de Ravenne, c'est en traversant le Pô, l'Adige, la Brenta, la Piave, la Livenza, le Tagliamento, c'est en cheminant sur les plus hautes cimes des Alpes Juliennes, à travers leurs passages les plus abrupts, c'est en franchissant dans la Norique la Drave, l'Inn chez les Breunes, le Lech au pays des Bavarois, le Danube chez les Allemands, le Rhin chez les Germains, puis la Moselle, la Meuse, l'Aisne et la Seine, la Loire et la Garonne et les torrents impétueux de l'Aquitaine, c'est en m'avançant jusqu'aux Pyrénées couvertes de neige en juillet, c'est au milieu de tant d'aventures que, tantôt secoué par mon cheval, tantôt à demi endormi, j'ai composé ces vers. »

Paul Diacre décrit plus brièvement encore cet itinéraire : « Fortunat, dit-il, gagnant la Gaule, franchit, comme lui-même le raconte dans ses poésies, le Tagliamento, il traversa Reunia (1), Osope (2), les Alpes Juliennes, la ville d'Agunte (3), la Drave, le Byrrus, le pays des Brennes, et Augusta (4) qu'arrosent le Vindon et le Lech. »

36. Ces deux passages font voir clairement qu'à son départ de Ravenne Fortunat se dirigea vers Padoue, que de Padoue il gagna Trévise, après s'être sans doute détourné de son chemin pour aller visiter sa famille à Duplavilis, qu'il entra ensuite en Germanie par les Alpes Noriques, et qu'il passa de là en Gaule : c'était la route ordinairement suivie pour aller en ce pays. Aussi est-ce celle qu'il trace à son livre, lorsqu'il l'envoie de Gaule en Italie, au livre IV de la *Vie de saint Martin*, vers 640 et suivants :

« S'il t'est permis de passer les fleuves des barbares, de franchir sans obstacle le Rhin et le Danube, tu

(1) D'après Cluvier (*Italia antiqua*) Reunia était une petite ville sur la rive gauche du Tagliamento.
(2) Osope, selon Lucchi, château-fort sur les bords du Tagliamento.
(3) Aguntus, selon Cluvier (*Germania antiqua*) Doblach, à 22 milles, à l'ouest, de Lintz.
(4) Augusta Vindelicorum, Augsbourg.

te dirigeras vers Augusta, qu'arrosent le Vindon et le Lech. Si tu peux continuer ta route, si les Bavarois ne s'y opposent point, traverse le pays des Breunes, engage-toi dans les Alpes, en suivant la vallée dans laquelle l'Inn roule ses eaux rapides. Visite ensuite le sanctuaire du bienheureux Valentin (1), et gagne les campagnes de la Norique où coule le Byrrus. La route coupe ensuite la Drave, à l'endroit où la montagne s'abaisse doucement; là s'élève Agunte fièrement assise sur la hauteur. De là, hâte-toi d'atteindre la contrée où l'Alpe Julienne s'étend au loin, monte dans les airs et va toucher les nues. Tu sortiras de la montagne par le Forum de Jules (2), par les rochers qui portent le château d'Osope, à l'endroit où Reunia s'élève au-dessus des eaux du Tagliamento qui baignent ses murs. Tu traverseras ensuite les bois et les plaines des Vénètes... Si, par hasard, tu vas à Aquilée, si tu te glisses jusqu'aux lieux où s'élève ma chère Trévise, si tu traverses Cénéta et Duplavilis où j'ai tant d'amis, si la route de Padoue t'est ouverte... gagne ensuite plus doucement l'aimable ville de Ravenne. »

37. Pendant ce voyage où il avait à traverser le plus souvent des contrées sauvages et inhabitées, Fortunat se consolait en faisant des vers, en demandant à la poésie d'adoucir et de charmer son ennui. C'est ce qu'il dit lui-même dans sa lettre à Grégoire de Tours, livre I, pièce I : « Pendant ce long voyage à travers des pays barbares, fatigué de la marche quand je n'étais pas alourdi par le vin, sous un froid glacial, inspiré par une muse tantôt gelée, tantôt trop échauffée, nouvel Orphée, je chantais aux échos des bois et les bois me renvoyaient mes chants. » Souvent aussi accueilli hospitalièrement par les barbares et rustiques habitants des contrées qu'il traversait, il récitait ses vers au milieu de leurs festins, où « seule, dit-il, la harpe bourdonnante répétait trop souvent des chansons sauvages. » C'est pour cela, selon lui, que quelques-unes de ses poésies n'ont pas toute l'élégance désirable, qu'elles ne sont pas assez limées et polies : « Ai-je pu faire, dit-il, œuvre d'artiste dans ces orgies où il faut déraisonner comme les autres, si l'on ne veut paraître insensé, à l'issue desquelles on est heureux de reprendre le droit de vivre, après n'avoir fait que boire ? »

38. Dans le cours même de ce voyage à travers la Germanie et la Gaule, il lui fut facile de se lier avec les hommes les plus nobles, les plus distingués par leurs vertus et par leur rang, et de gagner leur affection, non seulement par la pureté de sa vie, la douceur de ses mœurs, mais aussi par son talent et sa réputation littéraire, et surtout par ce charme particulier de la poésie, qui de tout temps a valu même à des voyageurs, à des inconnus, un accueil sympathique en pays étranger. Ce qui est certain, c'est que l'on rencontre à chaque instant dans ses vers les noms de personnages qui semblent lui avoir donné l'hospitalité lors de son passage en Germanie, l'avoir jugé digne de leur amitié, et lui avoir rendu toutes sortes de bons offices. Les plus connus sont Lupus et Gogon, qui tenaient le premier rang à la cour du roi d'Austrasie, Magnulfe, frère de Lupus, le préfet Jovin, le duc Bodigisille, d'autres encore. Il nous apprend lui-même

(1) Selon Brower, Valentin, contemporain de saint Séverin, apôtre de la Norique. Sa vie se trouve dans Surius, *Vita sanctorum*, tome IV.
(2) *Forum Julii*, ville de la Vénétie, a donné son nom au Frioul.

qu'il les a vus en Germanie, et qu'il a même demeuré chez eux. Ainsi il écrit à Lupus, livre VII, pièce VIII :

« Quand voyageur étranger je vins en Germanie, vous étiez sénateur et destiné à prendre place dans les conseils de la patrie. Toutes les fois que j'eus des entretiens avec vous, je me crus sur un lit de roses à l'odeur d'ambroisie. »

Et à Jovin, pièce XII du même livre :

« Je ne croyais pas, lorsque nous vîmes en Germanie, que votre amitié ferait un pas en arrière. »

39. Sigismond et Alagisile, son frère, sont également de ceux qui ont été bons pour lui en Germanie, ainsi qu'il nous le dit lui-même, et il n'hésite pas à les mettre sur le même rang que ses parents, en reconnaissance de leur affection et de leurs bienfaits. Voici ce qu'il leur écrit, livre VII, pièce XXI :

« Cette lettre m'est bien douce ; elle est signée de deux noms, le brillant Sigismond et l'aimable Alagisile. Après l'Italie, c'est le Rhin qui m'envoie des parents. Grâce à l'arrivée des deux frères, je ne serai plus un étranger. »

40. De ce qui précède, il est facile de conclure que Fortunat a fait en Germanie et dans les pays voisins un séjour de quelque durée, assez long pour lui permettre de visiter les hommes illustres dont le nom revient souvent dans ses vers, de se familiariser avec eux, de gagner leur amitié par de bons offices réitérés, et aussi de voir et de parcourir tant de villes et de contrées dont on rencontre la description exacte et détaillée dans ses poésies.

41. Plus tard, à son arrivée en Gaule, il fut accueilli par un prince que nous avons déjà plusieurs fois nommé, Sigebert, roi d'Austrasie, qui le traita de la manière la plus généreuse et le combla de bienfaits ; tant à cause sans doute des lettres par lesquelles des personnages d'un rang élevé, avec qui Fortunat s'était lié en Germanie, le lui recommandaient dans les termes les plus flatteurs, que pour sa grande réputation de talent et de savoir.

42. L'illustre Jean-Joseph Liruti se demandant, non sans étonnement, comment Fortunat a pu obtenir l'amitié de tant de rois et de grands personnages et gagner leur affection, estime que sa naissance, sa noble origine, a dû contribuer à lui ménager un accueil amical de la part des rois et des grands. Mais, pour dire à mon tour mon sentiment sur ce point, j'ai beaucoup de peine à croire qu'un homme né dans une bourgade obscure et inconnue, à Duplavilis, où était non seulement la maison et la demeure de son père, mais le berceau même de sa race, comme il l'a lui-même déclaré ; qui d'ailleurs n'avait exercé aucune magistrature publique, et n'avait jamais obtenu aucun honneur, aucune dignité éminente, ainsi que nous l'avons montré plus haut ; j'ai, dis-je, beaucoup de peine à croire qu'un tel homme ait pu appartenir à une famille d'une noblesse assez illustre pour qu'elle fût connue non seulement en Italie, mais en Germanie, et jusque dans les provinces les plus reculées de la Gaule : d'autant plus que dans ces temps troublés où les guerres et les séditions mettaient partout le désordre et la confusion, les familles les plus nobles, lorsque leurs membres ne se distinguaient point par leurs services à la guerre ou dans le gouvernement des États, pouvaient facilement tomber dans l'obscurité et dans l'oubli. Aussi suis-je plus disposé à me ranger à l'avis d'Hincmar, qui, dans la *Préface* de la *Vie de saint Remi*, dit au sujet de Fortunat : « Un

grand nombre de personnages puissants et honorables de cette partie de la Gaule et de la Belgique l'accueillaient en divers lieux, par considération pour ses vertus et pour son savoir. »

43. Comme Sigebert, plus qu'aucun autre, lui prodigua les marques de sa libéralité et de sa bonté, comme nous avons eu souvent à parler de ce prince, comme nous en parlerons encore, il n'est pas hors de propos de dire ici quelques mots de lui, de son règne, de sa naissance et de sa famille.

Sigebert était fils de Clotaire Ier, roi des Francs, le prince le plus puissant de son temps. Clotaire était monté sur le trône à la mort de Clovis, son père, dont le royaume avait été partagé en parties égales entre ses trois frères et lui; après la mort de ses frères, il avait réuni sous son sceptre tout l'empire des Francs, par droit d'héritage ou par la force des armes. Clotaire en mourant laissa, lui aussi, quatre fils, Charibert, Gontran, Chilpéric et Sigebert, qui se partagèrent son royaume au sort. Sigebert eut pour son lot, d'après les expressions mêmes dont se sert Grégoire de Tours (*Histoire des Francs*, livre IV, ch. 22) « le royaume de Thierry (frère de Clotaire), avec Reims pour résidence ». Les États des rois d'Austrasie, qui résidaient à Reims, s'étendaient fort loin, jusqu'en Allemagne. Voyez, sur ce sujet, Fortunat, livre VI, pièce I, et les notes de Ruinart au chap. 22 du livre IV de l'*Histoire des Francs* de Grégoire de Tours.

44. Cependant Sigebert, voyant que les rois ses frères avaient épousé des femmes d'une condition basse et servile, au mépris de ce qu'ils devaient à leur naissance et à leur rang, prit une résolution plus digne d'un roi et décida de choisir une épouse de sang royal: Il envoya donc en Espagne des ambassadeurs chargés de demander pour lui la main de Brunehaut, fille du roi d'Espagne Athanagilde, princesse aussi belle que vertueuse, active, sensée et toute gracieuse dans son langage. Sa demande ayant été accueillie, le mariage fut célébré avec pompe et une magnificence royale, au milieu des transports de joie et des félicitations de tout le royaume (1). Fortunat composa pour ce mariage un épithalame dont nous avons parlé plus haut, au n° 34; dans une lettre à Gogon (2), il fait allusion en ces termes à ces événements encore récents:

« Il n'y a pas longtemps qu'à travers les mille dangers d'un voyage par terre, vous avez ramené à cet excellent prince l'objet de ses plus chers désirs. »

45. Chilpéric, frère de Sigebert, voulut suivre cet exemple et envoya à son tour en Espagne demander la main de Gélésuinthe, sœur de Brunehaut; il l'épousa environ un an après le mariage de Sigebert et de Brunehaut, après avoir renvoyé sa concubine Frédégonde, femme de basse extraction et de condition servile. Peu de temps après, comme Gélésuinthe, offensée du manque de foi de son mari, se préparait à retourner en Espagne, Chilpéric la fit tuer dans son lit; quelques jours plus tard il reprit Frédégonde, qui, dans la suite, fit traîtreusement assassiner et Sigebert et Chilpéric lui-même. Fortunat vit Gélésuinthe à son passage à Poitiers, où il était lui-même arrivé depuis peu, et la mort si cruelle de cette princesse lui a inspiré un chant funèbre que l'on peut lire au livre VI, pièce V.

46. Pour revenir à notre sujet dont nous nous sommes un moment écartés, Sigebert, le roi le plus illustre et le plus sage de ce temps, dont les vertus ont été célébrées en maint endroit par Fortunat, par Grégoire de Tours, par d'autres encore, fit à Fortunat l'accueil le plus honorable, à son arrivée en Gaule, et chargea le comte Sigoalde d'être son compagnon et son guide dans les voyages qu'il avait à faire à travers la Gaule, de ne pas le quitter et de lui donner assistance et protection, qu'il allât à Tours ou qu'il visitât d'autres villes et d'autres provinces de la Gaule. C'est Fortunat lui-même qui nous l'apprend dans une lettre adressée à Sigoalde, livre X, pièce XVI:

« Quand je quittai les frontières de l'Italie pour venir en ces royaumes, Sigebert vous constitua mon guide, afin que je continuasse mon voyage avec plus de sûreté en votre compagnie, et que partout j'eusse un cheval prêt et les vivres de même. Vous avez rempli votre mission, etc. »

47. Il y a lieu de croire qu'aussitôt que Sigebert le laissa partir, il se rendit à Tours, afin de se prosterner devant le tombeau de saint Martin, d'honorer les cendres du saint qui lui avait accordé une si grande grâce à Ravenne et à cause duquel il était venu en Gaule, et d'accomplir ainsi son vœu. L'église de Tours avait alors pour évêque Euphronius (1), neveu de saint Grégoire de Langres, personnage de très noble race et d'une grande réputation de sainteté; il montra dans la suite à Fortunat une bienveillance toute particulière et fut lié avec lui d'une amitié très étroite, comme le prouvent les lettres que lui a adressées le poète, livre III, pièces I et II. Nous devons donc penser que Fortunat le vit à cette époque et jeta alors les premiers fondements d'une amitié qui, entretenue et accrue dans la suite par de bons offices réciproques, devint si forte que Fortunat le considérait comme son père.

48. Parti de Tours pour continuer son voyage, il vint à Poitiers et établit dans cette ville son domicile et sa résidence. C'est ce que nous apprennent et le témoignage de Paul Diacre, et celui de Fortunat lui-même, qui dit au livre VIII, pièce I:

« Moi Fortunat, je vous salue humblement. La Gaule garde dans son sein un enfant de l'Italie; il demeure à Poitiers où jadis est né saint Hilaire que connaît le monde entier. »

Bien plus, il obtint dans la suite d'entrer, bien qu'étranger, dans le clergé de cette ville, et de recevoir les ordres; ce qui est assurément une grande preuve de sa vertu, de la pureté et de l'innocence de sa vie. En quelle année devint-il prêtre de l'église de Poitiers, c'est ce qu'il est assez difficile de dire d'une façon précise. Lorsque Paul Diacre écrit que « à la fin il fut dans cette ville ordonné d'abord prêtre, puis évêque », il semble faire entendre qu'il reçut les ordres dans les dernières années de sa vie. Mais Grégoire de Tours lui donnant en maint endroit de ses livres le titre de prêtre, je crois qu'il faut écarter cette opinion. En effet, au livre Ier, chap. 13 des *Miracles de saint Martin*, il l'appelle formellement « son compagnon d'esclavage, le prêtre Fortunat ». Or Gré-

---

(1) Voyez Grégoire de Tours, *Histoire des Francs*, IV, 27.
(2) Voyez les pièces adressées à Gogon (livre VII, 1, 2, 3, 4) et les notes. Les deux vers cités ici sont tirés de la pièce I, vers la fin.

(1) Brower se trompe lorsqu'il dit, dans la *Vie de Fortunat*, que Grégoire était alors évêque de Tours; il ne le devint qu'en 573.

goire de Tours avait écrit son livre des *Miracles de saint Martin*, avant que Fortunat ne composât son poëme en quatre chants sur la *Vie de saint Martin* : en effet, dans la lettre qui est en tête de ce poëme, Fortunat prie Grégoire, « puisqu'il lui a ordonné de mettre en vers l'ouvrage qu'il a lui-même composé sur les vertus de saint Martin », de vouloir bien le lui faire parvenir, afin qu'il le fasse entrer dans son poëme. Mais, d'autre part, Fortunat écrivit son poëme sur la *Vie de saint Martin* du vivant de saint Germain, évêque de Paris, qui mourut en 576 : d'où il résulte qu'à cette date Fortunat était déjà prêtre. Bien plus, pour dire toute ma pensée, je crois que Fortunat était déjà entré dans les ordres quand il quitta l'Italie ; et, ce qui me le fait croire, c'est que son contemporain Grégoire de Tours l'appelle en plusieurs passages « prêtre italien » ; c'est ce titre qui lui est donné en tête de ses œuvres.

49. Il est beaucoup plus difficile de déterminer à quelle époque il a reçu l'hospitalité d'Agricola ou Agrœcula, évêque de Châlon-sur-Saône, ou plus probablement de Nevers, comme nous l'avons dit dans une note à la pièce xix du livre III des œuvres de Fortunat. Dans cette pièce, adressée à Agricola, le poëte déclare, non seulement qu'il a vécu sous lui, mais qu'il a été instruit, formé, nourri par son excellent père :

« Votre père, dit-il, ne m'a pas jugé indigne de ses soins : daignez continuer son œuvre et cultiver à votre tour la terre qu'il a labourée de ses mains. Votre père, dont l'univers entier se rappellera toujours la bonté, m'a aimé comme il vous aima vous-même. J'ai trouvé chez lui la tendresse d'un père, les soins d'une nourrice, les leçons d'un maître ; il m'a chéri, il a cultivé mon esprit, guidé mes pas dans la vie et formé mon cœur. C'est lui qui, après avoir labouré le champ avec un zèle affectueux, y a semé le grain. Cette semence, faites-la fructifier pour moi. »

Je croirais donc que Fortunat a été l'hôte d'Agricola avant de se consacrer entièrement à Radegonde, dont il sera question plus loin, et aux affaires de Radegonde ; il ne semble pas, en effet, qu'à partir de cette époque il se soit jamais éloigné d'elle.

50. Les biographes ont coutume de se demander ici pour quelle raison, après avoir accompli à Tours le vœu qui avait été le principal objet de son voyage en Gaule, Fortunat resta en Gaule et ne retourna pas près des siens. Brower (*Vie de Fortunat*, ch. 2), attribue la prolongation de son séjour à l'étranger aux guerres et aux désordres dont l'Italie eut à souffrir précisément à cette époque, par suite de l'invasion lombarde. Alors, en effet, Trévise, patrie de Fortunat, et les contrées voisines, situées à la porte même et sous la main de la Germanie, furent particulièrement exposées aux incursions et aux brutalités de l'ennemi. Tant que durèrent ces désordres, Fortunat crut devoir rester en Gaule et y attendre que le rétablissement de la paix et de la tranquillité en Italie lui permît de regagner sans danger sa terre natale et la maison paternelle. Mais ce ne fut pas sans regret qu'il prolongea son séjour en Gaule, et je ne crois pas qu'il ait jamais, au fond de son cœur, préféré un pays étranger à sa patrie et à sa famille. Voici, par exemple, ce qu'il dit dans une lettre à Lupus, livre VII, pièce IX :

« Depuis tantôt neuf ans, si je ne me trompe, qu'exilé d'Italie, j'erre dans ces régions voisines de l'Océan, je n'ai reçu pendant tout ce temps-là aucune lettre, non pas même un trait d'écriture de mes parents, pour me consoler de notre séparation. »

Il se plaint d'une façon plus touchante encore d'être loin de sa patrie, dans la pièce VIII du livre VI, quand il dit :

« J'erre à l'aventure, exilé de mon pays, et plus triste que l'étranger qui fait naufrage dans les eaux d'Apollonie. »

51. Il ne faut pas oublier non plus une raison d'un autre ordre qui explique qu'il soit resté en Gaule, et qu'il ne soit pas retourné auprès des siens. C'est lui-même qui nous la fait connaître dans la première pièce du livre VIII :

« Je voulais visiter saint Martin, et je cédai au vœu de Radegonde, née sous le ciel sacré de la Thuringe. » Ce qui signifie que, venu en Gaule dans l'intention de visiter le tombeau de saint Martin et de satisfaire sa dévotion à ce saint, il y fut retenu par les prières et les vœux de la pieuse Radegonde qui l'empêcha de retourner en Italie, et que c'est ainsi qu'il passa le reste de sa vie en Gaule.

52. Puisque je viens de nommer Radegonde, à l'influence de laquelle il faut surtout attribuer la prolongation du séjour de Fortunat en Gaule, et qui ne cessa de l'entourer d'égards, de lui prodiguer les témoignages de sa libéralité et de son affection, il ne sera pas hors de propos de dire quelques mots de la naissance de cette princesse, de sa fortune, de sa vertu poussée jusqu'à la sainteté : je m'attacherai aux détails les plus propres à répandre la lumière sur la vie de Fortunat et sur la plupart de ses poésies.

Radegonde était fille de Berthaire, roi de Thuringe. Berthaire étant tombé sous les coups de son frère Herménéfroid (1), Radegonde, encore enfant, resta, après la mort de son père, sous la tutelle de son oncle. Plus tard, Herménéfroid fut vaincu et renversé à son tour par les rois des Francs Clotaire et Thierry, et Radegonde fut amenée en Gaule comme prisonnière. Thierry et Clotaire se disputèrent sa main ; l'avantage resta à Clotaire qui l'épousa aussitôt qu'elle fut en âge d'être mariée, après l'avoir fait garder et instruire dans un de ses domaines (2). Mais cette union royale et les délices d'une cour puissante n'affaiblirent en aucune manière le zèle pour la piété et la religion qui avait éclaté en elle dès son jeune âge, alors qu'elle avait coutume de balayer de ses mains le bas des autels et de conduire des chœurs d'enfants chantant les louanges de Dieu ; sa piété en devint au contraire plus ardente, ce qui faisait dire parfois à Clotaire : « C'est une nonne que j'ai épousée, ce n'est pas une reine. » Aussi la traitait-il quelquefois avec rudesse. Enfin son frère fut mis à mort injustement par l'ordre du roi trompé par les mensonges et les perfidies de quelques courtisans. Saisissant cette occasion, elle résolut de se séparer du roi et d'embrasser la vie monastique, à laquelle elle aspirait de tous ses vœux. Envoyée par Clotaire près de saint Médard, évêque de Noyon, à peine fut-elle en sa présence qu'elle se mit à le supplier de lui donner l'habit religieux et de la

(1) Voyez Grégoire de Tours, *Histoire des Francs*, livre III, ch. 4.
(2) Dans le domaine d'Atiès, sur la Somme. Voyez Fortunat, *Vie de sainte Radegonde*, 2 : « Tunc inter ipsos victores, cujus in præda esset regalis puella, fit contentio. Quæ veniens in sortem præcelsi regis Chlotarii, in Veromandensem ducta Attejos, in villa regia nutriendi causa custodibus est deputata. »

consacrer au Seigneur. Il s'y refusa d'abord, dans la crainte d'encourir la colère du roi; mais il finit par céder à ses prières et mit sur sa tête le voile des religieuses. Elle quitta ensuite Noyon et se rendit d'abord à la basilique de Saint-Martin de Tours; de là elle gagna le domaine de Suèdes, près de Poitiers, et y construisit un monastère, où elle vécut jusqu'à son dernier jour dans une parfaite sainteté, ainsi que le dit Grégoire de Tours, *Histoire des Francs*, livre III, ch. 7 : « Ayant pris l'habit religieux, elle bâtit un monastère aux portes de la ville de Poitiers; ses prières, ses jeûnes, ses veilles, ses aumônes lui attirèrent l'admiration et la vénération des peuples. »

53. Elle éleva à la dignité d'abbesse du monastère de Poitiers une jeune fille d'une piété et d'une vertu rares, Agnès, qu'elle avait eue autrefois à son service, et qu'elle avait depuis son enfance soignée et instruite comme sa propre fille, pour employer les expressions dont elle s'est elle-même servie, « et elle se mit sous son autorité pour lui obéir, après Dieu, avec une soumission absolue. » C'est ainsi qu'elle s'exprime elle-même dans Grégoire de Tours, *Histoire des Francs*, livre IX, ch. 42, et c'est ce qui a inspiré à Fortunat ce passage de la pièce 1ro du livre VIII :

« Elle a échangé ses habits de reine contre les vêtements blancs de religieuse; elle porte la robe la plus sordide, celle des servantes, et elle l'aime. Jadis on la voyait portée sur un char superbe; maintenant, par obéissance à la règle, elle va à pied dans la boue. Celle dont les mains étaient chargées de bagues ornées d'émeraudes est pauvre, et est la servante attentive de ses servantes. A la cour, elle commandait, ici elle obéit. On l'aimait quand elle était maîtresse; aujourd'hui qu'elle est servante, on l'aime encore. »

Il dit encore à Agnès, pièce III du même livre :

« Cette mère pieuse vous désigna et vous choisit pour être son associée dans le gouvernement de son illustre communauté. Cela fait assez voir qu'elle vous a voulue pour mère, vous qui n'êtes pas sa fille, que celle qu'elle éleva sur ses genoux comme son enfant de prédilection commande à sa place, et qu'après vous avoir dirigée de sa baguette maniée avec douceur, elle aime mieux être dès à présent sous votre autorité. »

54. Grâce à son rang, à sa naissance royale, Radegonde put enrichir son monastère de Poitiers de dons du plus grand prix : les plus précieux sont ceux qu'elle obtint vers l'an 569 de l'empereur Justin, auquel elle avait envoyé une ambassade, aidée en cela par le concours et le crédit de Sigebert. « Ses vœux furent comblés, dit Baudonivia (*Vie de sainte Radegonde*, 8), et elle put se glorifier d'avoir près d'elle, dans le lieu qu'elle habitait, le bois bienheureux de la croix du Seigneur, orné d'or et de pierreries, ainsi que de nombreuses reliques des saints, que gardait l'Orient. Sur la demande de cette sainte reine, l'empereur lui envoya des ambassadeurs avec les Évangiles ornés d'or et de pierreries.

55. Ce fut pour Fortunat l'occasion de composer plusieurs hymnes et d'autres poésies en l'honneur de la sainte croix; la plus célèbre est celle qui commence par les mots *Vexilla regis prodeunt*, et que l'Église elle-même a depuis longtemps adoptée. Il écrivit de plus un long poème, dans lequel, au nom de Radegonde, il remercie Justin et l'impératrice Sophie de lui avoir envoyé des présents inestimables, qui sont, dit-il, pour l'Occident tout entier, un ornement, une brillante parure.

56. Quant à la nature et à la force des liens que la piété, la bienveillance, l'affection avaient formés entre Fortunat, Radegonde et Agnès, sans aucun mélange, sans aucun danger de passion profane, nous en pouvons juger par le témoignage de Fortunat lui-même, qui écrit à Agnès, livre XI, pièce VI :

« Vous qui êtes ma mère par votre dignité et ma sœur par le privilège de l'amitié, à qui je rends hommage en y faisant concourir mon cœur, ma foi et ma piété, que j'aime d'une affection céleste, toute spirituelle et sans la criminelle complicité de la chair et des sens, j'atteste le Christ, ses apôtres Pierre et Paul, sainte Marie et ses pieuses compagnes, que je ne vous ai jamais regardée d'un autre œil et avec d'autres sentiments que si vous fussiez née ma sœur Titiana, que notre mère Radegonde nous eût portés l'un et l'autre dans ses chastes flancs. »

57. Pour l'affection particulière qu'il avait vouée à Radegonde, il l'a fait connaître dans ces vers de la pièce II du livre XI, où, à l'occasion d'une des réclusions qu'elle s'imposait, comme nous le dirons plus loin, il lui écrit combien elle lui manque :

« Où se cache sans moi ma lumière? Pourquoi se dérobe-t-elle à mes yeux et persiste-t-elle à rester invisible? Je regarde le ciel, la terre et l'eau; tout cela m'est peu de chose, si je ne vous vois pas. Quoique le ciel soit serein et pur, si vous ne vous montrez, le jour est pour moi sans soleil. »

58. La munificence, la libéralité de Radegonde et d'Agnès à son égard sont maintes fois célébrées dans les vers qu'il leur adresse pour les remercier de petits présents qu'elles lui ont envoyés : le passage suivant de la pièce IX du livre XI, à Agnès, montre combien ces envois étaient fréquents.

« Un seul de vos porteurs n'eût pas suffi pour tant de mets; à aller et venir les jambes leur manquaient... Je ne rapporte pas chaque chose en détail, car j'ai été vaincu par vos largesses. »

Plus d'une fois il rapporte qu'elles l'ont invité à souper, et qu'elles lui ont fait faire une chère délicate. Dans la pièce XI du livre XI, par exemple, il décrit un repas préparé pour lui par Agnès, et dans lequel les fleurs et les feuillages semés à profusion faisaient de la salle à manger un jardin verdoyant. Ces détails montrent bien de quels soins attentifs et empressés elles aimaient toutes deux à le combler.

59. Cette affection réciproque, ces relations si intimes entre Fortunat et ces pieuses femmes invitent à chercher de quel office, de quel emploi il était chargé auprès d'elles. Mais il faut faire d'abord quelques remarques. Tout d'abord Radegonde fut toujours portée à témoigner des égards exceptionnels, à prêter une attention infatigable à ceux dont les enseignements pouvaient diriger sa piété, éclairer sa religion. « Si quelqu'un de ceux en qui elle voyait les serviteurs de Dieu venait à elle, de lui-même, ou à son appel, dit Fortunat (1), elle en montrait une joie céleste... Le jour suivant, laissant le soin de la maison à des personnes de confiance, elle n'avait plus d'autre occupation que de recueillir les paroles de l'homme de Dieu, elle passait des journées entières à s'instruire des règles du salut et des moyens de mériter la vie céleste. » Et Fortunat parle du temps où Radegonde vivait encore à la cour de son mari.

60. En outre, les religieuses du monastère de Poi-

(1) *Vie de sainte Radegonde*, 8.

tiers avaient un grand nombre d'affaires à conduire, dont les unes se rapportaient à leurs intérêts et à leurs devoirs privés, les autres à la fortune et à la discipline du monastère tout entier. Elles avaient besoin de pouvoir compter, pour la défense de ces intérêts divers, sur la vigilance et le dévouement d'une personne habitant hors de l'enceinte du monastère. Ainsi, pour donner un ou deux exemples, on trouve dans Grégoire de Tours, livre IX, ch. 42 de l'*Histoire des Francs*, la copie d'une lettre adressée par Radegonde aux évêques de la Gaule, afin d'obtenir leur protection et l'appui de leur autorité contre ceux qui voudraient porter atteinte aux droits du monastère de Poitiers ou s'emparer de ses biens. Au chapitre 39, on lit un rescrit des évêques à Radegonde frappant d'anathème les religieuses qui voudraient sortir du monastère et se marier. Ces affaires et d'autres du même genre, pour lesquelles il fallait fréquemment entrer en relations avec les évêques, avec les rois, avec d'autres grands personnages, ou qu'il fallait régler par leur entremise, réclamaient la direction et les soins d'un négociateur avisé et habile.

61. Les choses étant ainsi, je crois pouvoir affirmer tout d'abord que Fortunat fut pour Radegonde et pour Agnès un directeur et un conseiller, au jugement et aux avis duquel elles s'en rapportaient aussi bien pour leurs affaires personnelles que pour le maintien de la discipline du monastère. Ce rôle paraît s'accorder d'une part avec l'étroite intimité qui les unissait tous les trois, ainsi que nous l'avons montré plus haut, et d'autre part avec la piété, la science, la prudence de Fortunat; et je ne suis pas loin de croire que c'est là l'emploi que Radegonde souhaitait de lui voir prendre, quand « il céda, comme il dit, à ses vœux », et renonça à retourner auprès des siens en Italie. Plusieurs passages des œuvres de Fortunat sont de nature à confirmer cette opinion. Ainsi, dans la pièce IV du livre XI, il engage Radegonde à boire du vin pour fortifier et pour remettre son estomac, et il allègue l'exemple et l'autorité de l'apôtre qui donna à Timothée le même conseil. Dans la pièce VII du même livre, écrivant à Agnès, il la prie de rendre à Radegonde les devoirs, les services, dont son absence ne lui permet pas de s'acquitter lui-même. Dans la pièce suivante, il remercie Agnès d'avoir, à sa prière, donné un repas aux religieuses, et il exprime en terminant le vœu qu'Agnès et Radegonde vivent de longues années encore, et que leur *frein*, c'est-à-dire leur autorité, maintiennent longtemps encore florissante et prospère la règle et la discipline du monastère de Poitiers. Enfin, dans une lettre écrite à Grégoire de Tours (livre VIII, pièce XII²), à l'occasion des discordes et des scandales qui avaient éclaté au monastère de Poitiers après la mort de sainte Radegonde, Fortunat lui recommande en ces termes la cause de l'abbesse : « Rappelez-vous la recommandation que vous fit Radegonde, ma sainte maîtresse, votre fille et déjà même votre mère, pour assurer la conservation de sa communauté, de sa personne et de toute sa règle ; comme elle vous en pria par ses paroles, et vous en adjura par ses entrailles. Ordonnez donc que, sans désemparer, et de manière à ce que celui qui voit tout vous le rende au jour de la rétribution éternelle, on vienne au secours de celles qui en ont un si grand besoin. » Ces paroles font bien voir quelle situation il avait auprès de Radegonde et d'Agnès, et quels services il leur rendait.

62. Les voyages si fréquents que nous savons que Fortunat fit en Gaule et en Germanie, nous donnent encore lieu de penser qu'il se chargeait de régler une foule d'affaires intéressant le monastère de Poitiers. Ainsi, dans les pièces 25 et 26 du livre XI, il raconte à Agnès et à Radegonde deux voyages qu'il a faits : dans l'un, il avait été longtemps ballotté par la tempête, et sa vie même avait été en péril ; dans l'autre, il dit qu'il a supporté les rigueurs d'un hiver très froid, pendant lequel la neige et la glace couvraient tout le pays. Il laisse entendre d'ailleurs qu'il a des choses à leur dire, dont il leur fera part de vive voix, et qu'il ne peut confier à une lettre : « Je renferme en moi, dit-il, des murmures qui en sortiront plus tard tous ensemble. »

Au livre VI, pièce VIII, il raconte qu'à son arrivée à Metz, un cuisinier du roi lui a enlevé son bateau, mais qu'à Nauriac le roi Sigebert l'a accueilli avec beaucoup de bonté, et que les ministres du roi, Pappulus et Gogon, lui ont procuré, avec une nouvelle embarcation, tout ce dont il avait besoin pour continuer sa route. Ailleurs, livre X, pièce IX, il décrit un autre voyage qu'il a fait sur les bords du Rhin et de la Moselle : ayant rencontré la famille royale, c'est-à-dire Childebert et sa mère Brunehaut, il a été retenu par le prince et sa mère, qui lui ont fait l'accueil le plus flatteur, et il les a accompagnés dans la suite de leur voyage, qui s'accomplissait avec une pompe et une magnificence toute royale. Il y a lieu de penser que si Fortunat a visité tant de pays divers, ce fut moins pour son plaisir ou pour ses affaires personnelles, que pour contenter et pour servir les pieuses femmes auxquelles il s'était consacré tout entier.

63. En tout cas, ces voyages, quel que fût le motif qui les lui faisait entreprendre, lui ont fourni l'occasion de voir et de connaître les évêques les plus célèbres de la Gaule et de la Germanie et de se lier avec eux de l'amitié la plus étroite, comme le montrent de nombreux passages de ses œuvres. Et pour citer quelques-uns de ceux dont l'amitié, le commerce intime peut être considéré comme une recommandation pour Fortunat, comme un sûr garant de son innocence et de sa vertu, saint Germain, archevêque de Paris, lui a témoigné beaucoup de bienveillance et d'affection. C'est ce que prouve, entre bien d'autres, la pièce II du livre VIII. Fortunat voulait partir, et Radegonde le retenait ; voici ce qu'il écrivait à ce propos :

« Germain, mon père, la lumière du monde, m'appelle là-bas ; ma mère me retient ici, Germain m'appelle là-bas. Chers à moi l'un et l'autre, ils insistent sur l'engagement que j'ai pris envers eux ; ils sont remplis de l'amour de Dieu et chers à moi l'un et l'autre. »

Ce fut saint Germain qui consacra Agnès comme abbesse du monastère de Poitiers, ainsi que le prouve le témoignage de Radegonde dans Grégoire de Tours, livre IX, ch. 42. On comprend ce que ce fait dut contribuer puissamment à établir entre Fortunat et lui des rapports d'amitié et de bienveillance.

64. Félix, évêque de Nantes, personnage aussi distingué par sa naissance que par ses vertus, eut également beaucoup d'affection pour Fortunat. On en trouve la preuve dans les poésies et les lettres que Fortunat lui a adressées et que l'on peut lire au livre III de ses œuvres, pièces IV, V et suivantes. Léonce, évêque de Bordeaux, et l'ancienne épouse de Léonce, Placidine, qui avait dans les veines du sang impérial

et qui devait à sa rare piété une renommée plus glorieuse encore que sa naissance, lui accordèrent l'un et l'autre une place honorable dans leur estime et dans leur affection : il suffit, pour s'en convaincre de lire les pièces xv, xvi et xvii du livre Iᵉʳ. Il y a de plus, au livre IV, une pièce, la dixième, composée par le poète à l'occasion de la mort de Léonce; c'est un hommage éclatant à la noblesse de l'évêque de Bordeaux, à sa vertu, à son zèle pour le bien de son troupeau, et aussi à l'autorité, au crédit dont il jouissait auprès des rois.

65. Que dirai-je d'Euphronius, évêque de Tours? de Nicet, évêque de Trèves, ou de Maguéric, son successeur? Nous avons des lettres ou des poésies de Fortunat à chacun d'eux, livre III, pièces I, II, III, XI, XII, et *Appendix*, pièce XXXIV. Nous ne devons pas oublier saint Martin, évêque de Galice, qui détacha les Suèves de Galice de leurs superstitions héréditaires, et les convertit au christianisme. Fortunat lui a adressé une lettre pleine du regret le plus affectueux, et une pièce de poésie dans laquelle il loue ses vertus et les services qu'il a rendus à son troupeau. Ce sont les deux premiers numéros du livre V.

66. Il faut ajouter à ces noms celui d'Avitus, évêque de Clermont-Ferrand, à qui Grégoire de Tours (*Vies des Pères*, ch. 2) attribue le mérite d'avoir éveillé et fait naître en lui l'amour de la religion. Avitus eut beaucoup d'amitié pour Fortunat, comme semblait l'exiger l'affection qui les unissait l'un et l'autre à Grégoire. Avitus ayant converti cinq cents Juifs au christianisme, le jour de la Pentecôte, Fortunat, à la demande de Grégoire, écrivit un long poème pour célébrer ce succès (1).

67. Mais je ne veux pas nommer l'un après l'autre tous les personnages qui ont comblé Fortunat des témoignages de leur estime et de leur bienveillance. Je me contenterai de citer encore un nom, qui me dispensera de rappeler les autres : c'est celui de Grégoire, évêque de Tours, dont je parlais tout à l'heure, aussi connu pour sa piété et son savoir que pour avoir occupé ce siège important. Quant à son affection pour Fortunat et à l'étroite amitié qui les unissait, toutes les lettres, toutes les poésies, que Fortunat lui a adressées, nous les font assez connaître. Fortunat y montre les sentiments d'un fils et nous apprend que Grégoire lui accordait en retour toute sa sollicitude et toute sa tendresse. Comme il habitait loin de lui, il se consolait de ne pouvoir jouir de sa présence aussi souvent qu'il l'aurait souhaité, en lui écrivant fréquemment. C'est ce qu'il déclare lui-même dans la pièce XI du livre V, où il dit à Grégoire :

« Je ne puis me passer, vénérable et bien-aimé Grégoire, ou de vous voir de mes yeux ou d'envoyer quelque lettre à votre recherche. Il m'est doux de contempler vos traits, mais quand ce bonheur m'est refusé, je veux du moins vous entendre et vous répondre de loin. »

68. C'est sur son conseil que Fortunat écrivit ou publia un grand nombre de pièces, qui, sans ses encouragements et ses instances amicales, n'auraient peut-être jamais vu le jour et auraient été perdues pour la postérité. Et ce qui montre bien le cas que faisait Grégoire des écrits de Fortunat, l'importance qu'il attachait à leur publication, c'est que pour le décider à réunir et à donner au public ses poésies et ses autres œuvres, il ne s'est pas contenté d'un simple conseil, il est allé jusqu'aux prières et aux supplications les plus pressantes. C'est ce que nous apprend le témoignage de Fortunat lui-même, qui écrit à Grégoire, livre I, pièce 1ʳᵉ :

« Aussi, illustre pontife, Grégoire, digne successeur des apôtres, quand vous me demandez avec une insistance si obligeante de publier pour vous quelques-uns des faibles écrits échappés à ma plume inhabile, je m'étonne que ces bagatelles aient tant de prix à vos yeux ». Et plus loin : « Puisque, malgré mon peu de mérite et malgré mes refus, vous me pressez avec tant d'insistance, puisque vous invoquez les divins mystères et les vertus éclatantes du bienheureux Martin pour m'engager à me départir de ma modestie et à me produire en public... » Au début de la pièce V du livre V, il dit encore que c'est Grégoire qui l'a engagé à écrire : « Vous me pressez, mon père, avec une singulière insistance, mais aussi avec votre bonté ordinaire, vous me pressez de chanter sans voix, de courir malgré la lourdeur de mes jambes et de mes vers. » Il s'exprime encore de la même façon dans la pièce VI du livre IX.

69. Parmi les poésies que publia alors Fortunat, un grand nombre sont adressées à Grégoire lui-même et ont pour objet l'éloge de ses vertus. Il faut surtout remarquer la pièce III du livre V, adressée aux habitants de Tours. Fortunat les félicite de la nomination de Grégoire au siège épiscopal de leur ville; il leur prédit toutes sortes de biens par suite de l'arrivée du nouveau pontife et de sa présence au milieu d'eux.

70. Quant à la munificence, à la libéralité de Grégoire à son égard, il en parle en maint endroit de ses œuvres; pour n'en citer qu'un, il dit, au livre VIII, pièce XX, que Grégoire lui avait prêté une terre pour fournir à sa nourriture et à ses autres dépenses; il compare la munificence de l'évêque à la libéralité de saint Martin qui donna la moitié de son manteau pour couvrir les membres nus d'un pauvre :

« Vous renouvelez, dit-il, les actes du généreux Martin; il habillait les pauvres; vous les nourrissez. De même que Martin partagea son manteau, de même vous partagez vos champs; il donnait des habits aux gens, vous leur donnez le confort et l'aisance ». Dans la pièce XIX du même livre, il décrit en ces termes le site de ce riant domaine :

« Vous m'offrez la jouissance d'une campagne sur les bords minés par les flots inconstants de la Vienne, de cette rivière d'où le batelier glissant sur les eaux, ses voiles gonflées, contemple les champs cultivés, en chantant le chant des rameurs. »

71. Dans la pièce qui précède celle-ci, où il rappelle sommairement les présents et les bienfaits qu'il a reçus de Grégoire, il en indique en ces termes le nombre et l'importance :

« Quand les paroles couleraient de mes lèvres comme d'une source intarissable, quand elles se précipiteraient avec l'impétuosité d'un torrent, lorsqu'il s'agit de vous louer, ô Grégoire, lorsque ce serait encore trop peu de verser la poésie à flots, la mienne semblerait une goutte d'eau. Un Virgile serait à peine capable de célébrer dignement votre munificence. Qui pourrait dire tous les bienfaits dont vous me comblez? »

72. Est-il nécessaire d'énumérer tous les autres Gaulois dont l'amitié et la protection furent acquises à Fortunat? Je parle des rois et des grands : l'accueil

---

(1) Livre V, pièce V.

qu'il trouva en tout temps près d'eux, la bienveillance et l'affection qu'ils lui accordèrent sont, à mon avis du moins, de puissants témoignages en faveur, je ne dis pas seulement de son talent et de son savoir, mais encore de la pureté de sa vie, et même de l'agrément et de l'attrait de son commerce. Nous avons dit plus haut combien il fut aimé de Sigebert, roi d'Austrasie; au nom de Sigebert il faut joindre ceux de ses frères Charibert, Gontran et Chilpéric, de son fils Childebert, qui fut roi d'Austrasie après lui, des reines Brunehaut, Gélésuinthe et Frédégonde, et de tous les membres de la famille de ces princes : tous ces personnages ont fait cas de Fortunat et lui ont données de marques de leur estime, comme le prouvent les pièces si nombreuses que l'on rencontre à chaque instant dans ses œuvres, et qui parlent d'eux ou leur sont adressées.

73. Enfin, outre Gogon, Lupus, Magnulfe, Jovin et les autres que j'ai nommés plus haut, Fortunat compta encore au nombre de ses meilleurs amis Mummolénus, personnage que sa dignité et sa noblesse élevaient au premier rang parmi ses concitoyens. Le poète fait de lui un très bel éloge au livre VII, pièce XIV; au livre X, pièce II, est une lettre qu'il lui écrivit pour le consoler de la mort de sa fille (1).

Il faut citer aussi Papulus, qui jouissait du plus grand crédit auprès de Sigebert, Bérulfe, Condanus, Gondoaire, Boson, Galactorius, Chrodinus, Mummolus, d'autres encore, aussi distingués par leur mérite que par leur rang, honorés de la faveur de leurs princes, qui tous ont témoigné à Fortunat la plus grande bienveillance. Et ce qui, à mon avis du moins, lui fait le plus d'honneur, c'est que, tandis que la plupart de ceux que je viens de nommer subirent des changements de fortune, que les uns conspirèrent contre les rois mêmes ou trahirent leur cause, que d'autres, ayant donné prise à de graves soupçons, tombèrent dans la disgrâce, perdirent leur dignité et leur rang, furent condamnés à l'exil ou à la mort et eurent la plus triste fin, Fortunat est peut-être le seul que n'ait jamais atteint aucune poursuite, aucun soupçon; jamais la chute d'aucun de ceux avec qui il avait été le plus intimement lié n'altéra la faveur dont il jouissait; ce qui prouve que, dans ses relations amicales avec les plus grands personnages, il sut éviter de se mêler d'affaires qui ne convenaient ni à son caractère ni à sa profession, et que, étranger à tout esprit de parti, il poursuivit sa tâche sans s'en laisser distraire, en ami de la paix et du repos.

74. Fortunat habita un certain temps dans la partie de la Bretagne qui, voisine de l'Océan, est baignée et entourée par les flots. Voici en effet ce qu'il écrit à Félix, évêque de Nantes, livre III, pièce IV :

« Je dormais au bord de la mer ; couché sur le rivage, je m'abandonnais depuis longtemps aux langueurs d'un doux sommeil, quand tout à coup le flot de votre éloquence, pareil à la vague qui se brise contre le roc, me couvrit comme d'une pluie d'eau salée. »

Au même livre, pièce XXVI, écrivant au diacre Ruccon, il s'exprime ainsi:

« Autour de moi bouillonnent les flots soulevés de l'Océan, et vous, mon cher frère, vous êtes à Paris.

La Seine vous retient sur ses rivages, et moi je suis bloqué par la mer de Bretagne. Malgré la distance qui nous sépare, une mutuelle affection nous rapproche. Les ondes en fureur ne parviennent pas à me cacher votre visage, le vent du nord à chasser votre nom de mon cœur. »

75. Tenons-nous maintenant à savoir pour quelle raison il s'était retiré dans cette contrée et sur ce rivage ? S'il est permis, en pareille matière, de hasarder quelque conjecture, je remarque d'abord qu'à cette époque les hommes les plus pieux avaient l'habitude, une fois par an et surtout pendant le saint temps du carême, de se retirer dans quelque endroit écarté, pour s'y livrer loin du monde et dans la solitude à la prière et aux jeûnes. C'est ainsi que Grégoire de Tours, au chapitre 15 des *Vies des Pères*, raconte que saint Senoch, de la fête de saint Martin à Noël, et quarante jours avant Pâques, vivait enfermé dans une cellule. Un contemporain de Grégoire raconte de même que Bérécond, évêque d'Amiens, se retirait dans la solitude pendant le saint temps du carême, afin de se livrer tout entier à la méditation.

76. Or aucun séjour ne convenait mieux à ces pieuses retraites que celui des îles, qui, baignées de toutes parts par les flots, étaient peu accessibles. Aussi Grégoire de Tours, livre VIII, chapitre 43 de l'*Histoire des Francs*, dit-il que Palladius, évêque de Saintes, « s'était, au temps de carême, retiré dans une île pour prier ». Saint Marculfe, abbé de Nanteuil (1), se réfugiait tous les ans dans une île, « afin de s'y soumettre, pendant le saint temps du carême, à des macérations plus rigoureuses que de coutume, et de pouvoir, loin de la vue des hommes, se livrer avec plus de liberté et plus de fruit à la pratique des veilles, des prières et des jeûnes, » comme on lit dans la Vie de ce saint (Bénédict., Sæc. I, 12, page 128). D'ailleurs, au temps même de saint Ambroise, les îles servaient fréquemment de lieu de retraite à ceux qui voulaient, par piété, s'éloigner du monde et se réfugier dans quelque solitude ; c'est ce que nous apprend Ambroise lui-même (*Hexaméron*, III, ch. 5).

« Faut-il énumérer ces îles dans lesquelles ceux qui fuient l'appât de la corruption du siècle et qui se proposent de vivre saintement, se cachent aux regards du monde et se dérobent aux pièges dont cette vie est semée ? La mer est l'asile de la tempérance, l'école de la pureté, le séjour de l'austérité ; elle est le port de salut, la sûre retraite ouverte à ceux qui cherchent la paix, le dernier refuge de la sobriété; elle donne à la piété des hommes de foi une ardeur plus vive, à leur dévotion un nouvel élan ; le murmure des vagues qui viennent doucement baigner ses rivages accompagne leurs chants, la voix des flots paisibles se mêle au chœur des fidèles et l'écho des îles répète les hymnes des saints ».

77. Puisqu'il en est ainsi, je suis porté à croire que Fortunat aussi avait l'habitude de se retirer quelquefois, et peut-être pendant le saint temps du carême, dans quelque île où, loin de la foule et du bruit, libre de toute affaire, il pouvait se livrer sans distraction au jeûne et à la prière. Quant au fait de son séjour dans une île, on en trouve la preuve dans ce passage de la pièce XVII du livre I, adressée à Placidine :

« Faites bon accueil, je vous en conjure, à ces trop modestes présents, vous qui brillez sur cette terre

---

(1) Lucchi commet ici une erreur. La lettre à laquelle il fait allusion n'est pas adressée à Mummolénus. Voyez la note 4 de la pièce II du livre X.

(1) Près de Coutances.

comme un présent sans prix. Cette île vous les envoie du sein des flots, grâce à l'Océan, à ses eaux gonflées et murmurantes. »

78. Cependant il est possible aussi que Fortunat ne soit allé à plusieurs reprises habiter les îles ou le rivage de la mer, que pour y chercher la trace des saints qui avaient vécu dans ces contrées, pour recueillir les souvenirs qu'ils y avaient laissés, soit afin de trouver dans leur exemple un modèle et un stimulant pour sa piété, soit aussi afin d'écrire leur vie. Ce qui prouve combien cette occupation lui fut chère et familière, ce sont, avec les nombreuses biographies de saints dues à sa plume, les vers de la pièce VIII du livre II où il s'exprime ainsi :

« Que d'autres prennent plaisir aux louanges des hommes ; pour moi, j'aime à rappeler le souvenir des justes. Deux raisons m'engagent à retracer dans mes écrits les œuvres de la piété, les victoires de la foi : l'une, c'est qu'il est bien de louer dignement les grandes choses ; celui qui refuse ses éloges à la vertu se rend complice du crime ; l'autre, c'est que les hommes aiment la gloire, et que celui qui lit le récit de ses belles actions brûle de faire mieux encore. »

79. Le passage suivant de la pièce XVII du livre I, adressée à Placidine, me paraît confirmer pleinement l'opinion que je viens d'exprimer :

« Lorsque je me dirigeais en toute hâte vers ces îles que je voulais visiter, un flot furieux, poussé par le vent du nord, m'empêcha d'y aborder. Mais votre bonne étoile me protégeait ; elle m'a fait rencontrer sur le continent ce que j'allais chercher à travers les eaux. »

Je crois que Fortunat a voulu faire entendre, par ces derniers vers, que, s'étant embarqué pour aller recueillir sur certains rivages de l'Océan les souvenirs de piété et de sainteté qu'y avaient laissés de pieux personnages, il en avait été écarté par la tempête, et que, porté par les flots au pays de Placidine, il avait trouvé chez elle, dans sa vie pieusement ordonnée, les exemples édifiants qu'il allait chercher bien loin, de l'autre côté de la mer.

80. P. Brower (et l'illustre Joseph Liruti partage son sentiment) croit que Radegonde suivit Fortunat et qu'elle séjourna en même temps que lui dans la même île, ou du moins dans une île voisine. Ce qui le porte à le penser, c'est la lettre de Fortunat à Félix, évêque de Nantes, où après avoir dit qu'il « dort au bord de la mer », notre poète cite un passage d'une lettre que Félix lui avait écrite auparavant, et où il lui disait « qu'il était le prisonnier de l'affection de Radegonde ».

81. Je ne peux cependant me résoudre, sur cette seule preuve, à croire que Radegonde ait enfreint la Règle qu'elle s'était elle-même imposée, qu'oubliant ses pieuses résolutions, elle soit jamais sortie de son monastère pour aller vivre ailleurs. Elle suivait en effet la Règle de saint Césaire, évêque d'Arles, et cette Règle, à l'article 1 de la *Récapitulation*, contient cette disposition expresse : « Aucune de vous (c'est-à-dire aucune des religieuses) ne pourra, jusqu'au jour de sa mort, obtenir la permission de sortir du monastère, ni en sortir de son chef et sans permission. » D'autre part, nous voyons à l'article 28 de la *Vie de Radegonde*, par Baudonivia, qu'elle avait elle-même établi « qu'aucune religieuse ne franchirait vivante la porte du monastère ». Il y a plus encore : Radegonde elle-même, dans une lettre aux évêques de la Gaule que l'on peut lire dans Grégoire de Tours, *Histoire des Francs*, livre IX, ch. 42, fait appel à l'autorité des évêques contre les religieuses qui, « contrairement à la Règle, ont, dit-elle, tenté de sortir d'ici », c'est-à-dire du monastère. Enfin, dans le poème sur *la Ruine de la Thuringe*, Fortunat lui fait dire, en s'adressant à son cousin Hamalafroid : « Si je n'étais pas soumise à la sainte clôture du monastère, où que tu sois, j'arriverais vers toi tout à coup. » Il est donc tout à fait impossible de croire que Radegonde ait jamais quitté son monastère pour suivre Fortunat, lorsqu'il alla visiter les rivages de la mer, soit pour un motif de religion et de piété, soit pour une autre raison.

82. Au reste, l'étroite amitié qui unissait Radegonde et Fortunat a fait conjecturer à Brower que Fortunat lui-même avait embrassé la vie monastique, et qu'il suivait peut-être, lui aussi, cette règle de saint Césaire, évêque d'Arles, que Radegonde observait avec un zèle si admirable, d'après le témoignage de Fortunat, pièce III du livre VIII :

« Pénétrée d'une foi féconde et pleine d'amour pour le Christ, Radegonde pratique scrupuleusement la règle de Césaire. Elle recueille le miel qui découlait du cœur de ce pontife, et boit à cette source sans se rassasier. »

83. Brower ajoute que Fortunat, à l'exemple des anciens anachorètes, tissait des corbeilles d'osier ; il en adressa une, un jour, à Radegonde et à Agnès, avec cet envoi (livre XI, pièce XIII) :

« Cette corbeille a été tissée de mes mains, croyez-moi, chère mère et chère sœur ».

Une autre fois (même livre, pièce XVII), il leur annonce en ces termes un autre ouvrage de ses doigts :

« Ce gage de mon amitié est l'œuvre de mes mains ; je souhaite qu'il vous agrée, à vous et à ma maîtresse ».

Qui ne sait d'ailleurs que l'une des principales obligations de la vie monastique était celle de se livrer chaque jour à un travail manuel et de tisser des corbeilles d'osier ou d'autres ustensiles de même sorte ?

84. A ces conjectures de Brower, je suis heureux d'ajouter une remarque que fait l'illustre Ruinart, dans sa préface aux œuvres de Grégoire de Tours : « Dès le temps de Grégoire, dit-il au n° 35, il y avait un rapport si étroit entre le monachisme et la cléricature, qu'être moine ou être clerc c'était tout un. » Ce qui peut encore confirmer la conjecture de Brower, c'est que, lorsque, au livre IV de la *Vie de saint Martin*, Fortunat dit que Paul, évêque d'Aquilée, « voulut dans sa jeunesse le convertir, » il semble faire entendre que, sinon dans sa jeunesse, du moins dans la suite, il se convertit en effet, c'est-à-dire qu'il embrassa la vie monastique, comme nous l'avons expliqué ci-dessus, au n° 13.

85. Ce qui est certain, c'est que Radegonde, outre le monastère de femmes dont elle avait confié le gouvernement à Agnès et où elle-même vivait, avait encore fondé à Tours un monastère d'hommes. De plus, à Poitiers même, à la basilique de Sainte-Radegonde était joint un autre monastère d'hommes, comme nous l'apprend Baudonivia, *Vie de sainte Radegonde*, 31. Fortunat peut fort bien être allé jusqu'à s'y faire moine, soit pour suivre l'exemple et la leçon que lui donnait Radegonde, soit par déférence pour ses conseils et ses exhortations ; c'était pour lui le moyen d'être prêt à la servir au cas où elle aurait besoin de ses avis ou

86. Quelques bons offices que Fortunat ait prodigués à Agnès et à Radegonde, auxquelles son dévouement et sa sollicitude semblent n'avoir jamais fait défaut, il ne servit pas avec moins de zèle et de piété l'église de Poitiers, au clergé de laquelle il avait été attaché, comme nous l'avons dit plus haut. Il fallut assurément qu'il rendît à cette église des services éclatants pour être, bien qu'étranger, élevé au siège épiscopal.

87. Chose étrange, il s'est trouvé quelques personnes pour nier qu'aucun Venantius Fortunatus ait jamais été évêque, ou pour inventer on ne sait quel autre Fortunat, qui, à les en croire, aurait seul rempli cette charge et qui n'aurait rien de commun avec le nôtre. Leur principale raison, c'est que Grégoire de Tours, quand il vient à parler de lui, ne lui donne jamais d'autre titre que celui de prêtre. Mais il y a deux documents, tout à faits probants et tout à fait authentiques, qui ne permettent point de douter que notre Fortunat ait été évêque, et évêque de Poitiers. Premièrement, en effet, Baudonivia, religieuse du monastère de Poitiers et contemporaine de Fortunat, parle de lui en ces termes dans le préambule de la *Vie de sainte Radegonde* : « Nous ne recommençons pas la vie de cette bienheureuse, telle que l'a écrite un successeur des apôtres, l'évêque Fortunat. » Or personne n'oserait soutenir que la Vie de la bienheureuse Radegonde, que l'on place ordinairement en tête de celle qu'a donnée Baudonivia, ne soit l'œuvre de notre Venantius Fortunatus. En second lieu, Paul Diacre, au chap. 13 du livre II de l'*Histoire des Lombards*, dit au sujet de Fortunat : « Enfin il fut fait d'abord prêtre, puis évêque, dans la même ville (la ville de Poitiers) ». Et Paul Diacre amené en Gaule par Charlemagne après la destruction du royaume fondé par les Lombards en Italie, étant allé jusqu'à Poitiers où il visita le tombeau de Fortunat, avait pu consulter sur ce point les sources les plus sûrs.

88. Si Grégoire de Tours ne donne jamais à Fortunat d'autre titre que celui de prêtre, ce n'est pas là une difficulté : Fortunat, en effet, comme nous le dirons plus loin, ne devint évêque de Poitiers qu'à la fin de sa vie, à une époque où non seulement Grégoire avait déjà donné ses livres au public, mais où même il était mort, ainsi que nous le ferons voir quand le moment en sera venu. C'est pour cette raison aussi qu'en tête de ses œuvres dédiées à Grégoire de Tours, Fortunat ne prend que la qualité de *Prêtre italien* et non celle d'*Évêque de Poitiers*.

89. En quelle année Fortunat fut-il élevé au siège de Poitiers? Il est difficile de le dire avec précision. A la mort de Radegonde, arrivée en 587 d'après le témoignage de Grégoire de Tours (*Histoire des Francs*, livre IX, ch. 2), l'église de Poitiers était encore gouvernée par Maurovée; c'est ce dont témoigne Grégoire lui-même, qui déclare, au chap. 106 de la *Gloire des Confesseurs*, qu'en l'absence de Maurovée ce fut lui qui prit soin des funérailles et de la sépulture de Radegonde. A Maurovée succéda Platon, qui monta sur le siège épiscopal en 592, du vivant de Grégoire dont il avait été le disciple. Aussi, le jour où Platon prit possession de son siège, Fortunat dit-il, dans un poème en son honneur (livre X, pièce 14) :

« Que la présence sacrée de Grégoire remplisse tous les cœurs de joie, qu'une même foi anime et transporte deux villes. Platon, notre pontife, fut naguère le disciple de Grégoire, et c'est à Grégoire que notre église doit un si beau jour. »

Quelques personnes prétendent que le successeur de Platon sur le siège de Poitiers fut un certain Placide : mais ce Placide n'est autre que Platon lui-même, comme le remarque l'illustre Ruinart dans une note au ch. 32 du livre IV des *Miracles de saint Martin* par Grégoire de Tours. Platon n'eut donc pas, lorsqu'il mourut, d'autre successeur que Fortunat; et comme on place la mort de Platon vers l'année 599, c'est à cette époque aussi qu'il faut admettre que Fortunat devint évêque de Poitiers. Quant à Grégoire de Tours, il était mort vers l'an 595.

90. Il y a dans les œuvres de Fortunat (livre IV, pièce 25) un poème sur la mort de la reine Theudechilde, qui mourut vers l'an 598, comme le montre l'illustre Pagi (an 598, 4). Ce fut donc peu de temps après avoir écrit cette épitaphe qu'il fut nommé évêque de Poitiers; c'était alors un vieillard. Puisqu'en effet il avait environ trente-six ans quand il vint en Gaule, et qu'il vécut trente-quatre ans dans ce royaume avant d'être appelé à l'épiscopat, on voit que lorsqu'il parvint à cette dignité il avait atteint la vieillesse.

91. Devenu évêque, Fortunat fut fort utile à son troupeau, tant par la pureté de sa vie et l'exemple de ses vertus que par sa science. Nous avons de lui des explications du Symbole et de l'Oraison dominicale, qu'il semble avoir composées pour les lire à son peuple. Dans l'une de ces deux pièces se trouve ce passage : « Arrêtant notre réflexion sur ses mystères (les mystères de l'oraison dominicale) essayons pour l'édification de l'Église d'expliquer en peu de mots tous ceux qu'elle renferme dans sa brièveté; nos oreilles l'entendront avec plus de plaisir, quand notre esprit n'y trouvera plus d'obscurité. Arrivons donc au texte même de la sainte prière. » Ne reconnaît-on pas là le langage d'un pasteur instruisant son troupeau?

92. Fortunat ne fut que peu d'années à la tête de l'église de Poitiers; il eut en effet pour successeur, lorsqu'il mourut, Carégisile, auquel succéda Ennoald, qui gouvernait l'église de Poitiers vers l'an 615 (voyez les *Annales ecclésiastiques* de Lecointe, an 615, 27). Il faut donc admettre que Fortunat mourut au commencement du septième siècle. Ce fut à Poitiers, dans la basilique de saint Hilaire, au dire de Paul Diacre dans le passage que nous avons plusieurs fois cité, « que sa dépouille fut ensevelie avec les honneurs qu'elle méritait. » Étant venu faire à son tombeau une respectueuse et pieuse visite, Paul Diacre, à la prière d'Aper, abbé de Saint-Hilaire, composa, comme il nous l'apprend lui-même, l'épitaphe suivante destinée à y être gravée :

« Génie brillant, esprit prompt, bouche harmonieuse dont les chants remplissent de leur mélodie tant de pages exquises, Fortunat, le roi des poètes, le modèle vénéré de toutes les vertus, l'illustre fils de l'Italie, repose dans ce tombeau. Sa bouche consacrée nous enseigne l'histoire des saints d'autrefois, et leurs exemples nous guident sur la route qui conduit à la lumière. Heureuse terre des Gaules, parée de tant de précieux joyaux dont les feux mettent en fuite les ombres de la nuit! J'ai composé cet humble poème, ces vers sans art, ô saint Fortunat, pour rappeler au monde vos vertus. Ayez en retour pitié d'un malheureux, priez le souverain juge de ne pas me repousser, et que vos mérites, ô bienheureux, obtiennent pour moi cette grâce. »

93. Au reste, la piété de Fortunat, sa sainteté, comme ses talents et son savoir, lui ont valu bien d'autres sympathies, et l'on peut presque dire que ses vertus ont rencontré autant d'admirateurs et de panégyristes qu'il a eu d'historiens. Ce qui est certain, c'est que l'étroite et intime amitié qui l'unit à tant de personnages illustres par leur sainteté, soit en Gaule, soit en Germanie, et parmi eux aux évêques les plus célèbres de ce siècle, et surtout ses relations si affectueuses et si tendres avec Agnès et Radegonde, si renommées à cette époque pour leur piété, prouvent bien de quelle estime il jouissait dans les Gaules, et quelle opinion tout le monde y avait de ses vertus.

94. Il n'y a donc pas lieu de s'étonner que Baudonivia l'ait appelé un « successeur des apôtres »; que Paul Diacre, à son arrivée en Gaule, soit allé, comme il le dit lui-même, visiter son tombeau « pour y prier »; qu'il lui ait donné, dans l'épitaphe composée pour sa tombe, les noms de « saint » et de « bienheureux » et qu'il ait enfin conjuré d'intercéder pour lui auprès du souverain juge avec l'autorité que lui donnaient ses vertus. Ce qui prouve que la réputation de sainteté dont Fortunat jouissait dans les Gaules lui survécut, et se perpétua d'âge en âge dans le souvenir respectueux des hommes.

95. Plus tard, nous voyons l'image de Fortunat figurer parmi les saints d'Augsbourg avec cette inscription : « Saint Fortunat, prêtre italien, puis évêque de Poitiers. » Ce qui lui valut cet honneur, suivant l'opinion de quelques personnes, c'est qu'il passa par cette ville, lors de son voyage en Germanie, afin de rendre un pieux hommage aux cendres de sainte Afra qui y sont ensevelies (1), et qu'y ayant séjourné quelque temps il eut sans doute l'occasion d'y faire admirer ses vertus. Il est aussi invoqué dans les litanies de saint Cyprien hors des murs de Poitiers, comme André de Saussay le prouve, à la fin du martyrologe des Gaules, d'après les livres sacrés de cette église. Il faut lire sur cette question Lecointe, an 599, 28, et Pagi, an 568, 4. De plus, dans de très vieilles prières ou litanies que récitait habituellement Charles le Chauve, on trouve, parmi les noms des autres évêques, celui de Fortunat ainsi mentionné : « Saint Fortunat, priez pour nous », ainsi que le fait voir un manuscrit d'une très haute antiquité publié par Étienne Baluze au chap. 94 de l'Appendice aux capitulaires des rois Francs. Enfin sa fête se célèbre par un office double dans l'église de Poitiers, le 14 décembre, selon la *Gallia christiana* des Sainte-Marthe, tome II, p. 1151. Voyez aussi de Saussay, *Martyrol. gallic.*, II, p. 13, Kal. Jan.

96. Voilà pour les preuves extérieures de la piété et de la religion de Fortunat. Si maintenant on lit ses écrits, soit en prose soit en vers, ce que l'on y trouve presque uniquement, c'est une profonde piété, une rare dévotion à Dieu, à la bienheureuse Marie, à tous les saints, puis, lorsqu'il s'agit de célébrer les vertus et les mérites des hommes, un zèle, un empressement extrême, sans ombre de jalousie. Ce que l'on y remarque encore, c'est une innocence, une simplicité de mœurs dignes d'un chrétien; c'est, en amitié, un désintéressement, une fidélité rares; c'est enfin et par-dessus tout, un ardent amour de la justice et de la vertu qui éclate à chaque ligne. Toutes les fois qu'il parle de lui-même, loin de chercher à faire valoir les talents que les autres admiraient en lui, il met tous ses soins à les cacher, à les déprécier; lorsqu'il rencontre au contraire le nom d'un homme que quelque mérite recommande, il lui prodigue les louanges avec une générosité inépuisable.

97. Quant à la piété que respirent ses écrits, l'Église lui a rendu un éclatant témoignage, puisqu'elle a adopté pour ses offices et pour les fêtes de ses saints plusieurs hymnes sorties de sa plume, et les a consacrées par l'emploi qu'elle en a fait. Quelques-unes peuvent n'être plus en usage; pour d'autres, la négligence des hommes a pu laisser oublier le nom de leur auteur; mais si nous voulons savoir quel en était le nombre à l'origine, écoutons Paul Diacre et Jean Trithème : l'un nous dit que « Fortunat a composé des hymnes pour toutes les fêtes »; l'autre en compte soixante-dix-sept de sa composition, dont la première est l'hymne *Agnoscat omne sæculum*, qui figure au livre VIII, pièce 3 des *Œuvres de Fortunat* (1).

98. Pour ce qui est du talent et du savoir de Fortunat, tout en reconnaissant que ses poésies n'ont pas toujours l'agrément et l'élégance raffinée que quelques délicats recherchent et exigent aujourd'hui, tout en avouant qu'on y trouve çà et là la trace de la barbarie de son siècle, je prétends que les pensées y sont toujours justes, ingénieuses, bien enchaînées, ce qui est l'essentiel en vers comme en prose, que le style de la plupart des pièces n'a rien de rude ni de grossier, et qu'il est même en maint endroit assez agréable pour charmer les oreilles les plus délicates. Fortunat sait de plus (et c'est là la vraie marque du talent, le plus bel effort de l'art) exprimer à merveille les sentiments qui conviennent à chaque époque, à chaque personnage; il ne manque enfin, quand le sujet le demande, ni d'esprit ni de grâce.

99. Si l'on constate parfois chez lui des faiblesses de style et des négligences, que l'on veuille bien se rappeler qu'il eut le malheur de vivre à une époque où des guerres interminables, d'incessantes invasions barbares bouleversaient et désolaient à chaque instant non seulement l'Italie, où il avait été élevé et instruit, mais la Gaule qu'il vint ensuite habiter : de sorte que ce dont il faut s'étonner, c'est qu'il ait pu se trouver en ce siècle quelque coin, dans quelque domaine que ce fût, même dans celui des muses et des lettres, où ne se fît pas sentir la barbarie, la sauvagerie générale des mœurs. Ce que les muses réclament avant tout, c'est le repos, la paix, l'absence de soucis. Comment donc attendre des chants toujours harmonieux, des accents d'une pureté irréprochable, d'un poète qui, vivant dans une perpétuelle inquiétude, dans une anxiété de tous les instants, avait sans cesse sur les lèvres cette question :

« L'envahisseur étranger foule-t-il sous ses pieds les rivages de l'Italie? »

et qui, exilé dans un pays depuis de longues années, se répétait et répétait aux autres cette plainte touchante:

« O douleur, cesse enfin de troubler mon cœur.

---

(1) Vie de saint Martin, IV, vers 642-643 :
Pergis ad Augustam, quam Vindo Lycusque fluentant;
Illic ossa sacræ venerabere martyris Afræ.

(1) Cette pièce, la 3ᵉ du livre VIII de l'édition Lucchi, a été rejetée par M. Leo parmi les pièces apocryphes.

Pourquoi me rappeler mes infortunes? J'erre à l'aventure, exilé de mon pays et plus triste que l'étranger qui fait naufrage dans les mers d'Apollonie (1) ».

100. Ajoutez à cela que la plupart de ses poésies n'ont pas été composées à loisir et chez lui, qu'il n'a pas pu s'appliquer à les polir curieusement, remettant sur le métier les parties mal venues, les limant avec une attention minutieuse, mais qu'il les a le plus souvent écrites en courant, en voyage, en bateau, à cheval, ou improvisées en pays barbare, au milieu d'un repas auquel on l'avait convié. C'est ce qu'il dit lui-même dans sa lettre à Grégoire de Tours, livre I, pièce 1re :

« Parti de Ravenne, dit-il, c'est en traversant le Pô, l'Adige, en cheminant par les passages les plus abrupts des montagnes, en m'avançant jusqu'aux Pyrénées couvertes de neige en juillet, que tantôt secoué par mon cheval, tantôt à demi endormi, j'ai composé ces vers. Pendant ce long voyage à travers des pays barbares, fatigué de la marche quand je n'étais pas alourdi par le vin, sous un froid glacial, inspiré par une muse tantôt gelée, tantôt trop échauffée, comme un nouvel Orphée je chantais aux échos des bois, et les bois me renvoyaient mes chants. »

C'est la raison qu'il donne, l'excuse qu'il invoque auprès de Grégoire pour se dispenser de publier ses poésies. De même encore, dans une autre lettre adressée à Grégoire, qui a été placée en tête des quatre livres de la *Vie de saint Martin*, il dit qu'il lui envoie un poème « écrit au milieu des travaux de la moisson, au milieu de la moisson même, comme le lui expliquera le messager qui l'apporte, et dans lequel il n'a pu ni observer exactement toutes les règles de l'art, ni essayer de les observer. » Et il ajoute : « L'ouvrage entier (c'est-à-dire les quatre livres de la Vie de saint Martin) a été mis en vers pendant ces deux derniers mois, avec plus d'audace que de talent et de succès, en courant, en laissant échapper mille fautes, au milieu d'occupations frivoles. » En terminant, il prie Grégoire de lui pardonner une grosse tache que la pluie a faite sur son manuscrit, tandis qu'il écrivait en pleine moisson. Ailleurs, parlant du long poème en l'honneur d'Avitus, évêque de Clermont-Ferrand, qu'il avait composé à la prière du même Grégoire (livre V, pièce 5), il dit qu'il l'a terminé en moins de deux jours, tandis que le messager le pressait « et que, laissant tomber les paroles une à une de sa bouche béante, il semblait un créancier intraitable qui n'exige pas seulement le paiement d'une dette, mais qui veut que la monnaie soit de poids ».

101. Ces citations font bien voir que Fortunat a écrit ses poésies à la hâte, au milieu de toutes sortes d'affaires et de préoccupations, et que souvent le temps lui était trop étroitement mesuré. On peut donc imaginer aisément quel grand poète il eût été, s'il fût né dans des temps plus heureux, et s'il lui eût été permis de cultiver les muses chez lui, sans distraction ni soucis, dans un complet loisir, puisqu'en un siècle si barbare, menant une vie si occupée, il s'est montré je ne dis pas seulement poète au-dessus du médiocre et du commun, mais tout à fait bon poète et le premier assurément parmi ceux de son temps.

102. Quant à l'opinion des anciens sur le talent et le savoir de Fortunat, on la trouvera dans les témoignages que nous avons rassemblés et que nous donnerons en leur lieu (1). Je ne veux rapporter ici que celui de son contemporain et de son ami, Grégoire de Tours, qui, dans la lettre qui sert de préface à son ouvrage en quatre livres sur les vertus de saint Martin, après avoir déclaré que la tâche qu'il avait entreprise était au-dessus de ses forces, a ajouté : « Plût au ciel que Sévère, que Paulin vécussent encore, ou que Fortunat du moins fût ici, pour raconter ces merveilles. » Ce fut Grégoire qui adjura Fortunat, « en invoquant les saints mystères et les vertus éclatantes du bienheureux Martin » de réunir ses poésies et de les publier, convaincu sans doute qu'il était du plus haut intérêt qu'elles ne restassent pas plus longtemps confinées dans l'obscurité et le silence, et qu'elles fussent produites au jour pour le plus grand profit du public. A Grégoire il faut ajouter Félix, évêque de Nantes, qui écrivit à Fortunat « que sa voix, dominant le bruit des acclamations enthousiastes, avait retenti jusqu'aux extrémités du monde » : paroles qui font bien voir ce que l'on pensait du talent du poète et de ses œuvres dans la Gaule entière, et en quelle estime on le tenait.

103. Fortunat d'ailleurs ne s'est pas seulement fait admirer comme poète et comme hagiographe ; il n'a pas négligé non plus les études théologiques. Son commentaire de l'Oraison dominicale en particulier montre combien il apportait de sens et de jugement dans les travaux de cet ordre. Enfin la pièce « en l'honneur de la sainte Vierge Marie, mère du Seigneur » (2) fait voir jusqu'à quel point il était versé dans la science théologique. Il semble pourtant, dans une lettre à Martin, évêque de Galice (livre V, pièce 1re) décliner l'honneur d'être considéré comme théologien : « De Platon, dit-il, d'Aristote, de Chrysippe et de Pittacus, je ne sais que ce que j'en ai entendu dire ; quant à Hilaire, Grégoire, Ambroise, Augustin, je ne les ai pas lus, et s'ils se montraient à moi en songe, je ne les reconnaîtrais pas (3). » Mais faut-il s'étonner qu'un homme si habile à se déprécier tienne ce langage à Martin, qui, dans une de ses lettres, lui avait écrit « qu'après avoir approfondi les doctrines des stoïciens et des péripatéticiens, il s'était livré tout entier à l'étude de la théologie et de la philosophie » ? Ce qui est certain, c'est que Fortunat, qui fut d'abord fait prêtre, puis évêque, ne put pas rester longtemps étranger à la théologie. L'exemple de Radegonde aurait suffi au besoin pour l'engager à l'étudier, car Baudonivia nous apprend (*Vie de Radegonde*, 9) que cette princesse était, jour et nuit, plongée dans des méditations et des lectures sur la religion.

104. J. Joseph Liruti croit enfin que Fortunat connaissait les lettres grecques : il avait pu acquérir cette connaissance à Ravenne, à l'école où fleurissaient alors toutes les sciences, et l'apporter en Gaule. Liruti cite, à l'appui de son opinion, ce passage d'une lettre à Félix, évêque de Nantes (livre III, pièce 4), où Fortunat, frappé d'admiration pour l'éloquence de l'évêque, compare son discours « au tissu serré d'une ode pin-

---

(1) Livre VI, pièce VIII.

(1) Ces témoignages figurent dans l'édition de Lucchi à la suite de la Vie de Fortunat.
(2) Cette pièce figure, dans l'édition Leo, parmi les pièces apocryphes.
(3) Ce passage, altéré dans la plupart des manuscrits, est tout différent dans l'édition de M. Leo. Lucchi lui-même a fait ici, dans sa citation, une correction qui n'est pas sans importance. Il a substitué *cognoscerem* à *sentirem* que porte son texte au livre V.

darique mise en prose ». Assurément d'ailleurs, l'écrivain qui commence ainsi une lettre à Grégoire de Tours (1) : « Quand on lit un ouvrage dans un esprit de piété, les qualités qui lui manquent, un œil ami sait les y découvrir. Laissons donc aux orateurs et aux dialecticiens toutes ces belles choses, ἐπιχειρήματα, λέξις, διαίρεσις, παραίνεσις, et le reste »; l'écrivain qui s'exprime ainsi ne semble pas avoir ignoré les lettres grecques. Enfin, ce qui constitue à mon avis la preuve la plus forte, c'est que, parmi les œuvres de Fortunat, il y en a un grand nombre où l'on retrouve çà et là quelque chose du goût et de la grâce des Grecs. Aussi n'est-il pas possible d'approuver l'abbé Hilduin, qui, dans une lettre à Louis le Débonnaire, dit que, « si Fortunat n'a point parlé de la nationalité de Denys l'Aréopagite, en l'honneur duquel il avait composé une très belle hymne, non plus que de sa nomination à l'épiscopat, c'est parce qu'il ne sait pas du tout le grec. »

En voilà assez, je pense, pour faire connaître la piété, la science, le talent de Fortunat (1).

(1) C'est la lettre, déjà citée par Lucchi, qui précède le poème sur la Vie de saint Martin.

(1) A la suite de cette biographie, Lucchi donne de nombreux extraits des écrivains qui ont parlé de Fortunat avec éloge, depuis Grégoire de Tours jusqu'aux historiens ecclésiastiques des deux derniers siècles, Godeau, Guillaume Cave, Muratori.

POURQUOI FORTUNAT

N'A-T-IL JAMAIS ÉTÉ TRADUIT EN AUCUNE LANGUE?

DISSERTATION PRÉLIMINAIRE.

I.

Un assez grand nombre d'auteurs ont parlé de Fortunat, et presque tous, les plus anciens principalement, avec des éloges qui passent la mesure. Mettons à part Grégoire de Tours, son correspondant et son ami, qui le pressa vivement de publier ses poésies; car s'il est vrai que l'évêque les ait admirées, le poète ne dit pas précisément en quels termes Grégoire lui témoignait son admiration, il se borne à protester contre la bonne opinion que son illustre ami a de son mérite, et à se défendre, tout en y obéissant, contre des encouragements qui tentaient sa faiblesse, mais qu'il regardait comme des ordres (1). C'est ainsi, par exemple, que, pour le contenter, il fit des vers saphiques, lesquels ne manquèrent pas, comme toute poésie exécutée à commandement, d'être mauvais (2).

On se rend mieux compte des louanges qu'il recevait de la reine Radegonde, fondatrice et simple religieuse du couvent de Sainte-Croix de Poitiers, et d'Agnès, abbesse de cette communauté. Il y est souvent fait allusion dans ses poésies. Sortant de la bouche de deux personnes aussi considérables par leurs dignités, leur caractère, leur esprit et leur savoir, ces louanges souvent décochées, pour ainsi dire, à brûle-pourpoint, ne laissaient pas que de mettre quelquefois à des épreuves fort délicates la modestie, d'ailleurs très réelle, de notre poète. Nous voyons de plus, dans plusieurs de ses poèmes adressés à de puissants personnages de la cour et du gouvernement de Sigebert et de son fils, en quelle estime singulière il était auprès d'eux, et quels efforts il faisait pour se diminuer, pour rabattre quelque chose de leurs compliments, encore qu'il y entrât, sans qu'il s'en aperçût peut-être, force eau bénite de cour.

Les jugements des contemporains ne sont pas définitifs; il en est peu qui ne soient sujets à révision. Il s'en doutait sans doute, et, par la manière dont il réagissait contre les éloges, il semblait prévoir le sort qui les attendait un jour à venir. Il ne se trom-

(1) Livre Ier, prologue.
(2) Livre IX, pièce VII.

pait pas tout à fait. La postérité commença pour lui un siècle environ après sa mort, et ce fut Paul Diacre qui lui en ouvrit les portes. Grâce à cet introducteur, qui n'avait rien négligé pour tirer au clair son état civil assez embrouillé, et en qui commence la série de ses apologistes (1), la postérité ne montra pas seulement au poète la même faveur que celle dont il avait joui de son vivant, mais, à partir de là jusqu'aux vingt-cinq premières années du dix-septième siècle, elle prit et conserva l'habitude de parler de lui comme elle eût fait d'un modèle en toutes sortes de poésies.

Après Paul Diacre viennent Hincmar (2), Flodoard (3), Aimoin (4), Sigebert de Gemblours (5) et Tritheim (6). Tous, en plus ou moins de paroles, tiennent un langage qui est comme un écho multiple, d'autant plus fidèle qu'il a moins de sons à répercuter. Parmi ces distributeurs d'encens, il en est à qui il semble monter à la tête, en même temps qu'ils le dispensent à l'idole. Au commencement du seizième siècle, si l'on en croit Pierre Crinito, Fortunat aurait été mis au rang des auteurs classiques, ses hymnes étant en très haute recommandation auprès des grammairiens d'Italie de cette époque (7), et expliquées dans les classes. Comment croire qu'un poète coupable de tant d'infractions à la grammaire latine ait eu un pareil crédit parmi ceux qui étaient chargés de l'enseigner? Selon Jérome Bologni, poète trévisan (8), Apollon et les Muses sourirent à la naissance de Fortunat, et le douèrent de telle sorte que « ses hymnes pindaresques et célestes devaient rendre modeste le poète de Vénouse ». Voilà Horace bien accommodé. Mais Bologni a raison de louer Fortunat d'être resté pur, et de n'avoir chanté « ni les exploits des forbans, ni les turpitudes des débauchés »: Sa muse, en effet, si muse il y a, est d'une honnêteté et d'une chasteté irréprochable.

Gaspar Barthius, ou Barth, est le premier qui ait mêlé un peu de critique à ces éloges (9). On sent avec lui qu'on entre dans le XVII° siècle. Il remarque que, né dans des temps barbares et ennemis de toute science, Fortunat, avec toute la force de son esprit, a plus corrompu la langue que tout autre moins favorisé que lui de la nature. On ne pouvait mieux dire. Toutefois, cette critique est comme noyée dans les louanges, et l'on se trouve à la fin en présence d'un poète d'un savoir encyclopédique. Dupin (10) accorde qu'il approche des poètes d'un meilleur temps que le sien, « non pas, ajoute-t-il, par la pureté des expressions, ni par la beauté des vers, mais par le tour poétique et la facilité merveilleuse avec laquelle il écrit en vers ». Tout cela n'est

---

(1) *De Gestis Longob.*, l. II, c. XIII.
(2) *Vita S. Remigii*, præfatio, n° 2.
(3) *Hist. Rhem. eccles.*, l. II, c. II.
(4) *Hist. Franc.*, l. III, c. XIII.
(5) *De script. eccles.*, c. XLV.
(6) *De script. eccles.*, au mot *Fortunatus*.
(7) *Vitæ poet. latin.*, l. V.
(8) Ses poésies inédites en XX livres étaient, au rapport de Luchi, conservées à Venise dans la famille Soderini. Voyez les *Testimonia* sur Fortunat, édition de Luchi, dans Migne, tome LXXXVIII, col. 56.
(9) *Adversaria*, l. XLVI, c. III; édit. de 1624.
(10) *Biblioth. des auteurs ecclés.*, t. V.

que jeu de mots. Qui dit pur dit clair, pour le moins, et l'on tâtonne sans cesse dans les obscurités de Fortunat, et l'on s'y perd souvent. Parler après cela de sa merveilleuse facilité, c'est comme si l'on disait de Virgile et d'Ovide qu'ils sentent l'effort. Dom Ceillier (1) loue par-dessus tout la piété de Fortunat, qui était grande en effet, et dont les témoignages abondent dans toutes ses œuvres poétiques; mais c'est faire comme Simonide, et détourner sur l'esprit dont ces œuvres sont pénétrées, l'hommage qu'elles lui semblaient ne point mériter d'ailleurs. Dom Ceillier se montre, en effet, assez froid pour la poésie de Fortunat, et se raille même un peu de ceux qui l'ont si fort exaltée. Cependant, l'analyse suffisamment détaillée qu'il donne des pièces dont se compose chaque livre du Recueil de notre poète prouve du moins qu'il l'a lu; ce qu'on ne saurait assurer de pas un des critiques, ses prédécesseurs.

Dans une monographie de Fortunat, fort longue, fort érudite et très piquante, mais un peu romanesque en ce qui touche la naissance, la famille et la patrie du poète, Liruti (2) est si occupé à combattre les opinions confuses, mais reçues de son temps, sur ces diverses circonstances et sur quelques autres encore, qu'il n'a guère le loisir de s'engager dans un examen sérieux du talent poétique de son auteur, et que les éloges qu'il lui décerne par occasion ne permettent pas qu'on le déclare lui-même un apologiste de parti pris. Il paraît assez, comme Dom Ceillier, avoir lu Fortunat; il y trouve également matière à quelques critiques, mais elles n'ont pas le même poids.

De nos jours, Fortunat a été le sujet de quelques études plus ou moins étendues; mais la méthode et le caractère en sont plus relevés que les ébauches dont on vient de parler, et l'intérêt qu'on y prend est autrement vif. Trois écrivains d'un talent supérieur, Augustin Thierry, Ampère et Montalembert s'y font principalement remarquer (3).

Augustin Thierry n'a guère lu dans les poésies de Fortunat que ce qui se rapporte à Radegonde, aux infortunes et au courage extraordinaire de cette princesse, et à l'aimable familiarité dans laquelle elle vivait avec un poète qu'elle aurait eu le droit d'appeler le sien, tant il l'a célébrée. Il y a aussi, chemin faisant, recueilli maints passages ayant trait aux mœurs de Fortunat sur qui celles des barbares avaient en partie déteint, et qui, de l'écolier instruit et studieux des écoles de Ravenne avaient fait une manière d'épicurien franc ou germain, toujours attiré vers les plaisirs de la table, et victime quelquefois de ses excès (4). Mais, au lieu d'insister sur ce vice et d'y trouver matière à de faciles railleries, il se borne à le constater avec délicatesse et même avec grâce, en philosophe indulgent et non pas en censeur austère. C'est

---

(1) *Hist. des auteurs sacrés*, t. XVII, p. 84 et suiv.
(2) *Notizie della vita... dei letterati del Friuli*, t. I, p. 132 et suiv., 1760, in-4°.
(3) Je ne parle pas de feu Victor Leclerc qui a fait un article sur Fortunat, où il le juge, ainsi que les autres poètes chrétiens de cette époque, avec une indulgence qui tient plus de la tendresse que de l'impartialité. Il a même traduit une pièce de notre poète, où il s'est plus appliqué à être élégant que fidèle, et où il paraît même n'avoir pas entendu son texte. Cet article est dans le *Répertoire de la littérature ancienne et moderne*, t. XIV, p. 198 et suiv.
(4) *Récits mérovingiens*, V° Récit.

ce qu'Ampère qualifie d'optimisme et qu'il relève dans Augustin Thierry avec plus de politesse que d'équité (1). Quant à la valeur de Fortunat comme poète, Augustin Thierry ne paraît pas s'en inquiéter; il s'en tient à ce qu'on peut tirer de ses poésies de bon pour l'histoire, et il s'applique à le démontrer, au moins en tout ce qui convient au sujet qu'il traite. On admire dans le savant historien avec quel discernement il a choisi ses citations, avec quel art il les a disposées. Cet art rappelle assez celui des prédicateurs qui prodiguent les citations de l'Écriture sainte, et savent si bien les ajuster à leur texte qu'elles semblent y avoir leur place naturelle, l'Écriture jusque-là n'en ayant eu que le dépôt. C'est cette habile disposition qui donne un peu l'air de roman aux charmants récits de l'historien, qui caractérise sa méthode et qui exerce sur le lecteur une si grande séduction.

Ampère paraît avoir vu Fortunat de plus près, sans pourtant l'avoir vu assez pour affirmer qu'il le connaît bien (2). L'homme ne lui inspire pas de sympathie, quoiqu'il soit très capable d'en inspirer; mais il est de ceux dont la vie se prête davantage à une critique spirituelle et amusante, et très propre par conséquent à donner de l'attrait à des leçons publiques dont il serait l'objet. Par là, il devenait plus intéressant aux yeux d'un professeur que d'un historien. Aussi, tout en rendant hommage aux qualités de Fortunat, Ampère est au fond très sévère, je ne dirai pas pour les mérites du poète qui n'ont pas plus à gagner aux éloges qu'à perdre à la critique, mais pour l'homme privé sujet à de mauvaises habitudes, comme par exemple la flatterie à outrance, et des infractions à la sobriété, plus propres, dit-il, à un barbare sensuel qu'à un épicurien délicat; sur ce dernier point, surtout, il répudie l'indulgence qu'Augustin Thierry a montrée. Il y a du vrai sans doute dans cette appréciation d'Ampère. Mais pourquoi ne pas mettre au compte du temps, comme la vérité l'y obligeait, la plus grosse part de ces défauts qu'Ampère paraît un peu trop attribuer à de mauvais penchants innés? Pour ce qui est de ces défaillances morales, entre autres l'abus de la flatterie, qu'Ampère reproche à Fortunat, à quel art autre que la flatterie le poète eût-il pu demander main forte pour vivre en sûreté avec les puissants personnages dont la protection était si nécessaire à lui étranger, et dont l'orgueil, ou se fût offensé de louanges médiocres, ou n'eût rien compris aux louanges raffinées; avec ces rois francs ou germains qui se trahissaient et s'égorgeaient les uns les autres et qu'il n'eût pas été prudent d'avertir, encore moins de réprimander? Fortunat n'avait point cet art; il était à la fois bon et naïf, et, n'ayant jamais fait le mal dans une société où l'on ne s'en gênait guère, il pouvait croire que, par l'excès de ses flatteries, il empêcherait qu'on ne lui en fît à lui-même. Toute sa politique consistait donc à ménager les partis et à avoir des casaques de rechange au cas où il y aurait eu péril pour lui à porter toujours la même. Quant aux infractions du poète à la sobriété, lesquelles, d'ailleurs, il avoue avec candeur, elles ont fourni à Ampère l'occasion de montrer beaucoup d'esprit aux dépens du pécheur trop expansif, et cela en présence d'un au-

---

(1) *Histoire littéraire de la France*, t. II, ch. XII, p. 312 et suiv. de l'édition de 1839.
(2) *Ibid.*

ditoire dont les plaisanteries sur les personnes et leurs infirmités ridicules ne manquent guère d'exciter le rire et les applaudissements. A cet égard, il doit quelque reconnaissance à Fortunat.

En écrivant la vie si dramatique et si touchante de sainte Radegonde, dans les *Moines d'Occident* (1), Montalembert rencontre naturellement Fortunat sur son chemin. Il lui emprunte quelques passages relatifs aux terribles catastrophes qui ont forcé cette reine à se réfugier dans le cloître, et dispersé les restes de sa famille échappés au fer des Francs. Il dit quelques mots des billets familiers de Fortunat à la sainte recluse du monastère de Sainte-Croix de Poitiers, et à l'abbesse Agnès; il rappelle les soins vigilants et gracieux dont elles l'entouraient, et, en bornant là ce qu'il ne pouvait s'empêcher de dire pour les besoins de son sujet, il montre assez qu'il a négligé de lire ce qui ne s'y rapportait pas, c'est-à-dire plus des trois quarts des poésies mêlées de Fortunat. Il y a tout au plus jeté un coup d'œil, suffisant toutefois pour lui faire trouver à redire aux souvenirs classiques que Fortunat introduit trop souvent dans des vers tout remplis des témoignages de sa foi catholique. D'ailleurs, à l'exemple d'Ampère et d'autres encore, qui ne se sont pas mis en peine de prouver cette assertion, il croit Fortunat auteur de deux pièces (2) « où, dit-il, il fait parler Radegonde dans des vers où respire le sentiment d'une véritable poésie, d'une poésie toute germanique de ton et d'inspiration ». Rien n'est plus vrai; mais est-ce que Radegonde elle-même ne faisait pas des vers, « des grands et des petits », comme le dit Fortunat, et ces vers, de l'aveu de notre poète, n'étaient-ils pas excellents (3)? Pourquoi donc n'aurait-elle pas fait ceux qu'on persiste à donner à Fortunat? Tout ce qu'on peut dire, c'est qu'il les a revus et chargés un peu de sa rhétorique; il me semble, en effet, le reconnaître à certains traits déclamatoires et ampoulés du genre de ceux qui lui sont habituels. Quant au fond, qu'on veuille bien lire ces pièces avec soin, et l'on verra que le sujet dont l'auteur s'est inspiré n'est pas de ceux qui se puissent traiter par procuration. Mais ce n'est pas le moment d'insister là-dessus.

En 1847, M. l'abbé Maynard soutint, à la Faculté des lettres de Poitiers, une thèse latine sur Fortunat (4). Le sujet n'y est qu'effleuré et n'offre rien de nouveau, bien que l'auteur en eût certainement trouvé, s'il eût eu la patience de le chercher. Il connaissait sans doute les écrits d'Augustin Thierry et d'Ampère mentionnés plus haut, mais il n'avait guère à s'en souvenir, car sa thèse est plus remplie du personnage ecclésiastique que du poète, et celui-ci n'eût peut-être pas obtenu de M. l'abbé Maynard toute l'estime dont il est l'objet, si la plupart de ses pièces n'eussent porté la forte empreinte de sa foi catholique et du caractère sacré dont il était revêtu. Il est donc douteux que les défauts du poète, dont les principaux semblent bien n'avoir

---

(1) T. II, p. 345 et suiv., 4ᵉ édit., in-12, 1868.
(2) Les pièces I et III de l'Appendice.
(3) Appendice, pièce XXXI.
(4) In-8°.

pas échappé à M. l'abbé Maynard, fussent devenus à ses yeux des qualités, sans les mérites du prêtre qui leur valaient cette indulgence.

C'est dans le même esprit, mais avec plus de méthode et surtout avec plus de sens critique, que M. l'abbé Hamelin a traité le même sujet, dans une thèse latine soutenue par lui à Rennes en 1876 (1). Elle est divisée en deux parties. La première est un résumé des faits qui concernent la vie, la famille et le pays de Fortunat. L'auteur s'y autorise tout simplement des témoignages de Paul Diacre, de Brower, de Luchi, de Liruti, de Grégoire de Tours, d'Hincmar, etc., joints à ceux qu'on doit à Fortunat lui-même, et qui se trouvent soit dans ses poésies mêlées, soit dans sa *Vie de saint Martin*; il y a rien de plus, rien de moins; ce sont de simples répétitions. Pour la seconde partie, toute consacrée aux écrits du poète, M. l'abbé Hamelin a mis à contribution les ressources que lui offraient l'*Histoire littéraire de la France* et les *Récits* d'Augustin Thierry. Pour avoir interrogé l'un et l'autre avec une réserve qu'on pourrait qualifier d'abstention complète, M. l'abbé Maynard a beaucoup diminué l'intérêt de sa thèse, laquelle en a contracté même quelque aridité. Au contraire, celle de M. l'abbé Hamelin, par l'excellent usage qu'il y est fait de ces deux documents, est plus substantielle, plus dégagée et plus attrayante. Il y fait une remarque qui peut passer pour neuve, et que j'ai moi-même faite souvent, en lisant et en étudiant Fortunat; c'est qu'il y a dans ce poète une véritable originalité. J'ajoute que cette originalité est surtout dans le caractère de l'homme, les vers du poète ne pouvant être appelés originaux, par cela seul que leur incorrection et leur rudesse ne les font ressembler à nuls autres. Ce caractère, mélange de sensibilité, d'enjouement et de bienveillance, dut faire, comme il fit en effet, du poète, un compagnon des plus agréables et des plus recherchés. On a peine à se figurer que dans une société grossière comme celle où vécut Fortunat, et où les accès de gaîté étaient plus ou moins des actes de violence, cet homme ait pu avoir et ait su garder une gaîté douce et naturelle. Telle était pourtant celle de Fortunat. Elle nous rappelle, bien qu'elle en diffère du tout au tout et par l'esprit, et par le genre de poésie où elle se manifeste, la bonne humeur dont Lucilius tempérait l'âpreté de ses satires, et par laquelle il charmait et déridait les Lélius, les Scipion et autres graves Romains de son temps. Et si on cherchait vainement dans les poésies mêlées de Fortunat le sel et l'urbanité que Cicéron et Horace remarquaient dans celles de Lucilius; si, plus vainement encore au latin dégénéré et comme tombé en enfance du panégyriste des rois mérovingiens, on demandait quelque chose de cette connaissance supérieure de la langue latine qu'Aulu-Gelle (XVIII, 5) admire dans le satirique romain, on y trouverait du moins de la finesse en certains endroits, de la délicatesse et même de la grâce.

La bienveillance, ou, pour mieux dire, la bonté de Fortunat ne contribua pas moins à le rendre populaire parmi ses contemporains les plus illustres, que son enjouement.

---

(1) Je ne connaissais pas cette thèse; c'est M. Salomon Reinach qui me l'a obligeamment signalée, en même temps que la traduction en vers allemands par M. Bœcker, de trois pièces de Fortunat, dont on trouvera l'indication plus loin, page 33, note 2.

Toutefois elle avait le défaut d'être banale, de se prodiguer avec excès, et finalement de dégénérer en une flatterie outrée, où il a bien l'air d'oublier jusqu'au sentiment de sa dignité personnelle. Il y aurait d'ailleurs beaucoup à dire là-dessus à la décharge de Fortunat; mais ce n'est pas ici le lieu.

M. Ebert est le premier qui, pour venir après tous les autres critiques de Fortunat, donne une idée juste de ses poésies, et qui le fait avec brièveté (1). Il n'est pas, comme Ampère, toujours à la recherche de l'esprit et de l'effet, mais il ne manque pas de bonne humeur et sait, à l'occasion, caractériser le poète et son œuvre par un mot pittoresque et vrai. Sa critique est savante, et charme autant qu'elle instruit. Peut-être la trouverait-on un peu complaisante; tel est du moins mon humble avis; mais elle a en somme assez d'autorité pour nuire au succès des objections qu'on y pourrait faire, et par conséquent pour avoir le dernier mot. M. Ebert a fait une étude de Fortunat, de son esprit et de son style, aussi approfondie que s'il eût eu le dessein de le traduire, en tous cas avec la conviction qu'il n'était pas possible d'en parler pertinemment, si l'on ne se l'était rendu familier à force, pour ainsi dire, de petits soins, et si l'on ne s'était nourri de sa substance.

Les poésies de Fortunat communément et avec raison nommées poésies mêlées, le sont en effet à tous égards. Une circonstance quelconque les fait naître, et elles viennent se ranger les unes à la suite des autres sans qu'il y ait, la plupart du temps, le moindre lien entre elles. A l'exception du quatrième livre composé exclusivement d'épitaphes, et de l'Appendix dont toutes les pièces sont adressées à Radegonde et à Agnès, sauf aussi un petit nombre de pièces qui, dans les autres livres, se rapportent aux mêmes sujets et se suivent naturellement, tout le reste est un pêle-mêle où il semble bien que les copistes de ces poésies aient plus de part que le poète lui-même. Comme d'ailleurs, ainsi qu'on l'a bientôt reconnu, il y a dans ce désordre matériel nombre de pièces qui appartiennent à un genre déterminé, M. Ebert les a divisées en catégories. La première consiste en panégyriques. De hauts personnages, tels que des rois, des reines, des princesses, des fonctionnaires, comme on dirait aujourd'hui, des évêques, des abbés, etc., en sont habituellement l'objet. Le poète y chante leurs louanges dont il n'exempte même pas leurs qualités physiques, allant jusqu'à établir des rapports entre celles-ci et leurs qualités morales. Parfois ces louanges sont tellement outrées et démentent si audacieusement l'histoire que, n'osant croire que l'auteur ait menti sciemment, on conclut qu'il a dû ignorer de la vie de certains personnages les faits qui contredisent avec éclat ses assertions. C'est ce qu'on remarque surtout dans les poèmes à la louange de Caribert (2), Chilpéric et de Frédégonde; car pour ceux qui regardent Sigebert et Brunehaut, Fortunat les ayant écrits

---

(1) *Histoire générale de la littérature du moyen âge en Occident*, par A. Ebert, professeur à l'Université de Leipsig, traduit de l'allemand par le Dr Joseph Aymeric, et par le Dr James Condamin. Paris, 1883, 2 vol. in-8°.

(2) Fortunat, lorsqu'il racontait avec un enthousiasme si peu mesuré (VI, III) les vertus de Caribert, écrivait sans doute avant que ce prince eût montré tous ses vices, ou du moins, le poète étant lui-même nouveau venu en Gaule, ne connaissait rien encore des faits qui rendirent depuis son héros si tristement célèbre.

à la cour de ce prince auquel il avait de grandes obligations, il est excusable d'avoir puisé dans son enthousiasme reconnaissant des motifs de donner plus d'essor à son penchant naturel pour la louange et pour la flatterie.

M. Ebert range dans la catégorie des panégyriques le poème en l'honneur de la Virginité (VIII, 3); tel est bien en effet son caractère, et d'ailleurs l'on conviendra que s'il est une vertu louable par-dessus toutes les autres, c'est celle dont saint Augustin, parlant des vierges, a dit : « qu'elles ont en la chair quelque chose qui n'est point de la chair, quelque chose qui tient de l'ange plutôt que de l'homme (1). » Dans ce poème, « l'auteur, dit M. Ebert (t. I, p. 558), peint avec des couleurs peut-être un peu trop sensuelles l'amour des religieuses pour le fiancé céleste, ainsi que la récompense réservée dans le ciel à la chasteté. » Cela est vrai; mais avec ou à part cela même, ce poème, pour dire ce que j'en pense, est certainement l'œuvre la plus singulière du poète, et peut-être, malgré la banalité d'un sujet déjà traité par saint Basile, saint J. Chrysostome, Tertullien, saint Augustin et saint Ambroise, la plus originale. Il y a là, notamment, un parallèle entre la condition de la vierge et celle de la femme mariée, où, par des raisons physiologiques d'une vérité cruelle et sans idéal, le poète démontre les avantages de la virginité sur un état où il a fallu nécessairement en faire le sacrifice. Avec des couleurs qui ne sont point celles de l'Albane, mais qui rappelleraient plutôt le sombre naturalisme de l'Espagnollet, il peint les suites ordinaires de ce sacrifice, la grossesse et l'espèce de honte que la femme grosse éprouve en présence des hommes, l'accouchement, l'allaitement, la mort du premier né, le veuvage où la femme cesse d'être épouse sans pouvoir redevenir vierge. Pour tous ces détails dont quelques-uns sont véritablement émouvants, Fortunat s'est évidemment inspiré de saint Ambroise qui, dans son traité *de Virginitate* (2), fait le même parallèle.

En outre, il y a dans ce poème de véritables beautés poétiques, beautés de forme et beautés de sentiment. Au début, le poète nous introduit dans la cour céleste au moment où elle est assemblée pour recevoir la vierge récemment arrivée au ciel, et destinée à être l'épouse du Christ. Il donne entre autres des détails gracieux et très intéressants au point de vue de l'art, sur la toilette de la fiancée, il rappelle ses combats sur la terre et ses souffrances pour se garder pure et digne de son divin époux, ses entretiens mystiques avec lui, les consolations et la force qu'elle y puise, et enfin son triomphe. Des images tour à tour éclatantes et pompeuses colorent et animent toute cette poésie, et laissent à peine le temps d'apercevoir sous leur brillant les duretés et les incorrections de style habituelles à Fortunat.

Malgré tous ces mérites, ce poème ne me touche pourtant pas d'une manière aussi vive et aussi continue que les poèmes sur Galsuinthe (VI, 5), et sur la ruine de la Thuringe (*Append.* 1). Les beautés sont là d'un ordre si supérieur et si dramatique, on les attendait si peu du talent, du caractère, et j'ajoute du tempérament de

---

(1) Habent aliquid jam non carnis in carne, etc. *De sancta Virginitate*, n° 12.
(2) Ce traité est en cinq livres, et saint Ambroise l'adresse à sa sœur Marcellina.

Fortunat, que les critiques, y compris M. Ebert, semblent s'être un peu trop complaisamment mis d'accord, pour lui faire les honneurs de ces deux touchantes élégies. J'ai dit précédemment les raisons qui me portent à différer d'opinion avec eux à cet égard; je n'y reviendrai pas, mais je dirai de plus que si, par le seul fait de maintenir ces poèmes à la place qu'ils occupent parmi les poésies de Fortunat, je parais me ranger moi-même à cette opinion, c'est moins par conviction que par respect humain.

M. Ebert s'est si bien pénétré de son auteur, il en a si bien pesé les mérites et les défauts que, sauf sur un point seulement, où je me permets de n'être pas de son avis, et dont je parlerai tout à l'heure, il n'y a pas un mot à redire dans ses jugements, et qu'en général on peut s'en reposer sur lui. Ainsi on ne le contredira pas quand il dit que les épitaphes se rattachent aux panégyriques; on pourrait même ajouter que c'en est la quintessence. La rhétorique de Fortunat, jointe à un besoin de louer qui ne se peut assouvir, y prend toutes ses aises, et soit qu'il loue en son nom, soit qu'il loue au nom d'autrui, soit enfin qu'il le fasse, pour ainsi parler, sur commande (1), il s'en donne à cœur joie et déborde. Mais ses épitaphes, si enflées et si longues qu'elles soient, laissent le lecteur froid sinon incrédule, et ne sont pas propres à lui faire oublier le dicton : Menteur comme une épitaphe.

Je passe, plus rapidement encore que M. Ebert, sur les épigrammes, petites pièces qui ne sont que de simples inscriptions où la raillerie et le trait n'ont point de part, sur les pièces lyriques, sur les hymnes que tout chrétien sait par cœur, sur les descriptions de voyages, sur les lettres missives et sur d'autres pièces qui ne se rattachent à aucun genre spécial, et j'arrive à celles qui sont de la catégorie des billets, c'est-à-dire de ces petites lettres qui n'évoquent pas l'idée de correspondance, qu'on écrit à la hâte, *stans pede in uno*, pour faire un compliment, annoncer l'envoi ou la réception de quelque présent, charger d'une commission ou rendre compte de celle dont on a été chargé, enfin adresser une prière ou un remerciement. Tels sont les billets adressés à l'évêque Grégoire; tels aussi ceux adressés à Radegonde et à Agnès. Ces derniers offrent, il est vrai, un mélange singulier de tendresses telles qu'en comportent les billets les plus doux, et d'effusions pieuses; on en est même tout d'abord et, eu égard à la qualité des personnes, assez scandalisé. Mais à y regarder de près, on n'y voit que les naïfs épanchements d'un cœur reconnaissant. Les attentions charmantes dont le comblaient deux femmes aux yeux de qui la grâce aimable n'était pas incompatible avec le cloître, exaltaient en quelque sorte celui qui en était l'objet, et il profitait de la liberté autorisée par le latin pour donner à ce qui n'était qu'une vive mais chaste amitié le nom d'amour, et pour appliquer les termes de ce langage profane aux sentiments de la plus pure mysticité.

Dirai-je que dans ces mêmes billets il est souvent question de l'appétit du poète, et des aventures de son estomac au milieu des tentations de la bonne chère? Dirai-je qu'en dépit de la tournure humoristique qu'il donne à ses récits, encore que Rade-

---

(1) Voy. notamment les deux derniers vers de la pièce IX du livre IV.

gonde et Agnès qui, en leur qualité de Germaines, n'étaient pas sur ce point très collets montés, s'en divertissent peut-être, il s'y oublie jusqu'à décrire en termes d'une crudité parfois grossière les opérations ardues de sa digestion (XI, 22, 23), et ces terribles lendemains qui succèdent à la crapule de la veille. Pendant son séjour assez long dans une cour et dans une société germaines, il avait contracté l'appétit des gens de cette nation, laquelle, comme les Thraces, ne passait pas pour un modèle de sobriété, et il lui arriva plus d'une fois d'être incommodé d'un régime trop brutal pour un homme qui, comme les ruminants, n'avait pas plusieurs estomacs.

M. Ebert s'étonne que Fortunat, malgré le talent qu'il a montré dans certaines parties, ne se soit exercé qu'une seule fois dans la poésie lyrique des anciens. Pourquoi cet étonnement? Fortunat ne nous dit-il pas lui-même qu'il n'avait pas les ailes assez fortes pour voler à cette hauteur, et cette espèce d'ode en vers saphiques, obscur et pompeux galimatias, qu'il écrivit malgré Minerve et seulement pour obéir à Grégoire de Tours, est-elle autre chose qu'une preuve de son impuissance à déférer convenablement à cet ordre? Ah! qu'il aimait bien mieux faire des acrostiches en forme de croix, et s'amuser à des jeux de versifications qui sont à la poésie ce que les calembours sont à l'éloquence, à affronter les difficultés de l'épanalepse, à s'admirer dans les combinaisons de plusieurs mots de suite commençant par la même lettre c'est-à-dire dans l'allitération, enfin dans « les métaphores, images et comparaisons poussées jusqu'au pathos, etc. »!

Les choses étant ainsi, comment M. Ebert a-t-il pu dire (t. I, p. 575) : « Si nous jetons ici un coup d'œil général sur les productions poétiques de Fortunat, nous devons avouer, n'y eût-il d'autre preuve que celle qui est fournie par tous ces artifices oratoires, que cet auteur possédait un grand talent pour la forme, et qu'il avait par conséquent une véritable aspiration à trouver l'expression poétique. » J'en demande pardon à M. Ebert, mais je ne saurais souscrire à cette opinion. Trouver l'expression poétique n'est rien, si elle est vide de sens, si l'idée qu'elle revêt n'est qu'un lieu commun, si elle trahit des efforts pénibles pour la découvrir, si le défaut de discernement ou la négligence se fait remarquer dans le choix dont elle est l'objet, si les mots y perdent leur propriété ou y contractent des associations contraires à leur génie naturel, si enfin elle n'est qu'une musique aux sons cadencés et bruyants pareils à ceux que produisent les marteaux de plusieurs forgerons frappant ensemble sur une enclume (1). Ce sont là les traits qui, avec quelques autres, distinguent toute poésie de décadence, ce sont ceux, à de notables exceptions près, de la poésie de Fortunat. A ce titre il est un ancêtre de plus d'un de nos poètes contemporains, parmi lesquels il en est qui ne sont pas des moins fameux.

Il reste à parler des éditions, avec notes et commentaires (2), des poésies de For-

---

(1) C'est là que, au rapport de Sennebier cité par Littré, dans son *Dictionnaire* au mot *Musique*, Pythagore trouva les principes de l'art musical.

(2) J'excepte la première en date, parce que, n'étant point accompagnée de notes et de commentaires, elle n'est pas de mon sujet; c'est l'édition de Venise, *Per Jac. Salvatorem Solanium Murgitanum... Venetiis, apud hæredes Jac. Simbenii*, 1578.

tunat. La première édition complète est due au Père Brower. Outre quelques manuscrits interrogés par lui pour la première fois, entre autres et principalement le manuscrit de Saint-Gall, il recueillit un certain nombre de pièces publiées isolément, et en composa l'édition qu'il donna en 1603, puis en 1617. Malheureusement, les notes et commentaires dont il l'accompagna laissent beaucoup à désirer sous le rapport de l'exactitude historique et de la clarté. Tantôt elles sont d'une prolixité fatigante, tantôt d'une brièveté dont on ne peut rien tirer de ce qu'on est avide ou de ce qu'il importe surtout de savoir. Les conjectures et les assertions téméraires y sont nombreuses ; il y a aussi de grosses erreurs de faits. Les corrections du texte n'en sont pas moins très heureuses et excellentes pour la plupart. Ce premier nettoiement, pour ainsi dire à grande eau, des ordures qui salissaient ce texte, est le premier et le plus grand service qui ait été rendu au poète, et pour lequel le savant jésuite a bien mérité de lui. Désormais la voie était déblayée, il n'y avait plus qu'à suivre l'audacieux qui s'y était engagé. C'est ce que fit Michel-Ange Luchi, moine du Mont-Cassin. Son édition de Fortunat parut à Rome en 1786, c'est-à-dire cent quatre-vingts ans après la première de Brower.

Luchi adopta et reproduisit l'édition de son prédécesseur sans y faire aucun changement. Mais, comme il avait pu consulter des manuscrits que Brower n'avait pas connus, il en tira des leçons nouvelles que, par déférence peut-être pour celui-ci, il se contenta d'indiquer dans ses notules. Seulement, et ses grandes connaissances en histoire, principalement en l'ecclésiastique, l'y autorisaient, il ne se fit pas scrupule de signaler les erreurs où, faute des mêmes connaissances, Brower était assez fréquemment tombé. Il eût bien fait de pousser plus loin sa critique, en écartant de son texte nombre de pièces attribuées à tort à Fortunat ou, pour le moins, fort suspectes, que Brower avait trop facilement mêlées aux pièces authentiques. Un autre après lui, et longtemps après lui, M. Frédéric Leo, les reléguera dans un *Appendix spuriorum*, où elles demeureront en quarantaine jusqu'à production de leur patente nette.

En 1881, il y avait quatre-vingt-quinze ans que l'édition de Luchi avait paru, lorsque M. Frédéric Leo donna la sienne qui fait partie des *Monumenta Germaniæ historiæ* en cours de publication à Berlin. Le savant éditeur en indique les éléments dans sa préface. Il a consulté une douzaine de manuscrits, entre autres les deux moins mauvais, celui de Paris sous le numéro 13048, d'où feu Guérard, de l'Académie des Inscriptions, a tiré les nombreuses pièces qui figurent dans le premier Appendix de l'édition Leo (1), et celui de Saint-Pétersbourg, qui date du huitième siècle. Il va de soi que ni Brower, ni Luchi n'avaient jamais seulement ouï parler du premier de ces manuscrits ni du second. Les manuscrits autres que les douze cités plus haut, M. Leo les indique sans les décrire, et il en désigne encore six qui, ayant été décrits par différents critiques, n'avaient pas besoin, dit-il, de l'être de nouveau. Pour

---

(1) Guérard les avait publiées, il y a plus de cinquante ans, dans les *Notices et extraits des manuscrits*, t. XII, partie II, p. 75 et suiv., 1831.

les éditions, il a fait usage de celle de Venise, qui, à son avis, a toute la valeur d'un manuscrit, et de celles de Brower et de Luchi.

Tant de manuscrits, pour un auteur de l'espèce de Fortunat, démontrent assez l'estime singulière dont il a joui à travers les âges, et expliquent en même temps l'état de corruption, où le maintenaient, en l'aggravant, les copistes par les mains desquels il a dû passer. Il semble, en effet, que l'ignorance des copistes croissait en raison du nombre des copies. S'il arrivait à l'un d'eux d'être frappé de quelque faute, il ne la corrigeait que pour la rendre pire, ou il lui en substituait une nouvelle qui ne valait pas davantage. On se rend compte de tout cela, en lisant les innombrables variantes recueillies par M. Leo, et du sein desquelles on n'est jamais bien sûr d'avoir déterré la meilleure. On penserait que les copistes de Fortunat étaient recrutés à dessein parmi les moins lettrés, et que cette besogne leur était imposée pour pénitence. Quant à moi, j'ose n'en pas douter. Quoi qu'il en soit, si Fortunat, aux époques où il était l'objet de toutes ces transcriptions, était populaire en quelque sorte parmi les gens lettrés, il dut cette faveur plutôt au préjugé qui continuait à le tenir pour un excellent poète, qu'à l'examen sérieux et à l'intelligence de ses écrits. Cette dernière tâche devait être celle de ceux qui l'ont publié, annoté et commenté. Je dirai plus tard comment ils s'en sont acquittés. Revenons à M. Frédéric Leo.

Outre les leçons, en nombre infini, comme je l'ai remarqué ci-devant, qu'il a tirées des manuscrits, et qu'il a citées, sans en avoir, selon toute apparence, omis aucune, il a récolté avec un égal scrupule ce qu'on appelle moins des leçons que des corruptions de leçons, telles que mots désorganisés ou de constitution avortée, particules de mots réduits quelquefois à une lettre seule, tronçons impossibles à rattacher à aucun corps, mots divers fondus en un seul avec perte pour chacun d'eux d'une ou plusieurs de ses parties, et formant des espèces de monstres qu'on ne peut dénommer. On n'en a jamais fait autant pour Cicéron, par exemple, dont Orelli a rassemblé tant de variantes qu'on n'ose pas jurer que nous n'ayons pas un Cicéron de sang mêlé. Certainement, la plus grande partie de ces énormités des manuscrits de Fortunat n'ont apporté que peu de lumière à l'éditeur, tout au plus en a-t-il jailli quelques étincelles; mais il n'y a pas moins eu je ne sais quoi de chevaleresque de la part de M. Leo à s'engager dans ce fouillis capable de décourager même les fées. Ajoutons qu'il a introduit quelquefois, parmi les variantes, des notes explicatives très brèves, dont il lui a semblé que le texte avait trop manifestement besoin, sous peine de s'exposer au reproche d'avoir agi à l'égard de certains galimatias comme les théologiens du moyen âge à l'égard du grec, et de s'être tiré d'affaire par un *transeamus*. Il est à regretter seulement qu'il n'ait pas donné ces explications aussi souvent qu'elles étaient nécessaires, car il y fait preuve d'une grande sagacité; c'est sans doute parce qu'elles eussent trop grossi son édition, ou qu'il a voulu laisser aux futurs critiques du texte de Fortunat le mérite d'achever ce qu'il a seulement ébauché.

Enfin M. Leo a séparé et rendu à leur division naturelle quelques pièces réunies à tort sous un seul titre par les précédents éditeurs. J'ai déjà dit qu'il avait éliminé et réuni dans un appendice celles indûment attribuées à Fortunat; j'ajoute qu'il croit trouver la preuve de cette fausse attribution dans la liberté extrême dont on en use dans ces pièces avec la prosodie. Il est pourtant bien vrai que, sous ce rapport, Fortunat ne s'est pas toujours fort gêné avec les règles. Trois indices terminent cette édition. On a eu raison de dire que les indices sont l'âme des livres, et pour ma part j'admire ce genre de travail parce que j'en comprends la délicatesse et les difficultés. Celles qu'offrent les poésies de Fortunat sont si minutieuses et si considérables qu'elles en sont presque rebutantes; M. Leo les a glorieusement vaincues. Il n'eût pas mieux travaillé et avec plus de succès, s'il eût fait ces indices sur un livre qu'il eût composé lui-même.

Ces préliminaires étaient une introduction nécessaire à ce qu'il me reste à dire sur les causes qui ont empêché jusqu'ici les savants de tous pays de traduire Fortunat chacun en sa langue. Ces causes se peuvent réduire à une seule : l'insuffisance ou l'impuissance des anciens éditeurs à éclaircir le texte, c'est-à-dire à expliquer les nombreux passages dont l'extrême obscurité arrête à chaque instant le lecteur et le plonge dans le dégoût et le découragement. Car, dit le savant et regrettable philologue Louis Quicherat, « faire comprendre intégralement les auteurs qu'on édite est une tâche plus ardue et plus méritante que de recueillir seulement les différentes leçons des textes ou des manuscrits (1) ». En effet, on vient aisément à bout de cette dernière besogne, avec une grande pratique des manuscrits, de la patience et du temps devant soi.

II.

Malgré les travaux considérables dont Fortunat, ainsi qu'on l'a fait voir précédemment, a été l'objet, malgré tous les efforts tentés pour le rendre plus intelligible, malgré tous les éloges dont on l'a comblé, malgré, enfin, tous les renseignements précieux qu'on en a tirés pour l'histoire de son temps, il n'a pas encore eu l'honneur d'être traduit en aucune langue (2). Il n'en aurait pas été ainsi peut-être si

---

(1) *Mélanges de philologie*, p. 178; 1879, in-8°.

(2) Il faut en excepter toutefois la Vie de saint Martin, poème en quatre chants, longue et ténébreuse paraphrase de la vie du même saint si simplement et si naïvement écrite par Sulpice Sévère, où l'on ne trouverait peut-être pas cinquante bons vers sur les deux mille deux cent quarante-trois dont elle se compose, et où le sentiment chrétien lui-même a je ne sais quoi de guindé et de déclamatoire. Elle a été traduite en français par feu Corpet, traducteur d'Ausone, et publiée conjointement, et comme objet de comparaison, avec les Vies de saint Martin par Sulpice Sévère et Paulin de Périgueux, dans la *Bibliothèque latine-française* de Panckoucke, 3ᵉ série, 33ᵉ livraison, p. 232 et suiv. (1850). Le même auteur a traduit la pièce XIII du l. III et la pièce IV du l. VII, dans les notes du t. II de son édition d'Ausone, p. 372, 373; la pièce XII du l. III, et la pièce X du l. IX, l'une et l'autre à l'Appendice du même volume, p. 468 et suiv. Outre cela, et c'est à M. Salomon Reinach que je dois cette indication, trois pièces de notre poète, les XIIᵉ et XIIIᵉ du livre III et la IXᵉ du liv. X, selon notre édition, ont été traduites en allemand et en vers par Boecker, dans *Jahrbücher der Vereins von Alterthumskunden im Rheinlande*, 1845 (7ᵉ fascicule). La pièce du livre X y a pour second titre *Hodoporicon*, titre bien présomptueux pour une simple excursion de plaisir, comme aussi pour celles du même genre que le poète a racontées ailleurs (l. VI, pièce VIII; l. VIII, p. II; l. XI, p. XXV).

quelque habile érudit du commencement du seizième siècle eût osé faire ce qu'ont fait depuis Brower et Luchi. Mais il n'y avait pas là de quoi tenter des hommes amoureux du style avant tout, et dont la passion ne pouvait être satisfaite que par l'étude, à peu près exclusive, des écrivains classiques, soit pour se former le style sur celui de ces modèles, soit pour guérir les blessures que d'ignorants copistes leur avaient faites. Admettons, cependant, que la curiosité des critiques de la Renaissance ait été attirée sur Fortunat; qu'y eussent-ils trouvé? Une latinité barbare et un texte qui n'était qu'une plaie. En eût-il été autrement, que les délicats de ce siècle n'eussent pas jugé digne de leurs études un poète dont le vol ne faisait que raser la terre et la plume torturer la poésie. Ils avaient tant d'autres malades plus intéressants et plus pressés, qu'ils abandonnèrent celui-là à des médecins subalternes ou moins dédaigneux, s'il avait la chance d'en rencontrer.

Il en rencontra, en effet, qui, pour s'être fait longtemps attendre, ne laissèrent pas que de l'arracher des limbes où il expiait les difficultés de son abord, et où l'indifférence ou le mépris l'avaient condamné. Brower fut le premier, Luchi le second, enfin, et longtemps après eux, Guérard, pour les pièces restées inconnues aux deux autres, qu'il découvrit et publia en 1831, pour la première fois, dans les *Notices et Extraits des manuscrits*, t. XII. Mais, quelque méritoires que soient leurs commentaires, notes et éclaircissements, ils n'ont, jusqu'ici, décidé personne à traduire leur auteur. Serait-ce donc qu'ils n'ont point fait assez pour cela?

J'ai déjà dit, d'après L. Quicherat, qu'il y a plus de mérite pour un éditeur à faire comprendre dans toutes ses parties son auteur, qu'à en recueillir et à en accumuler les variantes. A quoi bon, en effet, mettre vingt manuscrits au pillage, en extraire et faire défiler sous nos yeux des leçons qui se contredisent presque aussi souvent qu'elles s'accordent, et introduire les unes dans le texte et laisser les autres à la porte, trois opérations toujours faciles quand il ne s'agit que de simples mots, si l'on néglige, d'ailleurs, d'expliquer des phrases, des passages même qui sont de véritables énigmes, et sur lesquels le lecteur reste l'œil fixe et la bouche béante? N'est-ce pas dire, ou à peu près, qu'on ne se tait sur ces passages que parce qu'il est aisé de les comprendre, qu'on les comprend bien soi-même, et que le lecteur sera sans doute aussi pénétré de leur clarté? Mais c'est trop présumer à la fois du lecteur et de soi-même; car, lorsque je vois sur tous les passages obscurs et rebutants, comme ceux dont Fortunat est rempli, les commentateurs glisser tour à tour avec la même insouciance, j'en conclus volontiers qu'ils ne les ont point entendus, et que le monologue qui se fait dans leur for intérieur est à la fois une manière de dissimuler leur impuissance et une impertinence. Certes, tout lecteur ne peut qu'être flatté

Sigebert de Gemblours (*de Script. eccl.*, c. 45) est le premier qui ait employé ce terme de manière à donner à entendre que Fortunat avait écrit un poème spécial sous ce titre, et Trithelm (*de Script. eccles.*, n. 219) l'a répété en l'estropiant ou plutôt en le travestissant de cette manière : *Ad Oporicum vitæ suæ lib. I.* Ajoutons enfin qu'Augustin Thierry a traduit quelques courts fragments de notre poète dans ses *Récits mérovingiens*, premier et cinquième *Récits*, et que l'abbé Monnier a traduit des extraits de la première pièce de l'Appendice, de la pièce V du l. V et de la pièce IX du l. III, dans le tome troisième des *Mélanges littéraires tirés des poètes latins*, par l'abbé Gorini; 4 vol. in-8°, 1869.

de la bonne opinion qu'on a de son intellect; mais, n'est-ce pas agir envers lui comme un banquier qui tirerait une lettre de crédit sur un correspondant dont l'argent ne serait pas prêt, ou qui même n'en aurait pas du tout?

Ce qu'on dit ici des passages difficiles que l'indifférence ou l'incapacité relative des commentateurs abandonne à notre compréhension, peut également, et jusqu'à un certain point, se dire des simples mots; car s'il est vrai que par leur isolement ils offrent plus de prise à la réforme, il est aussi vrai que, vu le nombre infini de variantes dont ils sont l'objet, il serait à peu près impossible de ressaisir la personnalité de chacun d'eux, si l'on ne se résolvait à leur imposer, en quelque sorte d'autorité, des corrections radicales dont le sens général de la phrase pût logiquement s'accommoder, et auxquelles le lecteur fût amené, sans efforts, à acquiescer. Loin de blâmer ce procédé, surtout lorsqu'on a affaire à un auteur aussi mutilé que Fortunat, je regrette que ses éditeurs, y compris M. Leo, n'aient pas montré plus souvent un peu de cette hardiesse que le grand Scaliger avait avec excès, mais dont tant d'auteurs anciens se sont si bien trouvés.

On peut, en dépit d'un rigorisme qui exigerait le même traitement pour les désordres constitutionnels d'un mauvais auteur que pour ceux d'un bon, on peut, dis-je, se permettre sur le premier, dont la santé après tout nous importe le moins, des expériences qu'on ne se permettrait pas sur l'autre. Avec un Fortunat, on ose bien des choses qu'on n'oserait pas avec un Virgile. Il y a, par exemple, telles corrections radicales dans Fortunat, que M. Mommsen a suggérées à M. Leo, qui, si elles ne sont pas de génie, le génie étant un bien gros mot pour une si petite chose, sont au moins d'intuition supérieure. Toutefois, il y reste encore un très grand nombre d'expressions et de phrases bien malades, autant des remèdes qu'on leur a appliqués que par la faute du temps et des copistes. Je suis bien loin de croire au succès des remèdes que je me propose d'essayer sur quelques-unes; mais, après avoir, comme je l'ai fait, lu à fond, relu et traduit les onze livres (1) des poésies mêlées de Fortunat et leur Appendice, après avoir apporté à ce travail un peu de cette passion pour les découvertes qui, sauf la différence énorme du but, anime le grammairien comme l'astronome, j'ai cru être en mesure de donner quelques exemples choisis parmi une centaine et plus, des omissions, des timidités puériles, parfois même des fautes d'interprétation que je reprochais plus haut aux éditeurs et aux commentateurs.

N° 1. — Dans la pièce xvi de l'Appendice, on lit les vers 10 et 11, qui suivent :

> Hic quoque sed plures carmina jussa per annos;
> Hinc rapias tecum quo tibi digna loquor.

Le premier vers cloche d'un demi-pied et n'a ni sujet, ni verbe. Guérard, qui le donne tel que le manuscrit le lui a offert, ne remarque pas même cette anomalie, ou,

---

(1) Sauf les cinq premiers pourtant dont la traduction est l'œuvre personnelle de M. Rittier, et que je me suis borné à revoir avec autant de soin que si je l'eusse entreprise moi-même.

s'il l'a remarquée, il la laisse passer avec une froide courtoisie. M. Leo pense qu'au lieu de *carmina jussa*, il faut lire selon toute apparence *camina justa*. Je confesse que cela ne m'apparaît point du tout. Qu'est-ce que *camina*? Est-ce un nom au pluriel neutre s'accordant avec *justa*. Le singulier serait donc *caminum*, or *caminum* est le nom latin de Camin, ville prussienne sur le lac de ce nom. Est-ce un nom féminin au nominatif? On trouve, en effet, dans Du Cange, deux exemples de ce nom, l'un qui paraît indiquer un instrument à vanner, l'autre qui est un synonyme de *curia*. Ni l'un ni l'autre n'ont rien à faire ici. S'agit-il de *camina* impératif de *caminare*? Encore moins; outre que la quantité de la première syllabe proteste contre son admission. Laissons donc *carmina*, et voyons pourquoi.

Notre poëte dit en quelques pièces de son recueil qu'il fait des vers pour obéir aux ordres de Radegonde et d'Agnès, il le leur redit ici, et, de plus, qu'il en fait ainsi depuis plusieurs années. Il prie donc l'une ou l'autre (car on ne voit pas précisément à laquelle des deux il s'adresse) de prendre (*rapias*) ceux qu'il leur offre, n'y ayant rien qui n'y soit digne d'elles. Fortunat a donc dû écrire, et il a certainement écrit :

Hic quoque sed plures [ago] carmina jussa per annos.

Le copiste de la pièce du manuscrit d'où Guérard l'a tirée, a omis *ago* qui s'imposait si naturellement, et qui rend à ce vers manchot le membre dont il était privé depuis des siècles.

N° 2. — Les petits cadeaux, dit-on en proverbe, entretiennent l'amitié :

Hæc res et jungit junctos et servat amicos.

Nous voyons, en maints endroits de notre poëte, qu'il mettait ce proverbe en pratique avec Radegonde et Agnès, quoique, à vrai dire, la nécessité n'en existât pas du tout. Jamais amitié, comme celle dont il était l'objet, ne fut plus désintéressée. Il en recevait donc des cadeaux et il leur en faisait de temps en temps lui-même qu'il accompagnait d'*envois* en vers où il s'excusait de la modicité de son hommage : c'étaient tour à tour ou des châtaignes, ou des pommes, ou des prunes de son jardin, ou des prunelles ou des mûres. Un jour que, au lieu de pommes qu'il aurait pu offrir, il se trouva dans la nécessité de n'envoyer que des mûres, il dit :

Vel dare qui potui pomula mora ioti (1).

Ioti est un mot si manifestement corrompu qu'il faut nécessairement l'évincer et lui trouver un remplaçant. Guérard propose *more joci*, comme qui dirait par plaisanterie. Cette correction n'est pas à dédaigner, d'autant plus qu'il n'y a que deux lettres à changer au texte. Mais ces mots ne se rattachent à rien. Il est évident qu'ils devraient et qu'ils doivent exprimer une opposition à *pomula*, c'est-à-dire un cadeau moindre que ces pommes. Or, pour exprimer cette opposition, il faut un verbe qui

---

(1) *Appendix*, pièce XVIII, v. 6.

régisse *mora*, et ce verbe ne peut être que le mot défiguré *ioti*. En outre, la correction de Guérard est peu respectueuse, car toute diminution de respect (et cette plaisanterie en était une), si petite qu'elle soit, de la part de Fortunat, pour Radegonde et Agnès, n'est pas admissible. M. Leo, en proposant *verba dedi* « je vous en ai donné à garder », aggrave encore le manque de respect, et une plaisanterie de ce genre, avec des personnes d'une si haute et si sainte condition, n'eût pas été autre chose. Il n'y a pas, d'ailleurs, l'ombre de plaisanterie ni dans l'intention, ni dans les paroles de Fortunat. Il regrette seulement d'être empêché par son absence de donner à Agnès, ainsi qu'il lui est arrivé maintes fois, des pommes de son jardin, et d'être réduit à lui envoyer des mûres. Laissons donc *mora*, puis qu'après tout il s'agit de mûres, et mettons *dedi* comme M. Leo, à la place d'*ioti*. Et puis il est certain par le 4° vers,

Et rogo *quæ misi* dona libenter habe,

que Fortunat n'a pas payé de paroles ses amies, mais qu'il leur a bel et bien fait un cadeau.

N° 3. — Il ne faut quelquefois qu'une lettre à ajouter ou à retrancher pour rendre la vie à un vers et le remettre sur ses pieds; mais cette lettre, tout naturellement qu'elle soit indiquée, ne répond pas toujours à l'appel; on dirait qu'elle tient à se présenter d'elle-même. Exemple : Fortunat vient en personne offrir des fruits à ses amies et s'excuse de la nature insolite de l'objet dans lequel ils sont enveloppés :

Sed date nunc veniam quod fano tali habetur (1).

Guérard se tait sur cette étrange fin de vers, et M. Leo ne voit pas comment y remédier. Ni l'un ni l'autre ne s'expliquent non plus sur le sens à leur attribuer. Or, *fano* est une serviette, une nappe ou toute bande d'un tissu quelconque; mais c'est aussi le corporal qui se met sur l'hostie pendant la messe, et de plus « ce que le prestre met en la main senestre » (2), lorsqu'il officie. « Item, est-il dit dans un Inventaire du Trésor de l'abbaye Sainte-Croix de Poitiers, fait en 1746 (3), l'estolle et fenon S. Médard. » Comme prêtre, Fortunat portait l'un et l'autre à l'autel, et voilà pourquoi il s'excuse d'employer à un usage aussi profane un linge réservé à un usage sacré. N'y ayant donc pas de doute sur la signification de *fano*, il reste à le rapprocher de l'adjectif *tali* qui le suit, et qui aspire à s'accorder avec lui. On écrira donc :

Sed date nunc veniam quod fano talis habetur,

et du même coup on régularisera le vers en lui rendant la lettre qui manque pour former le dactyle au cinquième pied.

---

(1) *Appendix*, pièce XXVI, v. 5.
(2) Ancien glossaire français cité par Du Cange, au mot *Fano*.
(3) Voyez *Trésor de l'Abbaye de Notre-Dame de Poitiers*, par Mgr Barbier de Montault.

N° 4. — La physique, chez Fortunat, est, en général, enfantine, et dans les questions qui sont du ressort de cette science, il emploie les métaphores dont poètes et prosateurs se sont servis de toute antiquité. S'il nous dit d'une part que le temps s'envole, que les heures se jouent de nous et que nous marchons à la vieillesse sur un chemin glissant, nous le comprenons sans difficulté; mais s'il vient à nous dire que « le monde tourne sur son axe sans corde »,

Fine trahit celeri sine fune volubilis axis (1),

nous sommes arrêtés par cette corde, et nous allons aux recherches dans les notes des éditeurs, pour voir si nous trouverons un renseignement qui nous débarrasse de cet obstacle. Nous ne trouvons qu'une variante, *fine* pour *fune* dans le Ms. de Paris. Mais le premier mot du vers est déjà *fine*. Cette répétition du même mot à si courte distance a de quoi choquer, et, comme le Ms. de Paris est le seul où elle se produise, il vaut mieux s'en tenir au *sine fune* d'un Ms. ambrosien, admis dans le texte, et chercher cependant ce que le poète entend par là. Il suppose que le monde, pour tourner sur son axe, n'a pas besoin d'une corde comme, par exemple, le treuil au moyen duquel on fait descendre un seau dans le puits. Entraînée par le poids du seau, la corde enroulée autour du treuil se déroule et le fait tourner sur son axe, avec une grande rapidité : ce qui n'aurait pas lieu sans la corde. On voit combien cette interprétation était nécessaire (2).

N° 5. — Dans la pièce *De Excidio Thoringiæ* (3), il est un mot que M. Leo déclare corrompu, comme il l'est en effet, et dont la restitution paraît, à première vue, radi-

---

(1) Livre VII, pièce xii, v. 3.

(2) M. Salomon Reinach, à qui je m'étais fait un plaisir d'offrir cette Dissertation, lorsqu'elle fut publiée pour la première fois (a), a bien voulu me faire part de ses remarques au sujet de cette interprétation, comme aussi au sujet de deux autres qu'on trouvera plus loin. Je tiens à honneur de reproduire ici fidèlement ces remarques, en demandant toutefois à l'aimable et docte critique la permission d'y répondre.

« Je n'admets pas, m'écrit-il, le texte :

Fine trahit celeri sine fune volubilis axis;

il me semble qu'il faut écrire :

Fune trahit celeri sine fine volubilis axis,

et que cela donne un sens satisfaisant. *Funis* est une métaphore, « comme au moyen d'une corde rapide. »

Ce sens est acceptable en effet, si l'on reçoit la correction proposée par M. S. Reinach. Malheureusement elle fait disparaître l'image du monde qui tourne sur son axe avec une volubilité extrême, et dont rien ne peut donner une idée plus juste qu'un treuil tournant aussi sur son axe par le moyen indiqué dans ma remarque. Je persiste donc à croire que cette idée a été celle du poète, et qu'elle est de celles qui la plupart du temps lui hantent le cerveau.

(3) *Appendix*, pièce i, vers 15 et 16.

(a) Dans la *Revue de l'enseignement secondaire*, publiée chez Paul Dupont, N°s du 1er et du 15 octobre 1885.

calement impossible. Dans cette pièce, Radegonde, ayant Fortunat, dit-on, pour interprète, parle, dès les premiers vers, de l'effondrement du palais des rois thuringiens et des richesses englouties sous les ruines ; elle parle de ses hôtes (et elle-même en était le plus noble et le plus intéressant) emmenés captifs chez leurs vainqueurs et maîtres, et tombés des hauteurs de la gloire dans la condition la plus basse. « Une foule de serviteurs, dit-elle, ont péri et ne sont plus que la poussière infecte de sépulcres. Un nombre infini d'illustres et puissants personnages demeurent sans sépulture et privés des honneurs qu'on rend à la mort. » Et elle ajoute :

> Flammivomum vincens rutilans in crinibus aurum,
> Strata solo recubat lacticolor amati.

Brower, Leibnitz (1), Luchi et Migne s'accordent à voir dans *amati* une forme altérée d'*amethys* ou *amethystus*. Pas un d'eux n'a réfléchi qu'il faudrait au moins *amatys* au nominatif, comme y est *lacticolor*, et que cette épithète, non plus que la propriété attribuée à l'améthyste, de jeter plus de feux que l'or, ne saurait convenir à une pierre de couleur violette. M. Mommsen en a sans doute fait la réflexion, et il a tranché la difficulté en proposant de substituer *mulier* à *amati*. Cette substitution donne au pentamètre sa mesure et à la phrase un sens excellent, car il s'agit d'une femme dans ces deux vers, et on peut les traduire ainsi : « Une femme au teint de lait, aux cheveux d'un rouge vif et plus brillants que l'or, terrassée par ses meurtriers, est gisante sur le sol. »

Cependant la substitution proposée par M. Mommsen ne laisse pas que de paraître un peu forte ; aucune variante ne la favorise tant soit peu ; elle est comme tombée du ciel. Si j'ose dire ce que j'en pense, je conjecture qu'il n'y a rien à changer dans *amati*, si ce n'est l'*i* qu'il faut mettre à la place du second *a*, et *vice versa*. On aurait ainsi *amita*, qui a la quantité voulue, deux brèves et une longue, pour régulariser le second hémistiche. Et, comme la césure rend quelquefois longue, devant un mot qui commence par une voyelle, une syllabe finale brève se terminant par une consonne (il y en a maints exemples depuis Virgile jusqu'à Ausone) (2), la syllabe finale de *lacticolor* bénéficierait de cette licence.

Pour en revenir à la femme à laquelle ces deux vers font allusion, je crois qu'il s'agit d'une tante (*amita*) de Radegonde, qui fut enveloppée dans un massacre exécuté pendant et après le sac du palais des rois de Thuringe par les Francs. L'histoire, il est vrai, ne fait aucune mention de cette princesse ; mais peut-être que, n'étant pas mariée et menant dans le palais une vie relativement obscure, la princesse n'avait pas, pour mériter que l'histoire parlât d'elle, cette notoriété que, à défaut d'autres, les princesses mariées tirent de l'homme auquel elles sont unies. En tout cas, ne pouvant me résoudre à accepter la substitution de *mulier* à *amati*, dont la confor-

---

(1) *Excerpta veterum auctorum*, au tome 1ᵉʳ des *Scriptores rerum Brunsvicensium*, p. 59.
(2) *Pectoribus inhians*; Virgile *Æn.*, IV, vers 64. *Tertius horum*; Ausone, *Professor.*, en vers saphiques, VIII, vers 9.

mation n'a aucun rapport avec celle de ce remplaçant, je n'hésite pas à proposer *amita*, qui satisfait à la fois et au sens et à la mesure du vers (1).

N° 6. — Je n'hésite pas davantage à mettre *natas* pour *natos* autorisé pourtant par le manuscrit de Paris, 13048, dans ce vers où le poète appelle la protection de Dieu sur Agnès et ses religieuses :

Et te vel natos spes tegat una Deus (2).

Et te vel natos « et toi et tes fils », car *vel* est ici conjonction copulative, comme elle l'est fréquemment dans notre poète. Il y a quelque chose de si choquant dans ces *fils* attribués par Fortunat à une personne de la qualité d'Agnès, qu'on a peine à comprendre que Guérard et M. Leo ne l'aient point remarqué, ou, s'ils l'ont remarqué, n'en aient rien dit. C'est montrer trop de condescendance pour les manuscrits quels qu'ils soient, et reculer devant un épouvantail à chenevière. « Si, disait encore L. Quicherat, certaines corrections, sans être méprisables, ne portent pas avec elles la lumière nécessaire pour rallier tous les esprits, elles laissent la carrière ouverte aux recherches de la critique; mais d'autres présentent un tel caractère de certitude qu'on ne peut, sans se compromettre, se refuser à les adopter. Si nos pères avaient eu pour les manuscrits une superstition ridicule, les monuments littéraires de l'antiquité seraient illisibles; mais, de leur propre autorité, ils rectifiaient les erreurs,… et nombre de leurs corrections sont tellement incorporées dans le texte, qu'elles ne se discutent plus aujourd'hui (3). » Il est donc surprenant que ni Guérard, ni M. Leo n'aient vu qu'il ne peut être question, dans ce vers, que des *filles* de la mère Agnès, c'est-à-dire de ses religieuses, ou que, s'ils l'ont vu, ils n'aient pas chassé du

---

(1) « *Amita*, dit M. Salomon Reinach, est séduisant, mais j'avoue que je préfère *Mulier*. *Mulier* pourrait être écrit ainsi :

ꟼꟼulieR

Supposez la perte des deux dernières lettres par une déchirure du manuscrit, vous aurez quelque chose comme *amti*, dont un copiste préoccupé du mètre a pu faire *amati*. Le mot *amita* sans explication me paraîtrait bien bizarre. »

Ces rhabillages de mots dans les manuscrits et dans les inscriptions, sont souvent très heureux, et toujours d'une grande autorité aux yeux des érudits, mais il ne faut pas en abuser, car alors ils peuvent donner lieu à des discussions qui, après plus ou moins de bruit, viennent dormir, comme la mer sur la grève de quelque anse écartée,

Sans soupir et sans mouvement.

Le sable à peine fouillé se tasse de nouveau. Il pourrait en arriver de même si j'entrais en discussion sur le mot qu'a dessiné et que m'objecte M. S. Reinach. J'aime mieux m'en tenir à cette remarque, que ce mot est une supposition gratuite, que M. Leo n'en signale l'existence dans aucun manuscrit, qu'il est un fils présumé d'un père, *amati*, avec lequel il n'a aucune ressemblance, et que M. Mommsen a bien voulu adopter. Quant à la correction que je propose, *amita*, elle n'a pas plus besoin d'explications que tous les personnages de la famille de Radegonde désignés sans être nommés, à l'exception d'un seul, Hamalafrède, dans les soixante premiers vers de cette pièce.

(2) *Appendix*, pièce XXI, vers 14.

(3) *Mélanges de philologie*, p. 70, 71 ; 1878, in-8°.

texte *natos* pour y introduire d'office *natas*. C'est ce que j'ai fait sans remords aucun.

Le poète, d'ailleurs, ne nomme jamais ces religieuses autrement. Mais ce *natos* n'est-il pas une preuve évidente de l'ignorance des malheureux scribes qui, par ordre, ou volontairement, se sont copiés les uns les autres, sans s'apercevoir de cette impertinence?

N° 7. — Fortunat, dans la pièce qui a pour titre : *de Gelesuintha* (1), fait dire à Goïsuinthe, mère de Gélésuinthe, que, quand elle laissa partir cette fille bien-aimée pour le Nord, c'est-à-dire pour la Gaule où celle-ci allait épouser Chilpéric, il gelait si fort

> Vt nec rheda rotis, non equus isset aquis.

Cet *equus* qui ne pouvait aller sur l'eau glacée ne suggère aucune observation à Brower ni à Luchi. M. Leo, moins réservé, et ne pouvant croire qu'il s'agit là de quelque hippocampe, dit qu'au lieu d'*equus* il attendait *ratis* : cette attente est bien naturelle, mais elle est vaine; car *ratis* et *equus* signifient la même chose, c'est-à-dire vaisseau. Homère l'a dit le premier, parlant de ce véhicule sur le liquide élément, ἁλὸς ἵπποι (2). L'image a passé aux Latins. Plaute l'emploie dans le *Rudens* (3) :

> ... Nempe equo ligneo per vias cœruleas
> Estis vectæ;

ce cheval de bois était un vaisseau. L'épithète *ligneus* est un renchérissement sur Homère qui n'en avait pas besoin pour être compris des Grecs, et une obligation imposée à Plaute qui ne l'eût pas été des spectateurs romains, sans cette addition. Fortunat, si fécond d'ailleurs en métaphores hétéroclites, n'a eu garde de négliger celle-là, et il faut la lui laisser (4).

---

(1) Livre VI, pièce v, vers 332.
(2) *Odyss.*, IV, vers 708.
(3) Acte I, scène v, vers 10.
(4) « Je ne puis admettre, dit M. S. Reinach, l'ingénieuse explication que vous donnez de ce vers :

> Ut nec rheda rotis, nec equus isset aquis.

Equus-navigium, est toujours, en grec comme en latin, accompagné d'une épithète. Je proposerais :

> Ut ne rheda rotis nec ratis isset aquis,

C'est-à-dire, « de sorte qu'un char ne pouvait s'avancer sur ses roues, ni un bateau sur les eaux. » *Rotis, ratis* devaient tenter le mauvais goût de Fortunat. Dans le manuscrit *rotis* a fait disparaître *ratis*, qui a été remplacé par *equus*, sous l'influence d'*aquis*.

Oui, c'est bien par l'influence d'*aquis* qu'*equus* a été invinciblement attiré, en quoi le mauvais goût du poète était plus pleinement satisfait; car l'allitération ayant lieu dans les mots d'un même membre de phrase et d'une même pensée, *nec equus isset aquis*, avait plus de force et était aussi plus conforme à ses habitudes, que si elle eût roulé sur les mots de deux phrases et de deux pensées différentes et sans liaison entre elles, comme *rotis nec ratis*. Fortunat a donc dû écrire *equus*, et il a voulu l'écrire. Il était bien aise de montrer qu'il connaissait l'emploi que Plaute a fait de ce mot, et s'il ne l'a pas imité

N° 8. — Le comte Galactoriùs résidait à Bordeaux où, entre autres devoirs de sa charge, il avait celui de percevoir les impôts pour le roi Chilpéric. Fortunat pensant, on ne sait pourquoi, qu'il pouvait y avoir quelque excédent de recette, dont le comte aurait eu la libre disposition, lui écrit pour lui exprimer le désir d'en avoir sa part. « Envoyez-moi, lui dit-il, des *pices* en échange de mes *apices* », c'est-à-dire « de ma lettre » :

Si superest aliquid quod forte tributa redundant,
Qui modo mitto apices, te rogo, mitte pices (1).

A première vue on est porté à croire que le poëte ne fait pas seulement un jeu de mots avec *apices* et *pices*, mais qu'il demande bel et bien de l'argent à Galactorius. Brower le présume et suppose que par *pices*, on pourrait entendre une espèce de monnaie. Je l'ai cru comme Brower et j'ai fait tous les efforts imaginables pour le démontrer. Mais j'ai dû bientôt reconnaître que, où que je dirigeasse mes recherches, je suivais de fausses pistes, et que je n'arriverais jamais à découvrir une monnaie mérovingienne dans un mot qui n'a jamais voulu dire que « poix ». C'est alors que, faisant appel à la science de mes deux confrères MM. Ch. Robert et Deloche, je leur demandai leur avis. L'un et l'autre furent d'accord pour nier l'existence en aucun temps d'une monnaie appelée *pyx*, au pluriel *pices*, et pour conclure que dans ce passage il s'agit tout simplement de poix (2). Reste à savoir à quoi le poëte avait le dessein de l'appliquer. Tout d'abord, j'avais pensé que c'était à ses chaussures, l'un rappelant l'autre naturellement; mais cette pensée me parut bientôt aussi dépourvue de sel que de respect, et j'allais l'abandonner, lorsqu'un passage où Fortunat parle de ses chaussures me revint tout à coup en mémoire. Je m'y reportai, espérant en tirer quelque lumière. C'est dans la pièce XXI du livre VIII. Là donc Fortunat remercie Grégoire de Tours de lui avoir envoyé des talaires avec de quoi les attacher, et des peaux blanches pour couvrir les semelles :

Cui das unde sibi talaria missa ligentur,
Pellibus et niveis sint sola tecta pedis.

Il est inutile de faire remarquer que ces talaires n'avaient rien de commun, si ce n'est peut-être les cordons, avec les talaires que les anciens prêtent à Mercure; c'étaient de simples semelles qui emboîtaient légèrement le talon, et qui adhéraient à la plante du pied au moyen de courroies; elles n'avaient point d'empeignes. Telle

---

jusqu'au bout en lui empruntant aussi l'adjectif *ligneus*, c'est que d'abord il n'était pas assez respectueux de la propriété des termes pour sentir la nécessité de cet adjectif, c'est ensuite et dans le cas contraire, que son allitération et son vers y eussent trouvé plus que leur compte. Homère lui-même n'ajoute pas d'épithète proprement dit à son ἵππος; il y ajoute le substantif ἁλός qui en fait les fonctions. Ne pourrait-on pas dire que le mot *aquis*, dans Fortunat, remplit les mêmes fonctions, ou du moins à peu près? Et le bon poëte fourmille d'à peu près.

(1) Livre VII, pièce XXV.

(2) M. Deloche a même eu l'obligeance d'entrer avec moi dans des détails fort savants sur les différentes manières en usage chez les Gallo-Romains pour payer leurs impôts au fisc impérial. Qu'il me suffise de l'indiquer ici, la place me manquant, à mon grand regret, pour faire davantage.

était, comme le dit Alcuin (1), la chaussure des ministres de l'église : *quo induuntur ministri ecclesiæ, subterius solea muniens pedes a terra, superius vero nihil operimenti habens.* Comment donc Grégoire, qui devait connaître cette particularité, envoyait-il de la peau blanche dont l'emploi eût été une infraction à l'usage indiqué par Alcuin, en transformant en chaussure couverte réservée aux évêques la chaussure d'un simple prêtre? Celle des évêques s'appelait *sandalia*. L'empeigne en avait d'abord été en toile blanche (2) ; mais, comme on le voit ici, on y employa depuis de la peau de la même couleur. Toujours est-il qu'il fallait aux simples prêtres une permission spéciale des papes pour chausser des sandales. « Nous avons appris, dit Grégoire le Grand (3), que les diacres de l'église de Catane s'étaient arrogé de porter des sandales, ce qui n'avait jusqu'ici été accordé à personne, excepté toutefois aux diacres de Messine, par nos prédécesseurs ». Les successeurs de Grégoire le Grand, comme l'avaient fait ses prédécesseurs, et comme il paraît l'avoir aussi fait lui-même, octroyèrent depuis et souvent ce privilège (4), et il n'est pas impossible qu'à la considération de Grégoire de Tours, Fortunat en ait été l'objet.

Ce qui me porte à le croire, ce sont les deux derniers vers de la même pièce :

Pro quibus a Domino datur stola candida vobis;
Qui datis hoc minimis inde feratis opes.

Pro quibus, c'est-à-dire *pellibus*. Par où l'on voit qu'en retour de ces peaux qu'il a reçues de Grégoire, il lui souhaite la robe blanche, *stola candida*, qui est le vêtement des papes. C'est même pour la seconde fois, quoique en d'autres termes, qu'il lui fait un souhait de ce genre, car il disait tout à l'heure à Grégoire :

Sic te consocium reddat honore throno (5).

ce qui veut dire « et te rende par l'honneur associé au trône ». Le vers se comprend très bien. Or, comme on ne peut admettre que le poète veuille faire de Grégoire l'associé de Dieu dans le ciel, et l'asseoir sur le même trône, il ne peut être question que du trône terrestre, c'est-à-dire de la papauté. Ces deux passages valaient au moins la peine d'être signalés ; mais ici encore les commentateurs se sont abstenus, ayant assez bonne opinion des lecteurs pour croire qu'ils n'y seraient pas embarrassés.

Quoi qu'il en soit, ces peaux, devant être nécessairement cousues aux semelles, font, par une suite naturelle des idées, penser au fil enduit de poix destiné à cette opération. Est-ce à dire que Fortunat ait été le confectionneur de ses sandales? Cela n'est pas soutenable même en plaisantant. Contentons-nous de croire que le poète avait un autre dessein au sujet de cette poix, comme pourrait être celui d'en faire des flambeaux résineux pour les cérémonies de l'église, ou de l'employer pour l'em-

---

(1) Cité par Nigroni, *De Caliga*, c. 2.
(2) Σανδάλια λευκὰ δι' ὀθονίων, est-il dit dans la donation de Constantin, citée par Alb. Rubens dans son traité *De Calceo senatorio*, c. 5.
(3) *Epist.*, VII, ep. 28.
(4) *Ibid.*, dans les notes.
(5) Livre VIII, pièce XVII, v. 8.

baumement des corps (1), et ne nous en tourmentons pas davantage. Il résultera du moins de cette discussion la connaissance à peu près certaine du genre de chaussure que portait Fortunat, et les membres du clergé de Poitiers du même rang que lui.

N°. 9. — Voici encore deux vers dont il m'a été très difficile de pénétrer le sens :

> Esto tamen quo vota tenent meliora parentum,
> Prosperior quam te terra Thoringa dedit (2).

La construction en est si bizarre, qu'il ne peut être que le texte ne soit corrompu. Dans l'état où est le second vers, il faudrait lire *quam tu* au lieu de *te* qui est un solécisme. Il est impossible, en effet, de rendre raison de cet accusatif et de le rattacher à quoi que ce soit. Je crois, en outre, que ce n'est pas *prosperior* qui appelle *quam te*, c'est *meliora*, et encore, je le répète, est-ce *quam tu* que ce comparatif exigerait : ce qui donnerait un sens absurde. Mais, si au lieu de *tu* et *te*, on met *quæ* qui se rapporte à *vota*, on rend à ces vers leur construction et leur sens naturel, et on lit :

> Esto tamen quo vota tenent meliora parentum
> Prosperior quam *quæ* terra Thoringa dedit.

ou : *Vota meliora quam quæ Thoringa prosperior dedit.* « Cependant reste où te retiennent les vœux de tes parents, vœux meilleurs que ne le furent pour toi ceux de la Thuringe, quand elle était plus heureuse. »

Dans cette rectification, il me semble, pour parler comme Louis Quicherat, « n'avoir fait qu'un usage légitime de la critique », et si j'osais, j'ajouterais avec lui « que, souvent la critique est restée en deçà de ce qu'elle pouvait se permettre, et que « les textes se ressentent encore tristement de l'excessive tolérance des éditeurs (3) ». Ceci s'applique exactement au texte de Fortunat.

Si je poursuivais ces remarques aussi loin qu'il serait nécessaire, il y faudrait un volume, chacune d'elles demandant un certain développement. C'est le privilège des auteurs de décadence de requérir plus d'explications et pour de moindres objets, que les auteurs des belles époques. Je m'en tiendrai donc ici à celles-là. On en trouvera plusieurs autres dans les notes qui seront à la suite de chaque livre de Fortunat, comme aussi et souvent l'aveu de mon impuissance à résoudre certaines difficultés. Mais j'aurai montré le chemin ; il ne manquera pas sans doute de plus habiles pour arracher les ronces que j'aurai laissées derrière moi, et peut-être aussi pour m'apprendre que j'en ai semé moi-même où il n'y en avait pas.

Charles NISARD,
de l'Institut.

---

(1) Dans un tombeau récemment découvert à Rome, et sur lequel est représentée en relief une bacchanale, on a trouvé avec le squelette qu'il contenait une masse considérable de résine encore très odorante, ayant servi à l'embaumement du mort. (*Comptes rendus de l'Académie des Inscriptions*, bulletin de janvier, février, mars 1885, p. 45 : Lettre de M. Edmond Le Blant.)

(2) *Appendix*, I, v. 71, 72.

(3) *Mélanges de philologie*, p. 73, 1879.

POÉSIES DE FORTUNAT.

LIVRE PREMIER.

PROLOGUE.

A Grégoire (1), au saint pontife (2) appelé et élevé par ses vertus au service des autels, Fortunat. Les grands génies de l'antiquité, ces illustres écrivains chez lesquels aux plus brillants dons naturels s'ajoutaient une culture raffinée, une profonde expérience de leur art, une audace toujours heureuse, une abondance intarissable, une imperturbable sérénité, ces immortels auteurs de tant de chefs-d'œuvre, nous ont laissé dans leurs écrits des monuments de leur talent bien faits pour inspirer à la postérité une admiration mêlée de stupeur. La fertilité de l'invention, la gravité imposante de la composition, l'équilibre dans la distribution des parties, l'agrément dans les péroraisons, l'abondance et la beauté des incises, la grâce et la noblesse que donnait à leur style l'heureux emploi des figures, des exemples, des périodes, des épichérèmes, tant de mérites divers recommandent leurs noms et leurs œuvres, qu'aujourd'hui encore ils semblent se survivre et que, si eux-mêmes sont morts, leurs poésies sont immortelles. Bien qu'ils aient subi à leur tour la destinée commune, les productions de leur esprit demeurent dans la mémoire des hommes. La mort ne les a pas pris tout entiers, elle ne les a pas ensevelis tout entiers dans la tombe, puisque leur parole est encore entendue de la terre ; sa jalousie n'a pu leur ôter cette gloire en leur ôtant la vie ; malgré elle, ils ont encore leur place dans le monde des vivants, non pas sans doute en personne, mais par les poésies qui nous restent d'eux. Sa défaite serait plus complète encore, si elle avait à se reconnaître doublement vaincue par l'opinion publique et par la récompense qu'on en reçoit.

FORTUNATI CARMINA.

LIBER PRIMUS.

PRÆFATIO.

Domino sancto et dote meritorum sacris altaribus adscito pariter et educto Gregorio papæ Fortunatus. Acumiuum suorum luculenta veteris ætatis ingenia, qui natura fervidi, curatura fulgidi, usu triti, auso securi, ore freti, more festivi, præclaris operibus celebrati, posteris stupore laudanda reliquere vestigia : certe illi inventione providi, partitione seri, distributione librati, epilogiorum calce jucundi, colæ fonte profluí, commate succiso venusti, tropis, paradigmis, perihodis, epichirematibus coronati pariter et cothurnati, tale sui canentes dederunt specimen, ut adhuc nostro tempore quasi sibi postumi vivere credantur etsi non carne, vel carmine. Quos licet sors fine tulerit, tamen, cum dicta permanent vivaci memoriæ, de mortuis aliquid mors reliquit, nec totum usquequaque sepelivit in tumulo, cui restat liberum, ut vel lingua vivat in mundo : hoc nesciens avara mors auferre cum funere, quod per ora viventium defunctos videt currere si non pede, poemate. In hoc tamen melius superata mors invida, si se sermone senserit et mercede bis victam.

Mais si, quand il s'agit de ces hommes qui se sont rendus illustres par la beauté de leurs écrits, de ces maîtres dont les ouvrages n'auraient pu rester ignorés sans dommage pour l'humanité, et qui ont dû, sous peine de se rendre coupables de prévarication, faire part au public des brillantes productions de leur éloquence, si, quand il s'agit de ces génies, il est bien que la renommée porte en tous lieux leurs œuvres, qu'elle les répande à travers le monde, et que leur gloire parvienne avec leurs vers dans toutes les contrées (3) : la raison veut que ceux qui pourraient perdre à se faire connaître, sachent se tenir dans leur obscurité ; il est moins répréhensible d'être ignoré, quoi qu'il en puisse coûter parfois, que d'affronter le jugement public, au risque d'avoir à s'en repentir ; l'ignorance qui se cache a de moins fâcheuses conséquences que celle qui s'étale ; dans le premier cas, notre discrétion nous empêche d'attirer l'attention sur nous ; dans le second, notre présomption nous pousse à courir au-devant de la honte.

Aussi, illustre pontife, Grégoire, digne successeur des apôtres, quand vous me demandez avec une insistance si obligeante de publier pour vous quelques-uns des faibles écrits échappés à ma plume inhabile, je m'étonne que ces bagatelles aient tant de prix à vos yeux ; je sais trop que le public, quand je les lui aurai données, ne pourra ni les admirer, ni les aimer. Je ne m'appartenais guère quand je les ai écrites ; parti de Ravenne, c'est en traversant le Pô, l'Adige, la Brenta, la Piave, la Livenza, le Tagliamento, c'est en cheminant sur les plus hautes cimes des Alpes Juliennes, à travers leurs passages les plus abrupts, c'est en franchissant dans la Norique la Drave, l'Inn chez les Breunes (4), le Lech au pays des Baravois, le Danube chez les Allemands, le Rhin chez les Germains, puis la Moselle, la Meuse, l'Aisne et la Seine, la Loire et la Garonne, et les torrents impétueux de l'Aquitaine, c'est en m'avançant jusqu'aux Pyrénées couvertes de neige en juillet, c'est au milieu de tant d'aventures que, tantôt secoué par mon cheval, tantôt à demi endormi, j'ai composé ces vers. Pendant ce long voyage à travers des pays barbares, fatigué de la marche quand je n'étais pas alourdi par le vin, sous un froid glacial, inspiré par une Muse tantôt gelée, tantôt trop échauffée, comme un nouvel Orphée je chantais aux échos des bois, et les bois me renvoyaient mes chants. Jugez vous-même si, voyageant ainsi à grandes journées, j'ai pu rien faire de raisonnable, alors que je n'avais ni la crainte d'un critique pour prévenir mes écarts, ni l'autorité de la règle pour me soutenir, ni les applaudissements d'un compagnon pour m'encourager, ni la sévérité d'un lecteur instruit pour me

---

Sed sicut hos quos claræ linguæ jactitat lux illustres, quorum fuerat aperte damnum pati dicta celari, qui pomposæ facundiæ florulenta germina nisi misissent in publicum, fecerant peculatum, merito famæ radii per quaqua traxerunt, ut peragrantes omnia, quotquot magis carmina locis innotescerent, laus augeretur, ita fit eis consultius si occulantur taciti, qui fastidiri poterunt revelati ; nec tantum sit exprobrabile nesciri quod horreat, quam patesci quod urat ; minorisque dispendii celata videatur inscitia quam prolata, quia illic obstat pudor ne prodatur notitia, hic audacia proditur ut ingerat notam. Unde, vir apostolice prædicande papa Gregori, quia viritim flagitas, ut quædam ex opusculis inperitiæ meæ tibi transferenda proferrem, nugarum mearum admiror te amore reduci, quæ cum prolatæ fuerint nec mirari poterunt nec amari : præsertim quod ego impos de Ravenna progrediens Padum, Atesim, Brintam, Plavem, Liquentiam, Teliamentumque tranans, per Alpem Juliam pendulus montanis anfractibus, Draum Norico, OEnum Breunis, Liccam Bajuaria, Danuvium Alamannia, Rhenum Germania transiens, ac post Mosellam, Mosam, Axonam et Sequanam, Ligerem et Garonnam, Aquitaniæ maxima fluenta, transmittens, Pyrenæis occurrens Julio mense nivosis, pæne aut equitando aut dormitando conscripserim ; ubi inter barbaros longo tractu gradiens, aut via fessus aut crapula, brumali sub frigore, Musa hortante nescio gelida magis an ebria, novus Orpheus lyricus silvæ voces dabam, silva reddebat. Quid inter hæc extensa viatica consulte dici potuerit, censor ipse mensura, ubi me non urgebat vel metus ex judice, vel probabat usus ex lege, nec invitabat favor ex comite, nec emendabat lector ex arte ; ubi mihi tantundem valebat raucum

montrer mes fautes ; alors que j'avais pour auditeurs des barbares, incapables de faire la différence d'un bruit rauque à une voix harmonieuse, et de distinguer le chant du cygne du cri de l'oie. Seule, la harpe bourdonnante répétait trop souvent leurs chansons sauvages (5) ; et moi, au milieu d'eux, je n'étais plus un musicien ni un poète, mais un rat grignotant quelques méchantes bribes de poésie. Je ne chantais pas, je chantonnais mes vers, tandis que mon auditoire assis, la coupe d'érable en main, portait santés sur santés et débitait mille folies faites pour révolter jusqu'au dieu Bacchus. Ai-je pu faire œuvre d'artiste dans ces orgies où il faut déraisonner comme les autres, si l'on ne veut paraître insensé ; à l'issue desquelles on est heureux de reprendre le droit de vivre, après n'avoir fait que boire ; d'où l'on sort enfin, comme une bacchante, la tête troublée non par l'enthousiasme de l'inspiration mais par les vapeurs de la folie? lorsqu'à mon sens, c'est parce que la brute est incapable de se faire comprendre, qu'elle vit, sans boire, dans une perpétuelle ivresse.

En outre, un écrit qui demeure inédit, s'il a moins de réputation, jouit en revanche de plus grandes libertés ; tant qu'il ne sort pas d'un cercle d'amis, il n'a pas à redouter la critique, comme le jour où il est livré au public. Aussi le poète qui sent l'insuffisance de son talent doit-il se faire son propre censeur et bien peser ce qu'il convient de soumettre au jugement des hommes. Mais puisque, malgré mon peu de mérite et malgré mes refus, vous me pressez avec tant d'insistance, puisque vous invoquez les divins mystères et les vertus éclatantes du bienheureux Martin pour m'engager à me départir de ma modestie et à me produire en public, bien que je sache le peu de valeur de ces bagatelles (6) et que je connaisse les imperfections de mon œuvre, il faut bien que je vous accorde ce que j'ai refusé à d'autres, et que je me rende à l'autorité de vos vertus. Mais j'attends de vous une grâce en retour de ma docilité : ces vers que l'amitié seule et non la critique peut approuver, relisez-les pour vous seul, ou du moins, je vous en conjure, ne les confiez qu'à l'oreille indulgente de vos plus intimes amis.

I. A Vital, évêque de Ravenne (1).

Ministre du Seigneur et déjà vivant dans les siècles par les vertus qui vous distinguent, heureux pasteur du troupeau du Christ, quand on résolut jadis de vous appeler Vital, on savait que vous mériteriez la vie éternelle. Digne prêtre qui jetez tant d'éclat par vos sentiments apostoliques, c'est à vous qu'André doit ce saint temple. Comme

gemere quod cantare, apud quos nihil disparat aut stridor anseris aut canor oloris, sola sæpe bombicans barbaros leudos arpa relidens, ut inter illos egomet non musicus poeta, sed muricus, deroso flore carminis, poema non canerem, sed garrirem, quo residentes auditores inter acernea pocula salute bibentes insana Baccho judice debaccharent. Quid ibi fabre dictum sit, ubi quis sanus vix creditur, nisi secum pariter insanitur, quo gratulari magis est si vivere licet post bibere, de quo convivam thyrsicum non fatidicum licet exire, sed fatuum? cum quantum ad mei sensus intelligentiam pertinet, quia se pigra non explicat, brutæ animæ ipsa jejunia sunt ebria. Hinc est quod latens opusculum, etsi minus videtur esse famosum, plus est liberum, quia de examinatione non habet quod tam trepidet privatum quam publicum : unde necessarie angusti sensus ingenium se mensuret censore, quod est mittendum sub judice. Sed quoniam [me] humilem impulsum alacriter, acrius renitentem, sub testificatione divini mysterii et splendore virtutum beatissimi Martini conjurans hortaris sedulo, ut contra pudorem meum deducar in publicum, me meis frivulis arbitro scabrosi operis ignorantiam confitente, quod aliis poscentibus patefacere distuli, obœdiendo cedo virtuti, hanc saltim obtemperandi vicissitudinem repensurus, ut quia hæc favore magis delectantur quam judice, aut tibi tantummodo innotescentia relegas, aut intimorum auribus tecum amicaliter, quæso, conlatura committas.

I. Ad Vitalem episcopum Ravennensem.

Antistes domini, meritis in sæcula vivens,
 Gaudia qui Christi de grege pastor habes :
Cum te Vitalem voluit vocitare vetustas,
 Noverat æternum te meruisse diem ;
Dignus apostolica præfulgens mente sacerdos, 5
 Qui sacer Andreæ tam pia templa locas.

il sied bien à celui qui a élevé au Seigneur cette maison digne de lui, d'y occuper le siège où l'appelait son mérite! Votre grandeur est la récompense du soin que vous avez pris de la sienne, et l'honneur qu'il reçoit de vous est le digne retour de celui qu'il vous a fait. Dans cette église décorée d'ornements en métal massif, le jour brille sans faire place à la nuit (2). Cette lumière perpétuelle est une invitation au Seigneur à porter paisiblement ses pas vers un lieu qu'il aime, et à y entrer. En ouvrant aux peuples des retraites où ils adorent sans cesse le Seigneur, vous leur avez donné le moyen d'y recevoir le pardon de leurs fautes. Si vous êtes l'objet de leur reconnaissance, de leur affection, de leur tendresse, et si vous occupez toutes leurs pensées, par votre dignité et votre piété vous êtes aussi leur père. Une preuve de votre bonheur et ce qui y met le comble, c'est d'avoir attiré des citoyens illustres à la cérémonie de la dédicace. Un chef militaire (3) et un magistrat civil, personnages dont la présence ajoute toujours à l'éclat des fêtes, y sont venus. Il ne vous a pas manqué davantage l'honneur d'y voir une population dont le Seigneur, ainsi que vous l'aviez désiré, avait considérablement augmenté le nombre. C'est par le mystère de la foi que vos vœux sont accomplis. Vous êtes assez heureux pour que Dieu exauce vos souhaits. Puissiez-vous, grâce à la faveur qu'il vous a faite, célébrer de nombreuses solennités de ce genre, et en lui élevant de nouvelles églises, l'y adorer en paix? — Ch. N.

II. Vers sur l'église de saint André, bâtie par Vital, évêque de Ravenne.

Vous qui accourez à ce saint temple, qui que vous soyez, si vous venez en suppliant, il sera fait droit à vos prières. Cette église que le saint pontife Vital (1) a bâtie, a atteint en peu de temps toute sa hauteur. Il l'a fondée, élevée, dotée et dédiée, s'acquittant dignement du vœu qu'il en avait fait. Là reposent les entrailles augustes de Pierre, le seul digne des clefs qui ferment le ciel. Jadis corrupteur des âmes (2) et depuis docteur triomphant, Paul est aussi dans cette demeure apostolique. André revendique cette église comme sienne, et il la gouverne conjointement avec son vénérable frère (3). Laurent y remplit sa place du feu pur qui l'a consumé, et dont les saintes flammes furent pour lui l'aurore d'un jour éternel. Cette maison plaît à Vital, qui, déterré vivant (4), mérita de perdre le chemin de la mort. Là encore est Martin, qui revêtit le Seigneur de son manteau (5), et qui se dépouilla de peur qu'il ne souffrît du froid davantage. Voici la place de Vigile, qu'une troupe de barbares renversa de son siège (6); il eût voulu en mourir, mais la mort n'en fut que plus prompte à fuir loin de lui. Ici habitent également Marturius et Sisennus, illustres par leur naissance et leur foi, et tous deux en possession du salut (7). Enfin saint Alexandre et la bienheureuse Cécile (8) y occupent un rang distingué; une seule couronne, récompense de

Quam bene pro meritis domini consedit in aula,
    Per quem digna deo est ædificata domus!
Sumpsisti a domino culmen cui culmina condis :
    Qui tibi digna dedit reddis honore vicem. 10
Emicat aula potens, solido perfecta metallo,
    Quo sine nocte manet continuata dies.
Invitat locus ipse deum sub luce perenni,
    Gressibus ut placidis intret amando lares.
Qui loca das populis, dominum quo semper adorent, 15
    Ut capiant veniam te facis esse viam.
Gratia, mens, animus, bonitas, dilectio plebis
    Et gradus et pietas te dedit esse patrem.
Prosperitas se vestra probat, quæ gaudia supplens
    Intulit egregios ad tua vota viros. 20
Dux nitet hinc armis, præfectus legibus illinc :
    Venerunt per quos crescere festa solent.
Ne tibi desit honor, populum deus auxit opimum,
    Qui vidit sensum hoc voluisse tuum.
Mysterium fidei conplevit vota petenti; 25
    Felix cui dominus quæ cupis ipsa vehit!
Plurima divino celebres sollemnia dono,
    Atque dei florens templa locando colas.

II. Versus de templo domni Andreæ quod ædificavit Vitalis episcopus Ravennensis.

Quisquis ad hæc sancti concurris limina templi,
    Si venias supplex, hic prece sumis opem.
Quam sacer antistes Vitalis condidit arcem,
    Culmine quæ celso est tempore ducta brevi :
Fundavit, struxit, dotavit, deinde dicavit 5
    Et meruit templi solvere vota sui.
Quo veneranda pii requiescunt viscera Petri,
    Qui meruit solus clave ligare polos ;
Paulus apostolica simul hac retinetur in aula,
    Seductor quondam qui modo doctor ovat : 10
Hanc sacer Andreas propriam sibi vindicat arcem
    Et cum fratre pio participata regit ;
Hæc sua tecta replet Laurentius igne sereno,
    Cui pia flamma dedit luce perenne diem ;
Vitali domus ista placet, qui vivus harenis 15
    Defossus meruit perdere mortis iter ;
Sunt loca Martini qui texit veste tonantem :
    Ne magis algeret, se spoliare dedit ;
Ecce Vigili arx est quem rustica turba peremit :
    Unde mori voluit, inors magis ipsa fugit ; 20
Incolit hæc pariter Marturius atque Sisennus,
    Quos genus atque fides et tenet una salus ;
Sanctus Alexander felixque Cicilia pollent,

leurs mérites, les attend l'un et l'autre. C'est le bon évêque Jean qui, à la sollicitation pressante de Vital, a déposé ici ces saintes reliques. O trop heureux, toi qui dois aller un jour à la lumière éternelle, d'avoir ainsi employé ta vie au profit de ton Dieu! — Ch. N.

III. Sur la basilique de saint Étienne.

Une auréole de gloire entoure les pieux amis du Seigneur, et l'éclat impérissable de leur renommée remplit l'univers. Étienne a souffert le martyre pour le Christ sous le ciel de l'Orient, et voilà qu'au fond de l'Occident on élève des temples à sa mémoire. Soutenu par la grâce de Dieu, il triompha de la mort; il fut assailli à coups de pierres, lui pour qui le Christ était la pierre. Peuple juif, peuple barbare, tu crois le perdre : si son corps est mortel, son nom ne saurait mourir. Il reçoit la palme due à ses vertus, et tu portes la peine de ton crime. Il habite le ciel, et tu descends au plus profond de l'abîme. Palladius (1) a élevé cette sainte maison au Lévite, et c'est pourquoi elle sait qu'elle ne périra jamais.

IV. De la basilique de saint Martin.

Cette belle basilique, dédiée à Dieu sous l'invocation de saint Martin, s'élève à une hauteur imposante. Les mérites du saint ont un tel éclat et telle est la confiance de tous en eux, qu'il accorde aux peuples tout ce qu'ils souhaitent et lui demandent avec piété. Le prêtre Faustus au cœur dévoué, lui a bâti cette église, rendant ainsi au Seigneur ces heureux dons qu'il en avait reçus. — Ch. N.

V. Sur la cellule où saint Martin vêtit un pauvre.
Vers faits à la prière de Grégoire de Tours.

Si pressé que tu sois, voyageur, arrête ici tes pas; ce lieu t'invite à ralentir ta marche et à prier. Exilé sur la terre, hôte du ciel aujourd'hui, Martin cherchait à s'en ouvrir la route, du fond de cette cellule où il se tenait habituellement enfermé. C'est dans cette demeure qu'il vécut, ermite au milieu des hommes, anachorète puissant auprès de Dieu. C'est ici qu'il se dépouilla pour vêtir un pauvre de sa tunique (1); il couvrit les membres glacés du malheureux, brûlant lui-même du feu de la foi. On vit alors le prêtre revêtu à son tour des haillons du pauvre, et ce misérable habit devint une glorieuse parure. Il célébrait les mystères sacrés de l'autel. Au moment où il faisait le signe de la croix sur le calice, le signe merveilleux de sa sainteté parut à tous les yeux. De sa tête sacrée une flamme divine jaillit, et ce feu qui ne brûlait pas s'élança vers le ciel (2). Comme ses manches étaient trop courtes, et que sa main n'était plus protégée, des pierres précieuses en couvrirent la nudité; ses bras brillèrent des feux des plus riches pierreries, et l'émeraude, au défaut de l'étoffe, leur servit de vêtement (3). Heureux marché! Il donne sa tunique à un pauvre, et voilà qu'à la place de cette tunique des joyaux couvrent ses bras. Tu habites aujour-

---

 Quos meritis omnes una corona manet.
Hæc bonus antistes Vitale urgente Iohannes 25
 Condidit egregio viscera sancta loco.
O nimium felix, æternum in lumen iture,
 Cujus vita suo proficit ista deo!

III. De basilica domni Stephani.

Gloria celsa pios domini circumdat amicos,
 Quorum diffusum vivit in orbe decus.
Pertulit hic martyr pro Christo orientis in axe :
 Ecce sub occasu templa beatus habet.
Fundatus virtute Dei, de morte triumphans 5
 Excepit lapides, cui petra Christus erat.
Gens Judæa ferox, Stephanum quem perdere credis,
 Etsi carne, tamen nescit honore mori.
Ille tenet palmam meritis, tu crimine pœnam;
 Possidet ille polos, tu magis ima petis. 10
Hæc sacra Palladius Levitæ templa locavit,
 Unde sibi sciat non peritura domus.

IV. De basilica S. Martini.

Emicat aula decens venerando in culmine ducta,
 Nomine Martini sanctificata deo;
Cui vitæ merito fiducia tanta coruscat,
 Ut populis tribuat quod pia vota rogant.

FORTUNAT.

Extulit hanc Faustus devoto corde sacerdos, 5
 Reddidit et domino prospera dona suo.

V. In cellulam S. Martini ubi pauperem vestivit; rogante Gregorio episcopo.

Qui celerare paras, iter huc deflecte, viator,
 Hic locus orantem cautius ire docet.
Exul enim terris, cæli incola, sæpe solebat
 Clausus Martinus hinc aperire polos;
Æde sub hac habitans heremi secreta tenebat, 5
 Per medios populos anachoreta potens.
Hic, se nudato, tunica vestivit egenum :
 Dum tegit algentem, plus calet ipse fide.
Tum vili tunica vestitur et ipse sacerdos,
 Processitque inopi tegmine summus honor; 10
Qui tamen altaris sacra dum mysteria tractat,
 Signando calicem signa beata dedit :
Namque viri sacro de vertice flamma refulsit,
 Ignis et innocui surgit ad astra globus,
Ac brevibus manicis, fieret ne injuria dextræ, 15
 Texerunt gemmæ qua caro nuda fuit;
Brachia nobilium lapidum fulgore coruscant,
 Inque loco tunicæ pulchra zmaragdus erat.
Quam bene mercatur, cui, dum vestivit egenum,
 Tegmine pro tunicæ brachia gemma tegit! 20

4

d'hui le ciel, ô Martin. Que tes prières recommandent à Dieu Fortunat.

J'ai voulu obéir à vos ordres, pieux et cher pontife ; il serait glorieux d'y avoir réussi ; je me contente de l'avoir tenté.

VI. Sur la basilique de Saint-Martin.

Celui qui veut être un jour réuni aux bienheureux dans la demeure céleste, s'assure leur faveur par ses pieux hommages. Il n'admet point de retard dans l'accomplissement de ce devoir, car, il le sait, plus il dépense ainsi, plus il s'enrichit. Léonce (1) a donc élevé dans ces campagnes ce magnifique sanctuaire ; c'est par de telles œuvres qu'il veut s'ouvrir le ciel. Ce serait assez, pour répandre sur cet édifice un éclat impérissable, des vertus et du nom de Martin qui fit voir sur la terre des signes manifestes d'un pouvoir divin, qui effaça les souillures de la lèpre en les touchant de ses lèvres bienfaisantes, et dans ses embrassements charitables étouffa l'odieuse maladie (2). Léonce a pourtant fait appel à l'art le plus consommé, et la gloire de Martin ne saurait avoir un plus digne temple. Ce qui ajoute encore à sa beauté, c'est le site où il s'élève (3) ; il domine la plaine, sur la cime arrondie d'un coteau d'où il voit les campagnes s'étendre à ses pieds, et de quelque côté que se porte la vue, elle rencontre un horizon fait à souhait. Le voyageur qui y arrive en est loin encore qu'il semble y toucher ; le regard le rapproche et supprime la distance. Il est fatigué, mais cet aspect engageant lui rend de nouvelles forces ; ses pieds ne peuvent plus le porter, mais ses yeux l'entraînent. Placidine (4) a décoré ces voûtes de voiles sacrés. Son zèle rivalise avec celui de son époux ; c'est elle qui pare l'édifice qu'il a construit.

VII. Sur la basilique en l'honneur de saint Martin, construite par Basilius et Baudegunde.

Apprenez, mortels, que rien ne résiste à la foi, quand vous voyez les temples de Dieu assis sur les fleuves. Pour que cette belle basilique se dressât du fond des lagunes où elle était comme noyée, l'eau lui fournit l'emplacement que lui refusait la montagne ; et pour que ces anciennes flaques dispersées çà et là servissent à l'édifice élevé au-dessus d'elles, un art nouveau leur ouvrit un chenal. D'un commun accord Basilius et Baudegunde ont restauré, renouvelé le vieil édifice, et l'ont augmenté. Ainsi partout, ô Martin, l'honneur de ton nom s'accroît et s'étend ; il n'est plus de lieux qui s'opposent à ce que tes fêtes y soient célébrées. Touché de pareils hommages, prêtre si riche en vertus, sois bon pour ceux dont tu vois les vœux, et paye-les de retour. — Ch. N.

VIII. De la basilique de Saint-Vincent au delà de la Garonne (1).

La vie est courte quant au temps, mais les actions méritoires en prolongent la durée, comme la foi prolonge la durée des jours. Après la fin, l'âme dévouée au Christ demeure sans fin, et s'échappant de la foule des hommes, s'unit à Dieu. Ainsi vit à jamais Vincent, dont le glorieux

---

Tu quoque, qui cælis habitas, Martine precator.
    Pro Fortunato fer pia verba deo.

Imperiis parere tuis, pie, care sacerdos,
    Quantum posse valet, plus mihi velle placet.

VI. De basilica S. Martini.

Qui cupit æterna sociari in sede beatis,
    Hos sibi participes per pia vota facit,
Nec patitur differre diu quod oportet agendo,
    Cum bona quæ dederit hæc sua lucra putet.
Condidit ergo arvis delubra Leontius alma,   5
    Talibus officiis intret ut ipse polos.
Martini meritis et nomine fulta coruscant,
    Quem certum est terris signa dedisse poli,
Qui, lepræ maculas medicata per oscula purgans,
    Pacis ab amplexu morbida bella tulit.   10
Hæc tamen ingenio sunt ædificata perito,
    Quo nihil egregius gloria laudis eget.
Additur ad specimen locus ipse, quod eminet arvis.
    Elatoque jugo, colle tumente, patet ;
Altius educto sub se tenet omnia dorso,   15
    Et quacumque petit, deliciosa videt.
A longe adveniens oculo vicinus habetur,
    Jungitur aspectu, dissociante loco.
Quo fessus rapitur visu invitante viator :
    Si pede defecerit, lumine tractus adit.   20
Quæ Placidina sacris ornavit culmina velis
    Certantesque simul hic facit, illa colit.

VII. In honorem basilicæ S. Martini quam ædificaverunt Basilius et Baudegundis.

Discite, mortales, fidei nihil esse quod obstet,
    Cum sacra templa dei flumine fixa manent :
Pulchra per angustos ut surgeret aula meatus,
    Etsi mons vetuit, præbuit unda locum :
Ut famularetur domini vaga lympha supernæ.   5
    Cursibus antiquas ars nova subdit aquas.
Cum Baudegunde quo mente Basilius una
    Hoc renovans priscum reddit et auget opus.
Sic, Martine, tuus honor amplus ubique meretur,
    Ut loca nulla negent, quo tibi festa sonent.   10
Talibus officiis pacatus, opime sacerdos,
    Quorum vota vides, redde benigne vicem.

VIII. De basilica S. Vincentii ultra Garonnam.

Tempore vita brevis meritis fit longior almis,
    Angustosque dies tendit honore fides.
Post finem sine fine manet mens dedita Christo,
    Linquens turbam hominum stat sociata deo.
Hac ope suffultus Vincentius extat in ævum,   5

martyre brille toujours d'un même éclat, et qui décapité, triomphant de la mort, vola, enfant d'une nouvelle famille, de la terre au ciel. L'ennemi lui donna la gloire, pensant lui donner la mort, et c'est le bourreau qui succombe frappé d'une mort éternelle. Le malheureux aurait vaincu, s'il n'avait pu immoler sa victime; car pour lui avoir tranché la tête, il l'envoya au ciel. Sentant son amour pour le saint, pénétré d'une ardeur nouvelle, et accomplissant ses propres vœux, Léonce couvre d'un toit d'étain l'édifice où reposent les membres sacrés de Vincent. Et quoique ce temple vénérable eût par lui-même assez de beautés, Léonce ne laissa pas que d'y en ajouter une nouvelle. Que l'auteur de cette action trouve son salaire dans la jouissance d'une santé non interrompue, afin que par ses soins la basilique qu'il a embellie conserve sa splendeur. — Ch. N.

IX. Sur la basilique de Saint-Vincent, à Vernémète (1).

Le nom de ce serviteur de Dieu a retenti dans tout l'univers; il n'est point de contrée où sa gloire soit ignorée. Celui dont le monde entier connaît les vertus mérite bien qu'on lui élève des temples en tous lieux. Voyez ce magnifique édifice, consacré au bienheureux Vincent, auquel le martyre a ouvert les portes du ciel. C'est le pontife Léonce qui, dans la ferveur de son zèle, en a jeté les solides fondements dans ce site si bien choisi. Les hommes d'autrefois ont donné à ce lieu le nom de Vernémète (2) qui, dans la langue celtique, signifie le grand temple. Ce nom, présage certain d'un glorieux avenir, annonçait qu'ici devait s'élever la superbe maison de Dieu. C'est ici que le saint, par la grâce du Seigneur, donna des marques redoutables de son pouvoir : au moment où le pontife accomplissait la cérémonie de la dédicace, le démon, à l'approche du martyr, s'enfuit du corps d'un furieux; un malade fut guéri de la peste, sans autre remède que la vue du temple du bienheureux. Une sérénité divine remplit le majestueux édifice, bien digne d'être la demeure de Dieu. La beauté du lieu, les vertus du saint attirent ici les peuples, qui viennent y jouir d'un si admirable spectacle et y chercher le salut. Le fondateur de ce temple vénéré, celui qui ranime ainsi la foi dans le cœur des hommes, recevra la récompense que mérite sa piété.

X. De saint Nazaire (1).

Du plus vif éclat brille la basilique du bienheureux Nazaire dont la terre possède le corps et le ciel l'esprit. A toi né de la terre, mais n'ayant plus rien de commun avec ses fils et leurs usages, aspirant aux choses immortelles (2) et ne voulant rien qui dépende de la chair, mais demandant tes récompenses au Christ, victime digne de lui par ton sang versé pour lui, à toi le pieux Léonce offre cette église et désire vivement qu'elle soit plus spacieuse que l'ancienne. Car il y en avait une auparavant, si étroite qu'elle ne pouvait contenir le peuple qui venait y prier. Léonce l'a abattue et l'a

Gloria martyrii cujus opima viret,
  Vertice succiso rapuit qui ex morte triumphum
Et nova de terris proles ad astra volat.
Credidit unde necem, sancto dedit hostis honorem,
  Percussorque magis morte perenne jacet : 10
Vicerat ille miser, hunc si jugulare nequisset :
  Nam abstulit unde caput, contulit inde polum.
Hujus amore novo pia vota Leontius explens
  Quo sacra membra jacent, stagnea tecta dedit.
Et licet eniteat meritis venerabile templum, 15
  Attamen ornatum præbuit iste suum.
Præmia succedant præranti longa salutis,
  Hujus ut obsequiis culmina sancta micent.

IX. De basilica S. Vincenti Vernemetis.

Cultoris domini toto sonus exiit orbe,
  Nec locus est, ubi se gloria celsa neget;
Sed cujus meritum scimus percurrere mundum,
  Hujus ubique viri surgere templa decet.
Ecce beata nitent Vincenti culmina summi, 5
  Munere martyrii qui colit astra poli;
Promptus amore pio quæ papa Leontius olim
  Condidit, eximio consolidata loco.
Nomine Vernemetis voluit vocitare vetustas,
  Quod quasi fanum ingens Gallica lingua refert : 10
Auspicii præmissa fides erat arce futura,
  Ut modo celsa domus staret honore dei.
Hic etiam sanctus, domini suffultus amore
  Virtutis summæ signa tremenda dedit.
Nam cum templa dei præsul de more dicavit, 15
  Martyris adventu dæmonis ira fugit;
Redditur incolumis quidam de peste maligna,
  Cui vidisse pii templa medella fuit.
Emicat aula potens, divino plena sereno,
  Ut merito placeat hic habitare deo. 20
Nunc specie suadente loci ac virtutis honore,
  Evocat hic populos hinc decus, inde salus.
Qui plebem accendit venerandæ conditor arcis,
  Talibus officiis præmia justa metet.

X. De domno Nazario.

Culmina conspicui radiant veneranda Nazari,
  Cujus membra solum, spiritus astra tenet.
Semine terrigeno, terrenis usibus exsors,
  Immortale inhians pulvere natus homo,
Nil carnale volens, sed Christi præmia poscens, 5
  Sanguine de proprio victima digna deo.
Hæc tibi templa sacer devota Leontius offert
  Majoremque tuam hinc cupit esse domum.
Hic prius angusto fabricata est machina gyro,
  Quo neque tunc poterat plebs veneranda capi : 10

XI. Sur la basilique de Saint-Denis.

O vous qui voulez savoir qui a fondé cette belle basilique, je ne permettrai pas que l'auteur d'un acte si pieux vous soit désormais inconnu. Comme les sacrés sanctuaires de Denis étaient autrefois loin d'ici, et que le peuple craignait de s'y rendre à cause de la longueur du chemin, l'évêque Amélius avait fait construire en ce lieu (1) un bâtiment fort étroit, et qui ne pouvait contenir toute la population chrétienne. Amélius étant mort, le lieu et le bâtiment vinrent en la possession de l'héritier de son diocèse et de sa dignité épiscopale. C'était Léonce (2). Il fonda ce saint temple et offrit à son Seigneur ce don magnifique. La basilique qu'il construisit est donc celle du vénérable Denis, et est sous son vocable. Ferme dans son amour pour le Christ, c'est pénétré d'une foi fervente que Denis tendit sa tête au bourreau qui le décolla. Il méprisait son corps, n'aspirant qu'à la couronne du martyre, et tenant pour peu de chose tout ce qu'il souffrit pour l'amour de Dieu. Afin que sa chair qui allait mourir lui préparât une récompense immortelle, il chérit une blessure qui ne lui donna pas même la mort (3). Courant au-devant du glaive, il prenait sa route vers le ciel, et dans le coup dont il voulut mourir, il trouvait le salut objet de ses vœux. Léonce ne fit point disparaître l'étroite église d'autrefois, avant que la nouvelle, qui charme aujourd'hui les regards, ne fût achevée. Il ne laissa pas d'ailleurs que de célébrer assidûment les saintes cérémonies dans l'ancienne jusqu'à ce que la nouvelle fût solidement assise et en état de les recevoir.

Ch. N.

XII. Sur la basilique de Saint-Bibien (1).

Ce beau temple est digne du prêtre Bibien auquel il est consacré ; si vous n'y apportez que des vœux légitimes, ils seront entendus. C'est Eusèbe (2) qui eut la joie d'en jeter jadis les fondements ; mais il fut ravi à la terre avant de l'avoir achevé. Emérius (3), qui lui succéda sur son siège épiscopal, ne voulut pas se charger de terminer l'édifice. Il vous pria d'accepter cette tâche, pontife Léonce, et vous vous êtes rendu à ses pressantes instances. Un tel ouvrage ne voulait être achevé que par vos mains ; c'est à vous seul qu'il appartient d'élever des sanctuaires. Le mérite du juste dont les soins, de préférence à tous autres, sont réclamés par les vénérables églises, brillera d'un éclat éternel. Sur le tombeau de Bibien est un couvercle en argent, offrande de Placidine, qui par là s'est associée à votre œuvre. Des incrustations d'or en sillonnent la surface, et ces deux purs métaux mariés l'un à l'autre lancent de vifs rayons. Le bois lui-même a reçu de la main de l'artiste des beautés qu'on ne lui connaissait point encore ; les animaux qui y sont représentés semblent vivre (4). Puisse celui qui a reçu de vous un tel hommage, obtenir pour vous le salut éternel ! Un si magnifique don ne peut manquer d'être magnifiquement récompensé, puisque Dieu paye au centuple la plus humble offrande.

Ch. N.

Dejectamque solo rursus fundavit ab imo,
Et dedit hæc quæ nunc amplificata placent.

XI. De basilica domni Dionysi.

Qui cupis egregii structorem noscere templi,
   Tam pia non patiar vota latere tibi.
Longius hinc olim sacra cum delubra fuissent
   Et plebs ob spatium sæpe timeret iter,
Exiguam dederat hic præsul Amelius arcem, 5
   Christicolam populum nec capiente loco :
Quo vitæ claudente diem, dehinc prole graduque
   Venit ad heredem hoc opus atque locus.
Fundavitque piam hanc papa Leontius aulam,
   Obtulit et domino splendida dona suo. 10
Quam venerandus habet propriam Dionysius ædem,
   Nomine sub cujus sanctificata nitet :
Qui fervente fide, Christi solidatus amore,
   Vertice subposito colla secanda dedit.
Membrorum contemptor erat cupiendo coronam, 15
   Vile putans quidquid ferret amore dei.
Ut moritura caro donum immortale pararet,
   Vulnera dilexit, sed caritura nece :
Hostili occurrens gladio se misit Olympo :
   Unde mori voluit, vota salutis habet. 20
Nec angusta prius subtraxit fana sacerdos,
   Hæc nisi perficeret quæ modo culta placent,

Adsidue in prisco peragens cerimonia templo,
Donec rite sequens consolidasset opus.

XII. De basilica S. Bibiani.

Digna sacerdotis Bibiani templa coruscant,
   Quo si justa petis, dat pia vota fides.
Quæ præsul fundavit ovans Eusebius olim ;
   Ne tamen expleret raptus ab orbe fuit.
Cui mox Emerius successit in arce sacerdos, 5
   Sed cœptum ut strueret, ferre recusat onus.
Qui precibus commisit opus tibi, papa Leonti,
   Cujus ad hoc votum jugiter instat amor :
Ultro tale decus tibi se servavit agendum,
   Nec nisi tu fueras qui loca sacra dares. 10
O meritum justi mansurum in luce perenni,
   Per quem se cupiunt templa veneranda coli !
Sacra sepulchra tegunt Bibiani argentea tecta,
   Unianimis tecum quæ Placidina dedit ;
Quo super effusum rutilans intermicat aurum, 15
   Et spargunt radios pura metalla suos ;
Ingenio perfecta novo tabulata coruscant,
   Artificemque putas hic animasse feras.
Sed cui vos animo donaria tanta dedistis,
   Hic agat ut vobis stet diuturna salus ; 20
Nec dubitent qui digna ferunt, sibi magna rependi,
   Dum quoque pro parvis reddat opima deus.

LIVRE I.

XIII. Sur la basilique de Saint-Eutrope (1).

Combien vous devez être cher au Seigneur, ô Léonce! Voici que les saints eux-mêmes vous invitent à relever leurs temples. La basilique du vénérable Eutrope s'était écroulée, vaincue par les ans. Ses murs troués laissaient voir à nu sa charpente; ils avaient cédé, non sous le poids de la toiture, mais sous l'effort des eaux du ciel. Une nuit, tandis qu'un léger sommeil clôt les yeux d'un de vos prêtres, Eutrope lui apprend que c'est vous qui devez restaurer son sanctuaire. Cet avis venu du ciel est la récompense de vos vertus. Heureux l'homme à qui Dieu a donné cette preuve qu'il pensait à lui! Aujourd'hui l'antique édifice, plus brillant que jamais, a retrouvé une seconde jeunesse; le voilà debout dans tout l'éclat du premier jour. Les années lui ont rendu sa première fraîcheur; bien loin de le vieillir, elles l'ont rajeuni. La voûte suspend dans les airs ses délicates sculptures évidées; le bois assoupli rivalise avec les jeux ordinaires du pinceau (2). Les murs disparaissent sous les figures créées par l'artiste; hier, il n'y avait point de toit pour les abriter, aujourd'hui ils sont couverts de peintures. Eutrope fut le premier prêtre de Saintes; à vous qui avez relevé son église, il a cédé à bon droit sa primauté (3). Vous lui avez rendu la possession paisible de cette sainte demeure; son amour sera le légitime salaire de votre zèle pieux.

XIV. Sur un calice de l'évêque Léonce.

Le pontife Léonce offre ce don sacré au temple du Seigneur, conjointement avec Placidine qui s'y était engagée par un vœu solennel. Heureux ceux qui travaillent à enrichir les autels! Il ne leur faut qu'un moment pour y porter des œuvres qui ne périront pas. — Ch. N.

XV. Sur l'évêque Léonce (1).

Parmi les fils de la brillante Aquitaine, vos rares vertus vous ont mis au premier rang. Vous êtes élevé au-dessus de tous les autres enfants de la Gaule; vous en êtes le premier, aucun ne vous dispute cet honneur; vous marchez à leur tête, tous vous cèdent le pas; rien ne manque à votre gloire. Dans la première fleur de votre jeunesse, enfant par les années, vous aviez déjà la gravité d'un vieillard. Ayant suivi en Espagne un roi illustre (2), vous en revîntes chargé de lauriers, et votre coup d'essai vous valut un tel renom, que la dignité dont vous êtes revêtu fut le juste prix de vos services; vous n'auriez pu vous élever si vite au faîte des grandeurs, si vos hauts faits ne vous y avaient porté. Votre noblesse, ô mon père, ne le cède pas à votre mérite, et la gloire de vos aïeux, si l'on en faisait le dénombrement, suffirait à illustrer votre nom. Si haut, en effet, que l'on remonte dans l'histoire de votre race et de vos ancêtres, on n'y rencontre que de grands noms. Le temps a beau marcher, votre antique maison est toujours debout; elle n'a, grâce à vous, rien à craindre de ses outrages; les années n'ont point eu de prise sur elle, et la naissance d'un si glorieux rejeton n'a pu qu'ajouter

XIII. De basilica S. Eutropis.

Quantus amor domini maneat tibi, papa Leonti,
  Quem sibi jam sancti templa novare monent!
Eutropiis enim venerandi antistitis aula
  Conruerat senio dilacerata suo,
Nudatosque trabes paries vacuatus habebat,   5
  Pondere non tecti, sed male pressus aquis :
Nocte sopore levi cuidam veniente ministro,
  Instauratorem te docet esse suum.
Pro mercede tui meruit magis ille moneri;
  O felix de quo fit pia cura deo!   10
Nunc meliore via viruit renovata vetustas,
  Et lapsæ fabricæ flos redivivus adit.
Ætas accessit, sed hæc juvenescit honore;
  Unde senes fieret, junior inde redit.
Hic sculptæ cameræ decus interrasile pendit;   15
  Quos pictura solet, ligna dedere jocos.
Sumpsit imagineas paries simulando figuras :
  Quæ neque tecta prius, hæc modo picta nitent.
Urbis Santonicæ primus fuit iste sacerdos,
  Et tibi, qui reparas, jure priora dedit.   20
Cum sua templa tenet sanctus habitando quiete,
  Instauratori reddet amore vicem.

XIV. De calice Leontii episcopi.

Summus in arce Dei pia dona Leontius offert,
  Votis juncta sacris et Placidina simul.
Felices quorum labor est altaribus aptus,
  Tempore qui parvo non peritura ferunt.

XV. De Leontio episcopo.

Inter quos genuit radians Aquitanicus axis,
  Egregiis meritis culmina prima tenes,
Civibus ex Gallis supereminet alta potestas,
  Tu potior reliquis et tibi nemo prior;
Præcedis multos, nulli minor atque secundus,   5
  Nec superest aliquid quod dare possit honor.
Qui, cum se primo vestivit flore juventus,
  Parvus eras annis et gravitate senex;
Versus ad Hispanas acies cum rege sereno,
  Militiæ crevit palma secunda tuæ;   10
Cujus primitiæ tanto placuere relatu,
  Ut meritis esset debitus iste gradus;
Nec poterant subito tibi culmina celsa parari
  Hæc, nisi digna tuum promeruisset opus.
Nobilitate potens præcellis, papa Leonti,   15
  Clarus ab antiquis, ut numerentur avi :
Nam genus et proavi, vel quicquid in ordine dicam,
  Per proceres celsos currit origo vetus.
Tempora diffugiunt et stat tamen aula parentum,
  Nec patitur lapsum, te reparante, domus;   20
Nobilitas longos non inclinavit in annos,
  Cui magis ascensum proles opima dedit.
Inclita progenies ornavit luce priores,

à sa grandeur. Le fils a ravivé l'éclat du nom de ses pères; l'héritier de cette noble race lui a donné une nouvelle noblesse. De cette souche antique est sortie une fleur qui est sa parure; votre gloire, légitime récompense de votre mérite, la couvre de son ombre. Personne ne vous surpasse, mais vous vous surpassez vous-même, en rehaussant comme vous le faites la grandeur de vos ancêtres. La mitre que vous portez, avec ses fanons retombant par derrière, jette plus d'éclat et plus loin que l'unique couronne des rois, car vous gouvernez l'Église, pontife vénéré; et c'est là un titre de gloire à joindre à ceux que vous avez d'ailleurs. Si haut que soit dans l'opinion des hommes la dignité pontificale, vous l'avez encore honorée en l'acceptant. L'Église et le pasteur se gratifient mutuellement; vous l'ornez, et elle vous donne en retour ses espérances. Elle et vous, par la grâce de Dieu, gagnez également à cet échange : elle récompense vos vertus, et elle en reçoit du lustre. Vous êtes le treizième évêque de cette ville, mais par vos mérites vous en êtes le premier. Les temples du Seigneur, qui tombaient de vétusté, ont été relevés par vos soins, et sont sortis de leurs ruines plus magnifiques que jamais; la vieillesse décrépite a fait place à la jeunesse en sa fleur. C'est à vous qu'ils doivent cette renaissance et ils s'en montrent reconnaissants. Ce fut sans doute pour donner plus d'activité à votre zèle que la flamme les a dévorés; à vous la gloire de les avoir fait sortir plus beaux de leurs cendres. L'incendie ne fut pas pour eux un fléau, mais une occasion, un moyen de les rétablir dans tout l'éclat qu'ils ont aujourd'hui. Je crois même qu'ils eussent choisi ce genre de destruction, pour renaître embellis par vos mains. C'est ainsi que le Phénix devenu vieux retrouve une vie nouvelle dans la cendre et la braise de son bûcher. Vous avez aussi restauré l'enceinte sacrée du baptistère, où l'eau sainte efface la tache originelle (3). Vous avez encore consacré à la bienheureuse Marie un temple inaccessible à la nuit, et éclairé par un jour perpétuel (4). Ce temple plein de lumière est l'image même de Marie : il retient cette lumière enfermée dans ses murs, comme la Vierge a gardé dans son sein celui qui a été la lumière du monde. Ce n'est pas seulement ici, c'est partout que s'offrent aux regards des temples, œuvres de vos mains, et Saintes, entre tant d'autres villes, en est encore un témoignage. En ouvrant aux peuples des asiles où ils prient continuellement, vous leur ouvrez le chemin du salut. L'église, dont vous avez surhaussé la voûte, est superbe, et, cette beauté qui ravit le regard, elle témoigne qu'elle vous la doit. C'est vous qui faites accourir avec joie les citoyens au pied de ses autels, c'est vous qui attirez dans son enceinte la ville entière. Mais si vous avez orné votre patrie de monuments impérissables, vous méritez aussi d'être appelé l'honneur de Bordeaux. Autant cette ville s'élève au-dessus des autres cités, autant vous vous élevez au-dessus des autres pontifes. Il n'est point de prélat qui puisse se comparer à vous, comme il n'est point de fleuve qui ne le cède à la Garonne. Le Rhin, fils des Alpes, ne roule pas des eaux plus grosses qu'elle et plus tourmentées; le Pô ne se précipite pas avec plus de violence dans l'Adriatique; le Danube seul l'égale

```
    Heredis radio splendet origo patrum.
De radice sua vestita est flore vetustas,                    25
    Quam merito vestræ laudis obumbrat honor.
Quamvis non aliquis potior modo possit haberi,
    Tu tibi præcedis amplificando patres.
Emicat altus apex generosa stemmata pandens,
    Cujus apud reges unica palma patet;                      30
Ecclesiæ nunc jura regis, venerande sacerdos :
    Altera nobilitas additur inde tibi.
Pontificalis apex, quamvis sit celsus in orbe,
    Postquam te meruit, crevit adeptus honor.
Aula Dei et pastor vicibus sibi præmia reddunt :             35
    Illi tu ornatum, spem dedit illa tibi.
Munere divino pariter floretis utrique :
    Tu mercede places, illa decore nitet.
Tertius a decimo huic urbi antistes haberis,
    Sed primus meritis enumerandus eris.                     40
Templa vetusta Dei revocasti in culmine prisco,
    Postque suum lapsum nunc meliora placent :
Fore juventutis, senio fugiente, coruscant,
    Et tibi læta favent, quo renovante virent.
Ut tu plus ageres, incendia tecta cremarunt,                 45
    Et nunc laude tua pulchrius illa micant,
Nullaque flammicremæ senserunt damna ruinæ,
    Quæ modo post ignes lumine plena nitent.
Credo quod ex sese voluissent ipsa cremari,
    Ut labor ille tuus hæc meliora daret :                   50
Post cineres consumpta suos tenuesque favillas
    Sic solet et Phœnix se renovare senes.
Instaurata etiam sacri est baptismalis aula,
    Quo maculas veteres fons lavat unus aquis.
Ecce beata sacræ fundasti templa Mariæ,                      55
    Nox ubi victa fugit, semper habendo diem.
Lumine plena micans imitata est aula Mariam :
    Illa utero lucem clausit et ista diem.
Nec solum hic, sed ubique micant tua templa, sacerdos,
    Inter quæ plaudens Santonus illa docet.                  60
Qui loca das populis, ubi Christum jugiter orent,
    Unde salus veniat te facis esse viam;
Ecclesiæque domus crescente cacumine pollet,
    Et probat esse tuum, quod modo culta placet.
Fecisti ut libeat cunctos huc currere cives,                 65
    Et domus una vocet quicquid in urbe manet.
Ornasti patriam cui dona perennia præstas,
    Tu quoque dicendus Burdegalense decus :
Quantum inter reliquas caput hæc super extulit urbes,
    Tantum pontifices vincis honore gradus;                  70
Inferiora velut sunt flumina cuncta Garonnæ,
    Non aliter vobis subjacet omnis apex.
(Rhenus ab Alpe means neque tantis spumat habenis,
```

peut-être, grâce à la longueur de son cours. J'ai traversé ces grands fleuves, et j'en parle pour les avoir vus. Les autels du Christ ont été l'objet de votre munificence, et les vases qui reçoivent son corps sacré sont un don de votre piété. C'est vous qui avez procuré les vaisseaux où le corps et le sang de la divine victime sont consacrés par le prêtre suivant les rites. Heureux celui qui emploie ses biens à enrichir les temples du Seigneur, ou plutôt qui amasse ainsi des biens impérissables ! La rouille n'entamera pas son trésor ; il ne deviendra jamais la proie des voleurs. La chose donnée vit et fait vivre heureux le donateur, et quand celui-ci vient à mourir, c'est pour être acheminé vers le ciel. Il retrouve là les biens dont il s'est autrefois dépouillé, et ses seules richesses sont alors celles qui l'y ont précédé. Les vôtres, ô saint pontife, ce seront ces temples, ces vases sacrés et tous ces autres monuments de votre munificence, dont je ne saurais dire le nombre. Puissiez-vous longtemps encore gouverner l'Église et jouir de l'admiration universelle, légitime récompense de votre piété !

C'est pour moi un devoir de cœur de nommer ici Placidine, autrefois votre épouse, aujourd'hui votre sœur bien-aimée (5). Le sang illustre d'Arcadius, son père, se reconnaît encore dans votre petite-fille, ô Avitus (6), le sang, dis-je, d'Arcadius, magnifique maître du monde, et aux lois duquel obéit encore le sénat. Si l'on cherche la plus haute noblesse parmi les hommes, il n'est rien de plus noble que la descendance des Césars. Mais les vertus de Placidine ont fait oublier sa naissance. La parole coule de ses lèvres, plus douce que le miel ; charité, douceur, décence, activité, piété, indulgence et bonté, elle a toutes les vertus, comme elle a tous les honneurs. Par ses mœurs, par son esprit, par l'éclat de tous ses rares mérites, elle est l'ornement et la gloire de son sexe. Ai-je besoin d'en dire davantage ? N'est-ce pas assez, pour la faire bien connaître, que de rappeler qu'elle a su vous plaire et qu'elle est devenue votre épouse? Puisse celle à qui vous avez élevé des temples vous donner une longue vie, et puisse sa grandeur protéger votre grandeur !

XVI. Hymne sur l'évêque Léonce (1).

Peuples, reconnaissez Léonce, votre évêque, Léonce, l'honneur de Bordeaux ; le ciel l'a rendu à votre amour. Un fourbe à la langue artificieuse, et dévoré d'une criminelle envie, a répandu la douloureuse nouvelle de la mort de Léonce. L'auteur de ce bruit funèbre n'a pas tardé à se dénoncer lui-même ; bien qu'il ne puisse plus nuire, il a trahi sa folle ambition. Trompé dans ses odieux calculs, il pleure son crime inutile, et voit votre deuil d'un moment changé en joie. Il donna cet exemple barbare et digne d'être à jamais flétri,

```
    Fortior Hadriacas nec Padus intrat aquas;
Danuvius par est, quia longius egerit undas ·        75
    Hæc ego transcendi ; judico nota mihi.)
Muneribusque piis dotasti altaria Christi,
    Cum tua vasa ferunt viscera sancta Dei.
Nam cruor et corpus, domini libamina summi,
    Rite, ministerio, te tribuente, venit.            80
O felix, cujus ditat pia templa facultas,
    Cui res ista magis non peritura manet !
Non ærugo teret mordaci dente talentum,
    Nec contra hæc fures arma dolosa movent ;
Et data res vivit, facit et bene vivere dantem ·     85
    Cum moritur terris, ducitur inde polis.
Hæc possessor habet quicquid transmiserit ante :
    Sola tenet secum quæ prius ire facit.
Hæc tibi templa dabunt et vasa sacrata, sacerdos,
    Et quicquid reliquum nec numerare queo.          90
Ecclesiæ columen per tempora longa gubernes,
    Et mercede pia fructus ubique mices.
Cogor amore etiam Placidinæ pauca referre,
    Quæ tibi tunc conjunx, est modo cara soror.
Lumen ab Arcadio veniens genitore refulget,         95
    Quo manet augustum germen, Avite, tuum ;
Imperii fastus toto qui rexit in orbe,
    Cujus adhuc pollens jura senatus habet.
Humani generis si culmina prima requiras,
    Semine Cæsareo nil superesse potest.            100
Sed genus ipsa suum sensus moderamine vicit,
    Cujus ab eloquio dulcia mella fluunt ;
Cara, serena, decens, sollers, pia, mitis, opima,
    Quæ bona cuncta gerit, quicquid honore placet ;
Moribus, ingenio, meritorum luce coruscans,        105
    Ornavit sexum mens pretiosa suum.
Plurima cur referam, quantis sit prædita rebus,
    Quæ potuit votis nupta placere tuis ?
Augent hæc vobis vitam cui templa dedistis,
    Culminibusque suis culmina vestra tegat.       110
```

XVI. Hymnus de Leontio episcopo.

```
Agnoscat omne sæculum
    Antistitem Leontium,
    Burdegalense præmium,
    Dono superno redditum.
Bilinguis ore callido                    5
    Crimen fovebat invidum,
    Ferens acerbum nuntium
    Hunc jam sepulchro conditum.
Celare se non pertulit,
    Qui triste funus edidit :           10
    Etsi nocere desiit,
    Insana vota prodidit.
Deceptus arte noxia,
    Cassata deflet crimina,
    Dum, quæ putabat tristia,           15
    Conversa sunt in gaudia.
Exempla sæva protulit,
    Calcanda cuncto tempore,
```

d'usurper le pouvoir épiscopal, du vivant même de l'évêque. Nous l'avons vu, par un mensonge dont une âme honnête doit avoir horreur, s'emparer, Léonce vivant, d'un héritage auquel il aurait à peine osé prétendre, si Léonce eût été mort. Il déshonore l'Église, le prêtre qui s'empare de l'épiscopat par de tels moyens. Celui qui se règle sur les divers enseignements ferme son cœur à l'ambition. Le plus digne d'occuper ce poste glorieux doit y être porté malgré lui; ce n'est pas l'intrigue c'est la faveur du Christ qui l'y élève. Quelle folie de vouloir se placer soi-même à la tête de l'Église! C'est à Dieu qu'il appartient de choisir les dépositaires du pouvoir sacré. Le sage Hilaire n'a pas recherché l'épiscopat; Martin l'a fui; Grégoire n'en a porté le fardeau qu'à regret. Les lois répriment la brigue; partout l'usurpateur est honteusement chassé; quelle horreur doit inspirer à l'Église un crime que flétrit la justice des hommes! Ils se disputaient avec fureur ce siège qui ne leur appartenait pas. Ce qu'elle ne voudrait pas qu'on lui fît, la méchanceté ne doit pas le faire aux autres. Mais ce désordre ne dura pas longtemps; tandis qu'on songe à prendre sa place, le prélat absent reparaît. Il est rendu à son peuple en prières, au moment où ce peuple croyait l'avoir à jamais perdu. Les joies qui succèdent à la tristesse en sont d'autant plus vives. La ville le salue de ses applaudissements; elle renaît au bonheur et accueille avec une tendre émotion le père qu'elle a pleuré. A peine peut-elle croire qu'elle l'ait reconquis; elle doute de sa félicité : c'est ainsi qu'en présence d'un spectacle inattendu, nous refusons d'en croire nos yeux éblouis. Le pasteur rassemble son troupeau qu'on avait égaré; le troupeau a reconnu son maître et se réjouit de l'avoir retrouvé. Le jour où il avait été élevé à l'épiscopat fut le même que celui de son retour. Qui pourrait méconnaître la main de Dieu dans cette heureuse rencontre? Le bonheur du peuple fut grand jadis, quand Léonce s'assit sur le trône épiscopal; il est plus grand aujourd'hui que Léonce vient y reprendre sa place. Venez, citoyens, applaudissez; adressez au ciel vos plus ferventes prières; suppliez-le de conserver celui que vous avez si miraculeusement recouvré. Puisse le Christ éclairer de sa lumière sereine Léonce par lui restauré! Puisse-t-il lui accorder à la fois la grâce, la vie et la gloire! Chantez l'hymne à pleine voix, vous tous qui ai-

    Ut jam sibi conscriberet
      Decreta, vivo antistite.   20

Fucata res hæc contigit,
    Vitanda casto pectore,
    Superstite ut præsumeret,
    Post fata quod vix debuit.

Gravat sacerdos ordinem,   25
    Qui episcopatum sic petit :
    Præcepta qui complectitur,
    Fugit honoris ambitum.

Hoc si cui sit debitum,
    Coactus ascendat gradum :   30
    Non se petente callide,
    Sed dante Christi munere.

Ineptus est quis ipse se
    Præferre vult ecclesiæ,
    Nam rem sacratam sumere   35
    Electio divina sit.

Katus sacerdos ordinem
    Hilarius non ambiit,
    Martinus illud effugit,
    Gregorius vix sustulit.   40

Leges refutant ambitum,
    Invasor omnis pellitur :
    Quod respuunt prætoria,
    Vitet nefas ecclesia.

Maligna erant certamina   45
    De sede non tamen sua :
    Quæ nec pati desiderat,
    Non inferat mens inproba.

Nec longiore tempore
    Versantur in hoc murmure;   50

    Dum cogitant succedere,
    Redit sacerdos qui fuit.

Orante plebe, protenus,
    Dum nemo credit, redditur :
    Quæ confluunt post tristia,   55
    Majora sunt hæc gaudia.

Plausu favebat civitas,
    Cui redit felicitas,
    Orbata quem defleverat
    Patrem recepit anxia;   60

Quem vix putabat redditum,
    Præventa voto prospero;
    Res mira quando cernitur,
    Solet stupere visio.

Recolligit rector gregem   65
    Errore captum semitæ;
    Pastoris prece cognita,
    Gavisa sunt ovilia.

Sumpsit gradum quo tempore,
    Regressus est eo die :   70
    Quis non superno munere
    Hoc contigisse prædicet?

Tantum nec ante præmium
    Plebi fuit, cum factus est,
    Lætata quantum tunc fuit,   75
    Quando recepit præsulem.

Venite cives, plaudite
    Et vota votis addite :
    Quo facta sunt miracula,
    Servent eum cœlestia.   80

Xhristus sereno lumine
    Circumvolet quem reddidit,

mez Dieu; louez ce Dieu qui a ressuscité votre évêque d'entre les morts. Pour moi, cédant aux transports d'un cœur fidèle, je ne rougis point de rendre témoignage à la vérité, et j'offre à l'illustre pontife Léonce cet humble hommage.

XVII. A Placidine (1).

Ces présents sont bien peu de chose, je vous prie néanmoins de les recevoir avec bonté, vous qui êtes en ce monde un présent d'un éclat supérieur. C'est grâce à la fureur des flots de l'Océan qu'une île vous en fait hommage; car comme j'étais très désireux et impatient de connaître ces côtes, la mer déchaînée et soulevée par le vent du nord me repoussa au large (2). Cependant pour que le bonheur que vous portez aux autres se manifestât dans toute sa plénitude, vous m'offrîtes sur terre ce que j'avais vainement demandé à la mer. — Ch. N.

XVIII. De la villa Bisson, près de Bordeaux (1).

Il est un lieu où, quelle que soit l'intensité de la chaleur, la campagne est toujours verte et fleurie. Des fleurs aux teintes safranées embaument la plaine des odeurs qu'elles exhalent; l'herbe même y est parfumée. Les habitants l'appellent Bisson, qui est son nom ancien. Il est à sept milles de Bordeaux. Son heureux possesseur y a élevé des constructions somptueuses et charmantes, avec des portiques (2) de grandeur égale sur trois côtés. Le bâtiment primitif était tombé de vieillesse et n'avait plus ni beauté, ni forme; Léonce l'a refait sur un meilleur plan, et il est garanti contre la ruine par la présence (3) de son nouveau fondateur. C'est maintenant comme un palais jadis enseveli qui sort plus beau des décombres et qui applaudit à l'auteur de sa résurrection. Cependant les salles de bains d'aujourd'hui ont été faites dans le style ancien, et il y a des baignoires commodes pour les gens fatigués qui veulent réparer leurs forces (4). Des loups, dit-on, habitèrent jadis ces lieux abandonnés; Léonce en a chassé les bêtes et y a ramené des hommes. — Ch. N.

XIX. Sur la villa Vérégine, près de Bordeaux (1).

Aux lieux où la Garonne roule à travers les campagnes fertiles ses eaux bienfaisantes, s'étend sur ses bords fleuris le riant domaine de Vérégine. Une courte montée s'élève en pente douce sur le flanc d'une colline, et conduit le voyageur jusqu'au faîte par un sentier tournant. Vue de la plaine cette colline semble très élevée, mais elle n'a pas la hauteur d'une montagne; elle n'est toutefois ni trop basse, ni trop haute. A mi-côte est une maison artistement construite: d'un côté la montagne la domine, de l'autre, elle domine la plaine. La maison est suspendue sur une triple arcade (2); près de là est un bassin où l'on croirait voir se précipiter la mer en miniature; l'eau douce, passant par un conduit en pur métal, s'en échappe et tombe dans le bassin en

    Ut trina crescat gratia,
      Mercede, vita, gloria.
Ymnum canendo concrepet   85
    Quisquis deo non invidet :
    Laus ejus est qui præsulem
    De mortis ore retrahit.
Zelante fido pectore,
    Tam vera dici non pudet :   90
    Hæc parva nobilissimo
    Papæ damus Leontio.

XVII. Ad Placidinam.

Munera parva nimis, pia, suscipe quæso libenter,
    Quæ magis ipsa decens munus in orbe micas.
Fluctibus e mediis ut hæc daret insula vobis,
    Oceanus tumidas murmure pressit aquas.
Quæ loca dum volui properans agnoscere ponti,   5
    A Borea veniens reppulit unda furens;
Prosperitas ut vestra tamen se plena probaret,
    Obtulit in terris quod peteretur aquis.

XVIII. De Bisonno villa Burdegalensi.

Est locus, æstifero quamvis sit tempore fervor,
    Quo viret assidue flore refectus ager,
Respirant crocois depicta coloribus arva,
    Fragrat odoriferis blandior herba comis.
Incola Bissonnum vocat hunc de nomine prisco   5
    (Milia septem urbs hinc Burdegalensis abest);
Qua possessor amans prætoria grata locavit,
    Partibus atque tribus porticus æqua subit.
Straverat ipsa solo senio rapiente vetustas,
    Perdiderat vultum forma decora suum: 10
Hæc meliore via revocat labor ille Leonti,
    Quo præsente domos nulla ruina premit;
Nunc quoque prosperius velut aula sepulta resurgit
    Et favet auctori vivificata suo.
Reddidit interea prisco nova balnea cultu,   15
    Quo recreant fessos blanda lavacra viros.
Hic referunt nutrisse lupos deserta tenentes :
    Intulit hic homines, expulit unde feras.

XIX. De Vereginis villa Burdegalensi.

Inter opima ferax qua volvitur unda Garonnæ,
    Vereginis ripis vernat amœnus ager :
Hic brevis ascensus leni subit aggere clivum,
    Carpit et obliqua molle viator iter;
Altior a planis arvis, minor eminet altis :   5
    Nec humilis nimium neove superbit apex.
Colle sedet medio domus ædificata decenter,
    Cujus utrumque latus hinc jacet, inde tumet.
Machina celsa casæ triplici suspenditur arcu,
    Quo pelagi pictas currere credis aquas;   10
Exilit unda latens vivo generata metallo,

XX. Sur la villa Præmiacum, près de Bordeaux.

Quoique pressé d'arriver, eu égard à la quantité d'affaires qui m'appellent ailleurs, je me détourne de mon chemin et vous apporte quelques vers. Vous aimant comme je le fais, je ne me tairai jamais sur ce qui doit être rappelé à la mémoire, et ce n'est pas en passant dans ce lieu que je vous passerai sous silence. Noble Præmiacum, si je retranche la dernière syllabe de ton nom, tu en porteras un autre digne de toi, celui de *Præmia* (1). Tout chez toi regorge de délices, les cultures et les prairies verdoyantes; la nature a répandu ses grâces sur toute la campagne environnante. La maison est bâtie sur un plateau de hauteur médiocre, et qui va en pente jusqu'au bord du fleuve. Les prés sont émaillés de fleurs, et toutes les fois que souffle un léger vent d'est, l'herbe courbe la tête et ondule. Ici croît une moisson jaunissante, là une vigne à l'épais feuillage couvre encore de son ombre la terre qui la nourrit. La Garonne ne manque pas de poissons; elle en fourmille, et si la disette, était dans les champs, l'abondance serait dans ses eaux. Mais tous ces biens, Léonce, aspiraient à être à vous; seul, vous leur manquiez pour qu'ils fussent au comble; car si la maison est belle et les bains magnifiques, la solidité de leur construction est votre œuvre et ils en portent témoignage. Cependant, pour que tout cela et ce que vous aurez l'intention d'y ajouter, reçoivent dans la suite des embellissements, soyez-en longtemps encore le possesseur et le maître. — Ch. N.

XXI. Sur la rivière du Gers.

Peut-être aurais-tu moins de renom, noble Garonne (1), si le Gers avait un peu plus d'eau. Si mince est le filet qui serpente à travers son lit, que cette indigence fait valoir ta richesse. En un mot, si l'on vous compare, vous qui vous ressemblez si peu, on ne peut lui donner le nom de ruisseau sans te nommer un autre Nil. Il n'entre dans le domaine où tu es roi que pour devenir ton esclave : tu es l'Euphrate de la Gaule, il n'est qu'une goutte d'eau perdue dans ton sein. Autant ton tribut enfle l'Océan, autant le Gers augmente le volume de tes eaux. C'est surtout quand l'été brûlant pèse sur la terre, quand le sol est desséché et la campagne haletante, quand le soleil de ses rayons ardents fouille la plaine, la fend, la sillonne comme un soc de feu, c'est surtout alors qu'il se traîne à grand'peine, aussi épuisé, aussi languissant que ses poissons qui meurent sur le sable. Il rampe sur l'arène qu'abandonnent ses eaux; il erre, exilé dans son lit tari; il se perd dans la vase séchée; là où roulait naguère une onde impétueuse, apparaît maintenant une terre aride. Le désastre est complet et sans consolation; le triste Gers, dans cet état misérable, ne garde plus que son nom (2). Le voyageur fatigué ne peut

```
Dulcis et irriguo fonte perennis aquæ;
Quo super accumbens celebrat convivia pastor,
    Inclusoque lacu, pisce natante, bibit.
Nunc renovanda venit papæ mercede Leonti,     15
    Quem dominum longo tempore culta cupit.
```

XX. De Præmiaco villa Burdegalensi.

```
Quamvis instet iter retrahatque volumine curæ,
    Ad te pauca ferens carmine flecto viam.
Captus amore tui numquam memoranda tacebo,
    Te neque prætereo prætereundo locum;
Cui quæ digna loquar? Si syllaba quarta recedat, 5
    Præmiacum pollens, præmia nomen habes.
Deliciis obsessus ager viridantibus arvis,
    Et naturalis gratia ruris inest.
Condita quo domus est, planus tumor exit in altum,
    Nec satis elato vertice regnat apex;          10
Qua super incumbens locus est devexus in amnem,
    Florea gemmato gramine prata virent.
Leniter adpulsus quotiens insibilat Eurus,
    Flexa supinatis fluctuat herba comis.
Hinc alia de parte seges flavescit aristis,     15
    Pinguis et altricem palmes opacat humum.
Piscibus innumeris non deficit unda Garonnæ,
    Et si desit agris fruges, abundat aquis.
```

```
Sed te quærebant hæc munera tanta, Leonti :
    Solus defueras qui bona plena dares.          20
Nam quod pulchra domus, quod grata lavacra nitescunt,
    Consolidatorem te cecinere suum.
Ut tamen adquirant adhuc fabricanda decorem,
    Temporibus longis hæc tua dona regas.
```

XXI. De Egircio flumine.

```
Laus tibi forte minor fuerat, generose Garonna,
    Si non exiguas alter haberet aquas :
Lubricat hic quoniam tenuato Egircius haustu,
    Præfert divitias paupere fonte tuas;
Denique dissimilem si comparet ullus utrumque,  5
    Hic ubi fit rivus, tu puto Nilus eris.
Te famulans intrat, sed hunc tua regna refrenant;
    Gallicus Eufrates tu fluis, iste latet.
Nam quantum Oceanum tumidus tu cursibus auges,
    Iste tuas tantum crescere præstat aquas.     10
Torrida præsertim cum terris incubat æstas,
    Ac sitiente solo tristis anhelat ager.
Cum Titan radiis ferventibus exarat arva,
    Et calor ignifero vomere findit humum,
Languidus arentes fugiens vix explicat undas,   15
    Et cum pisce suo palpitat ipse simul;
Flumine subducto vacuatas lambit harenas,
```

y étancher sa soif. Comment offrirait-il une goutte d'eau aux passants? Il est plus altéré qu'eux. Il vous demande à boire, ce fleuve, si l'on peut donner le nom de fleuve à ce sable qui a besoin d'être arrosé par la main de l'homme. La roue du char qui le traverse y laisse une trace profonde; à peine en fait-elle sortir assez d'eau pour remplir l'ornière. Venez le visiter à cheval, sous les feux du cancer : c'est à peine si le sabot de votre cheval sera mouillé. J'ai vu de petits poissons s'agiter sur la vase, et se débattre, comme des naufragés, dans la boue où ils étaient empêtrés. Il n'est ni fleuve ni plaine, ni terre ni eau; les poissons n'y peuvent plus vivre, et la charrue n'y saurait tracer son sillon. Seule, la grenouille, habitante des marécages, y fait entendre son croassement plaintif; cette étrangère règne sur le domaine que les poissons ont dû quitter. Mais vienne la moindre pluie; la terre est à peine mouillée, que notre filet d'eau se gonfle et devient menaçant. Un nuage qui crève lui rend la vie, réveille sa fureur; ce n'était tout à l'heure qu'une mare, c'est maintenant un Océan. Il roule ses ondes limoneuses, où il a besoin de se laver lui-même; toujours inégal, ou il n'est rien, ou il est énorme. Ses rives ne lui suffisent plus; il prend au plus court; il verse sur les campagnes couvertes de moissons toutes les eaux que lui envoie la montagne; c'est un tourbillon déchaîné, et comme un tyran auquel rien ne résiste; il s'indigne de couler dans son lit habituel et porte partout le ravage. Les récoltes sont emportées au fil de l'eau, les poissons échouent au milieu des champs; tout est confondu; ce sont les épis qui nagent, et les poissons prennent leur place dans les sillons. Dans les pâturages, les grenouilles succèdent aux brebis dépossédées; la prairie est aux poissons, et l'eau entraîne les troupeaux. Le silure chassé du sein des eaux a pour domicile la plaine; la terre est plus poissonneuse que naguère ne l'était le fleuve. Les filets déchirent et bouleversent le sol que devraient fendre les hoyaux; le pêcheur lance ses hameçons là où tout à l'heure se dressaient des roseaux. Que le fleuve soit tari, qu'il s'enfle et déborde, le sort des poissons est aussi cruel; ils étaient échoués dans la vase, et voici que l'eau les délaisse au milieu des champs. Mais pourquoi m'acharner ainsi à dire les méfaits de ce ruisseau? Mes paroles à leur tour le brûlent, et je n'ai pas d'eau à lui verser pour lui rendre la vie. Assez de flammes le dévorent; à quoi bon allumer contre lui de nouveau feux, et le contraindre à subir deux fois les ardeurs de l'été? Je veux au moins, si c'est pour lui une consolation, lui reconnaître un mérite : ses eaux s'étant retirées, il laisse derrière lui les poissons à ramasser.

```
        Sedibus in propriis exul oberrat aquis;
    In limo, migrante lacu, consumitur amnis,
        Terraque fit sterilis quo fuit unda rapax.        20
    Deficiunt usto solacia cuncta rigoris,
        Nomine cum proprio tristis et aeger eget.
    Forte viator iter gradiens non invenit haustus :
        Unde alios recreet qui sitit ipse sibi?
    Se cupit infundi fluvius, si porrigis undas,          25
        Si tamen est fluvius quem madefactat homo.
    Gurgitis impressas labens rota signat harenas,
        Atque resudantes orbita sistit aquas.
    Si venias equitando viam sub tempore cancri,
        Vix tamen insidiens ungula mergit equi.           30
    Vidimus exiguum de limo surgere piscem,
        Qui, retinente luto, naufragus errat humo.
    Nec fluvius, nec campus adest, nec terra, nec unda :
        Piscibus inhabilem nullus arare potest;
    Sola palude natans querulos dat rana susurros :       35
        Piscibus exclusis advena regnat aquis.
    At si forte fluat tenuis de nubibus imber,
        Vix pluit in terris, jam tumet iste minax;
    Ingentes animos parva de nube resumit :
        Fit subito pelagus qui fuit ante lacus.           40

    Turbidus incedens undis eget ipse lavari,
        Semper inaequalis qui nihil aut satis est.
    Non ripis contentus agit conpendia cursus;
        Quod de monte bibit per sata plena vomit;
    Vertice torrenti rapitur quasi more tyranni;         45
        Indignatus iter munera vastat agri.
    Discurrit seges in fluvium, stat piscis in arvo :
        Ordine perverso, messe natante, jacet.
    Quae fuerant ovibus, donantur pascua ranis,
        Prata tenent pisces et trahit unda pecus.         50
    Obtinet expulsus stabulum campestre silurus;
        Plus capitur terris quam modo piscis aquis.
    Sarcula quos foderent agros male retia miscent,
        Figitur hic hamus quo stetit ante palus.
    Sors una est piscis, siccent aut flumina crescant :  55
        Nunc residet limo, nunc jacet exul agro.
    Sed cur triste diu loquimur de gurgite parvo?
        Uritur et verbis, nec recreatur aquis.
    Sufficiat flagrare sibi, cur addo vapores,
        Atque bis aestivum crescere tempus ago?           60
    Unica sed tandem damus haec solacia laudis,
        Quod tribuit pisces evacuatus aquis.
```

NOTES SUR FORTUNAT, LIVRE I.

PRÉFACE.

1. — Cette épître dédicatoire est adressée à Grégoire de Tours. C'est par erreur que l'on a cru quelquefois que le Grégoire auquel écrit Fortunat était le pape Grégoire le Grand. Fortunat n'eut aucune liaison d'amitié, aucune correspondance suivie avec Grégoire le Grand, qui d'ailleurs, comme le remarque Lucchi, ne devint pape que dans les dernières années de la vie de Fortunat. Au contraire, rien n'est plus connu que les rapports de mutuelle affection qui unissaient Fortunat et Grégoire de Tours. Le passage où Fortunat rappelle que Grégoire, pour le décider à publier ses vers, a invoqué le souvenir des vertus du bienheureux Martin, prouve bien que son correspondant est l'évêque de Tours et non le pape.

2. — Le titre de *papa* donné par Fortunat à Grégoire, ainsi qu'aux évêques Eufronius (III, pièce I et II) et Léonce (I, pièce XII), équivalait à celui de *paternité*; *paternitatis nomen est*, dit Walafridus Strabo (*De Reb. ecclesiast.* c. 7). Il était donné à tous les évêques indistinctement, et lorsque ces personnages s'écrivaient entre eux, ils se servaient habituellement de cette formule placée en tête de leurs lettres : *Domino papæ N. Salutem*, comme on le voit entre autres par des lettres de saint Augustin et de saint Jérôme. C'est, dit-on, au milieu du cinquième siècle, et depuis la papauté de Léon le Grand, que les papes se réservèrent ce titre pour eux seuls : ce qui n'empêcha pas les évêques, comme on le voit par les exemples ci-dessus, de continuer à recevoir, comme aussi à se donner entre eux, ce titre vénérable. — *Paradigmis, epicherematibus*, etc., tous mots de l'école passés du grec dans le latin, et que tout homme un peu instruit alors connaissait, sans savoir pour cela le grec, et souvent aussi sans pouvoir le lire. — Ch. N.

3. — L'édition de M. Leo donne dans le texte *laus egerit*, qui n'est guère intelligible, et, dans les variantes, *ageret* et *augeret* qui ne se comprennent pas mieux. La correction *augeretur*, empruntée à Lucchi, est beaucoup plus satisfaisante, tout au moins au point de vue du sens.

4. — Les Breunes, peuple de la Rhétie, dans la partie supérieure de la vallée de l'Inn.

5. — *Leurs chansons sauvages.* — Au livre VII, pièce 8, Fortunat emploie encore la même expression :

Nos tibi versiculos, dent barbara carmina leudos.

Les *leudi* (de l'allemand *lied*) sont sans doute ces chants guerriers des Germains, dont parle Tacite au chap. 3 du *De moribus Germanorum*. Voyez encore Paul Diacre *Hist. Longob.*, liv. I, 27.

6. — M. Leo donne *meis frivulis arbitrem*, et propose comme variante conjecturale *aptiorem*. Conjecture pour conjecture, *arbitro* donné par Lucchi semble préférable.

LIVRE I.

I.

1. — Quoique Vital ne figure sur aucun des catalogues des évêques de Ravenne, il n'en est pas moins très vraisemblable, selon Lucchi, qu'il était évêque de cette ville dans le temps que Fortunat y habitait. Voy. la note 1 de la pièce suivante.

2. — Voy. l. II, pièce X, note 1.

3. — Lucchi croit que ce chef militaire était Narsès, envoyé en 551 en Italie par l'empereur Justinien, pour y faire la guerre aux Ostrogoths, et qui eut sa résidence à Ravenne. Il est possible qu'il ait assisté à la dédicace de la basilique de Saint-André.

II.

1. — Lucchi estime que ce Vital, évêque de Ravenne, n'est autre que Maximien qui, nommé en 546 évêque de cette ville, siégea jusqu'en 553, et qui, au témoignage d'Agnello (a) de Ravenne, restaura la basilique de Saint-André. Maximien, selon le même auteur, était venu à Constantinople pour prendre le corps de saint André et l'emporter à Ravenne. N'ayant pu en obtenir la permission de l'empereur, il coupa la barbe du saint, qu'il emporta à Ravenne avec plusieurs autres reliques de saints. Il n'y a rien d'extraordinaire dans cette double appellation de *Vital* et *Maximien* appartenant au même personnage, d'autant qu'à cette époque il était loisible à chacun de prendre autant de noms qu'il voulait, ainsi qu'il a été remarqué dans la Vie de Fortunat, n°s 3 et 4. Ce qui suggéra cette opinion à Lucchi, ce fut surtout le témoignage d'Agnello. Celui-ci ajoute en effet que Maximien *Ecclesiam B. Andreæ Apostoli... columnis marmoreis suffulcisse, ablatisque vetustis ligneis de nucibus, proconisis decorasse* (b). D'après cela, il est vraisemblable que la dédicace de l'église Saint-André fut faite par Maximien.

Quant à Jean dont il est question à la fin de cette pièce, v. 25, il ne fut point, toujours selon Lucchi, évêque de Ravenne, mais de Rome plus probablement, peut-être le troisième du nom. Ce fut lui qui donna les reliques à Vital, suivant un usage sans doute alors déjà établi, et en vertu duquel les souverains pontifes faisaient des dons de ce genre aux églises qui leur en adressaient la demande. Mais ces dons étaient un abus, l'Église romaine ayant de toute ancienneté en horreur de laisser transporter les corps ou des parties de corps saints hors de Rome. Grégoire le Grand, qui tenta de le réformer, avait cédé lui-même à cet abus. On lit en effet dans Ripamonte, *Hist. eccles.* Milan., l. VIII, p. 522-523, que ce pape accorda à Theudelinde, reine des Lombards, du sang, des cendres, une dent et des cheveux de saint Jean-Baptiste. Mais il refusa depuis à Constantina Augusta, fille de l'empereur Tibère Constantin, le chef du suaire de saint Paul qu'elle lui demandait pour une église bâtie par elle et dédiée à cet apôtre. Il l'informait en même temps que les Romains, quand ils donnent des reliques des saints, n'ont point pour habitude de les démembrer, mais qu'ils envoient dans une boîte un linge appelé *brandeum*, qui, après avoir été appliqué sur les corps des martyrs, faisait autant de miracles que ces corps mêmes. Voy. *Gregorii Magni Epistol.* l. III, ep. 30. Cette sage réserve n'a pas toujours duré, et depuis les reliques parcellaires d'ossements se sont tellement multipliées qu'il n'est guère d'église qui n'ait les siennes.

(a) Dans son ouvrage intitulé *Agnelli, qui et Andreas, abbatis S. Mariæ ad Blachernas, liber pontificalis, etc. Vitæ pontificum Ravennatum, etc.* 2 v. in-4°.
(b) Marbres de Proconèse, ou Præconese, île de la Propontide. V. les *Acta Sanctorum*, 7 jul., p. 184, col. 2.

2. — Tel est sans aucun doute le sens de *Seductor*, mot qui fait allusion aux manœuvres employées par Paul pour détourner les chrétiens de leur foi.

3. — Saint Pierre.

4. — Selon Georges Fabricius (*Poet. veterum eccles. fragmenta*, p. 142 du commentaire), Vital fut mis en croix à Ravenne sous Néron; selon Butler (*Vie des Pères, des martyrs, etc.*, t. III, p. 693), Vital fut brûlé vif, après avoir été étendu sur le chevalet, et avoir souffert divers autres genres de tortures. Et ce qui a lieu de surprendre, c'est que Butler, dans le sommaire de son article sur Vital, allègue Fortunat, lequel, comme on le voit ici, fait déterrer vivant le même Vital. Où est la vérité? Peut-être s'agit-il d'un autre Vital.

5. — Voy. la pièce vi du livre X.

6. — Je crois qu'il s'agit ici de Vigile, évêque de Tapse, en Afrique, qui vivait vers la fin du V⁰ siècle, et qui, enveloppé dans la persécution d'Hunéric, roi des Vandales, en 481, fut dépouillé de son siège, et se réfugia à Constantinople.

7. — Martyrs de la Légion thébaine, dits Martyrs d'Agaune. Voy. l. II, pièce xiv.

8. — Il y a quatre saints du nom d'Alexandre; un seul Alexandre, évêque de Cappadoce, puis de Jérusalem, mort en 251, a pu être contemporain de Cécilia ou sainte Cécile, morte, suivant les Actes, vers 230.

III.

1. — Il y eut un Palladius, évêque de Saintes, contemporain de Fortunat. Ce fut lui qui retrouva les restes de saint Eutrope, dans une basilique dédiée à ce saint, comme le rapporte Grégoire de Tours au l. I, c. 56 du *De Gloria martyrum*. Brower pense que la basilique de Saint-Etienne fut construite par un autre Palladius, évêque de Bourges. Grégoire de Tours, dans l'*Hist. Franc.* l. I, c. 29, parle d'une basilique de Saint-Étienne, à Bourges. — Du Cange donne au mot *basilica* sa vraie signification quand, dans l'espèce, il en fait le monument élevé sur une tombe : *Basilicæ appellatæ ædiculæ quædam quas Franci nostri veteres magnatum tumulis imponebant, quod formam basilicarum seu ædium sacrarum referrent. Nam aliorum inferioris conditionis hominum sepulcris aut tumba aut porticulus tantum super ponebatur.* À Rome, la Basilica surmontait toujours la catacombe où avaient été ensevelis les martyrs; les preuves en abondent dans la *Roma sotterranea* et le *Bulletin d'archéologie chrétienne*. Une basilique était donc une église dédiée à un ou plusieurs martyrs, à cause de leurs reliques. (Voy. le *Martyrium de Poitiers*, par Mgr Barbier de Montault, p. 60. 1885, in-8⁰). — Ch. N.

V.

1. — Voy. Sulpice Sévère, *Dialog*. II, 1, et Paulin de Périgueux, *Vita S. Martini*, IV, vers 21 et suiv. Ce fait se passa dans la cellule où Martin avait coutume de se retirer avant l'office, et la pièce qui le rappelle ici fut sans doute inscrite ou gravée sur un des murs de la cellule. Sans doute aussi que le dernier distique en fut alors détaché. Le même fait est encore raconté par Fortunat, *Vita S. Mart.*, III, vers 29 et suiv., avec beaucoup plus d'étendue, mais moins toutefois que dans Paulin de Périgueux où il est développé démesurément et aussi en vers meilleurs que ceux de Fortunat.

2. — Voy. Paulin de Périgueux, *ibid.*, IV, v. 85 et suiv., et Fortunat, *ibid.*, III, v. 54 et suiv.

3. — Voy. Paulin, *ibid*, V, v. 700 et suiv., et Fortunat, *ibid.*, IV, v. 305 et suiv. — Ch. N.

VI.

1. — Léonce, évêque de Bordeaux, qui mourut vers l'an 567, deux ans après l'arrivée de Fortunat, en Gaule. Voyez l'éloge que fait de lui notre poète, pièce xv de ce livre.

2. — Voy. Sulpice Sévère, *Vita B. Martini*, c. 18, Fortunat, *Vita S. Martini*, I, v. 486 et suiv., et Paulin de Périgueux, *Vita S. Martini*, II, v. 614 et suiv. Lucchi pense qu'il y avait dans la basilique bâtie par Léonce une peinture où cette scène était représentée. Voir sur cette même scène et celles qui sont indiquées ci-dessus, (pièce v), la pièce vi du livre X de notre auteur. — Ch. N.

3. — Fortunat décrit, aux pièces xix et xx de ce livre, deux villas que possédait Léonce près de Bordeaux. C'est sans doute dans l'une ou l'autre de ces villas que se trouvait la basilique de Saint-Martin. Le site où elle s'élevait répond bien à la description que fait ici Fortunat de l'emplacement de la basilique.

4. — Placidine, épouse de Léonce. Voyez, sur Placidine, la note 5 de la pièce xv de ce livre, et sur l'emploi des voiles dans les basiliques la note 1 de la pièce x du l. II.

VIII.

1. — Cette basilique était située près d'Agen dans un endroit nommé *Pompeïacum*, et depuis Vernémète (voir la pièce qui suit, note 1), où Vincent fut martyrisé. Voy. Grégoire de Tours, *Hist. Fr.*, VII, 35, et *De Glor. Martyrum*, c. 105. On confond souvent ce saint avec saint Vincent de Sarragosse.

IX.

1. — Ce mot se décompose ainsi : *Ver* et *Nemetis*. — *Ver*, selon Zeuss (*Grammat. celtica*, t. I, p. 10) est une particule intensive qu'il assimile à *gor*, *gwer*, *guer*, qu'on trouve dans les noms bretons *Wortigernus*, *Gworthigernus* ou *Guerthigernus*, mais qui garde sa forme pure gauloise dans les noms ou titres gaulois *Vergobret*, *Vergasillaunus*, *Vercobius*, *Veromandui*, *Veragri*, et enfin dans *Vercingetorix*, distingué par ce préfixe, selon la remarque de M. Roger de Belloguet (*Ethnogénie gauloise*; *Glossaire*, n⁰ˢ 157, 158, page 135, éd. de 1858), d'un autre Gaulois contemporain, *Cingetorix*. Le même auteur donne pour significats de *ver*, grand, noble, sens qui est celui de l'irlandais *ferr*. — *Nemetis* en gaulois ou celtique, comme aussi en irlandais, est *nemed*, petit temple, *sacellum*. On trouve dans l'itinéraire d'Antonin, *Vernemetum*, ville de l'ancienne Bretagne, *Tasinemetum* en Norique, *Augustonemetum* en Gaule. Les inscriptions (Orelli, n⁰ 5236 et n⁰ˢ 5247, 5369) donnent également *Nemetacum* et *Civitas Nemetum*.

Quant au *Vernemetis* de Fortunat, on ignore où il était situé. Il est à présumer que c'était dans le diocèse de Léonce, dans le Bordelais, où les érudits de cette province le trouveraient peut-être, s'ils s'appliquaient à l'y chercher. — Ch. N.

X.

1. — On ne sait quel est ce Nazaire, car on célèbre la fête de trois personnages de ce nom le 12 juin. Le premier souffrit le martyre à Milan avec Celsus enfant, et leurs corps ont été retrouvés dans l'église Saint-Ambroise de cette ville; l'autre à Évreux, le troisième à Rome. Le corps de celui-ci fut rapporté en Gaule par Chrodegande, évêque de Metz, en 765. Voy. Ruinart dans ses notes sur le *De Glor. Martyr.* de Grégoire de Tours, I, c. 61. On révérait les reliques de saint Nazaire dans le pays nantais au temps de Grégoire.

2. — J'ai substitué à *immortale bonum*, *immortale inhians*, encore qu'aucun manuscrit n'y autorise; mais *bonum* est évidemment un mot corrompu qui cache un

verbe au participe présent, lequel concorde avec *volens*, *poscens* du vers suivant, et ne peut être que *inhians*. — Notes de Ch. N.

XI.

1. — C'est-à-dire dans le diocèse de Bordeaux, dont Amelius était évêque.

2. — Léonce II qui succéda en effet à Amelius.

3. — Qui ne connaît cette pieuse légende?

XII.

1. — Saint Bibien, ou saint Vivien, second évêque de Saintes. La basilique de Saint-Bibien était située dans un faubourg de Saintes (V. Grégoire de Tours, *De Gloria Confess.*, c. 58).

2. — Eusèbe assista au deuxième concile d'Orléans en 533; il mourut en 549.

3. — Emérius fut déposé en 563, par un synode provincial présidé par Léonce (V. Grégoire de Tours, *Hist. Fr.*, IV, 26). C'est probablement avant ce synode, ou après s'être réconcilié avec Emérius, que Léonce se chargea d'achever la basilique de Saint-Bibien.

4. — Sur cet usage d'orner de figures d'animaux, peintes ou sculptées, les voûtes et les murailles des églises, voyez ce que dit Grégoire de Nazianze d'un temple élevé par son père (*Orat.* 19). Cf. la pièce suivante et la description des peintures de la basilique de Saint-Eutrope.

XIII.

1. — Saint Eutrope, martyr, premier évêque de Saintes. (Voyez Grégoire de Tours, *de Glor. Martyr.*, liv. I, c. 56.) Les restes d'Eutrope, retrouvés par Palladius, furent déposés par lui, selon Luchi, dans la basilique reconstruite par Léonce, qui fait le sujet de cette pièce. C'est à tort que Brower a cru que Palladius avait élevé cette basilique, restaurée plus tard par Léonce. Palladius fut le troisième évêque de Saintes après Emérius, déposé en 563 par le synode, et Léonce mourut vers 567. Palladius est donc postérieur à Léonce. La basilique de Saint-Eutrope, relevée par Léonce, était sans doute un monument beaucoup plus ancien. Léonce l'a rebâtie et décorée; Palladius y a déposé les reliques d'Eutrope.

2. — Ce *quos pictura solet* ne doit aucunement faire présumer que les murs des églises fussent ornés de peintures, quoique en effet, comme l'indique suffisamment le dix-huitième vers de cette pièce : *hæc modo picta nitent*, ils admissent cet ornement; mais par *quos pictura solet*, le poète veut tout simplement comparer les sculptures de la basilique d'Eutrope à la peinture, et constater que celles-là n'y reproduisaient pas moins fidèlement que celle-ci les délicatesses du dessin. — Ch. N.

3. — Eutrope avait été évêque de Saintes; le siège de Saintes relevait de celui de Bordeaux qui fut occupé par Léonce.

XV.

1. — Sur ce Léonce, évêque de Bordeaux, successeur d'un autre Léonce, dont il était probablement parent, voyez les pièces VI, IX, XIII, XVI et XIX; et sur le titre de *papa* qui lui est donné au vers 15, voyez la fin de la note 2 de la préface de ce livre Ier. Brower, s'appuyant sur un passage de Sidoine Apollinaire (lib. VIII, *épist.* 12), croit que les deux Léonce descendaient de la famille des Paulins.

2. — Léonce suivit l'armée de Childebert en Espagne en 531. Sur cette expédition, voyez Grégoire de Tours, *Hist. Fr.*, III, 10. Fortunat loue en plusieurs passages la piété de Childebert, principalement au livre VI, pièce IV.

3. — Les baptistères étaient, à cette époque, en dehors des églises, comme le prouvent ce passage de Fortunat, et la pièce XI du livre II sur le baptistère de Mayence, bâti par Sidoine, évêque de cette ville. Grégoire de Tours, *Hist. Fr.*, X, 31, parle d'un baptistère qu'il avait fait élever à Tours près de la basilique : *ad ipsam basilicam*. Plusieurs de ces monuments existent encore en Italie.

4. — Fortunat, selon Luchi, veut dire sans doute que cette église avait des fenêtres vitrées. Voyez la pièce X du livre II, et la note 1 de cette même pièce.

5. — Quand des laïques mariés étaient élevés à l'épiscopat, comme le furent Léonce, Sidoine Apollinaire et d'autres encore, leurs femmes étaient appelées leurs sœurs, et en vertu des décrets canoniques et selon l'ancienne coutume de l'Église, elles ne vivaient pas autrement avec leurs maris que des sœurs. Voyez les notes du P. Sirmond sur le livre V, *ép.* 16 de Sidoine Apollinaire. — Ch. N.

6. — Avitus, originaire de l'Auvergne, sénateur, avait succédé à l'empereur Maxime en 455. Sidoine Apollinaire, dans le *Panégyrique* de cet Avitus, qui était son beau-père, vante la noblesse et l'illustration de sa famille. — Arcadius, compatriote d'Avitus, fut comme lui sénateur. Dans la conspiration ourdie dans cette province contre le roi Théodoric, il avait pris parti pour Childebert; et pendant que Théodoric, vainqueur, ravageait le pays, il s'était enfui chez les Bituriges. V. Grég. de Tours, *Hist. Fr.*, III, 12. — Ch. N.

XVI.

1. — Cette hymne est abécédaire, c'est-à-dire que chaque strophe commence par une des 24 lettres de l'Alphabet. Bède (*Hist. Eccl. Angl.*, IV, 20) dit que ce genre de poème est imité de l'hébreu. Le plus ancien exemple que nous en ayons est vraisemblablement l'hymne de saint Augustin contre les Donatistes. Il l'écrivit vers 393, pour apprendre au peuple quelle était la doctrine de ces hérétiques, et lui en signaler tous les dangers. Ainsi, et saint Augustin le fait assez entendre lui-même, cette poésie alphabétique était déjà populaire à la fin du quatrième siècle. Elle se retrouve chez tous les peuples de la chrétienté, à des époques très différentes. — Ch. N.

M. A. Ebert, dans son *Histoire de la littérature du Moyen âge en Occident*, 2 vol. in-8° de la traduction française, en cite *passim* plusieurs exemples.

XVII.

1. — Le titre dans quelques éditions est *Ad Placidinam matrem Leontii episcopi*. C'est sans doute une erreur. L'important manuscrit de Saint-Gall ne donne point cette addition, non plus que ceux du Vatican.

2. — Il s'agit ici de quelque île, située à l'embouchure de la Gironde, peut-être même de l'île de Cordouan. Cette île, âpre rocher, devait attirer de pieux personnages avides de se livrer, dans la solitude, à la prière, ainsi qu'il se pratiquait déjà dans d'autres îles voisines des côtes de l'Océan. Ils y construisaient des cellules qui devinrent plus tard des monastères, et qui demeuraient, après qu'ils avaient quitté l'île. Attirés par les mêmes besoins, d'autres arrivants les occupaient ensuite. Fortunat semble indiquer ici le dessein qu'il avait d'aller visiter ces solitaires, ou du moins le séjour sanctifié par leur présence, pour y recueillir des objets qui leur avaient appartenu, et s'en faire des reliques. Mais alors, ayant été repoussé par la tempête, il l'a porté vers les lieux où était Placidine, dont la personne et les mœurs lui offraient sur terre plus de sujets d'édification qu'il n'en était allé chercher sur mer. Tel me paraît être le sens principalement des deux derniers vers. — Ch. N.

XVIII.

1. — *Bissonum* est le nom latin de Bessan, commune du département de l'Hérault, près d'Agde. Peut-être que Bessan était déjà le nouveau nom de notre localité au temps de Léonce, et que les habitants persistaient à l'appeler de son ancien nom latin *Bissonum*. Voy. le vers 5. Luchi croit que la villa *Burgus*, située sur les bords de la Dordogne, appartenant à Pontius Leontius, et décrite par Sidoine Apollinaire, *Carm.* XXII (voy. la pièce qui suit, note 3), pourrait être, d'après cette description même, une de celles que Fortunat célèbre dans cette pièce et dans les deux suivantes. Elle aurait donc, depuis les vers de Sidoine, changé de nom, et certains détails qu'on retrouve ici et qui sont donnés par Sidoine, permettraient de le supposer.

2. — Ces portiques étaient sans doute l'un en façade, et les autres aux deux côtés ou ailes du bâtiment.

3. — Le poète veut dire que la présence habituelle du propriétaire dans sa maison écarte la crainte qu'on pourrait avoir qu'elle ne tombât en ruine. Il y a contre cette éventualité l'intérêt et l'œil du maître qui se prêtent un secours mutuel.

4. — *Balnea* et *lavacra* : deux choses ici différentes. Le premier exprimait le plus ordinairement chez les Romains un établissement de bains, où il y avait des bassins dans lesquels on s'exerçait à nager. Les gens fatigués, dont il est ici question, n'avaient pas besoin de cet exercice, et se baignaient à part dans des *lavacra* ou baignoires. Tous ces détails ne laissent pas que d'être intéressants. — Ch. N.

XIX.

1. — *Vereginis* est le génitif de *Verego* ou de *Veregen*, où l'on retrouve le préfixe *ver* dont il a été parlé dans la note 1 de la pièce IX ci-dessus. Ce mot n'a été recueilli ni par Zeuss, ni par Roger de Belloguet (*Ethnogénie gauloise*; *Glossaire*).

2. — Ce ne sont plus ici des portiques, comme dans la pièce qui précède, mais des arcades qui supportaient l'édifice de trois côtés; l'autre côté ou le derrière n'avait pas besoin de cet appui, étant presque adossé à la montagne.

3. — C'était alors la coutume de bâtir, près des bords d'un fleuve, des villas d'où l'on jouissait à la fois des beautés de la perspective, des agréments de la campagne et de la pêche. Entre autres exemples, voyez la description de la villa *Burgus* que fait Sidoine Apollinaire *Carm.* XXII, et celle de la villa de Childebert sur les bords de la Moselle, faite par Fortunat l. X, pièce IX.

XX.

1. — Pour rendre exactement la pensée et le jeu de mots du poète, il a fallu maintenir *præmia* qu'aucune traduction ne saurait rendre exactement.

XXI.

1. — *Generosus Garumna* et non *generosa*, comme le propose M. l'abbé Hamelin (*De Vita et operibus V. Fortunati*, in-8°, p. 62). *Garumna* est du masculin dans César, Tibulle, Ausone et partout ailleurs. — Ch. N.

2. — *Nomine cum proprio tristis et æger eget*. Fortunat joue ici sur les mots. Les syllabes *æger eget* lui rappellent assez mal à propos le nom du fleuve Egircius.

LIVRE DEUXIÈME.

I. De la Croix du Seigneur (1).

Voici dans tout son éclat la croix bénie à laquelle le Seigneur est pendu en chair, et où il lave de son sang nos péchés. Fait victime pour nous et par un saint amour pour nous, agneau sacré, il tira les brebis de la gueule du loup. De ses mains percées de clous sanglants il sauva le monde de la destruction, ferma par la mort le chemin de la mort, arracha Paul au crime et Pierre à la mort. O cher, ô noble bois, quelle puissance dans ta fertilité, dans ces fruits nouveaux que portent tes branches! A leur odeur toute nouvelle, ceux qui ont perdu la vie la recouvrent, et leurs cadavres se dressent sur leurs pieds. A l'ombre de cet arbre la chaleur ne brûle personne, ni celle de la lune pendant la nuit (2) ni celle du soleil à midi. Plantée près d'un cours d'eau, tu te montres dans toute ta splendeur, et étales ton feuillage orné de fleurs récemment écloses. Entre tes bras une vigne est suspendue d'où coule un vin qui a la rougeur du sang. — CH. N.

II. En l'honneur de la sainte Croix (1).

III. Vers en l'honneur de la sainte Croix ou de l'Oratoire attenant à l'église de Tours.

L'univers entier est pénétré de la sublime vertu de la croix, parce que la croix recouvre tout ce qui est perdu dans le monde, et que le sang du Christ, douce liqueur, lave le venin dont l'infernal serpent l'a infecté. Les brebis qui avaient été la proie du loup ravisseur sont rendues à la vie par l'Agneau, fils de la Vierge, mis en croix. Étendu sur cet arbre infâme et suspendu à ses branches, les jambes et les bras écartés, c'est du haut du gibet qu'il fonda son Église, réparant ainsi le mal que nos premiers parents (1) avaient apporté au monde en mangeant du fruit de l'arbre défendu. Maintenant elle brille de tout l'éclat des vertus qui lui ont été données par surcroît, et qui sont les dons que la croix ellemême réserve à ses sectateurs. Grégoire offre ces saints temples à la croix; mais lorsqu'il en apporta ici le signe, il voulut avoir des voiles (2); la puissance divine du Christ lui en procura aussitôt et contenta ainsi ses désirs. Il en était bien digne. Sur ces voiles d'un tissu blanc était brodée une croix superbe entourée d'autres brodées elles-mêmes en soie non peignée (3) de couleur pourpre, et d'un travail magnifique. C'était grâce au dévouement et à la volonté des fidèles que le pontife avait été si promptement servi. Ces voiles dédiés à la croix sentent qu'ils sont

LIBER SECUNDUS

I. De cruce Domini.

Crux benedicta nitet, dominus qua carne pependit
  Atque cruore suo vulnera nostra lavat,
Mitis amore pio pro nobis victima factus
  Traxit ab ore lupi qua sacer agnus oves.
Transfixis palmis ubi mundum a clade redemit 5
  Atque suo clausit funere mortis iter.
Hic manus illa fuit clavis confixa cruentis,
  Quæ eripuit Paulum crimine, morte Petrum.
Fertilitate potens, o dulce et nobile lignum,
  Quando tuis ramis tam nova poma geris! 10
Cujus odore novo defuncta cadavera surgunt,
  Et redeunt vitæ qui caruere diem.
Nullum uret æstus sub frondibus arboris hujus,
  Luna nec in noctem, sol neque meridie.
Tu plantata micas, secus est ubi cursus aquarum, 15
  Spargis et ornatas flore recente comas.
Appensa est vitis inter tua brachia, de qua
  Dulcia sanguineo vina rubore fluunt.

III. Versus in honore sanctæ crucis, et oratorii domus ecclesiæ apud Toronos.

Virtus celsa crucis totum recte occupat orbem,
  Hæc quoniam mundi perdita cuncta refert;
Quodque ferus serpens infecit felle veneni,
  Christi sanguis in hac dulce liquore lavat;
Quæque lupi fuerant raptoris præda ferocis, 5
  In cruce restituit virginis agnus oves.
Tensus in his ramis, cum plantis brachia pandens,
  Ecclesiam stabilit pendulus ipse cruce.
Hoc pius in ligno reparans deperdita pridem,
  Quod vetiti ligni poma tulere boni. 10
Addita quin etiam virtutum flamma coruscat,
  Dona quod obsequiis crux parat ipsa suis.
Denique sancta cruci hæc templa Gregorius offert,
  Dum pallas cuperet signa gerendo crucis,
Dona repente dedit divina potentia Christus, 15
  Mox fuit et voti causa secuta pii.
Pallia nam meruit, sunt quæ cruce textile pulchra.
  Obsequiisque suis crux habet alma cruces.
Serica quæ nivels sunt ugnava blattea telis.

agréables a la croix, et celui à qui ils ont plu, peut, au moyen de l'instrument de son supplice et de notre salut, vous accorder en retour, illustre pontife, des grâces considérables (4). — Ch. N.

IV. Du signe figuré de la croix. Acrostiche (1).

V. Même sujet. Autre acrostiche (1).

VI. Hymne en l'honneur de la sainte Croix (1).

VII. Sur saint Saturnin (1).

La haute porte du ciel à laquelle frappe la terre, est ouverte, et reçoit les enfants de la terre. C'est pour eux une occasion admirable de faire leur salut, et d'acheter au prix de leur vie mortelle les récompenses de la lumière éternelle. Saturnin, désireux de s'unir au Christ, se dégoûta d'être si longtemps dans son enveloppe de chair, et résolut de rompre les fers de la prison corporelle, afin que l'homme vînt se joindre plus étroitement au Dieu. Le temps était mûr, l'espérance avait grandi; les vœux de l'homme reçurent enfin leur salaire. Pendant que Saturnin exerçait le sacerdoce à Toulouse, qu'il annonçait au peuple la divinité du Christ, et qu'il appuyait ses discours par des miracles, afin que les effets suivissent les paroles; pendant qu'il arrachait les âmes de païens à la gueule du démon et les remettait sous la puissance du roi dont il tenait ses armes, le peuple infecté de venin, et voulant non pas être guéri, mais rester au contraire dans son infection, saisit, dans un accès de folie, le saint homme, l'entraîna au Capitole, et couvrit son médecin de blessures. Il se venge par la fourberie de la piété de Saturnin, et de son miel par le poison. Il l'attache à la jambe d'un taureau qu'il pique de l'aiguillon, de peur que l'animal ne soit trop lent à prendre sa course. O esprit abominable des hommes, bête cruelle, monstre d'un genre nouveau, ce n'est pas assez pour toi de la fureur d'un taureau indompté, tu joins ta propre férocité à celle qu'il a naturellement, et l'animal qui, laissé à lui-même, est calme, excité par toi, entre en furie. Foule barbare et perverse, tu te perds en déchirant ta victime. Si tu ne l'épargnes pas, sache du moins t'épargner toi-même. Mais bientôt l'animal hors de lui se précipite à travers les rues tortueuses et disperse les membres du saint homme par toute la ville. Une femme, aidée de sa servante, les recueillit et les enterra. C'est par ce supplice insigne que Saturnin ravit la couronne; c'est avec cet éclat qu'il subit le martyre, et que la gloire en est restée célèbre. Aujourd'hui on recouvre la santé quand on s'approche de son tombeau, et son corps mutilé en guérit beaucoup d'autres. Où gis-tu, dis-le-moi, mort ennemie? Où caches-tu ta défaite, quand tu vois nos prières exaucées par le cadavre du saint? Celui que tu croyais à tort avoir emporté en mourant la grâce du salut, donne la vie à plusieurs, et lui-même conserve la sienne. Tu es étendue captive là où tu pensais régner; tu péris en attaquant, tu t'immoles en t'abandonnant à ta rage. La peine que tu endures t'accable, tes liens te font cruellement souffrir, les gémissements que tu

```
Et textis crucibus magnificatur opus.            20
Sic cito pontifici dedit hæc devota voluntas,
  Atque dicata cruci conscia vela placent.
Unde salutifero signo tibi, clare sacerdos,
  Hoc cui conplacuit reddere magna valet.
```

VII. De domno Saturnino.

```
Janua celsa poli, terra pulsante, patescit
  Et recipit natos quos generavit humus :
Admiranda hæc est occasio facta salutis,
  Ut de morte sua præmia lucis emant.
Saturninus enim cupiens se nectere Christo       5
  Carnali in habitu noluit esse diu,
Vincula corporei dissolvere carceris optans,
  Plenius ut domino se sociaret homo.
Tempore maturo cum jam spes esset adulta,
  Sumpserunt pretium vota beata suum :           10
Dumque sacerdotio frueretur in urbe Tolosa,
  Et populis Christum panderet esse deum,
Ostendens verbis, addens miracula factis,
  Ut quod sermo daret consequeretur opus,
Gentiles animas rapiens de fauce tyranni         15
  Subdebat regi qui dedit arma sibi.
Sed vitiata malis et plebs infecta venenis,
  Curari effugiens, ægra jacere volens,
Comprendit male sana virum, ad capitolia duxit
  Atque suo medico vulnera plura dedit;          20
Pro pietate dolum, pro melle venena rependens,
  Contra tutorem noxia bella movet.
Subligat indomiti sanctum ad vestigia tauri
  Et stimulat, fieret ne fuga tarda feri.
Pessima mens hominum, diri nova bestia monstri!  25
  Nec tauri indomiti sufficit ira tibi?
Naturæ rabidæ feritatem adjungere nosti :
  Quod per se nescit, te stimulante, furit.
Turba cruenta, nocens, hujus te vulnere perdis :
  Etsi non illi, parcere disce tibi.             30
Hinc ferus impatiens, mox curva per avia raptus,
  Passim membra pii fundit in urbe viri.
Tum mulier collegit ovans et condidit artus,
  Una sed famula participante sibi.
Hæc fuit insignis rapiendæ causa coronæ,         35
  Gloria martyrii sic celebrata nitet.
Ante sepulchra pii dantur modo dona salutis,
  Et corpus lacerum corpora multa fovet.
Dic ubi, mors inimica, jaces? ubi victa recumbis,
  Quando vides sancti funere vota dari?          40
Quem male credebas obitu finire salutem,
  Dat vitam multis, et tenet ipse suam;
Huc captiva cubas quo te regnare putabas :
  Invadendo peris, tequo furendo necas;
Te tua pœna premit, tua te fera vincula torquent, 45
  Quos dare vis gemitus, ipsa ferendo gemis.
```

voudrais provoquer, c'est à toi que la souffrance les arrache. Le martyr a triomphé et habite le ciel, et toi, mort, livide, triste et ta propre ennemie, tu habites le noir Tartare. Maintenant le bienheureux dans un séjour fleuri jouit d'un bonheur qui n'aura point de fin, au milieu des chœurs que l'encens pénètre de sa douce odeur. Il ne craint pas la justice d'un juge déjà fléchi par son martyre, mais soldat victorieux, il va recevoir les récompenses qui lui sont dues, et qui auront pour digne complément la palme du triomphateur. Mourir pour toi, Christ, est la vie, la gloire et le repos. — CH. N.

VIII. Sur Launebode, qui bâtit une église à saint Saturnin.

Que les louanges humaines fassent tressaillir de joie les cœurs des autres hommes, mon devoir à moi est de faire commémoration des justes ; car c'est œuvre de piété que de consigner dans des livres les actes des victorieux (1). Il y a deux raisons pour cela : la première est qu'il convient de publier les grandes choses opérées par les grands hommes, et qu'il serait criminel de les passer sous silence ; la seconde est qu'en lisant le récit, on se sent enflammé de zèle et du désir de faire mieux encore. Le martyr Saturnin est l'objet de la vénération du monde entier, et nul n'ignore comment cet homme illustre conquit la palme des bienheureux. Parti en toute hâte de Rome pour Toulouse, il y apportait la semence par lui recueillie dans une terre chrétienne, lorsqu'une troupe insensée s'empara de cet ami du Seigneur, dans le dessein de l'entraîner et de lui briser les membres. Attaché à la jambe gauche d'un taureau, traîné et mis en pièces, il mourut. C'est ainsi que son âme fut transportée au ciel. Heureux celui par la mort duquel meurt la mort elle-même ! Mais il n'y avait pas de temple à l'endroit où il fut martyrisé ; ce n'est qu'après des siècles que Launebode, alors duc, en construisit un. Ainsi ce qu'aucun Romain n'avait fait un homme de race barbare l'exécuta (2). Il y fut aidé par son épouse Bérétrude, illustre par sa beauté, plus illustre encore par la bonté de son cœur, distinguée par sa naissance et par la puissance de la famille d'où elle est sortie, et qui, de cet hommage rendu à Dieu par son mari, tira un nouvel éclat. Elle donna de ses propres mains des aliments aux pauvres, désireuse de se rassasier elle-même par ses charités. Elle cherche, et elle y est infatigable, l'espérance dans les temples du Christ, et en poursuivant cette œuvre de piété, elle ne s'arrête jamais. Elle vêt ceux qui sont nus, elle donne à boire à ceux qui ont soif et par là s'abreuve elle-même d'autant plus des eaux de la fontaine éternelle. Tout ce qu'elle fait profite également à son mari ; elle est préoccupée de son salut et fait des vœux pour l'obtenir. Le duc, si considérable dans sa patrie par la grandeur de ses mérites, doit à sa noblesse d'être partout un haut et brillant personnage. Mais quelque grand qu'il soit par sa race, il renchérit sur ses aïeux par ses mœurs. Qu'ils restent donc

Martyr ovans cælos retinet, tu livida, tristis,
  Mors inimica tibi, Tartara nigra colis.
Florigera nunc sede manet sine fine beatus,
  Inter odoratos ture calente choros ;   50
Non aliquas metuit placato judice causas,
  Præmia sed miles victor habenda petit.
Digna triumphantem quæ restat palma sequetur :
  Pro te, Christe, mori est gloria, vita, quies.

VIII. De Launebode qui ædificavit templum S. Saturnini.

Laudibus humanis reliquorum corda resultent,
  At mihi de justis commemorare vacet.
Nam pietatis opus, victores texere libris,
  Admonet ingenium res ratione duplex :
Una quod est habilem de magnis magna fateri :   5
  Nam bona qui reticet criminis auctor erit.
Altera causa monet, quoniam successus amore
  Et meliora cupit qui sua facta legit.
Saturninus enim martyr venerabilis orbi,
  Nec latet egregii palma beata viri.   10
Qui cum Romana properasset ab urbe Tolosam,
  Et pia Christicoli semina ferret agri.
Tunc vesana cohors domini conprendit amicum
  Instituitque pii membra terenda trahi.
Inplicitus tauri pede posteriore pependit,   15
  Tractus in oblicum dilaceratus obit.
Hac ope de terris animam transmisit Olympo ;
  O felix cujus funere mors moritur !
Sed locus ille quidem, quo sanctus vincula sumpsit,
  Nullius templi fultus honore fuit.   20
Launebodis enim post sæcula longa, ducatum
  Dum gerit, instruxit culmina sancta loci.
Quod nullus veniens Romana gente fabrivit,
  Hoc vir barbarica prole peregit opus.
Conjuge cum propria Berethrude, clara decore   25
  Pectore quæ blando clarior ipsa nitet,
Cui genus egregium fulget de stirpe potentum :
  Addidit ornatum vir venerando deum ;
Quæ manibus propriis alimonia digna ministrat :
  Pauperibus tribuens se satiare cupit.   30
Indefessa spem Christi per templa requirit,
  Jugiter excurrens ad pietatis opus ;
Nudos veste tegit, sitienti pocula profert :
  Se magis æterno femina fonte replet.
Proficit hoc etiam. quidquid gerit illa, marito,   35
  Anxia pro cujus vota salute facit,
Dux meritis in gente sua qui pollet opimis,
  Celsus ubique micans nobilitatis ope.
Sed quamvis altum teneat de stirpe cacumen,
  Moribus ipse suos amplificavit avos.   40

IX. Au clergé de Paris.

Illustre compagnie, l'honneur et la gloire du clergé, ô Pères que mon cœur chérit, que ma piété vénère, vous m'obligez à reprendre le plectre (1) que j'ai depuis si longtemps déposé, à renouveler sur ma lyre les chants d'autrefois. Il faut que mes doigts engourdis courent sur les cordes et que ma main cultive un art dont elle s'était déshabituée. Ma voix est devenue rocailleuse, mes lèvres ne laissent échapper que des sons rauques et barbares. Je ne suis plus qu'une lame depuis longtemps rouillée, et qui aura peine à reprendre son poli au frottement de la meule; un airain enfumé, qui semble avoir perdu pour toujours sa couleur et son éclat. Mais puisque vos douces instances sont comme le marteau qui façonne le métal en le frappant sur l'enclume à coups redoublés, et puisque vous avez allumé dans ma poitrine une flamme qui pénètre jusqu'aux plus profonds replis de mon cœur, il faut vous obéir, et, refondu pour ainsi dire aux feux de cette fournaise, me prêter aux jeux qu'exige de moi votre affection.

L'auguste et vénéré clergé de Paris, la fleur, la gloire, l'ornement, l'honneur de l'Église, répétant les chants divins de David, recommence sans cesse, et sans se lasser jamais, sa douce tâche. Voici les prêtres, voilà le chœur des diacres : ceux-ci en cheveux blancs, ceux-là vêtus de robes superbes; d'un côté de pâles visages, de l'autre une aimable rougeur : les roses mêlées aux lis. Les uns tout blancs des frimas de l'âge, les autres de la robe qu'ils portent, forment une couronne brillante qui plaît au Seigneur. Au milieu marche Germain (2), l'auguste pontife; il dirige les jeunes lévites, et par son attitude il soutient les vieillards. Il est précédé des diacres et suivi du chœur imposant des prêtres; il met en mouvement les premiers; les autres se règlent sur ses pas; lui-même s'avance lentement, comme un autre Aaron. Ce n'est pas la richesse de son habit, c'est la piété peinte sur son visage qui attire sur lui les regards : point de pourpre sur ses épaules, point de tiare sur sa tête, point de pierreries, point d'or, point de fines étoffes ni de couleurs précieuses, mais, autour de son front, l'auréole de la foi. Bien supérieur au prêtre de l'ancienne loi, il adore la vérité dont l'autre n'a connu que l'ombre. Épris des grandeurs de la vie future, il méprise la vie présente; il s'est dégagé des liens de la chair, avant le jour où sa chair doit périr. Berger vigilant, il craint pour son troupeau la dent des loups, et sait ramener toutes ses brebis à l'étable. Puis de sa voix infatigable il les appelle aux pâturages où croissent les herbes salutaires; elles la reconnaissent et la suivent avec amour. Comme un soldat court aux armes, dès qu'il entend sonner la trompette, Germain arrache au sommeil ses membres fatigués, quitte son lit, et, le premier, vole à l'église pour y célébrer les saints mystères (3). Chacun arrive ensuite pour y prendre sa place. L'aspect

Ergo pari voto maneant in sæcula juncti
Et micet ambobus consolidatus amor.

IX. Ad clerum Parisiacum.

Cœtus honorifici decus et gradus ordinis ampli,
   Quos colo corde, fide, religione, patres,
Jam dudum obliti desueto carmine plectri
   Cogitis antiquam me renovare lyram.
En stupidis digitis stimulatis tangere cordas,   5
   Cum mihi non solito currat in arte manus.
Scabrida nunc resonat mea lingua rubigine verba,
   Exit et incompto raucus ab ore fragor.
Vix dabit in veteri ferrugine cotis acumen,
   Aut fumo infecto splendet in ære color.   10
Sed quia dulcedo pulsans quasi malleus instat,
   Et velut incude cura relisa terit,
Pectoris atque mei succenditis igne caminum,
   Unde ministratur cordis in arce vapor :
Obsequor hinc, quia me veluti fornace recocto   15
   Artis ad officium vester adegit amor.

Celsa Parisiaci clerus reverentia pollens,
   Ecclesiæ genium, gloria, munus, honor,
Carmine Davitico divina poemata pangens,
   Cursibus assiduis dulce revolvit opus.   20
Inde sacerdotes, Leviticus hinc micat ordo :
   Illos canities, hos stola pulchra tegit;
Illis pallor inest, rubor his in vultibus errat,
   Et candunt rutilis lilia mixta rosis.
Illi jam senio, sed et hi bene vestibus albent,   25
   Ut placeat summo picta corona deo.
In medios Germanus adest antistes honore,
   Qui regit hinc juvenes, subrigit inde senes.
Levitæ præount, sequitur gravis ordo ducatum :
   Hos gradiendo movet, hos moderando trahit.   30
Ipse tamen sensim incedit, velut alter Aaron,
   Non de veste nitens, sed pietate placens;
Non lapides, coccus, cidar, aurum, purpura, byssus
   Exornant humeros, sed micat alma fides.
Iste satis melior veteri quam lege sacerdos,   35
   Hic quia vera colit, quod prius umbra fuit.
Magna futura putans, præsentia cuncta refellens,
   Antea carne carens, quam caro fine ruens.
Sollicitus, quemquam ne devoret ira luporum,
   Colligit ad caulas pastor optimus oves.   40
Assiduis monitis ad pascua salsa vocatus,
   Grex vocem agnoscens currit amore sequax.
Miles ad arma celer, signum mox tinnit in aures,
   Erigit excusso membra sopore toro;
Advolat ante alios, mysteria sacra requirens;   45

du divin édifice remplit les âmes d'une pieuse ardeur; les premiers arrivés stimulent à l'envi les retardataires. Prolongeant sa veille jusqu'aux premières lueurs du jour, le peuple pieux forme des chœurs à la manière des anges. Il persiste avec résolution et fermeté dans l'acte vénérable qu'il accomplit, et, pour faire violence au ciel, ses armes sont des chants. Ses accents mélodieux parcourent toutes les cordes de la harpe, tandis qu'il répète avec amour les cantiques sacrés. Ici, les enfants adaptent leur voix aux sons de l'orgue les plus faibles, là les vieillards aux sons les plus forts. Le cliquetis des cymbales se marie aux fredons aigus du chalumeau, et des tiges inégales de la flûte de Pan s'échappent de doux accords. La voix flûtée des enfants adoucit les inflexions rauques et tympaniques de celle des vieillards, et l'organe sonore de l'homme donne une nouvelle force aux vibrations de la lyre (4). Tantôt c'est une douce et languissante mélodie, tantôt ce sont des accents rapides et entraînants, tant les sexes et les âges savent varier leurs efforts. On bat sur l'aire du Christ le pur froment qui doit remplir les greniers de Dieu. Le bonheur, comme le Seigneur lui-même l'a déclaré, est pour les serviteurs fidèles que le maître à son retour trouve à leur travail. Quelle piété, quelles vertus, quelle foi ! Quelle divine flamme brûle, invisible et cachée, dans ces corps périssables ! Dociles à la voix du pontife, le clergé, le peuple, les enfants même chantent les louanges de Dieu. Aussi recevront-ils bientôt et amplement le fruit de leur travail. Heureuse cette armée qui marche sous les ordres de Germain ! O Moïse, tends-lui une main secourable, viens en aide à tes soldats (5).

X. Sur l'église de Paris (1).

Si l'on vante la magnificence du temple de Salomon, celui-ci, où l'art est égal, doit à la foi une beauté supérieure. Les vérités sublimes, cachées jadis sous le voile de l'ancienne loi, s'offrent ici sans voile aux regards des hommes. Les murs du temple de Jérusalem étaient revêtus de métaux précieux; ceux-ci, teints du sang du Christ, brillent d'un plus vif éclat. L'or, les marbres, le bois de cèdre contribuèrent à la décoration du temple; l'église a la croix, ornement et plus riche et plus vénérable. Le temple, élevé à prix d'or, était destiné à périr; l'Église, qui a racheté le monde, repose sur des fondements inébranlables. Celle de Paris, dont la superbe voûte porte sur des colonnes de marbre, est d'autant plus belle, que sa pureté n'a jamais été souillée. Elle reçoit par les verrières de ses fenêtres les premiers rayons du jour, et la main de l'artiste y a emprisonné la lumière (2). Dès le lever de l'aurore la lumière diffuse inonde ses lambris. Elle brille de ses propres feux, avant d'être visitée par le soleil. C'est le pieux roi Childebert (3) qui a donné à son peuple ce gage immortel de son amour. Dévoué de toute son âme au service de Dieu, il a ajouté de nouvelles richesses au trésor inépuisable de l'Église. Véritable Melchisédech de ce temps, à la fois prêtre et roi, il s'est montré, bien que laïque, un parfait

```
Undique quisque suo templa petendo loco.
Flagranti studio populum domus inrigat omnem,
  Certatimque monent, qui prior ire valet.
Pervigiles noctes ad prima crepuscula jungens,
  Construit angelicos turba verenda choros :       50
Gressibus exertis in opus venerabile constans,
  Vim factura polo, cantibus arma movet;
Stamina psalterii lyrico modulamine texens,
  Versibus orditum carmen amore trahit.
Hinc puer exiguis attemperat organa cannis,        55
  Inde senis largam ructat ab ore tubam ;
Cymbalicæ voces calamis miscentur acutis,
  Disparibusque tropis fistula dulce sonat ;
Tympana rauca senum puerilis tibia mulcet,
  Atque hominum reparant verba canora lyram.      60
Leniter iste trahit modulus, rapit alacer ille :
  Sexus et ætatis sic variatur opus.
Triticeas fruges fervens terit area Christi,
  Horrea quando quidem construitur Dei,
Voce creatoris reminiscens esse beatos             65
  Quos dominus vigiles, dum redit ipse, videt.
In quorum meritis, animo, virtute fideque,
  Tegmine corporeo lumina quanta latent !
Pontificis monitis clerus, plebs psallit infans ;
  Unde labore brevi fruge replendus erit.         70
Sub duce Germano felix exercitas hic est :
  Moyses, tende manus et tua castra juva.

X. De ecclesia Parisiaca.

Si Salomoniaci memoretur machina templi,
  Arte licet par sit, pulchrior ista fide.
Nam quæcumque illic veteris velamine legis
  Clausa fuere prius, hic reserata patent.
Floruit illa quidem vario intertexta metallo :     5
  Clarius hæc Christi sanguine tincta nitet ;
Illam aurum, lapides ornarunt, cedrina ligna :
  Huic venerabilior de cruce fulget honor ;
Constitit illa vetus ruituro structa talento :
  Hæc pretio mundi stat soudata domus.            10
Splendida marmoreis attollitur aula columnis,
  Et quia pura manet, gratia major inest.
Prima capit radios vitreis oculata fenestris,
  Artificisque manu clausit in arce diem ;
Cursibus Auroræ vaga lux laquearia conplet,       15
  Atque suis radiis et sine sole micat.
Hæc pius egregio rex Childeberthus amore
  Dona suo populo non moritura dedit.
Totus in affectu divini cultus adhærens,
  Ecclesiæ juges amplificavit opes ;              20
Melchisedech noster merito, rex atque sacerdos,
  Complevit laicus religionis opus.
```

serviteur de la religion. Tout en gouvernant ses peuples, sans quitter son royal palais, il fut la gloire et le modèle du sacerdoce. Il a quitté cette terre pour recevoir ailleurs la récompense due à ses mérites; mais en ce monde même le souvenir de ses vertus durera éternellement.

XI. Sur le baptistère de Mayence (1).

A l'intérieur de ce monument, qui s'élève si haut dans les airs, est l'eau sacrée où le Christ lave les hommes du péché d'Adam. C'est là que le troupeau de Dieu est plongé dans une eau pure, afin que la toison de ses brebis ne garde pas plus longtemps ses souillures. La tache originelle les condamnait à mourir; mais le père du monde a voulu qu'une eau bienfaisante l'effaçât. Le pontife Sidoine, qui, dans son zèle pour le service de Dieu, répare en tous lieux les églises (2), a construit ce baptistère, accomplissant ainsi le vœu de Berthoara (3), l'honneur de l'Église, et qui l'aime si tendrement. Lumière de la foi catholique, brillant modèle de piété, bienfaitrice des églises, libérale envers les pauvres, elle sème pour récolter un jour, elle répand l'or pour amasser un trésor impérissable, elle prodigue les richesses terrestres pour s'assurer les richesses immortelles. Elle est votre digne fille et votre vivante image, ô Theudebert (4), vous qui, dans le gouvernement de votre patrie, vous êtes montré l'héritier de la piété de votre père; qui, soutenu par la foi, avez renouvelé ses triomphes sur l'ennemi, qui avez enfin payé de vos deniers la rançon des captifs. Appui de l'Église, honneur de la royauté, pasteur des pauvres, digne objet de l'amour des prêtres du Seigneur, ô roi, modèle de toutes les vertus, dont le joug léger n'a jamais coûté une larme à aucun de vos sujets, vous vivez encore par vos mérites dans le cœur de vos peuples.

XII. De la basilique de Saint-George.

Cette superbe basilique est celle de saint George, illustre martyr (1) dont la gloire a lancé ses rayons dans le monde entier. Prisonnier, chargé de chaînes, en butte aux traitements les plus rigoureux, souffrant de la faim, de la soif et du froid, il ne cessa de confesser le Christ, et par là s'ouvrit le chemin du ciel. Il fut inhumé en Orient, et voici que les effets de sa vertu toute-puissante se font sentir en Occident. Passant, n'oublie pas de lui adresser tes prières et tes vœux. Ce qu'on demande avec une foi sincère, on l'obtient par ses mérites. Sidoine lui éleva cette basilique où rien n'est à reprendre. Puisse la fondation de cette nouvelle église profiter à l'âme de l'ouvrier! — Ch. N.

XIII. De l'oratoire de Trasaricus (1).

Dans ce sanctuaire si remarquable et si bien paré la foi auguste conçoit des espérances qui ne sont point stériles. Ici est Pierre qui tient les clefs du ciel, et pour qui la mer devint une pierre sur laquelle il marcha (2). Paul y est aussi, Paul, la trompette des Gentils et leur prédicateur, après avoir été d'abord un bandit. C'est encore la maison de Martin qui vêtit le Christ, pensant vêtir un pauvre, simple recrue couvrant un roi, homme couvrant un Dieu. C'est enfin celle de Remi (3) qui

  Publica jura regens ac celsa palatia servans,
    Unica pontificum gloria, norma fuit.
  Hinc abiens, illic meritorum vivit honore;   25
    Hic quoque gestorum laude perennis erit.

XI. De baptisterio Mogantiæ.

Ardua sacrati baptismatis aula coruscat,
  Quo delicta Adæ Christus in amne lavat.
Hic, pastore deo, puris grex mergitur undis,
  Ne maculata diu vellera gestet ovis.
Traxit origo necem de semine, sed pater orbis   5
  Purgavit medicis crimina mortis aquis.
Hanc tamen antistes Sidonius extulit arcem,
  Qui Domini cultum templa novando fovet.
Struxit Berthoaræ voto complente sacerdos,
  Quæ, decus ecclesiæ, cordis amore placet.   10
Catholicæ fidei splendor, pietate coruscans,
  Templorum cultrix, prodiga pauperibus,
Seminat unde metat fruges, spargendo recondens,
  Terrenis opibus non moritura parat.
Filia digna patri, te, Theudeberethe, reformans,   15
  Rexisti patriam qui pietate patris,
Et comitante fide revocasti ex hoste triumphos;
  Sed capti pretio mox rediere tuo.
Ecclesiæ fultor, laus regum, pastor egentum,
  Cura sacerdotum, promptus ad omne bonum,   20
Cujus dulce jugum nullus gemuisse fatetur,
  Vivis adhuc meritis rex in amore tuis.

XII. De basilica S. Georgi.

Martyris egregii pollens micat aula Georgi,
  Cujus in hunc mundum spargitur altus honor:
Carcere, cæde, fame, vinclis, site, frigore, flammis
  Confessus Christum duxit ad astra caput;
Qui virtute potens, orientis in axe sepultus,   5
  Ecce sub occiduo cardine præbet opem.
Ergo memento preces et reddere vota, viator:
  Obtinet hic meritis quod petit alma fides.
Condidit antistes Sidonius ista decenter,
  Proficiant animæ quæ nova templa suæ.   10

XIII. De oratorio Trasarici.

Lucida perspicui nituerunt limina templi,
  Quo capit haud dubiam spem veneranda fides.
Hæc est aula Petri, cœlos qui clave catenat,
  Substitit et pelagus quo gradiente lapis.
Sedibus his Paulus habitat, tuba gentibus una,   5
  Et qui prædo prius, hic modo præco manet.
Martini domus est, Christum qui vestit egentem,
  Regem tiro tegens et homo jure deum.

abandonna le séjour ténébreux du monde, et qui est au ciel aujourd'hui. Opulent serviteur de Dieu, Trasaricus, tu as fait les frais de ce sanctuaire ; mais celui à qui tu donnas ces richesses et qui t'aime, te les rendra. — Ch. N.

XIV. Sur les saints d'Agauno (1).

Au temps où l'impiété déchaînée poursuivait les chrétiens, où les coups de la tempête les frappaient en tous lieux, la foi, échauffant les cœurs et triomphant des frimas, livra sur des rocs glacés d'ardentes batailles. C'est là, pieux Maurice, chef de la glorieuse légion, que tu appris à de vaillants soldats à tendre leur gorge aux bourreaux. C'est là qu'après qu'ils eurent déposé leurs glaives, tu les armas de cette parole de saint Paul : il est plus doux de mourir pour le nom du Christ. Ces héros pouvaient faire reculer leurs ennemis ; ils aimèrent mieux offrir leur poitrine à des coups qui leur étaient chers. S'exhortant à mourir, et à s'ouvrir par la mort la route du ciel, ils tombent l'un après l'autre, noyés dans leur sang. Il en coula un fleuve qui grossit les eaux rapides du Rhône, et les neiges des Alpes en furent teintes. Après une si belle fin, la bienheureuse armée entra dans le ciel ; réunie aux chœurs des apôtres, elle reçut leurs applaudissements ; le sénat des anges entoure ces héros revêtus de la trabée, pour qui la mort n'a été que le commencement d'une vie plus belle. Vaillant chef de ces triomphateurs, les restes sacrés de quatre des plus illustres d'entre eux reposent ici avec toi (2). Un peu de boue cache aux regards ce trésor du ciel ; une vile poussière recouvre ces richesses de Dieu, ces hommes qui sont un accroissement pour le trésor du paradis, et qui seront dans l'éternité les héritiers du Seigneur. Leur troupe, revêtue de sa chair et de sa forme première, prendra place sur un trône dans le ciel, le jour où le juge suprême viendra juger le monde. C'est ainsi que ces pieux héros, brûlant de voir le Christ face à face, ont trouvé dans la mort le chemin du ciel. Fortunat implore votre assistance, ô saints martyrs ; par la divine lumière dont il vous est donné de jouir, ne souffrez pas qu'il soit condamné au supplice des ténèbres éternelles.

XV. De saint Hilaire (1).

Si tu veux savoir, lecteur, qui est Hilaire, les Allobroges (2) te diront qu'il naquit à Poitiers, qu'évêque de cette ville il gouverna son peuple avec une sagesse toute divine, observant avec sollicitude les traités (3) et la loi. Dès qu'il vit qu'une erreur pernicieuse partageait le peuple en deux partis, il dénonça publiquement la doctrine empoisonnée des Grecs, toujours prompte à s'échapper de leur cœur de vipère (4). Cette doctrine est que le fils est une créature de Dieu. La sagesse du monde, laquelle nie qu'un être engendré d'un non engendré soit dieu, les maintient encore plus dans leur hérésie. Le malheureux Arius, foulant aux pieds les prophéties, l'embrassa, y persista et creva d'un flux de sang (5). Notre illustre docteur, s'appuyant au contraire sur les antiques prophéties, prouve que celui-là est dieu qu'a vu

```
Ecce sacerdotis sacri micat aula Remedi,
    Qui tenebras mundi liquit et astra tenet.      10
Cultor opime dei templum, Trasarice, locasti :
    Has cui persolvis reddet amator opes.
```

XIV. De sanctis Agaunensibus.

```
Turbine sub mundi cum persequebantur iniqui,
    Christicolasque daret sæva procella neci,
Frigore depulso, succendens corda, peregit
    Rupibus in gelidis fervida bella fides ;
Quo, pie Maurici, ductor legionis opimæ,          5
    Traxisti fortes subdere colla viros,
Quos, positis gladiis, armasti dogmate Pauli
    Nomine pro Christi dulcius esse mori.
Pectore belligero poterant qui vincere ferro,
    Invitant jugulis vulnera cara suis ;           10
Hortantes se clade sua sic ire sub astra,
    Alter in alterius cæde natavit heros.
Adjuvit rapidas Rhodani fons sanguinis undas,
    Tinxit et Alpinas ira cruenta nives.
Tali fine polos felix exercitus intrans,          15
    Junctus apostolicis plaudit honore choris ;
Cingitur angelico virtus trabeata senatu :
    Mors fuit unde prius, lux fovet inde viros.
Ecce, triumphantum ductor fortissime, tecum
    Quattuor hic procerum pignora sancta jacent ; 20
```

```
Sub luteo tumulo latitat cæleste talentum,
    Divitiasque Dei vilis arena tegit,
Qui faciunt sacrum paradisi crescere censum,
    Heredes Domini luce perenne dati.
Sidereo chorus iste throno cum carne locandus,   25
    Cum veniet judex arbiter orbis, erit.
Sic pia turba simul, festinans cernere Christum,
    Ut cælos peteret, de nece fecit iter.
Fortunatus enim per fulgida dona tonantis,
    Ne tenebris crucier, quæso feratis opem.      30
```

XV. De S. Hilario.

```
Si Hilarium quæris qui sit cognoscere, lector,
    Allobroges referunt Pictavios genitum.
Cum populum regeret divina mente sacerdos,
    Servabat legis fœdera sollicitus.
Inprobus ut vidit plebes quod scinderet error,    5
    Græcorum virus protulit in medium,
Vipereo promunt semper qui ex corde venena,
    Filius ut dicant quia est creatura dei.
Quis magis auxilium præstat sapientia mundi,
    De ingenito genitum quæ negat esse deum ;    10
Quam male complexus, cupiens calcare prophetas,
    Arrius infelix cum retinet, crepuit.
Egregius doctor, veterum monumenta secutus,
    Quem Stephanus vidit comprobat esse deum.
```

saint Étienne (6). Lié par son amour pour lui, il méprisa les ordres du prince du monde (7), et fut puni par l'exil de sa foi restée pure. Il déclare dans un langage divin qu'il reconnaît le fils dans le père qui est le Dieu tout-puissant, et il apprend aux peuples dans un écrit en douze livres (8) que le Christ est la lumière éternelle, le Seigneur, Dieu lui-même enfin. — Ch. N.

XVI. Sur saint Médard (1).

Parmi les adorateurs du Christ à qui la sainteté de leur vie a ouvert le chemin du ciel, tu occupes, ô Médard, une place considérable. Hôte passager de ce monde, tu y as vécu de manière à rendre le ciel ta vraie patrie. Ce monde dont tu évitais avec soin les fangeuses atteintes, était pour toi un lieu d'exil; maintenant tu es citoyen des cieux, et les cieux en sont dans la joie. Dégagé des ténèbres terrestres, tu es revêtu de lumière, et jouis après ta mort (2) d'un jour plus limpide. Fils de la terre, tu as pris possession de l'Olympe; tu as quitté ta mère (3) pour être avec ton père dans le séjour des bienheureux. Vainqueur de la corruption inhérente à l'humanité, tu as assuré à ton âme, en mortifiant ta chair (4), le repos éternel. Oui, c'est en marchant au milieu des épines du monde et en les foulant aux pieds que tu as mérité de cueillir des roses. Une campagne tapissée de fleurs répand autour de toi ses odeurs suaves; l'air est rempli de celles du baume et de l'encens qu'on respire dans le paradis. Tu t'avançais avec précaution dans un étroit sentier, et par cette voie difficile tu es arrivé à la lumière. Large est le chemin des voluptés, mais il aboutit au gouffre de l'Averne. Qui choie trop sa chair se prépare une mort douloureuse. Tu n'as jamais eu cette coupable faiblesse, car pendant que tu suivais ton chemin, jamais le vice ne put t'arrêter dans la sainte direction imprimée à tes pas. La voie qui mène à la louange est pénible, celle qui conduit au ciel l'est bien plus encore, et où la peine est plus forte la gloire est plus grande.

Par où commencer le récit de tes miracles? Chacun d'eux se présente le premier et avec éclat. Quand tu vivais parmi les hommes, tu aimais à rendre la lumière à ceux qui l'avaient perdue. Vient à toi un aveugle, tu le touches et il s'en va guéri; le jour éclate au sein des ténèbres. — Un voleur ayant voulu entrer dans une cachette avec le produit de son vol, tu paralyses ses mouvements, et il resta immobile; tu les lui rendis et il prit le large. Trompé dans son espérance, il n'avait pas eu le temps d'achever son vol, et même en le restituant il ne laissait pas que d'être criminel. Une fois qu'il eut avec ses complices coupé les raisins, il lui fut impossible ainsi qu'à eux de sortir de la vigne (5). Il ne pouvait faire usage de ses pieds pour fuir avec son butin, lequel lui-même était un obstacle à sa fuite. Il était donc tombé dans son propre piège. Il était venu pour prendre; ce fut lui qui fut pris. Ni lui ni ses complices ne purent goûter du vin doux. Toutefois la tête leur avait tourné, et ils étaient ivres avant d'avoir bu. Dès lors, au lieu d'emporter les raisins

 Victus amore Dei, contempto principe mundi, 15
  Intemerata fides pertulit exilium.
In patre, qui potens deus est, cognoscere natum
  Divinis tantum vocibus insinuat.
Perpetuum lumen Christum, dominumque, deumque
  Bis senis populos edocet esse libris. 20

XVI. De S. Medardo.

Inter Christicolas quos actio vexit in astris
  Pars tibi pro meritis magna, Medarde, patet.
Qui sic vixisti terrenis hospes in oris,
  Ut cœlos patriam redderes esse tuam;
Exilium tibi mundus erat cœnosa caventi 5
  Et modo te gaudet, cive manente, polus.
Exutus tenebris, vestitus tegmine lucis,
  Post obitum frueris liberiore die;
De tellure satus factus possessor Olympi,
  Et matrem linquens, cum patre læta tenes; 10
Humani victor vitii super astra triumphas,
  Atque cremans carnem das animæ requiem.
Te inter mundanos vepres gradiente fatemur
  Calcatis spinis promeruisse rosas:
Flore refectus ager suaves tibi fundit odores, 15
  Balsama, tura replent, quæ paradisus habet:
Cauta per angustum figens vestigia callem,
  Sic dedit arta tibi semita lucis iter:

 Lata voluptatum via, quæ submergit Averno,
  Dulcia carnis alens mortis amara parat; 20
Hoc nunquam sacros flexisti tramite gressus,
  Nec potuere tuos prava tenere pedes.
Durum iter ad laudes, gravior via ducit in altum:
  Quo labor est potior, gloria major erit.
Quæ prius incipiam sacri miracula facti, 25
  Cum, quidquid facias, omnia prima micent?
Dum fuit ad superos humano in corpore vita,
  Ex oculis fugiens lux tibi cordis erat.
Si cœcus venit, rapuit palpando salutem;
  In mediis tenebris fulsit aperta dies. 30
Qui voluit furti causa penetrare latenter,
  Te religante sedet, te reserante fugit.
Fur sine perfectu voto deceptus inani,
  Omnia restituens crimina fraudis habet.
Nam semel ut molles carpserunt palmitis uvas, 35
  Non valuere gradus inde referre foris,
Nec potuit raptor pedibus subducere prædam,
  Raptori abduxit sed sua præda pedes.
Ergo suis laqueis cœpit miser esse ligatus:
  Venerat ut caperet, captus at ipse fuit; 40
Nec tetigit mustum, sed iniqua mente rotatur:
  Antea quam biberet, ebria turba jacet.
Incepit servare magis quam ferre racemos,
  Et datus est custos qui cupit esse rapax,

qu'il avait voulu ravir, notre voleur en devint le conservateur et le gardien. A la fin, ô saint homme, tu lui ordonnas de partir avec ce qu'il avait volé, de sorte que, de l'avis même de l'ennemi, il se hâta de décamper. Que de bonté d'âme as-tu de reste, ô prélat très saint, pour aider ainsi un malfaiteur à s'en aller impuni (6)? — Un autre, plus malin que le précédent, vole la clochette qu'on pend au cou des bestiaux (7); il la remplit de foin, la cache sous son vêtement, et tient sa main dessus de peur d'être trahi par elle. Tu arrives, saint homme, et soudain la clochette de tinter et de découvrir le mystère. Il ne sert de rien qu'elle soit bourrée de foin, que le voleur la cache et la couvre de sa main; le son éloquent qu'elle fait entendre révèle le délit. Elle plaidait elle-même, pour ainsi dire, sa propre cause devant le juge, se souciant peu du voleur, si elle fait trop de bruit. Elle dénonce, elle accuse, elle convainc, elle condamne et revient à la charge. Mais, toi présent, on n'a pas le droit de le trouver coupable. Tu l'absous avec ta bonté ordinaire, et l'avertis en outre qu'il peut partir en sûreté. Quoi encore? Tu lui ordonnes d'emporter avec lui la clochette accusatrice, de peur que le malheureux ne s'en aille désespéré et les mains vides. — Je dirai maintenant les miracles que tu as faits depuis que tu as été enlevé de ce monde, et dont le public a été le témoin. Comme on portait le cercueil où étaient déposés tes membres sacrés, un aveugle sur qui on le fit passer recouvra la vue. Il dut ce bienfait à ton ombre; la lumière lui vint de la mort. Quand on te donnait au sépulcre, ses yeux en sortaient; ton sommeil fut son réveil. En recouvrant la vue, il rentrait dans le monde dont tu partais; tu fuyais le jour et les ténèbres le suirent. On vit avec stupeur un visage éteint s'éclairer d'une lumière nouvelle, et sa première fenêtre rendue à un vieux bâtiment. — Un homme étroitement enchaîné des pieds et des mains eut à peine touché ton église que ses chaînes tombèrent. Ces chaînes étaient si pesantes qu'on souffrait rien qu'à les voir. Comment ce malheureux pouvait-il les porter? Jointes ensemble un éléphant n'eût pu les disjoindre; il eût été incapable de faire un pas. L'animal n'eût pas trouvé moins lourds pour lui les débris de l'ancre que les bouleversements de la tempête ont jetée sur le rivage de la mer de Libye. Plus le supplice auquel tu mis fin était cruel, plus ton triomphe est éclatant, plus grande est la gloire d'avoir fait cesser les souffrances du malheureux. S'il ne succomba pas sous les liens où le tenaient enserré le poids des chaînes, ce fut pour qu'il restât à ta vertu miraculeuse le mérite de faire davantage. Lorsqu'on forgea ces cruelles chaînes elles ne résonnèrent et ne craquèrent pas autant que lorsqu'à ta voix elles se rompirent. Et alors les mains qu'elles avaient si inhumainement comprimées, devenues libres, applaudirent à leur libérateur (8). — Un autre, portant des entraves de bois, se réfugie vers ton église; ses entraves tombent aussitôt. A peine eut-il touché le seuil qu'on entendit gronder le tonnerre. C'était le ciel qui t'apportait des armes. On vit ces

Donec, sancte, tuis verbis jussisses abire; 45
Ut furtum inpleret, doctus ab hoste redit.
Quæ manet hæc animi pietas, sanctissime præsul,
Lædentem auxilio qui facis ire tuo? —
Tintinnum rapit alter inops, magis inprobus ille,
Qui jumentorum colla tenere solet, 50
Absconditque sinu, feno præcludit hiatum
Et tenet ipse manu, ne manifestet opus.
Te veniente, sacer, causas patefecit opertas,
Tinnitu incipiens jam quasi furta loqui.
Nil valet abscondi, nil claudi nilve teneri: 55
Facundo strepitu prodidit omne malum.
Pandebat propriam veluti sub judice causam,
Nil de fure timens liberiore sono.
Indicat, accusat, convincit, damnat, acerbat:
Te præsente tamen non licet esse reum; 60
Absolvis furem solitæ pietatis amore,
Addens et monitus, cautus ut intret iter.
Præcipiens querulam secum portare raphiam,
Ne vacua tristis spe remearet inops. —
Hinc tamen, ut potero, cum raptus ab orbe fuisses, 65
Quæ dederis populis signa veranda loquar.
Cum pia composito veherentur membra feretro,
Substratus meruit cæcus habere diem;
Anxius ille sacra lumen suscepit ab umbra,
Et tua mors illi lucis origo fuit; 70
Dumque sepulchra darent, oculi rediere sepulti,
Et sopor ille tuus hunc vigilare facit;
Cum fugis a mundo, datur illi lumine mundus,
Te linquente die, hunc fugiunt tenebræ.
Antiqui vultus lucem stupuere modernam 75
Et veteri fabricæ prima fenestra venit. —
Compedibus validis alter manicisque ligatus
Mox tetigit templum, ferrea vincla cadunt.
Tam grave fragmentum (dolor est vel cernere pœnam),
Pondera tot miseros sustinuisse pedes! 80
Si connexa forent, elephantum solvere possent,
Nec poterat rigidos ipse movere gradus;
Non minus est illi quæ, subvertente procella,
Litoribus Libycis anchora fracta jacet.
Pœna quidem gravior cecidit crescente triumpho: 85
Vincere rem sævam gloria major erat:
Non habuit tot vincla pati miser ille ligatus,
Sed tua quo virtus plus mereretur opus.
Cum solidarentur non sic strepuere catenæ,
Ceu tinniverunt, cum crepuere feræ. 90
Quæ fuit illa prius nimiis male vincta catenis,
Jam tibi, qui solvis, libera dextra favet. —
Lignea vincla gerens alter confugit ad aulam,
Quæ simili merito scissa repente cadunt.
Nec mora, vix tetigit sacrati limina templi, 95
Fit tonitrus cœlis, arma ferendo tibi.

énormes pièces de bois se disjoindre et leur chute entraîner celle de l'homme qu'elles accablaient. Effrayé de sa liberté soudain, l'homme le fut plus encore lorsqu'il se vit débarrassé de ses entraves. Mais pourquoi lui-même fut-il ainsi jeté à terre? Les grandes joies sont toujours mêlées de quelque crainte. Pendant qu'il se demande avec stupeur d'où lui vient la guérison de ses pieds meurtris, il sent, dans son émotion, ses membres se dérober sous lui. — Une vieille femme, par suite d'un accident naturel, avait eu certains membres frappés de mort. Ainsi ses doigts restaient fermés, et elle ne pouvait se servir ni de l'index ni du pouce pour filer (9). La main qui était née avec elle, n'était plus sa main, et pendait à son bras comme quelque chose d'étranger au corps. Il était déjà tard pour y porter remède, et même la bonne femme n'espérait plus guérir. Cependant elle vint se placer devant ton tombeau, et sa main se ranima tout à coup. Ainsi une faveur inattendue a plus de prix ; plus douce est la santé qu'on recouvre après en avoir désespéré. Le sang revint dans les doigts paralysés ; tu leur avais rendu leurs ressorts avec leur première vigueur. Le jeu des jointures s'était rétabli; les veines avaient reconnu leur place et repris leur fonction. La main commença de se livrer aux travaux auxquels elle est propre ; devenue libre, elle put apprendre à obéir. Ta piété ne rendit pas seulement à cette femme un membre qui s'était enfui, elle lui rendit aussi le moyen de s'en servir pour gagner sa vie. — Tu as guéri une jeune fille d'un mal de ce genre; mais tu fus plus généreux pour son âme que tu ne l'avais été pour ses membres en les raccommodant. Elle était fiancée selon la coutume observée parmi les mortels, et était alitée. Maintenant vierge consacrée au Christ, elle se réjouit avec modestie de sa virginité, et espère célébrer un jour avec lui ses noces dans le ciel. Cependant elle ne perd point pour cela la faculté d'enfanter; elle n'est pas stérile, mais c'est en gardant la fleur de sa chasteté qu'il lui convient d'être mère. Elle n'a pas un enfant, mais tous sont ses enfants, et de son amour pour Dieu lui naît toute une famille (10). — Une pauvre petite fille était atteinte d'un infirmité pareille. Elle était née avec des membres atrophiés. La naissance et la mort, elle les devait au ventre d'où elle était sortie, sa mère l'ayant mise au monde avec une main morte. Déposée sur ton tombeau, elle en revint guérie, et y recouvra vivant le membre qu'elle avait reçu sans vie de sa mère. — Un autre malheureux avait une taie sur les yeux; la lumière pour lui n'existait plus; bref, il était aveugle, et, depuis quatre mois, plongé dans une nuit profonde, il offrait vivant l'image de la mort. Tu l'avertis charitablement, pendant qu'il dormait, d'aller au plus tôt à ton église. Le jour venu, notre homme se lève avec le brillant aspect d'une brebis du Christ, la tête tondue, sans le secours des ciseaux (11). Il prend ses cheveux afin de s'en frotter les yeux pour les rendre clairs (12) et d'acheter ainsi la vue au prix

Grandia divisi ceciderunt pondera ligni,
   Et qui gessit onus corruit ipse simul :
Expavit subito de libertate recepta,
   Atque magis timuit quando solutus erat. 100
Quæ ratio fuerit, cecidit cur pronus in arvis?
   Gaudia magna quidem sæpe timere solent.
Dum stupet unde salus laceris est reddita plantis,
   Admirante animo membra soluta fluunt. —
Inde vetus mulier, pariter nascente periclo, 105
   Vulnere naturæ mortua membra tulit :
Inclusos digitos, morbo numerante, tenebat,
   Nec poterat ducto pollice fila dare;
Secum rata quidem, sed non sua, dextra pependit,
   Corpore juncta suo res aliena fuit. 110
Tempore sed tardo est, cum jam spes fracta jaceret,
   Ante tuos tumulos vivificata manus.
Sic inopinatum commendat gratia votum :
   Desperata salus dulcior esse solet.
Mobilis ergo venit digitis torpentibus umor, 115
   Et dispensatus fluxit in ungue vigor.
Arida nervorum sese junctura tetendit,
   Agnovitque suum vena soluta locum.
Apta ministeriis incepit palma moveri,
   Servitium discens libera dextra fuit. 120
Nec tantum profugos pietas tua reddidit artus,
   Reddidit et victum, pensa trahente manu. —
Eripuisti aliam simili de peste puellam,
   Membraque restituens plus animæ tribuis.
Desponsata viro mortali lege jacebat : 125
   Nunc thalamis Christi virgo dicata micat;
Sponsa quidem radiat cum virginitate modesta,
   Spe meliore fruens, nupta tenenda polis.
Nec fructus uteri steriles deperdit onusti,
   Flore pudicitiæ mater habenda placet; 130
Adquirit cunctos natum quæ non habet unum,
   Progeniemque sibi gignit amore Dei. —
Inde pari morbo defienda infantia parvæ
   In lucem veniens membra necata trahit;
Mors et origo simul misero processit ab alvo, 135
   Extinctam generans mater anhela manum.
Commendata tuo rediit medicata sepulchro :
   Quod de matre perit, de tumulo recipit. —
Dum jacet alter inops, visu caligine clauso,
   Cæcus, nec misero lumine lumen erat, 140
Longa nocte oculos quarto jam mense premebat,
   In lucem obscurus, vivus imago necis :
Vocibus hunc medicis monuisti tempore somni,
   Tenderet ut velox ad tua templa gradum.
Mox veniente die, sed non sibi forfice pressa, 145
   Enituit Christi vertice tonsus ovis.
Detrahit hic crines, nitidos ut haberet ocellos,
   Et, mercante coma, munera lucis emat.
Qui titubante gradu tractus pervenit ad aulam
   Per biduum recubans ante sepulchra fuit; 150

de sa chevelure. Arrivé à l'église en chancelant, il reste deux jours couché le long de ton tombeau. Quand parut le troisième, l'aveugle en vit la clarté. Les ténèbres dont il était environné se dissipèrent au frottement de ses cheveux, et le sang coulant de ses yeux avec abondance, lava les ordures qui lui interceptaient la vue. La lampe dont l'huile était renouvelée se ralluma, et la lumière rentra en possession du lieu dont elle avait été pour un temps exilée. Que dirai-je des muets à qui ta parole à rendu la parole? Enfin, est-on accablé d'un mal quelconque, tu y apportes toutes sortes de soulagement. Je ne compte pas toutes tes belles actions; ce qu'on en publie surpasse tout ce que j'en pourrais dire. Si donc je suis impuissant à cet égard, ce n'est pas du moins, comme tu le vois, la bonne volonté qui m'a manqué. C'est avec un zèle passionné et aussi par amour pour toi que Sigebert se hâte d'achever ton église (13) et presse le travail. Veille donc sur la grandeur de celui qui l'a élevée à la hauteur où elle est maintenant (14) et protège selon ses mérites celui qui t'a donné un toit. Après cet humble hommage rendu à ta sainteté par moi Fortunat, j'invoque ton secours et te prie d'exaucer mes vœux. — Ch. N.

Tertia lux rediens nocturnas solverat umbras,
   Et cæco occurrit sic revocata dies.
Undique lixatæ ceciderea fronte tenebræ.
   Sanguinis unda rigat, luminis atra lavat.
Sicca lucerna novo flagrante refulsit olivo, 155
   Obtinuitque suum lux peregrina locum. —
Quid referam mutis qui verbo verba dedisti?
   Quod gravat ejiciens, quod juvat omne locas.
Cuncta nec enumero, tua me præconia vincunt :
   Etsi non potui, velle fuisse vide. 160
En tua templa colit nimio Sigeberethus amore,
   Insistens operi promptus amore tui :
Culmina custodi qui templum in culmine duxit,
   Protege pro meritis qui tibi tecta dedit.
Hæc, pie, pauca ferens ego Fortunatus amore 165
   Auxilium posco : da mihi vota, precor.

NOTES SUR FORTUNAT, LIVRE II.

I.

1. — C'est à tort évidemment que Lucchi assure que cette pièce a été écrite à l'occasion de la croix envoyée à Radegonde par l'empereur Justin II et l'impératrice Sophie. S'il avait bien compris les quatre derniers vers, ou plutôt s'il y avait fait tant soit peu attention, il aurait vu qu'il s'agit ici d'une croix que Radegonde avait sans doute fait planter récemment près d'un cours d'eau, dans les jardins de son monastère, et dont une vigne grimpante entourait les bras.

2. — Cette chaleur attribuée à la lune est une de ces anciennes superstitions dont cet astre était l'objet, et parmi lesquelles on compte l'influence qu'il avait sur certaines maladies. Quelques-unes de ces superstitions ne sont point encore éteintes.

II.

1. — Au contraire, c'est bien de la croix envoyée par Justin à Radegonde qu'il s'agit ici. Elle était faite d'un morceau détaché du bois même de la croix où Jésus-Christ avait été crucifié, et ornée d'or et de pierres précieuses : *beatum lignum*, dit Baudonivia, ch. 15, *auro et gemmis ornatum*. On n'eût point pris ce soin pour un fragment brut. Selon Baronius, *Annal.*, *ad ann.* 566, ce fut l'an 566, que Sigebert, à l'instante prière de Radegonde, envoya une ambassade à l'empereur Justin II, pour lui demander du bois de la vraie croix pour le monastère de Sainte-Croix de Poitiers, fondé par Radegonde, et ce serait la même année que Radegonde aurait reçu ce fragment façonné en forme de croix. Selon Lucchi, l'envoi et la réception auraient eu lieu environ l'an 569 ; selon d'autres, et contre toute vraisemblance, l'an 582. Or, comme ce fut Euphronius, évêque de Tours et prédécesseur de Grégoire, qui fut chargé par Sigebert de présider à cette cérémonie, et qu'Euphronius mourut en 573, c'est dans l'intervalle entre cette dernière année et celle de 566, qu'il faut chercher la vraie date. Je l'ai vainement essayé, les documents à cet égard faisant complètement défaut. Ce n'est sans doute que par un certain goût pour les moyens termes et les cotes mal taillées, que Lucchi a fait choix de l'année 569. Quoi qu'il en soit, la relique introduite dans Tours fut placée dans un oratoire de l'église de cette ville, en attendant sa translation dans l'église du monastère de Sainte-Croix. Cette translation paraît avoir été effectuée le 19 novembre. Le Propre des fêtes de cette église, approuvé par l'évêque de Poitiers, Louis de La Rochepazay, après l'examen qu'en avaient fait les Pères de la Compagnie de Jésus, contient un office particulier à ce sujet, où il est dit : *Decimo nono novembris. Susceptio sanctæ Crucis a Beata Radegonde procuratæ, et in hanc domum receptæ.* « Ce fut à la veuë de ce trophée du Sauveur du monde, dit Jean Filleau, de la *Preuve historique des Litanies de saincte Radegonde*, in-f°, 1643, que le grand évesque sainct Fortuné, l'un des excellens poëtes de son temps, fut animé, non d'un fabuleux Apollon, mais du très sainct Esprit, qui luy fit composer en l'honneur de la vraye croix cet hymne sacré, *Vexilla regis prodeunt*, que toute l'Église a receu, et qu'elle a entonné dans ces accens lugubres de la semaine de la Passion : lequel hymne ce grand sainct Fortuné accompagna d'un autre qui sert aussi d'entretien à l'Église, dans ses funestes journées de deuil renouvellé tous les ans par la mémoire de la Passion de son Seigneur : *Pange, lingua, gloriosi*, etc. ». Le *Pange lingua* est écrit en vers trochaïques parfois mêlés de pyrrhiques, et, comme dit Brower avec autant de force que de vérité : *ille est cantatissimus toti ecclesiæ catholicæ, quacumque sonat vox Christianorum, hymnus*. On l'a attribué à Mamert Claudien, entre autres le P. Sirmond, et *l'Histoire littéraire de la France*, t. V, sous ce prétexte qui ne manque pas d'ailleurs d'une certaine vraisemblance, que Fortunat n'a pas accoutumé d'écrire avec cette correction relative ; mais outre qu'il faut faire la part de l'enthousiasme dont le poète fut rempli dans cette circonstance, il faut considérer que presque toute l'antiquité, que tous les manuscrits, à très peu d'exceptions près, et le plus grand nombre des érudits qui se sont occupés de la question, portent témoignage en faveur de Fortunat. Toutes ces autorités ont depuis été fortifiées par celle toute récente de dom Chamard, par celle de feu M$^\text{gr}$ Crosnier, dans ses *Études sur la liturgie nivernaise*, p. 20, et enfin par l'adhésion que donne à l'un et à l'autre M$^\text{gr}$ Barbier de Montault dans son *Trésor de l'Abbaye de Sainte-Croix de Poitiers*, p. 121. Cette belle hymne a été adoptée par la liturgie romaine pour l'adoration de la croix le vendredi saint, et l'office de l'Exaltation. Elle est dans tous les livres d'église, mais tronquée, défigurée, comme l'est aussi le *Vexilla* ; c'est pourquoi nous en donnons ici le texte original. M$^\text{gr}$ Barbier de Montault, dans l'ouvrage indiqué ci-dessus, p. 125, en a fait une analyse. — Ch. N.

IN HONORE SANCTÆ CRUCIS.

Pange, lingua, gloriosi prœlium certaminis,
 Et super crucis tropæo dic triumphum nobilem,
 Qualiter redemptor orbis immolatus vicerit.

De parentis protoplasti fraude factor condolens,
 Quando pomi noxialis morte morsu corruit,   5
 Ipse lignum tunc notavit, damna ligni ut solveret.

Hoc opus nostræ salutis ordo depoposcerat,
 Multiformis perditoris arte ut artem falleret,
 Et medullam ferret inde, hostis unde læserat.

Quando venit ergo sacri plenitudo temporis,   10
 Missus est ab arce patris natus orbis conditor
 Atque ventre virginali carne factus prodiit.

Vagit infans inter arta conditus præsepia,
 Membra pannis involuta virgo mater adligat,
 Et pedes manusque crura stricta pingit fascia.   15

Lustra sex qui jam peracta tempus inplens corporis,
 Se volente natus ad hoc, passioni deditus
 Agnus in crucis levatur immolandus stipite.

Hic acetum, fel, harundo, sputa, clavi, lancea
 Mite corpus perforatur, sanguis, unda profluit,   20
 Terra, pontus, astra, mundus quo lavantur flumine.

Crux fidelis, inter omnes arbor una nobilis
 (Nulla talem silva profert flore, fronde, germine),
 Dulce lignum, dulce clavo dulce pondus sustinens!

Flecte ramos, arbor alta, tensa laxa viscera,   25
 Et rigor lentescat ille quem dedit nativitas,
 Ut superni membra regis mite tendas stipite.

Sola digna tu fuisti ferre pretium sæculi,
 Atque portum præparare nauta mundo naufrago,
 Quem sacer cruor perunxit fusus agni corpore.   30

III.

1. — *Bont* veut dire ici nos premiers parents, qui, jusqu'au moment où ils mangèrent le fruit défendu, étaient en état d'innocence.

NOTES DU LIVRE II.

2. — Ces voiles étaient non pas destinés à couvrir la croix, mais à être étendus sur les murs de l'église, suivant un usage qui était déjà presque général. S'il ne s'était agi que d'un seul voile, comme Lucchi semble le croire, il y aurait dans le texte *pallam* au lieu de *pallas*. Ce pluriel indique manifestement qu'il s'agit de plusieurs voiles. Le mot *pallia* du vers 17, et le mot *vela* du vers 22 ne sont là que comme synonymes de *palla*, et, à mon sentiment du moins, expriment la même chose.

3. — Ce passage est fort embrouillé. Je crois pourtant l'avoir entendu, en conservant l'*agnava* des manuscrits qui agrée justement à Brower, auquel Lucchi veut à tort substituer *addita*, et dont il conteste la latinité. *Agnavus* est pour *agnafus*, du grec ἄγναφος, *fullonem non expertus*. On trouve ce mot dans une charte de Cornutius (Saint-Aubin du Cormier, selon dom Magnan), citée par Suarès. Voy. Du Cange, à ce mot. Il s'agit ici

de soie grège dont on se servait pour broder, et dont on assemblait plusieurs fils à cet effet.

4. — Du reste, cette pièce, à partir du onzième vers surtout, est d'une très grande obscurité. Les commentaires de Brower et de Lucchi qui ne s'accordent point, ne contribuent pas peu à la rendre encore plus ténébreuse.

IV.

1. — De pareils tours de force ne sont exécutables qu'en latin ou en grec; ils ne seraient pas possibles en français. Mais ils font partie du bagage poétique de Fortunat, et s'ils ne valent pas la peine d'être traduits, ils ont droit à être connus du lecteur, au moins de vue. Mgr Barbier de Montault, dans son *Trésor de l'Abbaye de Sainte-Croix de Poitiers*, p. 134, en a donné l'analyse. — Ch. N.

De signaculo sanctæ crucis.

```
   DIVSAPEXCARNEEFFIGIANSGENETALIALIMI
   VITALITERRAECONPINGITSANGVINEGLVTEN
   LVCIFERAXAVRASANIMANTESAFFLVITILLIC
   CONDITVRENIXANSADAMFACTORISADINSTAR
 5 EXILVITPROTOPLASMASOLORESNOBILISUSV
   DIVESINARBITRIORADIANTILVMINEDEHINC
   EXMEMBRISADAEVASFITTVMVIRGINISEVVAE
   CARNECREATAVIRIDEHINCCOPVLATVREIDEM
   VTPARADYSSIACOBENELAETARETVRINKORTO
10 SEDDESEDEPIAPEPVLITTEMERABILEGVTTVR
   SERPENTISSVASVPOMISVCOATRAPROPINANS
   INSATIATRICIMORTIFAMESACCIDITILLINC
   GAVISVRVSODHOCCAELIFLVISARCELOCATOR
   NASCIPRONOBISMISERARISETVLCERECLAVI
15 INCRVCECONFIGITALIMALAGMATEINVNCTIS
   VNASALVSNOBISLIGNOAGNISANGVINEVENIT
   IVCVNDASPECIESINTEPIABRACCHIACRISTI
   AFFIXASTETERVNTETPALMABEABILISINHAC
   CARACAROPOENASINMITESSVSTVLITHAVSTV
20 ARBORSVAVISAGRITECVMNOVAVITAPARATVR
   ELECTAVTVISVSICECRVCISORDINEPVLCHRA
   LVMENSPESSCVTVMGERERISLIVORISABICTV
   INMORTALEDECVSNECEIVSTILAETAPARASTI
   VNAOMNEMVITAMSICCRVXTVACAVSARIGAVIT
25 IMBRECRVENTAPIOVELISDASNAVITAPORTVM
   TRISTIASVMMERSOMVNDASTIVVLNERACLAVO
   ARBORDVLCISAGRIRORANSECORTICENECTAR
   RAMISDECVIVSVITALIACRISMATAFRAGRANT
   EXCELLENSCVLTVDIVAORTVFVLGIDAFRVCTV
30 DELICIOSACIBOETPERPOMASVAVISINVMBRA
   ENREGISMAGNIGEMMANTEMETNOBILESIGNVM
   MVRVSETARMAVIRISVIRTVSLVXARAPRECATV
   PANDERENICNAVIAMVIVAXETFERTILELVMEN
   TVMMEMORADFEROPEMNOBISEGERMINEDAVID
35 INCRVCEREXFIXVSIVDEXCVMPRAEERITORBI
```

Dius apex carne effigians genetalia limi
vitali terrae conpingit sanguine gluten,
luciferax auras animantes affluit illic:
conditur enixans Adam factoris ad instar;
5 exiluit protopiasma solo, res nobilis usu,
dives in arbitrio radianti lumine: dehinc
ex membris Adae vas fit tum virginis Evvae:
carne creata viri dehinc copulatur eidem,
ut paradyssiaco bene laetaretur in horto.
10 sed de sede pia pepulit temerabile guttur,
serpentis suasu pomi suco atra propinans.
insatiatrici morti fames accidit illinc.
gavisurus ob hoc caeli fluis arce locator.
nasci pro nobis miseraris et ulcere clavi
15 in cruce configi: tali malagmate inunctis
una salus nobis ligno agni sanguine venit.
jucunda species: in te pia bracchia Cristi
affixa steterunt et palma beabilis, in hac
cara caro poenas inmites sustulit haustu.
20 arbor suavis agri, tecum nova vita paratur;
electa ut visu, sic e crucis ordine pulchra
lumen spes scutum gereris livoris ab ictu.
inmortale decus nece justi laeta parasti.
una omnem vitam sic, crux, tua causa rigavit,
25 imbre cruenta pio: velis das navita portum,
tristia summerso mundasti vulnera clavo,
arbor dulcis agri, rorans e cortice nectar,
ramis de cujus vitalia crismata fragrant,
excellens cultu, diva ortu, fulgida fructu,
30 deliciosa cibo et per poma suavis in umbra.
en regis magni gemmantem et nobile signum,
murus et arma viris, virtus, lux, ara precatu,
pande benigna viam, vivax et fertile lumen,
tum memor adfer opem nobis, e germine David,
35 in cruce rex fixus judex cum praeerit orbi.

A lateribus:

Dulce decus signi, via caeli, vita redempti.

In cruce mors Cristi curavit mortua mundi.

Crux ipsa:

Crux pia, devotas Agnen tege cum Radegunde.
Tu Fortunatum fragilem, crux sancta, tuere.
Vera spes nobis ligno, agni sanguine, clavo.
Arbor suavis agri, tecum nova vita paratur.

V. — De sancta cruce.

```
   EXTORQVETHOCSORTEDEIVENIABILESIGNVM
   RVSTICVLASLAVDESVIVENTIREDDEREFLATV
   INMEQVIREGITIRELVTVMPLASMABILENVMEN
   PORTIOVIVENTVMCVRATIOFAVSTAMEDELLAE
 5 EXCLVSORCVLPAETRINITASEFFVSACREATOR
   CVIVSHONORLVMENIVSGLORIAREGNACOAEVE
   R                I        T         C               C
   E                H        E         O               R
   D                I        M         L               I
10 E              L          P           L             S
   N            I            L           E             T
   T          G              A             S           E
   E        N                D               L         T
   S      V                  E                 I       V
15 F    M                    I                   G     O
   I  P                      C                     N   R
   D I                       R                      V E
   EXFIDEIMERITOMAGNVMPIEREDDISABRAHAM
   I M                     X                         G O
20 D  A                    E                     E    V
   E    I                  T                   N      E
   C      V                V                 E   .    T
   V        S              E               R          V
   S          O            L             A            R
25 A            D          A               S          C
   R              O        M                 T        A
   M                R      E                   I      V
   A                  E    N                     S    S
   S                    R  A                       H  A
30 A                      O D                       O R
   L                        S O                       E
   V                        E  R                 N    A
   T                         T  N             R       T
   I                             I A I                V
35 SICPATERETGENITVSSICSCSSPIRITVSVNVS
```

Extorquet hoc sorte dei veniabile signum,
Rusticulas laudes viventi reddere flatu,
In me, qui regit ire lutum plasmabile, Numen
Portio viventum, curatio fausta medellae.
Exclusor culpae, Trinitas effusa, creator :
Cujus honor, lumen, jus, gloria, regna coaeve.
Ex fidei merito magnum, pie, reddis Abraham :
Sic Pater et Genitus, sic Scs spiritus unus.

Versus a lateribus positi :

Eripe credentes, fidei decus arma salutis :
Munere, Criste, tuo removetur causa reatus.

Versus qui crucem describunt in medio :

Dulce mihi lignum, pie majus odore rosetis,
Dumosi colles, lignum generostis honoris,
Ditans templa Dei crux, et velamen adornans.

VI.

1. — La plus grande beauté de cette hymne consiste dans la magnificence du chant. Elle offre peu d'idées, et, selon une remarque assez juste de M. l'abbé Hamelin (*De vita et operibus V. Fortunati*, Rennes, 1873, in-8°, p. 71), ces idées sont vulgaires et manquent tout à fait de cette chaleur naturelle qui est indispensable dans la poésie lyrique. Cependant, Mgr Barbier de Montault a raison de regretter qu'elle ne figure dans le bréviaire romain que tronquée, altérée et modifiée. « On l'a, dit-il, remise maladroitement au mètre. Nos liturgies françaises avaient été plus respectueuses, quoiqu'elles eussent aussi supprimé les trois strophes, *Confixa*, *Fundis* et *Salve*, ajoutant en plus l'invocation *O Crux*, et la doxologie (*Ibid. loc. cit.*, p. 123). — Ch. N.

HYMNUS IN HONORE SANCTÆ CRUCIS

Vexilla regis prodeunt,
   Fulget crucis mysterium,
   Quo carne carnis conditor
   Suspensus est patibulo.

Confixa clavis viscera, 5
   Tendens manus, vestigia,
   Redemptionis gratia
   Hic immolata est hostia.

Quo vulneratus insuper
   Mucrone diro lanceæ, 10
   Ut nos lavaret crimine,
   Manavit unda et sanguine.

Impleta sunt quæ concinit
   David fideli carmine,
   Dicendo nationibus : 15
   Regnavit a ligno Deus.

Arbor decora et fulgida,
   Ornata regis purpura,
   Electa digno stipite
   Tam sancta membra tangere! 20

Beata cujus brachiis
   Pretium pependit sæculi!
   Statera facta est corporis
   Prædam tulitque Tartari.

Fundis aroma cortice, 25
   Vincis sapore nectare,
   Jucunda fructu fertili
   Plaudis triumpho nobili.

Salve ara, salve victima,
   De passionis gloria, 30
   Qua vita mortem pertulit
   Et morte vitam reddidit.

Au commencement du quatorzième siècle, cette hymne qui se chante le dimanche de la Passion, donna lieu à une parodie dont l'objet était Pierre de Gaveston, favori d'Édouard II, roi d'Angleterre. Les barons anglais, ayant à leur tête le comte de Lancastre, se liguèrent contre lui en 1312, et le forcèrent à s'enfermer dans le château de Scarborough où ils l'assiégèrent. Il se rendit, et malgré une capitulation qui lui assurait la vie sauve, les chefs confédérés le condamnèrent à mort. Il fut décapité en mai de cette même année, en présence du comte Thomas de Lancastre. On ne connaît pas l'auteur de cette parodie cruelle, qui a été publiée pour la première fois par M. Wright, *The political songs of England*, 1839, in-4°, p. 258. La voici avec le texte en regard :

Texte.	Parodie.
Vexilla regis prodeunt,	Vexilla regni prodeunt
Fulget crucis mysterium,	Fulget cometa comitum,
Quo carne carnis conditor	Comes dico Lancastriæ
Suspensus est patibulo.	Qui domuit indomitum.

La seconde strophe n'a point été parodiée ; voici la troisième et les suivantes :

Quo vulneratus insuper	Quo vulneratus pestifer
Mucrone diro lanceæ,	Mucronibus Wallensium (a)
Ut nos lavaret crimine,	Truncatus est atrociter
Manavit unda et sanguine.	In sexto mense mensium.
Impleta sunt quæ concinit	Impleta sunt quæ consulit
David fideli carmine,	Auctoritas sublimium (b);
Dicendo nationibus :	Mors Petri sero patuit,
Regnavit a ligno Deus.	Regnavit diu nimium.
Arbor decora et fulgida,	Arbor mala succiditur,
Ornata regis purpura,	Dum collo Petrus cæditur :
Electa digno stipite	Sit benedicta framea
Tam sancta membra tangere!	Quæ Petrum sic aggreditur!
Beata cujus brachiis	Beata manus jugulans!
Pretium pependit sæculi!	Beatus jubens jugulum.
Statera facta est corporis	Beatum ferrum feriens
Prædam tulitque Tartari.	Quem ferre nollet sæculum!

Les deux strophes qui terminent la pièce de Fortunat avaient déjà fait place à deux autres dans l'office de l'Église. Ce sont ces dernières qui ont été parodiées :

Texte.	Parodie.
O crux, ave, spes unica,	O crux, quæ pati pateris
Hoc passionis tempore	Hanc miseram miseriam,
Piis adauge gratiam,	Tu nobis omnem subtrahe
Reisque dele crimina.	Miseriæ materiam.
Te fons salutis, Trinitas,	Te, summa Deus Trinitas,
Collaudet omnis spiritus;	Oramus prece sedula
Quibus crucis victoriam	Fautores Petri destruas,
Largiris, adde præmium.	Et conteras per sæcula!

Le *Pange lingua* de notre poète fut également travesti et pour le même objet ; il fut comme une nouvelle explosion de la joie féroce avec laquelle le peuple anglais avait accueilli la mort de Gaveston. Cette seconde parodie ne serre pas toujours son modèle d'aussi près que l'autre ; mais si elle lui est inférieure dans l'emploi du même procédé, elle la surpasse peut-être en violence et en brutalité. Voyez-la dans le recueil, cité plus haut, de M. Wright, p. 259.

Au dix-septième siècle, toutes les fois que les Français prenaient possession d'un territoire quelconque, en Amérique, dans le dessein d'y fonder un établissement, ils commençaient par y planter une croix, autour de laquelle ils chantaient le *Vexilla regis*. On lit au chapitre 43 de l'*Histoire de la mission des Pères Capucins en l'Isle de Maragnan et terres circonvoisines*, par le R. P. Claude d'Abbeville, prédicateur capucin, f° 88 recto, 1614 : « Pendant que les Indiens eslevoient et plantoient si courageusement la croix, nous estions tous prosternés à genouils, chantans : *O crux, ave, spes unica, In hac triumphi gloria*. » À la prise de possession de l'embouchure du Mississipi par Robert Cavelier de la Salle qui venait de découvrir ce fleuve, le *Vexilla regis* fut chanté le 9 avril 1682, au moment où l'on érigeait la croix (*Découvertes et établissements des Français dans l'ouest et dans le sud de l'Amérique septentrionale*, par Pierre Margry, t. II, p. 193). Enfin, parmi les nombreuses brochures politiques que vit naître la première année de la Révolution, il en est une qui a pour titre : PANGE LINGUA, pour faire suite au DOMINE SALVUM FAC REGEM. Sur les bords du Gange, 1789, in-8°, 22 pages. Mais cette pièce n'est ni une parodie ni une imitation ; elle n'a pris de cette hymne que les deux premiers mots, et l'auteur en a fait le titre d'un pamphlet où il prend à partie les conspirateurs contre

---

(a) Les Gallois.
(b) Les chefs confédérés.

Louis XVI, entre autres Lafayette et Mirabeau. — Ch. N.

VII.

1. — Saint Saturnin, premier évêque de Toulouse. Voyez Grégoire de Tours, *Hist. Fr.* I, 28, et *De Gloria martyrum*, I, 48.

VIII.

1. — Par *victores* le poète entend les martyrs.

2. — Brower conjecture que Launobolde était Goth.

IX.

1. — Sur le plectre, voyez la note 2 de la pièce I du livre VII.

2. — Saint Germain, élu évêque de Paris en 554, mort en 576. Cette pièce a donc été composée entre ces deux dates.

3. — Cf. Fortunat, *Vie de saint Germain*, ch. 12 : « *Hinc se frequentibus exercebat vigiliis, inde continuatis macerabat inediis. Pernoctabat algida senectus per hiemem sustinens dupliciter frigus, ætatis et temporis, quod nec tolerare possint potulenti juvenes.* »

4. — Tout ce passage où le poète ne peut se dépêtrer en quelque sorte de la même idée, ne laisse pas que d'être très difficile à entendre. Parfois on est tenté de croire que ces chalumeaux, ces flûtes de Pan, ces tambours, ces trompettes, etc., sont des instruments dont on se servait effectivement dans l'église; mais on se tromperait, ils ne sont là que comme objets de comparaison avec les voix des chanteurs. La musique des instruments n'était pas alors introduite dans les églises; elle ne le fut que vers l'an 1330. Voy. un passage sur ce sujet dans les *Extrav. Cons.* l. I, 3; *tit. de vita et honorib. cleric.*, cap. unicum, du pape Jean XXII. — Ch. N.

5. — Fortunat, *Vie de saint Germain*, chap. 7 :

« *Nec illud omitti convenit, quod ad domum Ebronis pro fide Justi collatum est. Cujus ingrediente domum, Anna matrona proclamat rem mirabilem se videre. Inquisita a conjuge, quid esset, quod inspiceret, ait : Ecce beatus Germanus cornuta facie mihi videtur incedere : quod pene vix valeo aut intueri lumine, aut sermone conferre sanctum virum, novo more, cornibus radiantem.* » *Consternataque mirabatur mulier hominem nostro tempore in figura Moysi potuisse conspicere.* »

C'est sans doute ce souvenir qui inspira à Fortunat le dernier vers de cette pièce :

Moyses, tende manus et tua castra juva.

X.

1. — L'église de Sainte-Croix, aujourd'hui Saint-Germain des Prés. D'après l'auteur anonyme de la *Vie de saint Doctrovée*, Childebert Ier bâtit cette église, au retour de son expédition en Espagne, pour recevoir la tunique de saint Vincent qu'il rapportait de Saragosse. Plus tard, après la défaite d'Amalaric, roi des Wisigoths, il y déposa une croix d'or, ornée de pierres précieuses, qu'il avait rapportée de Tolède. L'église fut alors désignée sous le vocable de saint Vincent et sainte Croix. L'auteur de la *Vie de saint Doctrovée*, qui vivait au neuvième siècle, fait de cette église une description qui concorde avec celle de Fortunat. Il parle, comme lui, des vitraux des fenêtres, des colonnes de marbre qui portaient la voûte, des murailles et du toit couverts de dorures.

2. — Les baies des fenêtres étaient fermées par des tablettes de marbre percées à jour et qui ne laissaient à cause de cela pénétrer dans l'édifice qu'une lumière très mesurée. C'était une espèce de treillis dont les interstices étaient remplis par des morceaux de verre blanc et quelquefois coloré. Cet usage existait dès le quatrième siècle, et il en est fait mention dans Prudence à propos des vitraux de la basilique de Saint-Paul hors des murs :

Tum camuros hyalo insigni vario cucurrit arcus,
Sic prata vernis floribus renident...

car il faut entendre par *hyalo* la couleur verte du verre dont les fenêtres cintrées étaient pourvues. Cependant l'usage du verre pour la clôture des baies ne fut généralisé qu'au sixième siècle même où écrivait Fortunat, c'est-à-dire au sixième siècle. Des voiles ou rideaux en étoffe précieuse étaient appliqués aux fenêtres ainsi éclairées, et amortissaient encore la lumière. Les voûtes elles-mêmes étaient parfois décorées de ces voiles. C'est ainsi que Placidine, femme de Léonce, évêque de Bordeaux (Voy. l. I, p. VI) décora celles de la basilique élevée à saint Martin par son mari. Elle fit de plus, à n'en pas douter, la dépense du voile tendu en avant de l'autel dans toute la largeur de la grande nef, comme aussi celle des voiles de tous les entrecolonnements qui séparaient cette grande nef des nefs latérales. Une basilique de cette importance devait recevoir tous ces ornements, et Placidine n'aurait pas voulu le céder en libéralité à son mari. Voy. le Dict. de l'Académie des beaux-arts, au mot *Basilique*. — Ch. N.

3. — Voy. l'éloge de la piété de Childebert, ch. 13 de la *Vie de saint Germain*, par Fortunat. Childebert fut inhumé dans la basilique de Saint-Vincent et Sainte-Croix (Grégoire de Tours, *Hist. Franc.* IV, 20). — Ch. N.

XI.

1. — Voyez, sur ce baptistère, la note 3 de la pièce XV du livre Ier.

2. — Cf. la pièce IX du livre IX, adressé au même Sidoine, où Fortunat loue la piété et la charité de l'évêque et son zèle à restaurer les églises de Mayence.

3. — Berthoara, fille de Theudebert et de sa seconde femme Wisigarde.

4. — Theudebert Ier, roi d'Austrasie, succéda en 534 à son père Thierry Ier. Voyez, sur sa piété et sur ses expéditions contre les Ostrogoths, Grégoire de Tours, *Hist. Fr.* III, 21 et 27.

XII.

1. — Saint George souffrit le martyre en 285, selon la Chronique Alexandrine, Carinus II étant consul avec Numerianus : d'autres disent sous Decius. Voy. Ruinart dans ses notes sur Grégoire de Tours, *De Glor. Martyr.* l. I, c. 101.

XIII.

1. — Dans le panégyrique du roi Théodoric par Eunodius, il est fait mention d'un certain Trasaricus qui fut roi des Gépides, qui faisait son séjour à Sirmium, capitale de la Pannonie, et qui fut vaincu dans la suite par Théodoric. De là, dit Lucchi, on peut conjecturer de quelle nation était le personnage à qui s'adresse Fortunat.

2. — Allusion à ce passage de l'Évangile, saint Matthieu, XIV, v. 26-29 : « Lorsqu'ils virent Jésus marcher ainsi sur la mer, ils furent troublés, le prenant pour un fantôme. Aussitôt Jésus leur parla et leur dit : Rassurez-vous, c'est moi; ne craignez point. Pierre lui répondit : Seigneur, si c'est vous, commandez que j'aille à vous en marchant sur les eaux. Jésus lui dit : Venez. Et Pierre descendant de la barque, marchait sur l'eau pour aller à Jésus. »

3. — *Remedius*, le même que *Remigius*, est saint Remi, évêque de Reims. Il mourut en 533, après avoir occupé son siège pendant soixante-dix ans. Hincmar, qui lui succéda sur ce siège au neuvième siècle, a écrit sa vie, ainsi que Fortunat.

XIV.

1. — Saint Maurice et ses compagnons, les soldats de la légion Thébaine, qui subirent le martyre en 286, à Agaune, aujourd'hui Saint-Maurice en Valais, où Maximien les avait fait venir pour réprimer le soulèvement des Bagaudes. Sigismond, roi de Bourgogne, éleva une basilique et fonda un monastère en leur honneur, à Agaune, vers l'an 516 (V. Grégoire de Tours, *Hist. Fr.* III, 5, et *De gloria martyrum*, 75). Voyez aussi dans Ruinart (*Acta sincera martyrum*) le récit du martyre de saint Maurice et de la légion thébaine, par saint Eucher, évêque de Lyon.

2. — Il y avait des reliques des saints d'Agaune dans la basilique de Tours reconstruite par saint Grégoire, comme il le raconte au livre X, chap. 31, de son *Histoire des Francs*. C'est sans doute de ces reliques que parle ici Fortunat.

XV.

1. M. Leo pense que ce poème n'est pas de Fortunat; il remarque que six distiques sur les dix sont terminés par des trisyllabes et des quadrisyllabes, mesures que le poète emploie très rarement à la fin des pentamètres; il n'admet pas comme étant de sa façon des élisions de cette force, *qu'est* pour *quia est* (v. 8), des fautes de quantité telles que celles-ci, *creătura* pour *creātura* (ibid.), *pŏtens* pour *pŏtens* (v. 17), etc. Cependant il donne une place à cette pièce parmi les authentiques, et je fais comme lui, car il n'y a pas plus de raison de ne pas croire que la pièce est de Fortunat qu'il n'y en a de croire le contraire. Le poète d'ailleurs est coutumier de bien d'autres fautes de quantité que celles qu'on lui reproche ici.

2. — Je ne vois pas trop ce que les Allobroges font ici; mais Lucchi prétend que les Gaulois sont parfois appelés de ce nom, et il ne dit pas où.

3. — J'avoue ne pas bien entendre ce *fœdera legis*. Peut-être est-ce une allusion à quelque traité en vertu duquel la paix était maintenue entre les catholiques et les ariens de Poitiers.

4. — Arius était grec, né dans la Cyrénaïque, selon les uns, selon d'autres à Alexandrie où il fut prêtre. Les Grecs furent donc les premiers infectés de son hérésie.

5. — Arius mourut en 336. « Se sentant pressé, dit le bon abbé Fleury, dans une rue de Constantinople, de quelque nécessité naturelle, il demanda quelque lieu public de commodité; on lui en montra un; il y entra, et quelque temps après on l'y trouva mort, ayant perdu une grande quantité de sang. »

6. — Après le courageux discours d'Étienne dans l'assemblée des juifs, ceux-ci « entrèrent dans une rage qui leur déchirait le cœur, et ils grinçaient les dents contre lui. Mais Étienne était rempli du Saint-Esprit, et levant les yeux au ciel, vit la gloire de Dieu, et Jésus qui était debout à la droite de Dieu, et il dit : Je vois les cieux ouverts, et le Fils de l'homme qui est debout à la droite de Dieu. » *Actes des Apôtres*, ch. VII.

7. — Le prince du monde était Constant, fils du grand Constantin. Il favorisait l'arianisme, et ce fut sous son règne que saint Hilaire fut relégué en Phrygie. Voy. *Sulpice-Sévère*, l. II.

8. — Ses douze livres sur la *Trinité*. Voy. le recueil de ses œuvres par dom Constant, 1693, in-f°. C'est la meilleure édition.

XVI.

1. — Saint Médard fut d'abord évêque de Saint-Quentin, comme le rapporte Fortunat dans la *Vie de saint Médard*, n° 9. Mais il fut depuis transféré à Noyon. C'est ce que dit Radbode, évêque de cette même ville, puis de Tournai, dans la vie qu'il a écrite de ce saint, où il décrit amplement les causes de cette translation. Voy. Surius, *Vitæ Sanctor.* (Cologne, 4 vol. in-f°, 1618) à la date du 8 juin, et les Bollandistes, même date.

2. — Lecointe place la mort de saint Médard à l'année 545, et Valois, à l'année 560. Lecointe, à l'année 545, n° 9 explique la cause de cette différence d'opinion et persiste dans la sienne.

3. — Lucchi est d'avis, et il a raison, qu'il faut mettre une virgule après *matrem linquens*, et non pas après *cum patre*, comme l'a fait Brower, et que le sens du vers est celui-ci : Médard quitta la terre sa mère, pour aller avec Dieu son père *læta tenere*. Le poète parle ici en effet de l'état du saint après sa mort.

4. — Il ne s'agit pas ici de la *crémation* du corps, mais de mortification de la chair, et même de sa destruction; car si l'on ne trouve *cremo* avec cette seconde acception dans aucun dictionnaire latin classique, on trouve *crematus* avec le sens de *destructus, dirutus* dans une inscription datant de 1494 donnée par Naldinus dans sa *Chorographie ecclésiastique de la ville et du diocèse de Justinopolis* (Capo d'Istria), p. 59. Elle est ainsi conçue : *Episcopium superiorum temporum injuria crematum*. Du Cange la cite au mot *Crematus*.

5. — Radbode, dans Surius (*loc. cit.*), et Fortunat lui-même, dans la *Vie de saint Médard*, ne parlent que d'un seul voleur, et cependant il paraît bien ici, aux vers 35, 30 et 42, qu'il y en avait d'autres encore.

6. — Il faut dire, à la décharge du saint que le vol avait été commis dans sa propre vigne. Radbode, dans Surius (*loc. cit.*) le dit formellement, comme aussi que la clochette volée dont il va être parlé plus bas, était celle qui pendait au cou d'un taureau appartenant à Médard. Or, de même qu'il avait pardonné au voleur de raisins, il pardonna au voleur de clochette, et de plus il fit cadeau à l'un et à l'autre du produit de leur vol. Quand il n'aurait pas eu comme saint prédestiné, le droit d'être si largement charitable, il l'aurait eu certainement comme propriétaire, et maître de disposer de son bien au profit même de ceux qui venaient de le lui dérober.

7. — Voir la note ci-dessus. Radbode dit que le voleur de la clochette avait aussi volé le taureau.

8. — Grégoire de Tours, *Hist. Fr.* IV, 19, dit qu'on voyait de son temps les fragments de ces chaînes, conservés près du tombeau de saint Médard.

9. — Ces quatre vers 105-108 sont fort peu clairs. Le poète y parle des membres morts, puis ces membres se bornent aux doigts de la main. Il a fallu encore le secours de Radbode pour m'aduire, comme on l'a fait ici, cet obscur passage et tous les autres détails relatifs à ce miracle.

10. — Il s'agit ici d'une jeune fille qui, après avoir été destinée au mariage, entra en religion et devint, comme il semble, abbesse d'un monastère. Elle compensa la stérilité imposée à ses entrailles par une fécondité spirituelle représentée par le grand nombre de vierges qu'elle avait acquises au Christ, et qu'elle gouvernait.

Fortunat indique ici que la chevelure de cet ... lui fut enlevée pendant son sommeil par une ... on divine et non au moyen de ciseaux : en quoi ... faisait assez voir qu'il le destinait à être moine.

On a ajouté que l'aveugle avait le dessein « de ... er les yeux avec sa chevelure, afin de les rendre ». C'est ce qu'indiquent en effet les mots *limitæ* ... pour *limatæ* qu'on lit plus bas au vers 153.

— Clotaire ayant appris que saint Médard était ... à Noyon, vint le voir, et lui demanda la permis... ... transporter son corps à Soissons après sa mort, ... 'inhumer dans cette ville. Cette permission lui ayant été accordée, Clotaire transporta en grande pompe les restes du saint à Soissons, couvrit provisoirement sa tombe d'une sorte de cabane en osier, puis se mit en devoir de lui élever une magnifique basilique. Prévenu par la mort, ce roi ne put l'achever; ce fut Sigebert qui eut cet honneur. Or, cela ne put avoir lieu avant que Sigebert, ayant déclaré la guerre à Chilpéric, son frère, se fût emparé de Soissons, capitale du royaume de ce prince; ce qui arriva en 561. Voy. les *Vies de saint Médard* dans les Bollandistes où cette translation est amplement décrite.

14. — *Culmina custodi qui templum*, etc.; construction vicieuse. Il faut sous-entendre *ejus* avant *qui*.

LIVRE TROISIÈME.

I. A Eufronius, évêque de Tours (1).

Au saint évêque Eufronius, a son seigneur apostolique et cher père, Fortunat. Il y a peu de jours que le messager m'a remis votre lettre; je vous le fais savoir, et que j'ai reçu comme un présent du ciel ces paroles sorties de votre bouche vénérable. Dieu m'est témoin que j'y appliquai mes lèvres, et les embrassai avec cette passion que j'éprouve quand je ressens les effets de votre haute bienveillance pour ma petitesse. Je suis votre suppliant; vous m'avez comblé de bienfaits; je vous suis dévoué tout entier et je le reconnais. Quoique je demeure en une autre ville que vous (2), Dieu sait que je ne suis éloigné de vous que par la distance, et non point par le cœur, où vous occuperez toujours votre place. Je le dis en vérité, le cœur qui n'est point subjugué par votre admirable douceur, n'est pas un cœur de chair, mais il est de marbre s'il n'est point attendri par les grâces d'une charité telle que la vôtre. Qui pourrait louer comme il faut et comme elle le requiert votre âme vraiment sainte? Et qui pourrait se vanter de faire connaître votre caractère, dans des termes dignes du sujet et de vous? Vous êtes si humble sur la terre que de cet abaissement vous vous faites un point d'appui pour vous élancer vers le ciel, et qu'en embrassant de si bon cœur l'humilité du Christ, vous nous apprenez dès à présent la récompense que vous obtiendrez de lui dans son royaume; car, et le Christ lui-même l'a dit, qui veut paraître petit parmi les hommes, sera grand et magnifique dans le ciel. Chacun poursuit avec ardeur ce qui est l'objet de ses désirs. Pour moi, je me félicite d'avoir retrouvé dans le cœur de mon seigneur Eufronius l'affection de mon seigneur Martin. C'est pourquoi me recommandant par des prières continuelles à votre apostolat et à votre charité, je vous prie par saint Martin lui-même, dont vous serez un jour l'heureux compagnon, d'ordonner qu'il soit fait mémoire auprès de lui de Fortunat, son dévoué serviteur, afin de montrer combien vous pouvez vous prévaloir de vos mérites auprès de lui pour obtenir qu'il protège mon humilité. Priez pour moi, saint et apostolique seigneur, seigneur qui êtes le mien par excellence, et mon père. — Ch. N.

II. Au même.

A son seigneur et patron en Dieu, cher a lui par excellence, a l'évêque Eufronius, Fortunat. Qui pourrait concevoir et expliquer di-

LIBER TERTIUS.

I. Ad Eufronium episcopum Turonensem.

Domino sancto et meritis apostolico domno et dvlci patri Evfronio papae Fortvnatvs. Ante paucorum dierum volubilitatem transcursam, deferente praesentium portitore, venerabilis oris vestri salutare conloquium a me caelesti pro munere significo fuisse perceptum; quod ea aviditate, teste rerum creatore, conplexus sum, qua et vestrum placissimum animum circa meam humilitatem jugiter adprobavi profusum: et me supplicem multis repletum beneficiis agnosco devotum. Qui quamvis in altera commorer civitate, novit deus quia [4] vobis absens sum tantummodo loco, non animo; et quocumque fuero, intra me vos clausos habebo. Vere dico, non est illud cor carneum ubi vestrae animae non recipitur miranda dulcedo, sed est marmore durior, si tantae caritatis non amplectitur blandimentum. Nam quis de te tam congrua praedicet quam mens vere sancta deposcit? Aut quis suo sic satisfaciat animo, ut vestrum sicut condecet digne prodat affectum? qui in terra sic humilis es, ut habites erectus in caelis et inclinando ad infima te sublevari facias ad excelsa, ut jam agnoscaris, qui Christi humilitatem libenter amplecteris, de ejus regni munere quid habebis : quoniam, sicut ipsius mandata sunt, qui se parvulum inter homines vult videri, magnificum se elatus respiciet in supernis; unusquisque qualiter desiderat et expugnat. Ego vero gratulor in corde domni Eufronii dilectionem domni mei sensisse Martini : quapropter multiplici me prece apostolatui et sanctae caritati vestrae commendans, rogo per ipsum domnum Martinum, cujus frueris participato consortio, ut apud eum memorari praecipias me famulum et devotum, quatenus quid apud eum meritis praevaletis in meae humilitatis protectione jugiter ostendatis. Ora pro me, domine sancte et apostolice, peculiaris domne et pater.

II. Ad eundem.

Domino sancto mihiqve in deo pecvliari patrono Evfronio papae Fortvnatvs. Copiosam et supera-

gnement les innombrables et surabondantes marques de bonté que je confesse avoir en ma personne reçues de Votre Béatitude? Vous m'avez si étroitement lié par votre admirable charité que je ne puis un seul instant détacher ma vue de celui qui, si je ne le vois pas présent, habite en mon cœur comme en un sanctuaire où je le tiens enfermé et caché. Qui, portant en soi les bienfaits d'une aussi grande bonté que la vôtre, ne devient pas bon lui-même? Ou qui ne forcez-vous pas à être charitable, vous dont l'âme, ainsi que nous avons la preuve, est si remplie de charité? De quelle admiration suis-je saisi quand je vous vois aimer tous les hommes comme si vous aviez engendré chacun d'eux? Qui d'entre vos enfants voudrait s'enorgueillir quand il reconnaît en vous un père, un docteur de tant d'humilité? Ou qui, si haute que fût sa noblesse, vous voyant si humble, ne se prosternerait pas à vos pieds? Si sa superbe renverse l'orgueilleux, qu'il est louable celui que son humilité élève! Qui peut être colère ou violence quand il rencontre un prêtre, un évêque d'une humeur si calme? Où le pasteur enseigne le moyen et donne l'exemple de vivre dans la paix, tout le troupeau vit ainsi, sans craindre la dent du loup. Que dirai-je des autres choses où, quelle que soit celle dont vous vous occupiez, vous êtes loué de toutes ensemble? Quoique nous ne puissions pas vous imiter en cela, nous voyons du moins avec joie qu'il n'en vaudrait que mieux si nous vous imitions en effet. C'est pourquoi je me recommande particulièrement à Votre Grandeur et à Votre Sainteté; je vous prie (ainsi obtienne mon seigneur Martin par son intercession et pour vos mérites, que la miséricorde divine vous réserve une place à côté de lui dans le séjour de la lumière éternelle!) et je vous conjure de daigner prier à son tombeau pour moi, votre humble fils et serviteur, et d'intercéder pour la rémission de mes péchés. Je salue tous les vôtres, mes seigneurs et mes amis, et vous supplie de saluer plusieurs fois de ma part mon très doux seigneur, votre fils Aventius (1). Veuillez aussi me recommander à mon seigneur l'évêque Felix, s'il vient chez vous. Priez pour moi. — Ch. N.

III. Au même.

Ma langue est bien paresseuse et bien engourdie; je suis bien incapable de louer comme il le faudrait les hommes de votre mérite. Pourtant, ô mon père, Eufronius, prêtre sacré du Christ, je veux vous présenter mon modeste hommage. Je vous dois beaucoup; daignez agréer le peu que je vous offre. Accueillez avec indulgence les vers que m'inspire votre amour pour vous. Vos vertus donnent au flambeau de l'Église un nouvel éclat; la foi rayonne en tous lieux avec la lumière qui émane du pontife. La grâce par excellence habite en votre cœur où il n'est ni déguisement, ni artifice. Vous êtes un vrai Israélite (1). Vos actions sont pures comme votre cœur; c'est le chemin par où vous entrerez dans le ciel. De

bundantem pectoris vestri dulcedinem, quam circa devotionem personæ meæ vestram beatitudinem, pater amantissime, fateor inpendisse, quis illam ut dignum est vel corde possit concipere vel sermone valeat explicare? Quæ tanto me sibi vinculo admirandæ caritatis adstrinxit, ut nec unius horæ spatio ab illo mihi videar separari conspectu, quem etsi præsentem non video, attamen intra pectoris habitaculum retineo conditum et reclausum. Quis enim tuæ pietati peculiaris non redditur, in quo tantæ bonitatis beneficia continentur? Aut quem ad tuam dulcedinem non ducas invitum, cujus probavimus animum ineffabili caritate profusum? Qua autem illud admiratione complectar, cum te sic video cunctos diligere, ac si unumquemque de proprio visus sis latere generasse? Quis vero filiorum superbus esse desideret, ubi te patrem et doctorem tantæ humilitatis agnoscit? aut, quamvis summo nobilitatis descendat de culmine, cum te sic respicit supplicem, non se tuis vestigiis in terra provolutus extendit? Vere dico: si tumidum superbia dejicit, vos multum est laudabilis humilitas quod erigit. Quis denique illic esse possit iracundus aut turbidus, ubi sacerdos et pontifex tam placidus es inventus? Scit enim totus sine rapacitate grex vivere ubi vivendi tranquillitas discitur a pastore. Quid de rebus reliquis referam? in quibus te sic inpendis in singulis, ut lauderis in cunctis; quæ tamen etsi imitari non possumus, vel vidisse quod imitari deceat congaudemus. Quapropter dominationi et sanctitati vestræ peculiariter me commendans rogo et obtestor (sic ille domnus meus Martinus sua intercessione obtineat, ut cum ipso juxta merita vestra in luce perpetua vos conlocet divina misericordia), ut pro me humili filio et servo vestro ad ejus beatum sepulcrum orare digneris et pro peccatorum meorum remissione accedas. Eos vero qui vestri sunt omnes domnos et dulces meos reverenter saluto: domnum meum per omnia dulcissimum, filium vestrum Aventium pro me multipliciter supplico salutari. Domno meo Felici episcopo, si per vos venit, me benigno animo commendari deposco. Ora pro me.

III. Ad eundem.

Quamvis pigra mihi jaceat sine fomite lingua,
  Nec valeam dignis reddere digna viris,
Attamen, alme pater, Christi venerande sacerdos
  Eufroni, cupio solvere parva tibi.
Debeo multa quidem, sed suscipe pauca libenter :   5
  Sit veniale precor quod tuus edit amor.
Ecclesiæ lampas sub te radiante coruscat,
  Lumine pontificis fulget ubique fides;
Gratia præcellens sincero in pectore vernat,
  Quo nullus dolus est; Israhelita vir es.   10
Inmaculata tibi feliciter actio currit:
  Ut penetres cœlos, hæc via pandit iter.

vos lèvres, qui n'ont jamais connu le mensonge, les paroles coulent plus douces, à mon gré, que le miel. Tout ce que conçoit votre esprit, votre bouche le déclare avec sincérité; votre âme est inaccessible à la mauvaise foi. Point de fiel en vous, point de serpent qui distille ses noirs venins; vous gardez l'innocence de la colombe. L'étranger retrouve auprès de vous sa patrie bien-aimée; l'exilé y jouit des biens qu'il a perdus. Il n'est pas un malheureux, victime de l'injustice, qui ne vous quitte consolé; vous séchez ses larmes, vous lui rendez la joie. C'est Martin qui, pour récompenser vos vertus, vous a placé sur ce siège; vous étiez digne de son héritage, vous qui savez si bien suivre ses leçons. Il habite aujourd'hui le ciel, d'où il comble les vœux de ceux qui l'implorent. C'est en l'imitant que vous serez à votre tour réuni à Jésus-Christ. Le troupeau qui accourt à votre bergerie ne périt pas; la brebis ne laisse pas sa laine aux épines des buissons, et le loup n'en fait point sa proie: le pasteur veille et la bête malfaisante fuit, sans avoir pu assouvir sa rage. Puissiez-vous vivre de cette vie glorieuse pendant de longues années, ô vénéré pontife, et puisse l'avenir vous réserver une gloire encore plus éclatante.

IV. A Félix, évêque de Nantes (1).

A SON SEIGNEUR TRÈS SAINT ET TRÈS DIGNE DU SIÉGE APOSTOLIQUE, A SON PÈRE, L'ÉVÊQUE FÉLIX, FORTUNAT. Je dormais au bord de la mer; couché sur le rivage, je m'abandonnais depuis longtemps aux langueurs d'un doux sommeil, quand tout à coup le flot de votre éloquence, pareil à la vague qui se brise contre le roc, me couvrit comme d'une pluie d'eau salée. Cette première attaque contre mon sommeil pouvait bien me mouiller, mais non me réveiller, car selon ma coutume je dormais profondément. A la fin cependant, au fracas de vos paroles qui éclataient comme des coups de tonnerre, il fallut bien me lever. Pendant que je considérais les mots qui, pareils au retentissement de la trompette, sortaient de votre bouche, et me paraissaient revêtus d'une splendeur égale à celle des astres, il me sembla que la lumière perçante qui s'en échappait me brûlait les yeux, et que ceux-ci que votre tonnerre m'avait forcé d'ouvrir quand ils étaient pleins de sommeil, se refermaient à leur éblouissante clarté. Votre parole exercée brillait comme l'astre du jour, et votre éloquence lançait de tels éclairs que, tandis que vous parliez, tandis que flamboyaient tous ces mots lumineux, il me semblait que, par un bouleversement des lois de la nature, le soleil se levait à l'occident. Pareil au tissu serré d'une ode pindarique mise en prose, votre discours déroulait devant moi la chaîne sans fin de ses enthymèmes et ses replis savants, chefs-d'œuvre d'un art étranger. Déconcertée par la profondeur mystérieuse de votre style, mon ignorance allait s'égarer dans le labyrinthe de votre éloquence, comme le matelot qui cherche sa voie à travers l'archipel des Echinades (2), si vous n'aviez vous-même porté devant moi le flambeau qui devait me guider. Quant à l'éloge que vous m'accordez dans vos lettres, quand vous voulez

```
Dulcia conloquii sine fuco dicta refundis :
  Non sic mella mihi quam tua verba placent;
Quidquid habet sensus, hoc lingua serena relaxat : 15
  Pectore sub vestro fraus loca nulla tenet;
Qui sine felle manes in simplicitate columbæ,
  Nec serpens in te dira venena fovet.
Advena si veniat, patriam tu reddis amatam,
  Et per te proprias hic habet exul opes;        20
Si quis iniqua gemit, tristis hinc nemo recedit,
  Sed lacrimas removens lætificare facis.
Martinus meritis hac vos in sede locavit :
  Dignus eras heres, qui sua jussa colis.
Ille tenet cœlum largo dans omnia voto :        25
  Junctus eris Christo hunc imitando virum.
Non perit hic vestrum qui grex ad ovile recurrit,
  Candida nec spinis vellera perdit ovis,
Non lupus ore rapit prædam, pastore vigente,
  Sed fugit exclusus non lacerando greges.       30
Hæc tibi lux maneat longos, venerande, per annos,
  Atque futura dies lucidiora ferat.
```

IV. Ad Felicem episcopum Namneticum.

DOMINO SANCTO ET APOSTOLICA SEDE DIGNISSIMO DOMNO ET PATRI FELICI PAPAE FORTVNATVS. Oscitantem me prope finitima pelagi, blandimento naturalis torporis inlectum et litorali diutius in margine decubantem, subito per undifragos vestri fluctus eloquii quasi scopulis incurrentibus elisa salis spargine me contigit inrorari; sed ad primos evigilandi stimulos infundi poteram, non tamen excitari; qui adhuc more solito graviter obdormitans tandem aliquando inter crepitantia verborum vestrorum tonitrua vix surrexi. Igitur cum considerarem dicta singula de more tubarum clangente sermone prolata, et si sidereo quodammodo splendore perfusa, velut coruscantium radiorum perspicabili lumine mea visi estis lumina perstrinxisse; et soporantes oculos, quos mihi aperuistis tonitruo, clausistis corusco : tantus enim exercitati claritate conloquii vestræ linguæ jubar effulsit, tanta se renidentis eloquentiæ lux vibravit, ut, converso ordine, mihi videretur, verbis radiantibus, ab occidentali parte, te loquente, sol nasci. Credebam enim, quasi sofo Pindarico conpactus tetrastrophos pedestri glutine suggillatus et si rithmatum parturiens catenatum vinculum fecunda fluxisset oratio spiris intertexta, sofismate peregrino. Denique quantum ad profunditatem vestræ dictionis adtinet, feceratis ignorantem per sermonum conpitos velut inter cautes Echinadas oberrare, nisi a vobis ipsis lampas præviatrix itineris occurrisset. Quod

bien dire que ma voix, dominant le bruit des acclamations enthousiastes qu'elle soulève, a retenti jusqu'aux extrémités du monde, j'admire en relisant ce passage combien mon commerce avec vous a tout à coup ajouté à mon mérite, si peu digne par lui-même de la faveur publique, et je me réjouis de voir que votre affectueuse bienveillance m'élève si haut, quand mon mince talent me plaçait si bas. O puissance de l'amitié! Les dons que m'a refusés la nature, vos louanges m'en gratifient, et je dois souhaiter que l'on juge de mon humble mérite par votre témoignage plutôt que par mes écrits. L'heureux génie de Pollux n'eût point rendu son nom fameux, s'il n'eût été immortalisé par les vers prophétiques du poète de Smyrne (3). Aussi, quand vous dites que vous habitez au bout du monde, il me semble qu'ainsi le veut la justice (ce que je dis de vous, à votre tour vous devez le croire, vous qui savez si bien faire croire le bien que vous dites de moi) : le pays que vous habitez peut être situé aux derniers confins de la terre, il est le premier du monde, puisque vous l'habitez. Si, en effet, la présence d'un grand homme suffit à donner à sa ville le premier rang, grâce à vous, aucune contrée ne l'emporte sur celle dont la gloire a pour garants les vertus du pontife Félix. Grâce à vous enfin, Nantes n'est plus ni brûlée par des chaleurs excessives, ni désolée par le froid glacial du nord; elle vous doit un nouveau climat et le souffle caressant du zéphire y entretient, grâce à vous, un printemps perpétuel. Votre Sainteté veut bien dire que, lors de notre rencontre à Tours, elle a regretté de trop peu jouir d'un entretien qu'il a fallu abréger (je rougis au contraire d'avoir en ces courts instants trahi mon insuffisance, tandis que la bonté dont m'honorait un si illustre pontife avait à peine le temps de se montrer pleinement.); mais si vous voulez considérer les sentiments qui remplissaient mon cœur, quand il m'aurait été donné de jouir plus longtemps de votre vue, mon amour pour vous aurait pu devenir plus ardent, mais il n'aurait pas été contenté. Qui a une fois senti le suave parfum des roses, s'en croira-t-il jamais rassasié, jamais dégoûté? Pour moi, si j'étais resté plus longtemps près de vous, mon affection n'aurait pu que grandir, à mesure que j'aurais mieux connu celui qui en était l'objet. Vous dites encore : « Si je m'étais embarqué avec vous sur la Loire, j'aurais fait jusqu'à Nantes un heureux voyage ». Quant à moi, je le sais, avec un pilote tel que vous, je serais monté sur la barque la plus légère des pirates Chérusques (4), et, comptant sur la puissance de vos chants, je serais passé entre les Symplégades, sans craindre d'être broyé dans quelqu'une de leurs horribles rencontres; s'il l'avait fallu, j'aurais fait retentir de mes bruyants applaudissements l'Œta, montagne d'Hercule, et les rochers du Pinde. Avec quelle avidité pensez-vous que j'aie lu ce passage, que vous a seule inspiré votre bonté pour moi, et où vous allez jusqu'à dire : « Quand les Volsques eux-mêmes seraient venus me consoler, ils n'auraient pu me détacher de vous »? Soyez-en convaincu, je le pense comme je le dis, Rome elle-même avec toute sa puissance, n'aurait pu faire pour moi ce qu'a fait une de vos paroles. Il n'y a pas de bienfait auquel je ne préfère le seul dé-

---

vero vestris inseruistis epistulis, vocem meam nec adclamatione laudum superatam in ultimo orbis angulo personasse, hæc ipsa dum relego, cœpi me mirari vestro subito crevisse conloquio, qui favorem proprio non mererer ornatu, gavisus usque adeo affectu fautoris erigi qui me recognoscerem ingenii qualitate substerni. O quantum caritas prævalet, cum illud lingua laudantis adjicit, quod laudati vena subducit! Optandum est siquidem ut de me humillimo tali credatur testi potius quam auctori. Non enim Polydeucem suæ commendasset venæ salientis ubertas, nisi Smyrnæi fontis fatidico latice fuisset adtactus. Illud itaque quod dixistis, in ultimo orbis angulo quasi vestram habitare præsentiam, satis hoc fieri justum est : ut de vobis mihi credatis qui de me vobis credi blandius suadetis: quoniam loca, quamvis regione ultima, e cive sunt prima. Nam si personæ merito urbes sibi indicant principatum, nulli per vos est ille locus inferior, ubi, quidquid de laude requiritur, Felix actibus pontifex est adsertor. Denique non Cecaumene rabida nec ursæ situs frigoribus intertextus respirat, sed per vos, mutatis sedibus, assiduo Favoni sibilo modulante vernatur. Hoc etiam, quod sanctitas vestra conqueritur, me invento Turonis, parva prolixitate potitam se fuisse conloquiis (cum me e contra pudeat in brevi spatio prodidisse inscitiam, sed latere tanti gratiam pontificis adquisitam): tamen, si nostri animi partes considerare velitis, quamvis protracto spatio aspectu vestro fruerer, incitari poteram, non expleri. Quis enim semel odore suavium rosarum adflatus vel satiatum quandoque se judicet, vel patiatur reddere fastidentem? Cum, si diuturnius fuissemus incomminus, tanto magis dilectione succenderer, quanto plus agnoscerem quem amarem. Quod enim intulistis : « Si Ligerem vobiscum ascendissem, secundis fluctibus Namnetas occurrissem », novi quidem, te mihi Canobo, Cherucis adcersientibus myoparonem præpetem, catus arte armoniaca tutus inter Symplegadas se mordentes exissem; et si res exigeret, plausu crepergico Œtam Tirynthiacum Pindo respirante pulsassem. Qua vero aviditate illud me creditis perlegisse (quod vos intexere mera caritas imperavit) quod dixistis : « Nec si Vulsci venissent in solacio, me vobis abripere valuissent »? Credite, quantum meus animus inspicit, ipsa vix Roma tantum mihi dare ad auxilia poterat, quantum præstitistis in verbo : nec apud me plus aliquid est factis inpendere, quam vota voluntatis offerre :

sir de m'obliger. Quand on goûte la douceur d'un entretien amical, que peut-on souhaiter encore? Vous ajoutez en plaisantant : « Si vos louanges ne m'y avaient encouragé, jamais ma plume grossière ne se fût amusée à polir des vers. » Bien que le fidèle ouvrier du Christ (c'est vous que je veux dire) ait plus souvent labouré le champ fertile de la foi, j'avoue qu'il a fait naguère retentir sur la lyre d'Amphion des chants ithyphalliques (5). Vous dites enfin avec beaucoup de grâce que je suis le prisonnier de l'affection de Radegonde, ma dame et maîtresse (6). Vous en jugez, je le sais, non d'après mon mérite, mais d'après sa bonté ordinaire, à laquelle tous ont part; et si, lorsqu'il s'agit de moi, vous mêlez à vos éloges l'exagération permise aux poètes, quand c'est elle que vous louez, vous avez toute l'exactitude d'un historien. Cependant je ne suis pas tout à fait indigne de retrouver dans vos écrits le souvenir de ce que je dois à sa bienveillance. Je vous prie seulement, puisque vous parlez en termes si magnifiques d'un si petit personnage que moi, de trouver pour un plus grand sujet, un langage plus magnifique encore. Je me recommande humblement à votre grandeur, à votre sainteté; au nom de Notre-Seigneur, par qui nos âmes ont été rachetées, et près duquel vous êtes assuré d'aller un jour jouir de la lumière divine, je vous supplie de vouloir bien, en considération de la pieuse affection que je vous ai vouée, donner place à mon nom dans vos prières. Je douterai bien moins de mon salut, si je puis obtenir de vous cette grâce.

Quand j'aurais deux langues à mon service, la grecque et la latine, elles ne suffiraient pas pour vous louer selon vos mérites. Les louanges, vous en êtes assiégé, Félix; vous avez droit à notre vénération, à nos prières, vous qui jouirez un jour de la lumière éternelle (7).

V. Au même, sur son nom.

Salut assuré de la patrie, Félix, trois fois heureux, et par le nom, et par le cœur, et par l'espérance; vous de qui l'ordre sacerdotal reçoit tant d'éclat, vous rendez aux terres les parties que réclamait le droit public, et leur restituez dans le présent les bienfaits du passé. Voix des principaux citoyens, lumière de la noblesse et défenseur du peuple, vous êtes un port dont vous écartez les naufrages. Orateur apostolique, vainqueur des droits invoqués par le Breton (1), et ferme contre l'adversité, vous dispersez les armées au nom des espérances de la croix. Vivez, vous qui êtes la gloire de la patrie, la lumière de la foi, l'artisan de l'honneur, la splendeur du pontificat, notre amour et celui du monde entier. — Ch. N.

VI. Au même, sur la dédicace de son église (1).

Lorsque Salomon célébra la dédicace de son temple grandiose, Israël envoya à cette cérémonie l'élite de ses fils. Les lévites de tout âge, hommes faits, enfants, jeunes gens et vieillards, vinrent de tous côtés grossir le cortège royal. Les veaux et les taureaux tombèrent égorgés au pied des autels, et le peuple se réjouit de voir couler le sang de tant de victimes. Les temps sont changés; on ne croit plus plaire à Dieu par des sacrifices de ce

---

nam alloquii refluente dulcedine, nihil opus est plus egere. Quod vero facetiis addidistis : « Nisi sollicitatus laudibus rusticus calamus non turnasset », licet talis cultor Christicola feracissima jugera sœpius exaravit, attamen nuper illum, id est vos, confiteor ludos ithyfallicos Amphioneo barbito rebonsse. Hoc quoque quod delectabiliter adjecistis, me domnæ meæ Radegundæ muro caritatis inclusum, scio quidem quia non ex meis meritis, sed ex illius consuetudine, quam circa cunctos novit inpendere, conlegistis, et quantum in mea persona panegyricum poetice tangitis, tantum in ejus laudes historiam retulistis. Tamen in verbis vestris illud relegere morui quod in ejus gratia jam percepi; sed qui de me parvo magna depingitis, quæso de magnis maxima prædicetis. Quapropter, dominationi et sanctitati vestræ me humili supplicatione commendans, deprecor per dominum redemptorem animarum nostrarum, qui vos prædestinatos sua facturus est in luce consortes, ut me in sanctis orationibus, pietatis intuitu, dignemini memorare. Magnum enim erit spei meæ auxilium a vobis obtinere quod posco.

Si veniant linguæ pariter Græca atque Latina,
  Pro meritis nequeunt solvere cuncta tuis.
Laudibus obsessus, votis venerandus haberis,
  Felix, qui sensus luce perennis eris.

V. Item ad Felicem episcopum ex nomine suo.

Fida salus patriæ, Felix spe, nomine, corde,
  Ordo sacerdotum quo radiante micat,
Restituis terris quod publica jura petebant,
  Temporibus nostris gaudia prisca ferens.
Vox procerum, lumen generis, defensio plebis   5
  Naufragium prohibes hic ubi portus ades.
Actor apostolicus qui jura Britannica vincens,
  Tutus in adversis, spe crucis arma fugas.
Vive decus patriæ, fidei lux, auctor honoris,
  Splendor pontificum, noster et orbis amor.   10

VI. Item ad Felicem episcopum de dedicatione ecclesiæ suæ.

Cum Salomon coleret generosi encænia templi,
  Israhel electos fecit adesse viros;
Levitas proceres, pueros, iuvenesque, senesque,
  Undique certatim regia pompa trahit.
Mactantur vituli, tauri jugulantur ad aras   5
  Et populi in votis gaudia cædis erant.
Nunc vero adsurgit ritu placitura beato,
  Tempore decurso, justior ara Deo :

genre, et son nouvel autel en reçoit de plus doux. Félix, qui préside à ces fêtes touchantes, efface par d'autres moyens les magnificences du passé. Il convoque à cette pieuse solennité les Pères vénérés, sur qui repose le vrai salut, et qui ont dissipé les antiques ténèbres. Ils savent, avec la clef de Pierre, ouvrir le ciel à qui le demande; ils savent, par les enseignements de Paul, pour qui il reste fermé. Gardiens et médecins du troupeau, ils le préservent et de la dent du loup et de la maladie. Leur voix qui, de la source du salut d'où elle sort, reflue sur le peuple, verse dans ses oreilles les vérités de la foi, tandis que le sel purifie ses lèvres. Parmi eux brille le pontife assis sur le siège de Martin, le métropolitain Eufronius (2), heureux de voir ses frères rangés autour de lui, comme les membres du corps dont il est le chef auguste; il est la tête, ils sont les organes, et leur réunion fait voir le corps sacré de l'Église dans toute sa beauté. Voici Domitianus (3), voici Victorius (4), les soutiens de la foi, l'espoir de la province; près d'eux Domnulus (5), brillant de l'éclat de ses rares vertus, puis Romacharius (6), tous deux fidèles serviteurs de Dieu auquel ils sont consacrés. Enfin est arrivé ce jour tant désiré, et qui laissera un souvenir impérissable, ce jour où la ville entière adresse au ciel ses ferventes prières, où le pasteur, le cœur rempli de joie, peut enfin contempler son œuvre, et offrir au Seigneur son hommage solennel. Combien de temps et avec quelle impatience a-t-il attendu cette journée! Indifférent à tout le reste, il n'avait pas d'autre pensée. Prompt à s'alarmer, il se défiait des pièges dont est semé le chemin de la vie; il craignait de faire le dernier voyage avant d'avoir présenté à Dieu son offrande. Combien de fois, lassé de cette attente, a-t-il soupiré en secret, suppliant le Seigneur de hâter le jour du triomphe! Pendant qu'il était en proie à l'inquiétude et pliait sous le poids des soucis, les heures qui le séparaient de cet heureux moment étaient un fardeau qui l'écrasait. Mais enfin cet heureux jour est venu. Adieu les soucis! La joie dont son cœur déborde emporte jusqu'au souvenir des peines passées. Appelez la ville entière à partager votre allégresse; réjouissez-vous, Félix, heureux pasteur, au milieu de votre troupeau aussi heureux que vous-même. A vos côtés se pressent les prêtres et leurs acolytes; ils vous entourent de leur vénération et de leur amour. Avec les chants du chœur alternent ceux du peuple (7); chacun à sa manière vous prête son concours et s'associe à votre prière. Trop longtemps pour vous (car un cœur plein d'amour est toujours impatient) fut différée cette solennité; mais sa magnificence a de quoi vous consoler d'avoir attendu. Chantez maintenant les louanges du Seigneur au milieu de la symphonie des instruments de musique, et que la triple voûte du temple (8) répète les louanges du Dieu en trois personnes. Offrez à l'autel la fleur des holocaustes, et puissiez-vous longtemps encore y paraître, victime pure et agréable aux yeux du Seigneur!

VII. En l'honneur des saints dont les reliques sont dans cette église.

Montagnes voisines du ciel, collines de Sion res-

Prospera quæ populis Felix modo festa ministrans
   Exsuperat rebus gesta priora novis.   10
Convocat egregios sacra ad sollemnia patres,
   Quo stat vera salus, et fugit umbra vetus;
Docti clave Petri cœlos aperire petenti,
   Ac monitis Pauli noscere clausa poli.
Ne lupus intret oves, neu morbus inulceret agnos,   15
   Hinc sunt custodes, inde medella gregis;
Quorum vox refluens populo de fonte salutis,
   Ut bibat aure fidem, porrigit ore salem.
Inter quos medios Martini sede sacerdos,
   Eufronius fulget, metropolita sacer;   20
Plaudens in sancta fratrum coeunte corona,
   Et sua membra videns, fortior exstat apex:
Lætius inde caput, quia sunt sua viscera secum,
   Ecclesiæ juncto corpore crescit honor.
Domitianus, item Victorius, ambo columnæ,   25
   Spes in utraque manens pro regionis ope.
Domnulus hinc fulget meritis, Romacharius inde,
   Jure sacerdotii cultor uterque Dei.
En spectata diu, data nunc memoranda per ævum,
   Votis plena piis fulget in urbe dies,   30
In qua promeruit sua gaudia cernere pastor,
   Officioque sacro reddere vota Deo;
Tempore qui longo adventu pendebat in isto,
   Despiciens aliud (hoc erat omnis amor);
Omnia tuta timens suspecto in tramite vitæ,   35
   Ne prius iret iter, quam daret ista Deo;
Sæpius occultans suspiria lassa trahebat,
   Cederet ut dominus hoc properare decus;
Anxius incerto curarum fasce laborans
   Dum votum spectat, pondera tempus erant.   40
Sed jam festus adest, solvatur sarcina curæ,
   ætitiæ cumulus triste repellat onus.
Prospera dans populis et gaudia larga per urbem,
   Felix, felici cum grege pastor age.
Hinc te pontifices circumdant, inde ministri: 45
   Cingit te totum hinc honor, inde favor.
Clericus ecce choris resonat, plebs inde choraulis:
   Quisque tuum votum, qua valet arte, canit.
Tarda fuere tibi, quia fit mora semper amanti;
   Res sublimis enim tarda, sed ampla venit.   50
Nunc domini laudes inter tua classica canta,
   Et trinitatis opem machina trina sonet.
Adde medullata in templis holocausta sacerdos,
   Quo diuturna mices, hostia pura Deo.

VII. In honore eorum quorum ibi reliquiæ continentur.

Siderei montes, speciosa cacumina Sion,

plendissantes de beauté, cèdres jumeaux du Liban, à l'épais feuillage, portes du ciel, double lumière du monde, Pierre et Paul apparaissent ici au milieu des tonnerres et des éclairs. Parmi la troupe des apôtres, à la tête ceinte de l'auréole, l'un se distingue par ses doctes enseignements, l'autre par l'éminente dignité qu'il tient de Dieu. Paul ouvre les cœurs des hommes, Pierre leur ouvre le ciel; ceux que Paul a instruits, Pierre les reçoit dans le séjour céleste. Tous deux nous y mènent, l'un par ses leçons, l'autre par le pouvoir de ses clefs; Paul nous en montre le chemin, Pierre en garde fidèlement la porte. L'un est la pierre inébranlable sur laquelle est bâtie l'Église, l'autre en est l'architecte. Sur eux reposent les assises du temple où Dieu aime à être adoré. Ce sont deux ruisseaux sortis d'une même source, et dont les eaux bienfaisantes calment la soif qui nous dévore. Le prince qui veut s'illustrer par des guerres glorieuses les donne pour chefs à son armée. Applaudis, Gaule fortunée; Rome t'envoie le salut (1). L'auréole des apôtres illumine le pays des Allobroges. Tu peux maintenant opposer aux attaques de tes ennemis ceux qui, dans la capitale du monde, sont les deux remparts de la foi. Ils sont aussi les yeux du précieux corps du Christ, la lumière qui éclaire et guide ses membres. Reçois, ô terre de la Gaule, ces fruits du ciel que t'a donnés Félix, et réponds aux vœux de l'heureux pontife dont le chaste amour a donné cet édifice en dot à l'Église son épouse. Sous un comble élevé le corps de l'édifice, sanctifié par le nom des deux apôtres, s'étend en trois nefs. Autant ils l'emportent par leurs mérites sur les autres saints, autant le temple qui a reçu leurs reliques surpasse en hauteur les autres temples. Au centre, une tour se dresse au-dessus de la toiture; d'abord carrée, elle se rétrécit pour recevoir un couronnement rond. Par une succession d'étages en arcades elle s'élance dans les airs pour l'étonnement des spectateurs, pareille à une montagne qui se termine en pointe (2). Le faîte est décoré de peintures qui semblent animées, tant le coloris donne de vie aux figures, tant on y sent respirer l'âme de l'artiste (3). Quand le soleil dans sa course promène ses rayons sur le toit couvert de plaques d'étain, le métal qu'il frappe de ses traits de feu renvoie une lumière d'une blancheur de lait; les figures se meuvent, se déplacent, au gré des rayons tremblotants, et le plafond tout entier ondule comme l'eau de la mer (4). Le toit semble un autre ciel qui a ses astres, et qui lance des lumières dont le métal est le foyer. Quand la pleine lune montre à l'horizon son disque lumineux, une autre lune monte de l'église vers le ciel, et le passant qui s'arrête la nuit pour voir ce spectacle, croit que la terre aussi a ses étoiles. Percée de larges fenêtres, la vaste nef s'emplit de lumière, et celle que vous admirez au dehors, vous la retrouvez au dedans. A l'heure où reviennent les ténèbres, tandis que l'univers est plongé dans la nuit, elle tient seule, si l'on peut dire, le jour emprisonné dans ses murs. Au côté droit du temple sont les reliques d'Hilaire et de Martin, son compagnon et son ami. La Gaule dont ils sont les patrons, a répandu leur renommée par toute la terre; tandis que leurs corps reposent

A Libano gemini floré comante cedri,
Cœlorum portæ, lati duo lumina mundi :
  Ore tonat Paulus, fulgorat arce Petrus.
Inter apostolicas radianti luce coronas, 5
  Doctior hic monitu, celsior ille gradu;
Per hunc corda hominum reserantur et astra per illum;
  Quos docet iste stilo, suscipit ille polo;
Pandit iter cœli hic dogmate, clavibus alter;
  Est via cui Paulus, janua fida Petrus. 10
Illic petra firma manens, ille architectus habetur
  Surgit in his templum, quo placet ara Deo.
Uno fonte pares, medicata fluenta rigantes,
  Restingunt avidam dulce liquore sitim
Fortia bella gerens, quisquis cupit astra tenere, 15
  Rex dedit hos proceres militis esse duces.
Gallia, plaude libens, mittit tibi Roma salutem :
  Fulgor apostolicus visitat Allobrogas;
A facie hostili duo propugnacula præsunt,
  Quos fidei turres urbs caput orbis habet. 20
Ili radiant oculi pretioso in corpore Christi,
  Lumine qui proprio cetera membra regunt.
Munere Felicis cœli cape, Gallia, fruges,
  Pontificisque tui vota beata cole,
Cujus castus amor dedit hanc in honore superno 25
  Ecclesiæ nuptæ, dote perenne, domum.
Vertice sublimi patet aulæ forma triformis,
  Nomine apostolico sanctificata Deo.
Quantum inter sanctos meritum supereminet illis,
  Celsius hæc tantum culmina culmen habent. 30
In medium turritus apex super ardua tendit,
  Quadratumque levans crista rotundat opus.
Altius, ut stupeas, arce ascendente per arcus,
  Instar montis agens ædis acumen habet.
Illic expositas, fucis animantibus artus, 35
  Vivere picturas, arte reflante, putas.
Sol vagus ut dederit per stagnea tecta colorem,
  Lactea lux resilit, cum rubor inde ferit.
Ire, redire, vides, radio crispante, figuras,
  Atque lacunar agit quod maris unda solet. 40
Fulgorem astrorum meditantur tecta metallo,
  Et splendore suo culmina sidus habent.
Luna coronato quotiens radiaverit ortu,
  Alter ab æde sacra surgit ad astra jubar;
Si nocte inspiciat hanc prætereundo viator, 45
  Et terram stellas credit habere suas;
Tota rapit radios, patulis oculata fenestris,
  Et quod mireris hic foris, intus habes.
Tempore quo redeunt tenebræ, mihi dicere fas sit,
  Mundus habet noctem, detinet aula diem. 50
Dextera pars templi meritis præfulget Hilari,
  Compare Martino consociante gradum.
Gallia sic proprios dum fudit ubique patronos,

ici, ils sont des flambeaux qui éclairent le monde. Au côté gauche sont les reliques de Ferréol, le glorieux martyr, pierre précieuse aux vives clartés. Seigneur, Félix vous a fait hommage de toutes ces merveilles, afin que le prêtre qui vous offrait un temple, fût lui-même le temple de votre divinité.

VIII. A la louange du même.

C'est aujourd'hui jour de fête; je veux dans ma joie exprimer seul les sentiments d'amour qui animent un peuple entier. Si l'Armorique est située aux confins du monde, les vertus de Félix en font le premier pays de la terre. La Gaule n'a rien à envier à l'Orient : l'Orient est éclairé par les premiers rayons du soleil, et la Gaule par les rayons de votre gloire. Chacun de vous répand ses bienfaits avec une magnificence inouïe, vous sur l'Océan, le soleil sur la mer Rouge. S'il est vrai que l'esprit est un flambeau, la vive lumière de votre génie vaut celle du soleil. Né d'une race illustre, héritier d'une antique noblesse, la gloire de vos aïeux retentit encore dans le monde (1). Tous ces grands hommes, auxquels ont obéi les peuples de l'Aquitaine, vous ont transmis avec leur sang l'illustration de leur nom. Une souche antique vous recommande à la vénération des hommes, comme son plus noble rejeton; vous réunissez toutes les gloires et appelez tous les éloges. Vous qui êtes la fleur de votre race, le défenseur de votre patrie, le réformateur du peuple, la source du bon goût, un torrent d'éloquence, une onde au doux murmure, le chemin de la science, le protecteur du droit et l'obstacle où vient se briser la colère (2); vous dont le génie a évoqué ici une nouvelle Rome; vous en qui la Gaule, fière de son fils, retrouve plusieurs de ces savants personnages par lesquels l'ancienne Rome a instruit le monde : vous êtes deux fois grand, deux fois illustre, par votre naissance et par vos œuvres. Mais ce n'est pas assez pour vous de toute cette gloire mondaine; vous cherchez la satisfaction d'une ambition plus haute dans le gouvernement de votre église. Sa splendeur est l'objet de toutes vos pensées, de vos soins assidus. Pour ajouter aux dons magnifiques que vous y avez faits à Dieu, vous l'avez épousée; vous avez contracté envers cette vénérable épouse d'heureux engagements, et l'avez richement dotée. Vous trouvez dans ses bras le bonheur sans péché, et votre cœur est fermé à tout autre amour. Elle est le charme de vos yeux, de votre âme, de votre chaste cœur; vous n'êtes son époux que pour préserver sa pureté de toute souillure. Elle vous a donné de nombreux enfants, sans perdre sa virginité; c'est tout un peuple qu'elle confie à votre paternelle sollicitude. Voyez les fils que vous a donnés cette divine épouse; ils sont votre joie, vous êtes leur refuge et leur appui. Pour le salut de ce troupeau dont vous êtes le berger, vous faites bonne garde sur tous les chemins; vous mettez les loups en fuite, et les brebis sont en sûreté. Votre vigilance déjoue les embûches des Bretons (3). Il n'est pas d'arme plus forte ni plus efficace que votre éloquence. Vous nourrissez ceux qui ont faim; vous êtes le pain de l'indigent. Ce que chacun désire, il l'obtient de vous aussitôt. Le lieu où vous enfouissez vos richesses, c'est la

```
    Quos hic terra tegit, lumina mundus habet.
Altera Ferreoli pars est, qui, vulnere ferri,         55
    Munere martyrii gemma superba nitet.
Obtulit hæc Felix, ut sit magis ipse sacerdos,
    Christe, tuum templum, qui tibi templa dedit.

        VIII. Item ad eundem in laude.

Inluxit festiva dies, me gaudia cogunt,
    Ut quod plebs poterat, solus amore loquar.
Ultima quamvis sit regio Armoricus in orbe,
    Felicis merito cernitur esse prior.
Miserunt similes Oriens et Gallia sortes :             5
    Illa micat radiis solis, et ista tuis;
Nam splendore novo sua munera quisque ministrat :
    Tu fers Oceano lumen et ille rubro;
Denique si sensus clara pro lampade fulget,
    Ingenium vestrum luminis instar habet.            10
Maxima progenies, titulis ornata vetustis,
    Cujus et a proavis gloria celsa tonat :
Nam quicumque potens Aquitanica rura subegit,
    Extitit ille tuo sanguine, luce, parens.
Germinis antiqui venerabile culmen in orbe,          15
    Laudibus in cujus militat omne decus,
Flos generis, tutor patriæ, correctio plebis,
    Eloquii flumen, fons salis, unda loquax,
Semita doctrinæ, jus causæ, terminus iræ,
    Cujus in ingenium hic nova Roma venit,           20
(Illic quod poterat per plures illa docere,
    Te contenta suo Gallia cive placet),
Ornamenta geris gemino fulgentia dono,
    Et te concelebrant hinc opus, inde genus.
Sed qui terrena de nobilitate nitebas,                25
    Ecclesiam nunc spe nobiliore regis;
Cujus ad ornatum, bone cultor, jugiter instans,
    Ut jam multa deo splendida dona dares,
Nupsisti ecclesiæ, felicia vota jugasti,
    Hanc qui matronam dote potente reples;           30
Cujus in amplexu ducis sine crimine vitam,
    Altera nec mulier corde recepta fuit.
Hanc oculis, animo, retines et corde pudico :
    Unde tibi nupsit, castior inde manet.
Illa tibi prolem peperit, sed corpore virgo,          35
    Et populum gremio fudit amata tuo.
Ecce tuos natos, divina ex conjuge sumptos,
    Et modo te gaudent, quos patris umbra tegit;
Proque salute gregis pastor per compita curris,
    Exclusoque lupo, tuta tenetur ovis.               40
Insidiatores removes vigil arte Britannos :
    Nullius arma valent quod tua lingua facit.
Tu quoque jejunis cibus es, tu panis egenti :
    Quæ sibi quisque cupit, hic sua vota videt.
Divitias proprias in pauperis ore recondis,           45
```

bouche du pauvre, c'est le ventre affamé du mendiant. Le jour de la venue du Christ, tout cela vous sera restitué en présence du souverain juge. Puissiez-vous vivre heureux de longues années encore ! Puissent vos vertus et votre piété vous assurer à jamais le bonheur que vous promet votre nom !

IX. A l'évêque Félix, sur la fête de Pâques (1).

Voici le temps des fleurs; l'air est pur; l'horizon est enflammé. Des portes ouvertes de l'Orient jaillissent des flots de lumière. Le soleil monte, lance ses feux et poursuit sa carrière, pour aller ensuite se plonger dans l'Océan d'où il sortira de nouveau. Il pénètre de ses rayons vainqueurs la masse fluide, chasse les derniers restes de la nuit et amène avec lui le jour. Aucun voile n'obscurcit l'éclat de l'azur resplendissant, et l'atmosphère lumineuse en montre de la joie. La terre qui la partage nous prodigue ses dons variés, et ouvre son sein à toutes les richesses du printemps. L'aimable violette donne à la campagne une teinte pourprée, et l'herbe des prés déploie et agite sa chevelure verdoyante. Les fleurs pareilles à des étoiles s'épanouissent tour à tour, et sont autant d'yeux qui sourient au milieu du gazon. De la semence jetée dans les sillons s'échappe la tige laiteuse du blé, donnant au laboureur la promesse avec le pouvoir de vaincre la faim. Des larmes joyeuses coulent des branches de la vigne fraîchement émondée; c'est pour donner plus tard du vin qu'elle donne aujourd'hui de l'eau. Le bourgeon, enveloppé de son tendre duvet, perce l'écorce maternelle; il se gonfle et va bientôt éclater. Dépouillés par l'hiver de leur couronne de feuilles, les bois reverdissent et réparent leurs ombrages. Le myrte, le saule, le sapin, le coudrier, l'osier, l'orme, l'érable, tous les arbres de la forêt sont heureux d'étaler leur nouvelle parure. L'abeille, pour construire ses rayons, quitte sa ruche, va bourdonner autour des fleurs auxquelles elle dérobe leurs sucs pour en charger ses cuisses. L'oiseau reprend sa chanson que, rendu paresseux et muet par le froid de l'hiver, il avait interrompue. Philomèle prélude à ses roulades sonores, et l'écho qui les répercute en est ravi. La beauté du monde renaissant atteste que tous les biens qu'il avait perdus lui sont revenus avec son divin maître. C'est pour fêter le Christ triomphant, à son retour de l'enfer, que les bois reverdissent et que le gazon se couvre de fleurs. L'enfer et ses lois vaincus, la lumière, les cieux, la terre et les mers s'unissent pour célébrer le vainqueur qui s'élève au delà des astres. Le voilà, le crucifié, le Dieu qui règne sur le monde, la créature à qui toutes les créatures adressent leurs prières ! Salut, jour solennel, jour à jamais vénéré où Dieu vainqueur de l'enfer reprend possession du ciel, jour, l'orgueil de l'année et l'honneur des mois (2), jour le plus saint des jours (3), et dont les heures, les minutes et les secondes ont tant d'éclat et de charme ! Les feuilles des arbres de la forêt, les épis dont les guérets sont chargés t'applaudissent par leurs frémissements, et dans le silence même où ils se développent les rejets de la vigne te rendent

```
        Largas mendici ventre reponis opes.
   Tempore quo veniet Christus, tunc omnia vobis,
        Judicis in facie, sacculus iste refert.
   Sit tibi fixa salus numerosos ampla per annos,
        Perpetuo Felix nomine, mente, fide.            50

           IX. Ad Felicem episcopum de pascha.

   Tempora florigero rutilant distincta sereno,
        Et majore poli lumine porta patet;
   Altius ignivomum solem cœli orbita ducit,
        Qui vagus Oceanas exit et intrat aquas;
   Armatis radiis elementa liquentia lustrans,         5
        Adhuc nocte brevi, tendit in orbe diem.
   Splendida sincerum producunt æthera vultum,
        Lætitiamque suam sidera clara probant.
   Terra favens vario fundit munuscula fetu,
        Cum bene vernales reddidit annus opes :        10
   Mollia purpureum pingunt violaria campum,
        Prata virent herbis, et micat herba comis ;
   Paulatim subeunt stellantia lumina florum,
        Arridentque oculis gramina tincta suis.
   Semine deposito, lactans seges exilit arvis,        15
        Spondens agricolæ vincere posse famem.
   Caudice desecto lacrimat sua gaudia palmes :
        Unde merum tribuat, dat modo vitis aquam.
   Cortice de matris tenera lanugine surgens,
        Præparat ad partum turgida gemma sinum.       20
   Tempore sub hiemis foliorum crine revulso,
        Jam reparat viridans frondea tecta nemus :
   Myrta, salix, abies, corylus, siler, ulmus, acernus,
        Plaudit quæque suis arbor amœna comis.
   Construitura favos, apes hinc alvearia linquens,   25
        Floribus instrepitans, poplite mella rapit.
   Ad cantus revocatur aves, quæ, carmine clauso,
        Pigrior hiberno frigore muta fuit.
   Hinc filomela suis adtemperat organa cannis,
        Fitque repercusso dulcior aura melo.          30
   Ecce renascentis testatur gratia mundi,
        Omnia cum domino dona redisse suo :
   Namque triumphanti post tristia Tartara Christo
        Undique fronde nemus, gramina flore favent ;
   Legibus inferni oppressis, super astra meantem    35
        Laudant rite deum lux, polus, arva, fretum ;
   Qui crucifixus erat, deus ecce per omnia regnat,
        Dantque creatori cuncta creata precem.
   Salve, festa dies, toto venerabilis ævo,
        Qua Deus infernum vicit et astra tenet,       40
   Nobilitas anni, mensum decus, alma dierum,
        Horarum splendor, scripula, puncta fovens.
   Hinc tibi silva comis plaudit, hinc campus aristis.
        Hinc grates tacito palmite vitis agit.
```

des actions de grâce. Si les halliers retentissent en ton honneur du ramage des oiseaux, moi, humble passereau, je mêle à leurs concerts mon chant d'amour.

Christ, sauveur du monde que tu as aussi créé et racheté, fils unique de Dieu, ineffable émanation du cœur de ton père, Verbe vivant à qui rien n'est impénétrable, égal au père, indivis avec lui, sous le principat duquel le monde a pris naissance, tu maintiens les cieux suspendus sur nos têtes et sous nos pas les terres condensées et solides; tu fais couler les eaux et vivre les hommes en quelques lieux qu'ils habitent. Voyant le genre humain perdu, tu t'es fait homme pour le sauver, et tu n'as pas seulement voulu revêtir sa livrée temporelle, tu as aussi voulu souffrir et mourir pour nous dans ta chair. Créateur de la vie et de l'univers, tu as enduré la mort, et c'est en entrant dans le chemin de la mort que tu as ouvert le chemin de la vie. Les horribles portes de l'enfer ont cédé à ton approche, et la lumière, en pénétrant dans le noir séjour, y a jeté l'épouvante. Chassées par l'éclat fulgurant du Christ, les ténèbres se dissipent; les voiles épais de la nuit tombent. Mais toi qui es toute bonté et toute puissance, Seigneur, je t'en supplie, tiens ta promesse. Voici le troisième jour; sors du tombeau où tu gis enseveli pour moi; lève-toi. Il ne sied pas que tes membres demeurent dans un misérable tombeau, et qu'une vile pierre recouvre celui qui a racheté le monde. Il est indigne de celui qui tient tout dans sa main d'être enfoui dans un trou de rocher, fermé par une pierre. Secoue tes linceuls, je te prie; laisse ton suaire au sépulcre. Tu nous suffis sans cela, et rien n'est sans toi. Délie les liens des mânes captifs dans les enfers, et retires-en tous ceux qui ont été précipités dans leurs abîmes. Rends-nous ta présence afin que les siècles revoient la lumière; rends-nous le jour que ta mort nous a ravi. Mais en revenant vainqueur dans le monde, tu as rempli ta tâche. L'enfer est abattu et ses lois abolies. Il a beau ouvrir sa gueule insatiable et profonde, ce dévoreur de proies, ô mon Dieu, est devenu ta proie. Tu tires des prisons de la mort un peuple innombrable qui suit librement l'auteur de sa liberté. La bête féroce vomit en tremblant ses victimes; l'agneau arrache les brebis à la dent du loup. Au retour de l'enfer, tu rentres dans le tombeau d'où, après avoir repris ta chair, tu t'élances et portes au ciel les riches trophées du vainqueur. Ceux que gardait l'enfer où ils subissaient leur peine, l'enfer te les a rendus, et ceux que la mort pourchassait commencent une nouvelle vie. Ton triomphe, ô saint roi, éclate encore dans la cérémonie du baptême dont les eaux assurent aux âmes pures la béatitude céleste. De cette ablution d'un nouveau genre une armée de catéchumènes sort, éclatante de blancheur et nettoyée de la tache du péché originel. On la reconnaît aux robes blanches dont elle est revêtue, et le berger se réjouit à la vue de son troupeau. A son tour le prêtre Félix qui rend à son maître deux talents (4), participe à cette œuvre sainte; il attire à la foi des hommes égarés par les erreurs païennes; il fortifie le ber-

Si tibi nunc avium resonant virgulta susurro, 45
    Has inter minimus passer amore cano.
Christe, salus rerum, bone conditor atque redemptor,
    Unica progenies ex deitate patris,
Inrecitabiliter manans de corde parentis,
    Verbum subsistens et penetrare potens, 50
Æqualis, concors, socius, cum patre coævus,
    Quo sumpsit mundus principe principium :
Æthera suspendis, sola congeris, æquora fundis,
    Quæque locis habitant quo moderante vigent;
Qui genus humanum cernens mersisse profundo, 55
    Ut hominem eriperes, es quoque factus homo.
Nec voluisti etenim tantum te corpore nasci,
    Sed caro quæ nasci, pertulit atque mori :
Funeris exequias pateris vitæ auctor et orbis,
    Intras mortis iter dando salutis opem. 60
Tristia cesserunt infernæ vincula legis,
    Expavitque chaos luminis ore premi.
Depereunt tenebræ, Christi fulgore fugatæ,
    Et tetræ noctis pallia crassa cadunt.
Pollicitam redde fidem, precor, alma potestas : 65
    Tertia lux rediit, surge, sepulte meus.
Non decet, ut humili tumulo tua membra tegantur
    Neu pretium mundi vilia saxa premant.
Indignum est, cujus clauduntur cuncta pugillo,
    Ut tegat inclusum rupe vetante lapis. 70
Lintea tolle, precor, sudaria linque sepulchro :
    Tu satis es nobis, et sine te nihil est.
Solve catenatas inferni carceris umbras,
    Et revoca sursum quidquid ad ima ruit.
Redde tuam faciem, videant ut sæcula lumen, 75
    Redde diem, qui nos, te moriente, fugit.
Sed plane inplesti remeans, pie victor, ad orbem :
    Tartara pressa jacent, nec sua jura tenent;
Inferus insaturabiliter cava guttura pandens,
    Qui rapuit semper, fit tua præda, Deus : 80
Eripis innumerum populum de carcere mortis,
    Et sequitur liber, quo suus auctor adit.
Evomit absorptam trepide fera belua plebem,
    Et de fauce lupi subtrahit agnus oves. [sumpta,
Hinc tumulum repetens, post Tartara, carne re- 85
    Belliger ad cœlos ampla tropæa refers :
Quos habuit pœnalе chaos, jam reddidit in te,
    Et quos mors peteret, hos nova vita tenet.
Rex sacer, ecce tui radiat pars magna triumphi,
    Cum puras animas sancta lavacra beant : 90
Candidus egreditur nitidis exercitus undis,
    Atque vetus vitium purgat in amne novo;
Fulgentes animas vestis quoque candida signat,
    Et grege de niveo gaudia pastor habet.
Additur hac Felix consors mercede sacerdos, 95
    Qui dare vult domino dupla talenta suo.

cail de Dieu pour le mettre à l'abri des irruptions de la bête. Ceux que la coupable Ève avait corrompus, il les rend à l'Église qui les réchauffe dans son sein, et les nourrit du lait de ses mamelles. Il adoucit les cœurs agrestes par de tendres paroles, et les épines, grâce à son zèle, se changent en moissons. Le Saxon, peuple farouche et qui vit à la manière des fauves, cède à votre charme, ô Félix, et le loup rend la brebis (5). Puisse votre récolte vous rapporter toujours le centuple, et vos moissons remplir les greniers jusqu'aux combles! Puisse ce peuple lavé de la tache originelle, ce gage de pureté que vous offrirez un jour à Dieu, vivre longtemps encore sous votre sauvegarde! Puissiez-vous enfin recevoir du Très-Haut la couronne qui vous est due, et puisse celle que votre peuple a obtenue se renouveler comme au printemps les fleurs! — Ch. N.

X. Au même, loué pour avoir détourné le cours d'une rivière (1).

Arrière tout ce dont les anciens poètes nous ont transmis le souvenir; les merveilles de l'antiquité sont vaincues par celles de notre temps. Si Homère eût vu les fleuves ainsi emprisonnés, il eût appliqué son génie à célébrer ce prodige. Au lieu du nom d'Achille, le nom de Félix remplirait ses vers, et ce grand nom recommanderait davantage l'œuvre du poète. Génie bienfaisant, Félix modifie la nature pour la corriger, et contraint les vieux fleuves à prendre un nouveau cours. Une digue les force à quitter la route qui les conduisait à la mer, et à suivre celle que leur interdisait la nature. Ici vous comblez une vallée, là vous abaissez une montagne; l'une se soulève, l'autre s'enfonce. Tout est bouleversé, tout change d'aspect et de forme; la montagne devient vallée et la vallée devient montagne. A l'endroit même où l'eau fuyait à travers la plaine, la terre amoncelée forme un rempart inébranlable; où passaient les navires, cheminent à présent les chariots. Le flot poussé par votre main franchit la barrière que lui opposaient les collines, et le fleuve obéissant va où vous le menez, en dépit de la montagne. Au point où son cours était le plus rapide, il s'arrête à présent malgré la vitesse acquise; une colline sortie tout à coup du sol le force à rebrousser chemin. Les eaux qui se précipitaient avec une violence inutile, sont aujourd'hui asservies à l'homme et servent à le nourrir. On fait la moisson sur l'ancien lit du fleuve, et c'est grâce à vous que l'eau donne au peuple du pain. Avec quelle autorité ne devez-vous pas conduire l'esprit mobile des hommes, vous qui imposez votre volonté aux flots impétueux! Vivez longtemps, poursuivez sans encombre votre pieuse carrière, ô Félix, vous, à l'ordre duquel les fleuves changent leur cours.

XI. Sur Nicetius, évêque de Trèves (1).

Objet de notre vénération par votre caractère, par l'éminence et la splendeur de votre foi, Nicétius, chef des prêtres et amour du monde, premier pasteur de votre troupeau apostolique, tout

Ad meliora trahens gentili errore vagantes,
  Bestia ne raperet, munit ovile Dei.
Quos prius Evva nocens infecerat, hos modo reddit
  Ecclesiæ pastos ubere, lacte, sinu,   100
Mitibus alloquiis agrestia corda colendo,
  Munere Felicis de vepre nata seges.
Aspera gens, Saxo, vivens quasi more ferino,
  Te medicante, sacer, bellua reddit ovem.
Centeno reditu tecum mansura per ævum   105
  Messis abundantis horrea fruge reples.
Inmaculata tuis plebs hæc vegetetur in ulnis,
  Atque Deo purum pignus ad astra feras.
Una corona tibi de te tribuatur ab alto,
  Altera de populo vernet adepta tuo.   110

X. De domno Felice Namnetico, cum fluvium alibi detorqueret.

Cedant antiqui quidquid meminere poetæ :
  Vincuntur rebus facta vetusta novis.
Includi fluvios si tunc spectasset Homerus,
  Inde suum potius dulce replesset opus :
Cuncti Felicem legerent modo, nullus Achillem, 5
  Nomine sub cujus cresceret artis honor ;
Qui probus ingenio, mutans meliore rotatu,
  Currere prisca facis flumina lege nova.
Aggere composito removens in gurgite lapsum,
  Quo natura negat cogis habere viam.   10
Erigis hic vallem, subdens ad concava montem,
  Et vice conversa hæc tumet, ille jacet.
Altera in alterius migravit imagine forma :
  Mons in valle sedet, vallis ad alta subit.
Quo fuit unda fugax, crevit pigro obice terra, 15
  Et quo prora prius, huc modo plaustra meant.
Collibus adversis flexas super invehis undas,
  Et fluvium docilem, monte vetante, trahis.
Qua rapidus flueret, veniens celer amnis obhæsit,
  Et subito nato colle, retorsit iter.   20
Quæ prius in præceps veluti sine fruge rigabant,
  Ad victum plebis nunc famulantur aquæ.
Altera de fluvio metitur seges orta priore,
  Cum per te populo parturit unda cibum.
Qualiter incertos hominum scis flectere motus, 25
  Qui rapidos fontes ad tua frena regis?
Stet sine labe tibi, Felix, pia vita per ævum,
  Cujus ad imperium transtulit unda locum.

XI. De Nicetio episcopo Treverensi.

Splendor, apex fidei, venerabile mente Niceti,
  Totius orbis amor pontificumque caput,
Summus apostolico præcellens pastor ovili

ce que vous avez reçu d'honneurs a été le couronnement de vos mérites. Voué tout entier à l'œuvre de Dieu, vous avez quitté pour elle les choses de la terre, et si le monde est mort pour vous, vous êtes là pour ne point mourir. La vie est courte pour tous à l'exception des bienheureux. Ce qui est bien ne périt pas, vous serez donc et avec raison immortel. Avare pour vous-même et prodigue envers les pauvres, ce que vous faites pour les petits, croyez que vous le donnez à Dieu. Chaque fois qu'un prisonnier reprend possession de ses lares en rentrant dans son pays, vous prenez vous-même possession du ciel. L'exilé est par vous secouru; vous nourrissez celui qui a faim; il ne vous quitte que rassasié. Vous mettez tous vos soins à apaiser les tristes querelles; vous êtes l'unique remède aux afflictions de tous. Vous séchez les larmes du pauvre et lui rendez la joie; qui a du chagrin obtient vos prières pour sa guérison. Le troupeau que vous paissez ne craint pas que le loup ravisse les agneaux, et ceux qui sont dans votre étable y sont en sûreté. Vous restaurez les anciennes églises, et c'est à vos soins que la plus vieille doit une nouvelle jeunesse. Puissiez-vous pendant de longues années encore prier pour les peuples, et empêcher vos ouailles d'être déchirées! — Ch. N.

XII. Du château de Nicetius sur la Moselle (1).

Une montagne escarpée dresse sa masse qui surplombe; un mur de rochers longeant le bord de l'eau élève sa cime altière, et d'épais ombrages couronnent le plateau, qui domine fièrement tout le pays. La profondeur des vallées qui l'entourent fait paraître la montagne plus haute; partout, aux environs, le sol s'abaisse et la laisse dans un isolement imposant. L'orgueilleuse Moselle, le Rhône (2) plus modeste baignent ses flancs et offrent à l'envi aux habitants du lieu le tribut de leur pêche. En d'autres contrées, les fleuves débordés entraînent les moissons; ceux qui arrosent Mediolanum (3) y apportent l'abondance. Leurs eaux en se gonflant mettent leurs poissons à portée de la main des hommes; elles nourrissent le pays, au lieu de le dévaster. Le laboureur contemple d'un œil charmé ses sillons couverts d'épis, et prie le ciel de laisser mûrir l'abondante récolte qu'ils lui promettent. Il repaît sa vue du spectacle de la moisson prochaine; du regard il en prend possession, bien avant que le temps soit venu de la recueillir. Sur la plaine s'étend un riant tapis de verdure, et l'aspect de grasses prairies porte de tous côtés la joie dans les cœurs. Nicétius, héritier des apôtres, parcourant ces campagnes, y voulut élever un abri pour le troupeau dont il est le berger. Une enceinte flanquée de trente tours environne la montagne, où s'élève un bâtiment qui occupe la place occupée naguère par une forêt; le mur allonge ses ailes et descend jusqu'au fond de la vallée, pour rejoindre la Moselle, dont les eaux ferment de ce côté le domaine. A la cime du roc est bâti un magnifique palais, pareil à une autre montagne posée sur la montagne. Ses murailles enveloppent d'immenses espaces, et la maison forme à elle seule une sorte de château-fort. Des colonnes de marbre supportent l'imposant

Auxisti meritis quidquid honoris habes.
Divino insistens operi terrena relinquis :　　　　5
Qui moritur mundus, non moriture manes.
Vita brevis cunctis, sed non brevis illa beatis :
Cum bona non pereant, jure perennis eris.
Dum tibi restrictus maneas et largus egenis,
Quod facis in minimis te dare crede deo.　　　　10
Captivus quicumque redit sua limina cernens,
Ille lares patrios, tu capis inde polos.
Hic habet exul opem, jejunans invenit escas,
Qui venit esuriens hic satiatus abit.
Tristibus inponis curas purgando querellas,　　　15
Et sanat cunctos una medella viros.
Pauperis hinc lacrimas desiccas, gaudia præstas;
Qui prius ingemuit, vota salutis habet.
Te pascente greges, numquam lupus abripit agnos :
Sunt bene securi quos tua caula tegit.　　　　20
Templa vetusta dei revocasti in culmine prisco,
Et floret senior te reparante domus.
Hic populis longos tribuas pia vota per annos
Et maneas pastor, ne lacerentur oves.

XII. Item de castello ejusdem super Mosella.

Mons in præcipiti suspensa mole tumescit,
Et levat excelsum saxea ripa caput;
Rupibus expositis intonsa cacumina tollit,
Tutus et elato vertice regnat apex.
Proficiunt colli quæ vallibus arva recedunt :　　　5
Undique terra minor vergit et iste subit.
Quem Mosella tumens, Rodanusquoque parvulus ambit,
Certanturque suo pascere pisce locum.
Diripiunt dulces alibi vaga flumina fruges :
Hæc tibi parturiunt, Mediolane, dapes.　　　　10
Quantum crescit aquis, pisces vicinius offert;
Exhibet hinc epulas, unde rapina venit.
Cernit frugiferos congaudens incola sulcos,
Vota ferens segeti fertilitate gravi.
Agricolæ pascunt oculos de messe futura;　　　15
Ante metit visu, quam ferat annus opem.
Ridet amœnus ager, tectus viridantibus herbis,
Oblectant animos mollia prata vagos.
Hoc vir apostolicus Nicetius ergo peragrans,
Condidit optatum pastor ovile gregi;　　　　20
Turribus incinxit ter denis undique collem,
Præbuit hic fabricam, quo nemus ante fuit.
Vertice de summo demittit brachia murum,
Dum Mosella suis terminus extet aquis.
Aula tamen nituit constructa cacumine rupis,　　　25
Et monti inposito mons erit ipsa domus.
Conplacuit latum muro concludere campum,
Et prope castellum hæc casa sola facit.
Ardua marmoreis suspenditur aula columnis

édifice, du haut duquel, pendant les jours d'été, on voit les barques glisser à la surface du fleuve (4). Il a trois étages, et, quand on arrive au faîte, il semble que l'édifice couvre les champs qui sont à ses pieds. La tour qui commande la rampe par laquelle on monte au château renferme la chapelle consacrée aux Saints (5) et les armes à l'usage des hommes de guerre. Là aussi est une double balliste (6) dont le trait vole, donne la mort en passant et fuit au-delà. L'eau est amenée par des conduits qui suivent les contours de la montagne, et fait tourner une meule qui broie le blé destiné à la nourriture des habitants du pays. Sur ces coteaux jadis stériles Nicétius a planté des vignes au suc généreux, et les pampres verdoyants tapissent le rocher qui ne portait que des broussailles. Des pépinières d'arbres à fruits croissent çà et là, et remplissent l'air du parfum de leurs fleurs. C'est à vous que revient l'honneur de toutes les merveilles qu'on admire en ce lieu, c'est à vous que votre troupeau est redevable de tous ces biens, ô bienfaisant pasteur.

XIII. A Vilicus, évêque de Metz (1).

La Moselle déploie et roule avec mollesse ses eaux immenses et azurées dans un lit profond. Elle caresse ses rives bordées de gazon printanier et de fleurs odoriférantes, et effleure avec amour les tiges des herbes penchées sur sa surface. A sa droite coule la Seille qui traîne péniblement ses eaux chétives mais claires. Elle se jette dans la Moselle dont elle accroît la force, et périt en même temps. Là fut fondée la riche et superbe Metz (2) joyeuse de voir les poissons assiéger ses flancs de part et d'autre. La campagne qui l'entoure est riante et d'un aspect délicieux. Ici des champs en culture, là des jardins de roses; plus loin des coteaux couverts de vignes au feuillage ombreux et dont la variété le dispute à la fertilité. Doublement fortifiée et par tes murs et par ton fleuve, ô Metz, tu tires cependant ta principale force du mérite de ton évêque. Vilicus ne combat qu'avec des armes célestes; il s'agenouille et dans cette attitude, il est ton support. C'est en restant ainsi humblement prosterné, ô prêtre vénérable, que vous ouvrez par vos prières le chemin du ciel à la ville capitale de la patrie. Le bonheur du peuple, ce sont vos larmes continuelles qui le lui acquièrent; ce sont elles qui font celui de vos brebis. Quoique l'iniquité lance des menaces impuissantes, ceux pour qui vous êtes un mur, ne craignent pas d'en être blessés; et quoique le loup rôde autour de la bergerie, le troupeau qui est sous votre garde est à l'abri des assauts du ravisseur. Le peuple prend plaisir à voir vos traits dont aucun nuage ne trouble la sérénité, et votre gracieuse bienveillance charme tous les cœurs. Si quelque étranger vient implorer votre aide, vous lui offrez des aliments, et il retrouve ses propres lares sous votre toit. Pendant que vous comblez de biens l'exilé plaintif, il oublie ceux qu'il a laissés dans son pays. Vos discours réconfortent celui qui vous raconte ses malheurs; vous chassez ses chagrins et lui rendez la gaieté. Vous couvrez les

```
    Qua super æstivas cernit in amne rates;         30
  Ordinibus ternis extensaque machina crevit,
    Ut, postquam ascendas, jugera tecta putes.
  Turris ab adverso quæ constitit obvia clivo,
    Sanctorum locus est, arma tenenda viris.
  Illic est etiam gemino ballista volatu,           35
    Quæ post se mortem linquit, et ipsa fugit.
  Ducitur irriguis sinuosa canalibus unda,
    Ex qua fert populo hic mola rapta cibum.
  Blandifluas stupidis induxit collibus uvas,
    Vinea culta viret, quo fuit ante frutex.        40
  Insita pomorum passim plantaria surgunt,
    Et pascunt vario floris odore locum.
  Hæc tibi proficiunt quidquid laudamus in illis,
    Qui bona tot tribuis, pastor opime gregis.

           XIII. Ad Vilicum episcopum Mettensem.

  Gurgite cæruleo pelagus Mosella relaxat,
    Et movet ingentes molliter amnis aquas;
  Lambit odoriferas vernanti gramine ripas,
    Et lavat herbarum leniter unda comas.
  Hinc dextra de parte fluit qui Salia fertur,       5
    Flumine sed fluctus pauperiore trahit;
  Hic ubi perspicuis Mosellam cursibus intrat,
    Alterius vires implet, et ipse perit.
```
FORTUNAT.

```
  Hoc Mettis fundata loco speciosa coruscans,
    Piscibus obsessum gaudet utrumque latus.       10
  Deliciosus ager ridet vernantibus arvis;
    Hinc sata culta vides, cernis at inde rosas;
  Prospicis umbroso vestitos palmite colles;
    Certatur varia fertilitate locus.
  Urbs munita nimis, quam cingit murus et amnis,   15
    Pontificis merito stas valitura magis:
  Vilicus, ætheriis qui sic bene militat armis,
    Stratus humi, genibus te levat ille suis.
  Unde humilis terris te projicis, alme sacerdos,
    Orando hinc patriæ ducis ad astra caput;       20
  Fletibus adsiduis adquiris gaudia plebi;
    Pastoris lacrimis lætificantur oves.
  Ictibus invalidis quamvis minitetur iniquus,
    Tu quibus es murus, vulnera nulla timent;
  Et licet incluso lupus insidietur ovili,         25
    Te custode gregis, nil ibi prædo nocet.
  Oblectas populos vultu sine nube sereno,
    Cunctorumque animos gratia blanda fovet.
  Si poscat novus hospes opem, tu porrigis escas,
    Invenit et proprios ad tua tecta lares.        30
  Dum satias querulum, magis obliviscitur illas
    Quas habet in patriis finibus exul opes.
  Qui sua damna refert, gemitus subducis ab ore,
    Gaudia restituens, tristia cuncta fugas.
```

nus, vous nourrissez les indigents, mais ce qu'ils ne peuvent vous rendre Dieu vous le rend avec usure. Vous placez à plus gros intérêts en vidant vos greniers, qu'en les gardant pleins; le paradis vous dédommagera de vos prodigalités. Vous avez restauré les églises, Vilicus; quand viendra le Seigneur, votre œuvre est là qui répondra pour vous. Vous n'avez pas enfoui, je le vois, le talent qui vous a été confié (3); vous l'avez au contraire bien employé et l'avez fait multiplier. Continuez d'agir comme vous le faites pendant de longues années encore, et que la mémoire de votre nom demeure à jamais. — Ch. N.

a. Au même (1).

O bon pasteur, vous satisfaites tous les appétits; vous qui rassasiez les âmes, quel soin ne prenez-vous pas des corps! Le lait délicieux que vous offrez à vos convives excite tellement leur soif, qu'il leur faut une coupe pour les contenter, là où ordinairement une cuiller suffit.

b. Au même.

Votre brebis accourt à vos pâturages, bien-aimé pasteur. Vous qui nourrissez votre troupeau, me refuserez-vous un peu de pain?

c. Au même, sur une tapisserie représentant une vigne : vers dits à la table de Vilicus.

Sous ces pampres en tapisserie, un oiseau au vert plumage becquette les fruits aux vives couleurs. Vos convives goûtent à la fois tous les plaisirs : ils repaissent leurs yeux de la vue de ces raisins, tandis qu'ils vident les coupes de Falerne.

d. Au même, sur des poissons servis à sa table.

Vos filets, Vilicus, sont pleins à se rompre sous le poids de votre pêche. On voit bien que vous étiez digne de recueillir l'héritage de Pierre.

XIV. De Carentinus, évêque de Cologne (1).

Ornement de la foi, ami de Dieu, et par le privilège de votre nom, Carentinus, objet d'un éternel amour, la puissante Cologne est fière de vous avoir pour évêque; dans ses fertiles campagnes vous êtes le digne colon de Dieu. Si vous rencontrez des étrangers, tout inconnus qu'ils vous soient, vous en avez bientôt fait des compatriotes (2). Ceux que votre bonté paternelle vous a une fois attachés, vous ne sauriez faire qu'ils se détachent jamais de vous. Votre faveur une fois donnée ne se retire et ne se dérobe jamais; elle est un bien qui demeure toujours à celui qui le possède. Selon la parole de Dieu, vous aimez votre prochain comme vous-même, et selon celle de l'Apôtre dont vous êtes le digne sectateur, vous estimez que la charité est plus excellente que la foi (3). Vous êtes la bonté, la douceur, l'imperturbabilité et la sérénité mêmes; la malice du monde n'a sur vous aucune prise. Le charme de vos paroles ranime les cœurs; votre aspect seul rend la joie à ceux qui sont dans la tristesse. Vous êtes la nourriture de ceux qui sont pauvres comme de ceux qui ont faim; vous êtes le père du peuple et lui enseignez, selon les obligations de votre ministère, tout ce qui doit aider à son salut. Vous restaurez les églises et

```
Protegis hinc nudos, illinc tu pascis egentes;      35
  Nil tibi reddit inops, reddit amore deus.
Horrea præmittis melius quam condita servans :
  Quas sic diffundis, dat paradisus opes.
Culmina templorum renovasti, Vilice cultor :
  Cum veniet dominus, stat labor ecce tuus.         40
Commissum video non suffodisse talentum,
  Sed magis aptatum multiplicatur opus.
Longius extensos peragas tam digna per annos,
  Et maneat semper nomen, opime, tuum.
```

a. Item ad eundem.

```
Pastor opime gregis, cunctis tua pabula prosunt :
  Qui satias animas, quam bene membra foves!
Sic avidos reddis convivas nectare lactis,
  Ut scutella levet quod cocleare solet.
```

b. Item ad eundem.

```
Currit ovis repetens a te sua pascua, pastor :
  Qui cibus esse soles, da mihi panis opem.
```

c. De pictura vitis in mensa ejus dictum

```
Vitibus intextis ales sub palmite vernat,
  Et leviter pictas carpit ab ore dapes.
Multiplices epulas meruit conviva tenere :
  Aspicit hinc uvas, inde Falerna bibit.
```

d. De piscibus in mensa ejus.

```
Retia vestra, pater, oneroso pisce redundant :
  Apparet Petri vos meruisse vices.
```

XIV. De pontifice Carentino Coloniæ.

```
Carentine, decus fidei, deitatis amice,
  Nomine de proprio care, perennis amor,
Pontificem pollens Agripina Colonia præfert,
  Frugiferis agris digne colone Dei.
Si videas aliquos quacumque ex gente creatos,      5
  Quamvis ignotos, mox facis esse tuos.
Quos semel adfectu adstringis pietate paterna,
  Ulterius numquam dissociare potes;
Nec subito veniens veluti fugitiva recedit,
  Sed concessa cito gratia fixa manet.              10
Verba Dei conplens sicut te diligis ipsum,
  A te ita diligitur proximus omnis homo.
Vocis apostolicæ sectator dignus haberis,
  Quæ caros animos præposuit fidei.
Tranquillus, placidus, mitis, sine nube serenus,    15
  Cui rabies mundi nil dominare potest.
Pectora cunctorum reficis dulcedine verbi,
  Lætificas vultu tristia corda tuo.
Pauperibus cibus es, sed et esurientibus esca,
  Rite, pater populi, dando salutis opem.           20
```

prodiguez l'or à les décorer; mais l'éclat dont vous brillez vous-même est leur plus bel éclat. Pour qu'elles contiennent plus de monde, vous avez fait élever dans les parties supérieures un second rang de galeries. Enfin le troupeau dont vous êtes le pasteur magnifique, est l'objet de votre tendre sollicitude, et telle est votre vigilance à l'égard de vos bergeries que le loup n'y pourrait ravir sa proie. Puissiez-vous vivre heureux et longtemps, et voir les brebis du Seigneur se multiplier sous votre houlette. — Ch. N.

XV. A Igidius, évêque de Reims (1).

Igidius, vous qui devez à vos belles actions, à vos vertus, la dignité éminente et sainte où vous êtes arrivé en passant par tous les degrés, je cède à l'entraînement de mon génie, de mon amitié pour vous, et je me donne le plaisir de faire en peu de mots votre éloge. Quand il y a tant de raisons pour m'y déterminer, je me croirais coupable si je me taisais sur ce que tout le monde dit de vous. Mais quoique je ne puisse en parler dignement, pardonnez-moi de le faire ainsi que j'y suis résolu. Le bruit de vos belles actions s'est répandu dans le monde; elles vous sont propres et vous font reluire dans l'univers comme une étoile du ciel. Cette étoile est plus resplendissante et plus pure que la planète de Lucifer; celle-ci ne doit son éclat qu'à ses rayons, vous devez le vôtre à votre piété. La garde que vous faites autour de votre bercail empêche le loup d'en rien ravir au saint pasteur. Éloquente est votre parole, vos enseignements viennent du ciel, et c'est grâce à vos bons offices que se sont accrus les biens de l'Église (2). Toute votre application est à réformer le peuple; vous êtes le flambeau qui éclaire la route et dissipe les ténèbres qui pourraient lui nuire. La douceur de vos discours récrée les âmes; ils sont l'aliment de votre troupeau, lequel d'ailleurs vous ne laissez pas manquer de la nourriture matérielle. Ainsi est observé ce précepte, que nous ne vivons pas seulement de pain; nous savourons en même temps les délices de votre parole. Elle réjouit nos âmes dès qu'elle sort de votre bouche, comme le corps se réjouit de mets plus recherchés. Devant vous, vaillant soldat du Christ, tombent les fureurs de l'hérésie; vous faites des conquêtes pour le roi de qui vous tenez vos armes. Votre parole est un hoyau qui débarrasse les champs des buissons épineux, et la moisson de Dieu croît de toutes parts ainsi nettoyée. L'exilé qui vient ici triste et pauvre, vous le recevez, le consolez, et votre patrie devient la sienne. Vous lui ôtez tout sujet de se plaindre, vous changez sa tristesse en joie, vous lui faites oublier l'exil, et, à force d'attentions pour lui, vous lui rendez ses lares. A vos yeux tout indigent mérite qu'on lui donne à manger, et tout homme nu, des vêtements; l'un et l'autre ont besoin de tout cela, et ils le trouvent chez vous. Vous avez un conseil pour chacun et pour tous; vous êtes le père du peuple, et vous accomplissez toutes ces bonnes œuvres comme il sied à un évêque. Que le Seigneur prolonge ici-bas vos jours et vous en réserve de plus beaux dans la vie future. — Ch. N.

Aurea templa novas, pretioso fulta decore;
  Tu nites, unde Dei fulget honore domus.
Majoris numeri quo templa capacia constent,
  Alter in excelso pendulus ordo datur.
Sollicitat pia cura gregis te, pastor opime,   25
  Nil lupus ab stabulis quo vigilante rapit.
Tempora longævo teneas felicia tractu,
  Et per te domini multiplicentur oves.

XV. De Igidio episcopo Remorum.

Actibus egregiis venerabile culmen, Igidi,
  Ex cujus meritis crevit honore gradus,
Subtrahor ingenio, compellor amore parato,
  Laudibus in vestris prodere pauca favens.
Namque reus videor tantis existere causis,   5
  Si solus taceam quidquid ubique sonat.
Sed quamvis nequeam digno sermone fateri,
  Da veniam voto me voluisse loqui.
Exiit in mundo gestorum fama tuorum,
  Et meritis propriis sidus in orbe micas;   10
Clarior effulges quam Lucifer ore sereno :
  Ille suis radiis, tu pietate nites.
Nil lupus insidiis cauto subducit ovili,
  Te pastore sacro pervigilante gregem.
Facundo eloquio cælestia dogmata fundis;   15
  Ecclesiæ crevit, te monitore, domus.
Pontificis studio correctio plebis haberis;
  Ne tenebræ noceant, semita lucis ades.
Cunctorum recreas animos dulcedine verbi,
  Qui satias epulis, pascis et ore greges.   20
Præcepta inplentur : non solo pane cibamur;
  Delicias capimus quas tua verba ferunt.
Ut gaudet corpus cui mitior esca paratur,
  Sic animæ gaudent, si tua lingua sonet.
Hæresis ira cadit, forti te milite Christi;   25
  Adquiris regi qui dedit arma tibi ;
Qui purgas spinis agros sermone colente,
  Et mundata Deo surgit ubique seges.
Qui venit huc exul, tristis, defessus, egenus,
  Illic recipit patriam, te refovente, suam.   30
Quæ doluit tollis, gemitus in gaudia vertens,
  Exilium removes, reddis amore lares ;
Pauper habere cibum, meruit quoque nudus amictum,
  Invenit hic semper, quæ bona quisque cupit.
Consultum tribuis generaliter omnibus unum,   35
  Qui populi pater es, tot pia rite regis.
Hæc tibi vita diu, domino tribuente, supersit
  Atque futura micet lucidiore die.

XVI. A l'évêque Hilaire (1).

Ami toujours cher, pure lumière de mon âme, Hilaire, que je vois quoique vous soyez absent, dont l'honnête amour remplit si bien mon cœur que, sans vous, je ne parle jamais à vide, je vous envoie avec ces petits vers mes vœux pour votre santé. Mon amitié pour vous me les dicta : qu'ils vous soient donc chers, je vous prie. — Ch. N.

XVII. Sur l'évêque Berthramn, qui lui avait donné place sur son char (1).

Il existe une sorte de char qu'en Gaule on nomme *ræda*; ses roues glissent sur le sol, où elles laissent une légère empreinte. Il vole, au galop de ses quatre chevaux, emporté par l'élan du quadrige. Je m'étais joint à la troupe qui suivait Berthramn, et je l'escortais, monté sur un coursier rapide, quand le saint évêque, par une faveur insigne, daigna, de sa main, me hisser jusqu'à lui et me donner place à ses côtés. Pareil à l'hirondelle qui réchauffe ses petits et, dans sa sollicitude maternelle, étend ses ailes sur leurs membres à peine couverts d'un léger duvet, le bon évêque, au cœur plein de tendresse, me fait asseoir auprès de lui sur le siège moelleux. Ce n'est pas pour moi seul qu'il est bon; tous ont part à ses soins affectueux; aussi est-il l'unique amour de son peuple.

XVIII. Au même, sur ses opuscules poétiques.

J'ai reçu les petites pièces de poésie que vous m'avez envoyées, d'une forme si parfaite et d'une si haute élévation de pensées. En parcourant ces vers où l'inspiration déborde, je me suis cru embarqué sur une mer orageuse. Du feuillet déroulé sous mes yeux s'échappait comme un souffle de tempête, comme un bruit de vagues déchaînés. Rome elle-même n'a jamais entendu lire dans le forum de Trajan (1) des poésies plus pompeuses et d'un style plus pur. Que serait-ce, si vous aviez lu de tels chefs-d'œuvre devant le sénat? On aurait étendu sous vos pieds des tapis brodés d'or; vos vers eussent couru de bouche en bouche, à travers les rues et les carrefours, aux applaudissements de la foule. J'ai pourtant noté çà et là, parmi tant de beautés, quelques emprunts aux œuvres du passé; parfois une syllabe ajoutée rompt la mesure, et le vers estropié, boiteux, a perdu son harmonie. Maintenant, père vénéré, je prends congé de vous, et vous offre mes prières et mes vœux, en même temps que je vous recommande humblement le soin de mon âme. Vivez longtemps. J'ai voulu, puisque vous m'aviez donné l'exemple, répondre à vos vers, selon vos désirs, par ce badinage poétique (2).

XIX. A l'évêque Agricola (1).

Saint évêque, auguste chef de l'Église, fleur de la noblesse, honneur de la foi, cultivateur habile de votre domaine et pasteur dévoué de votre troupeau, votre père ne m'a pas jugé in-

XVI. Ad Hilarium.

Lux sincera animi, semper mihi dulcis Hilari,
   Quamvis absentem quem mea cura videt,
Cujus honestus amor tantum mea corda replevit,
   Ut sine te numquam mente vacante loquar :
Versibus exiguis mandamus vota salutis;   5
   Quæ dedit affectus sint tibi cara, precor.

XVII. De Bertechramno episcopo, cum elevaretur in currum.

Curriculi genus est memorat quod Gallia rædam :
   Molliter incedens orbita sulcat humum;
Exiliens duplici bijugo volat axe citato,
   Atque movet rapidas juncta quadriga rotas.
Huc ego dum famulans comitatu jungor eodem,   5
   Et mea membra cito dum veherentur equo,
Pontificisque sacri Bertechramni actus honore,
   Conprendente manu raptus in axe levor.
Qualiter inplumes fetus pia mater hirundo
   Confovet, et placide pinnula tensa tegit,   10
Sic bonitate potens, affectu dives opimo,
   In proprium pastor molle sedile locat.
Nec solum amplectens pia mens, sed diligit omnes,
   Unde magis populis unicus extat amor.

XVIII. Item ad eundem de opusculis suis.

Ardua suscepi missis epigrammata chartis,
   Atque cothurnato verba rotata sofo.
Percurrens tumido spumantia carmina versu,
   Credidi in undoso me dare vela freto :
Plana procellosos ructavit pagina fluctus,   5
   Et velut Oceanas fonte refudit aquas.
Vix modo tam nitido pomposa poemata cultu
   Audit Trajano Roma verenda foro.
Quid si tale decus recitasses in aure senatus?
   Stravissent plantis aurea fila tuis;   10
Per loca, per populos, per compita cuncta videres
   Currere versiculos, plebe favente, tuos.
Sed tamen in vestro quædam sermone notavi
   Carmine de veteri furta novella loqui;
Ex quibus in paucis superaddita syllaba fregit,   15
   Et pede læsa suo musica cloda gemit.
Nunc, venerande pater, prece, voto, voce saluto,
   Commendans animum supplice corde meum.
Sit tua vita diu, cujus modulante Camena,
   Cogimur optatis reddere verba jocis.   20

XIX. Ad Agricolam episcopum.

Præsul, honoris apex, generis fideique cacumen,
   Cultor agri pollens, pastor opime gregis,

digne de ses soins ; daignez continuer son œuvre et cultiver à votre tour la terre qu'il a labourée de ses mains. Votre père, dont l'univers entier se rappellera toujours la bonté, m'a aimé comme il vous aima vous-même. J'ai trouvé chez lui la tendresse d'un père, les soins d'une nourrice, les leçons d'un maître. Il m'a chéri, il a cultivé mon esprit, guidé mes pas dans la vie et formé mon cœur à la vertu. C'est lui qui, après avoir labouré le champ, avec un zèle affectueux, y a semé le grain. Cette semence, faites-la fructifier pour moi.

XX. A Félix, évêque de Bourges, sur une tour que l'évêque avait fait faire pour y renfermer les hosties consacrées (1).

Comme ce vase, formé des dons en or réunis à cet effet, est bien fait pour recevoir le corps sacré de l'Agneau (2) ! Qu'on cesse de nous vanter les vases de chrysolithe du roi Salomon ; l'art et la foi donnent à celui-ci un bien autre prix. Agréez, ô Christ, l'offrande de Félix, comme vous avez agréé autrefois les prémices du troupeau d'Abel. Pour vous qui voyez le fond des cœurs, ce présent du pieux évêque ne doit pas avoir moins de prix que les deux as de la veuve de Sirapta (3).

XXI. Au seigneur vénérable et qui se recommande par ses travaux apostoliques, au seigneur pieux et particulièrement cher au Christ, à l'évêque Avitus, l'humble Fortunat (1).

Avitus, père de la ville où est votre siège, esclave de vos pieuses fonctions, gloire du pontificat, objet de notre profond amour, vous qui nourrissez le peuple, la province, le voyageur et l'étranger, vous de qui chacun obtient ce qu'il désire, j'ai mérité, moi indigne, que vous me fassiez des présents, ne voulant pas qu'en paissant vos brebis, la plus humble d'entre elles fût oubliée. Si par la prédication vous entraînez les troupeaux vers les pâturages du Christ, vous vous inquiétez encore de la manière dont ils vivent ici-bas. Les absents mêmes sont à l'abri de vos ailes, et là où vous ne pouvez aller en personne votre libéralité vous représente. Radegonde et Agnès vous rendent mille grâces des dons que vous leur avez envoyés. Semez, père vénérable, des richesses qui pénétreront avec vous dans le ciel, et qui, en leur temps, vous rendront cent pour cent. Comme vous êtes bien en cour, je vous prie, par notre bon seigneur et roi, de vous souvenir de votre Fortunat (2).

XXII. Au même.

J'ai obéi à vos ordres, vénérable prélat ; j'ai fait ce que vous m'avez commandé, Avitus, mon père bien-aimé. Ma muse est tout au plus capable de faire babiller l'aigre chalumeau ; il ne faut pas attendre d'elle un chant large et mélodieux. Soyez donc indulgent ; vous qui aimez la piété, tenez-moi compte de mon désir de vous plaire, et ne jugez pas trop sévèrement mon faible talent. Voilà tout ce que je puis vous offrir, moi qui vous suis si obligé. Mais, si mon style manque d'élégance, tenez-moi compte de l'intention.

Cum mea terra manu meruit genitoris arari,
   Reddatur nati vomere culta sui.
Nam pater, affectu dulci memorabilis orbi, 5
   Me vobiscum uno fovit amore duos ;
Corde parens, pastu nutrix, bonus ore magister,
   Dilexit, coluit, rexit, honesta dedit.
Ille pio studio sulcata novalia sevit :
   Quod pater effudit, hoc mihi semen ale. 10

XX. Ad Felicem episcopum Biturigum, scriptum in turrem ejus.

Quam bene juncta decent, sacrati ut corporis agni
   Margaritum ingens aurea dona ferant !
Cedant chrysolitis Salomonia vasa metallis :
   Ista placere magis ars facit atque fides.
Quæ data, Christe, tibi Felicis munera sic sint, 5
   Qualia tunc tribuit de grege pastor Abel.
Et cujus tu corda vides, pietate coæquas
   Siraptæ merito, quæ dedit æra duo.

XXI. Domino sancto atque apostolicis actibus præconando, domno pio et peculiariter dulci in Christo, patri Avito papæ Fortunatus humilis.

Officiis intente piis, pater urbis Avite,
Gloria pontificum, noster et altus amor,
Per quem plebs, regio, peregrinus et hospes aluntur,
   In quo cuncta capit quæ sibi quisque cupit :
Ex opere inmeritus merui pia dona patroni, 5
   Ne minimam pascens inmemor esses ovem.
Qui trahis ore greges æterna ad pabula Christi,
   Qualiter hinc vivant est quoque cura tui.
Semper et absentes præsens tua protegit ala :
   Quo pede non curris, munere totus ades. 10
Muneribus vestris aut Agnes, aut Radegundis,
   Multiplici orantes fomite vocis agunt.
Ad cælos penetranda seras, pater alte, talenta,
   Quæ centena suo tempore culta metis. [sul, 15
Per dominum regemque bonum precor, aulice præ-
Ut Fortunati sis memor, alme, tui.

XXII. Ad eundem.

Paruimus jussis, sacer ac venerande sacerdos,
   Et pater, imperiis, dulcis Avite, tuis.
Garrulitate levi potius stridente cicuta,
   Quam placeat liquido nostra camena melo ;
Sed tamen, ut veniam tribuas, pietatis amator, 5
   Intende obsequium, nec trutinato sophum.
Munere pro magno modicus hæc parvula solvo :
   Pensetur votis, est cui lingua rudis.

a. Au même.

Cher Avitus, prêtre au-dessus de tous les autres, vous êtes une preuve de quels honneurs est digne un homme d'une loyauté supérieure. Vous vous attachez tous les cœurs par la force de votre amour et les menez captifs à votre suite. Cependant, parmi ceux que vous comblez de vos bontés, je suis le principal et le plus prompt à la reconnaissance. Lumière qui m'est douce, âme de la patrie, nourricier des pauvres, espoir des étrangers, chef et honneur des pères, ma muse eût-elle des accents toujours élevés, je n'en attendrais aucune louange; mon amour pour vous en ferait tout le prix. Je profite de l'occasion importante qui m'est offerte de vous adresser mes vœux et de célébrer votre nom sacré. Agnès et l'humble Radegonde se recommandent aussi à votre charité, à votre piété. Vivez de longues années encore en bonne santé, car ce qu'aura été la vôtre, père chéri, la mienne le deviendra. — Ch. N.

XXIII. Sur Agéric, évêque de Verdun (1).

O Verdun, si petite que soit ton enceinte, tu es grande aux yeux des hommes par les vertus de ton évêque. Renfermée dans ce cercle étroit, elle brille d'un éclat plus vif, sous les rayons de votre gloire, ô Agéric. Vos belles actions sont comme une semence féconde, qui vous donnera plus tard une ample moisson. Aujourd'hui vous distribuez d'une main prodigue du pain aux pauvres; vos richesses en seront un jour centuplées. Vous expliquez les mystères des saints dogmes, et votre troupeau reçoit de vous la nourriture de l'âme aussi bien que celle du corps. Vous restaurez les anciennes églises et vous en construisez de plus belles (2); la maison du Seigneur vous doit une magnificence inconnue. C'est par vous que l'eau sainte remplit les fonts baptismaux, comme la grâce divine remplit votre cœur. Une lumière pure et sereine éclaire l'édifice sacré, et quand le soleil disparaît, il y est remplacé par un jour artificiel (3). Une foule avide accourt de toutes parts aux nouvelles églises, et c'est de vous que le peuple apprend à mieux aimer son Dieu. Vous secourez les indigents, vous couvrez ceux qui sont nus; seul vous êtes la nourriture et la boisson de tous. Heureux Agéric, qui, pendant cette vie périssable, aspirez avec amour à la lumière éternelle, et vous ménagez par vos vertus d'impérissables biens!

a. Au même.

Quand Phœbus tient suspendu son char au plus haut des airs et qu'il répand dans toutes les directions sa lumière pure et enflammée, ses rayons dispersés prennent possession de la terre entière; montagnes et plaines, hauteurs et vallées, tout est à lui, tout est plein de lui. Ainsi, ô saint évêque, votre grande âme, comme le soleil, éclaire le monde; il lance ses rayons, comme vous lancez les vôtres. La chaleur de votre parole fait croître pour l'Église une moisson abondante. Pauvre des biens d'ici-bas, mais riche de ceux d'en haut, vous irez au ciel

a. Item ad eundem.

Virtutum quid celsa fides mereatur honoris,
    Summe sacerdotum, dulcis Avite, probas,
Qui nectens animos cunctorum in amore beato
    Post te, care pater, pectora capta trahis.
Sed tamen inter eos, tua quos dulcedo replevit,   5
    Promptus in affectu portio major agor.
Lumen dulce meum, patriæ vigor, altor egentum,
    Spes peregrinorum, ductor honorque patrum,
Si mea vox jugi resonaret acumine carmen,
    Laude minor loquerer, major amore, pater;   10
Maxima sed nostri datur hæc occasio voti,
    Vel memorare tuum nomen, opime, sacrum.
Commendantur item vestræ pietatis amori
    Agnes voce humili cum Radegunde pari.
Larga salutiferos vigeat tibi vita per annos,   15
    Nam tua quæ fuerit fit mea, care, salus.

XXIII. De domno Agerico episcopo de Vereduno.

Urbs Vereduna, brevi quamvis claudaris in orbe,
    Pontificis meritis amplificata places :
Major in angusto præfulget gratia gyro,
    Agerice, tuus quam magis auxit honor.
Plurima magnarum fudisti semina laudum,   5
    Quæ matura operis fertilitate metes.
Tempore præsenti victum largiris egenis,
Unde futura dies centuplicabit opes.
Dogmatis arcani reseras penetralia pastor,
    Nec solum dapibus, pascis et ore greges.   10
Templa vetusta novas, pretiosius et nova condis,
    Cultior est domini, te famulante, domus.
Egregios fontes sacri baptismatis exples :
    Tam pia divino fonte repletus agis.
Candida sincero radiat hæc aula sereno,   15
    Et si sol fugiat, hic manet arte dies.
Ad nova templa avide concurrunt undique plebes,
    Et tribuis populis plus in amore Deum.
Te solamen inops meruit, te nudus amictum,
    Et solus cunctis potus et esca manes.   20
Felix qui meritis, æternæ lucis amator,
    Tempore tam modico non moritura paras.

a. Item de Agerico episcopo de Vereduno.

Phœbus ut elatum suspendit in æthera currum,
    Purus et igniferum spargit ubique jubar.
Effusis radiis totum sibi vindicat orbem,
    Montes, plana replens, ima vel alta tenet.
Sic, præsul, splendore animi cum sole coruscas :   5
    Ille suis radiis fulget, et ipse tuis.
Agerice sacer, cujus sermone colente,
    Ecclesiæ segetes fertilitate placent,
Terrenis sterilis rebus, fecunde supernis,

chargé de ces richesses, après avoir méprisé tout ce qui n'est qu'humain. Exempt des souillures du monde, inaccessible aux séductions du vice, vous n'avez jamais cédé aux amères voluptés de la chair. Le péché s'avoue vaincu, et la mort n'a pas à se réjouir d'un crime, quand elle voit que votre corps est resté chaste. Dans les temples que vous habitez, vos mains sont si pures, que votre cœur est lui-même un temple de Dieu ; il est le vase précieux que le Christ choisit pour s'y renfermer, la maison purifiée où il s'est établi. Le mensonge n'est point sur vos lèvres ; votre pensée ne s'enveloppe jamais de nuages, et la sincérité de votre âme se montre en tout ce qui sort de votre bouche. Votre docte éloquence en jaillit comme de source et coule comme un fleuve ; votre parole féconde les sujets les plus arides. Vous expliquez à la terre les plus redoutables mystères du ciel, et c'est par vous que les hommes apprennent à connaître, à craindre, à aimer, à adorer le Seigneur. Le dogme divin prête à votre éloquence une force irrésistible, et vos enseignements mettent vos ouailles en garde contre l'erreur. Vous leur prodiguez à la fois les trésors du ciel, ceux de la terre et ceux des eaux ; vous assouvissez tous leurs appétits, en leur donnant en même temps le pain du corps et celui de la foi. Le pauvre est secouru, l'affligé est consolé, le nu reçoit des vêtements ; tout ce qui vous appartient appartient à tous. Vivez longtemps en bonne santé parmi nous, en attendant que vous alliez jouir d'une vie meilleure, et longtemps encore priez pour votre troupeau.

XXIV. Au vénérable prêtre Anfion (1).

O vous qui à la plus ardente piété unissez la plus aimable indulgence, vous dont le visage reflète votre belle âme, vous dont il m'a suffi de contempler une fois les traits pour distinguer en vous tous les signes d'une raison supérieure, Anfion, père bien-aimé, saint prêtre, si digne de mon respect et de mon inaltérable tendresse, on ne peut vous approcher sans se donner à vous tout entier. Vous ne demandez point aux nouveaux venus quelle est leur origine ; votre cœur les adopte sans vous en informer davantage ; votre bienveillant accueil les captive et les oblige à s'attacher à vous pour toujours. Votre raison est ferme autant que votre esprit est vif ; votre prudence ne se laisse point déconcerter ; vous usez avec sagesse de l'autorité que vous donne votre âge ; vous n'acceptez qu'avec réserve les hommages que notre zèle se plaît à vous rendre. Toujours disposé à honorer le mérite, votre inépuisable bonté ne néglige personne ; l'étranger qui arrive dans votre ville vous a bientôt donné son cœur. Votre charité accueille et nourrit les voyageurs, votre maison hospitalière est ouverte à tous les peuples. Le pontife Léonce a loué vos vertus ; on ne peut hésiter à croire au témoignage d'un si grand homme.

XXV. A Paternus, abbé (1), sur un manuscrit corrigé.

J'ai enfin obéi à vos ordres, Paternus, prêtre vénérable, qui méritez si bien d'être appelé père, dont les vertus sont une parure pour l'autel du Christ, et dont les prières et les vœux ne peuvent

    Humana spernens, dives iture polis, 10
Inlecebris mundi mundus, lasciva repellens,
    Nil cui subripuit carnis amarus amor.
Lubrica culpa perit, neque mors de crimine gaudet,
    Cum tua delictis libera membra videt.
In templis habitando piis sic purus haberis, 15
    Ut tua corda, pater, sint pia templa Dei :
Eligit in tali Christus se vase recondi :
    Quam sibi purgavit, possidet ipse domum.
Non dolus in labiis, nec sunt fera nubila mentis :
    Sinceris animis vernat in ore dies. 20
Docti locum flumen salienti fonte refundis,
    Et sensus steriles voce rigante foves.
Ardua cælorum pandis mysteria terris,
    Per quem plebs dominum scit, timet, orat, amat.
Dogmate divino, præsul facunde, triumphas, 25
    Dans pastor monitis, ne premat error oves.
Deliciis reficis quas cœlum, arva, unda ministrat,
    Et satiat populos hinc cibus, inde fides.
Sumit pauper opem, tristis spem, nudus amictum ;
    Omnia quidquid habes omnibus esse facis. 30
Hic tibi longa salus maneat, licet inde futura,
    Atque diu, pastor, pro grege vota feras.

XXIV. Ad virum venerabilem Anfionem presbyterum.

Vir pietate calens, blanda dulcedine vernans,
    Cujus in aspectu mens pretiosa micat,
Quem prius ut merui cognoscere lumine vultus,
    Conspexi sensus lumen inesse tibi.
Anfion, mihi care pater, venerande sacerdos, 5
    Atque meo semper corde tenendus amor,
Qui, quemcumque novum videas, facis esse propinquum :
    Si genus ignores, fit tibi mente parens.
Provocat alloquio cunctos jucunda voluntas,
    Cogis et unanimes jugiter esse tuos. 10
Ingenio vivax, sensus moderamine firmus,
    Pondere consilii fixus ubique manes ;
Qui bene cauta regis maturæ frena senectæ,
    Cui quem præstat honor, scis moderare gradum.
Promptus ad omne decus, larga bonitate redundas, 15
    Cui se conjungit quisquis in urbe venit.
Profluus humane frugem venientibus offers,
    Et tua fit populis omnibus una domus.
Verbis quippe suis quem papa Leontius effert,
    Judicio tanti credimus ista viri. 20

XXV. Ad Paternum abbatem de codice emendato.

Paruimus tandem jussis, venerande sacerdos,
    Nominis officium jure, Paterne, regens,
Qui propriis meritis ornans altaria Christi,
    Tam prece quam voto das placitura Deo.

être que bien accueillis par le Seigneur. Si j'ai laissé échapper quelque faute, je vous prie en grâce de me le pardonner; ma main n'est que trop sujette, hélas! à l'erreur. Tout ce que je vous demande en vous saluant ici, c'est de vouloir bien, quand vous relirez ces pages, penser à celui qui les a écrites.

XXVI. A Ruccon, diacre et bientôt prêtre (1).

Bon Ruccon, digne serviteur des autels, je vous envoie d'ici et à la hâte un salut affectueux. Autour de moi bouillonnent les flots soulevés de l'Océan, et vous, mon cher frère, vous êtes à Paris. La Seine vous retient sur ses rivages, et moi je suis bloqué par la mer de Bretagne (2). Malgré la distance qui nous sépare, une mutuelle affection nous rapproche. Les ondes en fureur ne parviennent pas à me cacher votre visage, ni le vent du nord à chasser votre nom de mon cœur. Le souvenir de votre amitié me revient sans cesse, comme les eaux de la mer reviennent à ses rives pendant la tempête. Et de même que la mer est troublée quand souffle l'Eurus, de même, ami, mon cœur ne peut être en repos, quand je suis loin de vous. Toutefois l'agitation qu'il éprouve est délicieuse, et tous ses mouvements, capricieux en apparence, l'entraînent de votre côté. Pensez à moi à votre tour ; priez Dieu pour moi, comme je le prie pour vous, afin qu'il nous accorde à tous deux également les grâces dont le Christ comble ceux qu'il aime, et que toutes nos paroles et toutes nos pensées n'aient que lui pour objet.

XXVII. A l'archidiacre de Meaux.

S'il m'avait été donné de voir seulement votre visage, je vous remercierais avec effusion d'une telle faveur. Vous m'avez obligeamment envoyé du vin ; un si aimable présent prouve combien vous êtes aimable vous-même. Si vous mettez tant d'empressement à obliger outre mesure celui que vous n'avez jamais vu, comment traitez-vous donc ceux qui sont près de vous et que vous voyez tous les jours ? Puisse le ciel vous combler de ses biens, digne serviteur de Dieu, qui veillez avec tant de sollicitude sur votre troupeau !

XXVIII. Au diacre Jean (1).

Recevez ces petits vers, mon cher Jean, comme un gage qui vous rappellera toujours mon amitié pour vous. Au moment de partir pour des pays inconnus, je ne veux pas du moins, mon ami, être absent de votre cœur. Saluez pour moi le vénérable Anthémius, chez qui j'ai trouvé une affection si solide. Je nommerai aussi à cette place Hilaire, qui m'a si fidèlement aimé, et auquel je le rends bien. Jouissez longtemps du bonheur dû à vos vertus, et, quand vous relirez ces vers, pensez à moi.

XXIX. Au diacre Anthémius.

Recevez, Anthémius, ces petits vers, comme un gage de mon amitié et de l'affection sincère qui me les a dictés. Un doux sommeil fermait vos paupières, et vous étiez au lit vous reposant de vos fatigues. J'hésitai, je l'avoue, car je ne voulais

```
Supplico, cede tamen, si quid me forte fefellit :       5
  Nam solet iste meas error habere manus.
Obtineat supplex modo pagina missa salutis,
  Hæc quoque cum relegis me memorare velis.
```

XXVI. Ad Rucconem diaconum, modo presbyterum.

```
Altaris domini pollens, bone Rucco, minister,
  Hinc tibi festinus mando salutis opus.
Nos maris Oceani tumidum circumfluit æquor,
  Te quoque Parisius, care sodalis, habet ;
Sequana te retinet, nos unda Britannica cingit :       5
  Divisos terris alliget unus amor.
Non furor hic pelagi vultum mihi subtrahit illum,
  Nec boreas aufert nomen, amice, tuum.
Pectore sub nostro tam sæpe recurris amator,
  Tempore sub hiemis quam solet unda maris.          10
Ut quatitur pelagus, quotiens proflaverit eurus,
  Stat neque sic animus te sine, care, meus.
Blanda serenato tempestas pectore fervet,
  Atque ad te varia mobilitate trahit.
Sed memor esto mei, votumque repende petenti         15
  Ut pariter paribus det sua dona Deus,
Humanam mentem Christi quo gratia ditet,
  Ac domino nostro sensus et ora vacent.
```

XXVII. Ad archidiaconum de Meldis.

```
Si mihi vel vestros licuisset cernere vultus,
  Munere pro tanto plurima verba darem.
Direxit nobis mustum tua cara voluntas,
  Et dulces animos dulcia dona probant.
Quem non vidisti promptus satiare parasti :           5
  Quid facias illi, qui tibi notus adest?
Det tibi larga Deus, qui curam mente fideli
  De grege pontificis, magne minister, habes.
```

XXVIII. Ad Johannem diaconum.

```
Pignus amicitiæ semper memorabile nostræ
  Versibus exiguis, care Johannis, habe,
Ut, cum me rapiunt loca nunc incognita forsan,
  Non animo videar, dulcis, abesse tuo.
Anthemium patrem per te, venerande, saluto,           5
  Cujus in affectu consolidatus agor.
Hilarium pariter nobis in amore tenacem
  Insero carminibus, quem mea corda colunt.
Perpetuo maneas meritis felicibus ævo :
  Hæc quoque cum relegis, me memorare velis.         10
```

XXIX. Ad Anthemium diaconum.

```
Suscipe versiculos, Anthemi, pignus amantis,
  Quos tibi sincero pectore fudit amor.
Cum tua blanditus retineret lumina somnus,
```

pas vous réveiller; c'était une faute, mais sans cette faute, vous n'auriez pas si bien dormi. Je me retirai sans bruit ni paroles, comme un voleur, et sans vous embrasser ni vous dire : adieu, cher frère. Je n'ai pu confier à votre amitié mes dernières recommandations, et je me suis privé d'une heure d'entretien avec vous. Je prends Dieu à témoin qu'il m'a été extrêmement pénible de partir ainsi sans recevoir vos adieux. Mais ce que j'aurais voulu vous dire de vive voix, cette courte lettre vous le dira pour moi. Voici les vœux que je vous adresse et que Dieu entend : soyez aimé partout et par tous. Quant à moi, ce n'est ni de vêtements ni d'argent que j'ai besoin ; un peu d'amitié, voilà ce que je demande, et ce que personne ne me refusera.

XXX. Au diacre Sindulfe.

Cher frère en Dieu, digne par votre belle conduite de vivre dans la mémoire des hommes, vous que mon cœur n'oubliera jamais, cher frère en Dieu, suivez avec joie la route glorieuse qui mène au ciel, et pour vous élever jusqu'à ces hauteurs sublimes, suivez avec joie cette route glorieuse.

Portez patiemment votre charge sacrée, et ne vous en lassez jamais; si vous voulez connaître un jour le repos, portez patiemment votre charge sacrée. Il faut plier le cou docilement, car le joug du Christ est léger, et pour mériter son assistance, il faut plier le cou docilement. Celui qui cultive son champ, remplit ses greniers ; il ne connaîtra jamais la faim, celui qui cultive son champ. Le marin vole sur les flots à la poursuite de la fortune; pour faire agréer ses marchandises, le marin vole sur les flots. Il brave intrépidement la mort, quand la tempête est déchaînée ; pour gagner et s'enrichir, il brave intrépidement la mort. Le soldat court au combat, et pour un laurier affronte mille blessures; pour revenir vainqueur, le soldat court au combat. Combattez comme lui, cher compagnon ; pour triompher comme lui, combattez comme lui. Quand on est soutenu par l'amour, on ne sent pas la fatigue, et l'on n'y succombe jamais, quand on est soutenu par l'amour. En vous envoyant ces petits vers, je fais en même temps des vœux pour votre santé ; faites-en de meilleurs pour moi, je vous en prie en vous envoyant ces petits vers (1).

```
Lassaque fecisset membra jacere toro,
Dum dubito, pecco nolens vexare quietum :         5
  Sic mea culpa tui causa soporis erit.
Discedo tacitus, veluti fur, indice nullo,
  Nec dixi amplectens : frater amate, vale.
Non licuit mandata animo committere caro,
  Nec tenuit verbis hora vel una tuis.           10
Testificor dominum mihi fortiter esse molestum,
  Quod sic abscedo, nec tua dicta fero.
Sed cui plura volens poteram tunc dicere præsens,
  Nunc faciat paucis pagina missa loqui.
Hæc tamen ante Deum rogo te mihi munera præstes, 15
  Omnibus ut semper carus ubique mices;
Nemo mihi vestem, denaria nemo ministret :
  Quod dulcedo monet, hoc mihi nemo neget,
```

XXX. Ad Sindulfum diaconum.

```
Frater amore Dei, digno memorabilis actu,
Pectore fixe meo, frater amore Dei :
```

```
Carpe libenter iter quod ducit ad ætheris aulam;
  Altius ut surgas, carpe libenter iter.
Fer patienter onus, neque te pia sarcina lasset :  5
  Unde manet requies, fer patienter onus.
Subdere colla decet, quia sunt juga dulcia Christi :
  Quo mereamur opem, subdere colla decet.
Qui sua rura colit, solet horrea plena tenere;
  Nec jejunus erit, qui sua rura colit.           10
Per mare nauta volat, quo multa pecunia crescat :
  Mercibus ut placeat, per mare nauta volat;
Non timet ille necem, rabie turbante procellæ :
  Ut lucretur opes, non timet ille necem.
Miles ad arma venit, quærens per vulnera palmam : 15
  Ut redeat victor, miles ad arma venit.
Prælia sume libens mihi tu quoque, care sodalis :
  Unde triumphus erit, prælia sume libens.
Quisquis amore venit, nescit se ferre laborem :
  Nemo labore jacet, quisquis amore venit.        20
Carmina parva ferens, tibi debita reddo salutis :
  Des meliora, precor, carmina parva ferens.
```

NOTES SUR FORTUNAT, LIVRE III.

I.

1. — Saint Eufronius, dix-huitième évêque de Tours, prédécesseur de Grégoire, mourut en 573, à l'âge de 70 ans, après 17 ans de pontificat. Voyez Grégoire de Tours, *Hist. Fr.*, X, 31 et *De Miraculis Sancti Martini*, II, 1. Eufronius était évêque de Tours quand Fortunat vint pour la première fois dans cette ville visiter le tombeau de saint Martin. Voyez *Vie de Fortunat*, n° 47.

2. — Fortunat était à Poitiers au moment où il écrivait cette lettre à Eufronius.

II.

1. — Brower pense que cet Aventius ou Avantius est le même que celui dont parle Grégoire de Tours, *Hist. Fr.* VIII, cap. 39, et qui nommé évêque de Vienne, mourut la onzième année du règne de Childebert, c'est-à-dire en 586. Un autre Eventius est rappelé par le même Grégoire, *ibid.* X, cap. 2. Envoyé en ambassade à Constantinople par Chilpéric, il vint, à son retour, à Carthage où il fut tué dans une sédition populaire. Que ce soit de l'un ou de l'autre que parle Fortunat, c'est ce qu'il est difficile d'affirmer. Peut-être même n'est-ce d'aucun des deux.

III.

1. — « Vous êtes un vrai Israélite. » Ce sont les propres paroles que Jésus-Christ adresse à Nathaniel, dans saint Jean, 1, 47 : « *Ecce vere Israelita in quo dolus non est.* » Il faut lire dans notre texte *vir es*, et non *virens* ou *vires*. Les Israélites sont ainsi nommés en plusieurs passages des *Actes des Apôtres* : « Viri Israelitæ. » On nommait *Israelitæ*, aux quatrième et cinquième siècles, les vrais catholiques. — Ch. N.

IV.

1. — Félix, évêque de Nantes, mourut la 7ᵉ année du règne de Childebert, c'est-à-dire en 582, après 33 ans de pontificat (Grégoire de Tours, *Hist. Fr.*, VI, 15). Grégoire raconte qu'il y eut entre Félix et lui de graves dissentiments, ce qui n'empêcha pas, dit Lucchi, que Félix fût considéré comme un saint par les habitants de Nantes, qui vénérèrent sa mémoire.

2. — L'archipel des Echinades, dans la mer Ionienne, à l'embouchure de l'Achéloüs. (Sur les Echinades, voyez Pline, II, 87, éd. Littré; Thucydide, II, 102; Ovide, *Métamorphoses*, VIII et Denys, *Description de la terre*, vers 430 et suiv.). Elles sont aujourd'hui pour la plupart réunies au continent par les alluvions de l'Achéloüs. Dès le temps de Thucydide, elles commençaient à s'ensabler.

3. — Fortunat fait sans doute allusion à l'hymne aux Dioscures, qui commence ainsi :

Ἀμφὶ Διοσκόρους· Ἑλικόπεδες ἔσπετε Μοῦσαι.

Cette allusion ainsi que la mention faite plus loin de Canobus et des Symplégades, annonce une certaine lecture d'Homère. Je crois cependant que Fortunat ne le citait guère, comme tout ce qu'il cite des poètes grecs, que d'après ce que d'autres en avaient dit avant lui,

ou d'après des traductions latines. Il paraît bien n'avoir su de grec que quelques mots de l'école, comme ceux qu'on lit dans sa préface à Grégoire de Tours, lesquels il écrivait en lettres romaines. — Ch. N.

4. — Brower explique ainsi ce passage obscur :

Les Chérusques étaient un peuple de la Germanie, habitant les bords de l'Elbe, dans le pays des Saxons, et vivant de piraterie et de brigandage ; aussi leur nom servit-il à désigner d'une manière générale les Saxons qui, à maintes reprises, descendirent sur les côtes de la Gaule et dévastèrent le pays. Sidoine Apollinaire parle d'une de leurs incursions dans une lettre à Nammatius (*L. VIII, ep.* 6). Ce qui les rendait surtout redoutables, c'était la légèreté de leurs embarcations (*Myoparones*) et l'habileté avec laquelle ils les dirigeaient.

Canopus ou Canobus (*te mihi Canobo*, avec un pilote tel que vous) était le pilote de Ménélas. Il a donné son nom à une île située à l'embouchure d'une des branches du Nil appelée *Canopique*, où est aujourd'hui Aboukir. Les Symplégades sont des îles du Pont-Euxin, près du Bosphore. (Voyez Pline, VI, 13, éd. Littré, Pomponius Méla, XI, et surtout Homère, *Odyssée*, XII et Ovide, *Métamorphoses*, XV, 7). Au dire des poètes, ces îles, nommées aussi *Cyanées*, s'entrechoquaient et écrasaient les navires qu'elles saisissaient au passage. Le vaisseau des Argonautes franchit le premier, sans dommage, cette passe redoutable ; depuis lors, les Symplégades furent fixées et cessèrent de se jeter l'une sur l'autre.

Fortunat veut donc dire qu'avec Félix pour pilote (*Canopo*), il monterait sur une barque des Chérusques ou des Saxons, et ne craindrait pas de passer entre les Symplégades.

Lucchi ajoute, d'après Grégoire de Tours (*Hist. Fr.*, II, 19), que les Saxons s'étaient établis dans des îles d'où ils furent chassés par les Francs. Ces îles étaient probablement situées à l'embouchure de la Loire, et l'on peut supposer qu'après la victoire des Francs, les Saxons échappés au massacre continuèrent à vivre sur ces côtes, soit comme pirates, soit comme bateliers sur la Loire. C'est sans doute à ces Saxons que fait allusion Fortunat dans ce passage : *Cheruscis accersentibus myoparonem præpetem*.

Une des îles où il y avait encore des Saxons était l'île de Batz. Ils s'y étaient fixés au cinquième siècle, après avoir eu à combattre le héros de Cornouailles, le roi Gradlon (Voy. la *Vie de saint Guénolé* ou dans Godescard, ou dans Baillet). C'est à Félix, évêque de Nantes, qu'on attribue leur conversion, ainsi que le rappelle encore la petite chapelle du Crucifix, entre le Bourg et le Croisic. Ch. N.

5. — *Des chants ithyphalliques*, c'est-à-dire des poésies en vers ithyphalliques, ou trochaïques dimètres catalectiques. C'était, chez les Grecs, le mètre des chants licencieux en l'honneur de Bacchus. L'évêque de Nantes l'avait assurément employé à un autre usage. On peut du reste supposer, avec Brower, que Fortunat s'est servi de ce mot sans en connaître le sens précis.

6. — C'est à tort que Brower et Guérard, qui adopte cette opinion, tirent des termes *me... Radegundæ muro caritatis inclusum*, la preuve que Radegonde se trouvait alors avec Fortunat dans l'île dont il est question.

Brower a pris ce *mur de la charité* par lequel le poëte exprime son solide attachement pour Radegonde, et l'empire qu'elle exerçait sur lui, pour le mur de quelque monastère où il la suppose faisant une retraite avec Fortunat; il ne se souvient pas qu'une religieuse ne sortait pas ainsi de son couvent, et que Radegonde, toute reine qu'elle était, allégue elle-même cette règle de clôture absolue, dans l'*Excidium Thoringiæ*, où, vers 105 et 106, elle dit à son cousin :

> Sacra monasterii si me non claustra tenerent,
> Improvisa aderam qua regione sedes.

Voy. sur cette île la note 1 de la pièce XXIX de l'Appendice. — Ch. N.

7. — Ces deux derniers vers offrent quelque obscurité, quoique les mots en eux-mêmes, pris isolément, soient assez clairs; réunis, ils ont je ne sais quoi d'énigmatique. Remarquons ici toutefois que le mot *sensus* n'est pas un substantif, mais est le participe passé du verbe *sentire*, dont on ne trouve aucun exemple dans la bonne latinité. Cœlius Aurelianus, médecin qui vivait probablement au cinquième siècle, emploie ce participe dans le sens et comme lui au régime de *præditus*. Il dit dans son traité *De acutis morbis*, I, 14 : *Asclepiades constituerat atomos corpuscula intellectu sensa* : Asclépiade avait établi que les atomes étaient de petits corps doués d'intelligence. — Ch. N.

V.

1. — Grégoire de Tours raconte, *Hist. Fr.*, V, 32, qu'en 579 les Bretons ravagèrent le territoire des villes de Nantes et de Rennes. Félix, évêque de Nantes, leur adressa des représentations, et ils promirent de réparer le mal qu'ils avaient fait, mais ils ne tinrent pas leur promesse. Fortunat fait une nouvelle allusion à cette intervention de Félix, pièce VIII de ce livre :

> Insidiatores removes, vigil arte, Britannos ;
> Nullius arma valent, quod tua lingua facit.

VI.

1. — Cette cérémonie eut lieu vers 568. Eufronius, qui y assistait, mourut en 573; et il survécut et à Domitianus, évêque d'Angers, nommé également dans ce passage, et à Baudigisius, successeur de Domitianus.

2. — Sur Eufronius, voyez ci-dessus livre III, pièce III, note 1.

3. — Domitianus, évêque d'Angers, assista au deuxième concile de Tours en 566 ou 567.

4. — Victorius, évêque de Rennes, assistait également au deuxième concile de Tours.

5. — Sur Domnulus, évêque du Mans, voyez Grégoire de Tours, *Hist. Fr.*, VI, 9.

6. — Romacharius, évêque de Coutances.

7. — On ne peut pas admettre que le peuple accompagnât les chants du chœur avec des instruments quelconques ; cela eût fait un beau tapage. Mais si par *choraules* on entendait un musicien qui accompagnait sur la flûte le chœur du théâtre chez les Grecs, on entendait aussi par là en général des chanteurs dans un concert, par opposition à l'*aulœdus* qui jouait des solos sans accompagnement vocal (Voy. Rich, *Dict. des Antiq.* au mot *Choraules*). Quant aux mots *clericus ecce et plebs inde*, ils me semblent impliquer manifestement des chants alternés. Cf. l. II, pièce IX, ce qui est dit des chants de l'église de Paris. — Ch. N.

8. — *La triple voûte du temple*. Brower croit que Fortunat entend par cette expression la grande nef et les deux bras du transept de la basilique, dont le plan figurait une croix. Cf., dans la pièce suivante, *aulæ forma triformis*.

VII.

1. — Ces reliques avaient été envoyées de Rome.

2. — J. Quicherat, dans sa description de la basilique de Saint-Martin à Tours (*Revue archéol.* 1869, t. XIX, p. 405, 406), s'exprime ainsi : « Je trouve dans plusieurs auteurs mérovingiens la mention d'une tour qui tenait à la basilique, qui en constituait une partie essentielle, et qui cependant n'était pas un clocher... Le texte le plus ancien par lequel ce fait est mis en évidence est celui de Fortunat dans ses vers sur la nouvelle cathédrale de Nantes que l'évêque Félix venait de faire reconstruire vers 570. » J. Quicherat cite ces vers, à partir du vingt-septième *Vertice sublimi*, etc., et ajoute : « Ce langage prétentieux ne saurait être rendu en français, à moins d'être paraphrasé. » Nous avons adopté pour notre traduction cette paraphrase, par respect pour l'éminent critique, sans oser dire, je le confesse, qu'il ait bien entendu le terrible latin de Fortunat. « Cette description, continue-t-il, ne laisse pas de place au doute. Il s'agit d'une tour lanterne posée au milieu du transept et surmontée d'un campanile. Carrée à sa naissance, elle avait pour base ces quatre grands arcs que nous trouvons aujourd'hui en avant du chœur de presque toutes nos églises. Eh bien, c'est d'une tour de ce genre que je suis amené à supposer l'existence dans la basilique de Saint-Martin, concluant d'une pratique si bien constatée pour le sixième siècle, qu'elle pouvait avoir déjà cours cent ans auparavant. » Voyez sur la restauration par Grégoire de Tours de la basilique de Saint-Martin, bâtie par l'évêque Perpétue en 472, la pièce VI du l. XI de notre poëte, et Grégoire lui-même, *Hist. Franc.*, X, 31, n°° 18 et 19. — Quant aux ornements de cette église, ce sont les mêmes que ceux de la basilique élevée par Léonce, en l'honneur de saint Bibien ou Vivien (I, pièce XII). Sidoine Apollinaire, *Epist.*, II, 10, cité aussi par Brower, dit que la basilique de Saint-Patiens, à Lyon, était ornée de la même manière. « L'évêque Félix mourut en 583 ou 584. Cent ans plus tard, Ina, roi de Wessex, fit graver sur une église une légende dont la première partie est empruntée au morceau qu'on vient de lire, et la fin à une autre pièce épigraphique de Fortunat (II, XIV). Ce fait et la ressemblance de notre petit poème avec la basilique de Saint-Patiens suffisent à démontrer qu'il s'agit ici d'une inscription murale. » (Le Blanc, *Inscript. chrét. de la Gaule*, t. I, p. 263.)

3. — La même image est pièce XII, du l. I, v. 16 et 17.

4. — Le poëte Prudence, *Peristephanon*, XII, v. 42, dit la même chose à peu près dans les mêmes termes :

> Credas moveri fluctibus lacunar.

Voyez aussi Sidoine Apollinaire, *Ep.* II, 10, sur la basilique de Lyon, bâtie par Patiens, évêque de cette ville.

> Intus lux micat, atque bracteatum
> Sol sic sollicitatur ad lacunar
> Fulvo ut concolor erret in metallo.

— Notes de Ch. N.

VIII.

1. — Félix appartenait sans doute à la noble et puissante famille des Félix d'Aquitaine. Il y a une pièce de Sidoine Apollinaire adressée à Félix Magnus, préfet du prétoire et patrice, fils de Félix Magnus, consul. On trouve dans Cassiodore (*Lib.* II, *ep.* 1) une lettre de Théodoric à l'empereur Anastase sur le consulat de Félix, et une autre (*ep.* 2) adressée à Félix lui-même, pour lui notifier son élévation au consulat.

2. — Grégoire de Tours raconte (*Hist. Fr.*, IV, 4) que Chanaon, comte de Bretagne, après avoir tué trois de ses frères, voulait également faire mettre à mort le quatrième, et que Félix, évêque de Nantes, l'empêcha de commettre ce meurtre. Le *terminus iræ* serait donc une allusion à ce fait.

3. — Voyez ci-dessus la note 1 de la pièce v. — Autre allusion, selon Brower, aux efforts de Félix pour préserver son troupeau du pélagianisme, l'hérésiarque Pélage étant Breton. Il est plus probable, comme le pense Lucchi, qu'il s'agit ici, aussi bien que dans la pièce v, note 1, des incursions armées des Bretons momentanément arrêtées par l'intervention de Félix.

IX.

1. — Le début de cette pièce jusqu'au vers 39 : *Salve, festa dies* manque dans certaines éditions. Elle a été attribuée faussement à Lactance. Le Félix dont il y est question est encore et évidemment l'évêque de Nantes. On ne peut donc pas douter que la pièce entière soit de Fortunat.

2. — *Mensum* pour *mensium*, par synalèphe. Ainsi Ovide, *Fastes*, V, v. 187.

Cum tua sint, cedautque tibi confinia *mensum*.

3. — Tous les manuscrits portent *arma dierum*. On ne sait ce que cela veut dire; le texte est certainement corrompu. Nous proposons *alma* qui donne au moins un sens raisonnable : *alma (dies) dierum*. Cette correction est de celles qu'il ne faut pas hésiter à introduire dans le texte, et c'est ce qu'on a fait.

4. — Ce passage est une allusion à l'Évangile selon saint Mathieu, XXV, 22 : « Celui qui avait reçu deux talents vint aussi se présenter à son maître et lui dit : Maître, vous m'aviez donné deux talents, en voici deux autres que j'ai gagnés. Le maître lui répondit : Ô bon et fidèle serviteur, parce que vous avez été fidèle en peu de choses, je vous établirai sur beaucoup d'autres. Entrez dans la joie du Seigneur. »

5. — Brower se demande comment Félix, qui était à Nantes, avait pu exercer sa piété au profit des Saxons séparés de son diocèse par tant de pays, et pense qu'une grande partie de ce peuple abattu par les fréquentes défaites que les Francs lui avaient fait subir, avait été transportée dans la Gaule, et que, pour le convertir au Christ, Félix avait déployé tout son zèle et usé de la plus grande libéralité. Ne s'agit-il pas plutôt des Saxons établis dans les îles à l'embouchure de la Loire? Voyez Grégoire de Tours, *Hist. Fr.*, II, 19, et la note 4 de la pièce IV de ce livre.

X.

1. — Probablement un bras de la Loire, ou un affluent; peut-être, selon Brower, le Cher (*Caris*), dont il est question dans ce passage de la pièce VII du livre V, adressée à Félix :

Qua tua rura lavat vitrea Liger algidus unda,
Cariaci speciosus ager devexus in amnem,
Hinc ubi flumen aquis recreat...

XI.

1. — Grégoire de Tours, *De vit. Patrum*, c. 17, raconte la vie de Nicétius, et fait son éloge, *Hist. Fr.*, X, c. 29, et *De Glor. Confess.*, c. 94. Exilé par Clotaire, il avait hardiment censuré les vices, Nicétius fut rappelé et rétabli sur son siège par Sigebert, à l'avènement de ce prince. Il mourut vers l'an 566. Cette pièce et la suivante ont donc été composées peu de temps après l'arrivée de Fortunat en Gaule en 565. Brower fait mourir Nicétius en 561. C'est une erreur; car alors comment Fortunat aurait-il pu le connaître, lui-même n'étant pas encore en Gaule?

XII.

1. — Brower place ce château de Nicétius à peu de distance de Coblentz, à un endroit appelé aujourd'hui *la roche de l'évêque* (Bischoffstein). Il a vu un ancien manuscrit où cette pièce figure avec ce titre.

2. — Non loin de l'endroit où Brower place le château de Nicétius, coule la petite rivière le Rhon, sans doute le *parvus Rhodanus* de Fortunat.

3. — Selon Brower, ce nom désigne ici le pays compris entre le château de Nicétius et la Moselle.

4. — Cf. livre I, pièce XIX, la description de la villa Véréginos, et livre X, pièce IX, la description de la villa de Childebert à Andernach.

5. — Les pieux évêques de cette époque avaient l'habitude de bâtir des chapelles ou des églises près de leurs maisons de campagne. Voyez livre I, pièce VI, la description de la basilique de Saint-Martin.

6. — *Gemino ballista volatu*. Brower entend deux ballistes, dont l'une lançait des javelots, l'autre des pierres. Il ajoute que Fortunat a peut-être voulu par ce *gemino volatu* désigner les deux ailes que portait le trait pour fendre l'air plus facilement.

XIII.

1. — Vilicus succéda, à Metz, à Hespérius qui avait assisté au concile de Clermont en 535. Il occupa ce siège pendant vingt-cinq ans et deux mois, ainsi que l'affirme Lecointe, à l'année 566, d'après un manuscrit de Saint-Symphorien de Metz. Mais d'après un autre manuscrit indiqué par Brower, Vilicus aurait vécu sous les papes Pélage I, Jean III et Benoît I, Justin et Tibère étant empereurs d'Orient. Or, Benoît I fut élu pape en 573, et Tibère déclaré César par Justin en 574, et Auguste en 578. Voyez Lecointe, *loc. cit.* qui d'après le manuscrit de Saint-Symphorien, donne le catalogue des évêques de Metz, et des années pendant lesquelles ils ont siégé. Il pense que Vilicus est mort dans l'année 562, la même ou à peu près que celle où Fortunat est venu en Gaule.

2. — Metz est située dans l'angle formé par le confluent de la Moselle et de la Seille, en partie sur une colline qui s'élève entre les deux rivières, en partie sur leurs bords, à l'un des points les plus agréables du bassin de la Moselle. La vallée de cette rivière, très élargie aux environs de Metz, est limitée, surtout sur la rive gauche, par une suite de riants coteaux qui offrent plusieurs sites très pittoresques. La Moselle se divise en trois bras dans la traversée de Metz où elle forme deux îles, dont l'une très étendue se prolonge au delà de la ville en une vaste plaine. La Seille se partage également en deux bras, en entrant à Metz, et y renferme dans une île les quartiers de l'Est. (*Itinéraire général de la France. Vosges et Ardennes*, par Ad. Joanne, 1868, page 550). Les rois d'Austrasie avaient un palais à Metz. Sur ce palais et sur le site de la ville, voyez notre poète X, IX.

3. — Allusion au maître qui donna cinq talents à un de ses serviteurs, deux à un autre, un seul à un troisième, pour les faire valoir à son profit. C'est que ce que firent les deux premiers, mais le troisième cacha le talent qu'il avait reçu dans la terre, au lieu de le faire valoir, et frustra ainsi son maître du gain qu'il en espérait recueillir. Voyez cette parabole en saint Mathieu, ch. XXV.

a. b. c. d.

1. — Lucchi pense que Fortunat, traversant la Germanie pour venir en Gaule, reçut de Vilicus un accueil amical et hospitalier, et qu'il lut ces petites pièces à la table de son hôte.

XIV.

1. — Carentinus succéda à Somoenus sur le siège de Cologne et eut pour successeur Ebregisilus qui, en 590, fut délégué avec d'autres évêques par Childebert pour mettre fin aux troubles et aux scandales du monastère de Sainte-Croix, à Poitiers. Voyez Grégoire de Tours, *Hist. Fr.*, IX, 41.

2. — Selon Lucchi, Fortunat semble insinuer que lors de son voyage en Germanie, Carentinus lui donna l'hospitalité.

3. — Saint Paul, I *Corinth*. XIII, 13.

XV.

1. — Igidius, évêque de Reims, fut en grand crédit auprès du roi Childebert, qui le chargea d'une mission très importante près de Chilpéric. Convaincu plus tard de trahison envers Childebert, il fut déposé par un synode, en 590, et relégué à Strasbourg. Voyez Grégoire de Tours, *Hist. Fr.*, X, 19. Cette pièce en l'honneur d'Igidius a donc été écrite avant l'année 590, c'est-à-dire avant la condamnation de l'évêque de Reims.

2. — Flodoard, *Hist. Eccl. Rhem.*, II, 2, dit que le patrimoine de l'église de Reims fut augmenté considérablement par Igidius, principalement par suite de la libéralité du roi Childebert.

XVI.

1. — Selon Brower, Hilaire, évêque de Javols, dans le Gévaudan. Mais cet Hilaire était déjà mort en 541, lors du quatrième concile d'Orléans, auquel assista son successeur Evanthius. Il y eut un autre Hilaire, évêque de Digne en 554. Peut-être est-ce à celui-ci qu'est adressée cette petite pièce.

XVII.

1. — Il y eut, au temps de Fortunat, deux évêques du nom de Berthramn. — Berthramn, évêque de Bordeaux, était au synode de Mâcon en 585 et mourut la même année. Voyez Grégoire de Tours, *Hist. Fr.*, VIII, 22. — Berthramn, évêque du Mans, succéda à Badégésilus en 586. Il était au nombre des évêques envoyés à Poitiers en 590 avec Ebregisilus, pour mettre fin aux troubles du monastère de Sainte-Croix. Voyez ci-dessus pièce XIV, note 1. Il est difficile de dire auquel de ces deux évêques est adressée cette pièce.

XVIII.

1. — Fortunat parle encore des récitations poétiques qui avaient lieu au forum de Trajan, pièce VIII du livre VII :

Aut Maro Trajano lectus in urbe foro.

D'après Brower, qui s'appuie sur le témoignage de Sidoine Apollinaire, le forum de Trajan était décoré de statues d'écrivains célèbres. Voyez Sidoine Apoll., l. III, ep. 8.

XIX.

1. — Selon Brower, Agricola, évêque de Châlon-sur-Saône. Mais cet Agricola, dont Grégoire de Tours parle avec éloge au ch. 46 du livre V de l'*Histoire des Francs*, mourut en 580, à l'âge de 83 ans, après 48 ans de pontificat. Fortunat n'a donc pas pu être élevé avec lui. Mais il a pu l'être avec Agricola, évêque de Nevers en 580, qui assistait en 583 au premier concile de Mâcon, qui fut envoyé en 590 au monastère de Sainte-Croix avec Ebregisilus (V. ci-dessus, note 1 de la pièce XVIII) et qui mourut en 594.

XX.

1. — Félix, évêque de Bourges en 568, assista au quatrième concile de Paris en 573 et mourut peu de temps après. Voyez Grégoire de Tours, *De Gloria Confess.*, 102.

2. — *Margaritum ingens*. Les écrivains grecs, dit Lucchi, appelaient *Margaritæ* les parcelles de l'eucharistie destinées aux malades; le vase, qui est ici en forme de tour, où on les gardait, reçut lui-même le nom de *Margaritis*. Prudence, décrivant le palais de la sagesse dans la pièce intitulée *Psychomachia*, se sert aussi de l'expression *margaritum ingens*. Voyez d'ailleurs du Cange au mot *Margarita*. D'après Brower, Félix en faisant faire ce *Margaritum* se conformait aux décisions du deuxième concile de Tours (566), qui avait prescrit de placer les hosties consacrées sous la croix de l'autel. — Ch. N.

3. — C'est chez cette veuve de Sirapta ou plutôt Sarepta, dans le pays des Sidoniens, que le prophète Élie, après avoir fermé le ciel, c'est-à-dire arrêté la pluie et la rosée pour une période de trois ans, fut envoyé par le Seigneur pour y être nourri (Rois, III, 17, 9 et suiv. Cf. Luc, IV, 27). Le poète la confond avec cette autre veuve de l'Évangile, dont le pays n'est point indiqué, et que Jésus vit un jour dans le temple mettre deux petites pièces de monnaie dans le tronc des pauvres (Luc, XXI, 1 et suiv.). — Ch. N.

XXI.

1. — Cet Avitus succéda sur le siège épiscopal de Clermont, en Auvergne, à Cautinus, qui mourut en 571. Quant à lui, il mourut en 594 et fut canonisé. C'est saint Avit. Grégoire de Tours, *Hist. Fr.*, IV, 35, et *De Vitis Patrum*, c. 2, en fait un grand éloge.

2. — Grégoire de Tours, *loco cit.*, parle aussi de la faveur dont Avitus était l'objet à la cour du roi Childebert.

XXIII.

1. — Agéric succéda à Desideratus, évêque de Verdun, en 550. Il était très aimé du roi Childebert. Il mourut de chagrin en 588, à la suite du meurtre de Gontran-Boson, pour lequel il s'était porté caution, et de Berthefroy, qui s'était réfugié dans son oratoire et qu'il ne put sauver de la fureur des soldats de Childebert. Voyez Grégoire de Tours, *Hist. Fr.*, IX, 33.

2. — Sur les basiliques bâties ou restaurées à Verdun par Agéric, voyez Lecointe, *Annal. Eccles.*, année 562, n° 47.

3. — Voy. ci-dessus la pièce VII.

XXIV.

1. — Auflon était probablement un prêtre du clergé de Bordeaux, puisqu'à la fin de la pièce Fortunat rappelle les louanges que lui a données Léonce, évêque de cette ville.

XXV.

1. — Brower pense que ce Paternus est celui qui fut évêque d'Avranches. Mais, fait remarquer Lucchi, Paternus, évêque d'Avranches, mourut au plus tard en 565, après treize ans de pontificat. Fortunat ne l'a donc probablement pas connu, et certainement ne l'a pas connu abbé. En tout cas, nous apprenons par cette pièce que Fortunat transcrivait des manuscrits. Voy. la note 8 de la première pièce du livre VIII.

XXVI.

1. — Voyez sur ce Ruccon la pièce x, note 1, du livre IX.

2. — Fortunat était alors dans quelque île voisine des côtes de la Bretagne.

XXVIII.

1. — Peut-être le diacre Jean dont parle Grégoire de Tours, *De Gloria Martyr.*, I, 19 et 88. Parti de France avec la lèpre, il alla en Palestine, se lava dans l'eau du Jourdain et revint guéri, rapportant des reliques de la Vierge Marie.

XXX.

1. — On appelait *ophites* ou *serpentins*, à cause de leur allure sinueuse, ces poèmes dans lesquels le second hémistiche du pentamètre répétait le premier hémistiche de l'hexamètre. Brower remarque que les anciens ont très rarement usé de cet arrangement. La pièce II du livre VIII de Fortunat en offre un nouvel exemple. Paul Diacre l'a employé dans une pièce en l'honneur de saint Benoît. Sidoine Apollinaire, livre VIII, *ep.* 11, parle de ce genre de poème qu'il appelle *échoïque*. Sirmond, dans ses notes sur ce passage de Sidoine, cite un distique échoïque de Pentadius sur le retour du printemps :

Per cava saxa sonat pecudum mugitibus Echo,
    Voxque repulsa jugis per cava saxa sonat.

Dans Sénèque le rhéteur, *Controv.*, VII, 7, Cestius appelle ces sortes de répétitions, même en prose, des échos. Voyez de plus la note 1 de la pièce II du liv. VIII.

LIVRE QUATRIÈME.

I. Épitaphe d'Eumérus, évêque de Nantes (1).

Bien que toutes choses soient, d'un vol rapide, emportées loin de la terre, la vie bienheureuse prolonge cette vie. La mort n'est pas un mal pour celui dont la gloire est immortelle, et qui monte au ciel pour y demeurer à jamais. Dans ce tombeau repose en paix Eumérus, l'honneur du pontificat. Issu d'une longue suite d'illustres aïeux, il a, par ses vertus, ajouté encore à la gloire de cette race antique. Il eut un double titre qui le recommande à la mémoire reconnaissante des peuples : car si, par sa charge, il était leur juge, il fut leur père par sa bonté. Doux dans son langage, indulgent dans l'exercice de son autorité sacrée, la colère n'eut jamais de place en son cœur. Les emportements mêmes d'autrui ne purent vaincre sa patience; l'offense qu'on lui faisait dans un moment de vivacité irréfléchie, sa sagesse la lui rendait légère. L'étranger venu d'un pays lointain se croyait bientôt chez lui dans sa maison hospitalière; il voulait y fixer sa demeure, oubliant la patrie qu'il venait de quitter, oubliant son vieux père pour s'attacher à Eumérus. Souriant au bonheur des autres, il se montrait ému de leurs larmes et pleurait avec ceux qu'il voyait pleurer. S'associant en pasteur plein de tendresse aux souffrances des affamés, il prenait pour lui leurs peines, et contentait aussitôt leur besoin. Riche pour les pauvres, il leur donna tout ce qu'il possédait; sa charité prévenait leurs prières. Il a ainsi semé les bonnes œuvres, et de cette semence est sortie une moisson qui lui a rendu le centuple et qui, aujourd'hui mûre, est la cause de sa félicité. Avec un zèle infatigable, il visitait les malades, il était leur médecin (2), leur nourriture et leur vie. Il éleva l'église de Nantes, et, ce qu'il ne put faire lui-même, il laissa à celui qui lui succéderait le soin de l'achever. Il mourut heureux (3), puisqu'il laissait Félix sur son siège, et que nous le retrouvons tout entier dans les vertus de son successeur.

II. Épitaphe de Grégoire, évêque de Langres (1).

Depuis que le roi du ciel a brisé les portes de l'enfer, la mort ennemie gît abattue aux pieds du Juste. C'est ce qu'atteste la sainte vie du vénérable Grégoire sorti naguère du tombeau pour aller au ciel. Issu d'une antique et noble famille, il est plus noble encore par les mérites auxquels il doit la place qu'il y occupe. D'abord juge sévère (2), puis saint prêtre, ceux qu'il punit comme juge,

LIBER QUARTUS.

I. Epitaphium Eumeri episcopi civitatis Namneticæ.

Quamvis cuncta avido rapiantur ab orbe volatu,
 Attamen extendit vita beata diem,
Nec damnum de fine capit cui, gloria, vivis,
 Æternumque locum missus ad astra tenet.
Hoc igitur tumulo requiescit Eumerius almo, 5
 Per quem pontificum surgit opimus honor.
Stemmate deducit fulgens ab origine culmen,
 Et meritis priscos crescere fecit avos.
Emicuit populis geminum memorabile donum :
 Inde gradu judex, hinc pietate pater. 10
Dulcis in eloquio, placidus moderamine sacro,
 In cujus sensu perdidit ira locum,
Alterius motus patienti pectore vicit :
 Ut levitas læsit, hoc gravitate tulit.
Si quis ab externis properavit sedibus hospes, 15
 Mox apud hunc proprios sensit habere lares;
Hic habitare volens patriis rudis exul ab oris
 Oblitus veterem hujus amore patrem.
Gaudet et arrisit, probat is se cernere flentem :
 Alterius lacrimas mox facit esse suas. 20
Partitus cum ventre vices, pietate magistra,
 Unde tulit luctus, mox ibi vota dedit.
Pauperibus dives censum transfudit egenis,
 Ante bonus tribuit quam peteretur opem.
Semina jactavit centeno pinguia fructu, 25
 Cui modo de reditu messis adulta placet.
Unica cura fuit, cunctos ut viseret ægros,
 Ipse quibus medicus vixit et ipse cibus.
Extulit ecclesiæ culmen ; quod restitit unum,
 Venit ad heredem, qui cumularet opus. 30
Felix ille abiit, Felicem in sede reliquit,
 Heredis meritis vivit in orbe pater.

II. Epitaphium domni Gregori episcopi civitatis Lingonicæ.

Postquam sidereus disrupit Tartara princeps,
 Sub pedibus justi, mors inimica, jaces.
Hoc veneranda sacri testatur vita Gregori,
 Qui modo post tumulos intrat honore polos.
Nobilis antiqua decurrens prole parentum, 5
 Nobilior gestis nunc super astra manet.
Arbiter ante ferox, dehinc pius ipse sacerdos,

il les aima et les protégea comme père. Il gouverna son troupeau pendant trente-deux ans, et il a la joie de contempler les heureux fruits de sa direction. Si l'on demande ce qu'il a fait de bien, ses miracles sont là pour répondre, et c'est encore par lui que les malades recouvrent la santé. — Ch. N.

III. Épitaphe de Tétricus, évêque de Langres (1).

Honneur du sacerdoce, vénérable Tétricus, tu habites maintenant ta vraie patrie, tandis qu'ici nous sommes en exil. Pieux pasteur, jamais le loup n'a ravi un de tes agneaux; jamais les brebis paissant sous ta houlette n'ont eu à redouter le voleur. Pendant six lustres et trois ans, tu as conduit ton troupeau avec amour, et répandu à pleines mains ce sel si doux qui donne aux âmes une saveur divine. Profondément aimé des rois, gloire de ton peuple, appui de tes parents, fidèle serviteur de l'Église, honneur de la noblesse, nourriture du pauvre, protecteur des veuves, défenseur du faible, tu fus par tant de bons offices le pasteur de tous. Aujourd'hui le peuple, qui trouvait dans ton dévouement le soulagement de toutes ses misères, est réduit à pleurer ta mort. Cependant, père bien-aimé, maintenant que le ciel dont tu étais bien digne est ta demeure, nous avons l'espoir que tu nous feras connaître ici-bas ton pouvoir par tes bienfaits.

IV. Épitaphe de Gallus, évêque de Clermont Auvergne (1).

Odieux ennemi du genre humain, tes artifices ont chassé Adam du paradis, mais Dieu ouvre le ciel à ses serviteurs. Envieux que tu es, la mort, qui est ton œuvre, a préparé le bonheur de l'homme; tu l'expulses de son domaine, et Dieu le reçoit dans le séjour céleste. Témoin le bienheureux pontife Gallus, qui fut noble en ce monde, et riche en allant dans l'autre. Fort de l'appui du Christ, avant même d'avoir atteint l'âge d'homme, il aspire à de plus hautes destinées et, par amour du ciel, prend en haine la maison paternelle (2). Il fuit les embrassements de son père, il quitte sa mère; le père à qui désormais il veut obéir, le maître qu'il cherche, c'est un abbé; il se fait moine. Soldat novice, il commence dans un âge encore tendre le rude service imposé à la milice du Seigneur. Formé par les leçons de saint Quintianus (3), il fit voir que l'homme d'un cœur éprouvé a une beauté supérieure à celle de l'or. Devenu l'hôte du palais du roi, il vécut près de vous, pieux Théodoric (4), et aimé de vous. Quand son maître quitta cette terre pour monter au ciel, c'est à lui que fut confié le soin de veiller sur le troupeau. Dans l'exercice de l'autorité pontificale, il fut à la fois le pasteur vigilant et le tendre père de son peuple. Doux, patient, bon, équitable, aimant et digne d'être aimé, il ne fut jamais dans le cas ni de se sentir offensé, ni de montrer un autre sentiment que l'indulgence. Si pourtant il arrivait qu'il reçût quelque injure, elle ne servait qu'à faire paraître toute sa vertu; au lieu de céder, comme il l'aurait pu, à la colère, il en triomphait (5). Nourrissant son peuple de sa parole, comme une mère nourrit ses enfants de son lait, il mêlait au

Quos domuit judex fovit amore patris.
Triginta et geminos pie rexit ovile per annos,
 Et grege de Christi gaudia pastor habet. 10
Si quæras meritum, produnt miracula rerum,
 Per quem debilibus fertur amica salus.

III. Epitaphium domni Tetrici episcopi civitatis Lingonicæ.

Palma sacerdoti, venerando Tetrice cultu,
 Te patriæ sedes, nos peregrina tenent.
Te custode pio numquam lupus abstulit agnum,
 Nec de fure timens pascua carpsit ovis :
Sex qui lustra gerens et per tres insuper annos 5
 Rexisti placido pastor amore gregem.
Nam ut condirentur divino corda sapore,
 Fudisti dulcem jugiter ore salem.
Summus amor regum, populi decus, arma parentum,
 Ecclesiæ cultor, nobilitatis honor, 10
Esca inopum, tutor viduarum, cura minorum :
 Omnibus officiis omnia, pastor, eras.
Sed cui præbebat varie tua cura medellam,
 Funere rectoris plebs modo triste gemit.
Hoc tamen, alme pater, speramus : dignus in astris 15
 Qualis honore nites, hic pietate probes.

IV. Epitaphium domni Galli episcopi civitatis Arvernæ.

Hostis inique, Adam paradiso fraude repellis :
 Ecce Deus famulos præstat adire polos.
Invide, sic tua mors homini meliora paravit :
 Tu expellis terris, hic dat et astra suis.
Testis et antistes Gallus probat ista beatus, 5
 Nobilis in terris, dives eundo polis :
Qui Christi auxilio fultus nec adultus in annis,
 Se majora petens, odit amore lares.
Effugit amplexus patrios matremque relinquit :
 Qui monachum regeret, quæritur abba parens. 10
Illic tiro rudis generoso cœpit ab ævo
 Militiæ domini belliger arma pati.
Quintiano demum sancto erudiente magistro,
 Pulchrius est auro corde probatus homo.
Inde palatina regis translatus in aula, 15
 Theuderice, tuo vixit amore pio.
Mox ubi destituens terras petit astra magister,
 Cessit discipulo cura tuenda gregem :
Pontificatus enim moderans ita rexit habenas,
 Pastor ut officiis esset, amore pater; 20
Mansuetus, patiens, bonus, æquus, amator, amandus;
 Non erat offensæ, sed locus hic veniæ.
Si qua supervenit, facta est injuria virtus :
 Unde furor poterat, inde triumphus erat.
Plebem voce fovens quasi natos ubere nutrix, 25
 Dulcia condito cum sale mella rigans,

miel de ses discours le sel de la sagesse, et savait d'avance qu'en agissant ainsi, aucune de ses ouailles ne périrait, tant qu'il en serait le pasteur. Il gouverna ainsi son église pendant vingt-cinq ans, et en vécut soixante (6). Il a quitté cette terre pour monter au ciel; il n'est point enfermé dans une urne funèbre, il repose dans les bras de Dieu.

V. Épitaphe des Rurice, évêques de Limoges (1).

Mort jalouse, en vain ta rage menace de tout engloutir; les saints échappent à ton pouvoir. Depuis le jour où le Christ est revenu sur la terre, vainqueur du noir Tartare, tu gis abattue aux pieds du juste. Les corps sacrés de deux pontifes dont la gloire rayonne dans l'univers entier reposent en ce tombeau; leur âme habite le ciel. Ce sont les Rurice, fleurs nées d'une même tige, unis par le sang illustre des Anicius, leurs parents, à ce que Rome a de plus grand. Les vertus, l'esprit, le rang, les espérances, le nom et le sang, tout chez eux est pareil, tout contribue à rendre également illustres l'aïeul et le petit-fils. Chacun d'eux à son tour a bâti de ses mains pieuses un temple à son patron, celui-ci à Augustin, celui-là à Pierre. L'un se distingua par ses vertus austères, l'autre par sa piété; celui-ci par sa sévérité, celui-là par sa douceur; ils rivalisaient à qui des deux serait le plus grand. Ils distribuaient aux pauvres la plus grosse part de leurs richesses, envoyant ainsi au ciel des trésors qu'ils devaient y retrouver un jour. Après avoir, par leurs pieuses libéralités, racheté les crimes de ce monde, ils sont aujourd'hui, nous en sommes assurés, parmi les chœurs des apôtres, heureux d'avoir, en échange d'une noblesse éphémère, acquis une place dans le sénat du ciel.

VI. Épitaphe d'Exocius, évêque de Limoges (1).

Quoique son évêque fût accablé de vieillesse, le peuple cependant voulait qu'il ne mourût pas, ou si les lois de la nature pouvaient être changées, que le troupeau donnât sa vie pour son pasteur. Mais cela n'étant pas possible, il se consolera du moins par cette espérance, que les mérites de l'évêque et sa foi l'ont porté au ciel. C'est pour Dieu qu'Exocius était resté chaste et avait préservé son corps de toute souillure, déjà digne dès lors de la vie éternelle. Sa vertu dominante était la patience, et la raison son ancre au fort des orages qui troublèrent son diocèse (2). Sans fiel, plein de bonté et de douceur, il ne rendit jamais injure pour injure. Il réparait les églises, il charmait son peuple par l'onction de sa parole; il guérit enfin les blessures de sa patrie. Il fut évêque pendant trois lustres; et alla rejoindre ses ancêtres au grand désespoir de son peuple. Mais il ne sied pas de verser sur lui des larmes inutiles, puisqu'il a quitté les ténèbres de ce monde pour la lumière de l'autre.
Ch. N.

VII. Épitaphe de Chalactéricus, évêque de Chartres (1).

Mes yeux se remplissent de larmes, ma poitrine est secouée par les sanglots et mes doigts tremblants

```
Hoc opus exercens præsciit dona futuri,
    Se pastore nihil posse perire gregi.
Sic pater ecclesiam regit in quinquennia quinque,
    Bis terdena tamen lustra superstes agens.        30
Hinc meliore via sanctum ad cælestia vectum
    Non premit urna rogi, sed tenet ulna Dei.
```

V. Epitaphium Ruriciorum episcoporum civitatis Limovecinæ.

```
Invida mors, rabido quamvis miniteris hiatu,
    Non tamen in sanctis jura tenere vales.
Nam postquam remeans domuit fera Tartara Christus,
    Justorum meritis sub pede victa jaces.
Hic sacra pontificum toto radiantia mundo            5
    Membra sepulchra tegunt, spiritus astra colit.
Ruricii gemini flores, quibus Aniciorum
    Juncta parentali culmine Roma fuit,
Actu, mente, gradu, spe, nomine, sanguine nexi
    Exultant pariter hinc avus, inde nepos.          10
Tempore quisque suo fundans pia templa patroni
    Iste Augustini, condidit ille Petri.
Hic probus, ille pius, hic serius, ille serenus,
    Certantes pariter quis cui major erit.
Plurima pauperibus tribuentes divite censu          15
    Misere ad cælos quas sequerentur opes.
Quos spargente manu redimentes crimina mundi
    Inter apostolicos credimus esse choros.
Felices qui sic de nobilitate fugaci
    Mercati in cœlis jura senatus habent!            20
```

VI. Epitaphium Exoci episcopi civitatis Limovecinæ.

```
Quamvis pontificem premeret tremebunda senectus,
    Attamen hæc voluit plebs superesse patrem;
Aut si naturæ mutari debita possent,
    Pro pastore suo grex properasset iter.
Sed quia non licuit, populum spes consulat illa,     5
    Quod hunc pro meritis vexit ad astra fides.
Inmaculata Deo conservans membra pudore,
    Exocius meruit jam sine fine diem;
Pectore sub cujus regnans patientia victrix,
    Fluctibus in tantis anchora sensus erat.         10
Felle carens animus, placida dulcedine pastus,
    Nesciit offensis ira referre vices.
Templorum cultor, recreans modulamine cives,
    Vulneribus patriæ fida medella fuit.
Qui tria lustra gerens in pontificatus honore,      15
    Pergit ad antiquos, plebe gemente, patres.
Non decet hunc igitur vacuis deflere querellis,
    Post tenebras mundi quem tenet aula poli.
```

VII. Epitaphium Chalacterici episcopi civitatis Carnotenæ.

Illacrimant oculi, quatiuntur viscera fletu,

n'ont pas la force de peindre ma douleur. Les louanges que j'aurais voulu donner à Chalactéricus vivant, c'est sur sa tombe que je vais les faire entendre, et je n'ai pour exprimer ma peine amère que le doux langage des vers. Cher Chalactéricus, digne et vertueux prêtre, je t'ai connu bien tard, et voilà que déjà je te perds. Tu regagnes ta véritable patrie, et tu nous laisses sur cette terre de douleur; tu vas habiter les palais brillants du ciel, et nous restons dans cette vallée de larmes. Sous ce tombeau que t'ont élevé des mains pieuses, ton corps est à jamais couché; tes lèvres, d'où les paroles coulaient plus douces que le miel, sont scellées sous la pierre du sépulcre. La mort a tout ravi, ton noble et beau visage, ton inépuisable bonté, ta douce voix, si habile à expliquer la loi de Dieu. Espoir du clergé, défenseur des veuves, nourricier des pauvres, amour de tes proches, tu fus tout au bien. Tu savais tirer des cordes de la harpe des sons mélodieux et chanter sur ce noble instrument les louanges du Seigneur; tu savais trouver ces paroles qui, pareilles au fer chaud, cicatrisent les plaies, et ton troupeau, grâce à tes soins, n'avait point à redouter les maladies. Après avoir ainsi vécu pendant six lustres (2) auxquels s'ajoutèrent huit années, tu fus ravi à la terre et rendu au ciel, patrie des justes. Depuis que tu as repris ta place au céleste banquet, le monde gémit de t'avoir perdu et le ciel se réjouit de t'avoir retrouvé. Pour moi qui sais quelle gloire est la juste récompense de tes vertus, je crois que nous ne devons pas pleurer un ami du Seigneur tel que toi. Saint père, celui qui vient de te rendre un hommage si au-dessous de tes mérites, Fortunat, se recommande instamment à tes prières.

VIII. Épitaphe de Cronopius, évêque de Périgueux (1).

Si tu avais eu jadis quelque souci des choses de la terre, ô saint évêque, je t'offrirais dans ces vers plus de larmes que de paroles. Mais puisque tu es resté pur des souillures de ce monde impur, c'est par des chants de joie que nous devons saluer ton immortalité. Pieux pontife, vénérable Cronopius, ton corps est dans ce tombeau, mais ton âme est au ciel. Par tes deux parents, tu appartiens deux fois à l'ordre des prêtres, et tu as reçu la mitre épiscopale comme un bien héréditaire; un héritage de sainteté te désignait pour ce haut rang et te donnait droit à cet honneur (2). Issu d'une race antique, noble par ta naissance, plus noble encore en Jésus-Christ par tes vertus, tu portas toujours sur ton visage l'empreinte de la douceur; ton âme fut sereine, ton cœur candide, ton front sans nuages. Quand tu parlais, un ruisseau de nectar s'échappait de tes lèvres avec tes paroles; elles coulaient de ta bouche plus douces que le miel. Tu fus le vêtement de ceux qui étaient nus, le manteau de ceux qui avaient froid. Qui venait se mettre à couvert sous ton toit, en sortait couvert lui-même. Tu avais placé toutes tes richesses dans le ventre du pauvre devenu ainsi pour toi un coffre-fort vivant. Tu rassasiais qui avait faim, tu désaltérais qui avait soif, tu consolais l'affligé et secourais l'exilé. Tu repeuplas la ville déserte, en lui rendant ses enfants, qui, rachetés par toi, revirent leurs foyers. La brebis que le loup, altéré de rapine et grinçant

```
    Nec tremuli digiti scribere dura valent,
Dum modo, qui volui vivo, dabo verba sepulto,
    Carmine vel dulci cogor amara loqui.
Digne tuis meritis, Chalacterice sacerdos,        5
    Tarde note mihi, quam cito, care, fugis!
Tu patriam repetis, nos triste sub orbe relinquis:
    Te tenet aula nitens, nos lacrimosa dies.
Ecce sub hoc tumulo pietatis membra quiescunt,
    Dulcior et melli lingua sepulta jacet:        10
Forma venusta decens, animus sine fine benignus,
    Vox suavis, legem promeditata Dei,
Spes cleri, tutor viduarum, panis egentum,
    Cura propinquorum, totus ad omne bonum;
Organa psalterii cecinit modulamine dulci        15
    Et tetigit laudi plectra beata Dei,
Cautere eloquii bene purgans vulnera morbi,
    Quo pascente fuit fida medella gregi.
Sex qui lustra gerens, octo bonus insuper annos,
    Ereptus terræ justus ad astra redis.          20
Ad paradisiacas epulas te cive reducto,
    Unde gemit mundus gaudet honore polus;
Et quia non dubito quanta est tibi gloria laudum,
    Nec debes fleri, talis amice Dei.
Hæc qui, sancte pater, pro magnis parva susurro, 25
    Pro Fortunato, quæso, precare tuo.
```

VIII. Epitaphium Cronopi episcopi civitatis Petrocoricæ.

```
Si terrena, sacer, quondam tibi cura fuisset,
    Carmine plus lacrimas, quam modo verba darem
Sed quia tu mundus nec sunt tibi crimina mundi,
    Nos gaudere mones qui sine morte manes.
Antistes pietate calens, venerande Cronopi,       5
    Membra sepulchra tegunt, spiritus astra tenet.
Ordo sacerdotum cui fluxit utroque parente:
    Venit ab herede pontificalis apex.
Hunc tibi jure gradum successio sancta paravit,
    Ut quasi jam merito debitus esset honor.      10
Nobilis antiquo veniens de germine patrum,
    Sed magis in Christo nobilior merito,
Sic vultu semper placidus ceu mente serenus,
    Pectore sincero frons sine nube fuit;
Cujus ab eloquio nectar per verba fluebat,        15
    Vinceres ut dulces ore rigante favos.
Nudorum tu vestis eras, algentis amictus:
    Qui ad tua tecta fugit, tectus et ipse redit.
Divitias omnes inopum sub ventre locasti,
    Unde tibi semper viva talenta manent:         20
Esuriens epulum, sitiens te sumere potum,
    Cernere te meruit tristis et exul opem.
Implesti propriis viduatam civibus urbem
    Videruntque suos, te redimente, lares.
```

des dents, avait emportée loin de la bergerie, se vit avec joie rendue au troupeau par son pasteur (3). Tu te montras empressé à relever les temples incendiés et à les rétablir dans leur ancienne splendeur (4); aussi, à ton tour, as-tu dans le ciel une demeure à l'abri de la destruction. Après avoir vécu seize lustres sur cette terre, tu jouis de la vie immortelle, juste récompense de tes vertus.

IX. Épitaphe de Léonce, premier du nom, évêque de Bordeaux (1).

La mort insatiable s'est cruellement hâtée de ravir le pasteur au troupeau dont il était le bouclier. Dans ce tombeau repose le corps du vénéré Léonce, l'honneur du pontificat. Le peuple entier gémit; mille voix se confondent, qui le redemandent; enfants, jeunes gens, vieillards le pleurent à l'envi. Tous les âges ont perdu en lui leur défenseur et leur appui; les larmes de tous attestent combien il était vénéré. Nul ne peut parler de cet illustre mort sans que ses yeux se mouillent, et cependant il vit toujours dans la mémoire et l'affection de son peuple. Issu d'une race illustre, il ne le cédait à personne pour la naissance; ses vertus, sa dignité le mettaient au premier rang. Ce n'est pas qu'il ne voulût, par une rare modestie, être le dernier de tous; mais il ne s'en élevait que plus haut, et même au-dessus de lui-même. Sa seule présence apaisait les discordes et chassait la haine des cœurs, pour les lier par l'amour. Il abandonna successivement tous ses biens à l'Église, et se dépouilla pour enrichir le

Christ. Le pauvre trouvait chez lui une aumône, le captif une rançon; il était riche, pensait-il, de tout ce que les malheureux lui prenaient. Cette richesse le suivit de la terre au ciel. Il vécut pour Dieu, plus que pour lui-même. Son cœur était si complètement à son peuple, qu'il pouvait s'en dire le père. En effet, sa voix trouvait pour instruire les fidèles de si tendres accents, que, de l'aveu de tous, il semblait parler à ses propres enfants. A la plus vive intelligence, à une science théologique consommée, il joignait un zèle qui le porta à la dignité la plus haute. Sa générosité inépuisable lui fit au loin des amis; qui ne le connaissait pas en personne, le connaissait par ses bienfaits. Cher aux princes, unique objet de l'amour de sa ville, il voulait dans tous les cœurs la place d'un père. Il vécut ainsi dix lustres, auxquels s'ajoutèrent sept années; puis la mort vint, qui le ravit au monde. Qui pourrait louer comme il faut tant de vertus réunies en un seul homme? Maintenant sont ensevelis avec lui dans la tombe les vœux de tout un peuple. Reçois ô Léonce, ces humbles vers qui te sont offerts par ton ami Théodose; tu en méritais de plus beaux (2).

X. Épitaphe de Léonce, second du nom, évêque de Bordeaux (1).

Tout bien en ce monde est éphémère, toute joie fugitive. Le bonheur de l'homme s'envole à tire-d'aile. Celui à qui j'aurais aimé mieux offrir mes vers de son vivant est dans la tombe, et c'est sur cette tombe que, par un renversement de

```
Quam lupus ab stabulis tulerat frendente rapina,      25
    Te pastore gregis reddita plaudit ovis.
Templa exusta coler revocasti in culmine prisco,
    Hinc tua sed cælis stat sine labe domus.
Ipse bis octono vixisti in corpore lustro :
    Nunc tibi pro meritis est sine fine dies.          30
```

IX. Epitaphium Leonti episcopi anterioris civitatis Burdegalensis.

```
Ultima sors avido graviter properavit hiatu,
    Pastorem rapiens qui fuit arma gregis.
Hoc recubant tumulo venerandi membra Leonti,
    Quo stetit eximium pontificale caput;
Quem plebs cuncta gemens confusa voce requirit :       5
    Hinc puer, hinc juvenis deflet, et inde senes.
Defensoris opem hic omnis perdidit ætas,
    Et quantum coluit nunc lacrimando docet.
Nemo valet siccis oculis memorare sepultum,
    Qui tamen in populo vivit amore pio.               10
Egregius, nulli de nobilitate secundus,
    Moribus excellens, culmine primus erat.
Hic pietate nova cunctis minor esse volebat :
    Sed magis his meritis et sibi major erat.
Quo præsente viro, meruit discordia pacem,             15
    Expulsa rabie, corda ligabat amor.
Ecclesiæ totum concessit in ordine censum,
    Et tribuit Christo quod fuit ante suum;
```

```
Ad quem pauper opem, pretium captivus habebat,
    Hoc proprium reputans quod capiebat egent.         20
Cujus de terris migravit ad astra facultas,
    Et plus iste Deo quam sibi vixit homo,
Cordis in amplexu retinens et pectore plebem,
    Diceret ut populum se generasse patrem.
Namque suos cives placida sic voce monebat,            25
    Confitereris ut hunc ad sua membra loqui.
Ingenio vigilans, dives quoque dogmate Christi,
    Et meruit studio multiplicare gradum.
Largior in donis absens sibi junxit amantes :
    Et quo non fuerat, munere notus erat.              30
Principibus carus hujusque amor unicus urbis,
    Festinans animis omnibus esse parens.
Lustra decem pollens, septem quoque vixit in annos;
    Mox, urgente die, raptus ab orbe fuit.
Sed quis cuncta canat, cum tot bona solus habebat?     35
    Nunc uno in tumulo plurima vota jacent.
Hæc tibi parva nimis, cum tu merearis opima,
    Carmina Theudosius præbet amore tuus.
```

X. Epitaphium Leonti episcopi sequentis civitatis Burdegalensis.

```
Omne bonum velox, fugitivaque gaudia mundi;
    Prosperitas hominum quam cito rapta volat!
Malueram potius cui carmina ferre salutis,
    Perverso voto, flere sepulchra vocor.
```

mes désirs, je suis appelé à pleurer. Ici reposent les restes du vénérable Léonce. Le renom qu'il a laissé comme évêque l'élève jusqu'au ciel. Il était de la plus haute noblesse, de celle dont il y a peut-être encore des représentants dans le sénat de Rome. Mais quoiqu'il eût d'illustres aïeux, il les rendit encore plus illustres par ses mérites personnels. Souverainement aimé des rois et le premier dans sa patrie, il était le bouclier de sa famille (2), le protecteur de ses amis, l'honneur du peuple et de sa ville. Il réparait les églises (3), était prodigue sans ostentation envers les pauvres, recevait et nourrissait les étrangers. De si loin qu'il vînt chez lui, fût-ce des extrémités du monde, le voyageur l'avait à peine vu qu'il l'appelait son père. Il avait l'esprit vif, le cœur loyal, la figure ouverte et sereine; il était tel enfin que je ne puis parler de lui sans pleurer. La Gaule n'eut pas un personnage d'une illustration égale à la sienne. Maintenant toutes ces qualités, toutes ces grandeurs sont enfouies dans un humble tombeau. Il apaisait la colère des rois, et charmait ses peuples par la sagesse de son gouvernement. Un seul jour hélas! leur ravit celui qui faisait toute leur joie. Il vécut heureux dix lustres et quatre ans, après quoi il disparut pour jamais à nos yeux. Placidine, épouse encore chère à ta cendre, te rend, ô Léonce, ce devoir funèbre et console ainsi son amour (4). — Ch. N.

XI. Épitaphe de Victorien, abbé du monastère d'Asana (1).

Qui que tu sois, voyageur venu de l'orient ou de l'occident, celui qui est couché dans ce tombeau a droit à tes hommages. Salue avec respect ce trésor des grâces divines, ce cœur qui fut une arche sainte où Dieu fut toujours présent. Gloire de la religion, honneur de la vie, arme du salut, Victorien, éminent par tant de vertus, repose ici. Appliqué à une noble tâche, à une œuvre féconde, il n'a pas vécu pour lui seul, mais pour tous les hommes. Il a semé d'un bout à l'autre de sa patrie d'innombrables essaims de moines, pieuses abeilles que ses soins ont nourries du miel de fleurs immortelles. Par sa parole puissante, par sa piété toujours active, par ses prières assidues, il a montré que dès cette vie il appartenait tout entier au ciel. Bien des fois ses oracles bienfaisants ont prouvé par des signes certains qu'il jouit de la vie bienheureuse. Pendant douze lustres il a, pasteur dévoué, gouverné avec la sollicitude d'un père son troupeau cher à Dieu. Après avoir suivi, sans dévier jamais, les traces sacrées du Christ, il jouit enfin de la vue de celui que cherchait son amour.

XII. Épitaphe d'Hilaire, prêtre (1).

Nul n'échappe au sort commun, nul n'évite l'heure fatale, quand une loi inéluctable amène son dernier jour. La mort nous trouve tôt ou tard sur sa route, et nous frappe sans pitié. Notre chair est faite de poussière et retourne en poussière. Les grandes âmes sont cependant soutenues par cette espérance qui ne sera pas déçue, que celui qui a bien vécu n'a rien à craindre de la mort. Dans ce tombeau repose le vénérable Hilaire : la terre

Hoc recubant tumulo venerandi membra Leonti, 5
   Quem sua pontificem fama sub astra levat.
Nobilitas altum ducens ab origine nomen,
   Quale genus Romæ forte senatus habet;
Et quamvis celso flueret de sanguine patrum,
   Hic propriis meritis crescere fecit avos : 10
Regum summus amor, patriæ caput, arma parentum,
   Tutor amicorum, plebis et urbis honor,
Templorum cultor, tacitus largitor egentum,
   Susceptor peregrum distribuendo cibum.
Longius extremo si quis properasset ab orbe, 15
   Advena mox vidit, hunc ait esse patrem;
Ingenio vivax, animo probus, ore serenus,
   Et mihi qualis erat, pectore flente, loquor.
Hunc habuit clarum, qualem modo Gallia nullum;
   Nunc humili tumulo culmina celsa jacent. 20
Placabat reges, recreans moderamine cives :
   Gaudia tot populis, heu, tulit una dies.
Lustra decem felix et quattuor insuper annos
   Vixit, et a nostro lumine raptus obit.
Funeris officium, magni solamen amoris, 25
   Dulcis adhuc cineri dat Placidina tibi.

XI. Epitaphium Victoriani abbatis de monasterio Asanæ.

Quisquis ab occasu properas huc, quisquis ab ortu,
   Munus in hoc tumulo quod venereris habes.
Respice ditatum cœlesti dote talentum,
   Cujus semper habet pectoris arca Deum.
Religionis apex, vitæ decus, arma salutis, 5
   Eximius meritis Victorianus adest,
Dignum opus exercens qui fructificante labore
   Cunctis, non soli vivit in orbe sibi.
Plurima per patriam monachorum examina fundens
   Floribus æternis mellificavit apes. 10
Lingua potens, pietas præsens, oratio jugis :
   Sic fuit, ut jam tum totus ad astra foret.
Plura salutiferis tribuens oracula rebus
   Sæpe dedit signis vita beata fidem.
Bis senis rexit patrio moderamine lustris 15
   Ilite Deo placitas pastor opimus oves.
Calle sequens recto sacra per vestigia Christum,
   Nunc fruitur vultum quem cupiebat amor.

XII. Epitaphium Hilari presbyteri.

Omnes una manet sors irreparabilis horæ,
   Cum venit extremus, lege trahente, dies.
Sic furit ira necis neque nos fugit orbita mortis;
   Pulvere facta caro est, non nisi pulvis erit.
Hæc tamen insignes animas spes non vacua pascit, 5
   Quod qui digna gerit de nece nulla timet.
Hoc jacet in tumulo venerandus Hilarius actu,
   Corpore qui terras et tenet astra fide,

garde son corps, son âme pieuse est au ciel. Né d'une race noble et fameuse, il effaça par ses vertus la gloire de ses illustres ancêtres. Uni à une épouse digne de lui, quand il l'eut perdue, il donna tout son cœur à Dieu et ne connut plus d'autre amour. Usant de son bien pour le service d'autrui, il était de plus versé dans la pratique des lois; sa raison était la balance des procès; il rendait la justice au peuple avec une rigoureuse impartialité; il ne la vendit jamais. Evantius lui a rendu ce devoir funèbre, et, tout en larmes, a déposé dans ce tombeau les restes d'un gendre chéri.

XIII. Épitaphe de Servilion, prêtre (1).

Si longue qu'elle soit, la vie de l'homme ici-bas est courte; il n'est sur cette terre qu'un étranger. La seule vie qui ne finisse pas, c'est la vie bienheureuse. Dans ce tombeau gît Servilion, noble par sa naissance, plus noble par ses vertus. Il gouverna avec sagesse le palais du prince, et sut grossir les trésors dont l'administration lui était confiée. Devenu prêtre, il fut jusqu'au dernier jour l'objet de la vénération publique et vécut indépendant, n'ayant plus d'autre maître que Dieu. L'orphelin a perdu en lui un père, la veuve un consolateur; sa bonté envers eux reçoit au ciel sa récompense. Par la grâce du Christ, il a vu d'en haut l'avènement du nouveau pontife. Ravi à la terre, il entre plein de joie dans le royaume céleste.

XIV. Épitaphe de Présidius (1).

La vie des hommes est courte, mais non celle des hommes pieux, car, lorsque cette existence finit, ils en commencent une plus belle. Délivrés de la prison de la chair et des ténèbres du monde, ils sont jugés dignes de jouir de la lumière éternelle. L'un de ces hommes de bien, le vertueux Présidius, repose ici; son corps est dans ce tombeau et son âme est montée au ciel. De son cœur jaillissait à flots la doctrine du Christ, comme une fontaine intarissable où les altérés venaient étancher leur soif. Ses appels pressants guidaient son troupeau vers les pâturages du roi du ciel; sa bouche versait à ses frères le sel savoureux de la sagesse. Chaque fois qu'un moine souffrait de la cuisante blessure du péché, on l'envoyait à cet habile médecin, et il revenait guéri. Lui tout à l'heure si fier, il allait déposer son orgueil aux pieds du saint abbé, et écouter humblement ses leçons. Après s'être, par amour pour Dieu, donné tout entier à ce pieux ministère, Présidius, brillant de gloire, est aujourd'hui parmi les chœurs des anges.

XV. Épitaphe du diacre Bobolénus.

La vie de l'homme est exposée à d'innombrables périls; le malheur a mille manières de l'atteindre. Couché sur son lit, le diacre Bobolénus goûtait les douceurs du sommeil, quand la mort impitoyable le frappa tout à coup. Un ennemi, qui guettait le moment propice, le surprit sans défense, et, lui fendant la tête d'un coup de hache, mit traîtreusement fin à ses jours. Dis-moi,

---

Vir bonus, egregia de nobilitate refulgens,
    Inter honoratos germinis altus apex.   10
Conubio junctus simili, sed conjuge rapta,
    Stans in amore Dei, non fuit alter amor.
Utilis in propriis, doctus moderamine legis,
    Cujus judicium pondere libra fuit.
Justitiam tribuens populis examine recto :   15
    Vendita res pretio non fuit ulla suo.
Funeris officio lacrimans Evantia caro
    Contulit hæc genero membra sepulchra suo.

XIII. Epitaphium Servilionis presbyteri.

Quamvis longa dies, brevis hic et hospita lux est;
    Sola tamen nescit vita beata mori.
Hoc igitur tumulo Servilio clausus habetur,
    Nobilis et merito nobiliore potens.
Ipse Palatinam rexit moderatius aulam,   5
    Commissæque domus crescere fecit opes.
Presbyter inde sacer mansit venerabilis urbi,
    Servitioque Dei libera vita fuit.
Orfanus hic patrem, viduæ solacia deflent,
    Unde magis cœlis gaudia vera tenet.   10
Pontificem genitum vidit dehinc munere Christi;
    Raptus ab orbe quidem lætus, ad astra redit.

XIV. Epitaphium domni Præsidi.

Vita brevis hominum, sed non brevis illa piorum,
    Dum migrante die prosperiora tenent :
Qui meruere magis de carcere carnis euntes
    Post tenebras mundi luce perenne frui.
Ex quibus hic recubans meritis Præsidius almis   5
    Carne tenet tumulum, spiritus igne polum.
Pectore de proprio Christi responsa rigando
    Multorum extinxit fonte fluente sitim.
Invitans instanter oves ad pascua regis
    Distribuit dulcem fratribus ore salem.   10
Nam quotiens monachus peccati vel vulnere fixus
    Missus ad artificem, certa medella fuit.
Ibat ad abbatem famulans sanctumque magistrum
    Discipulus humilis, qui fuit ante tumens.
Talibus officiis intentus amore Tonantis   15
    Inter et angelicos fulget honore choros.

XV. Epitaphium Boboleni diaconi.

Innumeris hominum subjecta est vita periclis,
    Casibus et variis sors inimica premit.
Nam recubante toro Bobolenus, honore diacon,
    Dum fruitur somno, mors rapit atra virum :
Hostis in insidiis securo cæde securis   5
    Percutiens cerebrum fecit obire dolo.

infâme, qu'as-tu gagné à ce crime? Bobolénus vit en Dieu, et toi tu mourras deux fois : à toi le châtiment dû au meurtrier, à Bobolénus la gloire du martyre; à toi l'éternel supplice, à lui la palme.

XVI. Épitaphe d'Atticus.

Si longue qu'ait été la vie d'un vieillard, elle paraît courte, quand en vient la fin. Nul n'échappe à cette nécessité; il faut que la terre soit rendue à la terre : c'est la loi, c'est notre commune destinée. Dans cet humble tombeau repose l'illustre Atticus, dont la parole coulait aussi douce que le miel, qui charmait les oreilles par ses suaves accents, et guérissait les âmes par son influence bienfaisante. La Gaule vénérait la sagesse profonde du vieillard, et l'honorait lui-même comme un père. Né d'un sang illustre, espoir d'une race antique et glorieuse, content de ses biens, jamais il ne porta la main sur ceux d'autrui. Il était très instruit de la religion; son esprit était comme une bibliothèque pleine de livres, et chacun venait librement puiser à cette source du savoir. Par sa sagesse, par sa piété, par la sérénité de son visage, il s'était fait aimer de son peuple comme un père. Il prodigua les dons aux églises et aux pauvres, envoyant ainsi au ciel des richesses qu'il devait y retrouver un jour.

XVII. Épitaphe du jeune Arcadius (1).

Tout bien ici-bas est éphémère et passe en un moment; ce qui doit faire notre joie est ce que la mort se hâte le plus de nous ravir. Le jeune Arcadius, descendant d'une famille sénatoriale, repose ici, enlevé prématurément à la terre. Son enfance, soumise au frein qu'elle s'était elle-même imposé, montra dans un âge si tendre la maturité de la vieillesse. Doué d'une éloquence entraînante, d'un visage d'une beauté radieuse, l'enfant sans étude surpassait déjà les habiles. Mais pourquoi sa beauté, à présent qu'il est mort, m'entraîne-t-elle à rappeler ses autres mérites? Me les rappeler l'un après l'autre, c'est multiplier les raisons que j'ai de le pleurer. Mais puisqu'il est sorti de ce monde avant qu'aucune souillure eût terni sa pureté, personne ne doit pleurer celui qui est au paradis.

XVIII. Épitaphe de Basile (1).

Les sanglots m'empêchent de prononcer le nom de mon ami; à peine ma main désolée a-t-elle la force de tracer ces mots. La tendresse qu'avait pour lui son épouse me somme de lui rendre un dernier hommage : parler me déchire le cœur, et il serait cruel de me taire. Lecteur, si tu veux savoir qui repose dans ce sinistre tombeau, apprends que c'est l'illustre Basile. Ses pieux discours ravissaient les âmes, sa douce éloquence charmait les cœurs. Sa science inépuisable et la douceur dont ses discours étaient pleins lui donnaient un double et irrésistible attrait. Aimé du roi, chéri des peuples, il était si affable envers tous que tous trouvaient en lui la bonté d'un père. Calme, sage, obligeant et ami de la paix, par sa

```
Dic, tibi quid prodest scelus hoc peragendo, nefande?
  Ille Deo vivit, tu moriture peris.
Martyris ille decus meruit, tu damna latronis;
  Hinc sibi palma placet, sed tibi pœna manet.       10
```

XVI. Epitaphium Attici.

```
Quamvis longa seni ducatur in ordine vita,
  Cum venit extremum, nil valet esse diu.
Sed quia nemo fugit, nisi terram terra recondat,
  Lege sub hac cunctos sors rapit una viros.
Celsus in hoc humili tumulo jacet Atticus ille,      5
  Qui dabat eloquio dulcia mella suo.
Impendens placidam suavi modulamine linguam,
  Pacificusque suus sermo medella fuit.
Cujus abundantem venerata est Gallia sensum
  Excoluitque senem semper honore patrem.           10
Clarus ab antiquis, spes nobilitatis opimæ,
  Sufficiens propriis, nulla rapina fuit.
Dogmata corde tenens plenus velut arca libellos,
  Quisquis quod voluit fonte fluente bibit.
Consilio sapiens, animo pius, ore serenus,          15
  Omnibus ut populis esset amore parens.
Sic venerabilibus templis, sic fudit egenis,
  Mitteret ut cælis quas sequeretur opes.
```

XVII. Epitaphium Arcadi juvenis.

```
Omne bonum velox fugitivo tempore transit;
  Quæ placitura videt, mors magis illa rapit.
Hic puer Arcadius, veniens de prole senatus,
  Festinante die raptus ab orbe jacet.
Parvula cujus adhuc freno se vinxerat ætas,          5
  Ut teneris annis surgeret ipse senex.
Eloquio torrens, specie radiante venustus,
  Vincens artifices et puer arte rudis.
Quo me, forma, rapis laudes memorare sepulti?
  Singula si memores, plus lacrimanda mones.        10
Sed quoniam nulla maculatus sorde recessit,
  Nulli flendus erit quem paradisus habet.
```

XVIII. Epitaphium Basili.

```
Impedior lacrimis prorumpere nomen amantis,
  Vixque dolenda potest scribere verba manus.
Conjugis affectu cogor dare pauca sepulto :
  Si loquor, adfligor; si nego, durus ero.
Qui cupis hoc tumulo cognoscere, lector, humatum :   5
  Basilium inlustrem mæsta sepulchra tegunt.
Cujus blanda pio recreabat lingua relatu,
  Et dabat eloquio verba benigna suo.
Hinc doctrina rigans, illinc dulcedo redundans
  Ornavit radio, lux geminata, virum.               10
Regis amor, carus populis, ita pectore dulcis,
  Ut fleret cunctis in bonitate parens;
Tranquillus, sapiens, jucundus, pacis amicus,
```

seule présence il étouffait dans leur germe toutes les querelles. Plus d'une fois la Gaule eut recours à ses conseils, et elle l'envoya en Espagne avec le rang d'ambassadeur. Assez riche pour ses besoins, jamais il ne se fit complice d'aucune exaction; peu attaché à ses propres biens, jamais il ne toucha aux biens d'autrui. Il enrichit les églises et décora les lieux saints de ses offrandes (2); il soulagea les pauvres, et marcha vers le ciel, riche de ce qu'il leur avait donné. Pendant vingt ans, un seul et légitime amour réunit dans la même couche Basile et Baudegunde. Il avait à peine onze lustres quand il fut tout à coup ravi au monde, et, après avoir payé sa dette à la terre, il partit pour le royaume céleste. Nous n'avons pas à te pleurer, cher Basile; affranchi de la condition humaine, tu es en possession du ciel, ta vraie patrie.

XIX. Épitaphe d'Aracharius.

La terre enfante les générations humaines sans s'appauvrir; ce qu'elle leur a donné lui est rendu, et tous les corps doivent finir par rentrer dans son sein. Ici a été déposé, son dernier jour venu, Aracharius ravi au monde après avoir vécu six lustres. Il brilla à la cour du roi et mérita l'affection du prince. Il a rendu au monde tout ce qu'il en avait reçu; seules ses bonnes actions sont à jamais à lui.

XX. Épitaphe de Brumachus.

Si vous voulez connaître celui dont les cendres sont enfermées dans ce tombeau, c'est Brumachus, jadis illustre et puissant parmi les hommes. Sage et éloquent, il revenait d'une ambassade dont il avait été chargé, et regagnait sa patrie, quand la mort ennemie le frappa. Il était en Italie lorsqu'il mourut; mais Frigia, sa femme, rapporta ici les restes de cet époux bien-aimé. Autant il lui était cher de son vivant, autant son ombre lui est chère aujourd'hui. Une chaste épouse garde son amour à la cendre même de son mari. Brumachus vécut quarante ans, puis la mort le ravit soudainement à la terre. Un étroit tombeau renferme celui qui fut si grand.

XXI. Épitaphe d'Avolus (1).

N'arrosez pas de vos larmes le tombeau d'Avolus, qui, grâce à ses vertus, jouit aujourd'hui de la lumière. Si la piété qui paraissait dans toutes ses actions a reçu sa récompense, l'heureux Avolus est passé de la tombe au ciel. Les églises ont été ornées de ses dons, et le pauvre nourri de ses secrètes aumônes. Plus ses libéralités ont été cachées, plus abondante est aujourd'hui sa récolte. Sa naissance était noble, son âme intègre, son visage serein. Aimé du peuple qu'il aimait, libéral de ses deniers, il les répandait à pleines mains sans exiger aucun intérêt, sans réclamer une obole en plus de ce qu'il avait donné. La seule rémunération qu'il ait souhaitée, celle qui ne lui a pas manqué, c'est le salut; moins il fut récompensé ici-bas, plus son mérite s'en accrut. Il jouit

```
Nullaque quo stabat semina litis erant.
Hunc consultantem legati sorte frequenter        15
  Misit ad Hispanos Gallica cura viros.
Sufficienter habens numquam fuit arma rapinæ :
  Non propriis eguit, non aliena tulit.
Ecclesias ditans, loca sancta decenter honorans,
  Pauperibus tribuens, dives ad astra subit.    20
Annis bis denis cum Baudegunde jugali
  Junxit in orbe duos unus amore torus.
Qui tamen undecimo lustro cito raptus ab ævo,
  Post finem terræ regna superna petit.
Non jam flendus eris, humana sorte recedens,    25
  Dum patriam cœli, dulcis amice, tenes.
```

XIX. Epitaphium Arachari.

```
Partu terra suo fraudem non sustinet ullam :
  Quæ dedit, hæc recipit debita membra luto.
Illic vergente suo situs est Aracharius ævo,
  Sex qui lustra gerens raptus ab orbe fuit.
Ipse palatina refulsit clarus in aula            5
  Et placido meruit regis amore coli.
Omnia restituit mundo quæ sumpsit ab ipso :
  Sola tamen pro se quæ bene gessit habet.
```

XX. Epitaphium Brumachi.

```
Quisquis in hoc tumulo cineres vis nosse sepulti :
  Brumachius quondam fulsit in orbe potens.
Quem sensu, eloquio legati nomine functum,
  Dum remeat patriæ, sors inimica tulit.
Finibus Italiæ raptus, sed Frigia conjunx        5
  Detulit huc cari funus amando viri.
Ceu vivum coluit cui grata est umbra mariti :
  Conjugibus castis ipsa favilla placet.
Ipse quater denos permansit in orbe per annos;
  Mox obit et magnum parva sepulchra tegunt.    10
```

XXI. Epitaphium Avoli.

```
Iriguis Avolum lacrimis ne flete sepultum,
  Qui propriis meritis gaudia lucis habet.
Nam si pensentur morum pia gesta suorum,
  Felix post tumulos possidet ille polos.
Templa Dei coluit, latitans satiavit egentem :   5
  Plenius illa metit quæ sine teste dedit.
Nobilitate potens, animo probus, ore serenus,
  Plebis amore placens, fundere promptus opes,
Non usuræ avidus, licet esset munere largus,
  Plus nihil expetiit quam numerando dedit.     10
Nil mercedis egens, merces fuit una salutis
```

à présent de la lumière éternelle et du bonheur parfait; pour lui la mort est morte; il ne connaît pas les supplices réservés aux méchants, il est entré dans la vie céleste.

XXII. Épitaphe de deux innocents.

Dans ce tombeau reposent deux frères, deux enfants qu'il ne faut pas pleurer, puisque la vie bienheureuse les a reçus avant qu'ils eussent péché. Conçus dans le même sein, ils sont ensevelis dans la même tombe; nés ensemble, ensemble ils sont dans le ciel. L'un est mort au sortir du baptême, avant d'avoir quitté la robe blanche; l'autre avait cinq ans quand il fut amené devant Dieu. Le premier avait reçu le nom de Jean; le second celui de Patrice, présage de plus hautes destinées. De nombreux indices annoncèrent ce qu'il devait être un jour. Heureux enfants, ils jouissent de la félicité des élus! Avec eux repose ici leur heureuse mère, qui, en les mettant au monde, a mérité, elle aussi, la lumière céleste.

XXIII. Épitaphe de Julien.

Ici repose Julien, qui vit maintenant dans l'éternité. Ancien marchand, heureusement converti, il quitta ce monde dans un état parfait d'innocence. Il amassa beaucoup, mais il fut prodigue de son or envers les pauvres, envoyant ainsi en avant des richesses qu'il devait un jour suivre lui-même. S'il rencontrait quelque nouveau venu dans la ville, il se montrait soucieux de le connaître, et si c'était un exilé, il lui tenait lieu de père. C'est le pauvre surtout qu'il aimait à secourir, persuadé qu'en lui donnant des aliments, c'était le Christ même sous la figure d'un pauvre qu'il nourrissait. Non seulement il faisait du bien, mais il se cachait pour le faire, et ce bien, fait sans témoin, n'en avait que plus de prix. Heureux argent que celui qui sert à calmer la faim d'un frère, et qui peut bâtir avec des pierres vivantes (1)! Jean, aujourd'hui prêtre, a élevé ce tombeau à son père. Avec quel amour il servirait son père vivant, ce fils qui lui consacre une pareille sépulture! (2) — Ch. N.

XXIV. Épitaphe d'Orientius.

Notre vie ici-bas est courte et éphémère; le même instant la voit commencer et finir. Les générations humaines passent et disparaissent; la foi seule mérite et donne l'immortalité. Dans ce tombeau est enfermé le puissant Orientius, pour qui naguère le palais du roi était toujours ouvert. Conseiller habile et familier de la cour, il y tint le rang le plus haut, et il en était digne. Sage, juste, modéré, intègre, aimé de tous, il a emporté, en quittant ce monde, le mérite du bien qu'il y avait fait. Il est mort avant d'avoir achevé sa soixantième année. Il était l'époux de Nicasia, qui lui a donné la sépulture, et dont le chaste amour est resté fidèle à sa tombe. Désormais, ce n'est pas à un homme qu'elle veut plaire, elle s'est donnée toute à Dieu.

Quod minus est pretio, proficit hoc merito.
Luce perenne fruens felix, cui mortua mors est,
Quem non pœna premit, vita superna manet,

XXII. Epitaphium Innocentum.

Hoc jacet in tumulo non flenda infantia fratrum,
   Quos tulit innocuos vita beata viros.
Uno utero geniti simili sunt sorte sepulti,
   Et pariter natos lux tenet una duos.
Lotus fonte sacro prius ille recessit in albis,   5
   Iste gerens lustrum ducitur ante Deum.
Nomine sed primus vocitatus rite Johannes,
   Alter, Patricius, munere major erat :
De cujus merito se plurima signa dederunt;
   Felices animæ, quæ pia vota colunt!   10
Hic etiam felix genetrix requiescit eorum,
   Quæ meruit partu lumina ferre suo.

XXIII. Epitaphium Juliani.

Condita sunt tumulo Iuliani membra sub isto,
   Cujus in æternum vivere novit honor :
Mercator quondam, conversus fine beato,
   Raptus ab hoc mundo crimine liber homo.
Collegit nimium, sed sparsit egentibus aurum :   5
   Præmisit cunctas, quas sequeretur opes.
Sollicitus quemcumque novum prospexit in urbe,
   Hunc meruit veniens exul habere patrem.
Pascere se credens Christum sub paupere forma,
   Ante omnes apud hunc sumpsit egenus opem.   10
Nec solum refovens, sed dona latendo ministrans,
   Amplius inde placet quod sine teste dedit.
Felicem censum qui fratris migrat in alvo!
   Et vivos lapides ædificare potest.
Extulit hunc tumulum genitoris honore Johannes,   15
   Qui modo divinis fungitur officiis.
Qualiter hic vivo serviret amore parenti,
   Cum nati pietas ipsa sepulchra colit!

XXIV. Epitaphium Orienti.

Non hic nostra diu est fugienti tempore vita,
   Quæ sub fine brevi, vix venit, inde redit.
Ecce caduca volant præsentia sæcula mundi,
   Sola fides meriti nescit honore mori.
Clauditur hic pollens Orientius ille sepultus,   5
   Cui palatina prius mansit aperta domus.
Consiliis habilis regalique intimus aulæ
   Obtinuit celsum dignus in arce locum.
Vir sapiens, justus, moderatus, honestus, amatus,
   Hoc rapuit mundo quod bene gessit homo.   10
Sexaginta annis vix implens tempora lucis,
   Conjuge Nicasia, qua tumulante cubat.
Cujus castus amor colit ipsa sepulchra mariti,
   Nec placitura homini se dedit esse Dei.

XXV. Épitaphe de la reine Theudechilde (1).

Bien qu'elle succombât sous le poids des années, elle est morte trop tôt pour tous ceux qui avaient mis en elle leur espoir. Si les prières des hommes pouvaient faire fléchir les lois de la nature, son peuple en larmes aurait obtenu qu'elle lui fût laissée. Combien de pauvres ont vu toutes leurs joies enfermées avec elle dans la tombe! Que d'espérances détruites en un seul jour! Issue d'une race illustre, la voilà, malgré l'éclat de sa naissance, étendue dans ce sépulcre! Sœur, fille, épouse, petite-fille de rois, si haut que l'on remonte parmi ses ancêtres, on ne rencontre que des rois. L'orphelin, l'exilé, le pauvre, les veuves, ceux qui couchent nus sur la terre, pleurent d'avoir perdu avec une mère, le pain et le vêtement. Ce qui faisait le prix de ses bienfaits, ce qui en doublait la valeur, c'est qu'elle n'attendait pas pour donner qu'on fît appel à sa pitié. Elle cachait ses charités aux siens, afin qu'aucun d'eux n'y fît obstacle; mais ce qu'elle donnait en secret, le juge suprême le voyait. Sa main pieuse se plaisait à enrichir les églises de ses offrandes (2); les seuls biens qu'elle crût vraiment posséder, c'étaient ceux dont elle avait fait part aux malheureux. C'est notre commune destinée de mourir et de rendre la terre à la terre. Heureux ceux qui par leurs vertus ont mérité l'immortalité! Ayant ainsi vécu ici-bas, Theudechilde est entrée dans la vie éternelle. Elle passa quinze lustres sur cette terre dont elle était l'ornement (3).

XXVI. Épitaphe de Vilithuta (1).

Tout bonheur est éphémère; les joies de ce monde durent peu; à peine les avons-nous entrevues, qu'elles fuient et s'évanouissent. Pour que notre douleur soit plus amère quand nous perdons ceux que nous aimons, la destinée se plaît à nous les rendre plus chers; ainsi leur perte nous est plus cruelle. Déplorable condition des choses de ce monde! Sort ennemi des humains! Pourquoi nous faire tant aimer ce dont la perte nous doit être si regrettable? La belle Vilithuta, l'épouse bien-aimée de Dagaulfus, arrachée à ses embrassements, gît dans ce tombeau. Un lien plus étroit que celui de la chair, l'amour, l'unissait à son mari; la mort seule a rompu ce lien. Elle avait encore de belles années devant elle, et voilà qu'à peine entrée dans la vie, elle est brutalement frappée par la mort. Née à Paris de parents nobles, elle eut le cœur romain, bien qu'elle fût de sang barbare. Issue d'une race farouche, elle était pleine de douceur, d'autant plus admirable en cela qu'elle avait vaincu la nature. Son visage souriant respirait une joie toujours nouvelle; jamais un nuage n'assombrit son front, jamais un souci n'altéra la sérénité de son cœur. La beauté unie à la grâce rayonnait sur son visage; toute sa personne charmait les yeux. Plus belle qu'aucune autre jeune fille de sa race, elle avait un teint de roses, un cou blanc comme le lait. Son visage, d'une éclatante beauté, était pourtant moins beau que son âme. Sa bonté était égale à sa piété. Quoiqu'elle n'eût aucun parent en ce pays, son extrême obligeance lui avait fait une famille de tous ceux qui l'approchaient. Uniquement éprise des biens célestes, elle distribuait des aliments aux pauvres,

XXV. Epitaphium Theudechildæ reginæ.

Quamvis ætatis senio jam flecteret annos,
  Multorumque tamen spes cito rapta fuit.
Si precibus possent naturæ debita flecti,
  Plebs ageret lacrimis hanc superesse sibi.
Gaudia quanta inopum tumulo sunt clausa sub isto, 5
  Votaque quot populis abstulit una dies!
Inclita nobilitas genitali luce coruscans.
  Hic properante die Theodechilde jacet.
Cui frater, genitor, conjunx, avus atque priores,
  Culmine succiduo regius ordo fuit. 10
Orfanus, exul, egens, viduæ nudique jacentes,
  Matrem, escam, tegmen hic sepelisse dolent.
Unica res placuit cumulo mercedis opimæ;
  Antea cuncta dedit quam peteretur opem,
Occultans sua dona suis neu forte vetarent: 15
  Sed quæ clausa dedit, judice teste docet:
Templorum domini cultrix, pia munera præbens,
  Hoc proprium reputans quiquid habebat inops.
Una mori sors est et terræ reddere terram;
  Felix cui meritis stat sine fine dies! 20
Actibus his instans, æterna in luce relata,
  Ter quino lustro vixit in orbe decus.

XXVI. Epitaphium Vilithutæ.

Omne bonum velox fugitivaque gaudia mundi:
  Monstrantur terris et cito lapsa ruunt.
Ut dolor adquirat vires cum perdit amantem,
  Ante placere facit, durius inde premit
Heu lacrimæ rerum, heu sors inimica virorum! 5
  Cur placitura facis, quæ dolitura rapis?
Vilithuta decens, Dagaulfi cara jugalis,
  Conjugis amplexu dissociata jacet.
Corpore juncta toro, plus pectore nexa marito:
  Lucis in occasu vincula rupit amor. 10
Tempora cui poterant adhuc in flore manere,
  Principium vitæ finis acerbus habet.
Sanguine nobilium generata Parisius urbe,
  Romana studio, barbara prole fuit:
Ingenium mitem torva de gente trahebat: 15
  Vincere naturam gloria major erat.
Numquam mæsta manens, vultu nova gaudia portans,
  Nubila fronte fugans, corde serena fuit.
Fudit ab ore jubar species redimita decore,
  Protulit et radios forma venusta suos. 20
Stirpe sua reliquas superavit pulchra puellas,
  Et rosea facie lactea colla tulit.
Splendida conspectu, meliori pectore fulsit,
  Digna micans animo, nec pietate minor.
Cui quamvis nullus hac in regione propinquus, 25
  Obsequio facta est omnibus una parens,
Divinis intenta bonis, alimenta ministrans,

se rassasiant elle-même du plaisir d'être charitable : c'est là ce qui la fait vivre même après la mort. L'homme meurt, mais le bien qu'il a fait lui survit. Le corps retourne en poussière; l'âme pieuse jouit d'une félicité éternelle. Tout passe, excepté l'amour de Dieu. Orpheline, elle reçut les tendres soins de son aïeule; elle grandit à ses côtés et lui rendit la fille que cette aïeule avait perdue. Elle avait treize ans quand elle fut unie à l'époux qu'elle avait désiré. Issu d'une très noble famille, il rehausse encore cet avantage par ses qualités personnelles. Il est bon, aimable, gai, instruit; l'étude des lettres, dont il nourrit sa jeunesse, lui donna ce que la nature n'avait pu lui donner. Ils vécurent unis trois ans; trois ans, ils goûtèrent le bonheur de s'aimer; tous deux avaient même cœur, mêmes désirs, mêmes espérances, même caractère, mêmes vertus; tous deux avaient l'intelligence, la beauté, la piété. Au temps marqué par le destin, elle devint mère pour son malheur et mourut en donnant le jour à son enfant. La mort jalouse l'enleva tout à coup à la fleur de son âge; elle avait vécu trois lustres et deux années (2). Ainsi c'est en donnant la vie qu'elle-même perdit la vie; c'est au moment où les yeux de son enfant s'ouvraient à la lumière que se fermaient les siens. Triste exemple d'une funeste fécondité! L'événement qui devait perpétuer cette famille la détruit tout entière. Ils allaient être trois et le père reste seul, celui qui devait compléter ce nombre ayant péri en naissant; car l'enfant mourut avec sa mère; il manquait de tout principe de vie, et il était né et mort en même temps. Ils eussent été plus heureux, si leur union eût été stérile; la naissance d'un fils a détruit leur félicité. Cet enfant, objet de leurs vœux funestes, a coûté la vie à sa mère; celle qui lui donna le jour, lui donna aussi la mort. Deux existences furent tranchées du même coup; la mère tua l'enfant, et l'enfant tua la mère : double deuil pour le père, pour le mari, qui, dans un seul trépas a deux morts à pleurer. A peine a-t-il vu ce fils, qu'il lui faut verser des larmes sur sa tombe; il l'a vu assez pour le pleurer, trop peu pour l'aimer. La perte de son épouse met le comble à sa douleur; une union si tôt brisée laisse après elle des regrets sans fin. Il a du moins cette consolation de penser que celle qui en est l'objet a trouvé dans un autre monde des dédommagements. Ce qu'une autre femme aurait dépensé pour sa parure, elle l'a donné de grand cœur à l'Église et aux pauvres. Elle n'a laissé ici-bas aucune de ces richesses qui sont périssables, afin de les retrouver au ciel où elle les avait d'avance envoyées. Quand elle se montrait généreuse elle n'entendait pas se dépouiller : ce qu'elle a donné à pleines mains lui est maintenant rendu avec usure. Elle amassait pour soi en donnant aux pauvres, et maintenant elle vit au ciel des mets dont elle les a nourris sur la terre.

Heureux ceux qui n'ont pas à souffrir d'une seconde mort, et qui n'ont pas mérité que leur chair fût livrée aux supplices éternels! Heureux

Qua mercede magis se satiasse videt.
Hæc data post obitum faciunt quoque vivere functam :
    Forma perit hominum, nam benefacta manent. 30
Corpora pulvis erunt et mens pia floret in ævo :
    Omnia prætereunt præter amare Deum.
Orfana tunc aviæ studiis adolevit opimæ,
    Inque loco natæ neptis adulta fuit.
Tertius a decimo ut hanc primum acceperat annus, 35
    Traditur optato consociata viro.
Nobilitas in gente sua cui celsa refulsit,
    Atque suis meritis additur alter honor.
Dulcis, ovans, alacris, studiis ornata juventus :
    Quod natura nequit, littera prompta dedit. 40
Tres meruere tamen juncti superesse per annos,
    Conjugioque suo, corde ligante, frui.
Ambo pares animo, voto, spe, moribus, actu,
    Certantesque sibi mente, decore, fide.
Tempore jam certo est enixa puerpera prolem, 45
    Damno feta suo, quae pariendo perit.
Abripuit teneram subito mors invida formam,
    Annos quippe duos, lustra gerendo tria :
Sic animam generans anima spoliatur et ipsa,
    Spem peperit luci, luce negante sibi. 50
Exemplum sed triste dedit fetura parenti :
    Unde redire solet, deficit inde genus.
Tertius esse pater cupiens, heu, solus habetur :
    Crescere quo numerus debuit, ecce cadit.
Nam partus cum matre perit, nascendo sepultus, 55
    Nil vitale trahens, natus in ore necis.
Plus fuerant soli, si tunc sine prole fuissent :
    Addita posteritas abstulit id quod erat.
Infaustis votis genitus de funere matris,
    Et genetrix nato mortis origo fuit : 60
Alter in alterius letali sorte pependit,
    Inque vicem sibi mox ambo dedere necem.
Sed sensit graviora dolens pater atque maritus,
    Qui gemit uno obitu se sepelisse duos :
Pro vixdum genito lacrimas jam solvit humato, 65
    Vidit quod fleret, non quod haberet amor;
Tristitiæ cumulum tribuit cui rapta jugalis,
    Dans longas lacrymas tempore nupta brevi.
Consultum tamen illud habet de conjuge conjux,
    Huic quia mercedis non vacuatur opus. 70
Nam quod ad ornatum potuit muliebre videri,
    Ecclesiis prompte pauperibusque dedit;
Hic nulla ex illis rebus peritura reliquit,
    Ut modo præmissas dives haberet opes.
Quam bene distribuens sine se sua noluit esse! 75
    Nam quæ larga dedit, hæc modo plena metit.
Condidit ergo sibi quidquid porrexit egenti,
    Et quos sumpsit inops hos habet illa cibos.
Felices quos nulla gravant de morte secunda,
    Nec faciunt pœnis subdita membra feris! 80
Dulcibus inlecebris qui non sibi condit amarum,

ceux qui ne se sont pas préparé d'amers déboires en cédant aux douces séductions du mal, qui n'ont pas tué leur âme pour le contentement de leur corps, et qui, ayant vécu chastes, pieux et exempts de tout reproche, ont acquis les récompenses du ciel par le renoncement à celles de la terre! Qu'il faut peu de temps ou pour amasser de nombreux sujets de larmes, ou pour s'assurer une félicité durable par une bonne vie! Mourir n'est rien; le plus terrible est d'être dès cette vie la proie de l'Enfer. Malheur à l'homme qui, après s'être souillé de crimes, se verra garrotté devant le Rédempteur, quand ce juge du monde viendra porté sur les nuées, et que la redoutable trompette ébranlera les cieux!

D'un côté arriveront, montés sur leur char, Élie et Énoch; après eux Pierre et Étienne à la tête de leurs disciples. Entourée d'une élite de jeunes filles comme d'une ceinture de roses, Marie la première, au milieu de ce chœur de vierges, attirera les regards. Près de la mère du Christ se tiendront Agnès, son épouse, et Thècle et Agathe, et toutes celles dont la virginité a été agréable au Seigneur. De quelle terreur seront frappées les âmes, lorsqu'elles seront face à face avec le souverain juge assisté du sénat du ciel? Que lui diront-elles pour leur défense? Le châtiment pour les coupables et pour les innocents la récompense ne se feront point attendre. Chacun alors récoltera ce qu'il aura semé pendant sa vie. Les uns s'écrieront : « Tombez, montagnes, ensevelissez-nous! » Mais les montagnes, dociles à l'ordre de Dieu, leur refuseront des tombeaux. Il faudra payer sa dette jusqu'à la dernière obole. Nul ne reviendra de l'abîme où l'aura entraîné sa faute. Désespérés, ils seront jetés au feu comme des brins de paille, et leur chair en sera l'aliment. Plongés dans la fournaise ardente, ils vivront pour en endurer éternellement le supplice; car là, pour les tourmenter mieux, la mort ne meurt pas. Point de répit pour ces malheureux dévorés par les flammes! pas une goutte d'eau, hélas! dans ce fleuve de feu! Du côté opposé, les Justes, occupant les hautes demeures du ciel, dues à leurs vertus, brilleront d'un éclat égal à celui du soleil. Aux élus, l'auréole lumineuse, aux réprouvés le feu dévorant; ceux-là vivent de lumière, ceux-ci cuisent dans les flammes. Pour les uns et pour les autres, il est vrai, c'est toujours le feu, mais quelle différence! La flamme brûle les méchants; elle est le signe auquel se reconnaissent les bienheureux : elle rayonne autour de leur tête sans s'éclipser jamais dans le Paradis où ils voient le Christ et où ils règnent avec lui. Heureux ceux appelés à contempler ces traits divins! Voir Dieu, quel plus grand honneur pour l'homme! Si l'on sent tant de joie à la vue d'un ami, mortel comme nous, quels seront nos transports à la vue de Dieu! Le lis, le narcisse, la violette, la rose, le nard et l'amome, toutes les plantes odoriférantes de l'Arabie, brillent de leurs plus vives couleurs sur le visage du souverain juge; mais c'est surtout de sa personne sacrée qu'émanent les parfums les plus suaves. Autant l'éclat de l'or efface celui du plomb vil, autant ces parfums divins l'emportent sur l'odeur de l'encens et sur toutes les autres odeurs; autant le jour l'emporte sur la nuit et le

```
Nec per carnem animam vult sepelire suam,
  Sed casta pietate manens sine crimine vitæ,
  Illius in luce hac præmia lucis emit.
Tempore quam parvo lacrimas aut colligit amplas    85
Aut, cui vita nitet, gaudia longa capit!
Hac de morte levis dolor est; nam durius illud,
  Illic quem viventem Tartara nigra tenent.
Infelix quisquis maculosis actibus usus,
  Ante redemptorem se laqueasse videt,             90
Nubibus invectus cum venerit arbiter orbis
  Et tuba terribilis commovet arma polis!
His venit Helias, illis in curribus Enoch,
  Anteviando suos hinc Petrus, hinc Stephanus;
Flore puellarum rosea stipante corona              95
  Inter virgineos prima Maria choros :
Hinc mater, hinc sponsa Agnes, Tecla dulcis, Agathe
  Et quæcumque deo virginitate placet.
Tunc ibi quis terror cæli adsistente senatu!
  Quid dicturæ animæ judicis in facie?            100
Mox aut pœna manet miseros aut palma beatos :
  Quisque suæ vitæ semina jacta metit.
Sunt dicturi alii : « Cade mons et conprime corpus »,
  Sed jussi colles ferre sepulchra negant.
Cogentur minimi quadrantem solvere nummi;         105
  Nemo pedem removet quo sua culpa trahit.
Spe vacui, paleæ similes, mittentur in ignes;
  Pascendis flammis fit caro nostra cibus;
Vivunt ad pœnas æterno ardente camino.
  Ut cruciet gravius, mors mala non moritur;      110
Ne fessi recreent animas longo igne crematas,
  Porrigit, heu, nullas flammiger amnis aquas.
Parte alia, meritis felicibus alta tenentes,
  Fulgebunt justi sol velut arce poli.
Digni lumen habent, damnati incendia deflent,     115
  Illos splendor alit, hos vapor igne coquit.
Res est una quidem, duplici sed finditur actu :
  Nam cremat indignos quo probat igne pios :
Æterna radiant paradisi in luce beati
  Cum facie Christi regna tenendo sui.            120
Gratia quanta manet, vultus qui aspexerit illos!
  Quantus honor hominum, posse videre Deum!
Si nimis erigitur fragilem qui cernit amicum,
  Qualiter exultet qui videt ora Dei!
Lilia, narcissus, violæ, rosa, nardus, amomus,    125
  Quidquid odorifero germine mittit Arabs,
Judicis in vultu, florentia lumina, vernant :
  Sed super hæc domini suavior efflat odor.
Nam quantum obsceno melior lux aurea plumbo,
  Tantum tura Deo cedit et omnis odor;            130
Quantum nocte dies distat, sol lampade lunæ,
```

soleil sur la lune, autant le Créateur est au-dessus des œuvres les plus belles sorties de ses mains. Les justes qui le contemplent dans sa gloire se réjouissent d'avoir échappé à la mort et d'être sortis des ténèbres pour entrer dans la lumière éternelle; leur seul regret est d'avoir connu si tard un bonheur si parfait.

Ne pleurez donc plus la destinée de Vilithuta; nous croyons que son lot, qui est le prix de ses vertus, est le meilleur. Si vous persistiez dans votre affliction, vous vous montreriez jaloux de la félicité de celle qui fut votre épouse. Si ses pensées, son inclination et son corps étaient pour vous, son cœur, vous le savez, fut toujours à Jésus-Christ. Maintenant qu'elle a vu son Dieu, s'il lui était ordonné de revenir sur la terre près de vous, elle gémirait de cet ordre en y obéissant. Cette vie nouvelle, qui ne doit point finir, lui est plus chère que sa première vie, toujours troublée par la crainte d'une fin inévitable. Dites-vous aussi que c'est un mal léger que la mort, mal imposé par la nature à tous les hommes, aux rois comme aux derniers de leurs sujets. Ni la pauvreté, ni la fortune ne peuvent nous y soustraire; c'est la destinée commune du riche et du pauvre. Les enfants et les vieillards, les noirs et les blancs, les beaux et les laids, les forts et les faibles, les doux et les brutaux, tous meurent. Le sage et le sot, l'honnête homme et le scélérat, le gras et le maigre, le petit et le grand, pour les uns comme pour les autres, la fin est la même. Tous y arrivent tôt ou tard, de quelque façon qu'ils aient vécu. Il n'est donc pas bien que vous pleuriez si amèrement une épouse dont les mérites vous sont connus et ne vous laissent aucun doute. Trop heureux ceux qui passent sur cette terre sans avoir rien à se reprocher, et qui ne la quittent que pour entrer dans une vie meilleure après la mort!

XXVII. Épitaphe d'Eufrasia (1).

Si les œuvres de la piété sont impérissables, tu jouis, ô sainte femme, de l'immortalité que tu as méritée; tu brilles d'un éclat radieux dans le royaume céleste, et je ne dois pas te pleurer, Eufrasia, puisque tu es heureuse. Ce qu'il y avait de terrestre en toi a été rendu à la terre, mais ton âme est remontée vers les astres; une part de toi est dans ce tombeau, l'autre est auprès de Dieu. Dégagée de ta dépouille corporelle, tu t'es élevée d'un vol léger vers le ciel où tu habites aujourd'hui, plus parfaite encore que tu ne l'étais sur la terre. Victorieuse des faiblesses de la chair, triomphant de toi-même, tu es rentrée, fille du ciel, dans ta divine patrie. Si ta naissance est illustre, ta race antique et glorieuse, tes vertus font ta vraie gloire. Mariée à Namatius qui fut ensuite évêque de Vienne, quand tu le perdis, tu te donnas à Dieu. Après avoir distribué tous tes biens aux exilés, aux veuves, aux captifs, après t'être ainsi pieusement appauvrie, tu es montée au ciel, riche de ta pauvreté même. Tu as, en quelques années passées ici-bas, conquis la vie éternelle; tu as envoyé là-haut des trésors que tu devais y suivre. Au nom du roi tout-puissant qui accorde à ses élus les joies du

```
    Factori cedunt sic sua facta suo.
Cum vero justi tanto splendore fruantur,
    Congaudent nimium se caruisse mori.
De tenebris migrasse favent in luce perenni,       135
    Et magis ad bona tot tardius isse dolent.
Tu quoque ne lacrimis uras pia fata jugalis,
    Cui modo creduntur huc meliora dari.
Nam si deplores meritis quæ vivit opimis,
    Conjugis ipse bonis invidiosus eris,          140
Præsertim quam sensu, animo, tibi corpore junctam,
    Cum Christo semper corde fuisse refers.
Post domini vultus ad te si jussa rediret,
    Fleret in hunc mundum se revocare gradum.
Carius illa diem retinet quem perdere nescit,     145
    Quam hunc quem timuit fine sequente sibi.
Nec grave funus agas cunctis natura quod offert,
    Quod cum principibus participatur inops.
Nullum paupertas, non eripit ampla facultas,
    Hoc commune simul dives, egenus habet.       150
Nam puer atque senes, niger, albus, turpis, honestus,
    Debilis et fortis, mitis et asper obit.
Huc sapiens, stolidus, probus, improbus, * omnis
    Plenior, exiguus, parvus et altus adit.
Tardius aut citius currit sors ista per omnes,   155
    Dissimili merito mors trahit una viros.
Non decet ergo graves pro coniuge fundere fletus,
```

```
    De cujus meritis te dubitare negas.
Felices nimium hic qui sine crimine præsunt,
    Qui melius discunt vivere post obitum!        160
```

XXVII. Epitaphium Eufrasiæ.

```
Si pietatis opus numquam morietur in ævo,
    Vivis pro merito, femina sancta, tuo,
Inclita siderco radians, Eufrasia, regno,
    Nec mihi flenda manes, cum tibi læta places.
Terræ terra redit, sed spiritus astra recepit:     5
    Pars jacet hæc tumulo, pars tenet illa polum.
Corpore deposito, leviori vecta volatu,
    Stas melior cælo, quam prius esses humo.
Carnis iniqua domans, de te tibi, sancta, triumphans,
    Ad patriæ sedes civis opima redis.            10
Ardua nobilitas proavorum luce coruscans,
    Plus tamen es meritis glorificanda tuis.
Vir cui Namatius datus inde Vienna sacerdos,
    Conjuge defuncto, consociata Deo.
Exulibus, viduis, captivis omnia fundens,          15
    Paupertate pia dives ad astra subis.
Æternum mercata diem sub tempore parvo
    Misisti ad cælos quas sequereris opes.
Sed rogo per regem paradisi gaudia dantem:
    Pro Fortunato supplice fundo precem.         20
```

paradis, ne refuse pas, je t'en conjure, tes prières à Fortunat. Obtiens par elles que celui qui t'adresse ces vers mérite d'être un jour mis sous clef dans l'asile confié à la garde de Pierre (2).

XXVIII. Épitaphe d'Eusébia.

Si les regrets d'un père et d'une mère pouvaient s'écrire avec des larmes, celles des parents d'Eusébia lui tiendraient ici lieu d'épitaphe. Mais puisque les pleurs de ceux qui nous aiment ne peuvent graver leur nom sur la pierre, ma main docile se laisse guider par la douleur paternelle. Frappée par la mort impitoyable, la noble Eusébia, naguère si brillante, repose dans ce sombre tombeau. Aussi intelligente que belle, elle fut plus adroite que Minerve, plus gracieuse que Vénus. Habile à manier la plume, elle sut aussi dessiner avec l'aiguille et tracer des lettres sur la toile, comme l'écrivain sur le papier. Déjà elle était promise à la couche du doux Eusébius; mais à peine vécut-elle deux lustres. Merveilleuse enfant, elle avait une raison supérieure à celle des vieillards, et elle se surpassait elle-même chaque jour, comme si elle prévoyait qu'elle ne dût pas vivre longtemps. Son père (1), écrasé d'un coup si terrible, perd à la fois sa fille et son gendre; l'une est emportée par la mort, l'autre vit et le quitte. Qu'il se console pourtant, car tu n'es pas morte pour le Christ, et tu revivras au delà du tombeau, vierge agréée de Dieu.

Obtineas votis, hæc qui tibi carmina misi
  Ut merear claudi quandoque clave Petri.

XXVIII. Epitaphium Eusebiæ.

Scribere per lacrimas si possent dura parentes,
  Hic pro pictura littera fletus erat.
Sed quia lumen aquis non signat nomen amantis,
  Tracta manus sequitur qua jubet ire dolor.
Nobilis Eusebiæ furibundi sorte sepulchri   5
  Hic, obscure lapis, fulgida membra tegis.
Cujus in ingenio seu formæ corpore pulchro
  Arte Minerva fuit, victa decore Venus.
Docta tenens calamos, apices quoque figere filo,
  Quod tibi charta valet hoc sibi tela fuit.   10
Dulcis in Eusebii jam desponsata cubile,
  Vivere sed teneræ vix duo lustra licet.
Ut stupeas juvenem, sensum superabat anilem;
  Se quoque vincebat non habitura diu.
Conteriturque pater cui nata generque recedit :   15
  Hæc letalis obit, ille superstes abit.
Sit tamen auxilium, quia non es mortua Christo :
  Vives post tumulum virgo recepta Deo.

NOTES SUR FORTUNAT, LIVRE IV.

I.

1. — Eumérus, évêque de Nantes, prédécesseur de Félix, assista au second concile d'Orléans en 533 et au quatrième en 541. Il mourut en 549 ou en 550. Il était monté sur le siège de Nantes en 531, suivant Le Cointe.

2. — Je remarque ici la qualification de *medicus* donnée à Eumérus, justifiée par le vers précédent : *unica cura... ut viseret ægros;* d'où il suit qu'Eumérus était à la fois prêtre et médecin. Ce fait n'est pas sans exemple. Voy. à ce sujet une inscription dans Gruter, n° 1173, 3. — Ch. N.

3. — Il y a ici un jeu de mots que le français ne peut rendre qu'imparfaitement : Felix *ille abiit,*Felicem *in sede reliquit.*

II.

1. — Saint Grégoire, évêque de Langres, mourut en 539.

2. — Il était d'une famille sénatoriale, et avait sollicité et obtenu la dignité de comte à Autun; il l'exerça pendant 40 ans, ainsi que le raconte Grégoire de Tours *Vitæ Patrum,* VII, 1. Il s'y montra si sévère que pas un individu notoirement coupable n'échappait au châtiment. Il fut élu évêque de Langres après la mort de sa femme, qui se nommait Armentaria.

III.

1. — Tétricus, fils de Grégoire et de sa femme Armentaria, succéda à son père sur le siège de Langres. Voyez Grégoire de Tours, *Vitæ Patrum,* VII, 1, et les notes de Ruinart; voyez aussi Le Cointe, *Annales ecclésiastiques,* an 539.

IV.

1. — Gallus ou saint Gall, élu évêque de Clermont en Auvergne, vers l'an 527, mourut en 551, selon Le Cointe. Il était l'oncle de Grégoire de Tours qui était fils de son frère Florent. Voyez Grégoire de Tours, *Vitæ Patrum,* IV et XIV.

2. — Grégoire de Tours raconte, *Vitæ Patrum,* VI, que saint Gall était encore enfant quand son père voulut le marier à une jeune fille d'une famille sénatoriale. Il s'enfuit de la maison paternelle et se réfugia dans un monastère des environs de Clermont, où il devint moine, puis prêtre, avec l'assentiment de son père.

3. — Quintianus, évêque de Clermont et prédécesseur de saint Gall. Un jour qu'il était venu visiter le monastère où s'était réfugié le jeune Gallus, il fut frappé de la beauté de sa voix; il l'emmena à Clermont, le garda auprès de lui et le traita comme son fils. Voyez Grégoire de Tours, *Vitæ Patrum,* VI.

4. — Théodoric ou Thierry Iᵉʳ, roi d'Austrasie, ayant entendu parler de la voix de Gallus, le fit venir à sa cour. La pureté de ses mœurs, plus encore que la douceur de son chant, lui gagnèrent le cœur du roi et de la reine, qui l'aimèrent comme leur propre enfant. (Grégoire de Tours, *Vitæ Patrum,* VI).

5. — Grégoire de Tours loue également sa patience, « comparable, dit-il, si l'on peut s'exprimer ainsi sans impiété, à celle de Moïse. »

6. — Selon Grégoire de Tours, saint Gall mourut à l'âge de 65 ans, dans la 27ᵉ année de son pontificat. Fortunat a sans doute supprimé quelques années pour le besoin du vers. Il emploie dans ce passage le mot *lustre* dans le sens d'*années,* ce dont le Glossaire de Du Cange donne quelques autres exemples. Le Cointe, ainsi qu'on l'a dit plus haut, fait mourir saint Gall en 554.

V.

1. — Rurice l'ancien était évêque de Limoges, à l'époque où Clovis combattait les Wisigoths (Le Cointe, *Annales ecclés.* an 508). Sidoine Apollinaire, dont il fut le contemporain et l'ami, lui a écrit quelques lettres et a célébré dans un épithalame son mariage avec Ibéria, fille d'Ommatius (*Carmen,* X et XI). De ce mariage naquit Ommatius, qui fut évêque de Tours (voyez Grégoire de Tours, *Histor. Franc.,* X, 31). Rurice le jeune, petit-fils du précédent, assista en qualité d'évêque de Limoges au 1ᵉʳ concile de Clermont, en 535. Les Rurice appartenaient à une famille illustre de ce temps, la famille des Anicius.

VI.

1. — Exocius, successeur de Rurice le jeune.

2. — Le poète fait ici évidemment allusion aux troubles et aux calamités qui affligèrent le Limousin au temps d'Exocius (voyez vers 10 et 14), et pendant lesquels cet évêque se conduisit avec une patience et un courage admirables. Grégoire de Tours (*Histor. Franc.,* IV, 48) raconte que, le roi Chilpéric ayant envahi les villes du roi Sigebert, entre autres Limoges et Cahors, il incendia les églises, en arracha les ministres, tua les clercs, détruisit les monastères d'hommes, abusa de ceux de femmes, et porta enfin partout la dévastation. Il ajoute que les malheurs de l'Église furent alors pires que pendant la persécution de Dioclétien. Ceci se passait vers l'an 573, quand le roi Gontram avait convoqué les évêques de son royaume pour aviser à l'apaisement de ces graves désordres.

VII.

1. — Chalactéricus, évêque de Chartres, succéda à saint Léobin vers l'année 550, selon Le Cointe.

2. — Brower croit qu'il faut entendre par ce passage que le pontificat de Chalactéricus a duré 38 ans. Mais Lucchi montre que cette interprétation n'est pas acceptable. Léobin, le prédécesseur de Chalactéricus, était au concile de Paris de 551 et mourut vers 556. D'autre part, Pappolus, qui succéda à Chalactéricus sur le siège de Chartres, dénonça au concile de Paris de 573 l'usurpation de Promotus qui avait envahi une partie de son diocèse. Il n'y a donc pas place, entre Léobin et Papolus, pour les 38 ans de pontificat que Brower attribue à Chalactéricus. Fortunat veut dire évidemment que Chalactéricus est mort à l'âge de 38 ans.

VIII.

1. — Cronopius était aux premier et deuxième conciles d'Orléans, en 511 et en 533.

2. — Selon Brower, Cronopius était le fils ou le petit-fils de Pegasius, évêque de Périgueux, dont parle Grégoire de Tours, *Hist. Franc.*, II, 13.

3. — Brower suppose que Cronopius racheta des habitants de Périgueux emmenés en captivité par les Goths, lors des invasions qui désolèrent l'Aquitaine et les provinces voisines.

4. — Cronopius acheva la basilique de saint Fronton et y fit transporter le corps du saint (Le Cointe, *Annal. eccl.* an 530). Mais Fortunat semble faire ici allusion à quelque église incendiée par les Goths et reconstruite par Cronopius.

IX.

1. — Ce Léonce est le prédécesseur de Léonce II, également évêque de Bordeaux, dont il est si souvent question au premier livre des poésies de Fortunat, et auquel se rapporte la pièce suivante (voyez Le Cointe, *Annales ecclés.*, an 541, n° 58).

2. — Voyez sur ce passage la Vie de Fortunat, ch. 1. Léonce Ier mourut un an avant l'arrivée de Fortunat en Gaule. En admettant même que *Théodose* fût l'un des prénoms de Fortunat, on ne comprendrait pas qu'il se fût désigné lui-même par ces mots *tuus Theodosius*, en s'adressant à ce Léonce qu'il n'a pas pu connaître. Il est donc probable qu'il a écrit cette épitaphe, non pas en son propre nom, mais pour quelque ami de Léonce du nom de Théodose. Voyez la fin de la pièce suivante où Fortunat fait intervenir de la même façon le nom de Placidine, l'épouse de Léonce II.

X.

1. — C'est le même que Léonce, sujet des pièces XV et XVI du livre I. Il avait succédé au Léonce de l'épitaphe précédente, et était sans doute de la même famille. Il mourut, selon Le Cointe, en 567 et, comme le dit ici le poète, à 54 ans.

2. — Cf., *qui fuit arma gregis*, au vers 2 de la pièce précédente. Le poète se sert encore ailleurs et dans le même sens, de ce mot *arma* qu'il paraît fort priser.

3. — C'est ce que dit Fortunat, mais plus au long, dans la pièce XV du livre I, vers 42 et suivants.

4. — Voyez la note 2 de la pièce précédente. Voyez aussi, pièce XV du livre I, la note sur Placidine.

XI.

1. — Asana, dans la Tarraconaise, sur les bords de la Cinga, affluent de l'Èbre.

XII.

1. — Probablement celui dont il est question dans la pièce XXVII du livre III, *Au diacre Jean*, vers 8 et 9 :

> Hilarium pariter nobis in amore tenacem
> Infero carminibus, quem mea corda colunt.

XIII.

1. — On ne sait rien de ce Servilion que ce qu'en dit ici Fortunat. L'avant-dernier vers a fait supposer que cette pièce avait pu être écrite à la demande d'un évêque, nouvellement appelé au gouvernement du diocèse au clergé duquel Servilion avait appartenu.

XIV.

1. — Fortunat dit en termes exprès que Présidius était abbé d'un monastère. Mais de quel monastère? on l'ignore. Son nom, dit Lucchi, ne figure sur aucune liste d'abbés de France.

XVII.

1. — C'est, selon Brower, le fils d'Arcadius, sénateur de Clermont, dont il est souvent question dans l'*Histoire des Francs* de Grégoire de Tours. Mais Lucchi remarque que cet Arcadius était le père de Placidine, épouse de Léonce II, évêque de Bordeaux. Léonce s'étant séparé de sa femme en 549, il est peu probable que Fortunat, qui n'est venu en Gaule qu'en 565, ait pu connaître et pleurer un frère de Placidine mort si jeune. On peut supposer, il est vrai, que Fortunat a composé cette pièce pour être agréable à Placidine, longtemps après la mort de son frère. Il est possible aussi qu'il s'agisse non d'un frère de Placidine, mais de quelque autre membre de sa famille.

XVIII.

1. — Peut-être le Basile, citoyen de Poitiers, qui, selon Grégoire de Tours, *Histor. Franc.*, IV, 46, essaya d'arrêter devant Poitiers les soldats de Sigebert commandés par Mummulus, et qui fut battu. Le passage où Fortunat dit que « la Gaule l'envoya en Espagne avec le rang d'ambassadeur » prouve qu'il fut mêlé aux affaires publiques et y joua un rôle considérable. Chilpéric peut l'avoir employé comme général contre Mummulus, et comme ambassadeur auprès d'Athanagilde, roi des Visigoths, son beau-père.

2. — Il est question au livre I, pièce VII, d'une basilique en l'honneur de saint Martin élevée par Basile et par Baudegunde.

XXI.

1. — Selon Brower, il s'agit du prêtre Avolus qui assista au 3° concile d'Orléans, comme représentant de l'évêque de Châlon. Mais, remarque Lucchi, si le personnage dont parle ici Fortunat était prêtre, il est étonnant que le poète n'en dise rien, et qu'il fasse de lui un éloge qui s'appliquerait mieux à un laïque qu'à un clerc, comme lorsqu'il le loue de n'avoir pas tiré d'intérêt de son argent.

XXIII.

1. — Par ces pierres vivantes, le poète fait allusion à Jean, fils de Julien, qui est nommé dans les vers suivant; il s'était converti avec son père et était entré dans les ordres probablement depuis la mort de celui-ci. L'expression de *vivos lapides* est tirée de la 1re épître de saint Pierre, ch. 2, v. 5, où il est dit, à propos de ceux que Pierre exhortait à venir à Jésus-Christ : « Entrez vous-mêmes dans la structure de l'édifice, comme étant des pierres vivantes, pour composer une maison spirituelle et un ordre de saints prêtres. »

2. — Grégoire de Tours, *Vitæ Patrum*, ch. VIII, n° 6, fait mention d'un certain Jean, prêtre de l'église de Tours, qui avait autrefois fait le commerce à Marseille. Il est fort à croire, dit Lucchi, que c'est le même dont parle Fortunat : il aurait suivi dès son enfance la profession de son père ; il se serait ensuite converti avec lui, aurait été ordonné prêtre et aurait fait partie du clergé de Tours.

XXV.

1. — Il ne s'agit point de Theudechilde, femme du roi Charibert, dont parle Grégoire de Tours, *Hist. Franc.*, IV, 20, et qui était fille d'un berger, puisque la reine pour la-

quelle cette épitaphe a été composée était, dit Fortunat, vers 7, issue d'une race illustre : *Inclita nobilitas genitali luce coruscans*, etc.

Selon Le Cointe, *Annales ecclés.*, an 564, n° 5 et suiv., il y eut deux princesses du nom de Theudechilde, l'une fille de Clovis, l'autre fille de Théodoric ou Thierry, et par conséquent, petite-fille de Clovis. C'est pour la première que Fortunat a écrit cette épitaphe. La seconde, la fille de Théodoric, ne mourut qu'après Grégoire de Tours, et Fortunat n'a pu mettre son épitaphe dans un livre publié du vivant de Grégoire.

Lucchi croit, au contraire, qu'il s'agit ici de la fille de Théodoric. Fortunat a pu insérer cette pièce dans son recueil depuis la mort de Grégoire ; d'autres même ont pu le faire plus tard, lorsqu'on réunit dans un seul volume toutes les poésies de Fortunat. Ce n'est pas là une difficulté. Ce qui est au contraire une objection sérieuse à l'opinion de Le Cointe, c'est qu'il n'est question nulle part d'une Theudechilde fille de Clovis. D'ailleurs ce que dit Fortunat de la naissance de Theudechilde et des rois ses ancêtres convient beaucoup mieux à la fille de Théodoric qu'à la fille de Clovis, à partir duquel la royauté devint héréditaire. (Voyez Grégoire de Tours, *Hist. Franc.*, II, 9.) Enfin la fille de Clovis eut quatre frères, et Fortunat n'en donne qu'un à la princesse dont il parle, vers 11 et 12 :

Cui frater, genitor, conjux, avus, atque priores,
Culmine succiduo regius ordo fuit.

Il est donc fort à croire que cette Theudechilde est la fille de Théodoric, la sœur de Théodebert, celle dont il est encore question dans la pièce III du livre VI. Sur toute cette question, on peut voir Pagi, à l'année 572.

2. — Flodoard parle d'un legs fait par Theudechilde à l'église de Reims. Selon Le Cointe, Fortunat fait allusion ici au monastère qu'elle avait fait bâtir près de Sens, sur le modèle de celui qu'avait fondé Clovis aux portes de Paris. Elle légua à ce monastère tous ses biens-fonds au nord et au sud de la Loire, et voulut y être ensevelie. Voyez Le Cointe, an 564, n°ˢ 36 et suivants.

3. — Théodoric épousa, en 522, Suavegotta, fille du roi Sigismond, dont il eut Theudechilde, qui vécut 75 ans et mourut vers l'année 598. C'est à cette époque que Fortunat, déjà avancé en âge, devint évêque de Poitiers. Voyez Vie de Fortunat n° 90.

XXVI.

1. — Brower pense que Vilithuta était de sang gothique. Fortunat dit au vers 15 qu'elle était *issue d'une race farouche* :

Ingenium mitem torva de gente trahebat.

Au vers précédent, il s'était servi de l'expression *barbara prole*. Plus loin, vers 25 et 26, il fait entendre clairement que, bien que née à Paris, elle n'était pas de race franque et que sa famille était étrangère :

Cui quamvis nullus hac in regione propinquus,
  Obsequio facta est omnibus una parens.

On ne sait rien d'elle ni de son mari Dagaulfus.

2. — Fortunat a dit plus haut qu'elle s'était mariée à treize ans (vers 35), et qu'elle avait vécu trois ans avec son mari (vers 41). Il semble donc se contredire quand il la fait mourir à dix sept ans, ainsi que le remarque Lucchi. C'est que sans doute, au vers 35 et au vers 41, il a donné des nombres ronds, sans tenir compte des mois.

XXVII.

1. — Namatius, mari d'Eufrasia, succéda, dit Lucchi, à Esychius ou Isicius sur le siège de Vienne en 558. On ne sait si c'est le même auquel est adressée une lettre de Sidoine Apollinaire, liv. VIII, lettre 6. Voyez sur Namatius Le Cointe, *Annales ecclés.*, année 558.

2. — « Mis sous clef » ; l'expression est triviale ; mais s'il en est une plus noble, en est-il une plus juste ?

XXVIII.

1. — Vers 15. On lit dans tous les manuscrits *sacer*. C'est une faute grossière des copistes, et qui n'a donné lieu, comme il est arrivé tant de fois, à aucune remarque des commentateurs. C'est *pater* qu'il faut lire et qu'on a rétabli. — Ch. N.

LIVRE CINQUIÈME.

I. A Martin, évêque de Galice (1).

FORTUNAT AU SAINT ÉVÊQUE MARTIN, SUCCESSEUR DES APOTRES, CENTURION PRIMIPILE DE L'ARMÉE DU CHRIST, SOUS LE COMMANDEMENT DE PAUL.

Porté par un vent propice, le bruit charmant de votre renommée est venu réjouir mes oreilles, les flatter de sa molle caresse, de son délicieux frémissement, en même temps qu'il apportait à mes narines les parfums du paradis, l'haleine embaumée des fleurs les plus suaves. Son doux murmure m'a fait entendre que, si, aux premiers jours du monde, Dieu créa à l'orient le jardin d'Eden, il a voulu, après tant de siècles, planter à l'occident un autre Élysée, habité par un autre Adam moins faible que le premier, par Martius Martinus, gardien incorruptible de ce séjour, fidèle serviteur du Christ, préservé de toute défaillance par la conscience de sa mission. Et ce nouvel Eden, le Seigneur ne vient pas seulement le visiter après midi, à l'heure où souffle un vent doux (2); mais Martin, devenu lui-même un paradis, retient dans les allées verdoyantes de son cœur, sous l'ombrage fleuri de ses bonnes œuvres (3) non point en se cachant sous la feuille du figuier, mais en se parant de leurs fruits (4), il retient, il enchaîne dans les liens de sa foi, les pas du Rédempteur heureux de se promener en un si beau lieu. Le divin créateur ne se contente pas de descendre en lui un moment; comme il ne trouve pas en sa créature l'ombre de la faute la plus légère, il s'arrête en ce séjour enchanteur, comme en un bosquet embaumé aux délices duquel il ne peut s'arracher. L'esclave possède son maître, le maître possède son esclave, et, enchaînés l'un à l'autre par un mutuel attrait, l'un ne peut plus s'éloigner, ni l'autre le laisser échapper de ses bras.

Aussi est-ce le cœur palpitant, la moelle en feu, les yeux levés au ciel, les mains tendues, dans toute l'ardeur de la fièvre, et ce ne serait pas assez de dire l'ardeur de la soif, que j'attendais qu'une longue lettre de vous, une petite tout au moins, vînt comme une nuée légère humecter ma toison desséchée avide de s'en imbiber. Tout entier à mon désir, j'appelais de tous mes vœux le moment où une lettre m'apporterait enfin, même à travers les flots incertains, des nouvelles certaines de vous, où je pourrais me désaltérer à la rosée de votre parole coulant doucement sur le papier sans en rien effacer. Enfin la divine Providence a voulu que, par les soins de votre fils, de ce Domitius objet désormais de ma vénération, je reçusse, avec quelle fierté! une lettre toute remplie d'une sainte tendresse, et écrite avec cet art qui vous appartient, avec un charme que j'ai senti, une lettre que j'ai

LIBER QUINTUS.

I. Ad Martinum episcopum Galliciæ.

DOMINO SANCTO ATQUE APOSTOLICO ET IN CHRISTI REGIS EXERCITU POST DUCEM PAULUM PRIMIPILO MARTINO EPISCOPO FORTUNATUS. Felici propulsa flatu recreabilis opinionis vestræ nostras aures aura demulsit, et molli blandita lapsu, sibilo crepitante paradisiaci horti odoramenta saburrans, suavium florum nuntia nares ipsas aromate respirante suffivit, admodulanter indicans, sicut ad orientem Eden a principio, ita decurso sæculo alterum ad occasum Deus plantasset Elysium, in quo fortior Adam, id est Martius Martinus, inexpugnabilis accola, Christi fide ditior viveret perpetuo servante mandato; quem non tam ad auram dominus revisendum post meridiem pergeret, quam ipse vir factus paradisus inter perspicui cordis zmaragdinas plateas et vernantis operis inumbrantes corymbos (non quod ficus tegeret, sed fructus ornaret) inambulantis in se beati redemptoris adhæsura vestigia cohercerct fide figente : unde nec ad momentum pii conditoris laberetur præsentia, quia nec in atomo plasma notaretur in culpa, sed per illas beatitudines velut odori nemoris inlectus deliciis et vernulam dominus et verna dominum possideret; utpote cum, alternante sibi concatenati dulcedine, nec iste fugaretur admissu nec illo fraudaretur amplexu. Hinc inhiantibus animis, medullis æstuantibus, oculis suspectis, palmis extensis, fervens magis quam sitiens, præstolabar epistolæ vestræ magna, si vel parva nubecula madidanti vellere bibulus umectaret, desiderii conscius, vota voto præveniens, si quid de vobis certissime vel per undas mobiles fixa mihi littera nuntiaret, ita ut ariditatem meam conloquii vestri temperaturus imber sic inrigaret, paginam ne deleret. Quo tandem providentiæ divinæ consulto per filium vestrum, venerandum mihi Domitium, sancta caritate refertam suscepi crescens epistolam quæ, ut vos nostis arte conpacta, ut ego sensi flore confecta,

bue plutôt que lue, et qui, m'apportant dans chacun de ses caractères, dans chaque goutte de son encre, une sorte d'ivresse, s'est offerte à moi, elle si riche à moi qui suis si pauvre; elle m'inonda, si je puis parler ainsi, des parfums du Falerne, comme pour me convier à boire, puis elle me fit savourer une savante combinaison des plus exquis assaisonnements du style, un mélange de sel et de miel, de douceur et de force; de sorte que ce breuvage venu de si loin, et dont je suis d'autant plus avide qu'il m'est plus rarement donné d'y goûter, m'attire et me fait peur : cruel embarras pour un convive un peu rustique, qui ne sait pas boire à longs traits, et qui finit par se laisser à la fois gagner par sa douceur et vaincre par sa force. Ainsi, mon père, en m'envoyant un tel présent, vous avez fait couler jusqu'à moi à travers la mer écumante une source fraîche; les flots salés m'ont apporté ce qui devait éteindre ma soif; des vagues agitées de l'Océan est sortie une douce et pure liqueur, dont la bienfaisante influence n'a pas seulement réjoui mon palais, mais s'est fait sentir jusqu'au fond de mon être. Ce n'est pas ma chair, c'est mon âme qu'a réchauffée ce délicieux breuvage; aussi, pour dire toute la vérité, plus je goûte au vin de votre vigne, plus ma soif augmente.

La mer a donc amené jusqu'à moi ce régal inespéré, et c'est le premier bienfait dont je lui suis redevable : le navire qui apportait peut-être à d'autres de l'alun, m'apportait à moi les lumières de votre conversation, et notre commerce ne ressemble pas au vulgaire trafic des autres, puisqu'ils échangent des marchandises contre de l'argent et que votre envoi ne m'a rien coûté, puisque l'alun refroidit le sang et que votre sagesse le purifie, puisqu'il sert à teindre et qu'elle rend plus blanc que la neige (5). Que dirai-je de ces périodes, de ces longues chaînes d'épichérèmes, d'enthymèmes, de syllogismes, qui coûtent tant de travail au correct Virgile, à l'harmonieux Cicéron? Ce qui chez eux est tiré de loin, coule de source chez vous, ce qui est pour eux si difficile, vous le trouvez naturellement. Le petit nombre des points m'a fait voir que vous savez, quand il vous plaît, étendre les membres de votre phrase comme les pampres d'un cep, et, quand vous voulez, les couper d'une virgule tranchante comme une faux, pareil au vigneron avisé qui dirige avec prudence les pousses de sa vigne, de telle façon que l'œil soit réjoui ici de la vue d'un long rameau chargé de fruits, sans être importuné ailleurs par l'ombrage d'une végétation trop touffue. Mais quand vous dites qu'avec la morale des stoïciens et des péripatéticiens, j'ai encore étudié à fond la théologie et la philosophie, je reconnais bien là l'indulgence ordinaire de l'amitié, toujours prête à louer ceux mêmes qui ne méritent guère d'être loués. Mais pourquoi, mon père, m'attribuer ce qui n'appartient qu'à vous, et me prêter publiquement des mérites qui sont les vôtres? De ces sciences, en effet, les unes vous sont connues, et les autres tout à fait familières. Pour moi, de Platon, d'Aristote, de Chrysippe et de Pittacus, je ne sais que ce que j'en ai entendu dire; quant à Hilaire, à Grégoire, à Ambroise, à Augustin, je ne les ai pas lus, et, si je les ai vus, c'est à travers un demi-sommeil; vous, au contraire, si les plus belles connaissances sont réunies en vous, comme dans un asile ouvert à toutes, je crois que vous vous attachez surtout à celles qui sont plus près du ciel,

bibentem se potius quam legentem fere per singulos apices pigmentato affamine inebriatura dives pauperem propinavit, et, ut ita dixerim, quasi Falerni nobilis ipso me prius odore pincernante supplevit, gemina dicendi fruge congesta, condita sale, melle perfusa, permixta blanditie cum vigore, me [que] peregrini poculi quantum desuetum plus avidum dum pars inlicet, pars deterret (in ancipiti posito conviva rusticulo nec sustinente magna bibente) consentio dulcedini qui cedo virtuti. Hoc igitur fluente dono venit ad me, fateor, per cana ponti fons poculi, venit, pater optime, per salsum mare quod sitim restingueret, venit Oceanitide miscente [e] fluctu mera dulcedo, cujus liquor non fauce tenus saperet, sed arcana mulceret : quippe quod non carnem foveris tali potu, sed spiritum; unde, ut vere prosequar, hujus uva palmitis nobis sitim prorogat, dum propinat. Hac inopina fruge delapsa per gurgitem, primus iste mibimet venit fructus e fluctibus : detulit puppis illa reliquis forsan alumen, mihi vestri conloquii certe lumen, commercio tali discrepante mercatu, quod aliis illud ad pretium, hoc nobis inemptum : illinc restinguitur, hinc purgatur; illud inficit, hinc nivescit. Quid loquar de perihodis, epichirematibus, enthymemis syllogismisque perplexis? quo laborat quadrus Maro, quo rotundus Cicero. Quod apud illos est profundum, hic profluum, quod illic difficillimum, hic in promptu : comperi paucis punctis quoniam quo volueris colæ pampinosæ diffundis propagines, quod vero libuerit acuti commatis falce succidis, ut, cauti vinitoris studio moderante, nec in hoc luxurians germinet umbra fastidium, et illuc tensa placeat propago cum fructu. Nam quod refertis in litteris post Stoicam Peripateticamque censuram me theologiam ac theoriam tirocinio mancipatum, agnosco quid amor faciat, cum et non merentes exornat. Cur tamen, bone pater, in me reflectis quod tuum est, ac de me publice profers quod tibi privatum est? cum prima sint vobis nota et secunda domestica : nam Plato, Aristoteles, Chrysippus vel Pittacus cum mihi vix opinione noti sint, nec legenti Hilarius, Gregorius, Ambrosius Augustinusque, vel, si visione noti fierent, dormitanti : et ego vere senserim (eo quod copiæ artium apud vos velut in communi diversorio convenerunt) capi a vobis tenacius quæ sunt cœlo propinquius, quia non oblectamini tam

et que vous vous complaisez aux règles de la morale plus qu'en la beauté pompeuse des dogmes. Aussi êtes-vous vraiment devenu le client des Cléanthes du ciel (6).

Mais pourquoi vous dire ces choses, à vous, mon bon père, véritable disciple du Christ, qui, pareil au Samaritain mêlant l'huile et le vin pour panser les plaies du blessé, m'avez offert un baume bienfaisant, et qui serez récompensé de votre bonne œuvre le jour où viendra celui qui a promis de payer à l'hôte charitable le salaire qui lui est dû; à vous, grand pontife, qui gardez fidèlement en vous le dépôt qu'il vous a confié, et qui savez bien que rien n'est plus agréable à ses yeux que de voir en vous le mérite l'emporter sur le rang? C'est pourquoi, prosterné devant votre très sainte, très pure et très clémente couronne apostolique, humblement couché à vos pieds, afin qu'ils s'appuient sur ma poitrine et sur mes membres indignes comme sur un escabeau, je me recommande avec les plus instantes prières à votre charité, je vous conjure au nom du Seigneur de vouloir bien intervenir comme un nouveau médiateur entre le pécheur et le Rédempteur du monde, pour que le réprouvé obtienne la remise de sa faute et la réconciliation qui en est la suite. Et, comme votre lettre m'est un gage de ce que je puis attendre de vous, je recommande dévotement et en même temps que moi à votre charité, suivant leur désir et la commission qu'elles m'en ont donnée, vos filles et vos servantes, Agnès et Radegonde, vous suppliant tous trois ensemble de parler pour nous à saint Martin, d'intercéder pour nous auprès de lui avec autant de zèle et de succès qu'il intercéda lui-même auprès du Seigneur, lorsqu'il ne voulut point abandonner un cadavre sans vie, que la mort n'eût abandonné le mort (7). N'est-il pas tout naturel en effet que l'espoir d'obtenir un si puissant patronage nous vienne par vous de Galice, une partie des reliques de votre patron ayant été emportées d'ici en Galice (8)? Je vous supplie au nom du Seigneur, ô mon père, de me recevoir dans vos bonnes grâces, de me recommander à ceux qui vous aiment, de me prouver par votre prose et par vos vers que vous ne me refusez pas les enseignements d'un maître, l'affection d'un père, les instructions d'un chef, la protection d'un défenseur. Je vous recommande enfin, prosterné devant vous et ne quittant pas vos genoux avant d'avoir obtenu votre promesse, je recommande aussi instamment que je puis à votre charité le porteur de cette lettre, votre serviteur Bonosus, qui s'est toujours montré vraiment bon pour moi. Lorsqu'avec l'assistance des saints il sera arrivé sain et sauf auprès de vous pour vous présenter les vœux que je ne puis vous offrir moi-même, je vous demande avant tout cette grâce que, au premier messager qui viendra en ce pays, j'aie la joie de recevoir une réponse de votre illustre main.

Noble héritier du nom et des vertus de Martin, priez Dieu, je vous en conjure, pour Fortunat.

II. Au même.

Lorsque le Dieu en trois personnes envoya les apôtres porter la lumière de pays en pays, lorsque le monde reçut avec amour un jour

pompa dogmatum quam norma virtutum, unde procul dubio cælestium clientela factus es Cleantharum. Sed quid ego hæc autumo, dulcissime pater et vere Christi discipule, qui, ad instar Samaritani vinum miscens et oleum ægroto decubanti, blandum mihi malagma porrexisti, mercedem pii operis relaturus cum venerit qui se stabulario æra pensare debiti repromisit, custodiens in vobis, pontifex summe, quod contulit, sciens suis oculis hoc placere dignissime, quod ipsam apud te vincit dignatio dignitatem. Quapropter sacratissimæ, sincerissimæ atque clementissimæ apostolicæ coronæ vestræ plantas supra meum pectus stratus inponens, et ultimus ego membra subdita vel pedum vestrorum recubatorium faciens, ita vestræ pietati avido desiderio me commendans deposco in Domino, ut inter peccatorem et redemptorem mundi alter quodammodo mediator accedens, levigato dedelicto, probe pater, reprobum reconcilies post reatum. Et quia vestris litteris fiduciæ pignus accepi, pietati vestræ filias et famulas Agnem et Radegundem una mecum devote earum desiderio mandato commendo, communiter supplicantes, ut apud domnum Martinum pro nobis verba faciens tam fidus intercessor accedas qualis apud Dominum ipse tunc promptus extitit, cum cadaver exanimum non prius dimitteret quam mors mortuum dimisisset (est enim ratio consequens, ut per vos illinc nobis redeat spes patrocinii, quia ad vos hinc prodiit pars patroni); coram Domino supplicans, pie pater, ut in gratia vestra receptus, vel apud eos, qui vestri sunt, commendatus, sentiam tam oratione quam carmine te doctore regi, genitore diligi, duce progredi, tutore muniri. Præsentium vero portitorem famulum vestrum vere mihi bonum Bonosum pietati vestræ supplex accedens, nec prius relaxans pedes quam dulcis pater promiseris, qua valeo prece supplex commendo: qui interventu sanctorum cum vobis sospes occurrerit absentis vota præsens exsolvens, illud prius obtineam, ut quisquam primum huc commeat, me celebris verbi vestri gaudia festiva respergant.

Martini meritis cum nomine nobilis heres,
  Pro Fortunato, quæso, precare Deum,

II. Ad eundem.

Lumen apostolicum cum spargeret una triades,
  Exciperetque novum mundus honore diem,

nouveau, dont les rayons pénétrant les âmes en chassaient les ténèbres et forçaient les yeux de l'esprit à s'ouvrir aux clartés de la foi, c'est au premier des apôtres que Rome dut de redevenir la première ville de la terre, c'est Pierre qui fit passer la charrue sur ce sol sacré et en arracha les ronces. Paul parvint jusqu'aux Illyriens, à travers les frimas de la Scythie, et sa parole ardente dégela cette terre glacée. L'éloquence de Mathieu rafraîchit le ciel de feu de l'Éthiopie, et coula, comme un fleuve d'eau vive, sur ces plaines brûlées par le soleil. L'énergie de Thomas conquit la Perse belliqueuse (1) et la tiare, vaincue par Dieu, trouva dans sa défaite une force nouvelle. L'Indien bronzé entendit la claire parole de Barthélemy; les enseignements d'André firent sortir du sol de l'Achaïe une moisson de chrétiens. Enfin, car il faut que j'abrège, la foi ardente du premier Martin éclaira la Gaule et fit d'elle le soldat de la vérité. Réjouis-toi, Galice, d'avoir été réservée pour un nouveau Martin; réjouis-toi d'être échue en partage à un tel apôtre. Tu trouves en lui les vertus de Pierre unies à la science de Paul; il est pour toi, tout ensemble, un nouveau Jacques et un nouveau Jean. Il vint, dit-on, des confins de la Pannonie romaine (2), pour le salut des Suèves de la Galice (3). C'est lui qui fit germer dans tes sillons stériles la plante de vie, c'est à lui que tu dois l'abondante moisson dont la maturité charme aujourd'hui les yeux. C'est lui qui, nouvel Hélie, fit tomber la pluie, bienfaisante rosée qui rafraîchit tes campagnes altérées (4); c'est lui qui, pour fertiliser ton sol desséché, tes sillons arides, y fit couler à flots intarissables une source d'eau vive (5). Sur l'arbre de l'hérésie, il a greffé le pieux rameau de la foi, et le tronc sauvage est devenu un olivier verdoyant et fécond. La tige chétive, chargée d'un inutile feuillage, est aujourd'hui couverte de fleurs et va donner des fruits. Le figuier stérile, condamné au feu (6), a reçu une abondante fumure et se prépare à fructifier à son tour. La grappe gonflée de sucs n'est plus la proie des oiseaux pillards; grâce à ce gardien vigilant, il ne s'en est pas perdu une seule pour la cuve. Le vigneron apostolique a aligné les ceps de la vigne du Seigneur; son hoyau a retourné le sol, sa serpe a émondé les branches folles; il a coupé par le pied la lambruche stérile, et le raisin croît sur le sauvageon. Il a arraché du champ de Dieu la triste ivraie, et sur le sol purifié se dressent les tiges égales d'une riante moisson. Réjouis-toi, Galice, d'avoir été réservée pour un nouveau Martin; réjouis-toi d'être échue en partage à un tel apôtre. Pasteur diligent, il va et vient autour de sa bergerie, pour empêcher le loup d'y pénétrer; il veille avec amour sur son troupeau. Il soutient de sa main la brebis égarée et l'entraîne vers les pâturages du Christ, loin des montagnes où l'a conduite son caprice, de peur qu'elle n'y devienne la proie de l'erreur. La parole sort de sa bouche comme une eau bienfaisante et savoureuse et va porter aux oreilles du peuple les vérités de la foi. Redoutable aux ennemis de son maître, plein d'un pieux respect pour le Seigneur, il rapporte deux talents pour un qui lui a été confié (7). Il attend, fidèle serviteur, le mot de l'Évangile;

Ut tenebras animæ lux sementiva fugaret,
   Et claram hauriret mens oculata fidem,
Redditur, avulsis spinis, urbs Romula princeps, 5
   Principis egregii vomere culta Petri;
Paulus ad Illyricos Scythicas penetrando pruinas
   Dogmate ferventi frigora solvit humi;
Mattheus Æthiopos adtemperat ore vapores
   Vivaque in exusto flumina fundit agro; 10
Bellica Persidis Thomæ subiecta vigori,
   Fortior efficitur victa tiara Deo;
Lurida perspicuo datur India Bartholomæo;
   Andreæ monitis extat Achaia seges.
Ne morer adcelerans, Martini Gallia prisci 15
   Excellente fide luminis arma capit.
Martino servata novo, Gallicia, plaude;
   Sortis apostolicæ vir tuus iste fuit:
Qui virtute Petrum præbet tibi, dogmate Paulum,
   Hinc Jacobi tribuens, inde Johannis opem. 20
Pannoniæ, ut perhibent, veniens e parte Quiritis,
   Est magis effectus Gallisueba salus.
In sulcum sterilem vitæ plantaria sevit,
   Quo matura seges fertilitate placet.
Heliæ meritis alter redit imber aristis, 25
   Munera roris habens, ne premat arva sitis:
Neu jaceant stupidis arentia jugera sulcis,
   Influit irriguæ fonte perennis aquæ.
In ramis heresis fidei pia germina fixit,
   Quodque oleaster erat pinguis oliva viret; 30
Quæ stetit exilis viduatis frondibus arbor
   Jam paritura cibum floret honore novo;
Inponenda focis sine spe ficulnea tristis
   Præparat ad fructum stercore culta sinum.
Palmitis uva tumens, avium laceranda rapinis, 35
   Hoc custode bono non perit una lacu;
Rebus apostolicis direxit vinitor antes,
   Arva ligone movens, falce flagella premens;
Ex agro Domini labruscam excidit inertem,
   Atque racemus adest quo fuit ante frutex. 40
De satione Dei zezania vulsit amara,
   Surgit et æqualis lætificata seges.
Martino servata novo, Gallicia, plaude;
   Sortis apostolicæ vir tuus iste fuit.
Pastoris studio circum sua sæpta recurrens, 45
   Ne lupus intret oves, servat amore greges;
Subportante manu trahit ipse ad pabula Christi,
   Montibus instabilem ne voret error ovem.
Cujus vox refluens plebi de fonte salubri,
   Ut bibat aure fidem, porrigit ore salem. 50
Hosti damna quidem, Domino pia vota paravit,
   Et commissa sibi dupla talenta refert,

il attend que Dieu lui dise (8) : « Courage, bon ouvrier. Puisque tu m'as fidèlement servi en peu de choses, je t'établirai sur beaucoup d'autres. Entre dans la joie du Seigneur; pour prix d'une courte épreuve, tu vas jouir d'un bonheur infini. » Vous l'entendrez, ô Martin, cette parole bienheureuse; souvenez-vous alors de votre Fortunat. Je vous en supplie, ô mon père, priez Dieu de m'admettre à partager votre joie; obtenez du roi du ciel qu'il ouvre pour moi la porte confiée à la garde de Pierre. Radegonde et la pieuse Agnès se recommandent humblement à vous; puissent-elles, grâce à votre indulgent patronage, puisse le chœur, chaque jour plus nombreux, de leurs sœurs occupées à chanter avec elles les cantiques sacrés, obtenir du Seigneur un regard favorable; puissent-elles conserver la règle salutaire empruntée par elles à la ville de Genès (9), la règle du pieux évêque Césaire (10), qui, sorti du monastère de Lérins pour être élevé au siège d'Arles, voulut rester moine et fut l'honneur du pontificat (11). Accordez votre protection paternelle à celles qui se disent vos filles, afin qu'il vous soit tenu compte du bien qu'elles auront pu faire; que le glorieux diadème ceigne un jour votre tête illustre, et puissiez-vous présenter au Seigneur les actions de grâces du troupeau dont vous êtes le pasteur.

III. Aux habitants de Tours sur leur évêque Grégoire (1).

Applaudissez, heureux peuples; celui qu'appelaient vos vœux est parmi vous; votre évêque est arrivé, rendez grâce à Dieu. Enfants aux membres nus, vieillards courbés par l'âge, fêtez un si beau jour; que chacun de vous célèbre un événement qui fait le bonheur de tous. Il est venu; le voici, l'espoir du troupeau, le père du peuple, l'ami de la cité; rejouissez-vous, brebis, voici votre pasteur. Contemplez avec amour celui que réclamaient vos vœux, aujourd'hui exaucés, et fêtez joyeusement sa venue. Son mérite, ses vertus l'ont élevé à cette dignité; son nom même le destinait à gouverner le troupeau des fidèles (2). C'est Julien (3) qui envoie son nourrisson à Martin, et qui offre à son frère ce qu'il a de plus cher. C'est la main du vénérable Egidius (4) qui l'a consacré au Seigneur, pour le bonheur du peuple aimé de Radegonde (5). Sigebert et Brunehaut applaudissent à ce choix, et leur approbation met le comble à sa gloire. Puisse son troupeau paître docilement, sous sa conduite, les pâturages sacrés et se nourrir du suc des herbes célestes; puisse-t-il lui-même préserver de toute atteinte le bercail du Christ, et le sauver de la dent et de la fureur des loups. Que par sa vigilance infatigable la bergerie soit mise à l'abri de tout mal contagieux; qu'aucune bête de proie ne désole le troupeau confié à sa garde; qu'il entoure d'une solide clôture l'endroit où sont enfermés les agneaux à la précieuse toison; qu'il veille pour protéger leur sommeil. Que la vigne du Seigneur, cultivée par ses mains sacrées, se couvre de fleurs, qu'elle se pare de grappes mûres, afin de remplir de fruits impérissables les celliers du ciel d'où sort la source vive où les âmes viennent étancher leur soif; c'est le breuvage de vie, dont une

```
Vocem evangelicam expectans operarius almus,
  Ut sibi dicatur : « Servule perge bone :
Quando fidelis enim mihi supra pauca fuisti,           55
  Supra multa nimis constituendus eris.
Ecce tui domini modo gaudia lætior intra,
  Proque labore brevi magna parata tibi ».
Auditurus eris vocem, Martine, beatam,
  Sed Fortunati sis memor ipse tui.                    60
Quæso precare, pater, videam tua gaudia tecum :
  Sic placeas regi, poste patente Petri.
Cum Radegunde humili supplex, pio, postulat Agnes,
  Ut commendatæ sint tibi, sancte pater :
Et crescente choro per carmina sancta sororum         65
  Conplaceant Domino, te duce mite, suo;
Atque adscita sibi servetur ab urbe Genesi
  Regula Cæsarii præsulis alma pii,
Qui fuit antistes Arelas de sorte Lerini,
  Et mansit monachus pontificale decus.                70
Sedulitate patris proprias tuearis alumnas,
  Ut tibi proficiat hæc bona si qua gerant :
Unde inlustre caput cingas diademate pulchro,
  Et grates dignas pro grege pastor agas.
```

III. Ad cives Turonicos de Gregorio episcopo.

```
Plaudite, felices populi, nova vota tenentes
  Præsulis adventu reddite vota Deo.
Hoc puer exertus celebret, hoc curva senectus,
  Hoc commune bonum prædicet omnis homo.
Spes gregis ecce venit, plebis pater, urbis amator :   5
  Munere pastoris lætificentur oves.
Sollicitis oculis quem prospera vota petebant,
  Venisse aspiciant, gaudia festa colant.
Jura sacerdotii merito reverenter adeptus,
  Nomine Gregorius, pastor in urbe gregis.            10
Martino proprium mittit Julianus alumnum
  Et fratri præbet quod sibi dulce fuit:
Quem patris Ægidii Domino manus alma sacravit,
  Ut populum recreet, quem Radegundis amet.
Huic Sigiberclus ovans favet et Brunichildis honori : 15
  Judicio regis nobile culmen adest.
Quo pascente greges per pascua sancta regantur,
  Et Paradisiaco germine dona metant ;
Inmaculata pii qui servet ovilia Christi,
  Ne pateant rabidis dilaceranda lupis:                20
Pervigili cura stabulum sine labe gubernet
  Commissumque gregem nulla rapina gravet;
Muniat inclusos pretiosi velleris agnos
  Atque soporantes protegat ipse vigil.
Florea divino pinguescat vinea cultu                  25
  Et matura suo sit speciosa botro,
Fructibus æternis ut compleat horrea cœli,
  Unde animæ vivo fonte fluenta bibant.
```

seule goutte obtenue de Lazare par le mauvais riche eût éteint le feu qui le dévorait (6). Mais que plutôt, sans être inquiété dans sa route, le berger conduise au ciel son troupeau, pour y reposer dans le sein du bienheureux Abraham; que le bon serviteur pour un talent qu'on lui a confié en rende deux (7), et soit admis à goûter près de son Seigneur la véritable félicité; qu'un jour enfin, sous les clefs de Pierre, et imbu des enseignements de Paul, il jouisse du bonheur des élus et se mêle aux chœurs radieux des habitants du ciel. C'est là que sont aujourd'hui et l'héroïque Athanase, et l'illustre Hilaire, et le riche Martin (8), et le doux Ambroise; c'est là que brillent d'un éclat divin Grégoire, Augustin, Basile et Césaire. Il a imité leurs exemples, il a fidèlement suivi leurs leçons: qu'il soit associé à leur triomphe, à leur félicité éternelle; que le vaillant soldat reçoive la couronne, juste récompense de ses travaux, et qu'une place lui soit donnée dans le palais de son roi.

IV. Pour l'anniversaire de la consécration de Grégoire (1), lorsqu'on le priait de dire une antienne (2). — Vers lus à table.

Par les mérites de Martin, soyez longtemps, ô Grégoire, dans la ville des Turons, le pasteur de ce troupeau. Soyez, dans les saints conciles, la règle et le modèle des fidèles, et par les vertus dont vous donnez l'exemple ajoutez encore à l'éclat de votre dignité. Que votre bouche distribue au peuple les enseignements apostoliques, et que la grâce divine répande autour de vous ses rayons.

V. A Grégoire, au sujet des Juifs convertis par Avitus (1), évêque de Clermont en Auvergne.

AU SAINT SEIGNEUR, SI DIGNE D'ÊTRE LOUÉ POUR SES VERTUS APOSTOLIQUES, A L'ÉVÊQUE GRÉGOIRE, SON PÈRE EN JÉSUS-CHRIST, FORTUNAT. Vous me pressez, mon père, avec un sérieux désir de m'entendre et toutefois avec une véritable douceur, de parler sans voix, de courir malgré la paresse de mes jambes, d'essayer enfin, puisque l'occasion m'y invite, de faire l'éloge d'un homme bien digne d'être loué, d'un homme vraiment apostolique, de l'évêque Avitus; vous voulez qu'à défaut de talent je montre au moins un peu de bonne volonté. Et pourtant, vous n'avez pas trouvé dans mes écrits de beautés de style qui pussent vous séduire; vous y avez trouvé plutôt à retrancher, et, en tout cas, comme j'en suis convaincu, plus souvent à critiquer qu'à louer. Avec cela, votre messager ne me donne pas de répit. Laissant tomber les paroles une à une de sa bouche béante, il semble un créancier intraitable qui n'exige pas seulement le paiement d'une dette, mais qui veut que la monnaie soit de poids. C'est sous sa pression que, malgré son impatience de partir, et bien qu'il me laisse à peine respirer, j'obéis à vos ordres; car je les ai compris malgré l'obscurité de son langage, et je m'y soumets avec plus d'envie que d'espoir de vous contenter. Je suis d'ailleurs résolu à m'en prendre à vous de mon insuffisance plus encore qu'au manque de temps, puisque c'est vous qui m'imposez une tâche pour laquelle je n'ai ni assez de talent ni assez de loisir. Mais je défère humble-

```
Ne sitis excruciet : digito quam Lazarus udo
  Ignem ut leniret, tunc petebatur opem.         30
Sed magis in gremio Abrahæ vernante locandas
  Pastor oves placido ducat ad astra sinu,
Ut bene commisso sese duplicante talento
  Introeat Domini gaudia vera sui.
Lætus agat sub clave Petri, per dogmata Pauli   35
  Inter sidereos luce micante choros,
Fortis Athanasius, qua clarus Hilarius adstant,
  Dives Martinus, suavis et Ambrosius.
Gregorius radiat, sacer Augustinus inundat,
  Basilius rutilat Cæsariusque micat.           40
Quorum gesta sequens et dicta fideliter implens,
  Perpetuæ vitæ participatus ovet,
Atque coronatus digna mercede laborum,
  Obtineat miles regis in arce locum.
```

IV. Item versus in natalicio Gregori episcopi, cum antiphona dicere rogaretur, in mensa dictum.

```
Martini meritis per tempora longa, Gregori,
  Turonicum foveas pastor in urbe gregem.
Conciliis sacris sis norma et vita piorum
  Exemploque tuo crescat adeptus honor.
```

```
Lumen apostolicum populis tua lingua ministret,   5
  Et cæli donum te radiante micet.
```

V. Item ad eundem de Judæis conversis per Avitum episcopum Arvernum.

DOMINO SANCTO ET MERITIS APOSTOLICIS PRÆCONANDO DOMNO ET CHRISTO PATRI GREGORIO PAPÆ FORTUNATUS. Instigas, pater optime, seria curiositate, sincera tamen dulcedine, carmine elinguem proloqui et currere pigrum versu pedestri atque de laude laudabilis et apostolici viri domni Aviti pontificis ex eventu occasionis inlatæ etsi non aliqua compte, saltim comiter prœlibare; cum in me non inveneris quod dictionis luculenta diligeres, sed deleres, et, ut ipse mei sum conscius, habeas apud nos non quod tam probes quam reprobes : præsertim cum instans portitor per verba singillatim hianti fauce cadentia quasi gravis exactor non me tam fenora solvere cogeret quam pensaret (2). Sub quo, licet illum præceps iter inpingeret, mihi interanhelanti vix licuerit respirare, tamen præceptis vestris, licet inpliciter expeditis, paremus devoti potius quam placemus, vobis reputaturi nescio magis an tempori, quod illi hoc injungitur qui non habebat

ment à votre désir, et comme je suis un serviteur dévoué, je commence en l'honneur d'Avitus, le panégyrique que votre amitié réclame de moi.

O vous dont la puissance éclate d'une façon si merveilleuse dans les œuvres de vos vénérables serviteurs, il est de toute convenance, ô Christ, de louer à jamais votre nom. Vous qui leur inspirez cette pieuse ardeur, qui leur donnez le désir et le pouvoir de vous servir; vous sans lequel rien de bon ne peut se faire; vous qui échauffez des purs rayons de la vérité l'âme des prophètes et qui allumez dans leur poitrine ce feu de la foi qui va embraser les peuples; vous qui les placez comme sur un candélabre pour éclairer les hommes, et qui faites jaillir de leur bouche inspirée ces flots de lumière qui illuminent le saint temple; vous qui voulez que la pieuse sollicitude du pasteur gouverne les brebis, comme l'œil dirige le corps, et qui mettez dans l'âme de vos prêtres une vertu surnaturelle, Dieu grand, Dieu tout-puissant, Dieu éternel, esprit saint, qui vous répandez sur les lèvres d'Avitus, c'est vous qui parlez par la bouche de votre serviteur, afin qu'à sa voix votre troupeau se multiplie. Pareil à un bon fermier, qui ne se contente pas de garder intact le bien que lui a confié son maître, il en veut doubler la valeur. Le peuple des Arvernes était en proie à la division et au désordre; il n'avait qu'une ville et il avait deux croyances. La désagréable odeur du judaïsme donnait des nausées aux chrétiens (3), et la présence des infidèles troublait leurs pieuses cérémonies. Levant fièrement la tête, cette secte impie refusait de porter le joug du Seigneur, tant un vain orgueil gonflait son âme. Bien des fois l'évêque, tout plein de l'amour de Dieu, les avait avertis; bien des fois il avait voulu les convertir et envoyer au ciel cette nouvelle moisson; mais un voile d'épaisses ténèbres pesait sur leurs esprits aveuglés et fermait leurs yeux à la lumière. Quand vint le jour où le Seigneur, où l'homme Dieu partant de la croix remonta vers sa demeure céleste, le peuple, dans un élan de foi, renversa le temple des Juifs et le sol qui avait porté la synagogue demeura libre. Il ne fallut que l'instant où le Christ, dans toute sa gloire, remonta au ciel, pour que ses ennemis fussent abattus. On put alors entendre le pontife parler avec douceur à ces révoltés au nom de la loi de Moïse, à ces hommes furieux et menaçants : « Que faites-vous, dit-il, ô Juifs, que fais-tu, peuple aussi ignorant que tu es antique? Si tu veux revivre, apprends à croire dans ta vieillesse. Laisse pénétrer dans ta tête chenue de plus hautes pensées que celles de ta jeunesse; ouvre à de sérieuses vérités ton âme pleine encore des préjugés de l'enfance. Ne rougissez pas, ô vieillards, d'abjurer tardivement vos erreurs; vos forces vous échappent, honorez votre vieillesse par un si grand changement. Il est un Dieu, selon que la foi des vieux âges l'enseigne, triple et un, un et triple : trois personnes distinctes en un Dieu unique; le Père, le Fils, le Saint-Esprit ne sont qu'un seul et même Dieu; ils n'ont, à eux trois, qu'une loi, qu'une volonté, qu'un empire, qu'un trône. C'est ce que répète

apud se nec modum nec spatium. Sed obsequella
morigeri, servitute devoti, quod a vobis in laude prae-
dicti pontificis amore præcipitur, honore cantetur.

In venerabilibus famulis operator opime,
    Condecet ut semper laus tua, Christe, sonet :
Inspirans animum, votum effectumque ministrans,
    Et sine quo nullum prævalet esse bonum.
Lumine perspicuo fecundans pectora vatum,   5
    Ut populis generent viscera sancta fidem,
Supra candelabrum positi, quorum ore corusco
    Dogmatis igne micans luceat alma domus,
Et velut est oculus capitis qui dirigit artus,
    Sic pia pastoris cura gubernet oves;   10
Pectora pontificum ditans virtute superna,
    Tu Deus omnipotens, summe, perennis apex,
Spiritus alme, sacri labiis infusus Aviti,
    Per famulum loqueris, crescat ut ordo gregis.
Qui non contentus numero quem accepit ab illo   15
    Vilicus hic Domini dupla talenta refert.
Plebs Arverna etenim, bifido discissa tumultu,
    Urbe manens una non erat una fide;
Christicolis Judæus odor resilibat amarus,
    Obstabatque piis impia turba sacris.   20
Extollens cervix Domini juga ferre recusans,
    Sic tumidis animis turget inane cutis.
Quos in amore dei monitabat sæpe sacerdos,
    Ut de conversis iret ad astra seges :
Sed caligosi recubans velaminis umbra,   25
    Pectora tætra premens, cernere clara vetat.
Venerat ergo dies, Dominus qua est redditus astris
    Ac homo sidereum pendulus iit iter :
Plebs, armante fide, Judaica templa revellit
    Et campus patuit quo synagoga fuit.   30
Tempore quo Christi repedavit ad alta potestas,
    Ille quod ascendit, pax inimica ruit.
Hic tamen antistes Moysei lege rebelles
    Adloquitur blande, quos dabat ira truces :
« Quid facis, o Judæa cohors, nec docta vetustas?   35
    Ut vitam renoves, credere disce senex.
Lactea canities sapiat majora juventæ;
    Sensum pone gravem, quo puerile fuit;
Non pudeat meliora sequi vel tarda veternos :
    Corpore deficiens crescat honore senex.   40
Est Deus, alta fides, unus trinus et trinus unus;
    Personis propriis stat tribus unus apex :
Nam pater et genitus, quoque sanctus spiritus idem :
    Sic tribus est unum jus, opus, ordo, thronus.

votre législateur, ce que crut le patriarche Abraham, qui est vraiment notre père, puisqu'il a cru ce que nous croyons. Il vit trois hommes près de lui, et pourtant il n'adora qu'un seul Seigneur; il adressa à un seul sa prière, bien qu'ils fussent trois auxquels il lava les pieds (4). Loth, comme son oncle, accueillit les hôtes qui vinrent le visiter. Après s'être assis à sa table à Sodome, ils l'entraînèrent à Ségor, quand le Seigneur, fils du Seigneur, fit tomber sur Gomorrhe une pluie de feu (5). Alors on vit à la fois le père et le fils, le Seigneur du Seigneur. Nous avons, vous et moi, le même père, le même créateur; nous sommes, les uns et les autres, les créatures du Dieu en trois personnes. Vous êtes les brebis du même maître que nous; pourquoi vous éloignez-vous de nous? Ne formons qu'un seul troupeau, puisque nous n'avons qu'un berger. Vous refusez? Oubliez-vous qu'un rejeton est sorti de la tige de David, et qu'une vierge l'a mis au monde, selon la prédiction des prophètes? Il a été attaché à la croix, ses pieds et ses mains ont été percés par les clous; mais sa chair ne s'est pas corrompue dans le tombeau (6); il en est sorti le troisième jour pour guérir nos blessures; il est remonté aux cieux, comme l'atteste la fête que nous célébrons en ce jour. Croyez-moi, vieillards, et laissez-vous convaincre; croyez au moins vos livres, si vous avez peur, si vous vous dérobez, et si vous lisez les nôtres sans vouloir les entendre. J'ai en trop dit et le temps nous presse : écoutez ma prière ou quittez ce lieu. Nous n'exerçons sur vous aucune contrainte; retirez-vous librement où il vous plaira. Restez avec nous pour vivre comme nous, ou partez au plus vite. Rendez-nous cette terre, où vous êtes étrangers; délivrez-nous de votre contact, ou, si vous demeurez ici, partagez notre foi. » Ainsi parle à ces égarés le pontife indulgent, leur laissant ainsi le choix du chemin qu'ils voudront suivre. Mais les Juifs, emportés par l'esprit de rébellion, se rassemblent, et courent s'enfermer dans leurs demeures. Quand les Chrétiens voient leur troupe impure (7) ainsi concentrée sur un seul point, ils fondent sur les repaires où elle médite quelque fourberie. Qu'ils murmurent seulement, et les glaives suspendus sur leur tête leur infligeront un juste châtiment. S'ils veulent vivre, il n'y a plus que la foi qui puisse les couvrir et les sauver. Mais l'évêque rencontre leurs envoyés, qui lui apportent leur soumission : « Les Juifs, disent-ils, sont désormais de votre bercail. Ne les laissez pas périr; gagnez à Dieu ce peuple qui ne demande qu'à vivre; si vous tardez, nous mourons et votre conquête vous échappe. Hâtez-vous, sinon vous aurez bientôt à pleurer la mort de ceux qui se disent vos enfants. » Vaincu par leurs larmes, le cœur plein de pitié, le saint prêtre court porter à ces malheureux le salut qu'ils réclament. On arrive à l'asile où la troupe farouche se tenait cachée; ils paraissent devant leur Sauveur, et lui adressent en pleurant cette prière : « Une âme attachée à la loi judaïque est lente à s'ouvrir à la vérité; la lumière ne pénètre en elle que tardivement et quand le jour est presque écoulé. Un voile épais couvre ses yeux depuis si longtemps qu'elle erre en aveugle, sans voir le droit chemin. Nous voici pourtant prêts à vous suivre,

```
Legifer hoc reboat, patriarcha hoc credit Abraham : 45
  Hinc pater est nobis, est quia nostra fides.
Tres videt æquales, unum veneratus adorat;
  Unum voce rogat, tres quoque pelve lavat.
Sic, patruo similis, Loth suscipit hospes euntes;
  Quos cibat in Sodomis, hi rapuere Segor,           50
Cum a Domino Dominus pluit igni triste Gomorræ :
  Filius et pater est, a Domino Dominus.
Qui tuus, ipse meus stat conditor atque creator :
  Hujus plasma sumus, qui est trinitate Deus.
Unius estis oves : heu, cur non uniter itis?         55
  Sit rogo grex unus, pastor ut unus adest.
Renuuis ? an recolis quod canna Davitica pangit,
  Quodque prophetali virgine fetus agit?
In cruce transfixus palmis pedibusque pependit,
  Sed corrupta caro non fuit ex tumulo;              60
Post triduum remeans sanat nos vulnere longo :
  Quod rediit cælis, testis et ista dies.
Crede meis aut crede tuis, convicta senectus,
  Si fugis ac trepidas, nec legis ista legens.
Protrahimus verbum brevitatis tempore longum :       65
  Aut admitte preces aut, rogo, cede loco.
Vis hic nulla premit, quo vis te collige liber ;
  Aut meus esto sequax, aut tuus ito fugax.
Redde, colone, locum, tua duc contagia tecum :
  Aut ea sit sedes, si tenet una fides ».             70
Hæc pia verba viris miti dedit ore sacerdos,
  Ut sibi quo libeat semita cordis eat.
Ast Judæa manus, stimulante furore rebellis,
  Colligitur, rapitur, conditur, inde domo.
Christicolæ ut cernunt tunc agmina Manzara jungi,    75
  Protinus insiliunt qua latet ille dolus.
Si fremerent, gladiis sentirent justa cadentes :
  Vivere quo possint aut daret arma fides.
Legati occurrunt vati mandata ferentes :
  « Nos Judæa manus jam tua caula sumus :            80
Ne pereant, adquire Deo qui vivere possunt;
  Si mora fit, morimur et tua lucra cadunt.
Tende celer gressum : properes nisi præpete cursu,
  Funera natorum sunt tibi flenda, pater ».
Fletibus his victus rapitur miserando sacerdos,      85
  Ut ferat adflictis rite salutis opem.
Perveniunt quo clausa loco fera turba latebat
  Quæ occurrens lacrimis ingerit ore preces :
« Mens est tarda boni Judaica jura tenenti,
  Lucem sero videt, prætereunte die.                 90
Sic oculis cordis velum est ab origine tensum,
  Cæcus ut ignoret quo via recta vocet.
```

ô pasteur; nous avons enfin entendu votre appel, ô vous qui savez entraîner votre troupeau, en lui offrant le sel si doux de vos enseignements. Nous croyons, n'en doutez pas; nous sommes à vous; nous ne voulons pas vous tromper par des paroles mensongères; nous demandons le baptême; faites apporter l'eau sainte. Nous avons reconnu la sagesse de vos avis; nous avons compris que Dieu même nous appelait par votre bouche. » Ainsi le roi du ciel entraîne vers la lumière ces malheureux si longtemps plongés dans les ténèbres, d'où ils refusaient de sortir; il ouvre à ces recrues les rangs de la milice sacrée. Les deux armées, jadis ennemies, se réunissent sous le commandement d'un seul chef; les adversaires réconciliés n'ont plus qu'un seul amour et qu'un même Dieu. L'huile sainte va baigner la toison des brebis, et le troupeau purifié exhalera une odeur nouvelle (8). Voici le jour où l'Esprit saint descendit du ciel sur les lèvres des apôtres. Le divin sacrifice appelle tous les fidèles, paysans et citadins; tous à l'envi courent vers le lieu où va s'accomplir la pieuse cérémonie. L'eau du baptême emporte l'âcre odeur du judaïsme (9); un peuple régénéré sort de la piscine. Un parfum plus doux que celui de l'ambroisie flotte sur les têtes qu'a touchées l'huile sainte. Une foule innombrable célèbre pour la première fois la Pâque; d'une race de loups sont nées d'innocentes brebis. Les vieux chrétiens ouvrent leurs bras aux convertis; l'ancien et le nouveau peuple de Dieu se confondent; à défaut du sang, le baptême les a faits frères. Des cierges, dont l'éclat rivalise avec celui des astres sont dans toutes les mains; on croirait voir des étoiles qui traînent leur chevelure de flamme à travers la ville. Les robes blanches, la lumière des torches, mille feux divers illuminent cette journée, aussi belle, aussi radieuse que celle où fut apporté aux apôtres le don des langues. Quelles furent alors, dites-moi, les pensées de l'évêque Avitus? Quelle était sa ferveur, quand il faisait à Dieu une telle offrande? La face du saint prêtre rayonnait au milieu des candélabres, éclairée par le feu divin qui brûlait en lui. Quelle joie d'apporter à l'autel un si rare holocauste! Quelle offrande plus agréable au Dieu vivant qu'une victime vivante! Si le patriarche plut à Dieu pour lui avoir donné son fils unique, combien ne lui plaira-t-il pas l'homme qui lui donne des milliers d'enfants? Ce peuple que Moïse n'a pas pu soumettre à notre foi, quelle sera la récompense de celui qui l'a conquis au Christ? Il a versé sur l'autel du Seigneur un parfum qui le dispute aux aromates; il a fait monter jusqu'au trône de Dieu un encens d'une douceur inconnue. Maintenant ses vœux sont comblés; il a rassemblé toutes ses brebis dans le même bercail, et il a la joie de se voir entouré d'un troupeau plus blanc que la neige.

Si ces vers sont barbares, ne vous en prenez qu'à vous-même, ô Grégoire, mon père, qui avez imposé à Fortunat une tâche au-dessus de ses forces. Rappelez-vous d'ailleurs que votre messager m'a pressé, m'a compté les heures, et que j'ai disposé à peine de deux journées. Je sais quelle est votre affection pour Avitus, dont le sou-

Sed tandem sequimur, pastor, quo sæpe monebas,
   Qui sale tam dulci currere cogis oves.
Credentes jam crede tuos nec fallere falsis;   95
   Nos lavacrum petimus, sit tibi præsto lacus.
Sensimus effectu quod agebas rite precando,
   Quod per te hominem nos Deus ipse monet ».
Hinc trahit ad lucem quos texerat umbra negantes,
   Militiæque novæ rex aperibat iter.   100
Agmina conveniunt quondam diversa sub unum,
   Partibus et geminis fit Deus unus amor.
Hinc oleare ovium perfunditur unguine vellus,
   Aspersuque sacro fit gregis alter odor.
Ecce dies aderat qua spiritus almus ab alto   105
   Missus apostolicis fluxit in ora viris.
Res sacra ruricolas, urbanos excitat omnes
   Certatimque aditus ad pia festa terunt.
Abluitur Judæus odor baptismate divo
   Et nova progenies reddita surgit aquis.   110
Vincens ambrosios suavi spiramine rores,
   Vertice perfuso chrismatis efflat odor.
Ingenti numero celebratur pascha novellum,
   Ac de stirpe lupi progenerantur oves.
Excepit populus populum, plebs altera plebem: 115
   Germine qui non est, fit sibi fonte parens.
Undique rapta manu lux cerea provocat astra,
   Credas ut stellas ire trahendo comas.
Lacteus hinc vestis color est, hinc lampade fulgor,
   Ducitur et vario lumine picta dies,   120
Nec festiva minus quam tunc fuit illa coruscans,
   Diversis linguis quæ dedit una loqui.
Quis, rogo, pontificis fuit illic sensus Aviti?
   Quam validus fervor, cum daret ista Deo?
Inter candelabros radiabat et ipse sacerdos,   125
   Diffuso interius spiritus igne micans.
Tum sibi qualis erat, tam vera holocausta ferendo,
   Cum libeat vivo hostia viva Deo?
Si patriarcha placet, quoniam natum obtulit unum,
   Qui tantos offert quam placiturus erit?   130
Moyses non valuit fidei quos subdere nostræ,
   Qui Christo adquirit, quod sibi munus erit?
Fudit aromaticum domini libamen ad aram,
   Incensumque novum misit ad astra Deo.
Obtinuit votum, quia junxit ovile sub uno,   135
   Et grege de niveo gaudia pastor habet.
Hæc inculta tibi reputa, pater alme Gregori,
   Qui Fortunato non valitura iubes;
Adde quod exiguum me portitor impulit instans,
   Et datur in spatiis vix geminata dies.   140
Novimus, affectu potius quo diligis illum,
   Hinc quem corde vides semper et ore tenes.

venir remplit votre cœur, dont le nom est toujours sur vos lèvres. Il ne vous suffit pas de louer vous-même ses vertus; vous contraiguez les autres à le louer avec vous. Il n'a pas perdu les soins qu'il vous a jadis donnés, puisque votre cœur lui est resté si fidèle, puisque vous payez son affection d'un tel retour. Fasse le Dieu tout-puissant que, dans la suite des siècles, chacun de vous doive à l'autre sa gloire. Puissiez-vous aussi tous deux garder de l'oubli mon humble nom, et puisse votre témoignage m'aider à obtenir un peu d'indulgence.

VI. A Syagrius, évêque d'Autun (1).

AU SAINT SEIGNEUR, SI DIGNE DU SIÈGE APOSTOLIQUE, A L'ÉVÊQUE SYAGRIUS, FORTUNAT. — Une stupide paresse m'avait engourdi; pareille à l'ivresse, une langueur maladive s'était peu à peu emparée de mon esprit qui ne pensait plus et s'abrutissait; plongé dans l'énervante mollesse de je ne sais quelle lâche somnolence, sans ouvrage sur le métier dont le souci me tint éveillé, je négligeais la lecture, comme je négligeais tout travail (2); je ne savais plus saisir l'occasion qui m'eût fourni quelque sujet de composition poétique; je ne savais plus, si je puis parler ainsi, arracher à la toison quelque brin de laine, pour en faire la trame d'un poème; je m'ensevelissais en moi-même comme dans une tombe silencieuse, et, tandis que j'oubliais de chanter, ma langue se rouillait comme l'archet d'une lyre longtemps muette, lorsqu'enfin je reçus la visite inattendue d'un de mes concitoyens (3), qu'amenait à moi, je pense, votre bonne fortune. Je lui demande qui il est, d'où il vient, ce qu'il veut de moi. Il me fait entendre à grand'peine à travers ses sanglots le malheur arrivé à son fils, son propre désespoir, ses titres à ma compassion et à votre assistance. La douleur qui déchire ses entrailles, les larmes qui coulent à flots de ses yeux, arrêtent les mots dans sa gorge; mais, s'il ne peut parler, son silence même et ses pleurs disent assez qu'il est père. Si le malheureux, dans son angoisse, hésite, balbutie, si la voix lui manque, ses yeux pleins de larmes parlent pour lui. Telle est la puissance naturelle du sentiment paternel qu'un père se trahit par son émotion, avant d'avoir ouvert les lèvres. Des yeux du malheureux s'échappaient donc, mêlées à ses larmes, des supplications si touchantes, que leur éloquence aurait attendri le cœur le plus dur; ses pleurs en tombant semaient la douleur et faisaient germer la pitié; de cette source jaillissait, avec son chagrin, le désir de le consoler; avec son affliction, croissait ma sympathie; les gémissements que lui arrachait son désespoir, mon oreille les recueillait avidement; les larmes qui coulaient de ses yeux, mon cœur s'en pénétrait pour les faire fructifier. C'est ainsi que, par ses sanglots seuls, l'infortuné me fit entendre ce qu'il souffrait; le chagrin reflété par son visage, comme par un miroir, me révéla l'anxiété de son âme; nous n'eûmes pas besoin d'échanger un seul mot pour nous comprendre; ses larmes valurent pour moi des paroles, et sa douleur paternelle me parut s'exprimer avec une éloquence admirable, sans que ses lèvres eussent prononcé un seul mot.

Ému tout à la fois par le malheur de mon infortuné concitoyen et par la pensée de notre

  Hoc tibi nec satis est, hujus quod es ipse relator :
    Conpellis reliquos plaudere voce sibi.
Non fuit in vacuum, quod te provexit alumnum : 145
    Sic cui mente fidem, reddis amore vicem.
Annuat omnipotens, longo memoraliter ævo
    Ut tu laus illi, laus sit et ille tibi.
Me quoque vos humilem pariter memoretis utrique,
    Et pro spe veniæ voce feratis opem. 150

VI. Ad Syagrium episcopum Augustidunensem.

DOMINO SANCTO ET APOSTOLICA SEDE DIGNISSIMO DOMNO SYAGRIO PAPAE FORTUNATUS. Torpore vecordis otii, quo mens ebria desipit diutina tabe morbescente brutiscens, et velut ignavi soporis hebetante marcore suffectus, negotii indulti nulla mordente cura dormitans, cum videretur scilicet tam lectio negligi quam usus abuti, neque nancisceretur quicquam occasionis ex themate quod digereretur in poesi, et, ut ita dictum sit, nihil velleretur ex vellere quod carminaretur in carmine, intra me quodammodo me ipsum silentio sarcofagante sepeliens, et, cum nulla canerem, obsoleto linguæ plectro æruginavissem, tandem nec opinato concivi meo, sed tamen ut arbitror vestræ felicitatis ad me sorte delato, quis, unde, quidve deferat dum percontor, de filii calamitate suæ necessitatis, meæ compassionis, vestræ mercedis causas, indice singultu vix laxante, prorupit : quo voce intercepta tam viscerum mœrore quam luminum flumine dum loqui non permittitur, ipso silentio patrem lacrimæ fatebantur; quia, dum anxius in verbo genitor pendet nec exprimit, tacente faucis organo, pupilla fletibus loquebatur. Tantum est in caritate natura quod prœvalet, ut parens ante se prodat affectu quam labio. Fluebant igitur lumina suggestionem suam blandito ploratu compunctam, ut etiam quamvis crudelem redderent lamenta clementem; irrigabant lacrimæ tam semen miseriæ quam frugem misericordiæ : uno fonte manabant res mœroris et muneris, uno luctus et merces, ut unus rigans oculis alter bibens auribus quod iste torcularet in fletu ille apothecaret in fructu. Itaque signo singulti fecit se intelligi mens captivi, et quasi speculariter traxit mœror in facie quod videbatur angor in corde : unde inter tacentes causa rerum cognita, dum apud me valuit hoc fari quod flere, videbatur affectus mire sine lingua sic loqui. Igitur cum me moveret lamentabilis concivis tam jactura quam patria, cum cernerentur vultus patris pietatis imbre

commune patrie, je me sentais, à la vue de ce visage baigné de larmes paternelles, pénétré d'une douleur presque égale ; les pleurs du malheureux, comme autant de gouttes d'encre, gravaient ses plaintes dans mon cœur, et, tandis que d'ordinaire l'eau lave et efface, celle qui tombait de ses yeux, par une sorte de prodige, les y écrivait en caractères indélébiles. Comment ne pas croire un homme qui pleure, à moins d'être né d'une pierre ? Comment rester inaccessible à la pitié, à moins d'avoir été enfanté par une tigresse, quand les caresses désarment la griffe du léopard, le boutoir du sanglier, la dent du lion, quand elles domptent jusqu'au monstrueux éléphant ?

Lorsqu'enfin ses sanglots furent apaisés, le malheureux me fit entendre que vous seul pouviez guérir sa peine : le seul remède au mal dont il souffre, le seul topique efficace, c'est que vous daigniez parler pour lui ; et, l'interrompant, je lui dis, dans ma confiance en vous, que je le recommanderais à votre bonté et qu'il pouvait sécher ses larmes.

Restait cependant à décider quelle rançon je devais vous offrir ? Fallait-il qu'elle répondît à la valeur du prisonnier, ou plutôt qu'elle fût de nature à vous agréer ? Je ne voulais pas me montrer trop économe, de peur que la modicité du prix ne dépréciât à vos yeux celui qu'il s'agissait de racheter ; et je craignais, je l'avoue, s'il fallait payer ce service à beaux deniers comptants, que tout mon bien passât à parfaire la somme, d'autant plus que je désirais que votre martyr (4) profitât avec vous de mon offrande. Quel présent pouvait donc vous faire un homme aussi pauvre que moi ? J'étais fort en peine de prendre un parti, quand un souvenir d'Horace le pindarique me tira de ma torpeur léthargique : « Poètes et peintres, dit-il, ont toujours eu la permission de tout oser. » Méditant ce passage, je me dis que si, dans ces deux arts, l'artiste peut tout mêler et confondre à sa guise, il était peut-être permis, même sans être un artiste, de les confondre tous deux et d'ourdir sur le même métier une œuvre où la poésie et la peinture eussent une égale part.

Ensuite, voulant vous intéresser par mes vers à la délivrance d'un prisonnier, je songeai à notre Rédempteur, au temps de sa venue, à l'âge du Christ quand il paya notre rançon, et je résolus de composer un poème d'un nombre de vers égal au nombre de ses années, chaque vers étant de plus formé d'un pareil nombre de lettres : tâche ardue, dont la difficulté me fit tout de suite reculer, ou, pour mieux dire, étroite prison où je me trouvais également gêné par la tyrannie de la mesure et par celle de ces lettres si rigoureusement comptées. Que faire ? de quel côté me tourner ? Après de nouveaux calculs, je reconnus que ce cadre était plus large que je ne l'avais cru d'abord. Ses limites fixées d'avance m'interdisaient également les développements prolixes et la concision étriquée, et les vers descendants, comme autant de barrières, me contenaient et m'empêchaient de m'égarer. Il fallait que ma plume passât à travers cette chaîne, sans relâcher ou rompre un seul fil, de peur qu'un seul point de trop ne brouillât toute la trame. Je me proposai ensuite de disposer les vers de telle sorte qu'ils se pussent lire tout entiers de haut en bas, deux aux deux chefs de droite et de gauche, deux sur les diagonales, un autre coupant la pièce par le milieu. Restait à choisir la lettre

perfundi, ut pæne totus et ipse in alieno affectu migrarem, lacrimantes oculi querellas mihi fixerunt ad vicem incausti et admirabili modo aqua, quæ delere solet, per fletus scripsit. Quis enim flenti non crederet quem lapis non genuit ? Quem non humanitas flecteret quem partus tigridis non effudit ? cum lentiscat blanditiis cursus pardi, virtus apri, dens iconis et moles elephanti. Qui tandem sedato querellarum strepitu doloris sui prosperum te designat antidotum : scilicet dum æger mente sibi poscit medellam, si se dignanter impendat vestra lingua sit malagma : quo loquente media per verba me miscens, mihi de vobis credulus fidem feci homini, ex hoc per me te consuli, se non flere. Restabat tamen conjici, utrumne pro redemptione dirigerem : quod suboles valeret ? an quod vobis proficeret ? De compendio cogitans, ne vilitate pretii depretiaretur tibi merces captivi ; illud certe metuens, si caperetur in nummo, res periret in talento : præsertim cum desiderem thesauros ex æquo te tuo frui cum martyre. Quid vero pro munere modicitas proferret ? Cum in electione cunctarer, venit in mentem letargico dictum Flacci Pindarici :

pictoribus atque poetis
Quælibet audendi semper fuit æqua potestas.

Considerans versiculum, quæ si vult artifex permiscet uterque, cur [non], etsi non ab artifice, misceantur utraque, ut ordiretur una tela simul poesis et pictura ? Dehinc cum pro captivo velim versu suggerere, attendens quæ fuerint tempora redemptoris, quoto nos suæ ætatis anno Christus absolverit, totidemque versiculis texerem carmen quot litteris, hac protenus operis difficultate repulsus aut magis difficulter inclusus tam metri necessitate quam litterarum epitome, quid facerem, quo prodirem ? Nova calculatione angustus mihi numerus angustias dilatavit, quia, præfixo termino, non erat nec ubi se prolixitas excuteret aut brevitas angularet, nec evagari propter descendentes versus frenante repagulo orditura permisit : in quo quippe exordio supercrescente apice non licuit vel solvere vel fila laxare, ne numerum transiliens erratica se tela turbaret. Hinc cura commoveor, ut duo per capita, duo ex obliquo, unus vero per medium descendentes integri versiculi legerentur : altera pars restiterat, quam inter omnes litteram

que je placerais au centre de l'ouvrage, de telle façon qu'elle appartînt à la fois à chacun des vers qui s'y croisent et qu'elle n'entravât la marche d'aucun.

Les lisses, montées avec ce soin minutieux, je me mis à tisser ma toile : à chaque instant un fil rompu me mettait au désespoir. Au lieu de me dégager, je ne fais que m'empêtrer davantage, et mes efforts pour dénouer mes liens les serrent plus étroitement. Jugez en effet de la difficulté d'une telle entreprise : si l'on ajoute un mot ici ou là, le vers est trop long; si l'on en retranche un, tout agrément disparaît; en changez-vous un autre, les acrostiches sont bouleversés; il vous faut tracer la lettre que vous voudriez éviter. Devant cette toile, ce réseau de vers entrecroisés de telle façon que, après en avoir franchi deux, je ne pouvais manquer d'être pris au troisième, j'étais comme l'oiseau imprudent qui, trompé par le brouillard, va se jeter dans le filet; le piège dont je voulais me garder, j'y sentais tout à coup mon aile arrêtée, ou, pour mieux dire encore, mes plumes prises aux gluaux de mes cinq acrostiches me tiraillaient en tout sens; et ce qui augmentait encore mon embarras, c'est que non seulement je n'avais jamais rien fait de tel (5), mais je n'avais pas de modèle sur lequel je pusse me guider (6). Incertain, hésitant, effrayé de la nouveauté de mon entreprise, je me demandais s'il fallait poursuivre un travail dans lequel j'étais si neuf, et s'il ne serait pas plus sage de renoncer à un projet si peu sage : et voilà que malgré tout, malgré moi-même, je parle, pour ainsi dire, une langue que j'ignore; voilà que mon affection pour vous m'oblige à triompher de tant de difficultés; je montre, pour l'amour de vous, des talents que je n'ai guère; vous violentez un homme tout à vous, qui n'a garde de vous résister, qui se prête à vos exigences, qui ne veut pas s'en défendre : tant il est vrai que l'amour est un tyran auquel il est doux d'obéir. Pour vous rapporter ce présent, j'ai mis ma voile au vent sur une mer inconnue; matelot inexpérimenté, j'ai bravé pour vous les flots et les écueils; pour vous, j'ai lancé ma barque à tout risque sur des routes inexplorées. Ne suis-je pas prêt à tout pour vous plaire? Votre affection ne peut-elle pas tout sur moi?

Je vous envoie donc ma pièce, qui forme un carré parfait, coupé en cinq à la lecture. Elle renferme trente-trois vers de trente-trois lettres, en souvenir de l'âge du Christ quand il ressuscita pour nous sauver, et présente cinq acrostiches, deux aux deux bouts des vers, deux sur les diagonales, un au milieu, qui se lit de haut en bas : de sorte que, le vers fini, la dernière lettre n'a pas encore fini son rôle; elle a rempli son office dans la ligne horizontale (7), mais il lui reste encore à figurer dans celle qui descend, puisqu'elle appartient également à l'acrostiche final. Au centre de mon petit ouvrage, j'ai mis la lettre qui occupe le milieu des vingt-trois lettres de l'alphabet, précédée d'autant d'autres lettres qu'elle en laisse derrière elle; placée au point de rencontre des vers qui se croisent, elle se partage entre eux et appartient à chacun d'eux tout entière. Quant aux lettres de couleur qui forment les vers descendants, tirées dans un sens, retenues dans l'autre, elles font à la fois partie de la chaîne immobile et de la trame qui court sur la chaîne, autant du moins que cela se peut dire quand il s'agit d'une feuille de papier,

meditullio conlocarem, quæ sic reciperet omnem ut offenderet neminem. Igitur hujus telæ cum licia numero collegissem, ut texere coeperam, et se et me fila rumpebant : incipiens ego opere propter absolutorio ligari, atque mutata vice, dum captivi solvere lora cupio, me catena constringo; nam hujus opusculi quæ sit hinc conjicitur difficultas : ubicumque volueris, si addis, crescit linea; subtrahis, perit gratia; mutas, non consonant capita : figis nec fugis litteram. Itaque cum penderet hæc tela versibus laqueata, ut si duo transirem, adhuc tria non fugerem, ego incautus passer quasi mentita per nubila incurri pantheram, quia quod cavere volebam huc pinna ligabar, aut magis, ut dictum sit, velut plumis inlitis quinquifida viscatura tendebar; inter hæc illud me commovens, quod tale non solum nondum feceram, sed nec exemplo simili trahente ducebar. His incertus et trepidus, ipsa novitate suspensus utrumne temptarem quæ numquam adgressus sim, an cautius respuerem quam incaute proferrem, tamen, licet invitus, loquor pæne quæ nescio; et tu me vincis amore, ne vincar ab opere : ecce exigis a me et quod in me vix invenis; violentiam facis qui tuus, non rebellis est : extorques nec repelleris; amor blandus tyrannus est. Ut hoc pararem commercii, per incertum pelagi rudis nauta vela suspendi : affectu raptus deferor per fluctus et scopulos, urgues me præcipitem per ignota transire : quid est quod non obtineas? Sicut amas, sic imperas. Habes igitur opus sic uno textu quadratum, ut sit legendo quinquifidum; et cum sint triginta tres tam versus quam litteræ, ad similitudinem Christi carnalis ætatis, qua nos absolvit unus resurgens, abhuc duo per capita, duo ex obliquo, unus quoque per medium legitur in descensu : unde fit ut se finito versu littera non finiret, quia etsi in directo pervenit ad terminum, tamen cursus illi superest in descensu, quia adhuc conjungitur in finali versiculo. In meditullio autem parvi hujus opusculi illam fiximus litteram quæ inter viginti tres numeratur permedia, ac tantas ante se respicit quantas et post se transilit, quia concurrentibus versibus et dividitur tota et manet integra res divisa; littera vero quæ tinguitur in descendenti versiculo, et tenetur in uno et currit in altero, et, ut ita dicatur, et stat pro stamine et pro trama currit in tramite, ut esse potest in pagina : licia litterata. Ne tamen causa nos oneret, quod velut lara-

d'une lisse de lettres. Ne me reprochez pas d'avoir entrecroisé, avec l'art de l'araignée qui tisse sa toile, des fils diversement colorés : vous avez vu dans les livres du prophète Moïse que la robe du prêtre était faite d'une étoffe diaprée (8). J'ai cru que je pouvais, moi aussi, mêler à mon tissu le vermillon, puisque nous n'avons pas d'écarlate en ce pays. Pour les vers en diagonale, le sens y marche droit, encore que les lettres aillent de travers. Quant à la façon dont ils s'enchaînent et à la pensée que chacun d'eux renferme, vous pourrez vous en rendre compte, et cela suffit, sans que je vous l'explique.

Pour terminer, je me recommande à votre piété, à votre sainteté, à votre bonté inépuisable; je vous prie, convaincu que vous ne me refuserez pas ce juste retour, de faire peindre ces vers sur le mur de votre vestibule, afin qu'ils gardent votre maison, comme je voudrais la garder moi-même. Priez pour moi (9).

VII. A Félix, évêque de Nantes (1).

Je sens, ô grand pontife, lumière que tous vénèrent, chef bien-aimé de votre ville, Félix, dont le nom m'est si cher, que je porte dans mon cœur, que j'étreins d'un affection si étroite, je sens toute la reconnaissance que je vous dois, — et cette dette est légère à mon amour, — pour m'avoir invité, moi qui suis si petit, vous qui êtes si grand, à visiter l'aimable séjour qui vous retient, à venir chanter auprès de vous dans ces campagnes que la Loire baigne de ses eaux limpides et glacées. Le riant domaine de Cariacum descend par une pente douce vers la rivière ; d'un côté, le fleuve réjouit le regard, de l'autre, la vigne étale ses pampres, et les pins dressent leurs cimes chevelues, que le vent du nord fouette en sifflant; le sol est sans doute fertile, la rive du fleuve poissonneux est belle; mais pour Fortunat, ce qui fait le charme de ces beaux lieux, c'est que l'on y voit Félix.

VIII. A l'évêque Grégoire, après un voyage.

Grégoire, notre honneur, notre gloire, notre lumière, vénérable pasteur, digne objet de l'amour de votre troupeau apostolique, saint pontife, que je dois à jamais chérir, à qui j'ai pour toujours donné mon cœur, je me réjouis d'apprendre que Tours a retrouvé son évêque, je me réjouis d'avoir retrouvé mon père. J'applaudis de toute ma force à votre retour qui comble les vœux de votre peuple et les miens, qui est pour votre patrie comme le retour du jour. En me recommandant à vous, je vous recommande aussi mon serviteur, porteur de ce billet, et je fais des vœux pour que vous gouverniez longtemps encore votre troupeau.

a. Au même.

O vous, dont la piété répand autour d'elle tant de bienfaits, Grégoire, mon père bien-aimé, vous qui suivez d'un pas si sûr la route qui conduit au ciel, vous dont les leçons échauffent le cœur le plus lâche et lui apprennent à mériter l'assistance de la milice sacrée, vous que Dieu bénit, je vous salue avec amour et je me recommande à vous, comme votre humble serviteur. Si cette lettre est courte, au moins mon affection

---

cnæa arte videmur picta fila miscere : quod vobis compertum est in Moysi prophetæ libris, polymitarius artifex vestes texuit sacerdotis. Unde, cum desit hic coccinum, res est texta de minio. Versus autem ex obliquo descendentes ab angulis ratione stant, etsi positione succlinant : qualiter autem conexi sint singulive quid continent satis est prudentiæ sine indice rem probare. In summa, commendato me piæ beatitati et exuberanti vestræ dulcedini, tribuentes petita confidenti vicarietate servitii, si placet, hoc opere parieti conscripto me ostiario pictura servet vestibulum. Ora pro me.

VII. Item ad Felicem episcopum Namneticum.

Sentio, summe pater, lumen venerabile cunctis,
Urbis dulce caput, mihi nomen amabile, Felix,
Amplectens quem corde gero pietatis in ulnis,
Pondus suave meum (nec onus gravat istud amantem),
Cur humilem me, summe, vocas loca visere blanda 5
Quæ te, care, tenent, tecum modularer in illis,
Qua tua rura lavat vitrea Liger algidus unda.
Cariaci speciosus ager devexus in amnem,
Hinc ubi flumen aquis recreat, hinc pampinus umbris
Et crepitans Boreas pineta comata flagellat : 10
Uber nempe solum, piscoso litore pulchrum,
Sed Fortunato facies tua reddit amœnum.

VIII. Ad Gregorium episcopum post itiner.

Culmen honoratum, decus almum, lumen opimum,
  Pastor apostolicæ sedis amore placens,
Amplectende mihi semper, sacer arce Gregori,
  Nec divulse animo, vir venerande, meo :
Gaudeo quo rediit Turonis antistes honore 5
  Lætificorque mihi te remeasse patrem.
Plaudimus instanter communia vota tenere,
  Civibus et patriæ te revocasse diem.
Præsentem famulum mecum commendo, sacerdos,
  Optantes longe vos moderare gregem. 10

a. Ad eundem.

Officiis generose piis; pater alme Gregori,
  Mente salutifera qui petis astra palam,
Et quicumque tuis monitis animatur inermis,
  Militiæ sacræ victor habebit opem ;
Commendans humilem famulum me solvo salutem 5
  Semper amore pio, vir benedicte Deo.

pour vous n'est-elle pas petite. Ne mesurez pas les sentiments de mon cœur à l'insuffisance de mon langage.

b. Au même, pour un livre prêté (1).

Gloire à vous, mon père, qui, après avoir recueilli ces chants divins, après les avoir tirés de votre cœur, ne voulez pas les garder pour vous seul. Depuis longtemps vous en avez fait part à votre troupeau, et c'est de grand cœur que je vous en remercie, que je loue, comme il convient, une telle bonté. Puisse aujourd'hui le Tout-Puissant vous combler de ses grâces, pour avoir ouvert à ma misère ce trésor sacré. Admis à y puiser, je veux, en retour d'un tel bienfait, chanter sans cesse vos louanges. Grand pontife, mon père bien-aimé, je vous recommande instamment Prodomérus, mon serviteur, qui vous présente ce billet. Pesez dans votre équité ce qui lui est dû, et que la palme qui vous attend croisse sous l'œil de Dieu.

IX. Au même, pour une invitation.

Vous m'invitez, Grégoire, avec une affection toute paternelle, à venir en ce pays de Touraine où vous veillez avec tant d'amour sur les brebis du Seigneur, où le saint évêque Martin vous a remis la direction du troupeau confié jadis à ses soins, et où désormais vous êtes deux qui gouvernez la bergerie et conduisez les ouailles à travers les pâturages fleuris du Christ. Mais on m'a retenu de force; un de vos frères en dignité m'a empêché de me mettre en route pour me rendre auprès de vous (1). C'est en vain qu'à maintes reprises je lui en ai demandé la permission, de vive voix, par intermédiaire ou par lettre; en vain, que je l'ai supplié, alléguant la promesse que je vous avais faite. Vous qui êtes si bon, qui aimez la paix, pardonnez-moi, je vous en prie, au nom de notre amitié. Vos filles (2) s'unissent à moi pour vous envoyer un salut respectueux; et moi, mon père, je me recommande à votre bonté.

X. Au même, pour lui recommander une femme.

Illustre père de votre patrie, modèle de la parfaite piété, chef bien-aimé de Tours, honneur de la religion, vous qui pratiquez assidument les plus hautes vertus, Grégoire au cœur compatissant, qui cherchez la vraie gloire où elle est, celle que vous m'avez recommandée, quand elle vint ici, retourne aujourd'hui vers vous; accueillez-la, grand pontife, avec la bonté d'un père. Vivez longtemps, cher Grégoire, le recours de tous ceux qui souffrent, vivez pour mon bonheur et pour le bonheur de tant d'autres!

XI. Au même, après son retour chez lui.

Je ne puis me passer, vénérable et bien-aimé Grégoire, ou de vous voir de mes yeux, ou d'envoyer quelque lettre à votre recherche. Il m'est doux de contempler vos traits, mais quand ce bonheur m'est refusé, je veux du moins vous écrire, puisque vous m'en priez. Lorsque j'ai dû naguère m'éloigner de vous en toute hâte, j'ai trouvé les chemins couverts d'une couche de glace aussi polie que le verre; mais avec l'aide de la croix, et grâce à l'assistance du bienheureux Martin,

Pagina si brevis est, non est brevis ardor amantis,
   Nam plus corda colunt quam mea verba canunt.

b. Ad eundem pro libro præstito.

Carmina diva legens proprioque e pectore condens,
   Participans aliis, fit tibi palma, parens.
Hæc quoque, quæ pridem tribuisti pastor ovili,
   Grates persolvens debite laudo libens.
Vos tamen hinc maneant donaria celsa Tonantis,   5
   Qui sacras inopi distribuistis opes.
Quæ cum percontare queam, pro munere tanto
   Tunc magis ore meo gratia vestra sonet.
Præsentem famulum Prodomerem, summe sacerdos,
   Commendo supplex, dulcis amore pater.   10
Cui sua concedens justæ moderamine libræ
   Crescat honore Dei palma futura tibi.

IX. Ad eundem pro invitatione.

Invitas pietate patris, sacer, ire, Gregori,
   Qua domini Turonis pascis amore greges;
Quo sacer antistes meritis Martinus opimis
   Quas prius obtinuit, has tibi cessit oves :
Nunc quoque per caulas et florea pascua Christi   5
   Rite gubernantes ducitis ambo greges.
Sed mihi vim faciens vester modo frater honore,
   Ad vos ne properem nempe, retorsit iter :
Sæpe rogans voto, mandato et missile verbo,
   Et conjuratus sum sibi pollicitus.   10
Vir bonitate placens et pastor pacis amator,
   Fœderis ob studium sit veniale, precor.
Vos quoque sed genitæ propriæ, venerande, salutant;
   Ast ego commender, quæso, beate pater.

X. Ad eundem pro commendatione mulieris.

Summe pater patriæ, specimen pietatis opimæ
   Dulce caput Turonis, religionis apex,
Jugiter alta sequens, clementi corde Gregori,
   Unde animæ deucis et huc ratione petens :
Quam commendasti venientem, celse sacerdos,   5
   Hanc redeuntem ad te suscipe more patris.
Sis quoque longævus cunctorum, care, recursus,
   Et mihi vel reliquis sit tua vita seges.

XI. Ad eundem de itinere suo.

Jugiter opto libens, sacer amplectende Gregori,
   Cernere vos oculis, quærere litterulis.
Dulce videre nihil, at si desit copia cerni,
   Spes erit oranti vel dare verba patri.
Nuper ab aspectu decedens concite vestro,   5
   Per glaciem vitreas me loquor isse vias.
Sed crucis auxilio, Martino operante patrono,
   Perveni ad matres salvus, opime pater.

je suis arrivé sain et sauf auprès de mes mères (1). Elles vous envoient leurs plus respectueux hommages ; et moi, qui vous suis obligé de mon retour, je vous envoie mes vœux pour votre santé.

XII. Au même, pour le saluer.

Grégoire, le plus grand des prêtres et le meilleur des hommes, vous qui, dans le haut rang où vous place votre dignité, êtes pour mon amour comme la lumière qui m'éclaire, vénérable modèle des plus saintes vertus, que la piété elle-même s'est plu à former, que mon cœur ne cessera jamais de chérir, vous qui alliez la gloire des lettres et la fidélité à la loi divine, vous qui travaillez sans relâche à mériter le bonheur éternel, je vous prie, mon père, je vous supplie, par la terre, par la mer, par les cieux, de ne pas oublier dans vos prières celui qui est tout à vous.

XIII. Au même, sur des fruits et des greffes (1).

Votre bonté est inépuisable, vénéré Grégoire; je suis loin de vous, ô mon père, et vos bienfaits viennent me chercher. Vous m'envoyez à la fois les enfants et les pères, les fruits et les greffes, les jeunes rameaux et leurs produits. Fasse le Dieu tout-puissant qu'il vous soit un jour permis, en récompense de vos vertus, de cueillir à pleines mains les fruits qui mûrissent au paradis.

XIV. Au même, pour lui recommander une jeune fille.

Je suivais d'un pas rapide la route où votre prédécesseur, vénéré Grégoire, a laissé un souvenir miraculeux de son passage. C'est là, dit-on, qu'un arbre déraciné, couché sur le sol, se couvrit de feuillage à la prière de Martin. Par le pouvoir de la foi il est debout aujourd'hui, répandant autour de lui ses propriétés bienfaisantes, et guérissant quantité de malades, mais nu et sans écorce (1). Près du tronc se tenaient tout en pleurs le père et la mère d'une jeune fille, remplissant l'air de leurs plaintes, et les joues baignées de larmes. Je m'arrête, j'écoute ; à peine peuvent-ils me faire entendre à travers leurs sanglots qu'on a vendu leur fille. Je les presse de questions, et le père désolé m'apprend qu'accusée de vol, elle a été, sans aucune preuve, condamnée à l'esclavage. Il avait voulu produire des témoins prêts à attester son innocence par un serment solennel ; il avait tous leurs noms, mais il était pauvre, et ils ne lui servirent de rien. Le juge était loin ; l'accusateur ne voulait point lâcher sa proie. Que faire, me sentant ainsi réduit à l'impuissance ? « Si le pieux Martin était ici, m'écriai-je, il ne laisserait pas perdre cette brebis de son troupeau. » A la fin, je pris courage en pensant à vous, auguste évêque, à vous en qui nous retrouvons toutes les vertus de votre prédécesseur. Examinez, débrouillez cette affaire. Si c'est une injustice, arrachez la victime à son ravisseur ; rendez la brebis à votre troupeau, rendez la jeune fille à son père. Et moi, votre fidèle et dévoué serviteur, couvrez-moi, pasteur bien-aimé, de votre sacrée protection (2).

XV. Au même, pour lui recommander un voyageur.

Bon Grégoire, élevé par vos vertus au rang suprême, généreux appui des faibles, gloire du pontificat, vous que votre dignité, votre caractère,

Quæ vos multiplici veneranter honore salutant ;
  Ast ego pro reditu vota salutis ago.   10

XII. Ad eundem salutatoria.

Summe sacerdotum, bonitatis opima facultas,
  Culmen honore tuo, lumen amore meo,
Officiis venerande sacris, pietatis alumne,
  Pignore amicitiæ corde tenende meæ,
Florens in studiis et sacra in lege fidelis,   5
  Semper agens animæ dona futura tuæ :
Te, pater, ergo precans terram, freta, sidera testor.
  Ut velis ore sacro me memor esse tuum.

XIII. Ad eundem pro pomis et grafiolis.

Officiis generose piis, sacer arce Gregori,
  Absens fis præsens munere, summe pater :
Qui mihi transmittis propria cum prole parentes,
  Insita cum fructu : surcula, poma simul.
Det Deus omnipotens, meritorum fruge repletus   5
  Mala legas avide quæ paradisus habet.

XIV. Ad eundem de commendatione puellæ.

Cum graderer festinus iter, pater alme Gregori
  Qua præcessoris sunt pia signa tui,
Quod fertur convulsa jacens radicitus arbor
  Martini ante preces exiluisse comis,
Quæ fidei merito nunc stat spargendo medellas,   5
  Corpora multa medens, cortice nuda manens :
Fletibus huc genitor genetrixque puella,
  Voce implendo auras et lacrimando genas.
Figo pedem, suspendo aurem : mihi panditur ore
  Vix per singultus vendita nata suos.   10
Quæro adhuc : questus perhibet nullo indice furto
  Furti ex objectu hanc pater ire jugo :
Se voluisse dare et jurantes ordine testes,
  Nomine quemque tenens, nec potuisset egens.
Non aderat judex, erat accusator adurguens :   15
  Hic ego quid facerem, posse vetante, sacer?
« Si pius hic, dixi, præsens Martinus adesset,
  Nil permisisset perdere pastor ovem ».
Sed tamen invalui recolens te, summe sacerdos,
  Spem præcessoris qui pietate refers.   20
Discute, distringe ac, si sit secus, eripe dulcis
  Et pater adde gregi : hanc quoque redde patri.
Me simul officio famulum tibi, care, subactum
  Protege perfugio, pastor opime, pio.

XV. Ad eundem de commendatione peregrini.

Vir bone, pro meritis adipiscens culmen honoris
  Nobile præsidium, pontificale caput,

votre rare piété et la faveur du ciel ont placé si haut, Fortunat, votre serviteur, se rappelle humblement par ce billet à votre souvenir, à votre affectueuse bienveillance. Illustre prélat, ne refusez pas au voyageur qu'il vous adresse la joie de trouver en vous un pasteur et une patrie.

XVI. Au même, pour le saluer.

Très illustre pasteur, prêtre vénéré, honneur des pères, amour de la religion, gloire des pontifes, palme de la piété et de la vertu, Grégoire, si digne du haut rang où vous êtes monté, Fortunat, jaloux d'obtenir l'assistance du ciel, vous prie, père bien-aimé, de l'aider à la mériter.

XVII. Au même, pour le saluer.

Une lettre de votre main est venue gracieusement me visiter, saint prêtre, qui par votre piété méritez si bien le nom de père. Mes yeux la dévorent, je la lis et la relis, heureux de savoir que vous êtes en bonne santé, comme elle me l'apprend. Je voudrais bien qu'une lettre un peu plus longue vînt en votre nom, cher Grégoire, m'apporter la joie et le salut.

XVIII. Fortunat aux saints seigneurs, pères apostoliques en Jésus-Christ, pontifes de l'Église (1).

Gloire du pontificat, dignes objets de la vénération des Chrétiens, règle des prêtres, honneur et ornement du monde, vous qui portez en tous lieux vos regards par amour pour votre saint ministère, et qui assistez les hommes pour maintenir les prérogatives de la mitre, accueillez un Italien qui voyage en pays étrangers. Ne souffrez pas que la brebis erre à l'abandon sous les yeux des pasteurs. Il implore votre secours afin de regagner sa patrie ; ne refusez pas de tendre la main à ce nomade, à cet exilé qui est sans ressources. Puissé-je, moi Fortunat, trouver dans votre bonté paternelle un titre à l'indulgence du ciel ; c'est la grâce que je vous demande et que je demande à Dieu (2).

XIX. A Arédius, abbé (1).

Je veux, mon père, vous envoyer d'ici mon salut, puisqu'il ne m'est pas permis de vous voir. Si vif est mon désir de vous rendre mes respects, qu'il faut nécessairement que cette lettre aille le faire à ma place. Je vous conjure, bienheureux Arédius, par le pain délicieux de l'eucharistie, de vous souvenir de moi dans vos prières. Dieu ne me refusera pas ses bénédictions, j'en suis sûr, si vous voulez bien, cher pasteur, penser à votre Fortunat. Saluez aussi pour moi votre sainte mère (2), et chargez ce messager de me rapporter votre réponse à son retour. Vos filles, Agnès et Radegonde (3), se joignent à moi, mon père, pour vous envoyer un affectueux salut.

Quem gradus et genium fructu pietatis opimo
Dignius adtollunt amplificante Deo :
Ut tibi sit famulans memoratus amore benigno, 5
Fortunati humilis te, pater, orat apex.
Hic peregrinus item lætetur, summe sacerdos,
Pastorem et patriam te meruisse suam.

XVI. Ad eundem salutatoria.

Pastor honoris apex, venerabilis arce sacerdos
Et decus alme patrum, religionis amor,
Gloria pontificum, meriti pia palma, Gregori,
Adsurgente gradu nobile jure caput :
Fortunatus, opem tribui qui poscit Olympi, 5
Per te, care pater, quo mereatur age.

XVII. Item ad eundem salutatoria.

Visitat a vobis dignanter epistula currens
Me, sacer antistes, vir pietate pater.
Hanc avidus capiens oculis animoque recurro,
Sospite te gaudens, quod referebat apex.
Longius huc vestro sub nomine, papa Gregori, 5
Pagina me recreet missa salutis ope.

XVIII. Dominis sanctis atque apostolicis in Christo patribus, ecclesiæ pontificibus, Fortunatus.

Gloria pontificum, veneratio Christicolarum,
Norma sacerdotum, culmen et orbis honor,
Qui loca perspicitis propriæ mercedis amore,
Succurrendo viris vester ut extet apex.
Ecce venit præsens Italus, peregrinus et hospes : 5
Cernens pastores ne, precor, erret ovis.
Qualiter ad patriam properet, solacia poscit :
Inveniat munus vos vagus, exul, inops.
Me Fortunatum proprium pietate parentum
Conciliate polo, quæso, precando Deum. 10

XIX. Ad Aredium abbatem.

Opto, benigne pater, verbo tibi ferre salutem,
Si minus hinc oculo cernere te valeo.
Est etenim vestri tantus mihi cultus honoris,
Ut pro me occurrat hinc tibi missus apex.
Quæso, beate, tamen per dulcia pabula Christi, 5
Me quoque commemores, cum dabis ore preces.
Munera credo Dei tribui mihi, pater Aredi,
Si Fortunati sis memor, alme tui.
Pro me etiam sanctam genetricem, care, salutans,
Cum redit iste puer, redde loquentis opem. 10
Vos itidem genitæ propriæ, pater ample, salutant,
Agnes amore pio cum Radegunde simul.

NOTES SUR FORTUNAT, LIVRE V.

I.

1. — Saint Martin, évêque de Galice, mourut en 580. Voici ce que dit de lui Grégoire de Tours, *Histor. Franc.* V, 38 : « En ce temps mourut le bienheureux Martin, évêque de Galice, pleuré de tout son peuple. Né en Pannonie, il était allé en Orient visiter les lieux saints et y avait étudié les littératures anciennes qu'il possédait mieux qu'aucun de ses contemporains. Il se rendit ensuite en Galice et fut élu évêque, le jour où l'on y apportait les reliques du bienheureux Martin. Après avoir exercé ce sacerdoce pendant environ trente ans, il alla, plein de vertus, rejoindre le Seigneur. Les vers qui sont au-dessus du portail méridional de la basilique de saint Martin ont été composés par lui. » Dans un autre passage, *De Mirac. S. Martini*, I, 11, Grégoire raconte que le fils de Théodemir, roi de Galice, étant atteint d'une grave maladie, le roi, qui avait entendu parler des miracles opérés par le tombeau de saint Martin de Tours, envoya chercher des reliques du saint. Le jour où elles entraient au port, Dieu voulut que Martin, auquel est adressée cette lettre, abordât au même rivage. Élu évêque, il amena les Suèves de Galice à abjurer l'arianisme et à se convertir au catholicisme. Isidore de Séville a fait l'éloge de saint Martin, évêque de Galice, *De Scriptor. ecclesiast.*, ch. 22.

2. — Cf. *Genèse*, III, 8.

3. — *Vernantis operis.* Allusion à l'œuvre de conversion des Suèves qui occupaient l'Espagne depuis le commencement du siècle et qui professaient l'arianisme. Voyez Grég. de Tours, livre I des *Miracles de saint Martin*, ch. 11.

4. — *Non quod ficus tegeret.* Il y a sans doute ici une allusion à la Genèse, ch. III, verset 7, et aux feuilles de figuier dont Adam couvre sa nudité.

5. — Cf. Pline, *Hist. Natur.*, III, 3, 65.

6. — Cf. VII, pièce XII, 20.

7. — Vie de saint Martin, livre I, vers 100 et suivants.

8. — Voyez la note 1, sur la translation des cendres de saint Martin en Galice.

II.

1. — Brower remarque que Fortunat a toujours écrit *Persidis* pour *Persis*. Il emploie également la forme *Persida* au vers 149 de la pièce III du livre VIII.

2. — Bien que la plus grande partie de la Pannonie fût au pouvoir des barbares, quelques territoires appartenaient encore à l'empire. De là l'expression de *Pannonie romaine (Quiris)*, dont se sert Fortunat.

3. — Deux manuscrits, au lieu de *Gallisueba*, donnent *Gallis vera salus*. Le mot *Gallisueba* a probablement, dit Lucchi, été créé par Fortunat pour exprimer cette idée que Martin avait apporté le salut aux Suèves de la Galice.

4. — Ce n'est pas Hélie, mais Dieu, qui fit tomber la pluie et qui en avertit Hélie ; mais le poète n'y regarde pas de si près. Voyez *Rois* III, XVIII, vers. 1. — CH. N.

5. — Voyez *Rois* IV, II, vers 21, 22. — CH. N.

6. — Allusion au figuier maudit, *Marc*, XXI, 18. — CH. N.

7. — Voyez la parabole des talents, Mathieu, XXV, 14 et suiv. — CH. N.

8. — Voyez le même, ib., 23. — CH. N.

9. — Arles. Voyez, sur saint Genès, livre VIII, pièce III, note 33.

10. — Voyez, sur Césaire, livre VIII, pièce III, note 10.

11. — Césaire, élu évêque d'Arles en 501, continua de suivre la règle monastique autant que le lui permettaient les devoirs de sa charge. Voyez sa Vie par les Bénédictins, *Acta Sanctorum*, Sæc. I, p. 659 et suiv.

III.

1. — Grégoire prit possession du siège de Tours, comme il nous l'apprend lui-même, *De Mirac. Sanct. Mart.* II, 1, la douzième année du règne de Sigebert, c'est-à-dire en 573 de l'ère chrétienne.

2. — Fortunat joue sur les mots *Gregorius* et *grex*.

3. — Saint Julien subit le martyre à Brioude pendant la persécution de Dioclétien. Sa tête fut portée à Vienne, et le reste de son corps inhumé à Brioude. Voyez Grégoire de Tours, *De Mirac. Sanct. Martyr.* II, 1 et les notes de Ruinart. Grégoire, né en Auvergne et élevé par son oncle saint Gall, évêque de Clermont, avait une dévotion particulière à saint Julien et se nommait lui-même son nourrisson, *Juliani alumnum*. Voyez *De Mirac. sanct. Martyr.*, II, 2.

4. — Voyez sur Égidius la pièce XV du livre III et les notes. Voici, d'après la Vie de Grégoire ch. XI, comment il se fit que Grégoire fut consacré par l'évêque de Reims : à la mort d'Euphronius, les habitants de Tours envoyèrent une députation à Sigebert pour demander que Grégoire fût mis à la tête de leur église. Grégoire se

trouvait là. L'autorité du roi, les instances de Brunehaut triomphèrent à grand'peine de ses refus. Une fois qu'on eut obtenu son consentement, on ne voulut pas lui laisser le temps de changer d'avis, et il fut ordonné sur-le-champ par Égidius.

5. — Radegonde, après avoir quitté la cour de Clotaire, s'était arrêtée quelque temps à Tours pour prier au tombeau de saint Martin. Elle avait d'ailleurs fondé à Tours un monastère d'hommes, comme on l'a vu au ch. 85 de la *Vie de Fortunat*.

6. — Voyez la parabole de Lazare, saint Luc, ch. XVI.

7. — Parabole des talents, Mathieu XXV, 14 et suivants.

8. — Ainsi nommé sans doute à cause des pierres précieuses dont sa main fut miraculeusement couverte, un jour qu'il célébrait la messe. Voyez livre I, pièce V, et livre X, pièce VI.

IV.

1. — C'était alors l'usage de célébrer solennellement l'anniversaire de la consécration des évêques. Cet anniversaire s'appelait *dies natalicius*.

2. — Le mot *antiphona*, d'où le français *antienne*, a servi à l'origine à désigner les hymnes et les psaumes chantés par deux chœurs qui alternaient. Ce fut saint Ambroise qui introduisit dans l'Église latine l'usage du chant alternatif ou antiphonique emprunté à l'Orient.

V.

1. — En 576. Voici ce qui s'était passé d'après Grégoire de Tours, *Histor. Franc.* V, 11. Un jour qu'un juif converti par Avitus franchissait la porte de la ville, revêtu de la robe blanche des nouveaux baptisés, un de ses anciens coréligionnaires lui vida sur la tête un vase plein d'une huile infecte. Le peuple voulait lapider le coupable. Avitus réussit pourtant à le contenir. Mais le jour de l'Ascension, comme l'évêque se rendait de l'église à la basilique de Saint-Martin, suivi d'un cortège de fidèles, la foule, prise d'une fureur soudaine, envahit les maisons des juifs et les démolit, sans en laisser pierre sur pierre. Quelques jours plus tard, Avitus fit dire aux juifs qu'ils devaient se convertir au christianisme ou quitter le pays. Après avoir hésité trois jours, cinq cents d'entre eux firent répondre à l'évêque qu'ils étaient prêts à recevoir le baptême. Avitus les baptisa et leur fit l'onction du saint chrême la nuit de la Pentecôte, en présence de la ville entière accourue à la cérémonie avec des cierges et des torches.

2. — Nouvelle allusion à la parabole des talents, saint Mathieu, ch. XXV.

3. — Brower prend à la lettre et dans son acception physique l'expression de *Judæus odor*, et il l'explique longuement. Il est possible, ainsi que le remarque Lucchi, que ce soit, sous la plume de Fortunat, une expression figurée, comme quand l'Apôtre dit : *Christi bonus odor sumus in omni loco*.

4. — *Genèse*, ch. XVIII, 2 et suiv.

5. — *Genèse*, ch. XIX.

6. — *Psaumes*, XV, 10 ; *Actes*, II, 37.

7. — *Manzer* ou *Manzar*, mot hébreu qui signifie bâtard. Brower cite ce vers du livre V du *Carmen paschale*, poëme en hexamètres et en 5 chants de Sedulius, poëte du cinquième siècle, où se trouve la même expression :

Manscribus populis in deteriora volutis...

8. — Voyez ci-dessus la note 3.

9. — Voyez les notes 8 et 3.

VI.

1. — Syagrius fut élu évêque d'Autun vers la fin du règne de Clotaire Ier. Selon Le Cointe, il vécut jusqu'en 600. Le pape Grégoire le Grand lui accorda le pallium à la recommandation de Brunehaut, qui avait pour lui beaucoup d'amitié. Brower croit qu'il était de l'illustre famille des Syagrius, descendants du général romain battu par Clovis à Soissons. Voyez dans Sidoine Apollinaire deux lettres adressées à un autre membre de cette famille, livre VIII, lettre 8, et livre V, lettre 5.

2. — *Quam usus abuti*. Expression fort obscure. Peut-être faut-il entendre par « usus » *l'occasion de travailler*, et donner au verbe *abuti* le sens de *ne pas user de*. C'est à cette interprétation que je me suis arrêté, sans méconnaître ce qu'elle a de conjectural.

3. — *Concivi*. Les manuscrits portent *captivo* ou *concaptivo*. J'ai cru devoir adopter la correction *concivi*, proposée par M. Léo, et autorisée par un passage de cette lettre où Fortunat emploie ce mot pour désigner le même personnage : *cum me moveret lamentabilis concivis tam jactura*, etc. Ce père de famille, que Fortunat appelle son concitoyen, est sans doute un habitant de Poitiers. Établi pour toujours dans cette ville, au clergé de laquelle il était attaché, Fortunat, sans y être né, pouvait l'appeler sa patrie. Aimé des rois et des grands, il dut plus d'une fois intervenir en faveur de quelques-uns de ses concitoyens, emmenés comme prisonniers à la suite des guerres et des massacres qui désolèrent si souvent la ville de Poitiers.

4. — Sans doute saint Symphorien, qui souffrit le martyre à Autun, et dont la mémoire y était honorée, ainsi que le rapporte Grégoire de Tours, *De gloria martyrum*, I, 52.

5. — *Nondum feceram*. Aucun manuscrit ne porte *nondum*, qui est une conjecture proposée par M. Léo. Cette correction met ce passage en concordance avec la phrase suivante, où Fortunat répète qu'il n'avait jamais rien tenté de tel : *quæ nunquam adgressus sim*.

6. — Brower remarque que ce genre d'acrostiches était connu longtemps avant Fortunat, et rappelle les poëmes figurés présentés à Constantin par P. Optatianus Porphyrius, et imprimés de son temps à Augsbourg. Fortunat ne les connaissait sans doute pas, non plus que beaucoup d'autres semblables, surtout en langue grecque. — La pièce dont il est ici question a dû, en tout cas, être composée avant la pièce en l'honneur de la Sainte-Croix qui figure au livre II.

7. — *In directo*. L'édition de Lucchi, celle de M. Léo, portent *indirecto*, qui me paraît difficile à entendre. *In directo*, se comprend beaucoup mieux, et la différence entre les deux leçons est si légère, que l'on peut, je crois, se permettre cette correction que n'autorise aucun manuscrit.

8. — *Exode*, XXVIII, 8.

9. — Le poëme figuré qui suit cette lettre a pour sujet la faute d'Adam, la chute de l'homme et la rédemption. M. Barbier de Montault, dans son *Trésor de l'abbaye de Sainte-Croix de Poitiers*, page 137 et suiv., a pris la peine de l'analyser. Nous n'avons pas essayé de le traduire, mais nous en donnons ici le texte, d'abord avec l'arrangement compliqué décrit par Fortunat, puis en la forme ordinaire.

NOTES DU LIVRE V. 147

A V G V S T I D V N E N S I S O P V S T I B I S O L V O S Y A G R I

☩

```
   DIVSAPEXADAMVTFECITDATSOMNIADONEC
   AVVLSACOSTAPLASMATAESTEVANECINPAR
   FELICESPARITERDIPLOIDELVCISOPERTI
   ORECORVSCANTESINTERPIARVRAIVGALES
 5 RIPAEIVCVNDAENARIGRATAAVRAREDIBAT
   TVRISDELICIAESATVRA)ANTVBEREFLATV
   VNAFOVENSAMBOSFLOROSASEDEVOLVPTAS
   NOTABONISREGIOPASCEBATTEMPEBEATOS
   ATCVMTAMMAGNOPOLLERENTMAIVSHONORE
10 TOTAHOMINVMMIREPAREBATTERRADVORVM
   OCCVLTVSMENDAXMOXEXERITARMAVENENI
   SERPENSELATVSZELATORLARVEVSHOSTIS
   ATROXINNOCVOSEVINCENSFELLENOCENTI
   CONLISITSVASVQVOSGRATIADIVABEARAT
15 ETHOMODETERRATVMDENVODECIDITILLVC
   REPTANTI'SQ:DOLOEOOISEXCLVDITVRORTV
   HACNATIMORIMVRDAMNATILEGEPARENTVM
   ATDEVSEXCELLENSAIEETDELVMINELVMEN
   ECAELISOLIODVMMVNERAPBOVIDETVLTRO
20 CASTAECARNERVDIVIVAXINTROIITAGNVS
   PRODITINDESALVSMATVTINIVELVCERNA
   INTACTAEXARTVLVXERVITEXCITAMVNDVM
   APATREIVREDSHOMODEHINCCARNEVSALVO
   VTNOSERIPERETVILISEDETRAHITAVCTOR
25 OREGISVENALECAPVTQVODDECRVCEFIXIT
   TELOVOCEMANVMALFACTVSVERBEREFELLE
   ACTVHACSOLVISCAPTIVOSSORTECREATOR
   SEROVERADATAESTVITALISEMPTIOMORTE
   YMNOSVNDEDEOLOQVORABSOLVENTEREATV
30 ATVOSAETERNAESVFFVLTILAVDECORONAE
   GALLORVMRADIIVOBISQVOFVLGEATETNOX
   RVMPITELORAIVGISETSVMITISARMADIEI
   IPSAVELIBERTASVOSLIBERATATQ:BEABIT
```

POÉSIES DE FORTUNAT.

Augustidunensis opus tibi solvo, Syagri.
Dius apex Adam ut fecit, dat somnia, donec
Avulsa costa plasmata est Eva nec inpar;
Felices pariter, diploide lucis operti,
Ore coruscantes inter pia rura iugales;
5 Ripae iucundae nari grata aura redibat,
Turis deliciae saturabant ubere flatu,
Una fovens ambos florosa sede voluptas,
Nota bonis regio pascebat Tempe beatos.
At cum tam magno pollerent maius honore,
10 Tota hominum mire parebat terra duorum,
Occultus mendax mox exerit arma veneni:
Serpens elatus, zelator, larveus hostis,
Atrox innocuos evincens felle nocenti
Conlisit suasu quos gratia diva bearat.
15 Et homo de terra tum denuo decidit illuc
Reptantisque dolo Eoois excluditur ortu.
Hac nati morimur damnati lege parentum.
At Deus excellens aie et de lumine lumen
E caeli solio dum munera providet ultro,
20 Castae carne rudi vivax introiit agnus.
Prodiit inde salus matutinive lucerna
Intactae partu lux eruit excita mundum:
A patre iure Deus, homo dehinc carneus alvo,
Ut nos eriperet, vili se detrahit auctor.
25 O regis venale caput, quod de cruce fixit,
Telo voce manu malfactus verbere felle,
Ac tu hac solvis captivos sorte, Creator:
Sero vera data est vitalis emptio morte;
Ymnos unde Deo loquor absolvente reatu.
30 At vos, aeternae suffulti laude coronae,
Gallorum radii, vobis quo fulgeat et nox,
Rumpite lora iugis et sumitis arma diei:
Ipsave libertas vos liberat atque beabit.

Da Fortunato sacer haec pia vota Syagri.
Captivos laxans domini meditatio fies.
Cristus se misit cum nos a morte revexit.

Dulce Dei munus quo merx te care coronet.
Cara Deo pietas animam dat de nece solvi.

VII.

1. — Voyez sur Félix, évêque de Nantes, et sur ses villas, les pièces viii et x du livre III, et les notes.

VIII [b].

1. — Pièce obscure. Lucchi suppose que Grégoire avait composé une hymne à l'usage des fidèles de son diocèse et l'avait envoyée à Fortunat, qui l'en remercie.

IX.

1. — Selon Lucchi, l'évêque qui retint Fortunat et l'empêcha de se rendre à l'invitation de Grégoire est Marovée, évêque de Poitiers, duquel dépendait Fortunat en sa qualité de membre du clergé de cette ville. Il est certain que Fortunat était à Poitiers quand il écrivit ce billet, puisqu'il salue Grégoire au nom d'Agnès et de Radegonde. Marovée était un évêque brouillon et turbulent, qui tracassait Radegonde et Agnès, et qui, à cause de cela, vivait en mauvaise intelligence avec Grégoire de Tours, ainsi qu'il avait vécu avec Euphronius, prédécesseur de Grégoire. Voyez Grégoire de Tours, *Hist. Franc.*, IX, 40.

2. — Agnès et Radegonde.

XI.

1. — Agnès et Radegonde.

XIII.

1. *Grafiolum*, ou *graphiolum*, diminutif de *graphium*, poinçon. Quant au sens de *greffe* que lui donne Fortunat, Lucchi cite les lignes suivantes du *Glossaire* de Dufresne : « *Graffiola*, surculum, taleola, ramus arboris, graffiolo alteri insitus, inditus, unde nostri *greffe* dicunt, Occitani *grafion*. »

XIV.

1. — Lucchi remarque que ni Sulpice Sévère, ni Grégoire de Tours, dans son livre sur les Miracles de saint Martin, n'ont parlé de cet arbre.

2. — Cette affaire paraît bien être la même que celle dont il est parlé dans les quatre pièces mises sous le n° xii, au livre X.

XVIII.

1. — Brower croit que cette pièce est adressée à des évêques réunis en concile. Il est plus probable, comme le pense Lucchi, qu'elle est destinée aux évêques dont le voyageur recommandé par Fortunat devait traverser le diocèse en se rendant en Italie. La prière que leur fait Fortunat d'assister son protégé ne se comprendrait guère, s'ils ne se trouvaient pas dans leur diocèse et sur la route suivie par l'étranger.

2. — Il y a un autre passe-port de ce genre, pièce xiii, livre X.

XIX.

1. — Arédius, né à Limoges, appartenait à l'une des plus nobles familles du pays. Après avoir passé sa jeunesse à la cour de Theudebert où il avait l'office de premier chancelier, il la quitta, sur le conseil de Nicétius, évêque de Trèves, et se fit moine. Il fonda bientôt près de Limoges un monastère, où il vécut saintement le reste de ses jours, et où il mourut en 591, après avoir fait un grand nombre de miracles. Voyez Grégoire de Tours, *Histor. Franc.*, X, 29.

2. — Pélagie, pieuse et sainte femme, qui, après la mort de son mari Jocundus, se consacra à Dieu. Elle vivait auprès de son fils Arédius, et pendant qu'il vaquait au service divin, elle mendiait dans les campagnes leur nourriture à tous deux. Grégoire de Tours en fait l'éloge en plusieurs passages, et notamment au ch. 104 du *De Gloria Confessorum*.

3. — Voyez la fin de la pièce ix du même livre. S'adressant à Grégoire, Fortunat se sert, pour désigner Agnès et Radegonde, de cette même expression : *propriæ genitæ*.

LIVRE SIXIÈME.

I. Sur le roi Sigebert et la reine Brunehaut (1).

Au printemps, quand la terre est enfin débarrassée des frimas, la campagne se couvre de plantes nuancées de diverses couleurs, les arbres renouvellent leur épaisse et verte chevelure, et les sommets boisés et feuillus des montagnes occupent plus d'espace. Les bourgeons gonflés de la vigne charment le regard et promettent des rameaux riches en grappes pesantes. L'abeille aux bourdonnements grêles annonce le retour des fleurs, et emmagasine son miel délicieux. Pour réparer les pertes de sa famille dues à sa chaste fécondité, elle voudrait engendrer des ouvrières de la fleur même qu'elle butine. Poussé par l'instinct de se reproduire, l'oiseau babillard s'est accouplé, et déjà il vole en toute hâte vers sa couvée. Chaque être, si vieux qu'il soit, rajeunit dans les êtres qui sont issus de lui. Dans ce retour à la vie de toute la nature, le monde se livre à la joie. Ainsi, au moment où par un coup du ciel, le mariage de César met la cour en liesse, tous les signes sont favorables. La nombreuse et brillante troupe des ducs, rangée en ordre, forme le cortège du prince à jamais heureux. Que de grands ont accouru vers le seul grand! Voici les guerriers, voilà l'élite des hommes de paix. Leur arrivée a rempli le palais d'animation et d'allégresse; tous voient dans le mariage royal l'accomplissement de leurs vœux. O vous (2) dont les eaux traversent et arrosent cette contrée, soyez-moi favorables. Votre jugement donne ordinairement plus de prix aux choses qui en ont peu par elles-mêmes.

Soleil, lève-toi sur cet heureux jour; inonde-le de ta clarté sereine et remplis de tes purs rayons les appartements des époux. Né pour notre bonheur, Sigebert, dans la joie de son cœur, s'enchaîne par des vœux solennels. Libre d'autres amours, il accepte des liens qui lui sont chers. Sa pensée toute chaste a tempéré les ardeurs de sa jeunesse, et étouffé ses penchants lascifs; il se marie. Celui à qui son âge permet tout, se réfugie sous le joug, et cédant aux pudiques mouvements de son cœur, lui, maître absolu de tant de nations, il se donne un frein. Ainsi que le veulent la nature et les lois du mariage, il se contente d'une seule épouse, sans que l'amour en ait à souffrir; mais fidèle à la chasteté du lit conjugal, il fonde le foyer domestique où son héritier doit un jour prendre ses ébats.

Cupidon, volant à l'aventure, a lancé de son

LIBER SEXTUS.

I. De domno Sigiberctho rege et Brunichilde regina.

Vere novo, tellus fuerit dum exuta pruinis,
  Se picturato gramine vestit ager;
Longius extendunt frondosa cacumina montes
  Et renovat virides arbor opaca comas:
Promittens gravidas ramis genitalibus uvas   5
  Palmite gemmato vitis amœna tumet.
Promittens flores gracili blandita susurro
  Deliciosa favis mella recondit apes.
Progeniem reparans casto fecunda cubili
  Artifices natos gignere flore cupit;   10
Nexibus apta suis pro posteritatis amore
  Ad fetus properans garrula currit avis.
Semine quisque suo senio juvenescit in ipso,
  Omnia dum redeunt gaudia mundus habet.
Sic modo cuncta favent, dum prosperitate superna 15
  Regio Cæsareo proficit aula jugo.
Ordine multiplici felicem in sæcula regem
  Undique cinxerunt lumina tanta ducum;
Culmina tot procerum concurrunt culmen ad unum:
Mars habet ecce duces, pax habet ecce decus.   20
Cunctorum adventu festiva palatia fervent,
  Conjugio regis gens sua vota videt.
Vos quorum irrigui fontis meat unda, favete:
  Judicio vestro crescere parva solent.

Felicem, sol, pande diem radiisque serenis   25
  Sparge comas, thalamos sincero lumine conplens:
Sigiberethus ovans, ad gaudia nostra creatus,
Vota facit, qui nunc alieno liber amore
Vincula cara subit, cujus moderante juventa
Conubium mens casta petit lasciva retundens;   30
Ad juga confugit cui nil sua subripit ætas:
Corde pudicus agens, rector tot gentibus unus
Et sibi frena dedit; sed quod natura requirit
Lege maritali amplexu est contentus in uno :
Quo non peccat amor, sed casta cubilia servans 35
Instaurat de prole lares, ubi luserit heres.
Torsit amoriferas arcu stridente sagittas

arc strident des flèches qui font entrer avec elles l'amour dans les cœurs ; tout ce qui vit sur la terre brûle de ses feux ; la mer même n'en est pas à l'abri. Les cœurs les plus vils, le vulgaire apathique en ressentent les effets. Les sens du magnifique roi en sont tout agités ; ses os ont pompé la flamme pétillante qui s'y est doucement glissée, et qui, après avoir pénétré jusqu'à la moelle, y demeure fixée désormais. Sa tête était brûlante, ses nuits sans repos ni sommeil. Il voyait en imagination et de ses yeux mêmes des figures évoquées par l'Amour ; il en était obsédé. Souvent il voulait embrasser ces fantômes qui se jouaient de lui. C'est alors que du haut du ciel, Cupidon voyant le bon prince dévoré du désir d'épouser la jeune vierge, dit gaîment à Vénus :

« Mère, le combat est fini. J'ai vaincu un autre Achille ; son cœur est en feu. Sigebert est violemment épris de Brunehaut ; il veut l'épouser. Elle a pour cela tout ce qui convient ; elle est nubile et sa virginité est dans sa fleur. Ce sont là des prémices qui plaisent à un mari, qu'elle offrira au sien sans qu'il en coûte à sa pudeur, et qui déjà même lui donnera le droit d'être appelée reine par excellence. Elle aussi la jeune vierge est pleine de désirs ; mais la retenue qui sied à son sexe l'empêche de les manifester. C'est d'une main légère qu'elle se défend contre les caresses d'un mari qui l'adore, et quant aux égarements où l'entraîne sa propre passion, elle y trouve des excuses. Mais venez, ma mère, la cérémonie réclame votre présence. »

Bientôt mêlant les violettes à l'amome parfumé d'ambroisie, Vénus y joint des roses qu'elle a cueillies délicatement, et qu'elle cache dans sa ceinture jalouse de leur donner asile. Puis elle et son fils prennent leur vol pour venir rehausser par leur présence l'éclat de ces noces magnifiques. Tout d'abord Vénus montre sa préférence pour sa belle élève ; Cupidon est tout au roi : d'où il résulte entre la mère et le fils une aimable rivalité dans la répartition de leurs faveurs. Cupidon dit alors à Vénus :

« Voici l'homme dont je vous ai répondu, Sigebert, l'amour de son peuple, la lumière de sa famille, le descendant d'une longue suite de rois, destiné lui-même à engendrer des rois, l'espoir enfin d'une puissante nation. Il a rehaussé l'honneur de son origine, et, rejeton d'une souche généreuse, il est meilleur qu'elle. La grandeur du descendant donne un nouveau lustre à la renommée des ancêtres, et par ses exploits de guerre il ajoute à leur gloire. Il tient de son père la valeur, attestée par la double victoire de ce prince sur les bords du Nablis (3) et dans les campagnes de la Thuringe ; il tient la piété de Théodebert (4). Il réunit en soi l'un et l'autre, et c'est assez de lui seul pour les remplacer. Maître de l'Occident dès sa plus tendre jeunesse, il surpassait en gravité les jeunes gens et les vieillards. Il devança la nature par la sagesse de ses actes. L'âge, si jeune qu'il soit, n'est un pas un obstacle à qui de bonne heure a réglé sa raison. Celui-là est plus généreux qui dans son enfance a été plus modéré (5). A mesure qu'il avance dans la vie, Sigebert prend un tel soin de son peuple qu'il

Forte Cupido volans : terris genus omne perurit,
Nec pelagus defendit aquis ; mox vilia corda
Subdit, vulgus iners ; tandem dehinc sensus opimi 40
Regis anhelantem placidis bibit ossibus ignem.
Molliter incumbens et inhæsit flamma medullis.
Regalis fervebat apex, nec nocte sopora
Cordis erat requies, oculis animoque recurrens
Ad vultus quos pinxit Amor mentemque fatigans 45
Sæpe per amplexum falsa sub imagine lusit.
Mox ubi conspexit, telo superante, Cupido
Virginea mitem torreri lampade regem.
Lætus ait Veneri : « Mater, mea bella peregi :
Pectore flagranti mihi vincitur alter Achilles, 50
Sigiberethus amans Brunichildæ carpitur igne,
Quæ placet apta toro, maturis nubilis annis,
Virginitas in flore tumens, conplexa marito
Primitiis placitura suis, nec damna pudoris
Sustinet, unde magis pollens regina vocatur. 55
Hoc quoque virgo cupit, quamvis verecundia sexus
Obstet : amata viri dextra leviore repellit,
Ignoscitque sibi culpas quas intulit ignis.
Sed modo læta veni, quoniam te vota requirunt. »
Mox Venus ambrosio violas admiscet amomo, 60
Demetit ungue rosas gremioque recondit avaro,
Et pariter levibus fregerunt nubila pinnis.

Ut venere simul thalamos ornare superbos,
Hinc Venus egregiam præponere cœpit alumnam,
Inde Cupido virum, nubentibus ambo faventes, 65
Et litem fecere piam : sic deinde Cupido
Matri pauca refert : « Tibi quem promisimus hic est,
Sigiberethus, amor populi, lux nata parentum,
Qui genus a proavis longo tenet ordine reges,
Et reges geniturus erit, spes gentis opimæ, 70
Quo crevit natale decus generosa propago,
Hac melior de stirpe redit famamque priorum
Posteritas excelsa fovet ; hic nomen avorum
Extendit bellante manu, cui de patre virtus
(Quam Nablis ecce probat, Toringia victa fatetur, 75
Proficiens unum gemina de gente triumphum)
Perdit Theuberto pietas veniale
Reddidit iste duos, pro ambobus sufficit unus.
Cardinis occidui dominans in flore juventæ,
Jam gravitate senes tenerosque supervenit annos : 80
Legem naturæ meruit præcedere factis,
Quamvis parva tamen nulli minor imperat ætas.
Qui sensum mature regit generosior hic est
Quisquis in angusto fuerit moderatior [ævo].
Sic fovet hic populos ipsis intrantibus annis, 85
Ut pater et rex sit, nullum gravet, erigat omnes.
Nulla dies sine fruge venit : nisi congrua præstet,

on est à la fois et le roi et le père. Il n'abaisse personne, et élève tout le monde. Pour lui tout jour est sans fruits, qui n'en produit pas la quantité suffisante; mais qu'il y en ait peu ou qu'ils surabondent, il se croit toujours en perte. La joie rayonne sur sa figure; jamais un nuage ne vient l'assombrir ni attrister son peuple. Sa bonté précoce est indulgente pour les fautes les plus graves, et le pardon des injures est son triomphe. Comme il sait que la première vertu d'un prince est d'être bon, parce que le prince ne manque jamais d'occasions de faire grâce, il a commencé par se corriger soi-même des défauts dont il veut que les autres se corrigent. Qui est son propre censeur a le droit légitime de punir les autres. Enfin, toutes les qualités requises dans un roi le nôtre les possède. Seul il aime tout le monde, seul il en est aimé. »

Vénus à son tour fait ainsi l'éloge de la jeune fille :

« O vierge que j'admire et qu'adorera ton époux, Brunehaut, plus brillante que la lampe du ciel, et dont la figure lance plus de feux que les pierres précieuses, tu es une autre Vénus, et tu as pour dot l'empire de la beauté. Il n'est point de Néréide nageant dans la mer d'Ibérie, aux sources de l'Océan, qui puisse t'être comparée, point de Napée qui soit plus belle que toi. Devant toi s'inclinent les nymphes des fleuves. Tu as un teint de lait que relève la couleur de l'incarnat; le lys mêlé à la rose et l'or à la pourpre, luttant à qui se surpasserait en beauté, ne parviendraient même pas à t'égaler. Le saphir, le diamant, le cristal, l'émeraude, le jaspe, tous te cèdent la palme. L'Espagne a produit une perle nouvelle digne de subjuguer un roi. Conduite par un grand seigneur (6) à travers des montagnes couvertes de neige, et des populations féroces, pour entrer à titre de reine dans la couche royale, tu marchais comme sur une route sans obstacles. Les amants que Dieu veut unir n'en connaissent point en effet. Terre de Germanie (7), eût-on jamais pensé qu'il naîtrait pour toi en Espagne une souveraine qui, par son mariage, rattacherait l'un à l'autre ces deux opulents royaumes? Un événement aussi admirable ne pouvait être l'œuvre des hommes; aux entreprises difficiles il faut la main de Dieu. C'est à peine si dans une longue suite d'années aucun prince eut un pareil succès. Les plus grandes choses ne sont le prix que des plus pénibles efforts. Fille d'Athanagilde, haute est ta naissance comme aussi ta noblesse; le royaume de ton père s'étend jusqu'aux bornes du monde; Athanagilde est riche de toutes les richesses de la terre et il gouverne l'Espagne avec une sagesse qui est justement célèbre. Mais pourquoi parler de la puissance de ton illustre père, quand je vois combien tes vertus ont été profitables aux auteurs de tes jours? Autant tu me parais supérieure à toutes les femmes, autant Sigebert l'est à tous les maris. Allez donc ainsi dans cette double union des corps et des cœurs, tous deux égaux en dignité, tous deux ayant les mêmes mérites et les mêmes mœurs, et chacun de vous honorant son sexe par de magnifiques actions. Confondus dans un seul embrassement, vivez toutes vos

Perdere plura putat, si non concesserit ampla.
Gaudia diffundit radianti lumine vultus;
Nubila nulla gravant populum sub rege sereno; 90
Pectore maturo culpas indulget acerbas :
Unde alii peccant, ignoscendo iste triumphat :
Doctus enim quoniam prima est in principe virtus
Esse pium, quia semper habet qui parcere novit,
Corrigit ipse prius quod poscit ut alter emendet : 95
Qui sibi censura est, reliquos bene lege coercet.
In quo digna manent quidquid de rege requiras;
Solus amat cunctos et amatur ab omnibus unus. »
    Incipit inde Venus laudes memorare puellæ :
« O virgo miranda mihi, placitura jugali, 100
Clarior ætheria, Brunichildis, lampade fulgens,
Lumina gemmarum superasti lumine vultus,
Altera nata Venus regno dotata decoris,
Nullaque Nereidum de gurgite talis Hibero
Oceani sub fonte natat, non ulla Napæa 105
Pulchrior, ipsa suas subdunt tibi flumina nymphas.
Lactea cui facies incocta rubore coruscat :
Lilia mixta rosis, aurum si intermicet ostro,
Decertata tuis numquam se vultibus æquant. [iaspis]
Sapphirus, alba, adamans, crystalla, zmaragdus, 110
Cedant cuncta : novam genuit Hispania gemmam;
Digna fuit species, potuit quæ flectere regem.
Per hiemes validasque nives, Alpenque, Pyrenen.
Perque truces populos vecta est, duce rege sereno,
Externis regina toris. Super ardua montis 115
Planum carpis iter : nil obstat amantibus umquam,
Quos jungi divina volunt. Quis crederet autem
Hispanam tibimet dominam, Germania, nasci,
Quæ duo regna jugo pretiosa conexuit uno?
Non labor humanus potuit tam mira parare : 120
Nam res difficilis divinis utitur armis.
Longa retro series regi hoc vix contulit ulli :
Difficili nisu peraguntur maxima rerum.
Nobilitas excelsa nitet, genus Athanagildi,
Longius extremo regnum qui porrigit orbe, 125
Dives opum quas mundus habet, populumque gubernat
Hispanum sub jure suo pietate canenda.
Cur tamen egregii genitoris regna renarrem,
Quando tuis meritis video crevisse parentes?
Quantum, virgo micans, turbas superare videris 130
Femineas, tantum tu, Sigiberethe, maritos.
Ite diu juncti membris et corde jugati,
Ambo pares genio, meritis et moribus ambo,
Sexum quisque suum pretiosis actibus ornans.
Cujus amplexu sint colla conexa sub uno, 135
Et totos placidis peragatis lusibus annos;
Hoc velit alterutrum quidquid dilexerit alter;

années dans des plaisirs sans excès. Ce qu'aimera l'un ou l'autre que l'un et l'autre l'aiment. Que la santé soit votre partage, qu'elle vous aide même à conserver vos cœurs, et qu'un seul amour mais vif et solide soit votre commun aliment. Qu'il n'y ait personne sous votre autorité qui ne soit dans la joie; que le monde aime la paix; que la concorde règne victorieuse. Enfin ayez des enfants, qui, à leur tour, vous donneront des petits-enfants. »

1°. Sur le roi Sigebert et la reine Brunehaut.

Roi victorieux, vous que les louanges dont vous êtes l'objet du couchant à l'aurore, représentent comme le type du prince accompli, qui vous rendra des hommages dignes de vous? Mon esprit pour cela est de peu de ressources, mais mon amour pour vous est mon aiguillon. S'il y avait eu par hasard de notre temps un Virgile ou un Homère, nous lirions dès à présent quelque épopée dont la reine et vous seriez les héros. Vous êtes puissant, Sigebert, vous avez triomphé avec éclat, mais une vertu nouvelle vous recommande, qui est la générosité dans le triomphe. Une fois entraînée par vous, la victoire a pris des ailes et s'est envolée pour aller divulguer vos hauts faits. Le Saxon et le Thuringien (1) rappellent leurs défaites, et racontent combien d'hommes sont tombés pour la gloire d'un seul. Parce qu'alors vous devançâtes tous les autres au combat, vous voyez maintenant des rois marcher à votre suite. Par une fortune toute nouvelle, vos guerres nous ont donné la paix, et nous devons à votre épée un bonheur assuré. Cependant pour vous faire aimer davantage, tandis que la jactance est le propre de la victoire, vous qui vous êtes élevé par elle, vous n'en êtes que plus modeste. L'honneur est à vous, et il est très grand, mais il a été précédé de votre raison comme d'une couronne due à la pureté de vos mœurs. Adorateur de la justice, vous vous distinguez d'une manière éminente par votre amour pour la piété, et ces deux vertus se disputent à qui vous possédera davantage. Vous avez en perfection l'éloquence, la gloire, la valeur, la bonté, la raison et la grâce; chacune des qualités qui vous sont propres serait pour tous les autres hommes un ornement. Vous prenez fortement à cœur les intérêts de tous, et veillez avec une pieuse sollicitude sur le repos du peuple. Vous avez été donné à tous comme leur unique salut, et présentement vous leur rendez, en ce qui concerne la religion, leur bonheur d'autrefois (2). Votre excellente épouse s'est faite catholique (3), et cet accroissement des membres de l'Église est votre œuvre. Le Christ, en vous donnant Brunehaut, s'unit aussi à elle; les mérites de cette princesse l'avaient attiré. C'est par un don du Christ qu'elle pratique son nouveau culte mieux que l'autre. D'abord elle y adhéra de cœur; elle y ajouta ensuite la sanction de la loi, et elle n'en est que plus aimée. Réjouissez-vous donc, roi pieux, de la grande lumière dont la reine a été éclairée; vous avez acquis deux fois celle qui ne vous fut mariée qu'une. Elle est belle, modeste, gracieuse, intelligente, obligeante et bonne. Par son esprit et sa figure, par la noblesse de son extraction elle était toute-puissante; mais quoiqu'elle eût été digne de jouir seule et pour elle-même de si grands avantages,

Æqua salus ambobus eat, duo pectora servans,
Unus amor vivo solidamine junctus alescat :
Auspiciis vestris cunctorum gaudia surgant, 140
Pacem mundus amet, victrix concordia regnet.
Sic iterum natis celebretis vota parentes
Et de natorum teneatis prole nepotes.

1°. De Sigiberctho rege et Brunichilde regina.

Victor, ab occasu quem laus extendit in ortum
Et facit egregium principis esse caput,
Quis tibi digna ferat? Nam me vel dicere pauca
Non trahit ingenium, sed tuus urget amor.
Si nunc Vergilius, si forsitan esset Homerus, 5
Nomine de vestro jam legeretur opus.
Sigiberctho potens, generosis clare triumphis,
Hinc nova te virtus prædicat, inde genus.
Cujus rapta semel sumpsit Victoria pinnas,
Et tua vulgando prospera facta volat. 10
Saxone Thoringo resonat, sua damna moventes,
Unius ad laudem tot cecidisse viros.
Quod tunc ante aciem pedibus prior omnibus isti,
Hinc modo te reges unde sequantur habes :
Prosperitate nova pacem tua bella dederunt 15
Et peperit gladius gaudia certa tuus.
Plus tamen ut placeas, cum sit victoria jactans,
Tu magis unde subis, mitior inde manes.
Est tibi summus honor, sed mens præcessit honorem,
Moribus ut vestris debitus extet apex. 20
Justitiæ cultor, pietatis amore coruscas :
Quod te plus habeat, certat utrumque bonum.
Lingua, decus, virtus, bonitas, mens, gratia pollent :
Ornarent cunctos singula vestra viros.
Cunctorum causas intra tua pectora condis, 25
Pro populi requie te pia cura tenet :
Omnibus una salus datus es, quibus ordine sacro
Tempore præsenti gaudia prisca refers.
Catholico cultu decorata est optima conjux,
Ecclesiæ crevit te faciente domus. 30
Reginam meritis Brunichildem Christus amore
Tunc sibi conjunxit, hanc tibi quando dedit;
Altera vota colens melius quia munere Christi,
Pectore juncta prius, plus modo lege placent.
Rex pie, reginæ tanto de lumine gaude : 35
Adquæsita bis est, quæ tibi nupta semel,
Pulchra, modesta, decens, sollers * grata, benigna,
Ingenio, vultu, nobilitate potens.
Sed quamvis tantum meruisset sola decorem,

elle plut d'abord à un homme; elle plaît à Dieu maintenant. Vivez longtemps plein de gloire avec l'épouse qui vous est si chère, et dont l'union avec vous est l'effet de l'amour même de Dieu.

II. Du roi Charibert (1).

Illustre par les grands événements qui l'ont produite, une gloire nouvelle répand partout l'éclat que lui communique un monarque pieux. Du levant au couchant il n'est bruit que de la gravité de ce prince, de son esprit, de sa raison et de la sagesse de ses lois (2). On a semé ses louanges dans les quatre parties du monde, et la foi les a fait fructifier. Ici le Barbare, là le Romain l'applaudissent; on n'entend louer que lui et en toutes sortes de langues. Aime, Paris, celui qui règne dans tes hauts murs; révère en lui ton protecteur et ton appui; intéresse-toi à son bonheur; hâte-toi de lui ouvrir tes bras. Il est ton maître par le droit, et ton père par l'affection. Étouffe le ressentiment que t'a laissé jadis la mort de Childebert (3); un roi t'est revenu, pacifique et favorable à tes vœux. L'oncle fut doux, sage, bon et juste envers tout le monde (4); mais du moment que tu possèdes le neveu, l'oncle n'a pas cessé de vivre. Son héritier qui ne lui cède en rien, témoin les louanges dont il est l'objet, était digne de prendre pour soi le royaume. Le voilà; c'est Charibert, c'est lui qui gouvernant et rendant au peuple la justice, ramène les jours heureux du temps passé. Le neveu suit si bien les traces de l'oncle qu'il protège aujourd'hui sa veuve, et que

par une attention délicate pour ses filles dont il est à la fois et le frère et le père, il retient le nom de Childebert (5). Non seulement la modération du roi est une garantie de leur sûreté près de lui, mais elles se fient à leur cousin comme s'il était véritablement leur père. Rejeton d'une grande race, Charibert a tout le prestige de sa haute extraction; sa gloire est un legs de ses illustres aïeux. Quels que soient ceux de ses auteurs dont je veuille parler, je ne rencontre que des rois. Cette race fameuse par l'ardeur de sa foi, s'est élevée jusqu'aux astres. Elle a mis le pied sur la tête des nations, écrasé ses ennemis enflés d'orgueil, élevé ses amis, protégé les humbles et broyé les superbes. — Mais pourquoi refaire ici le panégyrique de vos aïeux, quand les louanges qui vous sont personnelles leur sont un ornement supérieur à tous les autres? Ils agrandirent leur patrie par les armes, mais au prix du sang versé; vous faites plus de conquêtes qu'eux en régnant par la paix. C'est votre amour pour la paix qui rassure et fortifie ceux que les terribles épreuves de la guerre ont jadis accablés. Il n'y a qu'une voix sur le règne heureux d'un prince sous l'autorité duquel les sujets goûtent un repos fécond, et où les biens de la terre ont le temps de croître en abondance. Votre vie est une moisson pour vos peuples fidèles. Quand les siècles furent dignes qu'il naquît un roi tel que vous, un jour plus beau se leva sur le monde. Heureux enfin de contempler sa nouvelle postérité, votre père dit que l'honneur qu'il tirait de son fils ajoutait encore à sa propre

Ante tamen homini, nunc placet ecce Deo. 40
Sæcula longa micans cara cum conjuge ducas,
 Quam tibi divinus consociavit amor.

II. De Cariberctho rege.

Inclita magnarum processit gloria rerum,
 Et de rege pio sparsit ubique decus :
Quem gravitate, animo, sensu, moderamine legum,
 Prædicat occiduus sol oriensque virum ;
Qui quadripertitis mundi sub partibus amplis, 5
 Fructificante fide, semina laudis habet ;
Hinc cui barbaries, illinc Romania plaudit :
 Diversis linguis laus sonat una viri.
Dilige regnantem celsa, Parisius, arce,
 Et cole tutorem qui tibi præbet opem : 10
Hunc modo læta favens avidis amplectere palmis,
 Qui jure est dominus, sed pietate pater.
De Childebertho veteres conpesce dolores :
 Rex placidus rediit, qui tua vota fovet;
Ille fuit mitis, sapiens, bonus, omnibus æquus : 15
 Non cecidit patruus, dum stat in urbe nepos.
Dignus erat heres ejus sibi sumere regnum,
 Qui non est illo, laude loquente, minor.
Charibercthus adest, qui publica jura gubernans,
 Tempore præsenti gaudia prisca refert. 20
In tantum patruo se prodidit esse sequacem,

Ut modo sit tutor conjugis iste nepos,
Qui Childeberchti retinens dulcedine nomen
 Ejus natarum est frater et ipse pater ;
Quæ bene defensæ placido moderamine regis 25
 In consobrino spem genitoris habent.
Maxima progenies, generosa luce coruscans,
 Cujus ab excelsis gloria currit avis :
Nam, quoscumque velim veterum memorare parentum,
 Stirpis honorificæ regius ordo fluit, 30
Cujus celsa fides eduxit ad astra cacumen,
 Atque super gentes intulit illa pedes,
Calcavit hostes tumidos, erexit amicos,
 Fovit subjectos conteruitque feros.
Cur tamen hic repetam præconia celsa priorum, 35
 Cum potius tua laus ornet honore genus?
Illi auxere armis patriam, sed sanguine fuso :
 Tu plus adquiris qui sine clade regis.
Quos prius infestis lassarunt bella periclis,
 Hos modo securos pacis amore foves. 40
Omnia læta canunt felicia tempora regis,
 Cujus in auspiciis floret opima quies,
Per quem tranquille terrarum frugis abundat :
 Devotis populis est tua vita seges.
Cum te nascentem meruerunt sæcula regem, 45
 Lumine majori fulsit in orbe dies;
Posteritate nova tandem sua gaudia cernens

grandeur. Si haut qu'il portât la tête, quand vous naquîtes, il la porta encore plus haut. Le vieillard se pencha avec plus d'abandon sur le sein de son héritier, et conçut de meilleures espérances. — Fils de roi, né avant vos frères, vous êtes leur ancien par ordre de naissance, comme par la piété vous êtes le premier d'entre eux (6). Ici, c'est votre bonté qu'on exalte, là c'est votre sagesse, et pour cette qualité comme pour l'autre chacun vous tire à soi. Vous avez la piété de votre oncle (7), la subtilité d'esprit de votre père ; vous êtes le portrait de l'un et de l'autre. Les louanges qu'ils obtinrent vous les obtenez à votre tour ; seul et en vertu de la loi vous les recommencez tous deux. Vous êtes le sentier de la justice, le modèle de la gravité, et votre foi est le miroir précieux où se reflète votre vie. La modération qui vous est propre a pour fondement la paix intérieure. Votre âme est un port où les orages ne pénètrent jamais, et dans votre cœur est une ancre qui empêche votre raison de chanceler. Le vent qui murmure n'en trouble pas la ferme assiette, et ne la livre pas aux caprices de l'inconstance. Une vie dont le cours est si bien réglé a la gloire pour compagne. Réfléchir mûrement est le propre d'un esprit modéré. Toujours sur vos gardes, vous revenez sur un avis, vous l'examinez plus à fond, et voyez clair là où tout est obscur pour les autres. Si les affaires publiques requièrent une assemblée des grands, quel que soit votre sentiment, ils espèrent n'avoir qu'à le suivre. Chaque fois qu'il vient une ambassade, heureuse de cet honneur, elle vous aborde avec assurance, et votre langage lui dicte le sien. Votre patience est admirable, votre mansuétude égale à celle de David (8). Chef de la justice, ami du droit vénérable, vous jugez avec la sagesse de Salomon, et votre foi est plus ferme que la sienne. Votre piété rappelle le grand empereur Trajan. Que dirai-je de votre expérience par laquelle vous faites revivre à nos yeux charmés l'ancien et austère Fabius ? Si dans certaines causes les avis sont partagés, les lois qui parlent par la bouche du roi ont bientôt fait cesser l'équilibre. Si embrouillés que soient les procès, vous avez l'art d'en démêler tous les fils. Le premier venu voit sa requête accueillie, pourvu qu'elle soit juste, et celui que sa cause recommande la gagne. Votre loyauté sans équivoque a de solides racines ; une montagne changerait plutôt de place que vous ne manqueriez à la parole donnée. Vos promesses sont irrévocables et l'effet n'en est jamais prescrit. La maison bien assise sur ses fondements se soutient par son propre poids. Quoique issu de l'illustre nation des Sycambres (9), vous parlez latin en perfection ; qu'est-ce donc en votre langue naturelle, puisque dans celle de nous autres Romains vous nous surpassez en éloquence ? La sérénité d'un beau jour resplendit sur votre visage ; votre front est pur, et pas un nuage n'altère la sincérité de vos pensées. La grâce aimable se joue sur

Crescere se dixit prolis honore pater.
Qui quamvis esset sublimi vertice rector,
  Altius erexit, te veniente, caput ;   50
Lætus in heredis gremio sua vota reclinans,
  Floruit inde magis spe meliore senex.
Ante alios fratres regali germine natus,
  Ordine qui senior, sic pietate prior.
Prædicat hinc bonitas, illinc sapientia plaudit :   55
  Inter utrumque decus te sibi quisque rapit.
De patruo pietas et de patre fulget acumen :
  Unius in vultu vivit uterque parens :
Quas habuere ambo laudes tu colligis omnes,
  Et reparas solus lege favente duos.   60
Semita justitiæ, gravitatis norma refulges,
  Et speculum vitæ dat pretiosa fides ;
Tranquilli animis moderatio fixa tenetur ;
  Qui portum in proprio pectore semper habes.
Tempestas nullo penetrat tua corda tumultu :   65
  Ne sensu titubes, anchora mentis adest ;
Constantes animos non ventilat aura susurrans,
  Nec leviter facili mobilitate trahit.
Hinc bene disposito comitatur gloria cursu,
  Quod se mature meas moderata gerit.   70
Consilium vigilans alta radice retractas,
  Et res clausa aliis est manifesta tibi.
Publica cura movens proceres si congreget omnes,
  Spes est consilii te monitore sequi.
Hinc quotiens felix legatio denique pergit,   75

Ingreditur cauta quam tua lingua regit.
Quod tam mirifico floret patientia cultu,
  Est tibi Daviticæ mansuetudo vitæ.
Justitiæ rector, venerandi juris amator,
  Judicium sapiens de Salomone trahis,   80
Tu melior fidei merito ; nam principis ampli
  Trajani ingenium de pietate refers.
Quid repetam maturum animum, qui tempore nostro
  Antiqui Fabii de gravitate places ?
Si veniant aliquæ variato murmure causæ,   85
  Pondera mox legum regis ab ore fluunt :
Quamvis confusas referant certamina voces,
  Nodosæ litis solvere fila potes.
Obtinet adveniens fructum cum justa petuntur :
  Quem sua causa fovet præmia victor habet.   90
Cujus clara fides valida radice tenetur,
  Antea mons migrat quam tua verba cadant.
Spes promissa stat nullo mutabilis actu :
  Pollicitata semel perpetuata manent.
Illa domus proprio de pondere tuta tenetur,   95
  Quæ fundamento stat bene fixa suo.
Cum sis progenitus clara de gente Sigamber,
  Floret in eloquio lingua Latina tuo.
Qualis es in propria docto sermone loquella,
  Qui nos Romanos vincis in eloquio ?   100
Splendet in ore dies detersa fronte serenus :
  Sinceros animos nubila nulla premunt.
Blanda serenatum circumdat gratia vultum,

votre face épanouie; le peuple règle sa joie sur la figure de son roi. Votre libéralité s'étend sur tous, et elle est sans bornes; le peuple m'en est témoin, et vous-même convenez-en. O bonté infinie d'un dieu (10) qui regarde comme sien l'argent qu'il dispense à ses serviteurs! Vous élevez les humbles, et lorsqu'ils sont élevés vos lois les protègent. Vous vous êtes fait tout bien pour tous. Que le Tout-Puissant garde le roi et le récompense de sa piété; qu'il conserve au peuple pour maître celui qu'il lui a donné pour père. Que les citoyens ne désirent que vous, ne doivent leur bonheur qu'à vous; que le peuple vous serve comme il vous plaît d'être servi, et que son roi le gouverne avec affection.

III. Sur la reine Théodechilde (1).

Illustre fille de rois, vous qui par le privilège de votre origine tenez de vos aïeux le beau nom que vous portez, une nouvelle gloire de votre famille a pris sa course et son vol à travers le monde. Il n'est bruit que de votre frère (2) et de votre père (3). Mais quels que soient la noblesse et l'éclat de vos parents, leur honneur emprunte à vos qualités un accroissement considérable. Nous voyons en vous, Théodechilde, tout ce qu'on loue en eux ; vous êtes l'ornement de cette race antique. Votre caractère impose le respect; il est noble, avisé, charitable, aimable, plein de bonté. Puissante par ceux dont vous descendez, vous l'êtes plus encore par la grâce qui est votre attribut. Dans votre adresse à éviter les causes de haine éclate l'empire que vous avez sur vous; ce n'est point la peur qui vous a fait revenir, c'est l'amour pour les vôtres (4). Les paroles sortent de votre bouche pleines de douceur et de suavité ; votre conversation est comme un gâteau de miel. Vous l'emportez sur les personnes de votre sexe autant par l'honneur que par la piété. S'il se présente un inconnu, vous le recevez avec la même bonté que s'il s'était rendu jadis agréable à vos aïeux par ses services. En distribuant de votre main la nourriture aux pauvres épuisés, vous semez pour récolter un jour une moisson plus abondante. Vous aurez toujours plus qu'il n'est nécessaire de ces biens dont vous soulagez les malheureux; et, d'ailleurs ce qu'ils reçoivent de vous, vous-même un jour en serez nourrie (5). Tout ce que vous donnez aux pauvres arrive au Christ, et quoique personne ne le voie, rien pour vous n'en sera perdu. Quand viendra la fin du monde et que tout périra, vous aurez une meilleure destinée. Grâce à vos libéralités les églises sont restaurées; vous bâtissez la maison du Christ, et le Christ bâtit la vôtre. Ce que vous faites pour lui sur la terre, il vous le rendra dans le ciel avec usure. L'argent que vous envoyez ainsi dans le royaume de Dieu est pur; en le dépensant bien vous vous amassez des trésors. Vivre pour le Seigneur n'est pas perdre vos honneurs temporels; vous régnez sur la terre en attendant que vous régniez dans les cieux. Jusque-là vivez ici-bas de longues années pour le bonheur des peuples ! Heureuse princesse! la vie éternelle sera le salaire de vos vertus.

```
      Lætitiam populus regis ab ore capit.
    Muneribus largis replet tua gratia cunctos :       105
      Ut mea dicta probes, plebs mihi testis adest.
    O bonitas immensa Dei, quæ divite censu
      Quod famulis tribuit, hoc putat esse suum !
    Erigis abjectos, erectos lege tueris,
      Omnibus in totum factus es omne bonum.           110
    Protegat omnipotens pietatis munere regem,
      Et dominum servet quem dedit esse patrem :
    Cives te cupiant, tu gaudia civibus addas :
      Plebs placeat famulans, rex pietate regat.

            III. De Teudechilde regina.

    Inclita progenies, regali stirpe coruscans,
      Cui celsum a proavis nomen origo dedit :
    Currit in orbe volans generis nova gloria vestri,
      Et simul hinc frater personat, inde pater.
    Sed quamvis niteat generosa propago parentum,       5
      Moribus ex vestris multiplicatur honor.
    Cernimus in vobis quidquid laudatur in illis :
      Ornasti antiquum, Theodechilde, genus.
    Mens veneranda, decens, sollers, pia, cara, benigna;
      Cum sis prole potens, gratia major adest.        10
    Evitans odii causas micat ampla potestas :
      Quo terrore minus, plus in amore venis.
    Mitis ab ore sonus suavissima dicta resultat,
      Verbaque conloquii sunt quasi mella favi.
    Femineum sexum quantum præcedis honore,            15
      Tantum alias superas et pietatis ope.
    Si novus adveniat, recipis sic mente benigna,
      Ac si serviciis jam placuisset avis.
    Pauperibus fessis tua dextera seminat escas,
      Ut segetes fructu fertiliore metas.              20
    Unde foves inopes, semper satiata manebis,
      Et quem sumit egens, fit tuus ille cibus,:
    Pervenit ad Christum quidquid largiris egeno :
      Etsi nemo videt, non peritura manent.
    Cum venit extremus finis concludere mundum,       25
      Omnia dum pereunt, tu meliora petis.
    Ecclesiæ sacræ, te dispensante, novantur :
      Ipsa domum Christi condis, et ille tuam :
    Tu fabricas illi terris, dabit ille supernis.
      Conmutas melius sic habitura polos.              30
    Stat sine fraude tuum quod mittis ad astra talentum :
      Quas bene dispergis has tibi condis opes.
    Quæ domino vivis summos non perdis honores :
      Regna tenes terris, regna tenenda polis.
    Sit modo longa salus pro munere plebis in orbe,   35
      Felix quæ meritis, luce perennis eris.
```

IV. Sur Berthichilde (1).

Ame vouée à Dieu, Bertichilde, au cœur brûlant d'amour pour le Christ, vous qui méprisez le mal, père de la mort, et n'êtes attentive qu'à ce qui donne la vie, qui par là vous détachez de la terre pour monter vers le ciel, vierge sans tache, vous ignorez le dangereux commerce du monde, et tenez votre corps à l'abri des souillures de l'humanité. Vierge à Dieu consacrée, votre ravissement au ciel sera le digne salaire de votre sainte chasteté. Celui que vous embrassez habite le ciel, et où est votre époux, vous serez aussi. Vous ne désirez ni l'or pour en parer vos épaules, ni les pierreries pour en orner votre cou ; la parure la plus brillante et qui vous sied le mieux est votre chaste cœur. Vous avez changé d'habits et de famille en prenant le Seigneur pour époux. Quel moyen plus sûr de rester ferme dans votre vocation, que de plaire, vous créature, à votre créateur ? Aux pauvres affamés vous prodiguez les aliments, et celui-là ne connaît plus la faim qui entre dans votre demeure. Votre charité revêt ceux qui sont nus, et dès lors qu'ils ont chaud, vous ne craignez plus le froid. Des captifs que vous rachetez on détache les chaînes et vous qui les délivrez, vous serez toujours libre. Vous distribuez de l'argent sans en refuser jamais à qui vous en demande; c'est ainsi que vos richesses sont les richesses de tous. Ce que vous dissipez sur la terre vous l'amassez dans le ciel. Vous semez à présent, mais la récolte vaudra mieux que la semence. Les biens du monde sont passagers ; celui que vous faites en peu de temps demeurera toujours. Puissiez-vous vivre parmi nous de longues années et retrouver ensuite le vrai salut dans l'éternité!

V. Sur Gélésuinthe (1).

La fortune est capricieuse, et sa roue ne reste pas un moment immobile. Le monde est sans cesse emporté dans des directions contraires, et la marche y est interrompue par des chutes comme sur une glace sans solidité. Personne n'est assuré d'un jour, même d'une heure ; nous sommes plus fragiles que le verre. Pendant que l'ignorance décevante nous pousse à l'aventure, ce que nous croyions être le bon chemin, cache une fosse. De la vie et de la mort l'homme ne sait ce qu'il en est, ni si la mort le frappera le matin ou le soir. Ignorants de notre destinée, nous sommes plongés dans les ténèbres ; le temps où nous vivons est incertain et sa durée éphémère. Tolède a envoyé à la Gaule deux tours ; l'une est toujours debout, l'autre est renversée et brisée (2). Sur ses collines où celle-ci se dressait et où elle se distinguait par la beauté de ses créneaux, des vents ennemis l'ont couchée à terre. Une fois ébranlée sur les fondements où elle reposait dans sa patrie, elle ne garda pas longtemps son aplomb. Partie de son pays natal, elle est venue étrangère, échouer hélas! sur ces nouveaux rivages. Qui pourrait raconter les signes avant-coureurs d'une si grande infortune? De quel

IV. De Berthichilde.

Mens devota Deo, Berticilde corde coruscans,
  Pectore sub cujus Christus amore manet,
Despiciens mortale malum, vitalia servans,
  Unde fugis terras, hinc petis astra magis.
Immaculata micans nescis contagia mundi, 5
  Sordibus humanis libera membra geris.
Digna pudicitiæ debentur præmia sacræ,
  Virgo dicata Deo, hinc rapienda polo.
Ille tenet cœlos cui tu complexa videris :
  Quo tuus est sponsus, huc eris ipsa simul. 10
Non cupis auro humeros nec collum pingere gemmis,
  Sed melius casto pectore pura micas.
Mutasti vestem, mutasti gentis honorem,
  Cum thalamis domini sponsa juganda venis.
Quam meliore via meruisti vota tenere, 15
  Quando creatori, forma creata, places!
Pauperibus largas das esurientibus escas,
  Nescit habere famem qui tua tecta petit.
Qui sine veste jacet, tegmen pietate ministras :
  Unde calet nudus, frigora nulla times. 20
Te redimente pia, captivi vincula laxant :
  Quæ solvis vinctos, libera semper eris.
Distribuis censum nulli sua vota negando,
  Divitiasque tuas omnibus esse facis.
Colligis in cœlis quidquid dispergis in arvis : 25
  Semina nunc fundens post meliora metes.
Quidquid habet mundus fugitivo tramite transit .
  Tempore tu modico semper habenda facis.
Hic tibi longævis sit vita superstes in annis,
  Rursus in æternum sit tibi vera salus. 30

V. De Gelesuintha.

Casibus incertis rerum fortuna rotatur,
  Nec figit stabilem pendula vita pedem.
Semper in ambiguo sæclum rota lubrica volvit,
  Et fragili glacie lapsibus itur iter.
Nulli certa dies, nulli est sua certior hora : 5
  Sic sumus in statu debiliore vitro.
Dum gressu ancipiti trahit ignorantia fallens,
  Huc latet ars foveæ, quo putat esse viæ.
Nescia mens hominum, quid sit, necis atque salutis :
  Lucifer, an vitæ mors sibi vesper erit. 10
His premimur tenebris, ignari sorte futuri,
  Et vaga tam fragile hæc tempora tempus habent.
Toletus geminas misit tibi, Gallia, turres :
  Prima stante quidem, fracta secunda jacet.
Alta super colles, speciosa cacumine pulchro, 15
  Flatibus infestis culmine lapsa ruit.
Sedibus in patriæ sua fundamenta relinquens,
  Cardine mota suo non stetit una diu ;
De proprio migrata solo (nova mersit harena)
  Exul et his terris, heu, peregrina jacet. 20
Quis valet ordiri tanti præsagia luctus?

LIVRE VI.

fil la douleur ourdit-elle ce sujet de nos larmes? Lorsque Gélésuinthe, la royale princesse, fut demandée pour aller épouser un roi dans les pays du nord (3), (du moins eût-elle voulu que le froid y fût traversé par les feux de l'amour, et avoir chaud dans ce climat de glace), elle fut frappée d'épouvante. Elle courut se jeter dans vos bras, ô Goïsuinthe (4), et là, ramassée sur le sein de sa mère, elle s'y cramponna des mains et des ongles, de manière à n'en pouvoir être arrachée. Ses bras passés autour de sa mère l'enlacent plus étroitement qu'une corde, et la tiennent collée à tous ses membres. Elle lui demande de rentrer dans ces entrailles d'où elle est sortie autrefois pour venir au monde, sûre qu'elle est d'être soulagée du fardeau qui l'accable, dans ce ventre où elle a déjà demeuré et où elle était à l'abri. Le palais est dans la tristesse et les gémissements; la cour est agitée; tous les grands pleurent en voyant pleurer la reine; des flots de larmes flétrissent le visage des gens du peuple; l'enfant même sanglotte, bien qu'il ne sache pas encore ce que c'est que tendresse. Cependant, les ambassadeurs pressent le départ pour la Germanie (5), alléguant la longueur du chemin et les lenteurs d'un pareil voyage; mais ils se sentent fléchir par la douleur de la mère, et eux si pressants d'abord, finissent par dissimuler leur impatience. Dans ces embrassements où la mère semble comme nouée à la fille, deux jours se passent, puis trois, puis quatre. Les envoyés insistent de nouveau pour retourner en leur pays. C'est alors que Goïsuinthe éplorée leur adresse ces paroles :

« Si j'étais captive d'un féroce Gélon (6), peut-être que mes larmes réveilleraient en lui des sentiments d'humanité; si au contraire ce barbare, dont je serais la proie, voulait que je me rachetasse en lui donnant ma fille, et s'il demeurait inflexible à cet égard, il ne refuserait pas du moins à la mère d'accompagner sa fille sur le chemin de l'exil. Ici on ne veut aucun délai, on ne se laisse fléchir à aucun prix. Qui n'est touché de rien est pire qu'un ennemi. Après les douleurs et les nombreux périls de l'accouchement, après les graves incommodités de la grossesse, ne m'est-il pas permis d'être la mère de celle qui est sortie de mon sein, et la loi de la nature n'existe-t-elle pas pour moi? Privée de l'objet de mes affections, je suis repoussée malgré mes larmes; ma tendresse est tenue à distance, et ma naissance est méconnue. Que m'enlevez-vous? Attendez encore, pendant que je m'exerce à la douleur, et que le retard seul y apporte quelque soulagement. Quand reverrai-je ma fille? Quand mes yeux auront-ils cette joie? Quand me jetterai-je à son cou? D'où suivrai-je, je vous prie, les pas de cette douce enfant? Et comment mon cœur de mère prendra-t-il plaisir à ses divertissements? Après les soucis que la royauté comporte, sur qui, dans ma tristesse, viendrai-je reposer ma tête? Qui m'aimera? Qui me caressera le visage? Qui accourra, les bras tendus, à mes baisers? Qui se suspendra à mon cou? Qui tiendrai-je sur moi fatiguée d'une charge si douce? Qui me frappera légèrement de sa main

Stamine quo cœpit texere flenda dolor? —
Cum primum algentes jungi peteretur ad Arctos
    Regia regali Gelesuintha toro,
(Fixa Cupidineis cuperet huc frigora flammis,   25
    Viveret et gelida sub regione calens),
Hoc ubi virgo metu audituque exterrita sensit,
    Currit ad amplexus, Goisuintha, tuos;
Tum matris collecta sinu male sana reclinans,
    Ne divellatur se tenet ungue, manu.   30
Brachia constringens nectit sine fune catenam,
    Et matrem amplexu per sua membra ligat,
Illis visceribus retineri filia poscens,
    Ex quibus ante sibi lucis origo fuit;
Committens secura ejus se fasce levari,   35
    Cujus clausa uteri pignore tuta fuit.
Tum gemitu fit mœsta domus, strepit aula tumultu,
    Reginæ fletu plorat et omnis honor.
In populi facie lacrimarum flumina sordent;
    Infans, qui affectum nescit, et ipse gemit.   40
Instant legati Germanica regna requiri,
    Narrantes longæ tempora tarda viæ.
Sed matris moti gemitu sua viscera solvunt,
    Et qui compellunt, dissimulare volunt.
Dum natæ amplexu genetrix nodata tenetur,   45
    Prætereunt duplices, tertia, quarta dies.
Instant legati nota regione reverti;

Quos his alloquitur Goisuintha gemens :
« Si feritate trucis premerer captiva Geloni,
    Forsan ad has lacrimas et pius hostis erat;   50
Si nec corde pius, cupidus mihi cederet hostis,
    Ut natam ad pretium barbara præda daret;
Si neque sic animum velit inclinare cruentum,
    Matri præstaret quo simul iret iter.
Nunc mora nulla datur, pretio neque flectimus ullo : 55
    Qui nihil indulget, sævius hoste nocet.
Post uteri gemitus, post multa pericula partus
    Postque laboris onus quod grave feta tuli,
Quæ genui, natæ matrem me non licet esse,
    Ipsaque naturæ lex mihi tota perit?   60
Affectu jejuna meo, lacrimosa repellor,
    Nec pietas aditum, nec dat origo locum.
Quid rapitis? Differte dies, dum disco dolores,
    Solamenque mali sit mora sola mei.   [dant, 65]
Quando iterum videam, quando hæc mihi lumina lu-
    Quando iterum natæ per pia colla cadam?
Unde, precor, teneræ gressum spectabo puellæ
    Oblectetque animos matris et ipse jocus?
Post causas, quas regna gerunt, ubi mœsta reclinem?
    Quis colat affectu, lambiat ore caput?   70
Extensis palmis quis currat ad oscula, vel quæ
    Cervici insiliant pendula membra meæ?
Quem teneam gremio, blando sub fasce laborans,

par manière de badinage? Toute grande que tu es, ma fille, je te porterais sur mon sein et je ne fléchirais pas sous cette charge, tant elle me fut toujours aimable et légère. Pourquoi vas-tu en un pays où ne sera point ta mère? Ne pourrait-il par hasard nous contenir toutes les deux? Ces flancs donc où tu fus conçue la douleur va les déchirer? Pour qui il n'est plus de joie, le temps des larmes est venu. Je perdrai mes yeux à pleurer; emporte-les donc avec toi. Que du moins une partie de moi te suive, si je ne puis te suivre tout entière. »

A ces gémissements de la reine les grands, les serviteurs, la cité, le roi lui-même répondent par des gémissements. Où qu'on aille, on n'entend que gémir. On se dirige enfin vers les portes; mais plus la foule désolée se hâte pour sortir, plus elle y met d'obstacles par sa précipitation même. Les uns sont retenus par l'affection; une affluence tumultueuse entraîne les autres; partout une lamentable confusion. L'un l'exhorte à partir, l'autre la supplie de revenir sur ses pas. Ici on l'arrête, là on la tire à soi, chacun agissant selon sa passion. L'ancienne population du royaume nouveau se partage. Le père demeure et le fils part; le beau-père part et le gendre reste. A voir tout ce désordre, on eût dit que la patrie entière émigrait, et que le sol lui-même s'en allait captif, pour ainsi dire. Les portes sont franchies; le char (8) s'arrête sur le pont. Alors Gélésuinthe, portant la tête en avant, prononce ces paroles en versant des larmes :

« O Tolède, ne m'as-tu nourrie dans ton sein que pour voir ton infortuné nourrisson jeté hors de tes portes comme un pestiféré? Ce qu'il y a de plus affreux pour moi, c'est que, ayant sous tes yeux mêmes le spectacle de mes blessures, tu n'en restes pas moins un pays heureux. On m'enlève comme une proie, et pourquoi? Naguère je vivais renfermée (9), et je ne te voyais pas; maintenant, je te vois tout entière, je te connais pour la première fois, et tu es sans pitié quand je te quitte! D'ici, rien qu'à la vue de tes toits, je compte tes habitants; serai-je seule exceptée de leur nombre? Cruelles portes qui m'avez laissé sortir, que ne vous fermiez-vous devant moi? Plût à Dieu qu'on eût scellé vos deux battants dans la pierre la plus dure, plutôt qu'ils ne s'ouvrissent pour me livrer passage! Tu m'aurais été plus humaine, ô Tolède, si tu avais été toute mur, ou si tu avais eu pour enceinte des rochers d'une hauteur inaccessible. Je pars pour des pays inconnus, et déjà je tremble à la pensée de ce que j'en vas connaître, la nation, son caractère, ses mœurs, ses villes, ses champs et ses forêts. En arrivant dans ces contrées lointaines, où ni compatriote, ni parent, ni ami ne m'accompagneront, qui trouverai-je, je le demande, pour me recevoir? Sera-ce seulement, dites-le-moi, une nourrice étrangère qui, si douce qu'elle soit, ait le don de me plaire, qui me lave le visage, qui m'arrange et m'orne les cheveux? Là, point de troupes de jeunes filles, point de sœur de lait pour jouer avec moi. Ici au contraire sont toutes mes caresses et les objets de tous mes soins. Qu'ici du moins j'aie un tombeau! S'il m'est défendu d'y vivre, il me sera doux d'y mourir. Je pars, cruelle Tolède, sans jouir de

Aut leviore manu verberer ipsa joco?
Nec te ferre sinu, quamquam sis adulta, gravarer, 75
   Quæ mihi dulce nimis et leve pondus eras.
Cur nova rura petas illic ubi non ero mater?
   An regio forsan non capit una duas?
Quæ genuere ergo, lacerentur viscera luctu :
   Gaudia cui pereunt, tempora fletus erunt. 80
Plorans perdam oculos, duc et mea lumina tecum :
   Si tota ire vetor, pars mea te sequitur. »
Tum proceres, famuli, domus, urbs, rex ipse remugit,
   Quaque petisses iter, vox gravis una gemit.
Progrediere fores tandem, sed turba morosa, 85
   Solvere dum properat, se properando ligat.
Hinc tenet affectus, rapit inde tumultus euntes :
   Sic per utrasque vices flebile fervet opus.
Alter abire monet, rogat alter amore redire :
   Sic, variante fide, hic trahit, ille tenet. 90
Dividitur populus per regna novella vetustus :
   Stat pater, it genitus; stat socer itque gener.
Qui vidit strepitum, patriam migrare putaret,
   Et quasi captivum crederet ire solum.
Procedunt portis; serraco in ponte retento, 95
   Protulit hoc fletu Gelesuintha caput :
« Sic gremio, Tolete, tuo nutribar, ut ægra
   Excludar portis tristis alumna tuis?
Quoque magis crucier, prodens mea vulnera luctu,
   Stas felix regio : cur ego præda trahor? 100
Antea clausa fui, modo te considero totam :
   Nunc mihi nota prius, quando recedo, ferox;
Hinc te dinumero currens per culmina visu;
   En ego de numero non ero sola tuo.
Crudeles portæ, quæ me laxastis euntem, 105
   Clavibus oppositis nec vetuistis iter!
Antea vos geminas adamans petra una ligasset.
   Quam daret huc ullam janua pansa viam.
Urbs, pia plus fueras, si murus tota fuisses,
   Me ire aut ne sineres, cingeret alta silex. 110
Pergo ignota locis, trepidans quidnam antea discam :
   Gentem, animos, mores, oppida, rura, nemus.
Quem, precor, inveniam peregrinis advena terris,
   Quo mihi nemo venis civis, amice, parens?
Dic, si blanda potest nutrix aliena placere, 115
   Quæ lavet ora manu, vel caput ornet acu?
Nulla puella choro neque collactanea ludat :
   Hic mea blanditiæ, hic mea cura jaces.
Si me non aliter, vel nuda sepulchra tenerent :
   Non licet hic vivi! Hic mihi dulce mori. 120
Non fruor amplexu, neque visu plena recedo :

tes embrassements, sans m'être rassasiée de ta vue; tu me renvoies; adieu. »

Ces paroles enflammées sont interrompues par des flots de larmes; du feu dont elles sont nourries jaillissent les eaux qui baignent son visage. Enfin, on se met en marche, la mère, la fille, escortées d'une foule éplorée, la mère, dis-je, qui, malgré son épuisement, n'hésite pas à suivre comme les autres. Amère est la voie par où elle conduit sa fille; les vallées sont inondées de ses pleurs, les montagnes en sont ébranlées! l'air épais retentit de hurlements stériles, dont les bois renvoient les échos. Pour obtenir d'aller plus loin, la mère allègue le peu de chemin qu'on a fait et le peu de temps qu'on a mis à le faire. A tel endroit de la route elle dit qu'elle va retourner, puis elle change d'avis, et ne veut plus ce qu'elle voulait d'abord. Tout à coup elle veut passer par un chemin impraticable; mais les grands s'y opposent. Le corps tourné en arrière la mère et la fille se tiennent toujours embrassées; alors Goïsuinthe d'une voix sanglotante et farouche:

« O Espagne, si grande pour tes habitants, si étroite pour une mère, pays si tôt fermé pour moi seule (10), c'est en vain que tes possessions s'étendent de l'orient à l'occident, de la mer tyrrhénienne à l'Océan, en vain que les vastes espaces par toi occupés suffisent à tes habitants, il est bien petit pour moi le pays d'où ma fille est absente. Ici sans toi, ma fille, je n'en paraîtrai pas moins errante et étrangère; citoyenne et à la fois exilée dans ma propre patrie. Dis-moi, ma fille, mon amour, que verront et qui chercheront ces yeux que tu emportes avec toi? Tu seras mon unique douleur. Si quelque enfant vient s'ébattre sur moi, je sentirai le poids de ton corps en embrassant un autre que toi. Que cet enfant coure, s'arrête, s'assoie, pleure, entre ou sorte, seule ta douce image reviendra sous mes yeux. Toi partie, j'errerai çà et là à la recherche de baisers étrangers, et presserai en gémissant sur mes mamelles desséchées d'autres bouches que la tienne. J'essuierai de mes lèvres les yeux humides des enfants, et je boirai leurs larmes sans pouvoir m'en rassasier. Plaise à Dieu qu'un tel breuvage me rafraîchisse même imparfaitement, et que cette eau pleurée calme un peu ma soif ardente! Quoi qu'il arrive, je suis au supplice. Ici, les remèdes ne servent de rien; ma vie, chère Gélésuinthe, s'écoule goutte à goutte par ta blessure. Quelles mains, je te prie, tresseront si bien ta chère chevelure qu'elle en ait tout son lustre? Qui sans moi baisera tes joues délicates? Qui te réchauffera sur son sein? Qui te tiendra sur ses genoux, et t'entourera de ses bras? Où tu vas tu n'auras point de mère; il n'en est point d'autre que moi. Il reste à ma tendresse craintive à te faire ces recommandations: sois heureuse, ma fille; mais, je t'en conjure, prends garde à toi (11). Pars donc et adieu. Envoie à travers les airs un salut à ta mère impatiente, et qu'il soit, s'il vient jusqu'à moi, un messager de bonnes nouvelles. »

Accablée par les plaintes désordonnées de sa mère, triste, éperdue et hors d'état de s'exprimer, Gélésuinthe, après un long silence, articule avec peine quelques paroles, tant la blessure qu'elle a au cœur paralyse sa langue.

 Quæ me dimittis, dura Tolete, vale. »
Sic accensi animi lacrimarum flumina rumpunt,
 Fixus et irriguus parturit ignis aquas.
Hinc iter arripiunt genetrix, nata, agmina flentum, 125
 Nec piget obsequii mater anhela sequi.
Deducit dulcem per amara viatica natam,
 Implentur valles fletibus, alta tremunt,
Frangitur et densus vacuis ululatibus aer,
 Ipsa repercusso murmure silva gemit. 130
Dat causas spatii genetrix, ut longius iret,
 Sed fuit optanti tempus iterque breve.
Pervenit quo mater ait sese inde reverti;
 Sed quod velle prius, postea nolle fuit.
Rursus adire cupit, via qua fert invia matrem; 135
 Quam proceres retinent, ne teneretur iter.
Hærebant in se amplexæ pariterque reflexæ;
 Incipit hic gemitu Goisuintha fero:
« Civibus ampla tuis, angusta Hispania matri,
 Et regio soli tam cito clausa mihi! 140
Quæ licet a Zephyro calidum percurris in Eurum,
 Et de Tyrrheno tendis ad Oceanum,
Sufficiens populis quamvis regionibus amplis:
 Quo est mea nata absens, terra mihi brevis es.
Nec minus hic sine te errans et peregrina videbor, 145
 Inque loco proprio civis et exul ero.

Quæso quid inspiciant oculi, quem, nata, requirant?
 Quæ mea nunc tecum lumina ducis, amor,
Tu dolor unus eris; quisquis mihi luserit infans,
 Amplexu alterius tu mihi pondus eris. 150
Currat, stet, sedeat, fleat, intret et exeat alter,
 Sola meis oculis dulcis imago redis.
Te fugiente, errans aliena per oscula curram,
 Et super eos gemens ubera sicca premam.
De facie infantum plorantia lumina lambam, 155
 Et teneras lacrimas insatiata bibam.
Tali potu utinam vel parte refrigerer ulla,
 Aut plorata avide mitiget unda sitim!
Quidquid erit, crucior; nulla hic medicamina prosunt,
 Vulnere distillo, Gelesuintha, tuo. 160
Qua, rogo, nata, manu cara hæc coma pexa nitebit?
 Quis sine me placidas lambiat ore genas?
Quis gremio foveat, genibus vehat, ambiat ulna?
 Sed tibi præter me non ibi mater erit.
Quod superest, timibundus amor hoc mandat eunti: 165
 Sis precor o felix, sed cave — vade, vale.
Mitte avidæ matri vel per vaga flabra salutem:
 Si venit, ipsa mihi nuntiet aura boni. »
Filia tum validis genetricis onusta querellis,
 Tristis, inops animi nec valitura loqui, 170
Clausa voce diu, vix fauce solubile fandi,

« Si, dit-elle, la souveraine majesté de Dieu voulait que je vécusse plus longtemps, elle ne permettrait pas ce voyage; mais puisque le sort en est jeté et qu'il est irrévocable, si personne n'est là pour m'en empêcher, j'irai où le dépit m'entraîne. Un dernier mot pourtant et que la douleur, ô ma mère, ne te le fasse pas oublier : à partir de ce jour ce qui était à toi n'est plus à toi; Goïsuinthe, adieu. » Là-dessus ils interrompent leurs embrassements, leurs bouches collées se détachent, leurs baisers ne se rejoignent plus, ils sont emportés par le vent. L'œil fixe et morne, Gélésuinthe, montée sur un pilentum, poursuit sa route vers la Gaule (10). De son côté la mère, les regards tendus vers sa fille, se résout à quitter la place où personne ne reste après elle; mais craignant que les mules attelées aux chars ne les emportent trop rapidement, ou que les chevaux impatients n'accélèrent le mouvement des roues, elle tourne sa vue inquiète du côté de sa fille bien-aimée, et quand les détours de la route la lui dérobent, elle la suit par la pensée. Souvent elle lui adresse la parole, comme si elle l'avait assise auprès d'elle; ou croyant embrasser sa figure absente, elle n'embrasse que le vide, et n'étreint que le vent. Dans la foule de ceux qui accompagnent sa fille, c'est sa fille seule qu'elle voit, comme aussi seule elle voit le chemin que suit l'objet de son amour. La mère est plus suspendue sur ses pensées que la fille sur son char; celle-là est ballottée par ses désirs, celle-ci à chaque tour de roue. Quand enfin Gélésuinthe disparaît dans un lointain où la vue ne peut plus atteindre, et que le jour fait place à la nuit, la mère croit toujours apercevoir les traits confus de sa fille et la douce image de son enfant, quand sa personne s'est perdue dans l'ombre. O femme d'une tendresse si brûlante, d'une sollicitude si opiniâtre, n'étais-tu pas toujours sa mère, quoiqu'elle fût loin de toi? Ton visage est noyé de pleurs; tes plaintes vont frapper le ciel; chaque circonstance de ta vie, ou pénible ou heureuse, revient à ta mémoire. Mère à la fois irrésolue, impatiente, craintive et désolée, que poursuis-tu de tes larmes? Que pressent ton amour exalté? Elle cependant chemine sur une route abîmée d'ornières, et ceux de sa suite baignent de leurs larmes les campagnes désertes. Elle passe les Pyrénées à travers les nuages, et par une température glaciale, quoiqu'on fût au mois de juillet; car alors ces montagnes sont encore couvertes de neige, pendant que leurs sommets aigus s'élancent au-dessus des pluies. Elle arrive à Narbonne où l'Aude paisible, rongeant et aplanissant ses rives, se jette dans le Rhône. Elle passe encore quelques villes et arrive à Poitiers qu'elle traverse avec une pompe royale. C'est à Poitiers que le grand évêque Hilaire, d'origine vraiment noble, naquit et où il est enterré. Son éloquence avait l'éclat du tonnerre. Le Thrace, l'Italien, le Scythe, le Perse, l'Indien, le Gète, le Dace et le Breton, s'abreuvaient d'espérance quand ils entendaient sa voix, et couraient aux armes. Le soleil concentre dans un rayon toutes les lumières, lui les concentrait dans un mot; l'un verse sa clarté sur les montagnes, l'autre versait la foi dans les cœurs. Moi-même, nouvelle-

Pauca refert (cordis vulnere lingua gravis) :
« Majestas si celsa Dei mihi tempora vellet
Nunc dare plus vitæ, non daret ista viæ.
Ultima sed quoniam sors irrevocabilis instat, 175
Si jam nemo velat, qua trahit ira sequar.
Hæc extrema tamen loquar et memoranda dolori :
Hinc tua non tua sunt. Goisuintha, vale ».
Oscula sic rumpunt et fixa ori ora repellunt;
Dum se non possunt, acra lambit amor. 180
Hinc pilente petens loca Gallica Gelesuintha
Stabat fixa oculis, tristis, eunte rota.
E contra genetrix post natam lumina tendens,
Uno stante loco, pergit et ipsa simul.
Tota tremens, agiles raperet ne mula quadrigas, 185
Aut equus inpatiens verteret axe rotas,
Sollicitis oculis circumvolitabat amantem,
Illuc mente sequens, qua via flectit iter.
Sæpe loquebatur quasi secum nata sederet,
Absentemque manu visa tenere sinu. 190
Prendere se credens in ventos bracchia jactat,
Nec natam recipit, sed vaga flabra ferit.
Inter tot comites unam spectabat euntem,
Sola videbat iter qua suus ibat amor.
Plus genetrix suspensa animo quam filia curru : 195
Hæc titubans votis ibat, et illa rotis.
Donec longe oculo spatioque evanuit amplo,
Nec visum adtingit, dum tegit umbra diem,
Ipsa putat dubios natæ se cernere vultus,
Et cum forma fugit, dulcis imago redit. 200
O nomen pietate calens, o cura fidelis,
Quamvis absenti quid nisi mater eras?
Fletibus ora rigans, lamentis sidera pulsans,
Singula commemorans, dulcia, dura, pia;
Mobilis, inpatiens, metuens, flens, anxia mater, 205
Quid sequeris lacrimis? Augurat altus amor?
Illa tamen pergit qua trita viam orbita sulcat;
Quisque suis vacuos fletibus implet agros.
Inde Pyrenæas per nubes transilit Alpes,
Quaque pruinosis Julius alget aquis, 210
Qua nive canentes fugiunt ad sidera montes,
Atque super pluvias exit acutus apex.
Excipit hinc Narbo, qua litora plana remordens
Mitis Atax Rhodanas molliter intrat aquas.
Post aliquas urbes Pictavas attigit arces, 215
Regali pompa prætereundo viam,
Inclitus ille quibus vere amplus Hilarius oris
Et satus et situs est, ore tonante loquax. [tannus
Thrax, Italus, Scytha, Persa, Indus, Geta, Daca, Bri-
Hujus in eloquio spem bibit, arma capit. 220
Sol radio, hic verbo generalia lumina fundunt,
Montibus ille diem, mentibus iste fidem.
Hanc ego nempe novus conspexi prætereuntem

ment arrivé à Poitiers, j'ai vu passer Gélésuinthe, mollement assise dans une tour en argent portée sur des roues (13). La pieuse Radegonde, qui avait pour elle un amour de mère, eût vivement désiré la voir, si on lui en eût donné le moyen. Cependant la douce recluse communiqua plus d'une fois par des envoyés avec la douce exilée, et honora de ses bontés celle dont elle déplore aujourd'hui la triste destinée. De Poitiers Gélésuinthe poursuit lentement son voyage jusqu'à Tours, la ville de Martin connu de la terre au ciel. On passe en bateau (14) la Vienne au cours rapide; la troupe qui accompagne la princesse débarque avec célérité. La Loire aux eaux glacées et sinueuses et où un sable fin ne protège pas même le poisson, la reçoit ensuite dans son lit limpide. On arrive enfin à l'embouchure de la Seine poissonneuse qu'on remonte jusqu'à Rouen. C'est dans cette ville que la jeune fille épousa le roi. Elle se concilia bientôt l'affection du peuple, gagnant les uns par des présents, charmant les autres par de gracieuses paroles. Tous furent tout à elle quoiqu'elle ne connût personne. Les hommes de guerre jurent de lui être fidèles; de son côté elle se lie envers eux comme le veut la loi. Elle régnait donc, menant une vie paisible, suivant la droite voie, et généreuse envers les pauvres dont elle était la mère, quoiqu'elle fût étrangère. Enfin pour s'assurer mieux la possession du royaume éternel, elle se fit catholique (15).

O douleur insigne, pourquoi retarder le moment des larmes? Pourquoi, me laissant aller à discourir, ne pas parler encore des circonstances lugubres de cette union? Maudite destinée des hommes, dont les coups mystérieux nous frappent à l'improviste, et qui, complice de la mort au vol rapide, dévores en un moment tant de perfections? A peine mariée, Gélésuinthe entrant dans la vie est enlevée par la mort. Surprise par la rapidité du coup, elle tombe, ses yeux se renversent; elle était morte (16). A cette nouvelle, vole l'infortunée nourrice, presque inanimée, vers le corps sans vie; elle se jette sur lui, et, la première entre les fidèles servantes de la reine, elle peut enfin, d'une voix étranglée par la douleur, prononcer ces mots :

« Gélésuinthe, est-ce bien moi, la pire des nourrices, qui promis à ta mère qu'il ne t'arriverait loin d'elle aucun mal? Se peut-il que mes yeux éteints voient ainsi ma lumière, que ce visage hier si coloré soit si pâle aujourd'hui? Par pitié, adresse quelques paroles à une malheureuse. Que dirai-je à ta mère, s'il m'est permis de retourner en Espagne? Voilà donc pourquoi, étrangère comme toi-même, je t'ai suivie à travers tant de pénibles épreuves? Est-ce là, chère enfant, la récompense que tu m'offres en retour? Tu souhaitais que nous vécussions ensemble et qu'ensemble nous mourussions; je vis encore et tu as pu mourir sans moi! Plût à Dieu que la loi qui emporte les vieillards avant les jeunes m'eût été appliquée! tu vivrais encore et je ne serais plus. »

Elle en était là de ses plaintes quand on lui ferma la bouche, et elle ne put dire des choses dont elle voyait gémir toute la cour. Cependant la victime tant pleurée est mise sur le brancard

    Molliter argenti turre rotante vehi.
Materno voluit pia quam Radegundis amore   225
    Cernere ferventer, si daret ullus opem.
Sæpe tamen missis dulci sibi dulcis adhæsit,
    Et placide coluit quod modo triste dolet.
Toronicas terras Martini ad sidera noti
    Inde petit, lento continuante gradu.   230
Vingennæ volucer transmittitur alveus alno :
    Turba comes rapidis alacris exit aquis.
Excipit inde repens vitrea Liger algidus unda,
    Quo neque vel piscem levis harena tegit.
Pervenit qua se piscoso Sequanna fluctu   235
    In mare fert, juncto Rotomagense sinu.
Jungitur ergo toro regali culmine virgo,
    Et magno meruit plebis amore coli.
Hos quoque muneribus permulcens, vocibus illos,
    Et licet ignotos sic facit esse suos.   240
Utque fidelis ei sit gens armata, per arma
    Jurat jure suo, se quoque lege ligat.
Regnabat placido conponens tramite vitam,
    Pauperibus tribuens advena mater erat :
Quaque magis possit regno superesse perenni,   245
    Catholicæ fidei conciliata placet. —
O dolor insignis, quid differs tempora fletus
    Lugubresque vices plura loquendo taces?
Improba sors hominum, quæ improviso abdita lapsu
    Tot bona tam subito, morte volante, voras!   250
Nam breve tempus habens consortia nexu jugalis
    Principio vitæ funere rapta fuit.
Præcipiti casu volucri præventa sub ictu
    Deficit, et verso lumine lumen obit. —
Infelix nutrix, audito funere alumnæ,   255
    Exanimam ad corpus vix animata volat.
Ipsa inter famulas incumbens prima fideles,
    Hæc tandem potuit clausa dolore loqui :
« Sic placidæ matri promisi pessima nutrix,
    Te longe incolumem, Gelesuintha, fore?   260
Sic extincta meum mea cernunt lumina lumen?
    Pallida sic facies, qua rubor ante fuit?
Dic aliquid miserans, miseræ mihi redde loquellas!
    Quid referam ad matrem, si remearo licet?
Hoc sum per tantos peregrina secuta labores?   265
    Pro vice tale mihi munus, alumna, refers?
Optabas pariter nobis vitam atque sepulchra,
    Quæ tecum vixi, me sine passa mori [es]?
Ordo utinam vitæ juvenique senique fuisset :
    Te stante incolumi, me prius ire neci! »   270
Vix planctus profert, vocem rapit alter ab ore,
    Nec valet una loqui quod videt aula gemi.
Interea vehitur tristi lacrimata feretro,

funèbre; l'amitié attentive préside à ses obsèques. On la transporte, on la pare, on l'arrange dans le tombeau. Des larmes coulent de tous les yeux. C'est ainsi que l'étrangère fut inhumée. Tout à coup il se fit un miracle dont les assistants furent témoins. La lampe suspendue qui éclairait la cérémonie, tomba sur le pavé sans se renverser, et ni le verre ne fut brisé, ni la lumière éteinte (17). Le bruit de la mort de Gélésuinthe arriva aux oreilles de Brunehaud, sa sœur; la princesse était loin de s'y attendre; sa pieuse tendresse lui suggère alors ces paroles :

« Est-ce là, chère sœur, le salut que tu envoyais à ta sœur? est-ce là ce que m'annonçait cette lettre écrite de ta main? J'attendais avec une curiosité inquiète de quel côté tu viendrais; mais tu n'as pas pris le chemin que je t'avais indiqué (18). J'ai souhaité que l'Espagne t'envoyât en Gaule; mais ici je ne t'ai point, et là-bas notre mère ne t'a pas plus que moi. Brunehaut n'a point assisté à tes obsèques. A toi vivante, je n'ai rendu aucun honneur; à toi morte, je n'y eusse pas manqué. Pourquoi, étrangère moi-même, n'ai-je pas fermé tes yeux et recueilli d'une oreille attentive tes dernières paroles? Je n'ai pas rempli envers toi mon triste devoir de sœur; mes mains n'ont pas touché les tiennes, ni ton corps ni ton visage; il ne m'a pas été permis de donner cours à mes larmes, ni de les dévorer ensuite, et je n'ai point lavé dans l'eau tiède tes entrailles refroidies. Nourries ensemble, élevées ensemble et dans le même pays, pourquoi, ô douleur suprême, sommes-nous ainsi séparées par la mort? »

Telles étaient les plaintes déchirantes de la sœur privée de sa sœur par la mort. Elle l'appelle et l'appelle encore, mais la terre qui la recouvre ne la lui rend pas. Les gémissements de Brunehaut retentissent dans toute la Germanie. Partout où elle porte ses pas, elle en fatigue le ciel. Souvent, Gélésuinthe, elle t'appelle par ton nom; les fontaines, les fleuves, les bois, les champs le répètent, et tu ne réponds pas! Réponds-lui donc comme lui répondent les choses muettes, les pierres, les montagnes, les forêts, les eaux et le ciel. Dans son anxiété elle interroge aussi les vents; mais sur le salut de sa sœur tout se tait. Tout à coup un messager passe les montagnes et les fleuves, et la funeste nouvelle, rapide comme une flèche, passe avec lui. Il eût été à souhaiter qu'après avoir été répandue partout, elle arrivât plus tard jusqu'à la mère; mais plus on aime, plus vite on apprend les mauvaises nouvelles; on croit même ce qui est douteux, tant la crainte porte à la crédulité. La mère sut donc bientôt le douloureux événement. Elle en fut accablée et elle s'affaissa sur elle-même comme si on lui eût coupé les jarrets. L'annonce d'une mort en cause une autre; la mère en pleine santé resta presque sans vie. C'est alors que la figure à la fois pâle et injectée, Goïsuinthe, revenant à soi peu à peu, parla ainsi :

« Ainsi, c'est pendant que je puisais des consolations dans ma tendresse pour ma fille, qu'une blessure plus grave que toutes les autres vient me déchirer les entrailles! Si ma lumière est éteinte, si ma fille est morte, pourquoi, funeste vie, me retenir ici davantage pour la pleurer?

Soluit et exequias obsequialis amor.
Ducitur, ornatur, deponitur, undique fletur,   275
 Conditur et tumulo sic peregrina suo.
Nascitur hic subito rerum mirabile signum ;
 Dum pendens lychnus lucet ad obsequium,
Decidit in lapidem, nec vergit et integer arsit,
 Nec vitrum saxis nec perit ignis aquis. —   280
Fama recens residis germanæ perculit aures,
 Affectuque pio sic movet ora soror :
« Hanc, rogo, germanæ mandasti, cara, salutem?
 Scripta tuis digitis hoc mihi charta refert?
Sollicitis oculis expectabam unde venires :   285
 Quale precata fui, non agis illud iter.
Optavi Gallis te ut huc Hispania ferret :
 Non te hic cara soror, non ibi mater habet.
Extremo obsequio non huc Brunichildis adivi ;
 Si tibi nil vivæ, mortis honora darem.   290
Cur peregrina tuos non clausi dulcis ocellos,
 Auribus aut avidis ultima verba bibi?
Officio tristi nihil inpendi ipsa sorori,
 Membra, manus, faciem nec manus ista legit.
Non licuit fundi lacrimas, nec ab ore resorbi,   295
 Frigida nec tepido viscera fonte lavo.
Nutritas pariter, junctas regionibus isdem,
 Cur ad mortis iter dividis, alte dolor ? »

Sicque relicta soror casu laceratur ademptæ ;
 Hæc vocat, illa jacet nec repetita redit.   300
Germanæ validos audit Germania fletus,
 Quaque recurrit iter, questibus astra ferit,
Nomine sæpe vocans te, Gelesuintha, sororem :
 Hoc fontes, silvæ, flumina, rura sonant.
Gelesuintha, taces? Respondo, ut muta sorori   305
 Respondent : lapides, mons, nemus, unda, polus.
Anxia sollicitans ipsas interrogat auras :
 Sed de germanæ cuncta salute silent.
Nuntius hic subito fluvios transcendit et Alpes,
 Mærorisque gravis tam cito pinna volat.   310
Optandum fuerat, postquam loca cuncta replesset,
 Tardius ad matrem hic dolor iret iter.
Sed quod fama refert, qui plus amat, et prius audit,
 Ac dubium credit, dante timore fidem.
Mox igitur matris jaculans dolor adtigit aures,   315
 Anxia succiso poplite lapsa ruit.
Audita de morte una mors altera pulsat,
 Et pæne incolumi corpore funus erat.
Pallida suffuso tum Goisuintha rubore
 Molliter hæc, anima vix redeunte, refert :   320
« Siccine me tenero natæ solabar amore,
 Ut mea nunc gravius viscera vulnus aret?
Si nostrum jam lumen obit, si nata recessit,

Tu t'es trompée, mort trop cruelle, c'est la mère qui devait être ta proie et non la fille. O plût à Dieu que les fleuves eussent débordé et noyé leurs rives, que la terre eût sombré comme dans un naufrage, que les Pyrénées fussent montées jusqu'aux astres, que les chemins se fussent couverts de glace, qu'aucun char n'eût pu marcher, aucun esquif naviguer (19), quand je te laissai partir, chère Gélésuinthe, pour ces pays du nord! N'était-ce pas un présage que cette difficulté extrême qu'on eut à t'arracher de mes bras? Nous avons cédé à des volontés qui n'étaient pas les nôtres; nous avons obéi à des ordres (20). Tu es partie fiancée pour ne plus revenir. Quand je te donnais mon sein à presser de tes lèvres délicates, ne témoignais-je pas de la force et de la douceur de mon amour? Pourquoi ce sein te donna-t-il son lait? Pourquoi t'ai-je nourrie, et n'en ai-je pas reçu le salaire? (21). Souvent pendant ton sommeil je venais te donner des baisers furtifs, et je te posais sur mon sein pour que tu dormisses plus mollement. A quoi m'a-t-il servi de désirer de toi une petite fille qui jouât sur les genoux de son aïeule (22)? Ce vœu, je n'ai pas eu le bonheur de le voir s'accomplir et j'ai eu le malheur de ne pas te voir morte. C'en était trop et pour mon sacrifice et pour mon amour (23). »

Ainsi pleuraient la mère et la sœur. Le Rhin et le Tage sont troublés par leurs cris; le Batave est dans l'affliction, l'habitant de la Bétique pousse des gémissements. Ici le Wahal, là l'Ebre roulent en grondant leurs eaux.

C'est assez de larmes; mais quoi! une seule goutte de pluie, si elle n'éteint pas la soif, ne laisse pas que de la soulager. Si donc la douleur peut être adoucie, je dirai : Celle-là n'est plus à pleurer qui est au ciel. Si on lui a fait du mal, dites-vous qu'à dater du jour où elle est entrée dans le chemin de la mort, elle vit de la vie éternelle, qu'elle marche à côté d'Étienne, le consul céleste et qu'elle apparaît brillante près de Pierre, le prince des apôtres; que sous le regard radieux de Marie, mère du Sauveur, elle s'applaudit d'être enrôlée dans la milice du Dieu éternel, qu'elle y est aimée, et que les précieux mérites de sa mort lui servent d'auréole; qu'enfin elle porte à présent une robe magnifique, au lieu de l'ancienne qu'elle a rejetée. Dieu nous fasse cette grâce d'approcher un jour de ces saintes figures à travers les périls de la mer et les épées! Gélésuinthe a bien fait voir qu'elle vivait, lors de la chute de cette lampe que ni l'eau n'éteignit, ni la pierre ne brisa. Vous aussi, mère, c'est par la voix de Dieu que vous avez des nouvelles de votre fille, de votre gendre, de votre petite-fille et de votre petit-fils (24). Sur ma vie, croyez, chrétiens, parce que Gélésuinthe a cru. Il ne faut pas pleurer celle qui est actuellement en paradis.

VI. Du jardin de la reine Ultrogothe (1).

Ici le printemps au teint pourpré fait croître les gazons verts, et l'air est embaumé de l'odeur des roses du paradis. Là, de jeunes pampres offrent une ombre protectrice contre les chaleurs de

Quid me ad has lacrimas, invida vita, tenes?
  Errasti, mors dura, nimis : cum tollere matrem 325
Funere debueris, sors tibi nata fuit.
  O utinam mersis crevissent flumina ripis,
Naufraga ceu fusis terra natasset aquis.
  Alta Pyrenæi tetigissent sidera montes,
Aut vitrea glacie se solidasset iter. 330
  Quando relaxavi te, Gelesuintha, sub Arctum,
Ut nec ræda rotis, non equus isset aquis!
  Hoc ergo illud erat, quod mens præsaga timebat?
Non posse amplexu vellere, nata, meo.
  Paruimus votis alienis, jussa sequentes; 335
Promissa existi, non reditura mihi.
  Hoc erat altus amor, placida dulcedine natæ
Quod teneris labiis ubera pressa dedi?
  Cur hinc lactis opem produxit vena mamillæ?
Cur alimenta dedi nec habitura fui? 340
  Sæpe soporantem furtiva per oscula suxi,
Ut leve dormires viscera subposui.
  Optasse extremum de te quid profuit illud,
Luderet ut gremiis parvula neptis avis?
  Nec felix vota aut infelix funera vidi : 345
Perdidit heu nimius hoc labor, illud amor ».
  Partitis lacrimis soror hinc, inde anxia mater,
Vocibus hæc Rhenum pulsat et illa Tagum :
  Condolet hinc Batavus, gemit illinc Bœticus axis,

Perstrepit hoc Vachalus, illud Hiberus aquis. 350
  Tot lacrimas stillasse sat est, sed ab imbre vaporis
Non relevando sitim gutta ministrat opem.
  Affectus si forte potest mitescere, dicam :
Non ea flenda jacet, quæ loca læta tenet.
  Dicite, si quid ei nocuit, quam tempore lapso 355
Mortis iter rapuit, vita perennis alit;
  Quæ modo cum Stephano cælesti consule pergit,
Fulget apostolico principe clara Petro.
  Matre simul domini plaudens radiante Maria
Rege sub æterno militat illa Deo. 360
  Conciliata placet, pretioso funere fulget,
Deposita veteri, nunc stola pulchra tegit.
  Atque utinam nobis illos accedere vultus
Cedat amore Deus per mare, per gladios!
  Vitæ signa tenet, vitreo cum vase cadente 365
Non aqua restinxit, nec petra fregit humi.
  Tu quoque, mater, habes consultum voce tonantis
De nata et genero, nepte, nepote, viro.
  Credite, Christicolæ, vivam, quia credidit illa :
Non hanc flere decet quam paradisus habet. 370

VI. De horto Ultrogothonis.

Hic ver purpureum viridantia gramina gignit,
  Et paradisiacas spargit odore rosas;
Hic tener æstivas defendit pampinus umbras,

l'été, et servent d'abri aux ceps chargés de raisin. Tout cet enclos est émaillé de mille fleurs diverses; il y a des fruits de couleur blanche, d'autre de couleur rouge. L'été y est plus doux qu'ailleurs, et la brise aux murmures discrets ne cesse d'agiter les pommes suspendues à leur tige. Childebert (2) les a greffées avec amour. Venant d'une telle main elles ne nous en sont que plus chères. Elles tiennent de celui qui les a cultivées une saveur de miel que le royal jardinier leur a peut-être secrètement communiquée. Le prix de ces pommes nouvelles est doublé par l'honneur qu'un roi leur a fait; l'odeur en est suave et le goût exquis. Jugez de ce qu'a pu faire pour le bonheur des hommes celui dont le toucher se fait sentir à nous dans l'agréable odeur de ces fruits! Puisse l'arbre qui les porte en reproduire à perpétuité l'excellente espèce, afin que tout homme garde la mémoire de ce pieux monarque. C'est de ces lieux qu'il partit pour aller au ciel; c'est à ses mérites qu'il doit d'être l'hôte de ces demeures sacrées. Naguère, chéri de tous, il fréquentait tour à tour les églises, aujourd'hui il est à poste fixe dans les temples célestes. Puissiez-vous, Ultrogothe, triomphante, et vous troisième avec vos deux filles (3), avoir le bonheur de l'y posséder un jour éternellement!

VII. Sur la villa Cantus Blandus et ses pommes.

J'arrive heureusement à Cantus blandus où j'ai la joie de trouver le cher père Arédius (1). Des pommes à la peau dorée y attirent mes regards, et soudain poussé par la gourmandise, je les engloutis dans mon ventre. Il y en a partout et de toutes les couleurs, tellement qu'on penserait que je n'ai dû me régaler qu'en peinture. A peine cueillies, elles sont croquées et avalées; après quoi elles émigrent à la hâte dans la région abdominale. J'ai donc eu le plaisir du goût avant d'avoir celui de l'odeur; la gourmandise a été la plus forte et a frustré le nez de sa prérogative.

VIII. Sur un cuisinier qui lui avait enlevé son bateau (1).

Que d'ennuis, et partant, que de fortes raisons de me plaindre! O douleur, donne-moi enfin quelque répit. Pourquoi me rappeler mes malheurs? Je suis las de mon fardeau, pourquoi le doubler quand je pense à m'en décharger? J'erre à l'aventure, exilé de mon pays, et plus triste que l'étranger qui fit naufrage dans les eaux d'Apollon (2). Je viens à Metz. Pendant mon absence un cuisinier du roi, venu dans ces quartiers, enlève mon bateau et tout son équipage. Le drôle qui retire les mets du feu en se brûlant les doigts, ne sut se défendre, n'ayant pas à craindre de l'eau cet inconvénient, de faire main basse sur mon esquif. Cet homme à l'âme noire, nourri de fumée et tout imprégné de suie, dont la figure est une autre marmite, et à qui les instruments de son métier, la poêle à frire, le chaudron, le baquet, la vaisselle, les landiers à trois pieds communiquent leur couleur malpropre, n'est pas digne d'être stigmatisé en vers; c'est de charbon qu'il le faut barbouiller, c'est sous cet aspect dégoûtant que doit être peint ce poisseux.

Præbet et uviferis frondea tecta comis,
Pinxeruntque locum variato germine flores, 5
Pomaque vestivit candor et inde rubor.
Mitior hic æstas, ubi molli blanda susurro
Aura levis semper pendula mala quatit.
Hæc magno inseruit rex Childeberctus amore:
Carius ista placent quæ manus illa dedit : 10
De cultore trahit mellitum planta saporem,
Forsan et hic tacitos miscuit ille favos.
Regis honore novis duplicata est gratia pomis,
Nare suavis odor, dulcis in ore sapor.
Qualiter ille hominum potuit prodesse saluti, 15
Cujus et in pomis tactus odore placet?
Felix perpetua generetur ab arbore fructus,
Ut de rege pio sit memor omnis homo.
Hinc iter ejus erat, cum limina sancta petebat,
Quæ modo pro meritis incolit ille magis. 20
Antea nam vicibus loca sacra terebat amatus,
Nunc tamen assidue templa beata tenet.
Possideas felix hæc, Ultrogotho, per ævum,
Cum geminis natis tertia mater ovans.

VII. Ad Cantumblandum villam de pomis dictum.

Venimus ad Cantum felici tramite blandum,
Arediumque lætor quo reperisse patrem.
Quod petit instigans avido gula nostra barathro,
Excipiunt oculos aurea poma meos.
Undique concurrunt variato mala colore, 5
Credas ut pictas me meruisse dapes.
Vix digitis tetigi, fauce hausi, dente rotavi,
Migravitque alvo præda citata loco.
Nam sapor ante placet quam traxit naris odorem :
Sic vincente gula naris honore caret. 10

VIII. De coco qui ipsi navem tulit.

Cur mihi tam validas innectis, cura, querellas?
Heu mea vel tandem deserе corda, dolor.
Quid revocas casus? jam me mea sarcina lassat.
Quod jactare puto, cur duplicatur onus?
Tristius erro nimis, patriis vagus exul ab oris, 5
Quam sit Apolloniis naufragus hospes aquis.
Venimus ut Mettis, cocus illic regius instans
Absenti nautas abstulit atque ratem.
De flammis ardente manu qui diripit escas,
Ille rati nescit parcere tutus aquis? 10
Corde niger, fumo pastus, fuligine tinctus,
Et cujus facies caccabus alter adest,
Cui sua sordentem pinxerunt arma colorem,
Frixuriæ, cocumæ, scafa, patella, tripes,
Indignus versu, potius carbone notetur, 15
Et piceum referat turpis imago virum.
Res indigna nimis, gravis est injuria facti :

N'est-il pas révoltant, et n'est-ce pas le comble de l'injure que les sauces d'un cuisinier prévalent sur mes droits? Le code a moins d'autorité que la marmite; il ne peut faire que je rentre en possession de mon bateau (3). Cependant, avec sa bonté ordinaire, Vilicus, qui paît les brebis du Seigneur et les fait multiplier (4), vint à mon secours. Effrayé il accourut, sur une barque des plus minces, où j'eus à souffrir du vent, de la pluie, et de l'eau du fleuve dont je fus tout trempé. Je fis mettre à terre tous les gens autres que nous, pour qu'ils suivissent à pied; car s'il n'y eût eu personne dehors, il n'y eût eu personne dedans, c'est-à-dire que tous se fussent noyés, et que pas un témoin du naufrage n'eût survécu. J'étais encore si voisin du péril que, après avoir fait débarquer tout le monde, mes pieds baignaient dans l'eau qui les battait à coups redoublés. « Merci, dis-je à cette eau, de ton obligeance, je ne veux point être lavé. » Elle n'en continuait pas moins son lavage. Arrivé à Nauriac (5), je raconte au roi ma mésaventure. Il en rit et ordonne avec bonté qu'on me procure un bateau. On en cherche, on n'en trouve nulle part. Cependant l'escorte royale poursuit sa route sur le fleuve; le comte Gogon (6) seul reste, m'offrant ses consolations. Il n'eut point refusé à un ami ce qu'il accorde indistinctement à tous. D'ailleurs, Papulus est là qui le prie avec de douces instances de me procurer une embarcation quelconque. Lui-même, portant de tous côtés ses regards, finit par découvrir une barque amarrée au rivage. Mais notre bagage n'y peut tenir. Il me dit d'attendre un moment à Nauriac, et cherche en même temps à tirer parti des ressources que le lieu peut lui offrir. Quoiqu'il ne trouve pas grand'chose, sa bonne volonté me suffit. Si peu d'aide qu'on reçoive d'un ami, c'est beaucoup. Cet aimable ami apporta de quoi manger et aussi de quoi boire en tant qu'on pouvait trouver du vin dans ces campagnes. Voilà, Papulus, de quelle façon charmante vous avez remis ma barque à flots. Adieu, cher comte, vivez heureux.

IX. A Dynamius de Marseille (1).

Dynamius, ami cher et vénéré, je vous attends. Mais, tout absent que vous soyez, vous m'êtes présent par le souci que vous me donnez. Je demande aux vents en quels lieux vous habitez. Vous vous dérobez à mes yeux, mais non pas à ma pensée. Vous aimez Marseille, siège de votre gouvernement, moi j'aime la Germanie (2). Si vous êtes séparé de moi et loin de moi, je vous rejoins par le cœur. Pourquoi ne pas rappeler à votre souvenir cette partie de vous-même oubliée jusqu'ici, ces membres que vous avez abandonnés? Si vous dormez, vos songes vous parlent de moi, car ceux qui s'aiment se voient même en songe. Si vous ne dormez pas, je déclare que votre faute est inexcusable, car la paresse n'est point une excuse. Deux ans entiers le soleil a essoufflé ses chevaux à fournir leur carrière dans le ciel, depuis qu'en vous éloignant, vous avez emporté ma lumière avec vous, et maintenant sans vous, je ne vois rien, même en plein jour. Que ne m'envoyiez-vous au

Plus juscella coci quam mea jura valent :
Nec tantum codex quantum se caccabus effert,
  Ut mea nec mihi sit participata rates.   20
Sed tamen auxilium solito porrexit amore,
  Qui domini pascens Vilicus auget oves.
Præstitit et gracili pavidus cum lintre cucurrit;
  Imbre, euro, fluvio sed madefactus ego.
Jactavi reliquos, sequerentur ut inde pedestres, 25
  Nam si nemo foris, nemo nec intus erat.
Mergere mox habuit cunctos, rapiente periclo :
  Naufragii testis nemo superstes erat.
Sic vicinus eram, postquam jactavimus omnes,
  Ictibus ut crebris lamberet unda pedes.   30
« Obsequium, dixi, remove, modo nolo lavari » ;
  Sed tamen instabat lympha rigare pedes.
Nauriacum veniens refero mea tristia regi :
  Risit, et ore pio jussit adesse ratem.
Quærunt, nec poterant aliquam reperire carinam, 35
  Donec cuncta cohors regia fluxit aquis.
Restitit hic solus præstans solacia Gogo :
  Quod tribuit cunctis non negat ille suis.
Dulcius alloquitur comitem qui Papulus extat,
  Ut quamcumque mihi redderet ipse ratem;   40
Omnia perlustrans vidit sub litore lintrem;
  Nec tamen hic poterat sarcina nostra capi

Nauriaco interea fecit me stare parumper.
  Ordinat et sumptus quos locus ipse dedit.
Quamvis parva ferat, satis est mihi sola voluntas : 45
  Est nec parva quidem, quam dat amator opem.
Addidit et cum esca mihi pocula gratus amicus,
  In quantum poterat rure parare merum.
Sic mihi jucundam direxti, Papule, proram;
  Felix vive, vale, dulcis amice, comes.   50

IX. Ad Dynamium de Massilia.

Expecto te, noster amor, venerande Dynami,
  Quamvis absentem quem mea cura videt.
Quæ loca te teneant venientia flabra requiro;
  Si fugias oculos, non fugis hinc animos.
Massiliæ tibi regna placent, Germania nobis :   5
  Vulsus ab aspectu, pectore junctus ades.
Quo sine te tua pars hucusque oblita remansit,
  Nec revocas animo membra relicta tuo?
Si sopor obrepsit, tibi me vel somnia narrent,
  Nam solet unanimes ipsa videre quies.   10
Si vigilas, fateor, veniam tibi culpa negabit;
  Nil unde excuses desidiosus habes.
Altera, signiferi revolutis mensibus anni,
  Solis anhelantes orbita lassat equos,
Cum mea discedens rapuisti lumina tecum,   15

moins par écrit quelques-unes de ces paroles qui chez vous coulent de source, afin que j'y réponde et que je cause avec vous? Cependant je vous prie plus instamment que jamais de revenir ici, et de rendre, ami, la lumière à mes yeux.

X. Au même.

O temps, vous portez envie à mon amitié impatiente, quand vous m'empêchez d'exprimer mes vœux sur le mètre lyrique, et de manier l'archer dont la douce Érato frappe les cordes stridentes de son luth d'ivoire. Voici la canicule aux exhalaisons fumeuses et brûlantes; les bouffées de chaleur s'élèvent du sol crevassé. Or, craignant le trouble des humeurs et les traits perçants de la fièvre, je me suis fait saigner aux bras. Maintenant ils sont enveloppés de bandes. La main, du côté où le bras saigne encore, est maintenue par un nœud; l'autre, la droite, sans me faire de mal, est rendue immobile par le relâchement de la veine. Cette grave affaire a empêché que l'extrême et solide affection que j'ai pour vous, ne me consume entièrement. J'ignore si cette raison m'aidera à me guérir, mais quant à présent elle m'est nuisible en ce qu'elle m'oblige à garder le silence. J'eusse été content qu'elle me permît de me servir de mes doigts pour écrire. A l'heure qu'il est le premier de mes soucis c'est vous; je ne viens qu'après. Je me distrais d'une étude par d'autres études; l'eau de ma muse a cessé son murmure; de ma chair coule de la sanie de peur qu'il ne coule des vers de ma bouche. Le feu poétique me fait défaut; les neufs Sœurs gèlent dans leur fontaine, car mon sang glace les eaux mêmes où se retrempe mon esprit. Si pourtant ma verve s'échauffant, je compose des poèmes destinés à être lus, vous savez combien l'art que requiert ce travail en augmente les difficultés. Le sang tiré qui ne se gerce pas au froid et ne ride pas à la chaleur, demande à reposer plus lentement, après quoi on le porte au retrait, de peur que corrompu par l'air, il ne tourne au vert, couleur si gaie pourtant, et n'infecte (1). Mais je fais passer mes affaires sérieuses après votre amitié. Les soucis que vous me donnez se peignent sur ma figure; mon dos est chargé des miens. Je mets en seconde ligne mes sueurs, car pendant qu'on prend du repos, l'amitié vient l'interrompre, sans tenir compte de la façon dont on a réglé son temps. Je tiens ma santé pour peu de chose quand il s'agit de la vôtre; mais en rendant hommage à vos désirs, je considère aussi les miens. Recevez donc ces quelques vers, Dynamius, esprit pénétrant et juge équitable (2), illustre par les honneurs qui vous décorent, et l'objet de toute ma sympathie. Quand j'arrivai d'Italie, le Rhin et le Danube m'avaient déjà vanté, avant que je m'en assurasse moi-même, votre grand air, la noblesse de votre maison, votre sagacité dans l'interprétation des lois, votre impartialité, les espérances que vous faisiez naître, vos mots piquants, votre amour de la paix et votre foi. J'en ressentis, je l'avoue, dans ces froides régions du nord (3), un désir brûlant de vous voir, et j'ai une envie de contempler vos traits, aussi violente que les étrangers de retourner dans leur patrie. J'y courrais plus vite que le fils de Télamon

```
    Et modo nil sine te cerno, patente die.
Vel mihi verba dares de fonte refusa loquaci,
    Ut faceret tecum pagina missa loqui.
Sed tamen ut tandem venias huc carius hortor.
    Et revoces oculis lumen, amice, meis.     20
```

X. Item ad Dynamium.

```
Tempora, præcipiti vos invidistis amori,
    Officium voti quæ vetuistis agi
Per lyricos modulos et fila loquacia plectris,
    Qua citharis Erato dulce relidit ebur.
Ecce vaporiferum sitiens canis exerit astrum,   5
    Et per hiulcatos fervor anhelat agros.
Hinc metuens saniem, ne quo jacularer ab igne,
    Sanguine laxato brachia nexa gero.
Labitur unde cruor, nodo manus inde tenetur,
    Et dextram innocuam vena soluta ligat :    10
Ut sine temperie validi sitis urat amoris,
    Causa meis votis obstitit ista gravis.
Nescio quam prosit ratio perfuncta medellæ
    Me tamen inde nocet quod reticere facit.
Scribere si digitis sinerer, satis illa fuisset :  15
    Nunc mihi prima tui cura, secunda mei.
Ex studio studiis retrahor, silet unda Camenæ :
    Carne fluit sanies, ne riget ore latex.
Musicus ignis abest, algent in fonte sorores,
    Nam sanguis lattes hinc gelat unde rigat.   20
Si qua calens animo recitanda poemata pangam,
    Scis ipse hoc studium quam gravet arte labor.
Nam cruor ablatus magis otia lenta requirit,
    Quo neque frigus hiat nec vapor ustus arat;
Secretumque petit, ne flabilis aura flagellet,    25
    Quo recreans animum stat viror, halat odor.
Ast ego posthabeo affecti mea seria vestro :
    Cura tui faciem, nam mea terga tenet.
Post sudorem habui, modo nam dare membra quieti
    Ordine postposito, tempora rumpit amor.    30
Duco parum propriam, tibi dum volo ferre salutem.
    Sed mea prospicio, cum tua vota colo.
Nunc cape parva, cate et pollens duilance Dynami,
    Clare decore tuo, care favore meo,
Partibus Italiæ advecto mihi Rhenus et Hister    35
    Quem cecinere prius quam daret ipse locus,
Insignem specie, celsum lare, lege sagacem,
    Omnibus æqualem, spe, sale, pace, fide.
Incidit unde mihi, fateor, te sorte videndi
    Arctoi gelida sub regione calor,            40
Plusque libens vultus efferveo totus in illos,
    Ad patriam reditus quam peregrina cohors;
```

(4) pour embrasser son père. J'en suis plus impatient que le laboureur n'est pressé d'ouvrir dans son champ des sillons symétriques, le nautonnier de fendre les flots avec son navire. Il suit de là, ô mon illustre patron, qu'une partie de moi-même, votre client, est avec vous, et que vous, moitié de mon âme, êtes ici avec moi. Mon cœur vous connaît avant que mes yeux ne vous voient, et si je ne vous touche pas de la main, je vous embrasse par la pensée. Ne pouvant vous entourer, vous enlacer de mes bras, je supplée par mon amitié à cette impuissance. Quoique absent et loin de vous, je n'en atteins pas moins l'objet de mes désirs. Où mes pieds ne vont pas mon cœur va tout entier. En dépit de la Saône et du Rhône qui s'opposent à notre réunion, l'amitié nous les fait passer à la nage, et ce qui arrête nos pas ne saurait arrêter notre pensée. J'ai lu aussi de vos vers qui m'ont été envoyés sous un nom d'emprunt; ils reflètent l'image de l'auteur comme un miroir. Les eaux de la fontaine des Muses portent votre nom dans les quatre parties du monde. (5); celles qui sortent de votre bouche le porteront jusqu'en des pays qui vous sont inconnus. Vous ne pouvez nous priver de vous, vous ne pouvez vous retirer nulle part, sans apprendre que vous y êtes déjà fixé par vos écrits (6). Vous avez même pénétré sur mon petit domaine, et vous en êtes rendu possesseur (7). Aimable ami, soyez toujours heureux, et adieu. En attendant que je converse avec vous, et souhaitant que ma bonne étoile me permette enfin de donner un libre cours à mon affection, portez-vous bien et longtemps. Saluez de ma part Théodore (8), le premier de tous par sa dignité épiscopale, Sapaudus, l'excellent Félix, l'honneur du monde, l'éminent Albinus, Hélias et l'illustre Jovinus. Tel est le chant sans apprêt que j'ai modulé sur mon humble lyre; mais au premier des chants, au chant archétype il faut les accords retentissants du barbitus (9).

```
Visibus atque tuis issem velocius, ac si
    Ad patris amplexus de Telamone satus.
Vix quoque tam cupidus vario sinuamine sulcat    45
    Rusticus arte solum, navita aplustre fretum.
Ex illo, celebrande, cliens stat pars mea tecum,
    Et venis huc animæ pars mediata meæ,
Antea corde mihi notus quam lumine visus,
    Quem mente adstringo, si neque tango manu;    50
Brachia qui nec dum circum tua colla cateno,
    Quod digiti nequeunt, alligat illud amor.
Longius inde absens ibi sed pertingo quod opto :
    Quo pede non venio, pectore totus eo.
Nos licet obstet Arar Rhodanusque, natamus amore, 55
    Nec vetat ire animum qui vetat ire gradum. —
Legi etiam missos alieno nomine versus,
    Quo quasi per speculum reddit imago virum.
Fonte Camenali quadrato spargeris orbi,
    Ad loca quæ nescis duceris oris aquis.    60
Hinc quoque non aliquo nobis abolende recedis,
    Quo fixus scriptis nosceris esse tuis.
Interiora mei penetrans possessor agelli,
    Felix perpetue, dulcis amice, vale.
Spectans oris opem, melioraque sideris optans,    65
    Currat ut affatus, stet tibi longa salus.
Sacris Theodoro primo lare, sede, Sapaudo
    Felici egregio, quem dedit orbis honor,
Albino eximio, Heliæ claroque Jovino
    Pro Fortunato redde salutis opus.    70
Hæc tibi nostra chelys modulatur simplice cantu :
    Sed tonet archetypo barbitus inde sopho.
```

NOTES SUR FORTUNAT, LIVRE VI.

1. — Voir la *Vie de Fortunat*, n° 44. Le mariage de Sigebert et de Brunehaut ayant eu lieu en 566, cette date doit être nécessairement celle où ce poëme fut composé. Sigebert était roi d'Austrasie depuis l'an 561, et séjournait à Metz. Il avait quarante ans, lorsqu'il fut assassiné en 575, à Vitry, sur la Scarpe, par des sicaires que Frédégonde avait soudoyés. Il laissa le royaume d'Austrasie à son fils Childebert âgé de cinq ans, sous la tutelle de sa mère.

2. — Selon M. Leo, cette apostrophe semble se rattacher à un distique qui venait après le vers 22, et qui a disparu. Il indiquait sans doute avec clarté à quelles personnes s'adresse le poëte, et peut-être aussi le conseil qu'il en avait reçu d'écrire cet épithalame.

3. — Le Nablis ou plutôt Nabis est une rivière qui prend sa source non loin de la source du Mein, et se jette dans le Danube, près de Ratisbonne. Son nom allemand est *Naab*. Les contrées qu'elle arrose confinaient alors aux anciens pays des Saxons. Le poëte indique ici les victoires remportées sur les Saxons par Clotaire, père de Sigebert, et rappelées par Grégoire de Tours, *Hist. Franc.*, IV, 10 et 14. Le même Clotaire conjointement avec son frère Théodoric porta la guerre en Thuringe, la ravagea et la soumit à son autorité.

4. — Le texte est ici corrompu, comme il est aisé de le voir, mais le sens est facile à saisir. Théodebert était fils du roi Théodoric, frère de Clotaire. Il avait suivi son père à la guerre contre les Thuringiens (Grégoire de Tours, *Hist. Franc.*, III, ch. 7), et régna après lui en Austrasie, où il eut Sigebert pour successeur. Grégoire de Tours, *ibid.*, III, 25, loue fort en effet la piété de ce prince.

5. — Le nombre et l'obscurité des variantes sur ce passage indiquent que le texte en est corrompu ; je crois néanmoins en donner le sens exact.

6. — Ce personnage que le poëte appelle roi, ainsi que Perse appelle *rex* un homme riche et puissant, est Gogon. Il était maire du palais d'Austrasie, et il fut le chef de l'ambassade envoyée en Espagne par Sigebert pour demander à Athanagilde la main de Brunehaut. Plus tard Sigebert, à l'instigation de cette même Brunehaut, le fit mourir. Voy. Grégoire de Tours, *Epitom.*, 59, et Aimoin, *Hist. Franc.*, III, p. 4.

7. — Les rois d'Austrasie avaient étendu leur empire jusqu'en Germanie (Voy. la *Vie de Fortunat*, n° 43), et ils pouvaient aussi s'en dire les rois.

I*.

1. — Il n'existe, que je sache, dans les anciens historiens, aucun indice de cette victoire de Sigebert sur les Saxons et les Thuringiens ; il s'agit donc ici de la victoire même remportée sur ces peuples par Clotaire I*, père de Sigebert, que Grégoire de Tours, *Hist. Franc.*, IV, 10, rapporte à l'année 555. Il est vraisemblable que Sigebert y assista et s'y comporta bien. Quant à la réduction des Saxons sous l'obéissance de ce prince, on peut l'inférer de ce fait qu'un gros de ces peuples, à leur retour d'Italie, se rendirent près de Sigebert par qui ils furent rétablis dans leur pays. Voy. Grégoire de Tours, *Hist. Franc.*, IV, 43.

2. — *Ordine sacro*. Il semble qu'il y ait là une allusion à l'arianisme qui s'était introduit parmi les peuples de Sigebert, et que ce prince avait combattu. La plus considérable de ces conquêtes à cet égard est celle de Brunehaut qu'il avait épousée arienne. Voir le vers qui suit.

3. — Sur la conversion de Brunehaut, voyez un passage de Grégoire de Tours. *Hist. Franc.*, IV, 27.

II.

1. — Charibert était fils de Clotaire I*, et frère germain de Sigebert. Grégoire de Tours parle souvent de lui, mais sur un autre ton que Fortunat. Voy. *Hist. Franc.*, IV, 26. Il n'est guère de vices qu'il ne lui reproche. Il ne laisse pas toutefois que de raconter un beau trait de son désintéressement. Au début de son règne, le prince fit brûler les registres de nouveaux impôts mis sur le peuple, et envoya l'argent qui avait été déjà versé à la basilique de Saint-Martin, à Tours, avec promesse que le peuple de cette ville ne payerait désormais aucun aide ou contribution publique (*Ibid.* IX, 30).

2. — Il ne nous reste aucun monument de ces lois, comme il nous en reste de celles de son père et de son oncle Clotaire I* et Charibert I*. Voy. les *Capitularia regum francorum*, dans Alfr. Boretius, t. I*, ch. 2 et 3, p. 2 et 3, éd. de Hanovre, 1883, in-4°.

3. — Childebert I*, fils de Clovis et frère de Clotaire I*. Dans le partage des royaumes fait entre les fils de Clovis celui de Paris était échu à Childebert. Chilpéric s'en empara et ne le garda pas longtemps. Ses frères l'en chassèrent, après quoi ils firent un nouveau partage, et le sort donna le royaume et la ville de Paris à Charibert, lequel devint ainsi par le fait le successeur de Childebert, son oncle.

4. — La piété du roi Childebert et sa munificence envers les églises sont hautement louées par Grégoire de Tours. Il a déjà été parlé de ce fait, dans les notes de la pièce XIV du livre II.

5. — La veuve de Childebert s'appelait Ultrogothe, et ses filles Chroteberge et Chrotesinde. Clotaire s'étant emparé du royaume de leur père, après la mort de celui-ci, les avait exilées. Mais Charibert les prit sous sa tutelle, et pour mieux montrer à quels sentiments il cédait en faisant cette bonne action, il adopta le nom même de Childebert.

6. — Charibert que Clotaire avait eu d'Ingonde, était né le troisième des enfants de ce prince, selon le compte de Grégoire de Tours, *Hist. Franc.*, IV, 3 ; mais il est dit ici le premier de ses frères, parce que Gunthichram et Chilpéric, nés avant lui, étaient morts du vivant de Clotaire.

7. — Cette piété dont Fortunat le loue n'était pas incompatible, à ce qu'il semble, avec une haine déclarée contre le clergé. Le prêtre Nuncupatus ayant été envoyé auprès de lui par Leonce, évêque de Bordeaux, pour lui annoncer la déposition d'Emerius, évêque de Saintes, il fut saisi par ses ordres, jeté sur un chariot chargé d'épines et en cet état envoyé en exil (Grégoire

de Tours, *Hist. Franc.*, IV, 26). Grégoire dit encore de Charibert, au livre I, 20 des *Miracles de saint Martin* : *Charibertus rex, cum exosis clericis ecclesias Dei negligeret, despectisque sacerdotibus, magis in vitia declinasset*, etc. Il faut donc que Fortunat ait écrit cette pièce ou avant que Charibert eût donné la mesure de ses vices, ou lorsque lui-même, à peine arrivé en Gaule, ne connaissait pas encore la vie de ce prince.

8. — Il fait de *viœ*, un iambe. Mais peut-être est-ce un mot corrompu. L'édition de Venise porte *viæ* qui est très admissible.

9. — Les Sicambres étaient des peuples de la Germanie, d'où était sorti Clovis, fils de Childéric et père de Clotaire. On connaît les paroles que lui adressa saint Remi en le baptisant. Voy. Grég. de Tours, *Hist. Franc.*, II, 31.

10. — Tous les manuscrits portent *dei*. M. Fr. Leo croit raisonnablement qu'il faudrait peut-être lire *ducis*. Mais pourquoi Fortunat, après avoir donné à ce héros toutes les vertus d'un saint, n'aurait-il pas été entraîné par la vivacité de son enthousiasme à l'appeler dieu? Le rapport de *dei* à *famulis* n'a d'ailleurs rien que de très naturel : « les serviteurs de Dieu. »

III.

1. — Cette Théodéchilde est la même dont on a vu l'épitaphe l. IV, 25. Voir là même la note qui la concerne.

2. — Théodebert.

3. — Théodoric.

4. — Fortunat semble ici indiquer la cause pour laquelle Théodéchilde quitta Radiger, fils du roi Hermégisèle, qu'elle avait épousé. Cette cause, Procope la rapporte au livre IV, ch. 20 de la *Guerre gothique*. Hermégisèle, roi des Varnes, peuple d'au delà du Rhin, avait épousé cette Théodéchilde, fille de Théodoric, afin de s'assurer par cette alliance l'appui du roi des Francs. N'en ayant pas eu de fils, il donna ordre, en mourant, au fils qu'il avait eu d'une autre femme, et qui se nommait Radiger, d'épouser sa veuve. Seulement, comme ce fils était fiancé à une jeune fille, sœur du roi des Angles, Hermégisèle lui dit d'envoyer un message à cette princesse pour l'informer d'une résolution approuvée par les grands du royaume. Mais la jeune fille souffrit mal cette injure. Elle assembla une flotte de quatre cents vaisseaux, portant une armée de cent mille hommes, s'en déclara le chef, attaqua les Varnes, les vainquit et fit prisonnier Radiger. Elle ne lui fit aucun mal, mais elle lui reprocha avec amertume son manque de parole et sa perfidie. Radiger s'excusa, alléguant qu'il y avait été contraint par la nécessité, que d'ailleurs il était prêt à répudier Théodéchilde, et à réparer son offense envers celle qui l'avait vaincu, en l'épousant selon sa promesse. Après cette déclaration il fut reçu en grâce par la jeune Angle. Telle fut la cause qui porta naturellement Théodéchilde à quitter son séjour, et à revenir en Gaule chez les siens. Lucchi ne doute pas que Fortunat ne fasse ici allusion à cette aventure et cela paraît assez vraisemblable.

5. — La suite explique ce que le poète entend par là.

IV.

1. — Cette Berthichilde, née, comme on le voit ici, d'une famille illustre, était sans doute une de ces religieuses du monastère de Sainte-Croix, dont Grégoire de Tours, *De gloria confess.*, 106, a dit : *quæ secundum sæculi dignitatem, non modo de senatoribus, verum etiam non nullæ de ipsa regali stirpe, hac religionis forma florebant*.

V.

1. — Gélésuinthe, que d'autres nomment aussi Galsuinthe, Galasuinthe et Galesonte, était fille d'Athanagilde, roi des Goths, en Espagne, et sœur aînée de Brunchilde, femme de Sigebert. Chilpéric la fit demander à son père en mariage et l'obtint. Arrivée chez ce prince, la jeune fille fut reçue par lui avec les plus grands honneurs et incontinent épousée. La discorde ne tarda pas à se mettre dans le ménage royal. Chilpéric, malgré la promesse solennelle qu'il avait donnée de renvoyer Frédégonde, continuait à vivre et à donner le scandale de ses impudiques amours avec elle. Gélésuinthe demanda alors la permission de retourner en Espagne consentant à laisser au roi les trésors qu'elle en avait apportés. Chilpéric feignit de vouloir, par de douces paroles, la détourner de ce projet, mais bientôt il la fit étrangler dans son lit, à l'instigation de Frédégonde, qu'il épousa peu de jours après. Voy. Grég. de Tours, *Hist. Franc.*, IV, 28, et Aimoin, *Hist. Fr.* ch. 57.

2. — La ville royale des Goths d'Espagne était Tolède, et les deux *tours* qu'elle avait envoyées en Gaule étaient Brunehaut, femme de Sigebert, puis Gélésuinthe, sa sœur, celle-ci la tour renversée, celle-là la tour debout.

3. — La Gaule est dite au nord relativement à l'Espagne.

4. — Goïsuinthe, ou, comme d'autres écrivent, Gunthosuenthe, fut d'abord femme d'Athanagilde. Elle était la mère de Brunehaut et de Gélésuinthe. Après la mort de son mari, elle épousa Leuvichilde, successeur de celui-ci. C'était une arienne fanatique, et elle fit naître plus d'une fois des troubles en Espagne par sa haine contre les catholiques. Voy. Grégoire de Tours, *Hist. Franc.*, IV, 38; V, 39; IX, 1.

5. — Les rois d'Austrasie, on l'a déjà dit, étendaient leur empire jusqu'en Germanie, et l'Austrasie même en prenait quelquefois le nom.

6. — Les Gélons, peuple de la Scythie, célèbres dans l'antiquité par leurs mœurs féroces. Virgile et Horace entre autres en parlent en maints endroits de leurs écrits.

7. — C'étaient les habitants qu'Ataulphe, roi des Goths, avait trouvés en Espagne, le siècle précédent, lorsqu'il y fonda son nouveau royaume. Voy. Muratori, *Annal. Ital.*, à l'an 414.

8. — Le *Serracum* ou *Sarracum* était une espèce particulière de charrette, ou de chariot, d'origine étrangère, mais adopté en Italie (Sisenna *ap. Non.* au mot *Carra*), où les paysans l'employaient ordinairement pour se transporter quelque part eux et leurs familles, et pour conduire leurs denrées au marché. Voy. Cicéron, *Fragm. in Pison. apud* Quintilien, VIII, 3, 21.

9. — Cette réclusion des filles des rois goths était sans doute un usage consacré, et n'était point personnelle à Gélésuinthe.

10. — Je ne comprends pas pourquoi l'Espagne était un pays si tôt fermé pour Goïsuinthe.

11. — Si elle y prit garde, elle n'en fut pas moins étranglée ou étouffée par le lâche Chilpéric, poussé à cet assassinat par l'odieuse et jalouse Frédégonde.

12. — Ici Gélésuinthe a quitté le char où elle était avec sa mère, pour monter en pilentum. Le *pilens* ou *pilentum* était une voiture de cérémonie dont se servaient les dames romaines, au lieu du *carpentum*, leur équipage ordinaire. Voy. Virgile, *Æn.* VIII, v. 666, et Rich, *Dict. des Antiquit. romaines*, au mot *Pilentum*.

13. — Cette tour en argent était une espèce d'édicule posée sans doute sur le plancher du pilentum. Il y avait de ces édicules de formes diverses. Une médaille de l'impératrice Faustine en représente un qui a la forme d'un petit temple. Voy. Rich, *ib., ib.*

14. — *Alno* pour *navi*, parce que cette espèce de bac était faite de bois d'aulne.

15. — Elle était arienne comme son père et sa mère.

16. — C'est ainsi que le poète glisse sur l'abominable assassinat de Gélésuinthe. Il se borne à la pleurer et à s'attendrir sur le sort de la victime, mais il n'ose ni nommer ses assassins, ni témoigner l'horreur qu'ils lui inspirent. Il se fût perdu, en effet, s'il eût été plus explicite, et la vengeance de Chilpéric et de Frédégonde ne se fût guère fait attendre. La même réserve du poète et la même obscurité prudente se trouvent plus bas dans les regrets de la nourrice.

17. — Grégoire de Tours ajoute quelques détails à ce miracle, *Hist. Franc.*, IV, 28.

18. — On voit que Brunehaut avait écrit la première à sa sœur, et lui avait indiqué le chemin qu'elle devait suivre pour venir à Metz. Lucchi conjecture que c'était pour conférer avec elle sur le retour en Espagne déjà projeté par Gélésuinthe. C'est une erreur. Le chemin que n'a pas pris Gélésuinthe pour venir trouver sa sœur, est le chemin de la mort.

19. — Voyez sur ce mot *equus* ma Dissertation n° 7.

20. — Allusion à la volonté expresse du roi Athanagilde.

21. — *Alimenta* était le mot employé pour exprimer le salaire ou la pension que faisait à la nourrice son nourrisson ou les parents de celui-ci. Il est rendu dans Valerius Flaccus, *Argon.* VI, v. 570, par *nutrimenta*, et dans Ulpien, *Digest.* I, 13, 1, § 14, par *nutricia*. En grec τροφεῖα ou θρέπτρα.

22. — Il faudrait peut-être lire *avæ* pour *aviæ;* mais il est évident que Fortunat a fait un adjectif *d'avus*, pour le faire accorder ici avec *gremiis.*

23. — Je ne vois que ce sens possible pour ce vers obscur.

24. — Ces deux vers manquent de clarté. Je crois pourtant qu'il est fait mention par *nata* de Brunehaut, par *genero* de Sigebert, par *nepte* d'Indegonde, leur fille, mariée à Herménégilde, fils de Goïsuinthe et d'Athanagilde son premier mari, par *nepote* de Childebert, fils de Sigebert et successeur de ce prince sur le trône d'Austrasie. Quant à ce mari, *viro*, il m'est impossible de deviner quel il est, à moins qu'il ne s'agisse d'Herménégilde, mari d'Indegonde.

VI.

1. — Voyez la pièce II de ce livre, note 5.

2. — Childebert, mari d'Ultrogoth. Voy. *ib.*

3. — Chroteberge et Chrotosinde. Voy. *ib.*

VII.

1. — C'est le même à qui est adressée la pièce XIX du livre V. Brower pense que cette villa tirait peut-être son nom du chant des oiseaux qu'on y entendait particulièrement. C'est une conjecture un peu enfantine. Ne tirait-elle pas plutôt son nom de sa situation que des concerts qu'y donnaient les hôtes ailés de ses bois? *Cantus* peut fort bien être une faute d'orthographe ou une de ces mauvaises leçons dont fourmille notre poète,

et il faut peut-être lire *canthus*, du grec κάνθος, coin ou angle, correspondant exactement à ce coin de terre, *ille terrarum angulus*, sur les bords du Galèse, et qui *riait* tant à Horace (*Od.* II, 6, v. 13 et 14). Il est vrai que *canthus* est donné par Quintilien (I, 5, 88) comme un mot d'origine africaine ou espagnole qui veut dire *ferrum quo rotæ vinciuntur*, un cercle de fer qui est autour des roues. Le lecteur décidera. *Blandus* n'offre pas de difficulté.

VIII.

1. — Ce voyage ainsi que ceux qui font le sujet de la pièce IX du livre X, et des pièces XXV et XXVI du livre XI, avaient été entrepris pour remplir diverses commissions dont Fortunat avait été chargé par Radegonde.

2. — Lucchi conjecture que le poète fait ici allusion à Ulysse, qui, ayant débarqué dans une île consacrée à Apollon, où ses compagnons, malgré sa défense, avaient sacrifié les génisses du Soleil, fut à son départ assailli par une violente tempête, et faillit périr. Voy. Homère, *Odys.* XII.

3. — Le cuisinier travaillant pour le roi, le code n'avait rien à voir dans ce qui était du service du roi. C'est de protecteurs qu'il était besoin ici, et non pas de légistes.

4. — Villicus était évêque de Metz, du temps de Sigebert. Il reçut bien Fortunat à son arrivée à la cour du roi d'Austrasie. C'est pour lui en témoigner sa reconnaissance que le poète lui adressa la pièce XIII du livre III.

5. — Toutes les variantes de ce nom qu'on a produites, n'apportent aucune lumière sur le vrai nom, et sur la position géographique de cette localité.

6. — Gogon et Papulus, tous deux comtes. Sur Gogon, voyez la note 6 de la pièce I de ce livre, et la note 1 de la pièce I du livre VII.

IX.

1. — Dynamius, gouverneur de la Provence pour le roi Childebert. Voy. ce qu'en dit Grégoire de Tours, *Hist. Franc.*, VI, c. 11, ainsi que la note 8 de la pièce qui suit.

2. — Il résulte de ces paroles ou que Fortunat passa quelque temps en Germanie, ou qu'il ne désigne sous ce nom que le royaume même de Sigebert, qui s'étendait jusqu'en ce pays : ce que ses habitudes de flatterie rendent très probable.

X.

1. — Fortunat oblige très souvent de confesser qu'on ne l'entend pas, ou qu'on ne l'entend guère. C'est ici le cas. Je ne sais ce que dirait un chirurgien ou un chimiste de ces modifications du sang, après qu'il a été tiré de la veine; ce que j'y vois de plus clair, c'est ce qu'on fait de ce sang après tout cela.

2. — *Pollens duilance*. Les variantes sont ici aussi nombreuses que bizarres tant dans les manuscrits que dans les imprimés. On y lit *clue lance; pollens clave, lance; pollens in lance*, etc. La correction adoptée ici est de M. Fréd. Leo qui a tirée de la version *due lance* ou *duilance*, *duilanx* étant le même que *bilanx*, attribut qui convient bien à un juge.

3. — Ce passage indique que cette pièce fut écrite avant la précédente, car dans celle-ci Fortunat parle à Dynamius comme s'il le connaissait déjà, et dans celle-là il témoigne le désir de le connaître. Il y dit en effet

qu'il ne le connaissait même pas de visage (v. 49). Il est donc à croire, observe Lucchi, que cette pièce x fut écrite quand le poète était encore en Germanie, ou n'avait pas encore pénétré bien avant dans la Gaule. C'est ce qui ressort des vers 39 et 40.

4. — L'Ajax qui disputa les armes d'Achille à Ulysse.

5. — Brower remarque que par *quadrato* Fortunat entend les quatre régions du monde alors les plus connues, *plagas notissimas*, mais il ne nous dit pas quelles étaient ces régions. C'est qu'il ne le savait pas sans doute non plus que Fortunat, et c'est pourquoi je pense que le poète a voulu dire par ces mots tout simplement le monde carré, l'opinion commune étant alors que la terre était carrée et non pas ronde. *Forma quadrata mundi*, dit saint Jérôme, *comm. in Marc.* c. 9. Je ne disconviens pas cependant qu'on ait pu croire au temps de Fortunat à la division de la terre en quatre parties, mais je ne suis pas convaincu que les exemples où *quadratus orbis* reçoit cette interprétation soient bien décisifs. Ils sont dans Du Cange, v. *Quadratus*. Il y avait un autre mot pour exprimer cette division, c'est *quadrificus*. On lit dans Papias : *Quadrificus, in quatuor partes divisus*. Du Cange cite une charte de 873 où on lit : *Omnibus Christum per orbem quadrificum adorantibus*, etc. Et dans le *Rational* de Durand, lib. VI, c. 72 : *Dominus quadrificum orbem... mortuum vivificavit.*

6. — Ruinart, dans ses notes sur le ch. 7 de l'*Hist. Franc.*, de Grégoire de Tours, rapporte que Dynamius écrivit la vie de saint Marius, et celle de saint Maxime, évêque de Riez. On a vu plus haut que de plus il était poète.

7. — Je crois que Fortunat veut dire ici que Dynamius avait quitté la prose pour pénétrer dans le domaine de la poésie qui était celui de notre poète, et qu'il l'y avait supplanté.

8. — Les personnages ici nommés vivaient alors en bonne intelligence, mais ils se brouillèrent depuis, et donnèrent le scandale de leurs inimitiés. Théodore fut chassé de son siège épiscopal de Marseille par Dynamius. Albinus est celui que le même Dynamius nomma, sans consulter le roi, évêque d'Uzès; il n'occupa son siège que trois mois et mourut au moment où il allait en être chassé. Jovinus, nommé par le roi au même siège, eut le déplaisir de voir le diacre Marcellus s'en emparer, à la faveur des intrigues de Dynamius. Ce Marcellus était fils du sénateur Félix, dont il est parlé au vers 68. Quant à Sapaudus, personnage que l'extrême corruption du texte en cet endroit permettait en quelque sorte à M. F. Léo de créer, il pourrait être Sabaudus nommé aussi Sapaudus, qui fut évêque d'Arles, et dont parle Grégoire de Tours, *Hist. Franc.*, IV, 30 ; VIII, 39. Voy. le même historien, *ibid.* VI, 7.

9. — Le barbitus était un instrument à cordes du genre des lyres. Il était plus grand que la lyre proprement dite, et avait des cordes plus fortes; par conséquent il donnait des notes plus hautes et plus pleines que les lyres ordinaires.

LIVRE SEPTIÈME.

1. A Gogon (1).

Pendant qu'Orphée faisait vibrer d'une main les cordes de sa lyre, et que, les frappant de l'autre avec le plectre (2), il en tirait des sons harmonieux, il charmait les forêts par la douceur de ses accords, et attirait à soi les bêtes captivées par la mélodie de son instrument. Les daims, quittant leurs gîtes, accouraient de toutes parts; le tigre lui-même, dépouillant sa férocité, venait à son tour. Philomèle ravie, laissait à l'abandon ses petits, et quoiqu'elle eût forcé son vol et fait une longue traite, arrivée là où elle voulait arriver, elle ne sentait plus la fatigue. Ainsi, Gogon, le voyageur étranger, séduit par votre douceur enchanteresse, vient dans ces régions lointaines où votre langage, comme la lyre d'Orphée, attire les gens, et où ils rivalisent à qui viendra le plus vite. L'exilé, las du chemin, arrivé près de vous, est réconforté avant d'avoir eu le temps de se plaindre. Vous chassez le chagrin du cœur des affligés, et vous y semez la joie; et pour que cette semence ne se dessèche pas, vous la rafraîchissez des eaux de votre éloquence. Vous pétrissez de vos discours et servez à qui vous écoute des gâteaux d'un miel nouveau dont le nectar l'emporte sur celui de l'abeille (3). Une source abondante de grâce coule de vos lèvres, et du fond de cette source sort une voix qui est le régal des oreilles. Une prudence extrême jointe à une raison toujours en éveil, mais qui recèle un foyer d'enjouement, domine tout cela. Votre esprit lance des éclairs; des traits de feu jaillissent de votre cœur, et une lumière pareille à celle du jour illumine votre intérieur. Le soleil et les nuages règnent tour à tour dans le ciel, mais le jour qui luit en votre cœur est constamment serein. Le fond de votre âme qu'on voit à découvert est le temple de la piété; vous êtes une maison construite de matériaux sacrés. Toute votre personne a des beautés et des grâces qui vous sont particulières, et votre visage est le reflet de votre âme. Tous les éloges possibles sont compris dans celui-ci : il ne se peut rien voir de plus beau que vous. La volonté du roi Sigebert vous a fait grand; nul ne peut tromper le jugement de ce prince. Sage, il a choisi un sage, ami un ami; il imite l'abeille qui fait un choix parmi les fleurs. C'est de son mérite que vous avez appris à être tel que vous êtes. Serviteur plein de bonté, vous rappelez le caractère de

LIBER SEPTIMUS.

J. Ad Gogonem.

Orpheus orditas moveret dum pollice chordas,
 Verbaque percusso pectine fila darent,
Mox resonante lyra tetigit dulcedine silvas,
 Ad citharæ cantus traxit amore feras.
Undique miserunt vacuata cubilia dammas, 5
 Deposita rabie tigris et ipsa venit.
Sollicitante melo, nimio filomela volatu,
 Pignora contemnens fessa cucurrit avis :
Sed quamvis longo spatio lassaverat alas,
 Ad votum veniens se recreavit avis. 10
Sic stimulante tua captus dulcedine, Gogo,
 Longa peregrinus regna viator adit.
Undique festini veniant ut promptius omnes,
 Sic tua lingua trahit sicut et illa lyra.
Ipse fatigatus huc postquam venerit exul, 15
 Antea quo doluit, te medicante, caret.
Eruis adflictis gemitus et gaudia plantas;
 Ne tamen arescant, oris ab imbre fovea.
Ædificas sermone favos, nova mella ministrans,
 Dulcis et eloquii nectare vincis apes. 20
Ubere fonte rigat labiorum gratia pollens,
 Cujus ab arcano vox epulanda fluit.
Pervigili sensu dives prudentia regnat,
 Fomite condito cui salis unda natat;
Qui fulgore animi radios a pectore vibras, 25
 Et micat interior lux imitata diem.
Sed vicibus mundum modo sol, modo nubila complent :
 At tua semper habent corda serena diem.
Visceribus promptis templum pietatis haberis,
 Muneribusque sacris es fabricata domus. 30
Forma venusta tibi proprio splendore coruscat,
 Ut mentis habitum vultus et ipse probet.
Omne genus laudum specie concludis in una,
 Nec plus est aliquid quam tua forma gerit.
Principis arbitrio Sigiberctini magnus haberis : 35
 Judicium regis fallere nemo potest.
Elegit sapiens sapientem et amator amantem,
 Ac veluti flores docta sequestrat apes.
Illius ex merito didicisti talis haberi,
 Et domini mores, serve benigne, refers. 40

votre maître. Il n'y a pas longtemps qu'à travers mille dangers d'un voyage par terre, vous avez ramené à cet excellent prince l'objet de ses désirs les plus vifs (4). Vous l'aimez d'autant plus que vous lui avez procuré le plus précieux des biens. Ce que vous avez obtenu par la parole, nul ne l'eût obtenu par les armes. Si je n'en dis pas davantage, c'est que mon silence même vous loue. Vous connaissez mon cœur; ne regardez donc pas à la manière dont je m'exprime. La vérité parle par ma bouche; on ne saurait me taxer de mensonge. J'en atteste le peuple; son témoignage me justifiera. Que la gloire grandisse pour vous d'année en année, et vivez longtemps pour avoir longtemps ses faveurs.

II. Au même qui l'invitait à souper.

Du nectar, des vins, des mets, des habits, de la science, de la fortune! Vous m'êtes assez, Gogon, sans tout cela. Vous m'êtes à la fois l'abondant Cicéron et Apicius mon compatriote (1); vous me rassasiez de beau langage et me nourrissez de bons morceaux. Mais je demande grâce; j'ai le ventre bourré de viande de bœuf; je me recueille. Le mélange avec d'autres viandes me donnerait la colique. Où le bœuf est couché, il n'y a place, selon moi, ni pour l'oie ni pour le poulet; ils prendront la fuite. Dans la lutte entre cornes et plumes la partie ne serait pas égale. Cependant, appesantis par le sommeil, mes yeux se ferment; la faiblesse de ces vers prouve même que je dors déjà.

III. Au même.

Malgré les plaintes que contient votre dernière lettre, je suis innocent d'une faute qui est la vôtre. Mon avis est que votre présence a fait le plus de mal. Je suis accusé d'un tort qui est de votre fait. Cependant la douceur de nos rapports ne sera point troublée. Les fruits de l'amitié subsistent dans le cœur qui sait les cultiver (1).

IV. Au même.

Nuages qui venez à moi chassés par le rapide Aquilon, nuages que le soleil suspendu sur son axe fait rouler dans l'espace, dites-moi comment se porte mon cher Gogon, de quelles agréables affaires il occupe son brillant esprit, s'il est arrêté sur les bords du Rhin au cours capricieux, pour y pêcher au filet le gras saumon, s'il se promène sur la Moselle aux riches vignobles, où la chaleur du milieu du jour est tempérée à la fois par la brise, par le fleuve et par les pampres, où l'ombre de la vigne est froide, et fraîche l'eau du fleuve? Est-il retenu vers la Meuse aux doux murmures, que hantent la grue, l'oie sauvage, l'oie domestique et le cygne, et où fleurit le triple commerce du poisson, des oiseaux de basse-cour et des bateaux? Où est-il vers l'Aisne qui ronge ses rives herbeuses et qui fertilise les prairies, les pâturages et les moissons? Est-ce l'Oise qui le possède, la Sarre (2), le Cheir (3), l'Escaut, la Sambre, la Somme ou la Saur (4)? Est-ce la rivière qui tire son nom du sel et qui coule vers Metz (4)? Bat-il les bois où il a établi ses quartiers d'été, pour y frapper de l'épieu les bêtes fauves ou les prendre dans ses toiles? Les Ardennes ou les Vosges entendent-elles le sifflement des flèches meurtrières

Nuper ab Hispanis per multa pericula terris
 Egregio regi gaudia summa vehis.
Diligis hunc tantum quantum meliora parasti :
 Nemo armis potuit quod tua lingua dedit.
Hæc bona si taceam, te nostra silentia laudant, 45
 Nec voces spectes qui mea corda tenes.
Vera favendo cano, neque me fallacia damnat,
 Teste loquor populo : crimine liber ero.
Hæc tibi longinquos laus ardua surgat in annos,
 Hæc te vita diu servet et illa colat. 50

II. Ad eundem cum me rogaret ad cenam.

Nectar, vina, cibus, vestis, doctrina, facultas,
 Muneribus largis tu mihi, Gogo, sat es :
Tu refluus Cicero, tu noster Apicius extas :
 Hinc satias verbis, pascis et inde cibis.
Sed modo da veniam : bubla turgente quiesco, 5
 Nam fit lis uteri, si caro mixta fremat.
Illic, ubi bos recubat, fugiet, puto, pullus et anser :
 Cornibus et pinnis non furor æquus erit.
Et modo jam somno languentia lumina claudo :
 Nam dormire meum carmina lenta probant. 10

III. Item ad eundem.

Quas mihi porrexit modo pagina missa querellas,
 Innumeræ culpæ me loquor esse tuæ,
Nam causam, remus, tua plus præsentia læsit :
 Quo vos peccastis crimine culpor ego.
Non tamen ex teli titulo dulcedo peribit : 5
 Fructus amicitiæ corde colente manet.

IV. Item ad eundem.

Nubila, quæ rapido perflante Aquilone venitis,
 Pendula sidereo quæ movet axe rota,
Dicite qua vegitet carus mihi Gogo salute,
 Quid placidis rebus mente serenus agit :
Si prope fluctivagi remoratur litora Rheni, 5
 Ut salmonis adeps rete trahatur aquis;
An super uviferi Mosellæ obambulat amnem,
 Quo levis ardentem temperet aura diem,
Pampinus et fluvius medios ubi mitigat æstus,
 Vitibus umbra rigens, fluctibus unda recens; 10
Aut Mosa dulcesonans, quo grus, ganta, anser olor que est,
 Triplice merce ferax (alite, pisce, rate),
An tenet herbosis qua frangitur Axona ripis,
 Cujus aluntur aquis pascua, prata, seges?
Esera? Sara? Cares? Scaldis? Sata? Somena? Sura? 15
 Seu qui Mettis adit de sale nomen habens?
Aut æstiva magis nemorum saltusque pererrans
 Cuspide, rete feras hinc ligat, inde necat?

dont il perce le chevreuil, le cerf, l'élech (6) et l'aurochs? Ou bien frappe-t-il entre les cornes le buffle robuste, ou s'il tue l'ours, l'onagre et le sanglier? Cultive-t-il ses domaines? laboure-t-il ses terres en friche et brûlées par le soleil, où le jeune taureau s'épuise à tirer la charrue? A-t-il le bonheur de résider maintenant à la cour où les jeunes gens de l'école palatine le suivent et l'acclament avec transport (7)? Travaille-t-il avec le doux Lupus (8) à reviser les lois sur la charité (9) et composent-ils d'un commun accord un excellent miel, attentifs à nourrir les pauvres, à consoler les veuves, à pourvoir de tuteurs les orphelins, et à secourir ceux qui sont dans la détresse? Mais quoi qu'ils fassent, puisse le succès couronner leurs efforts, et puissent-ils être aimés du Christ? Vents qui allez et qui revenez, portez-leur, je vous prie, des nouvelles de leur Fortunat.

V. Du duc Bodégisile (1).

Mon esprit stérile laissât-il échapper des torrents de paroles, ce ne serait pas assez, duc Bodégisile, pour parler de vous. Mais vous l'avez rempli tout à coup de votre grâce, et dès lors je veux être plus à vous qu'à moi-même. A peine eus-je été digne de connaître votre aimable personne que je me sentis fortifié par l'onction de vos discours. La douceur de vos entretiens combla de félicité ce cœur qui vous aime, et je me nourris de vos paroles. Les mets que les autres distribuent réparent les forces du corps; les vôtres sont la réfection de l'esprit. Le falerne n'est pas plus saturé du miel le plus doux que mon cœur n'est pénétré de la saveur de votre langage. Quels attraits n'avez-vous pas pour ceux que vous paraissez avoir toujours aimés, puisque dans l'espace d'une heure vous m'avez fait tout à vous?. Je voudrais dévoiler tous vos mérites, si j'en avais le pouvoir, mais mon chétif esprit ne me permet pas d'aborder les grands sujets. Je chancelle sous le poids des louanges à vous départir, et qui défient mon insuffisance et ma faiblesse. Mais j'hésiterai moins en me réglant sur vos actes. Gouverneur de Marseille, vous avez réalisé les plus heureuses promesses, et l'on n'entend dans toutes les bouches que l'éloge de votre gouvernement. Ici, en Germanie, on vous applaudit pour les mêmes motifs; mais ici et là, c'est à qui vous louera davantage. Votre bonté est un sujet de dispute entre les deux pays; l'un veut vous attirer à soi, l'autre veut vous retenir (2). Le pauvre, quand vous rendez la justice, est toujours sûr de l'obtenir, et le riche avec son argent ne vous ferait pas prendre le faux pour le vrai. La peine ne lie pas l'innocent et ne délie pas le coupable; nul ne gagne sa cause si cette cause s'y refuse (3). Vous avez les lumières du cœur; une lampe radieuse éclaire votre esprit; votre tête, est ceinte de l'auréole éternelle. De votre ardent génie s'échappe une fontaine murmurante et salubre, des trésors de piété coulent de votre bouche. Si vous voyez quelqu'un épuisé par le travail, vos paroles le raniment, comme les eaux du Nil rafraîchissent le sol de l'Égypte. Connaissant à fond les lois de la patrie, vous savez démêler les

Ardenna an Vosagus cervi, capreæ, helicis, uri
 Cædo sagittifera silva fragore tonat?   20
Seu validi bufali ferit inter cornua campum,
 Nec mortem differt ursus, onager, aper?
An sua rura colens exusta novalia sulcat,
 Et rude cervici taurus aratra gemit?
Sive palatina residet modo lætus in aula,   25
 Cui scola congrediens plaudit amore sequax?
An cum dulce Lupo pietatis jura retractat,
 Consililoque pari mitia mella creant,
Quo pascatur inops, viduæ solacia præstent,
 Parvus tutorem sumat, egenus opem?   30
Quidquid agunt, pariter felicia vota secundent,
 Et valeant Christi regis amore frui.
Vos precor, o venti, qui curritis atque reditis,
 Pro Fortuna nuntia ferte suo.

V. De Bodegisilo duce.

Pectore de sterili si flumina larga rigarem,
 Non te sufficerem, dux Bodegislo, loqui.
Invasit nostram subito tua gratia mentem,
 Ut modo plus vester quam meus esse velim.
Quo primum placidos merui cognoscere vultus,   5
 Oris ab unguento membra refecta gero.
Conloquio dulci satiasti pectus amantis,
 Nam mi devoto dant tua verba cibum.
Distribuunt epulas alii quæ corpora supplent:
 Unde animum saties, das magis ipse dapes.   10
Non sic inficiunt placidissima mella Falernum,
 Ceu tuus obdulcat pectora nostra sapor.
Qualiter oblectas quos semper amare videris,
 Horæ qui spatio me facis esse tuum?
Quæ tibi sit virtus si possem, prodere vellem;   15
 Sed parvo ingenio magna referre vetor.
Exiguus titubo tantarum pondere laudum,
 Sed melius gradior quem tua facta regunt.
Massiliæ ductor felicia vota dedisti.
 Rectoremque suum laude perenne refert;   20
Hic tibi consimili merito Germania plaudit,
 Cujus ad laudem certat uterque locus.
De bonitate tua lis est regionis utræque:
 Te petit illa sibi, hæc retinere cupit.
Justitiam pauper numquam te judice perdit,   25
 Nec poterit pretio vertere vera potens.
Non ligat inmunem, non solvit pœna nocentem,
 Nil persona capit, si sua causa neget.
Lumina cordis habes, animi radiante lucerna,
 Et tuus æterna luce coruscat apex.   30
Ingenio torrente loquax de fonte salubri
 Divitiasque pias ore fluente rigas.
Si videas aliquem defectum forte labore,
 Nilus ut Ægyptum, sic tua lingua fovet,

fils du procès le plus embrouillé. Il y a table ouverte chez vous, digne Bodégisile; on y vient en foule, et l'on n'en sort que l'estomac repu. Allez-vous dans les campagnes, le peuple accourt pour avoir sa pitance, et en la poursuivant il forme un cortège à celui qui la lui donne. Soyez, pendant de longues années encore, l'interprète des vœux de tous, et que le peuple ne cesse de glorifier en vous l'homme qui peut tout pour lui.

VI. Sur Palatina, fille de Gallus Magnus, femme de Bodégisile (1).

Dès que la brillante étoile du matin paraît à l'horizon, annonçant par sa clarté plus vive l'approche du jour, elle décore le ciel au fur et à mesure qu'elle s'élève, lance ses feux jusque sur la terre, et domine par son éclat toutes les autres étoiles. Ainsi Palatina, quand votre visage lumineux s'épanouit, vous l'emportez en beauté sur toutes les femmes, ou bien toutes les femmes vous cèdent comme l'humble lune au soleil. Les couleurs qui distinguent ce visage varient dans leur sérénité; tantôt elles rappellent le lis, tantôt la pudique rose. Mais à le bien considérer, on y découvre, et l'on peut m'en croire, toutes les fleurs que le printemps fait éclore. Nulles paroles ne sauraient peindre cet incomparable visage, et toute mon éloquence serait impuissante à le décrire. Votre démarche est pleine de grâce; chastes sont vos pensées et commandent le respect, et quant à votre esprit, sa beauté répond à celle de votre figure. Votre conversation est douce, caressante et suave; comparés aux sons de votre voix, ceux de la lyre ne méritent que le mépris. La sagesse et la prudence brillent dans votre âme limpide; toute votre personne enfin est radieuse. Sous l'œil vigilant d'une épouse telle que vous, la cour de votre mari a plus de splendeur, et votre habile direction se fait voir dans le gouvernement de sa maison. La fille de Gallus le Grand est à bon droit grande elle-même, mais l'honneur du père doit son accroissement aux mérites de la fille. Il n'en pouvait être autrement de celle qui fut digne de plaire à un tel mari, à moins qu'elle ne fût elle-même d'un rang au-dessus de lui (2). Entre plusieurs autres femmes Bodégisile choisit celle qu'il aimait et dont il était aimé, en quoi le juge de la patrie se jugea bien. Vivez tous deux dans cette union pendant de longues années, et ayez toutes les joies que vous désirez.

VII. Sur le duc Lupus (1).

Arrière, grands hommes et personnages fameux de l'antiquité, le duc Lupus l'emporte sur vous. En vous, Lupus, sont réunies la sagesse de Scipion, la prudence de Caton et le bonheur de Pompée. Sous leur consulat Rome fut toute-puissante; votre gouvernement nous a rendu Rome. Votre abord inspire à tous la confiance; votre parole libre souffre la même liberté dans les autres. Si quelqu'un a l'âme triste et troublée, il lui suffit de vous voir pour recouvrer l'espérance. Votre esprit est grave et vos pensées profondes; le sel d'une mer calme coule de votre bouche;

```
Qui patrias leges intra tua pectora condens,    35
  Inplicitæ causæ solvere fila potes.
Assiduis epulis saturas, venerande, catervas,
  Et repletus abit qui tua tecta petit.
Si venis in campos, ibi plebs pascenda recurrit,
  Consequiturque suas te comitando dapes.       40
Vota feras cunctis per sæcula longa superstes,
  Et maneas populi semper in ore potens.
```

VI. De Palatina filia Galli Magni episcopi, uxore Bodegisili ducis.

```
Lucifer ut nitidos producit in æthera vultus
  Clarior et læto nuntiat ore diem,
Ornat eundo polum, terris quoque lampada mittit,
  Atque inter stellas lumine regna tenet :
Sic, Palatina, tuo diffundens lumina vultu       5
  Femineos vincis pulchrior ore choros.
Aut tibi sic cedit muliebris turba decore,
  Ut solis radiis lumine luna minor.
Clara serenatos permutat forma colores,
  Lilia nunc reparans, nunc verecunda rosas.    10
Credite, nam si quis vultus conspexerit illos,
  Hic religet flores quos dare verna solent.
Pingere non possunt pretiosam verba figuram
  Nec valet eloquium mira referre meum.
Gratior incessu, sensu reverenda pudico,        15
  Talis in ingenio qualis in ore nitor;
Blandior alloquio, placidis suavissima verbis :
  Despicianique lyram, si tua lingua sonat.
Pectore perspicuo sapientia provida fulget,
  Ornatur sexus te radiante tuus.                20
Conjuge pervigili nituit magis aula mariti,
  Floret et egregia dispositrice domus.
Jure quidem magna est, quæ est Galli filia Magni :
  Sed merito natæ crevit honore pater.
Non aliter poterat nisi munere clarior esse,     25
  Quæ meruit celso digna placere viro.
Eligit e multis quam carus amaret amantem,
  Et judex patriæ judicat ipse sibi.
Ambo pares juncti longos maneatis in annos,
  Et quæcumque volunt gaudia vestra ferant.
```

VII. De Lupo duce.

```
Antiqui proceres et nomina celsa priorum
  Cedant cuncta, Lupi munere victa ducis.
Scipio quod sapiens, Cato quod maturus agebat,
  Pompeius felix, omnia solus habes :
Illis consulibus Romana potentia fulsit,          5
  Te duce sed nobis hic modo Roma redit.
Te tribuente aditum, cunctis fiducia surgit,
  Libertatis opem libera lingua dedit.
Mœstitiam si quis confuso in pectore gessit,
  Postquam te vidit spe meliore manet.           10
Fundatus gravitate animi, quoque corde profundus,
```

mais c'est surtout par les dons précieux de l'éloquence que vous êtes utile au peuple. Vous donnez de l'assaisonnement à la raison comme le sel aux mets (2). Vous êtes la racine des conseils et la veine féconde du goût. Votre intelligence est prompte; abondant et harmonieux votre langage, et tout ce que votre cœur ressent vous l'exprimez avec facilité. Ces deux avantages vous caractérisent particulièrement et sont toujours à votre poste. Le roi se décharge sur vous du poids des affaires, et c'est à votre concours que la chose publique est redevable de sa prospérité. Animé d'un zèle jusqu'alors sans exemple, vous vous assujettissez à de pénibles travaux et vos fatigues vous semblent douces, parce que le repos du roi y trouve sa sûreté. Heureux esprit qui veillez aux intérêts de la patrie, et dont les ressources et l'activité sont généreusement à la disposition de tous! Arrivent des ambassadeurs, ils sont captivés par vos réponses, et tombent bientôt sous le javelot de votre parole. Votre discours est une lance, et il y a des armes dans votre voix. En vous Sigebert a le présage de la victoire. Mais la réponse de la nation est donnée par le roi, sa voix seule exprimant ce que le peuple veut. La cause qui doit son triomphe à l'habileté du serviteur est devenue plus juste par l'approbation du maître. Nul ne saurait exposer ses propres affaires aussi éloquemment que vous, quand il s'agit des affaires publiques. De même que l'Égypte est fertilisée par le débordement du Nil, de même tout est fécondé par le fleuve de vos entretiens. La justice, quand vous la rendez,

est florissante, et les lois sont en crédit. Vous êtes la balance bien équilibrée des procès. Les chefs militaires ont recours à vous et sollicitent vos ordres. Vous ne demandez pas les honneurs, ce sont les honneurs qui vous demandent. Le roi, en qui la puissance est incarnée, a vu cette puissance s'accroître sous votre gouvernement. Il a bien raison de n'abandonner rien des honneurs qui lui sont concédés, celui par qui les plus dignes de l'autorité souveraine l'exercent en effet (3). Comme les anciens Romains sur qui vous modelez votre conduite, vous portez les armes en temps de guerre, et rendez la justice en temps de paix. Qui s'appuie d'un côté sur les armes, de l'autre sur les lois, devient aisément le premier, et toute sorte de gloire vient au devant de lui. Votre bonheur égale votre courage. La défaite si rapide des Saxons et des Danois (4) le prouve assez. La bataille fut livrée par vous et gagnée sur les bords sinueux du Bordaa (5); la moitié de l'armée était sous vos ordres; la victoire était bien due à ceux qui vous ont obéi. Couvert de sueur sous la cuirasse, vous lanciez des éclairs parmi des nuages de poussière. Longtemps vous poursuivîtes l'ennemi qui fuyait lâchement vers la Langona, là où cette rivière se jette dans le Rhin (6); il y trouva son tombeau. Les fleuves même combattent pour un général heureux. La Gaule a mérité que vous fussiez une lumière parmi ses citoyens; mais partout ailleurs cette lumière, dont le siège est dans votre cœur, verse sa clarté. Les uns ont la beauté en partage, les autres la sagesse, d'autres encore ont

Tranquilli pelagi fundis ab ore salem;
Sed fecunda magis plebi tua munera prosunt :
Tu condis sensus, nam salis unda cibos.
Consilii radix, fecundi vena saporis,　15
Ingenio vivax, ore rotante loquax,
Qui geminis rebus fulges, in utroque paratus,
Quidquid corde capis prodere lingua potest.
Pectore sub cujus firmantur pondera regis,
Pollet et auxilio publica cura tuo.　20
Subdis amore novo tua membra laboribus amplis :
Pro requie regis dulce putatur onus.
O felix animus patriæ qui consulit actus,
Et vivit cunctis mens generosa viris!
Legati adveniunt : te respondente ligantur　25
Et jaculo verbi mox jacuere tui.
Lancea sermo fuit, quoque vox armata loquentis,
Auspicium palmæ te Sigiberethus habet.
Responsum gentis sensu profertur ab illo
Et votum populi vox valet una loqui.　30
Cujus ab ingenio sortita est causa triumphum,
Adsertoris ope justior illa fuit.
Nullus enim poterit proprias ita pandere causas,
Ceu tua pro cunctis inclita lingua tonat.
Nilus ut Ægyptum recreat, dum plenus inundat,　35
Sic tu colloquii flumine cuncta foves.
Justitia florente, favent, te judice, leges,

Causarumque æquo pondere libra manes.
Ad te confugiunt, te cingula celsa requirunt,
Nec petis ut habeas : te petit omnis honor;　40
In cujus gremio nutritur adepta potestas,
Quo rectore datus crescere novit apex.
Quam merito retinet concessos semper honores,
Per quem digna magis culmina culmen habent!
Antiquos animos Romanæ stirpis adeptus,　45
Bella moves armis, jura quiete regis.
Fultus utrisque bonis, hinc armis, legibus illinc,
Quam bene fit primus cui favet omne decus!
Quæ tibi sit virtus cum prosperitate superna,
Saxonis et Dani gens cito victa probat:　50
Bordaa quo fluvius sinuoso gurgite currit,
Illic adversa acies te duce cæsa ruit.
Dimidium vestris jussis tunc paruit agmen;
Quam merito vincit qui tua jussa facit!
Ferratæ tunicæ sudasti pondere victor,　55
Et sub pulverea nube coruscus eras,
Tamque diu pugnax acie fugiente secutus,
Laugona dum vitreis terminus esset aquis.
Qui fugiebat iners, amnis dedit ille sepulchrum,
Pro duce felici flumina bella gerunt.　60
Inter concives meruit te Gallia lumen,
Lampade qui cordis splendor ubique micas.
Sunt quos forma potens sunt quos sapientia præfert:

chacun un mérite qui lui est particulier, mais vous avez tout cela et bien davantage. Quand vous allez au sacré palais de vos maîtres, vous le remplissez de votre présence, et un surcroît d'honneur y entre avec vous (7). La cour en reçoit une splendeur et une sérénité nouvelles; l'habitation royale a repris possession de son génie tutélaire. En vous voyant de retour, vous que les ducs regardent comme leur commune lumière, la cour recouvre ses yeux mêmes. Appui du prince, honneur de la patrie, bouclier de votre famille, oracle et amour de tous les autres, que dirai-je de votre admirable douceur, nectar que distillent vos lèvres avec abondance, et dont vous composez un miel? La grâce aimable est à demeure sur votre calme visage; un jour perpétuel éclaire votre cœur. Si vos mets assouvissent la faim, votre conversation charmante en rehausse le goût. Que dis-je? les mets sont de trop; vos paroles seules sont un festin. Qui pourrait dignement parler de vous, si ce n'est le pieux Sigebert, dont la voix, plus forte que toutes autres, vous déclare l'ornement de la royauté? Continuez d'être, tant qu'il vivra, le personnage que vous êtes ; que lui-même jouisse de la vie présente, et songe à la vie à venir.

VIII. Au même.

Quand les fortes chaleurs de juillet rendent le sable brûlant et que la terre desséchée et réduite en poussière (1) demande de l'eau, les pampres flétris donnent à peine de l'ombre, et les tiges de l'herbe, à la couleur glauque, se contractent. Contre cette action persistante du soleil, la forêt défend à peine ses frais ombrages; les feuilles inclinent vers la terre. Dégoûtée des pâturages, la génisse abandonne les clairières, et les chevaux, accablés par cette température, refusent de manger l'ers (2). Le chien tire une langue sans fin qui fouette ses babines, et la brebis, triste et haletante, ne peut plus se traîner. En ces heures brûlantes où le soleil darde à plomb, le voyageur qui chemine a la tête en feu. Inquiet, il souhaite bien des fois de rencontrer sur le sol aride une eau courante pour en boire quelques gorgées, ou d'être étendu sous la voûte verdoyante d'un arbre agité par le vent, pour se rafraîchir à son ombre. Si par bonheur il y a dans le voisinage un petit bois épais, et qu'une fraîche et claire fontaine y fasse entendre son murmure, notre voyageur y court tout joyeux, et se couche sur le gazon où il étire ses membres. Enfin, il est au comble de ses vœux, ayant à la fois ces deux plaisirs, de l'ombre qui le protège contre les feux du jour, de l'eau pour étancher sa soif. S'il sait par cœur quelques vers, il les récite en marquant la cadence ; la température devenue plus douce l'invite à cet agréable exercice. Si par hasard il connaît Homère cher aux Athéniens, ou Virgile qu'on lit encore dans le forum Trajan (3); s'il a appris les psaumes sacrés que David chantait en s'accompagnant de la harpe, il; en répète des passages en variant les intonations de sa voix. Ou bien il joue de la lyre, de la flûte, du chalumeau ou de la flûte de Pan : chacun de ces instruments charme les oiseaux par ses sons mélodieux. Ainsi,

```
Singula sunt aliis, sed bona plura tibi.
Occurrens dominis veneranda palatia comples,      65
    Et tecum ingrediens multiplicatur honor.
Te veniente, novo domus emicat alma sereno
    Et reparant genium regia tecta suum.
Nempe oculos recipit cum te videt aula redire,
    Quem commune ducum lumina lumen habent :   70
Principis auxilium, patriæ decus, arma parentum,
    Consultum reliquis, omnibus unus amor.
Admiranda etiam quid de dulcedine dicam,
    Nectare qui plenus construis ore favos?
Cara serenatum comitatur gratia vultum,           75
    Fulget et interius perpetuata dies.
Qui satias escis, reficis sermone benignus,
    Sepositis epulis sunt tua verba dapes.
Quis tibi digna loqui valeat, quem voce patente
    Rex pius ornatum prædicat esse suum?          80
Sit tibi summus apex, illo regnante, per ævum,
    Vitaque sit præsens atque futura colat.

        VIII. Ad eundem.

Æstifer ignitas cum Julius urit harenas,
    Siccaque pulvereo margine terra sitit,
Languidior placidas vix pampinus explicat umbras,
    Mollior et glaucas contrahit herba comas,
Summissis foliis, Phœbi regnante vapore,           5
Vix sua defendit frigida tecta nemus,
Pabula fastidens fugit æstu bucula saltus,
    Ipse nec adflictis pascitur ervus equis,
Longius expositam linguam canis ore flagellat,
    Ilia lassa trahens tristis anhelat ovis :     10
Forte viator iter gradiens ferventibus horis
    Uritur accensis, sole premente, comis.
Qui arescente solo, modico recreetur ut haustu,
    Sæpius inriguas anxius optat aquas,
Arboris aut tremulæ viridante cacumine fuso       15
    Frondibus oppositis temperet umbra sitim.
Prosperitate nova si jam prope lucus opacet,
    Et vitrei fontis sibilet unda recens,
Huc properans placidis homo lætus sternitur arvis,
    Volvit in herbosos et sua membra toros.      20
Vota secuta tenens gemino refovetur amœno :
    Hinc levat umbra diem, hinc fugat unda sitim.
Carmina siqua tenet, cantu modulatur recurrit,
    Provocat et placidos blandior aura sonos.
Si sibi forte fuit bene notus Homerus Athenis     25
    Aut Maro Trajano lectus in urbe foro;
Vel si Davitico didicit sacra dogmata plectro,
    Psallit honorificum, fauce rotante, melum.
Tangitur aut digito lyra, tibia, fistula, canna :
    Quisque suis Musis carmine mulcet aves.       30
Sic ego, curarum valido defessus ab æstu,
```

Lupus, après les cruelles inquiétudes qui m'ont assailli, je me sens bien soulagé, vous sachant sain et sauf (4). O Lupus, doux nom que je redis sans cesse, qui est inscrit sur la page de mon cœur, tandis que celui qui le porte, couché sur les tablettes de ma tendre affection, repose dans le coffre indestructible de ma poitrine (5), vous recelez en vous des trésors de piété; il suffit de votre volonté dont le prix est inestimable pour que votre cœur en produise du plus pur métal. Vous avez une âme d'or qui surpasse toutes les richesses du monde, et qui l'emporte par son éclat sur celui des pierres précieuses. Votre raison a les suaves odeurs des aromates, et donne à votre âme les mêmes propriétés que l'encens. Les mots qui s'échappent de votre for intérieur ont un goût de miel, et l'éloquence qui est en votre bouche est assaisonnée de sel. Comme Lucifer après les ténèbres de la nuit domine encore par son éclat celui des étoiles, ainsi domine votre lumière au dedans de moi-même; et comme le soleil, en se levant, réjouit le monde, ainsi vos paroles illuminent mes pensées. Quand, voyageur étranger, je vins en Germanie, vous étiez le père et alliez être le conseil de la patrie, vous me jugeâtes digne de contempler votre aimable visage; j'en étais fier, et dès lors il me parut que le jour était pour moi deux fois plus lumineux. Toutes les fois que je m'entretins avec vous, je me crus sur un lit de roses. Votre faveur, qui est la même pour tous, fut pour moi une distinction particulière et un lien charmant au-devant duquel je courus. Maintenant comment vous louer assez des grandes choses que vous avez faites? Je suis vaincu par la matière, car mon langage est au-dessous de ce qu'elle demande. Comme au fur et à mesure qu'on gravit une montagne, le sommet semble s'en élever davantage, ainsi plus mon amitié pour vous est pressante, plus votre haute dignité met d'obstacles à cet empressement. Que d'autres donc à ma place luttent à qui vous louera le mieux, et que chacun vous prie, ou vous chante, selon ses moyens. Que le Romain y emploie la lyre, le Barbare la harpe, le Grec le luth d'Achille, le Breton la crowd (6). Qu'il disent que vous êtes courageux, grand jurisconsulte, rompu au métier des armes et à l'étude des lettres. Et parce que vous traitez comme il convient les affaires de la guerre et de la paix, que l'un célèbre la gloire du magistrat, l'autre celle du général. Je vous envoie ces vers; les Barbares vous donneront des lieds (7); ainsi vous serez loué d'une seule et même manière sur deux tons différents. Ici on rappellera votre illustration dans les armes, là votre habileté dans les lois; pour moi, Lupus, je me contenterai de vous aimer toujours.

IX. Au même.

Vous qui êtes attentif à obliger, qui n'oubliez pas un ami et êtes prompt à lui donner d'affectueux conseils, vous avez eu pitié de votre ami absent, et votre lettre est venue le trouver dans sa retraite. Comment Fortunat a-t-il mérité que le bon Lupus réalisât si tôt ses espérances? Exilé d'Italie depuis tantôt neuf ans, si je ne me trompe (1), j'erre dans ces régions voisines de l'Océan, sans avoir reçu, pendant tout ce temps-là, aucune lettre, non pas

Noscens te salvum fonte refectus agor.
O nomen mihi dulce Lupi, replicabile semper,
 Quodque mei scriptum pagina cordis habet.
Quem semel inclusum tabulis dulcedinis intus 35
 Non abolenda virum pectoris arca tenet;
Thesauros pietatis habens, pretiosa voluntas
 Producens animo pura talenta suo!
Divitias quas mundus habet mens aurea vincit,
 Gemmarumque decus corde micante refert. 40
Sensus aromaticus suaves diffundit odores,
 Hoc tribuens animæ quod bene tura solent.
Melle saporatum refluens a pectore verbum
 Et sale conditum reddis ab ore sophum.
Post tenebras noctis stellarum lumina subdens 45
 Lucifer ut radiis, sic mihi mente nites.
Ut recreat mundum veniens lux solis ab ortu,
 Inlustrant animum sic tua verba meum.
Cum peregrina meos tenuit Germania visus,
 Tu pater et patriæ consulturus eras. 50
Quando merebar ovans placidos intendere vultus,
 Mox geminata mihi fulsit in orbe dies.
Conserui quotiens vestro sermone loquellas,
 Credidi in ambrosiis me recubare rosis.
Omnibus una manens, sed plus tua gratia nobis, 55
 Vinxit in affectu me properante suo.

Nunc quoque pro magnis quis digna rependat honoris?
 Materia vincor et quia lingua minor.
Sic per ascensum culmen supereminet altum:
 Hinc meus urguet amor, hinc tuus obstat honor. 60
Sed pro me reliqui laudes tibi reddere certent,
 Et qua quisque valet te prece, voce, sonet,
Romanusque lyra, plaudat tibi barbarus harpa,
 Græcus Achilliaca, crotta Britanna canat.
Illi te fortem referant, hi jure potentem, 65
 Ille armis agilem prædicet, iste libris:
Et quia rite regis quod pax et bella requirunt,
 Judicis ille decus concinat, iste ducis.
Nos tibi versiculos, dent barbara carmina leudos:
 Sic variante tropo laus sonet una viro. 70
Hi celebrem memorent, illi te lege sagacem:
 Ast ego te dulcem semper habebo, Lupe.

IX. Item ad Lupum ducem.

Officiis intente piis, memorator amantis,
 Prompte per affectum consulitore tuum,
Carius absentis nimium miseratus amici,
 Quando latente loco signa requirit amor:
Unde meis meritis datur hoc, ut protinus esset 5
 Spes Fortunati cura benigna Lupi?
Exul ab Italia nono, puto, volvor in anno

même un trait d'écriture de mes parents, pour me consoler de notre séparation (2). Mais ce que mon père, ma mère, mon frère, ma sœur (3), mes neveux, mon pays enfin auraient pu faire, votre charitable amitié l'a fait pour moi. Les mots aimables signés de votre nom, que vous m'avez fait parvenir, m'ont rafraîchi de leurs eaux douces comme le nectar, et non seulement votre lettre m'a causé un plaisir extrême, mais voici que m'arrive à point le porteur de votre envoi. Que de présents! Et comment en parler comme il faut? Ma langue est impuissante à exprimer ma reconnaissance. Je prie Dieu qu'il vous rende tout cela, lui qui nous apprend que tout ce qu'on donne aux petits, on le donne à lui-même.

X. A Magnulfus, frère de Lupus (1).

Avec quelle extrême rapidité vole la Renommée, remplit le monde de ses faits et gestes, et les grossit elle-même? Vous êtes dans le voisinage du Rhin, Magnulfus, je suis près de la Loire; on vous aime dans ces parages, et pour votre grâce personnelle et pour le grand honneur dont vous êtes revêtu. La trompette de Sigismond (2) a si bien fait son devoir qu'il n'est bruit que du bien dont vous êtes l'auteur. Une lettre est trop courte pour pouvoir le raconter, car il faudrait tout dire sans rien omettre. C'est surtout dans les affaires qui ont rapport au droit que vous excellez; votre éloquence y est entraînante, et vous les traitez de telle sorte que l'ancienne procédure a cédé la place à la nouvelle. Vous faites la fonction d'un cultivateur qui trace avec le soc des sillons égaux; c'est de la semence de la justice que le peuple récolte ce qui est l'objet de ses vœux. Personne n'est privé de ce qui lui appartient, et personne n'usurpe ce qui est à autrui. Telle est votre activité que le peuple n'a pas même le temps d'être coupable. Votre sollicitude veille au salut de chacun, et le travail d'un seul est le repos de tous. Juste et conciliant à la fois, si vous êtes, de l'aveu unanime, un juge selon les lois, vous êtes un père par la bonté. Le porteur de ce billet me presse; excusez-moi, car il y aurait lieu de parler plus amplement du frère de Lupus. Fasse le Seigneur que vous obteniez par vos mérites le rétablissement de celui que j'aime et que j'honore avec vous et autant que vous (3)!

XI. A l'illustre Jovinus, patrice et gouverneur de Provence.

Que de fois ne vous ai-je pas écrit en prose! Et je n'ai pas encore bu un seul verre de votre fontaine! Jusque-là pourtant vous m'en aviez régalé; à présent je ne bois pas même une gorgée de ces eaux castaliennes. Si je n'étais pas si attentif à vous aimer, il m'eût été permis sans doute de vous embrasser (1); maintenant je me contente de moins que cela, car lorsque je désire davantage, j'ai la douleur de voir que ce surplus m'est refusé. Pourquoi, lorsque nos cœurs se confondent si bien, n'en est-il pas de même de nos yeux? Que du moins je vous salue par cette lettre, et qu'elle me console de la privation de votre personne.

Litoris Oceani contiguante salo :
Tempora tot fugiunt et adhuc per scripta parentum
   Nullus ab exclusis me recreavit apex. 10
Quod pater ac genetrix, frater, soror, ordo nepotum,
   Quod poterat regio, solvis amore pio.
Pagina blanda tuo sub nomine missa benigne
   Nectarei fontis me recreavit aquis.
Nec solum a vobis me dulcis epistula fovit, 15
   Missus adhuc in rem portitor ecce venit.
Munera quis poterit, rogo, tot memor ore referre?
   Affectum dulcem pandere lingua nequit.
Sed tibi restituat rex cuncta supernus ab alto,
   Quæ minimis fiunt qui docet esse suum. 20

X. Ad Magnulfum fratrem Lupi.

Quam cito fama volat pernicibus excita pinnis,
   Et loca cuncta suis actibus aucta replet!
Nam tibi cum Rhenus, mihi sit Liger ecce propinquus,
   Hic, Magnulfe, decens, magnus honore places.
Sic tuba præconis Sigimundi missa cucurrit, 5
   Ut tua diffuso sint bona nota loco.
Quod tamen in brevibus vix signat epistula verbis :
   Non qua cuncta canit, nec reticere cupit.
Juredico in primis pollens torrente relatu,
   Sic regis, ut revoces facta vetusta novis, 10
Cujus in officiis æqui cultoris aratro
   Semine justitiæ plebs sua vota metit.
Nemo caret propriis, alienis nemo recumbit :
   Sic facis ut populum non vacet esse reum.
Sollicitudo tua reliquis fert dona salutis, 15
   Et labor unius fit populosa quies.
Æqualis concors ut ab omnibus, alme, voceris,
   Legibus hinc judex, hinc bonitate parens.
Da paucis veniam, quoniam mihi portitor instat :
   Nam de fratre Lupi res monet ampla loqui. 20
Sic tribuat dominus, meritis reparetis ut illum,
   Quem pariter tecum cordis amore colo.

XI. Ad Jovinum inlustrem ac patricium et rectorem provinciæ.

Prosaico quotiens direxi scripta relatu!
   Nullaque de vestro pocula fonte bibo :
Quem prius irrigua recreares ditior unda,
   Nec modo Castaliis redditur haustus aquis.
Si me cura minor vestri tenuisset amoris, 5
   Jam fuerat licitum stringere colla manu.
Nunc magis inde minus capio, quia diligo majus,
   Et cum plus cupiam, vota negata gemam.
Qui dulci transfudit mea pectora pectore toto,
   Cur, rogo, non pariter lumina lumen habent? 10
Vel quod, amice, licet scriptis fero, care, salutem :
   Sed mihi qua relever pagina reddat opem.

XII. Au même.

Le temps s'écoule et s'envole; nous sommes trompés par les heures fugitives, et la vie glisse insensiblement vers la vieillesse. Le monde tourne sur son axe, sans le secours d'une corde (1), dans un court délai, et avec une vitesse extrême. Aucun frein n'arrête son rapide mouvement de rotation. Grandes et petites choses, il entraîne tout avec lui, jusqu'à ce qu'enfin les bornes qui lui sont assignées le forcent à suspendre la course de ses chevaux impatients. Ainsi aussi tous dissemblables nous marchons vers une semblable fin. Arrivé au terme prescrit, nul ne revient sur ses pas. Empires, royaumes, sénats sont emportés au jour et à l'heure auxquels ils ne s'attendent pas. Qu'est-ce pour l'homme que le métier des armes? Hector tombe, et après lui Achille, vengeur de son ami. Le rempart des Grecs, Ajax (3), meurt sur son bouclier. Ce que l'avare enfouit dans le sein de la terre ne suffit pas pour le préserver. Attale, qui regorgeait de richesses, n'est plus. Quel homme, si fécond qu'il fût en expédients, ne dort pas du dernier sommeil? La ruse d'Ulysse fut ruinée par l'invention de Palamède (4). La beauté du corps passe vite : le bel Astur a péri (5); Hippolyte est sous terre; il ne reste plus rien d'Adonis. Les plus alertes ne se sauvent point par la fuite; il leur faut aller là où vont tous les autres. Quirinus prompt à la main meurt comme son frère (6). Et le chant, à quoi sert-il? Orphée, qui charmait par les vifs accords de sa lyre, expire avec le son qui en était l'âme. A quoi servent leur science et leur éloquence aux philosophes? Qu'ont-ils pu contre la mort ceux qui ont disserté sur la sphère céleste? Archytas, Pythagore, Aratus, Caton, Platon, Chrysippe et la secte insensée de Cléanthe (7) ne sont plus que cendre. Et la poésie, qu'y peut-elle faire? Virgile, Lysa (8), Ménandre, Homère, ne sont plus que des squelettes couchés dans le tombeau. Quand vient la fin, il n'est vers, ni prose qui tiennent. Chaque heure qui sonne met en fuite le présent; chaque pion enlevé décharge d'autant l'échiquier de la vie. Pourtant, il est un moyen de se sauver, mais un seul, à la fois doux et saint, et supérieur à tous les autres : c'est de plaire à la Trinité éternelle. Elle est toute-puissante et pleine de force, immanente et impérissable; et lui plaire est s'assurer la gloire au delà de la tombe. Mais de la tombe où repose la fleur des bienheureux s'exhale l'odeur suave des justes, odeur plus délicieuse que celle des parfums d'Arabie, que les senteurs balsamiques et concentrées des bois. Le cannellier, le souci, le safran, la violette, la rose, le lys s'effacent devant cette fleur; jamais l'odorat n'en sentit de pareille. La mort a-t-elle donc pour effet de communiquer aux saints une vertu plus grande, et le sépulcre qui garde leurs corps glacés les réchauffe-t-il? Plusieurs ont eu une vie équivoque qu'ils ont rachetée par une sainte mort; l'homme sort vivifié du tombeau. Une urne vénérable renferme ses restes précieux aux regards du Tout Puissant et tel est couché sous la terre qui prendra son vol vers le ciel. Qui vit sain-

XII. Item ad eundem.

Tempora lapsa volant, fugitivis fallimur horis,
    Ducit et in senium lubrica vita viros.
Fine trahit celeri sine fune volubilis axis,
    Nec retinet rapidas ad sua frena rotas.
Cuncta movens secum momenta et pondera rerum, 5
    Donec meta avidos sistere cogat equos.
Sic quoque dissimiles ad finem tendimus omnes,
    Nemo pedem retrahit quo sibi limes erit,
Imperiale caput, regnum trahit, æque senatum,
    Nec spectante die, cum venit, hora rapit. 10
Quid sunt arma viris? Cadit Hector et ultor Achilles,
    Ajax, in clipeo murus Achæus, obit.
Quid satis est cupido, gremio quod condit avaro?
    Deliciis refluis Attalus auctus abest.
Quis non versutus recubet dum fine supremo? 15
    De Palamede potens ars in Ulixe perit.
Forma venusta fluit, cecidit pulcherrimus Astur,
    Occubat Hippolytus, nec superextat Adon.
Non agiles fugiunt; quo terminus instat eundum :
    Nam cum fratre celer sorte Quirinus obit. 20
Quid, rogo, cantus agit? Modulis blanditus acutis
    Orpheus et citharæ vox animata jacet.
Docta recessuris quid prodest lingua sophistis?
    Quid valuere loqui curva rotunda poli?
Archyta, Pythagoras, Aratus, Cato, Plato, Chrysippus, 25
    Turba Cleantharum stulta favilla cubat.
Quidve poema potest? Maro, Lysa, Menander, Homerus,
    Quorum nuda tabo membra sepulchra tegunt?
Cum venit extremum, neque Musis carmina prosunt,
    Nec juvat eloquio detinuisse melos. 30
Sic, dum puncta cadunt, fugiunt præsentia rerum,
    Et vitæ tabulam tessera rapta levat.
Est tamen una salus, pia, maxima, dulcis et ampla :
    Perpetuo trino posse placere Deo.
Hoc valet atque viget, manet et neque fine peribit, 35
    Hinc quoque post tumulum nascitur almus honor.
Quod superest obitu meritorum flore beato,
    Suavis justorum fragrat odor tumulo;
Gratius aura fluens quam spiret aroma Sabæum,
    Vincens quæ pinguis balsama silva reflat : 40
Cinnama, calta, crocus, violæ, rosa, lilia cedunt,
    Ut similis nullus nare bibatur odor.
Quid quod morte magis virtus generatur in illis,
    Dumque sepulchra tenent, languida membra fovent?
Multorum dubiam solidant pia funera vitam, 45
    Et redit ex tumulo vivificatus homo.
Nobilis urna tegit pretiosa talenta tonantis,
    Ac terris recubat quod super astra volet.
Qui sub amore Dei sacro moderamine vivens
    Fit peregrinus humi, civis eundo poli. 50

tement et avec l'amour de Dieu pour règle, est un étranger sur la terre; il revient au ciel qui est sa patrie. Enfin, après Pierre et Paul, ces illustres fondateurs de la foi et ses premières lumières, que de saints ont rayonné dans le monde! que de force infuse dans ces colonnes de la grâce! En tous lieux, chez tous les peuples de la terre, sur tous les rivages que baigne l'Océan, leur astre brille par-dessus tous les autres. Le Nord, le Midi, l'Orient, l'Occident honorent ces lumières épurées par leurs vertus. Au reste, tout ce qu'on voit dans le monde n'est rien ; nous n'y sommes qu'enflure, ombre et fumée. Pourquoi donc quitter en murmurant cette vie qu'on nous a donnée (9), et pourquoi, Jovinus, ne pas répondre un mot à Fortunat? Le temps s'écoule, vous le voyez, et vous ne rompez pas le silence. Est-ce de peur de me faire plaisir ? Je ne croyais pas, lorsque nous nous vîmes en Germanie, que votre amitié ferait un pas en arrière; j'avais cru plutôt qu'elle augmenterait avec le temps. Hélas ! je ne le vois que trop, c'est le contraire qui arrive. Le temps s'est allongé, et l'amitié s'est raccourcie. Suis-je donc aussi loin de votre cœur que je le suis de vos yeux? Et sommes-nous aussi séparés par la pensée que par la distance ? Soit dit sans reproche, parce que je vous aime ; un cœur moins chaud que le mien parlerait autrement. Qui est fidèle à son ami, l'aime d'autant plus qu'il le voit moins, et, quoiqu'absent et enfermé chez soi, à la cour ou partout ailleurs, il a le cœur là où est celui qu'il aime.

La force de l'amitié lui fait voir le visage de l'homme qui est hors de sa vue; il entend sa voix, si loin qu'il soit de lui. Quoi qu'il fasse, où qu'il soit, il semble répondre à qui ne lui parle pas. L'amitié qu'il a dans le cœur s'entretient intérieurement avec lui. Au moindre vent qui souffle, il croit que ce sont des saluts qu'on lui envoie; il entend parmi le bruit les pensées de son ami. Moi donc, qui suis votre client, ami cher et respectable, je cherche un patron dont l'absence me prive, mais que mon cœur ne cesse pas de posséder. Toujours vous serez présent à ma mémoire et toujours votre nom sera dans ma bouche. Même en écrivant ceci, je suis avec vous, je vous entoure de mon affection, de mes soins, de mes vœux, je vous embrasse, je me pends à votre cou. Vous cheminez avec moi, vous suivez tous mes mouvements, et comme si j'avais à vous dire des douceurs, j'applique mes lèvres sur les vôtres. Je vous ai devant mes yeux, mais votre image s'enfuit, et celui que je possédais je suis hors d'état de le retenir. Vous partez et revenez tour à tour ; vous fuyez et reparaissez aussitôt. Si vous tournez le dos, je n'en vois pas moins votre aimable figure; si vous revenez sur vos pas, je la vois bien mieux encore. Souvent il me semble que vous me parlez, et que si là-bas vous vous taisez, ici vous me répondez. C'est le moins que je puisse avoir de vous, l'absence vous rendant insaisissable; mais ici du moins vous êtes à moi, encore que vous soyez tout entier ailleurs. Le peu d'heures

Denique post illos qui fundamenta coruscant.
    Postque Petri ac Pauli lumina prima fide,
Quis numerus radiat sanctorum sparsus in orbe,
    Quanta columnarum gratia fusa viget !
Per loca, per populos mundo sua sidera præsunt, 55
    Quidquid ab Oceanis circulus ambit aquis.
Arctos, meridies, oriens, occasus honorat
    Lumina muneribus clarificata suis.
De reliquo nihil est quodcumque videtur in orbe,
    Nam tumor hic totus, fumus et umbra sumus. 60
Cur igitur metu trahitur data vita susurro,
    Nec Fortunato pauca, Jovine, refers?
Tempora lapsa vides neque longa silentia rumpis,
    Me quoque ne recrees, ad mea damna taces.
Non ita rebar ovans, postquam Germania nostros 65
    Contulerat visus, ut resiliret amor.
Credideram potius, quantum se tenderet ætas,
    Ut vestri affectus se duplicaret opus.
Heu magis, ut video, vota in contraria currunt :
    Tempora longantur, sed breviatur amor. 70
An quantum ex oculo, tantum tibi corde recedo,
    Et tam longe animo quam sumus ambo loco?
Non ego sic refero, quoniam tibi pectore nector :
    Prædicat hoc aliter mens ubi dulce fovet.
Nam cui cara fides animum sociavit amici, 75
    Quod minus est oculis flagrat amore magis,
Et licet absentem paries, locus, aula retentet,
    Corde suo illic est, est ubi forma placens.
Prospicit affectu quem vultu non videt ipso,
    Et vox longinqua de regione sonat. 80
Quid gerat aut ubi sit, tacito dare verba videtur;
    Intra se loquitur pectore clausus amor.
Si volat aura levis, putat inde venire salutes :
    Hoc fragor aure refert quod homo mente gerit.
Hinc tuus ergo cliens ego, care colende, requiro, 85
    Absentem faciunt quem loca, non animus.
Qui semper nostro memoralis haberis in ore :
    Scribimus et hæc dum, sum tecum te loquimur.
Affectu, studio, voto tua brachia cingo
    Atque per amplexum pectora, colla ligo. 90
Ingrederis mecum, pariterque moveris amator,
    Et quasi blanda loquens oscula libo labris.
Ante oculos habeo, sed cara refugit imago,
    Illic quoque quem habeo non retinere queo.
Alternis vicibus modo vadis et inde recurris : 95
    Vix fugis ex oculis, ecce figura redis ;
Et cum terga dabis, facies mihi cernitur insons;
    Si pede conversus, fronte regressus ades.
Sæpe etiam videor dare te pia dicta relatu :
    Illic forte taces, hic mihi verba refers. 100
Hoc de te minus est, quia prendi non potes absens;
    Nam velut illic es totus et hic meus es.
Qualiter ambo simul paucis habitavimus horis
    Non fugit ex oculis, dum manet ista dies.

que nous avons habité ensemble, je me les représenterai tant que je vivrai. Que de fois, non sans hésiter pourtant, je vous ai envoyé des vers! Et vous, de peur de m'être agréable, vous ne m'écrivez pas même une lettre! Qui nous rendra, je vous prie, ces moments perdus à ne rien dire? Le présent qui s'enfuit ne ramène pas le passé. Dites-moi donc, vous que je connais si bien, que faites-vous? où courez-vous? Si vous vivez aux champs, pourquoi me refuser ce que je vous demande? Écrivez, pendant que vous êtes de loisir; faites-nous part de vos sublimes poésies; chantez, et cultivez ainsi mon esprit comme vous cultiveriez un champ. Poussez, s'il vous plaît, le soc de votre éloquence à travers ma poitrine; ouvrez-y des sillons dont vos discours soient la semence, afin qu'une moisson abondante rende la vie à mon cœur, que les épis en soient lourds, et que le grain provenant de cette friche mise en culture rapporte le centuple. Car, si vous me parlez, ami excellent et plein de bonté, vos paroles me sont plus douces que le miel; je les préfère au jus qu'on exprime de l'olive, au parfum qu'exhalent les plus suaves odeurs. Portez-vous bien et longtemps, ami, vous, votre père Aspasius, et Léon, votre frère.

XIII. A Félix, son ancien camarade (1).

Je puis à peine frapper d'une main timide à la porte d'un habitué du Parnasse, d'un favori des Muses orgueilleuses; mais parce que, dans notre patrie, nous fûmes compagnons d'études et logeâmes sous le même toit, confiant dans ton amitié, je heurte, mon cher.

XIV. Sur Mummolenus (1).

Tandis que, accablé de fatigue, je poursuis mon chemin dans une demi-obscurité (car le soleil se couche et le jour finit), j'aperçois des pâturages le long des rives verdoyantes d'un cours d'eau; c'était à m'en nourrir moi-même (2). J'étais sous le charme. Guidé par mon caprice, je me laissai entraîner vers ces lieux. Soudain je tournai bride et allai chercher ailleurs meilleure aubaine. Justement Mummolenus, intendant des palais royaux desquels, sur ses intelligents avis, on augmente le nombre, qui est à juste titre le plus illustre de ses concitoyens, et qui, par la nature de sa fonction unique en ce genre, est élevé au-dessus des grands, qui est puissant par sa noblesse, d'un cœur excellent, d'un visage serein, d'un esprit judicieux et d'une probité qu'on ne saurait surprendre, qui enfin tire de ses ancêtres, bien qu'il les surpasse tous par ses dignités et par ses mœurs, un éclat considérable, Mummolenus, dis-je, arrive, escorté d'un festin somptueux. Mais rien qu'à voir le personnage, on se sent en appétit. On apporte d'immenses plateaux chargés de mets délicieux, et en si grande quantité qu'ils forment comme une chaîne de montagnes. Au centre est une espèce de vallée où le poisson circule sur un meilleur chemin que le sien habituel, nageant dans l'huile au lieu d'eau, habitant d'un plat au lieu d'une touffe d'herbes aquatiques, enfin étalé sur une table au lieu d'être dans un trou. On m'offrit d'abord des fruits exquis, de ceux qu'on appelle vulgairement pommes de Perse. Mummolenus se lassa plus vite de m'en donner

Misimus o quotiens timidis epigrammata chartis! 105
  Et tua, ne recreer, pagina muta silet.
Quis, rogo, reddat eas taciti quas perdimus horas?
  Tempora non revocat lux levis atque fugax.
Dic, homo note meus: quid agis? quid, amice, recurris?
  Si tua rura colis, cur mea vota neges? 110
Scribe vacans animo, refer alta poemata versu,
  Et quasi ruris agrum me cole voce, melo;
Per thoraca meum ducas, precor, oris aratrum,
  Ut linguæ sulcus sint sata nostra tuæ,
Pectoris unde seges gravidis animetur aristis, 115
  Pullulet et nostrum farre novale ferax.
Nam mihi si loqueris, bono vir, pietatis optimæ
  Exsuperas labiis dulcia mella favis,
Plusque liquore placet quem fert oleagina succo,
  Suavius et recreat quam quod aroma reflat. 120
Cum Aspasio pariter caris patre, fratre Leone,
  Longa stante die, dulcis amice, vale.

XIII. Ad Felicem socium.

Ardua Pierio cui constant culmina fastu,
  Vix humili valeo tangere claustra manu.
Sed quoniam patriæ fuit aula sodalibus una
  Adfectu fidens pulso, benigne, fores.

XIV. De Mummoleno.

Dum mihi fessus iter gradior prope noctis in umbra,
  Solis in occasu jam fugiente die,
Cum super undarum viridantes gramine ripas
  Pascua conspexi, pastus et ipse fui.
Huc oculis captus, voto ducente trahebar, 5
  Deflectensque viam prosperiora peto.
Mummolenus enim, qui celsa palatia regis
  Altis consiliis crescere rite facit,
Inter concives merito qui clarior exstat,
  Quemque super proceres unica palma levat, 10
Nobilitate potens, animo bonus, ore serenus,
  Ingenio sollers et probitate sagax,
Cui genus a proavis radianti luce coruscat
  (Moribus ipse tamen vicit honore patres):
Huc ergo adveniens epulis expletus opimis: 15
  Quem vidisse mihi constitit esse cibum.
Fercula magna quidem dapibus cumulata benignis,
  Ac si colle tumens discus onustus erat:
Undique montis opus, medium quasi vallis habebat,
  Quo meliore via piscis agebat iter: 20
Ille natans oleum pro undis, pro cæspite discum
  Incoluit, cui pro gurgite mensa fuit.
Attamen ante aliud data sunt mihi mitia poma,
  Persica quæ vulgi nomine dicta sonant.

que moi d'en manger. Tantôt il me pressait sur un mets, tantôt il le mettait sur mon assiette. Soudain mon ventre enfla tellement qu'on eût dit que j'allais accoucher. J'admire comment cet organe peut se dilater à ce point. Le tonnerre grondait dans le mien avec des roulements divers; l'Eurus et l'Auster bouleversaient mes entrailles; le sable n'est pas si fortement secoué par les tempêtes éoliennes, le navire qui erre à l'aventure n'est pas aussi ébranlé par le choc des vagues, les soufflets, serviteurs des marteaux du noir forgeron, ne sont pas aussi gonflés par l'air qu'ils aspirent. Les gaz accumulés dans mon corps s'échappaient en éructations bruyantes. Bref, il y eut en moi et sans moi une magnifique bataille. Cher intendant, jouissez longtemps vous et votre illustre épouse, d'une bonne santé, et qu'une lignée de petits-fils vous appelle un jour grand-père. Puissiez-vous, loué, honoré et puissant, ne connaître que des jours heureux et ne goûter que des plaisirs sans mélange!

XV. Du comte Bérulfe (1).

En attendant, sans me plaindre, que votre excellent dîner fût prêt, j'avoue, Bérulfe, avoir souffert deux fois de la faim. Je croyais me mettre à table vers la quatrième heure; nous sommes à la huitième et la table ne m'appelle pas encore. Vos repas m'ont appris à supporter le jeûne, un jeûne pire que celui qui accompagne la récitation des litanies (2). Dieu vous donne ce que votre cœur désire! C'est grâce à lui, soit dit pour vous égayer,

qu'en écrivant ce billet je me sens l'estomac plus lesté.

XVI. De Condan, *majordome du palais* (1).

La gloire, Condan, qui depuis bien longtemps est le riche apanage de la maison royale, doit à vos services une partie de son éclat. Dès qu'elle eut reconnu en vous un jeune homme doué d'une grande prudence, elle vous choisit pour cohabiter avec elle jusque dans votre vieillesse. Quelle raison vous aviez déjà, quelle mesure et quel bon sens, quand vous devîntes l'unique objet de l'amitié de si grands rois! Par vos sentiments généreux, par vos précieuses lumières, et par toutes les qualités qui vous sont propres vous avez grandement ajouté à l'illustration de vos aïeux. Heureux les descendants dont le mérite rejaillit sur leurs auteurs, et les font paraître plus dignes de louanges! Car si celui-là se fait distinguer, qui conserve l'honneur de sa race, combien n'est-il pas plus glorieux pour lui de l'ennoblir encore? Qui veut donc acquérir de la célébrité commence par méditer vos œuvres. A partir de votre enfance vous n'avez cessé de monter, et c'est en passant par tous les grades que vous êtes arrivé au plus haut de tous. C'est avec joie que Théodoric vous nomma tribun du fisc (2) : de là date votre élévation. Théodebert (3) vous fit comte, ajoutant à cette grâce le don d'un baudrier, digne récompense de vos services (4). Dès que vos talents supérieurs eurent démontré que vous méritiez mieux, il voulut vous élever encore et vous fit majordome. Vous grandîtes tout à coup et la cour grandit avec vous. Par vous florissaient ses palais

```
Lassavit dando (sed non ego lassor edendo)       25
   Vocibus hinc cogens, hinc tribuendo dapes.
Mox quasi parturiens subito me ventre tetendi,
   Admirans uterum sic tumuisse meum.
Intus enim tonitrus vario rumore fremebat;
   Viscera conturbans Eurus et 'Auster erat:      30
Non sic Æoliis turbatur harena procellis,
   Nec vaga per pelagus puppis adacta tremit,
Nec sic inflantur ventorum turbine folles,
   Malleolis famulos quos faber ustus habet.
Alter in alterius ructabat mole susurros,         35
   Et sine me mecum pugna superba fuit. —
Sit tibi longa salus celsa cum conjuge, rector,
   Et de natorum prole voceris avus.
Laudis honore potens, felicia tempora cernas
   Et valeas dulces concelebrare jocos.           40
```

XV. De Berulfo comite.

```
Delicias, Berulfe, tuas spectando libenter,
   Me fateor duplicem sustinuisse famem.
Sic ego credebam, quarta satiarer ut hora :
   Me nec ad octavam mensa benigna vocat.
Per vestras epulas judici jejunia gestans :       5
   Litania fuit prandia vestra magis.
Det tibi vota Deus, per quem (modo læta notamus),
   Hæc quoque dum scribo, plus satiatus agor.
```

XVI. De Condano domestico.

```
Temporibus longis regali dives in aula
   Enituit meritis gloria, Conda, tuis.
Nam semel ut juvenem vigili te pectore vidit,
   Elegit secum semper habere senem.
Quis fuit ille animus vel quæ moderatio sensus,   5
   Cum fueris tantis regibus unus amor?
Mens generosa tibi pretioso lumine fulget,
   Quæ meritis propriis amplificavit avos.
Floret posteritas, per quam sua crescit origo,
   Et facit antiquos surgere laude patres :       10
Nam si præfertur generis qui servat honorem,
   Quanta magis laus est nobilitare genus?
Qui cupit ergo suum gestis adtollere nomen,
   Ille tuum velox præmeditetur opus.
A parvo incipiens existi semper in altum,         15
   Perque gradus omnes culmina celsa tenes.
Theudericus ovans ornavit honore tribunum,
   Surgendi auspicium jam fuit inde tuum.
Theudeberthus enim comitivæ præmia cessit,
   Auxit et obsequiis cingula digna tuis.         20
Vidit ut egregios animos meliora mereri,
   Mox voluit meritos amplificare gradus.
Instituit cupiens ut deinde domesticus esses :
   Crevisti subito, crevit et aula simul :
```

augustes, et la maison royale applaudit à la vigilance de leur ordonnateur. Théodebald étant enfant (5), vous fûtes l'appui de son jeune âge et eûtes le plus grand soin de lui. Par votre excellente administration de la justice de ce jeune roi vous fîtes un vieux roi. Vous-même gouverniez comme si vous étiez son tuteur, et l'œuvre confiée à vos mains prospérait. Vous eûtes les mêmes pouvoirs à la cour de Clotaire, qui vous chargea aussi de régir sa maison avec le même dévouement. Les rois ont changé, vos honneurs vous sont restés; vous étiez digne d'être le successeur de vous-même. Si grand était votre amour du peuple, et vous vous montriez si habile dans l'art de le gouverner, que personne n'eût osé prétendre à vous supplanter. Maintenant encore le bon Sigebert, par amitié pour vous, a donné des exemptions (6) à vos esclaves. Il a voulu que vous ayez votre place parmi les seigneurs les plus qualifiés, et de plus que vous l'ayez à sa table (7). Par ce roi meilleur que tous les autres, vous fûtes avec raison mieux traité que vous ne l'aviez été par eux, et la supériorité de votre condition actuelle en est une preuve. Ainsi donc vous eûtes pour lot de mériter toujours de plus grands honneurs, et plus vous avez avancé dans la vie, plus ils se sont accrus. La triste Saxonie redit dans ses chants quelle fut votre valeur (8). Il fut très glorieux pour un vieillard comme vous étiez de ne pas craindre de porter les armes, et de payer son dévouement à sa patrie et à son roi, de la perte de ses deux fils tués dans les combats. Ne regrettez pas trop qu'ils soient morts en braves; mourir ainsi est vivre toujours. Cette joie communicative qui brille sur votre figure est le reflet de la joie loyale et pure qui est dans votre âme. Libéral envers tout le monde, vous donnez beaucoup et de bonne grâce, et par là vous vous attachez étroitement vos obligés. Vivez longtemps heureux et en bonne santé, et que votre nombreuse postérité nous donne un jour un père tel que vous !

XVII. A Gondoaire.

Si l'amitié pouvait être exprimée par des paroles, je vous enverrais force vers; mais parce que je ne puis pas non plus vous dire de vive voix ce que j'ai dans le cœur, je me borne à quelques mots. J'aurais aimé beaucoup mieux vous en dire plus long, si vous mesuriez mon dévouement pour vous au nombre de mes paroles. Nous remarquons en vous une raison toute fondue en douceur; pas le plus petit nuage suspect ne voile la sérénité de vos pensées. De votre bouche coule un nectar que je bois avec grand plaisir. Vous êtes sage, sincère, vigilant, modéré et honnête homme; votre esprit en tout temps est le sel de votre âme. Vous régissez le patrimoine d'une grande reine (1); elle reconnaît votre fidélité dans l'exercice de votre charge. Nul ne pouvait être plus cher à cette pieuse princesse que celui qui le lui eût été par d'autres mérites. Vivez longtemps aimé, Gondoaire, vous et votre épouse, en attendant la lumière éternelle.

Florebant pariter veneranda palatia tecum, 25
  Plaudebat vigili dispositore domus.
Theudebaldi etiam cum parva infantia vixit,
  Hujus in auxilium maxima cura fuit.
Actibus eximiis sic publica jura fovebas,
  Ut juvenem regem redderes esse senem: 30
Ipse gubernabas, veluti si tutor adesses,
  Commissumque tibi proficiebat opus.
Chlotharii rursus magna dominatus in aula,
  Quique domum simili jussit amore regi.
Mutati reges, vos non mutastis honores, 35
  Successorque tuus tu tibi dignus eras.
Tantus amor populi, sollertia tanta regendi,
  Ut hoc nemo volens subripuisset onus.
Nunc etiam placidi Sigiberethi regis amore
  Sunt data servitiis libera dona tuis. 40
Jussit et egregios inter residere potentes,
  Convivam reddens proficiente gradu.
Rex potior reliquis merito meliora paravit,
  Et quod majus habes hoc tua causa docet.
Sic tuus ordo fuit semper majora mereri, 45
  Vitaque quam senior tam tibi crevit honor.
Quæ fuerit virtus, tristis Saxonia cantat :
  Laus est arma truci non timuisse seni ;
Pro patriæ votis et magno regis amore
  Quo duo natorum funera cara jacent. 50
Nec graviter doleas cecidisse viriliter ambos,
  Nam pro laude mori vivere semper erit.
Lætitiam vultus hilari diffundit ab ore,
  Et sine nube animi gaudia fida gerit.
Munificus cunctis largiris multa benignus, 55
  Et facis adstrictos per tua dona viros.
Sit tibi longa salus placidis felicius annis,
  Atque suum reparet proles opima patrem.

XVII. Ad Gunduarium.

Si prodi verbis affectus posset amantis,
  Carmina plura tibi pagina nostra daret.
Sed quod ab ore loqui nequeo, quod pectore claudo,
  Sit satis ex multis vel modo pauca dari.
Nam si respicias votum per verba canentis, 5
  Malueram majus qui tibi parva fero.
Aspicimus sensum totum in dulcedine fusum,
  Quo sine nube doli corda serena micant.
Puro fonte rigans nectar de fauce redundat,
  Cujus verba libens pectore corde bibo. 10
Providus, exertus, vigilans, moderatus, honestus,
  Condimentum animæ mens tua semper habet.
Reginæ egregiæ patrimonia celsa gubernas :
  Quæ tibi commisit sensit ubique fidem.
Nemo piæ poterat reginæ carior esse, 15
  Quam qui pro meritis talis et ipse foret.
Gunduari, longo vigeas placiturus in ævo,
  Conjuge cum propria luce perenne manens.

XVIII. A Flavus.

Toutes les fois que j'écris à mon cher Flavus, l'observation rigoureuse de ce devoir m'avertit de lui parler comme je le fais. Tantôt en vers, tantôt en prose, mon amitié paye sa dette de la façon la plus affectueuse. Il n'est pas de voyageur prêt à partir que je ne sache quand il doit passer, et que je ne charge d'un mot pour vous, où je vous rappelle, et je le fais souvent, l'amitié qui nous unit. S'il n'y a pas de voyageur, c'est au vent que je confie ma commission. D'ailleurs, je regarde superstitieusement les nuages, et m'étonne de n'y voir aucun signe de votre main. Est-ce que le papier qu'on vend en rouleau est rare chez vous? L'amitié ne saurait-elle avec des efforts obtenir ce que l'occasion lui refuse? Que n'enlevez-vous pour y écrire une bande d'écorce de hêtre? Il me sera doux d'y lire les mots tracés par vous. La langue latine ne vous agrée point? écrivez, de grâce, en hébreu. Mais le persan vous est familier (1); écrivez donc en persan, ou plutôt exprimez vos pensées dans la langue harmonieuse des Grecs. Écrivez encore en caractères runiques sur des tablettes de frêne (2). Une baguette plate peut aussi remplacer le papier. Enfin écrivez sur des tablettes de bois façonnées avec la dolabre (3). Quoi que je lise de vous, mon amitié y trouve son compte.

XIX. A Flavus et à Evodius.

Que la ressemblance entre ces fils nés d'un seul père est parfaite, s'ils n'ont ensemble qu'un seul cœur! Ces enfants sortis des mêmes entrailles, je les porte avec un amour égal dans mes propres entrailles. Je vois l'un quand je vois l'autre; l'image de celui-ci est l'image de celui-là. La figure de l'un me donne celle de l'autre; un miroir n'est pas plus fidèle. Je les salue tous deux également et forme pour eux les mêmes vœux; je serai moi troisième leur alter ego. Et puisqu'un seul amour nous tient déjà liés tous trois par ses dures étreintes, lions-nous encore davantage en nous écrivant.

XX. A Sigismond (1),
son très obligeant et très cher ami, salut.

Toujours ferme dans mon amitié pour vous, et désirant avec passion de savoir des nouvelles de votre santé, j'en demande souvent, mon cher, à tout le monde. Il n'est pas un voyageur venant du nord, que je n'arrête tout pressé qu'il est, et ne poursuive de mes questions. Qu'il soit un simple particulier ou un personnage public, il ne partira pas d'ici que je ne l'aie interrogé. Allez-vous bien? Quel pays vous possède? Mon amitié veut savoir tout et avec ordre. Dites-moi si des armées étrangères foulent encore de leur pied brutal le sol de l'Italie (2), et de quelles régions le Franc est le maître? Dites-moi encore, je vous prie, ce que vous faites. Cependant, vivez selon mes souhaits et si loin qu'ils peuvent s'étendre, vivez, moitié de mon âme.

XXI. A Sigismond et Alagisile.

Cette lettre m'est bien douce; elle est signée de

XVIII. Ad Flavum.

Ad carum toliens mea pergit epistula Flavum :
  Sic monet officii sedula cura loqui.
Nunc quoque prosaico, modo mittens carmina versu
  Blandior affatu debita solvit amor.
Quin tibi pauca ferat, qui vult iter ire viator   5
  Nemo mihi tacite prætereundus abit,
Fœdus amicitiæ te ut pagina sæpe requirat;
  Et si vir desit, portitor aura placet.
Attonitis animis ego per vaga nubila pendo,
  Nullaque suscipio signa relata manu.   10
An tibi charta parum peregrina merce rotatur ?
  Non amor extorquet quod neque tempus habet?
Scribere quo possis, discingat fascia fagum :
  Cortice dicta legi fit mihi dulce tui.
An tua Romuleum fastidit lingua susurrum ?   15
  Quæso vel Hebraicis reddito verba notis.
Doctus Achæmeniis quæ vis prescribito signis,
  Aut magis Argolico pange canora sopho.
Barbara fraxineis pingatur rhuna tabellis,
  Quodque papyrus agit, virgula plana valet.   20
Pagina vel redeat perscripta dolatile charta :
  Quod relegi poterit, fructus amantis erit.

XIX. Item ad Flavum et Euodium.

Quam bene conveniunt genitor quos sustulit unus,
  Si simul hos unum pectus utrosque tenet!
Visceribus hisdem genitos Flavum Euodiumque
  Prorsus amore uno viscera nostra tegunt.
Alter in alterius mihi visu visus habetur,   5
  Et fratris speciem fratris imago dedit.
Unius ex facie facies mihi nota secundi :
  Sic speculo similem forma repressa refert.
Ergo pari voto paribus dans vota salutis,
  Ambos inter ego tertius alter ero :   10
Hoc cupiens, ut quos caris amplexibus idem
  Tres amor unus habet, nos quoque charta liget.

XX. Ad Sigimundum,
carissimo et omni gratia prædicando Sigimundo Fortunatus salutem.

Fixus amore tuo, votis inhiantibus adstans,
  Quæ tibi, care, salus, sæpe requiro viros :
Quisque viator adest properans Aquilonis ab axe,
  Quamvis festinum sollicitando moror :
Seu privata virum seu publica cura citabit,   5
  Hinc, nisi percontor, nullus abibit iter.
Quam vegetus membris? Quæ te loca, care, coercent?
  Ordine disposito cuncta requirit amor.
Si gravis arma tenens Italæ terit hospes harenas,
  Aut quæ Francus habet pagina pandat age.   10
Quid geris, oro, refer; tamen ut queo longius opto
  Vivas, pars animæ dimidiata meæ.

XXI. Ad Sigimundum et Alagisilum.

Nomina amicorum mihi dulcis epistula pandit :

deux noms amis, le brillant Sigismond et l'aimable Alagisile. Le bonheur a voulu que les vents violents tombassent, et qu'un vent favorable m'apportât des nouvelles de personnes qui me sont si chères. J'en atteste vos têtes, ces nouvelles me font autant de bien que la pluie aux moissons qu'elle fait croître et fleurir. Pour prévenir la soif dont on est dévoré par cette chaleur, vous m'avez envoyé des eaux rafraîchissantes de votre fontaine de nectar. Après l'Italie, c'est le Rhin qui m'envoie des parents (2). A l'arrivée des deux frères, je ne serai plus un étranger. D'un temps qui est tout à la guerre naissent les joies de la paix, puisque vous venez, vous qu'appellent mon amitié et mes vœux. Ç'a été pour moi un jour de fête, et l'honneur en a été doublé; qu'ainsi croisse pour vous celui que vous devez à la munificence royale.

XXII. Au référendaire Boson (1).

Que le Dieu tout-puissant protège les hauts et magnifiques serviteurs du roi, et donne au gouvernement de ce prince l'appui de ses armes célestes! Que sa divine puissance conserve le maître et les sujets, et que la patrie, durant tout ce règne, soit assurée de son salut! Que le souverain et saint auteur de toutes choses, qui tendit la main à Pierre, la tende aussi à ce bon roi! Puissiez-vous jouir pendant de longues années de sa faveur, et moissonner, sous son sceptre florissant, des plaisirs durables! Que celui qui aura l'ordre de venir, quel qu'il soit, vienne, je vous prie, au plus vite, de peur que son retard n'augmente outre mesure mon impatience.

Quand il y a nécessité de partir, il y a quelque douceur à se hâter, du moment qu'il s'agit d'obéir à une volonté bien déterminée. Je vous prie en outre très instamment de me rappeler au souvenir de mon maître, et de me recommander à lui. Irréprochable comme il est dans sa conduite, qu'il soit heureux à jamais. Vous aussi, ami cher, souvenez-vous de moi. Adieu.

XXIII. A Paternus (1).

Votre nom fait bien augurer de vos actes et leur donne de l'éclat, Paternus, vous qui êtes déjà père au sens littéral du mot. Vous rappelant notre dépendance à votre égard, vous nous obligez en tout, et vous prenez plaisir à faire de charitables vœux pour ceux qui vous sont dévoués. Prompt comme vous êtes à faire du bien, plus vous donnez, plus vous augmentez vos richesses.

XXIV. Vers sur des plats (1).

a.

Toi qui lis les mots gravés autour de ce beau plat d'argent, si tu es pur, tu ressembles à ce chef-d'œuvre; car comme l'argent est purifié par le feu, ainsi est l'homme par la purgation de son cœur.

b.

Toi qui es le fidèle convive de tes amis, tu es dédommagé de l'insuffisance de leurs mets par un redoublement de leur amitié. Ces mets n'ont point passé la mer; ils n'ont point été apportés par un hôte étranger; c'est un produit du pays; prends-en donc de bon cœur.

Hinc Sigimunde nitens, hinc Alagisle decens.
Prosperitas felix ventorum flamina fudit,
Quando mihi caros nuntiat aura viros.
Testor utrumque caput, tantum mea vota juvantur, 5
Quantum sit florens læta sub imbre seges.
Ne sitiam rabidis æstivo tempore flaminis,
Nectarei fontis me recreastis aquis.
Post Italas terras mittis mihi, Rhene, parentes;
Adventu fratrum non peregrinus ero. 10
Tempore belligero pacis nova gaudia surgunt,
Hi quia venerunt quos meus optat amor.
Qui mihi festivæ diei duplicastis honorem,
Sic vester crescat munere regis honor.

XXII. Ad Bosonem referendarium.

Sic tegat omnipotens radiantia culmina regis,
Atque ejus causas arma superna regant,
Sic dominum ac servos divina potentia servet.
Et patriæ maneat hoc dominante salus,
Sic placido regi summus pius auctor ab alto, 5
Qui dedit ante Petro, porrigat ipse manum,
Sic te longævi comitetur gratia regis
Et florente illo gaudia fixa metas :
Hoc rogo, quam citius veniat quicumque jubetur,
Ne gravet ultra animos hic mora tarda meos. 10
Nam festinato, statuit quod certas voluntas,

Si votum adceleret, dulcius esse solet.
Illud enim nimium per verba precantia posco,
Commender domino, te memorante, meo.
Actibus excellens maneat per sæcula felix 15
Et memor ipse mei, dulcis amice, vale.

XXIII. Ad Paternum.

Nominis auspicio fulgent tua facta, Paterne,
Munere qui proprio te facis esse patrem.
Servitii nostri non immemor omnia præstas
Et tibi devotis das pia vota libens.
Ut bonas distribuas modo qui tam promptus habetis, 5
Unde magis præstes amplificentur opes.

XXIV. Versus in gavatis.

a.

Qui legis in pulchro circumdata verba metallo,
Si venias purus, hoc imitaris opus :
Nam velut argentum calida fornace probatur,
Sic se purgato pectore prodit homo.

b.

Qui venis ad caros conviva fidelis amicos,
Quod minus est epulis plus in amore capis.
Non hæc per pelagus peregrinus detulit hospes
Sumo libens patrii quod genuere lares.

c.

Quelque graves que soient les soucis dont un savant et beau parleur comme toi est obsédé, si tu viens ici, poète, dis-nous quelques joyeuses plaisanteries. Que l'honnêteté toutefois soit respectée, car des paroles inconsidérées appellent ordinairement les voies de fait.

d.

La vie est courte; le présent est fugitif; attache-toi plutôt à ce qui est immortel. Pratique la justice, sème la paix, aime le Christ. Recherche les délices que tu goûteras éternellement.

e.

Laisse-là les disputes de palais et les nombreuses affaires dont elles sont la suite; une bonne table t'invite à vivre gaîment. Silence aux colères, au tapage du barreau, aux procès, aux lois! Jouis ici du repos que t'offre un jour ami.

f.

Apporte aux repas, je te prie, des dispositions pacifiques; cherche ailleurs un ennemi, si tu aimes à batailler. Ne soulève point de disputes au sein des plaisirs. Au champ de Mars les armes; à table, les légumes (2).

g.

Si tu as à la guerre un courage ferme et magnanime, montre-le à vider les verres; il n'y a pas de danger. A quiconque vient manger à notre table, les mets se recommandent par la seule bonne grâce avec laquelle ils sont offerts (3).

XXV. Au comte Galactorius (1).

J'ai souvent désiré d'être matelot et de ramer à bord d'un navire qui brise les vagues dans sa course impétueuse, car alors je naviguerais sur la Garonne, ayant le vent en poupe, et me hâterais d'aller à Bordeaux. Le vent du nord qui est le bon enflerait mes voiles, et je serais porté vers les rivages où le pieux évêque Gundégisile (2) célèbre avec pompe à l'autel de Dieu les saints mystères pour le salut du chef de la nation (3). C'est aussi là que vous habitez, comte, riche en mérites sans mélange impur et l'objet de ma constante sollicitude. C'est à vous que l'illustre roi Gontran a eu raison d'accorder des honneurs, et il vous en doit d'autres et de plus grands. Cependant la crainte des vagues qui se dressent en montagnes écumeuses et frémissantes, s'est opposée à l'accomplissement de mes désirs. Votre bonté m'invite à venir avec courtoisie, mais l'eau y est contraire. Ainsi m'appellent et me repoussent tour à tour l'amitié et la peur. Il ne me reste, pour me mettre hors de peine, d'autre ressource que de vous écrire. Que cette lettre aille donc vous trouver et vous rendre à ma place ces devoirs de l'amitié que je vous aurais rendus moi-même. Je vous salue, cher et illustre ami, espérant que par la grâce de Dieu vous resterez encore longtemps en ce monde. Vivez, comte, à qui je souhaite le pouvoir et l'autorité de duc; vivez, vous, votre famille, vos compagnons, votre femme, vos enfants et l'évêque. Recommandez-moi aux prières de cet éminent pontife. Que la place due à vos vertus vous soit donnée dans le ciel. S'il vous reste par hasard quelque excédant de tributs, envoyez-moi, je vous prie, de la poix en échange de cette lettre (4).

c.

Quamvis doctiloquax te seria cura fatiget,
  Hac veniens festos misce, poeta, jocos :
Sic tamen, ut propriam rationem servet honestas,
  Nam solet incautus sermo movere manus.

d.

Vita brevis hominum, fugiunt præsentia rerum :
  Tu cole quæ potius non moritura manent.
Erige justitiam, sere pacem, dilige Christum,
  Expete delicias quas sine fine geras.

e.

Pelle palatinas post multa negotia rixas :
  Vivere jucunde mensa benigna monet.
Causæ, iræ, strepitus sileant, fora, jurgia, leges :
  Hic placeat requies, quam dat amica dies.

f.

Quem rogo, pacificos animos ad prandia defer :
  Hostem quære alibi, si tibi pugna placet.
Deliciis mediis lites agitare recuses :
  Arma tibi campus, mensa ministret olus.

g.

Si tibi magnanimus rigida virtute videris,
  Secure ad calices fortia bella refer.
Qui venit huc nostræ dapes cognoscere mensæ,
  Commendet positos gratia sola cibos.

XXV. Ad Galactorium comitem.

Sæpius optaram fieri me remige nauta,
  Cursibus undifragis ut ratis iret aquis,
Flatibus aut rapidis per dorsa Garonnica ferrer,
  Burdigalense petens ut celer actus iter,
Velaque fluctivagum traherent Aquilone secundo, 5
  Me quoque litoreo redderet aura sinu
Qua pius antistes sacra Gundegisilus offert,
  Culmine pro populi qua micat ara Dei :
Tu quoque quo resides meritis, comes, ample serenis.
  Care Galactori, sedula cura mihi, 10
Cui rite excellens rex Gunthechramnus honores
  Majus adhuc debet, qui tibi magna dedit.
Cum tamen hoc vellem, timor obstitit æstibus ille
  Qui cumulo rapidæ mons fremit albus aquæ.
Dulcedo invitat civilis et unda repugnat : 15
  Sic vocat atque vetat hinc amor, inde pavor.
Plane hoc quod superest solvat vel epistula currens :
  Littera, quod facerem, reddat amore vicem.
Maxime nunc igitur te, dulcis amice, saluto,
  Sperans a domino te superesse diu. 20
Cumque domo, sociis, antistite, conjuge, natis,
  Vive, comes, cui sint jura regenda ducis.
Pontifici summo commender, opime, precatu,
  Sic tua pars meritis sit data dextra poli.
Si superest aliquid quod forte tributa redundent, 25
  Qui modo mitto apices, te rogo mitte pices.

NOTES SUR FORTUNAT, LIVRE VII.

I.

1. — Ce Gogon, avant d'arriver à être maître du palais sous Sigebert, avait été *nutritius regis* ou le commensal du prince. C'est la même chose, selon toute apparence, que le *conviva regis* de la Loi Salique, tit. XLIII, 6, et de la Loi Burgonde, tit. XXXVIII, 2. Gogon fut envoyé en Espagne auprès du roi Athanagilde pour demander à ce prince la main de sa fille Brunehaut pour Sigebert. C'est ce que dit Grégoire de Tours au chapitre 57 de ses *Epitomata*, et ce que Fortunat fait entendre assez clairement aux vers 41 et 42 de cette pièce. Grégoire, *ibid.* ch. 59, raconte de plus que Brunehaut finit par inspirer au roi, son mari, une telle haine contre Gogon que Sigebert le fit tuer. Cependant, au liv. VI, ch. 1 de son Histoire, Grégoire dit : *Non post multum tempus Gogo moritur ;* d'où il semble que l'historien ait voulu dire que Gogon était mort de mort naturelle. Grégoire se contredirait donc. Mais il ne faut pas donner ici un sens si restreint au mot *moritur* ; Grégoire ne s'en est servi sans doute que parce qu'il ne voulait pas répéter les circonstances tragiques de la mort de Gogon, et qu'après tout d'un homme qui est tué ou qui est mort dans son lit, ce n'est pas s'exprimer improprement que dire de lui *moritur*.

2. — Afin d'éclaircir ce passage j'ai dû y indiquer que pour jouer de la lyre avec les doigts et faire usage en même temps du *plectrum* ou archet, il fallait y employer les deux mains, la gauche pour pincer les cordes, la droite pour les frapper avec le plectre. Sur cette double opération voyez une figure tirée d'une ancienne fresque romaine conservée au Vatican dans le *Dict. des Antiq. de Rich*, au mot *Plectrum*.

3. — Gogon avait l'esprit très cultivé, de l'éloquence et du style. C'est ce qu'on peut voir par des lettres qu'il écrit au duc Chamingus, à Trasericus et à d'autres, lettres que Duchesne a publiées au tome I, p. 859 du recueil des *Historiens de France*. Voy. aussi dom Ruinart, dans ses notes sur le livre VI, ch. 1, de l'Histoire de Grégoire de Tours.

4. — Voy. ci-dessus la note 1.

II.

1. On ne connaît le lieu de naissance d'aucun des trois Apicius. Le plus fameux, contemporain de Sénèque, celui dont Fortunat parle ici sans doute, et qu'il appelle *noster*, serait-il comme lui né aux environs de Trévise, ou à Trévise même ?

III.

1. — Il y avait eu entre eux sans doute quelque brouille légère, suite d'un malentendu.

IV.

1. — Je ne trouve pas d'autre sens à donner à ce *recens*.

2. — Cette rivière prend sa source en France, dans les Vosges, et va se jeter dans la Moselle à Consarbrück.

3. — Selon Brower, le Cheir est cette rivière qui passe sous les murs d'Ivodium, ancienne ville forte située dans les contrées qu'arrose la Meuse où elle se jette. Le *Dictionnaire d'Histoire et de Géographie* de Bouillet donne Ivodium pour le nom latin moderne d'Époisses. Or Époisses est un bourg du département de la Côte-d'Or, à 11 kil. de Semur ; cela nous reporte un peu loin de la Meuse. La vérité pouvait être qu'Ivodium était une ville des Trévires, dans la Gaule Belgique, aujourd'hui Yvoix, Yvoix-Carignan, dans les Ardennes. Voy. le *Dict. de Géogr. anc. et moderne, à l'usage des libraires, par un bibliophile*, 1870, gr. in-8°, au mot *Epoissum*. — Plus loin *Saba*, mot que Brower, d'après un ancien manuscrit, substitue *Sata*, et qui est celui que les populations des Ardennes donnaient à la Sambre.

4. — La Saur prend sa source dans les Ardennes et se jette dans la Moselle à environ huit mille pas de Trèves.

5. — La Seille qui prend sa source dans le département de la Meurthe, et se jette à Metz dans la Moselle, après un cours de 105 kil. Voy. la note 2 de la pièce XIII du l. III.

6. — La remarque de Brower sur le mot *helicis* est au moins originale. Il pense que par ce mot le poète désigne l'ours, parce que la constellation de la Grande Ourse est ainsi nommée en latin (*helice*), en grec ἑλίκη. Lucchi estime que c'est l'animal appelé *elech* chez les Germains. Ce doit être l'élan.

7. — Il ne s'agit pas ici sans doute de l'école palatine telle qu'elle ne fut constituée que sous Charlemagne, et où on enseignait les sciences et les arts suivant la division indiquée par Cassiodore et Martianus Capella, et comprise par ce dernier sous le nom des Sept arts ; il s'agit plutôt de l'école qui avait pour objet d'élever à la cour des jeunes gens destinés à devenir les leudes des rois mérovingiens, leurs compagnons d'armes et leurs convives. Cet usage avait été importé d'Orient. Voy. Agathias, l. V, p. 154, 1re édit., Sulpice Sévère, *Vita Martini*, l. 1, c. 1. Il y avait aussi à la cour de Charlemagne, à côté de l'école des sciences et des arts, une école de ce genre. Voy. le moine de Saint-Gall, *de Carolo Magno*, l. I, ch. 12, et le moine Ardon *in Vita S. Benedicti Anianensis*, ch. 1 ; voy. enfin Du Cange, v. *Scholaris*.

8. — *Lupus*. Voy. ci-après pièce VII.

9. — *Pietatis jura*. Mot à mot « droits de la piété ». Par la manière dont j'ai traduit ces deux mots, j'ai plutôt conjecturé qu'entendu ce que le poète a voulu dire.

V.

1. — Grégoire de Tours, *Hist. Franc.*, VIII, 22, fait mention de ce personnage en ces termes : *Obiit his diebus Bodegisilus dux, plenus dierum ; sed nihil de facultate ejus filiis minutum est.* On voit par là quelle fut la probité de ce duc, mort en 585, puisque le fisc ne revendiqua rien de la fortune du défunt, sous prétexte d'exactions, comme c'était l'usage de le faire en ce temps-là,

et comme on n'y était que trop souvent autorisé. Il n'y a donc rien à rabattre des éloges que le poète lui donne ici, sauf l'emphase et le mauvais goût.

2. — On voit par là que Bodégisile était en Germanie, quand Fortunat écrivit cette pièce.

3. — *Nil persona capit*, terme emprunté à la langue des jurisconsultes.

VI.

1. — Brower et Lucchi donnent *Godegisili* pour *Bodegisili* que portent différents manuscrits indiqués par M. Leo. Un autre porte simplement *ejus*. Or cette pièce venant immédiatement après celle qui est adressée à Bodégisile, il n'est pas douteux que ce mot *ejus* ne se rapporte à ce personnage dont le copiste s'est ainsi évité la peine d'écrire le nom. — Dans trois manuscrits du Vatican, on trouve le mot *episcopi* joint à celui de *Galli Magni*. Mais Brower pense que c'est une glose déplacée et qu'il faut la supprimer; car on ne voit nulle part que Gallus, évêque de Limoges, ait eu des enfants. On peut ajouter que cet évêque était mort en 551, époque à laquelle Fortunat n'était point encore venu en France, et qu'on voit ici que le poète parle de Gallus Magnus comme encore vivant. Il y eut toutefois un Gallomagnus, évêque de Trèves (Grégoire de Tours, *Vit. Patrum*, c. VIII, n° 8) qui souscrivit au IVe concile de Paris, en 573, et au Ier de Mâcon en 581, ou 583, selon Lecointe. Lucchi n'ose affirmer que c'est de cet évêque que parle Fortunat. Quant à Brower, il croit qu'il s'agit d'un autre Gallomagnus, référendaire, dont parle Grégoire de Tours, *Hist. Franc.*, IX, 18, qui jouit d'une grande autorité sous Childebert, puis fut disgracié, dépouillé de ses biens, et exilé.

2. — C'est-à-dire à moins qu'elle ne fût quelque chose comme une princesse. Je ne crois pas qu'on puisse entendre autrement ce passage.

VII.

1. — Lupus fut d'abord gouverneur de Marseille, puis duc de Champagne, sous Sigebert. Après la mort du roi assassiné par ordre de Frédégonde en 575, en butte à la haine d'Égidius évêque de Rheims, il fut dépouillé de ses biens et de son duché, et il eût péri sous les coups de ses ennemis, sans l'intervention de Brunehaut qui l'arracha, pour ainsi dire, de leurs mains. (Grégoire de Tours, *Hist. Franc.*, VI, 4; IX, 11.) Cependant, condamné à l'exil par Childebert, fils de Sigebert, il se retira à Laon, chez le roi Gontran qui l'accueillit avec bonté, et le garda jusqu'à ce que le jeune roi d'Austrasie eût atteint l'âge légitime, *ætatem legitimam* : ce qui veut dire sans doute l'âge de gouverner par lui-même. (Idem, *ibid.* VI, 4.) Plus tard, Lupus revint auprès de Childebert et rentra dans ses bonnes grâces. (Idem, *ibid.* IX, 11.) On est surpris que ni Grégoire, ni Frédégaire, ni Fortunat lui-même dans cette pièce et dans les deux suivantes, ne disent pas que Lupus ait été maire du palais, *major domus*, sous Sigebert. Cependant, d'après l'énumération que fait le poète des attributions et des actes d'autorité de ce personnage, il est difficile d'en douter. Ainsi, dans cette pièce VII, nous voyons que le roi se déchargeait sur lui du poids des affaires (v. 10), que son repos était assuré, grâce au soin que prenait Lupus des intérêts de la patrie (v. 22, 23); que le même Lupus recevait les ambassadeurs, discutait avec eux, leur imposait ses vues auxquelles le roi n'avait plus qu'à donner son approbation (v. 27, 29, 30); que lorsqu'il entrait au palais, il le remplissait de sa présence, y apportait avec soi un surcroît d'honneur, la joie et la sérénité, et y était regardé comme le génie tutélaire de la royauté (v. 65-68); que les chefs militaires, c'est-à-dire les ducs ou laudes, le regardaient comme leur commune lumière (v. 70), et s'effaçaient devant

lui; qu'il avait bien raison de n'abandonner rien de ses honneurs, lui par qui les rois sont maintenus à la hauteur à laquelle ils ont mérité d'être élevés (v. 43, 44). Pour finir, Fortunat compare Lupus aux anciens Romains, par où il semble entendre les consuls qui prenaient les armes en temps de guerre, et proposaient ou défendaient les lois en temps de paix (v. 45, 46). On voit là, si je ne me trompe, comme un tableau rapide des prérogatives et de la puissance des maires du palais sous les rois mérovingiens, en Austrasie. Ce qui rend encore plus probable que Lupus exerça cette fonction suprême, ce sont les flatteries que le poète lui prodigue, comme à l'homme de qui dépendaient toutes les grâces, et dont la faveur et la protection étaient sans doute moins difficiles à obtenir, et aussi plus efficaces que celles du roi même. Victor Leclerc a traduit une partie de cette pièce. Il ne l'a pas entendue, la plupart du temps, et s'est tiré d'affaire en cachant ses grosses infidélités au texte sous un style d'une élégance un peu recherchée. Voyez le *Répertoire de la littérature ancienne et moderne*, t. XIV, p. 202 et suiv. — Un autre personnage nommé Conda ou Condan, à qui est adressée la pièce XVI de ce livre, jouit successivement sous les rois Théodoric, Théodebert, Théodebalde, Clotaire et Sigebert, et, avec le titre de *domesticus*, auquel Sigebert ajouta en dernier lieu celui de *conviva regis*, d'une autorité à peu près égale à celle du maire du palais.

2. — *Tu condis sensus, nam salis unda cibos*. Ce *nam* que portent cependant tous les manuscrits, est une faute ou le poète lui donne ici le sens de *ut* ou de *ceu*. Il fait une comparaison, cela est évident. Remarquez en outre que c'est le nom de *Conda* qui amène ce verbe *condis*.

3. — C'est une allusion à Sigebert et à Brunehaut, de la royauté desquels Lupus est ici considéré comme le tuteur et le gardien. Cela peut être vrai; mais cette vérité n'eût sans doute pas été du goût de Sigebert, si Lupus eut eu l'imprudence de lui en faire part.

4. — Leibnitz, dans *Excerpta veter. autor.* au t. I, p. 59 des *Scriptores rerum Brunsvicens.*, se demande par où avaient à faire les Danois en Vétéravie, pays où s'était livré le combat dont il est ici question, et il répond qu'il résulte de ce passage que les anciens ont quelquefois confondu ce peuple avec les Saxons.

5. — On ne saurait dire quel était ce fleuve. Selon Leibnitz, *loc. cit.*, c'était une rivière de la Vétéravie, comme la Nida, la Weddera, d'où tiraient leurs noms les *Wedderavi*, les *Bordari*, ainsi qu'on le voit par une lettre du pape Grégoire adressée à ces peuples en faveur de Windfrid ou saint Boniface. Voy. les lettres de Grégoire III dans les *Conciles* de Labbe, t. V, p. 1461, dans les *Annales* de Baronius, t. XII, p. 400, et dans l'*Italia sacra* d'Ughelli, t. V, p. 1089 et 1090.

6. — *Laugona*, probablement *Logana*, rivière du Nassau, affluent du Rhin.

7. — Voyez ci-dessus la note 1.

VIII.

1. — Brower et Lucchi donne *margine* qui n'a aucun sens, et cela, il est vrai, d'après tous les manuscrits; mais il doit y avoir là ou faute de copiste ou mauvaise lecture. M. Fred. Léo propose *spargine* et il a raison. Il eût introduit cette version dans le texte qu'il n'eût pas eu tort non plus.

2. — M. Léo ne pouvait pas non plus laisser subsister ce singulier hémistiche : *pascitur herbis equus* qui a cinq ou six formes différentes et aussi malheureuses dans les manuscrits, et dans les plus anciennes éditions. Il y a substitué et a imposé au texte *pascitur ervus equis* que Fortunat a dû écrire. L'ers est une plante légumineuse

qui, comme la jarosse, était donné en herbe aux bestiaux et aux chevaux : *bobus jumentisque utilissimum*, dit Pline, XXII, 73, éd. Littré.

3. — Le poète a déjà rappelé ce fait, l. III, pièce XVIII, v. 8.

4. — Fortunat semble ici faire allusion aux graves dangers qu'avait courus Lupus, et dont il avait été tiré par l'intervention de Brunehaut. Voy. la pièce ci-dessus, note 1.

5. — J'ai voulu donner en français une idée de cet étrange galimatias, et pour cela j'ai dû serrer du plus près possible le latin en le traduisant.

6. — Le luth dont jouait Achille, au moment où les députés d'Agamemnon vinrent le trouver pour essayer de fléchir sa colère et le supplier de venir au secours des Grecs : τερπόμενον φρένα φόρμιγγι λιγείη, dit Homère, *Il.* IX, 186. — La crowd (altération du mot celtique *cruid*) était un petit luth en usage chez les bardes Gallois. Cet instrument est le même que les trouvères appellent la *rote* : *Krote* en irlandais, luth ; *Kruit*, harpe, id. Voyez du Cange, v. *Rocta*.

7. — *Leudos*. Voy. liv. I, *Préf.*, note 3.

IX.

1. — Fortunat étant venu en Gaule en 565 environ, comme on l'a fait voir dans sa Vie, on doit en conclure que ce poème fut écrit en 571.

2. — On peut conjecturer de ce passage que si Fortunat ne recevait pas de lettres des siens, c'était moins leur faute que celle de la guerre qui sévissait en Italie alors ravagée par les Lombards. Ou les lettres étaient interceptées, ou elles se perdaient en chemin.

3. — Cette sœur est nommée Titiana, l. XI, 6.

X.

1. — Ce Magnulfus n'a de commun que le nom avec celui qui fut évêque de Toulouse, et qui fut insulté, frappé, puis envoyé en exil par Desiderius, ainsi que le rapporte Grégoire de Tours, *Hist. Franc.*, VII, 27. Il était comte, et comme on le voit ici, gouverneur de quelque ville ou province.

2. — Ce Sigismond paraît être le même que celui auquel sont adressées les pièces XX et XXI de ce livre.

3. — Ces deux derniers vers que les divers éditeurs de Fortunat se sont bien gardés d'éclaircir, comme tant d'autres qui sont aussi obscurs, donnent lieu à quelques observations. La première regarde le mot *reparetis*, la seconde le mot *illum*, la troisième l'époque où cette pièce a été écrite. Et d'abord ce pluriel *reparetis* indique que le poète s'adresse non seulement à Magnulfus, mais à sa famille particulière ou à ses administrés. *Illum* désigne ici Lupus, disgracié et exilé, comme on l'a dit note 1 de la pièce VIII de ce livre, et pour le rétablissement duquel le poète fait ici des vœux. Ce rétablissement eut lieu en effet ; mais il résulte de ces deux vers que la disgrâce de Lupus arriva dans l'intervalle qui sépare la composition des trois pièces précédentes, de la composition de celle-ci.

XI.

1. — Suivant M. Léo, Fortunat aurait manqué d'aller trouver Jovinus. Or, il semble ici que le poète aurait été empêché de le faire par quelque circonstance où il avait dû payer de sa personne par affection pour son ami, et peut-être dans l'intérêt de cet ami. Le style de la fin de cette pièce est fort bizarre, et l'on n'est pas aussi assuré de l'entendre que le *Pater* et l'*Ave*.

XII.

1. — *Sine fune*. Voyez ma Dissertation n° 3.

2. — Ovide, *Met.* XIII, v. 281, donne cette qualification à Achille : *Graium murus Achilles*.

3. — Ce fut Palamède qui découvrit la feinte d'Ulysse contrefaisant l'insensé pour ne point aller au siège de Troie. Il prit Télémaque alors au berceau, et le mit devant le soc de la charrue qu'Ulysse conduisait. Mais Ulysse détourna aussitôt la charrue.

4. — Virgile, *Æn.* X, v. 180 : *sequitur pulcherrimus Astur, Astur equo fidens*.

5. — *Celer sorte Quirinus*. Le poète fait-il allusion ici à la tromperie de Romulus à l'égard de Remus auquel il avait assuré faussement qu'en consultant le vol des oiseaux ou le sort, il avait vu douze vautours, tandis qu'il n'en avait vu réellement que six comme Remus lui-même? Cette tromperie fâcha fort Remus, et le ressentiment qu'il en eut fut cause qu'il franchit, en se moquant, le fameux fossé de Romulus qui lui sur-le-champ. Voy. Plutarque, *Romulus*, 14 et 15. Si ce n'est pas cela qu'impliquent les mots *celer sorte*, je ne sais ce qu'ils signifient.

6. — Philosophe Stoïcien, disciple et successeur de Zénon de Cittium, il mourut vers l'an 225 avant J.-C.

7. — On ne sait quel est ce Lysa placé ici et d'une manière assez inattendue entre Virgile et Ménandre, et pas loin d'Homère. Lucchi croit qu'il est mis là pour Lysis, disciple de Pythagore, dont parle Cicéron, *de Off.* I, 4, et *de Orat.* III, 34. C'est une erreur, car il ne s'agit pas ici d'un orateur, comme était Lysis, mais d'un poète.

8. — Quelle liaison y a-t-il entre ce vers, fort peu clair d'ailleurs, et le vers suivant? M. Léo propose *Quin igitur mutuo*; on a traduit ici conformément à cette leçon, car elle offre au moins un sens raisonnable.

XIII.

1. — Ce Félix dont les manuscrits et l'édition de Venise font assez plaisamment le beau-père, *socer*, de Fortunat, fut le condisciple du poète à Ravenne, et dans la suite évêque de Trévise, qui était leur patrie commune. Voy. la Vie de Fortunat, n°s 23 et 24.

XIV.

1. — Ce Mummolenus paraît être le même qui est appelé *suessonicus* par Grégoire de Tours, *Hist. Fr.* X. 2. On voit ici qu'il était quelque chose comme intendant des palais royaux. Son fils Bobo conduisit en Espagne Rigunthe, fille de Chilpéric, pour y épouser le roi Récarède, comme le rapporte le même historien, *ibid.* VI, 45. Son autre fils Bodégisille, qu'il ne faut pas confondre avec le Bodégisille de la pièce V, fut envoyé en ambassade auprès de l'empereur Maurice par le roi Childebert, et tué à Carthage, dans une sédition. Grégoire de Tours, *Ibid.* X, 2.

2. — Il ne veut pas dire certainement qu'il eût tondu de sa langue la largeur de ces pâturages, mais qu'il crut s'en nourrir, rien qu'à les voir.

XV.

1. — Ce Bérulfe, qui fut duc ou gouverneur de la Touraine et du Poitou, comme le dit Grégoire de Tours, *Hist. Franc.*, VIII, 26, n'était que comte lorsque Fortunat lui adressa cette petite pièce agréablement ironique. Après la mort de Sigebert qui l'avait fait duc, ayant clandestinement enlevé de l'argent du trésor royal, Bérulfe

fut pris et jeté en prison avec son frère et complice Arnégisèle, et sans l'intervention des évêques, le roi Childebert l'eût fait mettre à mort. On voit ici par les vers 5 et 6, que la pièce fut écrite pour les deux frères.

2. — Brower pense que *litania* est ici le même que *jejunium*, parce que dans l'ancienne Église, le jeûne se joignait à la récitation des litanies. On le voit prescrit en effet par la lettre de Charlemagne, t. I, des capitulaires, col. 256 : *Nos autem Domino adjuvante tribus diebus Litaniam fecimus... Et a vino et a carne ordinaverunt sacerdotes nostri... ut abstinuissent... et interim quod ipsas litanias faciebant, discalceati ambulassent.* Remarquez la construction bizarre de ce vers, et l'impossibilité absolue d'en ordonner les mots et de les traduire régulièrement.

XVI.

1. — On appelait *domestici* ceux qui étaient chargés, entre autres fonctions, de la garde du palais du roi et veillaient à toutes les dépenses nécessaires pour l'entretien du mobilier et de la table de la demeure royale, voy. Grégoire de Tours, *Hist. Franc.*, X, 28. Leur chef était qualifié de *comes domesticorum*. Ils faisaient partie des *optimates* du royaume, et assistaient avec le roi aux *placita* conjointement avec les autres dignitaires du palais. Voy. Ruinart dans les notes sur l'*Hist. Franc.*, de Grégoire de Tours, VI, 11 et VII, 21, où il rapporte que ces *domestici* étaient aussi appelés *cubicularii*. Voyez aussi Du Cange qui, dans son Glossaire, explique en détail les différents grades et fonctions des *domestici*. On a adopté ici le mot *majordome*, parce que les majordomes réunissaient communément en leurs mains tout ou plusieurs pouvoirs des *domestici*, comme par exemple Lupus (pièce VII de ce livre, note 1), et parce que ce mot nous est plus familier.

2. — Théodoric, fils de Clovis, et frère de Clotaire. Le tribun du fisc, était le collecteur des impôts. Il avait aussi la garde du camp et des prisons, comme on le voit dans la *Vie de saint Germain*, évêque de Paris, par Fortunat, ch. 62 et 68, et par la *Vie de sainte Radegonde*, ch. 38, par le même.

3. — Théodebert était fils de Théodoric, et lui succéda.

4. — On sait que le *Cingulum*, en grec ζώνη, était une ceinture que portait un chef militaire comme insigne de sa dignité. Ce même mot était aussi appliqué à la dignité et au dignitaire lui-même. C'est dans ce dernier sens qu'il est employé au vers 39 de la pièce VII de ce livre. Voyez des exemples nombreux de ce double emploi dans Du Cange, édit. Didot, au mot *Cingulum*.

5. — Théodebalde, fils de Théodebert, était encore enfant, lorsqu'il succéda à son père mort, en 548. Ce même Théodebalde étant mort en 555, Clotaire en réunit le royaume au sien, ainsi que le dit Grégoire de Tours, *Hist. Franc.*, IV, 9. C'est sous ce prince que Condan, comme on le voit au vers 33, conserva sa place et ses honneurs, comme aussi sous Sigebert, fils de Clotaire, à qui échut le royaume de Théodoric. V. la *Vie de Fortunat*, n° 43.

6. — Je ne puis croire que Fortunat veuille dire ici que Sigebert affranchit les esclaves de Condanus ; c'eût été lui faire un méchant cadeau ; mais il put leur accorder certaines exemptions ou privilèges, comme il se pratiquait alors en effet.

7. — De là on est porté à conclure que les convives du roi l'emportaient sur les *domestici*. Dans le Concile de Tolède, can. 3, sont appelés convives du roi ceux *quos regia potestas participes mensæ suæ efficit*.

8. — Sur la guerre que Sigebert fit aux Saxons, voyez la pièce I du livre VI.

XVII.

1. — S'agirait-il ici de Théodechilde dont Fortunat loue la piété, pièce III, liv. VI ?

XVIII.

1. — *Achæmeniis... signis*. Achæmènes est considéré comme le chef d'une famille puissante de la tribu des Pasargades, d'où descendaient Darius et Cyrus. Chez les poètes, *Achæménie* et *Perse* sont souvent synonymes. Sidonius, dans les Panégyriques d'Anthémius :

Interea te, Susa, tremunt, ac supplice cultu
Flectit Achæmenius lunatam Persa tiaram.

2. — On sait que les runes sont les caractères dont se servaient jadis pour écrire les Scandinaves (Danemark, Suède, Norvège, Allemagne septentrionale). Ils sont antérieurs à notre ère, suivant les uns, et, selon d'autres, ne datent guère que du neuvième siècle après Jésus-Christ. En Scandinavie on les trouve gravés tantôt sur des pierres funéraires, tantôt sur des bâtons célèbres sous le nom de *bâtons runiques* et qui furent des calendriers portatifs.

3. — Sous le nom de *charta dolatilis* le poète n'a pu entendre du papier fait à coup de dolabre, mais du bois préparé en tablettes pour en faire la fonction.

XX.

1. — Ce Sigismond paraît avoir vécu en Germanie, comme on le voit plus clairement dans la pièce qui suit.

2. — Allusion aux Lombards qui dévastaient alors l'Italie.

XXI.

1. — Alagisile, frère du Sigismond de la pièce précédente et de celle-ci.

2. — *Parentes*. Que veut dire par là le poète ? Comment ces deux frères étaient-ils ses parents ? Pourquoi cessera-t-il d'être un étranger à leur arrivée ? Sigismond et Alagisile auraient-ils été Italiens ? En tout cas ils ont eu quelque emploi militaire en Germanie sous le roi Sigebert, comme il paraît par les vers 11 et 12 et par le dernier.

XXII.

1. — On appelait référendaires, chez les rois Francs, ceux à qui était confiée la garde de l'anneau ou sceau royal, et qui l'apposaient sur les actes officiels. Voy. Grégoire de Tours, *Hist. Franc.*, V, 3. Mabillon, de *Re diplom.* II, 11, s'étend longuement sur les devoirs et les prérogatives des référendaires. Il serait trop long de rechercher si le Boson à qui cette pièce est adressée, est le même que *Gontram Boson* qui est qualifié de duc par Grégoire de Tours (*Hist. Franc.*, VI, 24 et *passim*), et qui commandait l'armée du roi Gontram. Si c'est lui, il avait été référendaire avant d'être duc.

XXIII.

1. — Ce Paternus serait-il le même à qui est adressée la pièce XXV du livre III ?

XXIV.

1. — *Gavatæ* ou *Gabatæ*. Cette expression n'a été employée que postérieurement à Auguste. Voy. Martial, VII, 48 ; XI, 31. C'était une espèce particulière de plat ; on n'en sait pas davantage, si ce n'est qu'ils étaient le plus souvent en argent. Isidore, *Orig.*, XX, 4, dit : *Lancis, gavata, quasi cavata. g pro c littera posita*. Du Cange : *Paropsis ; gavata vel catinus*.

2. — C'était donc un festin de carême ?

3. — Ce dernier vers semble répondre à la question ci-dessus.

XXV.

1. — C'est le même personnage auquel est adressée la pièce XIX du liv. X.

2. — Avant d'être évêque, Gondégisile avait été comte de la Saintonge et il portait alors le surnom de *Dodo* (Grégoire de Tours, *Hist. Franc.*, VIII, 22). Il succéda à Berichram sur le siège épiscopal de Bordeaux en 585, et il fut un des évêques qui intervinrent pour apaiser les troubles arrivés dans le monastère Sainte-Croix, après la mort de Radegonde.

3. — *Culmine pro populi.* Nul doute que par ces termes le poète ne désigne le roi Gontram. Fortunat emploie communément et jusqu'à satiété le mot *culmen* pour indiquer tout personnage revêtu de quelque haute dignité civile, militaire ou religieuse.

Voyez ma Dissertation, n° 8.

LIVRE HUITIÈME.

I. A divers en son nom (1).

Vous qui n'épargnez pas aux Muses Aoniennes vos avides baisers (1 *bis*), et dont l'oreille s'abreuve de la liqueur de Castalie; vous que les greniers de Démosthène enrichissent de leur blé, et qui vous baignez dans les eaux abondantes et fécondes d'Homère; vous à qui deux serviteurs opulents, Cicéron et Virgile, apportent sur des plateaux, l'un le ragoût de son éloquence, l'autre le breuvage de sa poésie; vous aussi qui vous alimentez de mets immortels, que le Christ nourrit de la semence du paradis, qui, pénétrés de la parole divine retentissante comme le tonnerre, avez pour frein, tantôt les avertissements de Paul, tantôt les clefs de Pierre, moi Fortunat, je vous salue humblement. La Gaule garde dans son sein un enfant de l'Italie; il demeure à Poitiers où jadis est né saint Hilaire connu dans le monde entier. Sur le char roulant de son éloquence Hilaire a pénétré dans les Indes, et Thulé, située à la limite du monde, vénère son puissant génie. Il remplit toutes les terres de sa renommée, comme le soleil de sa clarté. Les Perses ont ses enseignements en grande faveur, ainsi que les Bretons. Il a dissipé par l'amour du Christ les frimas de la Scythie, et fondu les glaces des cœurs par la chaleur de sa doctrine. Je n'avais d'autre désir que de visiter le tombeau de saint Martin : Radegonde a voulu que je restasse et je restai (2).

Née du sang royal sous le ciel sacré de la Thuringe, cette pieuse princesse est la nièce d'Herménéfride (3) et a pour cousin Hamalafrède, fils du père de son père (4). Son cœur parfait méprise les honneurs éphémères; sa science est de rester ferme en Dieu seul. Elle a échangé ses habits de reine contre les vêtements blancs (5); elle porte avec amour la robe sordide des servantes. Jadis on la voyait traînée sur un char superbe, maintenant, par obéissance à la règle, elle va modestement à pied dans la boue (5 *bis*). Celle dont les bras étaient chargés de bracelets ornés d'émeraudes, est pauvre, et est la servante empressée de ses servantes. A la cour, elle donnait des ordres, ici elle en reçoit et les exécute. Maîtresse, on l'aimait; servante, on l'aime encore. Puissante par sa pauvreté et libre par sa seule volonté (6), elle jette d'autant plus d'éclat que sa condition actuelle est plus basse. Elle couchait dans un lit aux balustres d'or, elle se sentit avilie par tant de luxe, et refusant même un lit dressé, elle couche à même sur la poussière. Si on la méprise, elle dit

LIBER OCTAVUS.

I. Ex nomine suo ad diversos.

Aonias avido qui lambitis ore Camenas,
 Castaliusque quibus sumitur aure liquor,
Quos bene fruge sua Demosthenis horrea ditant,
 Largus et irriguis implet Homerus aquis;
Fercula sive quibus fert dives uterque minister :   5
 Tullius ore cibum, pocula fonte Maro;
Vos quoque qui numquam morituras capitis escas,
 Quos Paradisiaco germine Christus alit,
Facundo tonitru penetrati qui retinentur
 Nunc monitis Pauli, postea clave Petri :   10
Fortunatus ego hinc humili prece voce saluto
 (Italiæ genitum Gallica rura tenent)
Pictavis residens, qua sanctus Hilarius olim
 Natus in urbe fuit, notus in orbe pater :
(Eloquii currente rota penetravit ad Indos,   15
 Ingeniumque potens ultima Thyle colit;
Perfundens cunctas vice solis nomine terras,
 Cujus dona favens Persa, Britannus habet;
Christicolo Scythicas laxavit amore pruinas,
 Dogmate ferventi frigida corda calent).   20
Martinum cupiens voto Radegundis adhæsi,
 Quam genuit cælo terra Thoringa sacro :
Germine regali pia neptis Herminefredi,
 Cui de fratre patris Hamalafredus adest.
Mens ornata bonis fugitivos sprevit honores,   25
 Sciens in solo firma manere Deo.
Regia lactineo commutans pallia cultu,
 Vilior ancillæ vestis amata tegit.
Splendida serraco quondam subvecta superbo,
 ...nc terit obsequio planta modesta lutum.   30
Quæ prius insertis onerata est dextra zmaragdis,
 Servit inops famulis sedulitate suis.
Aulæ celsa regens quondam, modo jussa ministrat :
 Quæ dominando prius, nunc famulando placet.
Paupertate potens et solo libera voto,   35
 Clarius abjecto stat radiata loco.
Aurea fulcra tenens, jam tum sibi vilis honore,
 Effugit extructum pulvere fusa torum.

qu'on l'ennoblit, et elle croit déchoir si on lui rend quelque honneur. Elle surpasse Eustochie (7) par son extrême sobriété et Paule par ses jeûnes; elle a appris de Fabiola le moyen de guérir ses blessures morales. Elle nous a rendu le zèle de Mélanie, et la piété de Blésilla. Par les vœux qui la lient elle peut être comparée à Marcella. Elle rappelle Marthe par sa diligence, Mariel par ses armes, Eugénie par ses veilles, Thècle par sa patience. Elle a en soi tout ce qu'on loue dans ces saintes femmes, et je reconnais dans ses actes les leurs mêmes tels que je les ai lus. Son esprit, qui dédaigne toutes choses, vit toujours dans son enveloppe de chair, mais cette chair est abattue et morte. Habitante de la terre, elle s'élève du milieu des hommes, et entre dans le ciel, libre des entraves des sens. Elle fait ses délices des saintes prescriptions de sa règle, des enseignements de Grégoire (8) et de Basile, de ceux de l'intrépide Athanase et du doux Hilaire (9), l'un et l'autre éclairés de la même lumière et soldats de la même cause. Elle lit Ambroise qui tonne, Jérôme qui lance des éclairs, Augustin, source inépuisable d'éloquence, l'élégant Sedulius et le subtil Orose. Elle suit la règle de Césaire (10) qui semble avoir été faite pour elle. C'est quand elle est à jeun qu'elle se nourrit de ces mets; elle ne touche jamais à la viande avant que l'esprit ne soit rassasié. Je n'en dis pas davantage. Le témoignage et le jugement de Dieu la glorifieront mieux que je ne saurais le faire. Que chacun selon son pouvoir lui envoie les vers des saints poètes; ce sera un présent considérable sous un très petit volume. Ce sera aussi doter les églises établies que de lui apporter des écrits édifiants (11). Vous qui lisez ceci, envoyez-lui vos vœux pour sa santé, car, à mon avis, une lettre de vous, si légère soit-elle, donnera du poids à votre affection (12).

II. De son voyage, lorsque voulant aller trouver saint Germain, à Paris, il était retenu à Poitiers par Radegonde (1).

Voici le jour venu, où l'on me presse de partir et de m'acquitter de ma promesse; voici le jour venu. Germain, mon père, la lumière du monde, m'appelle là-bas; ma mère (2) me retient ici, Germain m'appelle là-bas. L'un et l'autre me sont chers; je leur suis étroitement uni, ils me souhaitent avec une ardeur égale, et sont remplis de l'amour de Dieu; l'un et l'autre me sont chers. Celle-ci est plus avant dans mon cœur, quoique mon cœur soit heureux de posséder aussi celui-là; il est supérieur en dignité; elle est plus avant dans mon cœur. Ils ont un même esprit, et marchent du même pas, dans la voie de la piété; ils ont un même esprit. Le bien que l'un a fait profite à tous les deux, et le bien qui échoit à un seul profite à tous les deux. Puisque leur affection pour moi est égale, je ne refuse pas de partir; je ferai leur volonté, puisque leur affection pour moi est égale. Cependant je ne m'en vais pas d'ici, quoique j'aille visiter d'autres toits, et si mon corps s'éloigne, cependant je ne m'en vais pas d'ici. Ici je serai tout entier, ne pouvant m'en arracher d'esprit ni de cœur; de même

```
Si contemnatur, tunc nobilis esse fatetur,
    Et putat esse minor, si datur ullus honor.        40
Parca cibo Eustochium superans, abstemia Paulam,
    Vulnera quo curet dux Faviola monet:
Melaniam studio reparans, pietate Blesillam,
    Marcellam votis æquiperare valens,
Obsequio Martham renovat lacrimisque Mariam,      45
    Pervigil Eugeniam, vult patiendo Theclam.
Sensibus ista gerit quidquid laudatur in illis,
    Signa recognosco quæ prius acta lego.
Omnia despiciens et adhuc in corpore constans
    Spiritus hic vivit, sed caro functa jacet.        50
Terram habitans cælos intrat bene libera sensu,
    Atque homines inter jam super astra petit.
Cujus sunt epulæ quidquid pia regula pangit,
    Quidquid Gregorius Basiliusque docent.
Acer Athanasius, quod lenis Hilarius edunt,         55
    Quos causæ socios lux tenet una duos,
Quod tonat Ambrosius, Hieronymus atque coruscat,
    Sive Augustinus fonte fluente rigat,
Sedulius dulcis, quod Orosius edit acutus :
    Regula Cæsarii linea nata sibi est.               60
Illis alitur jejuna cibis, palpata nec umquam
    Fit caro, sit nisi jam spiritus ante satur.
Cetera nunc taceam, melius quia teste Tonante
    Judicioque Dei glorificanda manent.

Cui sua, quisque potest, sanctorum carmina vatum 65
    Mittat, in exiguis munera larga ferat :
Se putet inde Dei dotare manentia templa
    Quisquis ei votis scripta beata ferat.
Hæc quoque qui legitis, rogo, reddite verba salutis,
    Nam mihi charta levis pondus amoris erit.        70

II. De itinere suo, cum ad domnum Germanum ire deberet
    et a domna Radegunde teneretur.

Emicat ecce dies, nobis iter instat agendum,
    Debita persolvens emicat ecce dies.
Me vocat inde pater radians Germanus in orbe,
    Hinc retinet mater : me vocat inde pater.
Dulcis uterque mihi voto amplectente cohæsit,        5
    Plenus amore Dei, dulcis uterque mihi :
Carior hæc animo, quamquam sit et ille beato,
    Clarior ille gradu, carior hæc animo.
Mens tenet una duos æquali calce viantes,
    Ad pia tendentes mens tenet una duos.           10
Proficit alterutro quidquid bene gesserit alter,
    Unius omne bonum proficit alterutro.
Sunt quia corde pares, jussus non ire recuso :
    Obsequar ambobus, sunt quia corde pares;
Nec tamen hinc abeo, quamvis nova tecta videbo :  15
    Corpore discedo nec tamen hinc abeo.
Hic ego totus ero, nec corde ac mente revellor;
```

qu'à mon retour de là-bas, je serai ici tout entier. Que ma mère, à mon départ, me donne des armes célestes; pour qu'elle obtienne davantage (3), qu'elle me donne des armes célestes.

III. Au nom de Notre-Seigneur Jésus-Christ et de Notre-Dame Marie, sa mère. De la Virginité (1).

Une foule de hauts personnages remplissent le ciel d'une lumière radieuse, et de saints concerts y réjouissent leurs pieuses phalanges. Ils accompagnent de leurs battements de mains les cantiques de David, et l'on croit même qu'ils exécutent des danses sacrées. Les enfants des hommes, mêlés aux chœurs des anges, font entendre un chant de gloire et d'amour. Ils chantent aussi en alternant de divines poésies, et célèbrent le Créateur en un langage mystique. La brillante cour céleste retentit de la joie tumultueuse de ses hôtes, et les astres sont ébranlés par le bruit des louanges du Seigneur. On entend les voix mélodieuses des patriarches, et parmi eux est Abraham, le prince des croyants. Les prophètes redisent les paroles de celui qui les inspirait. Moïse en est le chef et marche à leur tête; tel on le vit au passage de la mer Rouge. Les apôtres (2) poussent des acclamations ainsi que la troupe glorieuse des élus. Voici Pierre, se préparant par la méditation à répandre la lumière apostolique, qui par ses mérites ranime la cendre des tombeaux et peut à son commandement rappeler les morts à la vie. Suit l'ordre des sénateurs, dignes par leur piété d'une égale récompense. Parmi eux et en première ligne est Étienne, vainqueur du martyre; il est suivi de ceux que la lapidation, le fer, la faim, la soif, le froid, les flammes ont ravis à la terre, et que la foi réunit dans le ciel. Victimes de tous les genres de supplices et de la fureur des bourreaux, ils sont éclairés d'une même lumière, quoiqu'ils aient subi une mort différente.

Après eux paraît dans tout son éclat la pieuse Marie, mère de Dieu, conduisant les brebis du troupeau virginal de l'Agneau. Entourée d'un nombreux essaim de jeunes vierges, elle entraîne avec soi cette splendide armée de la chasteté. Les vierges célèbrent leurs vœux dans les banquets du paradis. L'une cueille des violettes, l'autre des roses. D'autres cueillent des lis; d'autres ces fleurs qui sont les pierres précieuses des prairies. Toutes celles que leur parfum trahit sont moissonnées. Euphémie est là; là aussi est Agathe qui applaudit avec Justine et Thècle. Ici triomphent Pauline, Agnès, Basilisse, Eugénie, et toutes celles que leur chasteté a conduites dans ces demeures sacrées. Heureuses celles qui ont mérité, par leur amour du Christ, d'être inscrites sur le livre de la vie éternelle! De ce nombre est Casarie (3) qu'on distingue parmi ses compagnes. Elle fut l'ornement de la ville d'Arles, et dut aux conseils de Césaire de participer à la lumière éternelle sinon par le martyre, du moins par sa virginité. Liliola (4) les rappelle tous deux par des mœurs semblables; une palme prochaine attend cette brillante héritière. Quiconque entre ses filles

Sic quoque dum redeo, hic ego totus ero.
Porrigat arma mihi cœlestia mater eunti :
Ut sibi plus habeat, porrigat arma mihi. 20

III. In nomine domini nostri Jesu Christi et domnæ Mariæ matris ejus. De Virginitate.

Culmina multa polos radianti lumine complent,
Lætanturque piis agmina sancta choris.
Carmine Davitico plaudentia brachia texunt,
Creditur et sacros tripudiare gradu.
Cœtibus angelicis hominum sociata propago 5
Reddit honorificum laudis amore sonum :
Alternis vicibus divina poemata psallunt,
Atque Creatori mystica verba canunt.
Lucida sidereo cœli strepit aula tumultu,
Laudibus et Domini concutit astra fragor. 10
Illinc patriarcharum resonant modulamina vocum,
Inter quos Abrahæ est maxima palma fide :
A quo acceperunt, reddunt dehinc verba prophetæ,
Moyses ante alios, dux mare teste, viros.
Inde favent fratres et celsa caterva piorum, 15
Lumen apostolicum præmeditante Petro,
Qui valet ex meritis cineres animare sepultos
Et revocare diem voce jubento potest.
Hinc mercede pari sequitur pius ordo senatum,
In quibus est Stephanus victor honore prior, 20
Quos saxis gladiisque, fame, site, frigore, flammis
Ereptos terris jungit in astra fides.
Casibus heu variis quos sic tulit ira furentis,
Etsi mors dispar, lux tamen una tenet.
Inde Dei genetrix pia virgo Maria coruscat, 25
Virgineoque agni de grege ducit oves :
Ipsa puellari medio circumdata cœtu
Luce pudicitiæ splendida castra trahit.
Per paradisiacas epulas sua vota canentes,
Ista legit violas, carpit et illa rosas. 30
Pratorum gemmas ac lilia pollice rumpunt
Et quod odoratum est flore comante metunt.
Eufemia illic, pariter quoque plaudit Agathe,
Et Justina simul, consociante Thecla.
Hic Paulina, Agnes, Basilissa, Eugenia regnant, 35
Et quascumque sacer vexit ad astra pudor.
Felices quarum Christi contingit amore
Vivere perpetuo nomina fixa libro !
Has inter comites conjuncta Casaria fulget,
Temporibus nostris Arelatense decus, 40
Cæsarii monitis luci sociata perenni,
Si non martyrii, virginitatis ope :
Quos Liliola refert æquatis moribus ambos,
Et claram heredem proxima palma manet :
Et quæcumque suos vigilans meditabitur actus, 45

voudra réfléchir et veiller sur ses actions, arrivera comme elle à la place éminente qu'elle occupe (5). Pénétrée d'une foi féconde et pleine d'amour pour le Christ, Radegonde pratique scrupuleusement la règle de Césaire. Elle recueille le miel qui découlait du cœur de ce pontife, et boit à cette source sans être rassasiée. Autant elle y puise, autant sa soif s'en accroît, et plus elle est trempée de la divine rosée, plus sa foi en ressent d'ardeur. Vivant non pour soi, mais pour tous sans exception, elle a le bonheur de s'ouvrir par ce moyen la voie étroite qui mène au ciel. Cette sainte mère vous a choisie (6) de préférence à toute autre pour vous associer au gouvernement de sa communauté, et elle vous en a tendrement pressée. C'était dire assez qu'elle vous veut pour mère, vous qui êtes sa fille, élevée sur ses genoux comme son enfant de prédilection, et que vous commandiez à sa place. Après avoir exercé jusqu'ici l'autorité, il lui plaît aujourd'hui de vous être subordonnée. Il lui est avantageux à elle-même qu'il en soit ainsi. Vous avez le rang, elle s'y soumet. Enfin, grâce à Dieu, il est venu ce jour de fête (7) que la mère demanda si souvent dans ses prières, dont l'attente faisait battre son cœur en silence, et le remplissait, dans son étroite mesure, d'un bonheur immense. Les yeux fixés sur ce moment trop attendu, elle recueille les excellents fruits de la joie qu'elle a semée. Il ne lui reste plus qu'à vous souhaiter d'avoir cette gloire, de plaire au Christ, et de lui être un jour unie dans le ciel. De quelque façon que vous fassiez votre charge, il y aura de la peine pour vous; mais elle sera courte et les fruits en seront abondants. Il vous faut courber la tête sous le joug du Seigneur, et alors tout ce que vous ferez par amour pour lui loin d'être pesant vous sera léger. Modelez-vous sur votre mère; ne cherchez pas ailleurs d'autres exemples; vous avez sous les yeux la tâche qui doit être l'objet de vos méditations. Il importe de régler vos pas sur celle avec qui vous avez hâte de partager la lumière éternelle. Ne perdez pas de vue la douce et vénérable Casarie, non plus que Césaire, son évêque. Suivez-les de cœur, et en ce qui regarde le corps, suivez leurs commandements. Imitez ces abeilles et reposez-vous sur les mêmes fleurs.

Considérez celui qui a voulu naître d'une vierge, et comment le Dieu fait chair est venu de la chair. L'Esprit souffla sur le sein immaculé d'une vierge où il voulait fixer sa demeure. La vierge en qui Dieu entrait n'avait point connu d'homme; elle comprit seulement qu'il naîtrait d'elle un homme. Elle fut fécondée par la foi sans le concours de la semence humaine, et un homme ne naquit pas d'un autre homme (8). Heureuse virginité trouvée digne d'enfanter un Dieu et de créer son créateur! Les chastes membres d'une vierge sont ses temples; c'est là qu'il habite et qu'il repose. Quelle puissance et quel attrait dans la virginité pour qu'aucune épouse ne plaise à Dieu si elle n'est vierge? Sarah, Rébecca, Rachel, Esther, Judith, Anne, Noémi se sont élevées jusqu'aux astres; aucune d'elles ce-

His erit egregio participanda gradu.
Concipiente fide Christi Radegundis amore
  Cæsarii lambit regula quidquid habet;
Cujus pontificis refluentia pectore mella
  Colligit et rivos insatiata bibit. 50
Quantum fonte trahit, tantum sitis addita crescit,
  Et de rore Dei plus madefacta calet.
Nec sibi, sed cunctis generaliter unica vivens,
  Felix angustam pandit ad astra viam.
Sed tibi præ reliquis, mater pia, carior instat, 55
  Te legit excelso consociare choro.
Res probat ipsa tamen, quoniam quæ filia constas
  Te matrem votis optat habere suam,
Quamque suis genibus caram nutrivit alumnam
  Præficit ecce, suo constituendo loco; 60
Et quæ te semper baculi moderamine rexit
  Prompta sub imperio vult magis esse tuo.
Proficit illa sibi, cum tu præponeris illi,
  Illa subit votum, te potiente gradu.
Ecce diem festum tandem pietate Tonantis, 65
  Quam precibus genetrix sæpe rogabat, habet.
Cujus respirant tacito præcordia pulsu,
  Angustosque animos gaudia larga replent.
Expectata nimis oculos ad tempora tendens,
  Semine lætitiæ dona superna metit. 70
Optat adhuc supplex unum quod restat honoris,
  Ut placeas Christo consocianda polo.
Qualiter hæc capias, labor esse videtur agentis:
  Sed labor iste brevis fruge replendus erit.
Servitio domini subdenda est ad juga cervix, 75
  Nec grave, sed leve fit, quidquid amore feres.
Non aliunde petas, in matre exempla require:
  Aspicis ante oculos quod mediteris opus;
Cum qua festinas simul esse in luce perenni,
  Condecet hic simili currere lege viam. 80
Sit tibi dulce decus veneranda Casaria præsens,
  Præsule Cæsario non caritura suo.
Illos corde sequens, mandataque corpore complens,
  Ut teneas flores, has imiteris apes.
Respice qui voluit nasci de ventre puellæ, 85
  Et Domini summi qua caro carne venit:
Spiritus intactum venerabilis adtigit alvum,
  Virgineam cupiens inhabitare domum,
Hanc Deus ingrediens, hominis quæ nesciit usum,
  Sola suo nato conscia virgo viro: 90
Concipiente fide, nullo se semine lusit,
  Et quo factus homo est non fuit alter homo.
Virginitas felix, quæ partu est digna Tonantis,
  Quæ meruit dominum progenerare suum!
Templa Creatoris sunt membra pudica puellæ 95
  Et habitat proprius tale cubile Deus.
Quantum sponsa potest de virginitate placere,
  Ipsa cui genetrix non nisi virgo placet?
Sarra, Rebecca, Rachel, Hester, Judith, Anna, Noemi,

pendant n'a mérité de donner la naissance au père du monde. Marie eut cet honneur, après quoi son sein resta fermé. Créature sans tache, elle tient le Dieu son fils suspendu à sa mamelle, et nourrit de son lait le pain du ciel. Maintenant ce que Dieu aime dans son épouse, il l'avait auparavant trouvé dans sa mère. Il pénètre librement dans ces entrailles connues de lui seul; il entre avec plus de joie dans un chemin où nul n'entra jamais. Ce sont là, pense-t-il, ses propres membres, exempts de toute souillure, et dont il n'a été donné à aucun homme de partager la possession. Affectueux et tendre, il embrasse ce sein qu'il honore d'un amour interdit à tout autre. Dieu veut que son royaume appartienne également à tous; le Christ cependant se soustrait à cette communauté. Il veut sans doute être cohéritier dans la jouissance des biens du paradis, mais il veut habiter seul dans la maison des vierges. Là il est roi, et il défend mieux les retranchements de la chasteté, si la troupe qui lui est consacrée ne viole pas sa foi, et s'il voit qu'on a la volonté de lui être fidèle; il est Dieu et il a des armes à l'usage de ses servantes. Celle qu'il aime il l'a munie d'une cuirasse, d'un bouclier et d'un casque, et l'a solidement établie dans la citadelle au sommet de la montagne. Lui-même, lançant des traits, fait des sorties contre l'ennemi, pour détruire tout adversaire qui ose vous combattre (9). Après la victoire il accourt triomphant aux embrassements de son épouse, et applique de chastes baisers sur ses lèvres sacrées. Il la caresse, la serre contre son sein, l'honore, la vénère, l'obombre de ses ailes, et la dépose tout émue de pudeur dans le lit nuptial.

Les princes de la hiérarchie céleste accourent à l'envi aux noces de leur roi. Leur troupe se concentre et se forme en chœur. Outre les chérubins, les séraphins, et le reste des anges, leurs compagnons, que Dieu couvre de son aile, arrivent à la hâte les quatre-vingt-quatre vieillards (10) qui admirent et applaudissent de la voix et du geste. Viennent ensuite sur leur char Élie et Énoch (11), et aussi la première par le privilège qu'elle tient de son fils, la vierge Marie (12). Le prince des apôtres, Pierre, accourt de Rome, et avec lui, précipitant sa marche, Paul, le docteur des nations. Les saints, dont la capitale du monde garde les cendres, se rendent à ces fêtes et y apportent leurs présents. La noble Achaïe envoie son André (13), cette grande et éclatante lumière de l'apostolat, et la vénérable Éphèse, Jean (14), aux mérites supérieurs. Les deux Jacques arrivent également de ce bienheureux pays (15). Hiérapolis, la sainte, joyeuse de voir ses vœux accomplis, envoie Philippe (16), et Édesse le pieux Thomas (17). L'Inde envoie Bartholomé triomphant (18), et Naddaver l'excellent Mathieu (19). La Perse ouvrant son sein, en fait sortir, pour les diriger vers les régions célestes, Simon et Jude, ces deux flambeaux de la foi (20). La brûlante Égypte, fertile sans pluie, envoie Marc conjointement avec Luc, la trompette évangélique (21); l'Afrique Cyprien

```
  Quamvis præcipue culmen ad astra levent,         100
Nulla tamen meruit mundi generare parentem :
  Quæ Dominum peperit, clausa Maria manet.
Intemerata Deum suspendit ad ubera natum,
  Et panem cæli munere lactis alit.
Hoc ergo in sponsæ nunc viscera diligit ipse      105
  Quod prius in matrem legit honore sacer :
Pectora liberius penetrat sibi cognita soli,
  Et quo nemo fuit lætior intrat iter,
Hæc sua membra putans quæ nulla injuria fuscat,
  Quæ neque sunt alio participata viro.           110
Mitis in affectu pectus conplectitur illud,
  Promptus amore colens, quo alter amator abest.
Cum sua regna Deus pariter velit omnibus esse,
  Hoc communo tamen Christus habere fugit.
Per paradisiacas epulas cupit esse coheres :      115
  Virgineam solus vult habitare domum.
Castra pudicitiæ melius rex ipse tuetur;
  Si sibi non violet turba dicata fidem,
Ipse voluntatem si viderit esse fidelem,
  Pioque suis famulis et Deus arma tenet :        120
Lorica, clipeo, galea præmunit amantem,
  Et stabilit solidum montis in arce gradum.
Ballista jaculans pro te mox exit in hostem,
  Perdat ut adversos qui tibi bella movent.
Currit ad amplexus post prœlia gesta triumphans, 125
  Infigens labiis oscula casta sacris.
Blanditur, refovet, veneratur, honorat, obumbrat,
  Et locat in thalamo membra pudica suo.
Siderei proceres, ad regia vota frequentes,
  Certatim veniunt adglomerando chorum :          130
Quo præter Cherubin, Seraphin reliquosque beatos
  Aligeros comites, quos tegit umbra Dei,
Bis duodena senum concursat gloria vatum,
  Attonito sensu plaudere voce, manu.
His venit Helias, illis in curribus Enoch,        135
  Et nati dono virgo Maria prior.
Jurisconsulti Pauli comitante volatu,
  Princeps Romana currit ab arce Petrus :
Conveniunt ad festa simul sua dona ferentes
  Hi quorum cineres urbs caput orbis habet.       140
Culmen apostolicum radianti luce coruscum
  Nobilis Andream mittit Achaia suum.
Præcipuum meritis Ephesus veneranda Johannem
  Dirigit, et Jacobos terra beata sacros;
Læta suis votis Hierapolis alma Philippum,        145
  Producens Thomam munus Edessa pium;
Inde triumphantem fert India Bartholomæum,
  Matthæum eximium Naddaver alta virum;
Hinc Simonem ac Judam lumen Persida gemellum
  Læta relaxato mittit ad astra sinu,             150
Et sine rore ferax Ægyptus torrida Marcum,
  Lucæ evangelica participante tuba.
Africa Cyprianum, dat Siscia clara Quirinum;
```

(22), Scissia Quirin (23), l'Espagne Vincent (24), honneur de ce pays; la féconde Bretagne Alban (25), Marseille Victor le martyre (26); Arles donne Genès et Césaire (27), Paris Denys (28), Autun Symphorien (29), le Gévaudan Privat (30), l'Auvergne Julien (31), Vienne Ferréol (32), la Gaule Hilaire et Martin (33), Rome le bienheureux Laurent (34), et Vicence le bienheureux Félix (35). Aquilée envoie son Fortunat, Ravenne Vital et ceux qui y sont enterrés (36); Milan Gervais et mon cher Ambroise (37), Padoue Justine (38), la Calcédoine, Euphémie (39), Mérida Eulalie (40), la Sicile Cécile (41), la Séleucie Thècle (42), enfin Agaune la sainte Légion thébaine (43). Qui pourrait rappeler toutes les grandes lumières venues d'Europe et d'Asie? Qui pourrait nommer les confesseurs de la foi venus de Rome? La fête royale attire de tous les points du monde les bataillons unis de la milice sacrée. La cité céleste leur ouvre ses portes lumineuses, et les reçoit dans son enceinte. Les hautes puissances, revêtues de la prétexte, s'avancent peu à peu, et en ordre, et prennent place sur leurs chaises curules. La noblesse du ciel, riche de la croix et du sang du Christ, célèbre sans retard les fêtes de l'hymen mystique. Ceux qui vécurent pauvres sur la terre, comblés aujourd'hui des biens célestes, témoignent en présence de ces grands consuls de leur respect pour la volonté du roi. Les Pères silencieux écoutent le Christ parler. Alors la divine Majesté dont les desseins sont mystérieux, s'adresse en ces termes aux chefs que dirige sa main:

« Cette vierge est restée chaste, comme elle me l'avait promis; elle n'a pas voulu violer la foi qu'elle m'a jurée et qui m'est chère. Elle a suivi avec une attention scrupuleuse les traces de l'époux, et sans avoir porté aucune atteinte à sa pureté, elle est venue à mon appel. Marchant parmi les chausse-trapes, elle en évita les pointes aiguës, et, parmi les ronces, ne sut pas être sensible aux épines. Vainement la vipère, la givre, le javelot, le basilic, l'hémorrhoïs et l'aspic firent entendre autour d'elle leurs horribles sifflements; vainement les arcs bandés et les flèches décochées l'épouvantèrent dans sa route, elle avait appris des embûches mêmes qui lui étaient tendues, à se diriger sûrement. Environnée de tant d'ennemis, l'innocente ne céda à pas un d'eux. Elle reçut des blessures, mais elle continua à fuir en les supportant. Rien n'était capable de l'arrêter, quand elle me suivait, au travers des traits et des glaives. Quoi donc, si ce n'est l'amour, lui faisait accepter de si dures épreuves? Toujours ses yeux, ses oreilles, ses pensées étaient tendus vers moi; quand elle était encore sur la terre, elle avait déjà un pied dans le ciel. Souvent je l'ai entendue soupirer, gémir, sangloter avec larmes; je ne l'ai pas oublié. Réservée vis-à-vis des autres, n'avouant ses douleurs à personne, elle renfermait en soi ses plaintes qui n'étaient entendues que de moi. Toutes les fois qu'elle voyait mon

Vincenti Hispana surgit ab arce decus.
Egregium Albanum fecunda Britannia profert, 155
Massilia Victor martyr ab urbe venit.
Porrigit ipsa decens Arelas pia dona Genesi
Astris, Cæsario concomitante suo.
Ipse Parisiaca properat Dionysius urbe;
Augustiduno, Symphoriane, tuus. 160
Privatum Gabalus, Julianum Arvernus abundans,
Ferreolum pariter pulchra Vienna gerit.
Hinc simul Hilarium, Martinum Gallia mittit,
Te quoque, Laurenti, Roma, beate mihi.
Felicem meritis Vicetia læta refundit, 165
Et Fortunatum fert Aquileia suum;
Vitalem ac reliquos quos cara Ravenna sepultat,
Gervasium, Ambrosium, Mediolane, meum.
Justinam Patavi, Eufemiam huc Calchedon offert:
Eulalia Emerita tollit ab urbe caput. 170
Cæciliam Sicula profert, Seleucia Theclam;
Et legio felix Agaunensis adest.
Europæ atque Asiæ quis lumina tanta recurrat?
Vel tua quis possit pignora, Roma, loqui?
Undique collectos diversis partibus orbis 175
Agminibus junctis regia pompa trahit.
Intrant sidereo vernantes lumine portas,
Excipit hos proceres urbs patefacta poli.
Incedit sensim tum prætextata potestas
Ordine, patricio sic potitura loco. 180
Nobilitas cœli dives cruce, sanguine Christi
Festinat festos concelebrare toros.
Paupertas terræ censu, cæleste redundans,
Consulibus tantis regia vota colit.
Undique distincte numerosa sedilia complent, 185
Attonitique silent, rege loquente, patres.
Majestas arcana Dei tum pondere fixo
Alloquitur proceres, quos sua dextra regit,
« Hæc mihi pollicitum servavit virgo pudorem
Nec voluit placitam dilacerare fidem: 190
Sollicitis animis sponsi vestigia sectans,
Et mea vota petens inviolata venit.
Per tribulos gradiens spinæ cavefecit acumen
Sentibus in mediis nescia ferre vepres.
Vipera, serps, jaculus, basiliscus, emorrois, aspis 195
Faucibus horrificis sibila torsit iners.
Inde sagitta volans, hinc tenuit arcus euntem:
Doctast insidiis cautius ire suis.
Inter tot hostes nulli se subdidit insons;
Vulnera suscepit, sed tolerando fugit. 200
Per tela et gladios tenuit mora nulla sequentem:
Sed tam dura nimis non nisi ferret amor.
Ad me aures, oculos, animos suspensa tetendit:
Cum terris jacuit, jam super astra fuit.
Singultus, gemitus, curas, suspiria, fletus 205
Sæpius audivi non abolenda mihi.
Abscondens aliis, nulli confessa dolores,
Intellecta mihi murmura clausa dedit.
Vidit forte meum quotiens in imagine vultum,

image, elle y appliquait ses lèvres en mêlant ses larmes à ses baisers. S'il arrivait que je vinsse de quelque part auprès d'elle, je la trouvais, veillant, et couchée sur le marbre devenu tiède au contact de ses membres à leur tour devenus glacés. Mon feu réchauffait ses os, mais son cœur brûlait d'amour, pendant qu'elle avait les entrailles rigides. Au mépris de son corps, elle couchait sur la dure, et dans cet état et cet oubli de soi-même, elle ne pensait qu'à moi. La terre était inondée de ses larmes; ses yeux étaient desséchés, et comme alors cette créature bien-aimée ne pouvait plus me voir de ses yeux charnels, elle m'adressait des prières. Souvent pendant la nuit et alors qu'elle était l'objet de ma sollicitude, elle me lisait quelque page écrite de sa main, arrosée de ses pleurs, et où, le cœur gros de soupirs, elle se plaignait en tremblant de rester étendue sur la terre triste et sans moi. Voici en quels termes émus et mêlés de larmes elle exhalait ses plaintes :

« Je suis étendue sur la terre, pleurant et ne voyant pas ce que je désire; j'embrasse tristement la pierre et la presse contre ma poitrine. Je reste sur ce dur lit pendant que mon époux est absent, et que je ne puis comme je le veux, le tenir dans mes bras. Dis-moi où tu es, toi que j'attends et après qui je soupire? En quelle ville te trouverai-je ? Où te suivre, pauvre femme que je suis et partout inconnue ? Je voudrais accourir près de toi, si mes pas chancelants pouvaient s'assurer sur le chemin du ciel. Maintenant sans toi, la nuit m'enveloppe de ses sombres ailes, et le jour le plus resplendissant de soleil est pour moi sans clarté. Il n'est fleur ni plante qui puisse me récréer, ni le lys, ni le narcisse, ni la violette, ni la rose, ni le nard, ni l'amome. Dans l'espérance de te voir, j'examine avec attention chaque nuage, mais mon amour n'est guidé dans ces régions que par une lumière incertaine. Je suppose que les vents orageux m'apprendront quelque chose sur mon Seigneur, et je les interroge. Puis, je voudrais laver les dalles où tu poseras tes pieds, et j'aimerais à essuyer avec mes cheveux le pavé de tes temples. Enfin, il n'est rien que je ne supporte, et plus dure serait l'épreuve, plus j'y trouverais de douceur. Toute peine m'est agréable pourvu que je te voye. Cependant, souviens-toi de moi, parce que je cherche ta volonté, et inquiète-toi de moi comme je m'inquiète de toi-même. »

« En parlant ainsi elle portait vivement ses bras en avant comme si elle eût pensé me saisir les pieds, et, parce que trompée dans son espoir, elle n'avait saisi que le vide, elle versait des torrents de larmes. Quand elle était couchée sur la terre, ne goûtant ni repos, ni sommeil, souvent je pris place à ses côtés, dans le dessin de la consoler; je la consolais en effet, souffrant avec et comme elle, essuyant ses larmes qui tombaient sans mesure, et lui donnant des baisers aussi doux que le miel. Maintenant donc qu'elle règne, qu'elle jouisse de son amour qui m'a plu, celle qui depuis longtemps m'était unie par le cœur. »

La cour céleste, le sénat siégeant accueillit ces paroles par des acclamations, et le nom de la nou-

Oscula dans labiis lumine fudit aquas; 210
Pervigil incubuit, si forte alicunde venirem,
Marmore jam tepido frigida membra premens.
Haec gelifacta meum servavit in ossibus ignem :
Visceribus rigidis pectus amore calet.
Corpore despecto recubabat in aggere nudo, 215
Seque oblita jacens, me memor ipsa fuit.
Fletibus adsiduis exhausto humore genarum,
Siccatis oculis, terra natabat aquis :
Et quia me vivens carnali lumine quondam
Cernere non potuit, misit amata precem. 220
Nam mihi sollicito nocturnis sæpius horis,
Scripta suis lacrimis pagina lecta fuit,
Plena quidem variis tremulo sermone querellis,
Quod sine me solo mœsta jaceret humo.
Cujus ab ore fluens nativo gutta liquore 225
Hæc dedit in tremulis signa relata notis : —
Strata solo recubo lacrimans, neque cerno quod opto,
Tristis in amplexu pectore saxa premo.
Sponso absente manens, tam dura cubilia servo,
Nec mea quem cupiunt membra tenere queunt. 230
Dic ubi sis quem exspecto gemens, qua te urbe requiram
Quave sequar, nullis femina nota locis.
Ipsa venire velim, properans si possit in astris
Pendula sideream planta tenere viam.
Nunc sine te fuscis graviter nox occupat alis, 235
Ipsaque sole micans est mihi cæca dies.
Lilia, narcissus, violæ, rosa, nardus, amomum,
Oblectant animos germina nulla meos.
Ut te conspiciam, per singula nubila pendo,
Et vaga per nebulas lumina ducit amor. 240
Ecce procellosos suspecta interrogo ventos,
Quid mihi de domino nuntiet aura meo.
Proque tuis pedibus cupio cœmenta lavare,
Et tua templa mihi tergere crine libet.
Quidquid erit tolerem, sunt omnia dulcia dura : 245
Donec te videam, hæc mihi pœna placet.
Tu tamen esto memor, quoniam tua vota requiro;
Est mihi cura tui, sit tibi cura mei. —
Hæc referens avidis jactabat brachia palmis,
Si posset plantas forte tenere meas; 250
Cum decepta sibi sine me sua dextra rediret,
Luminis instillans ora lavabat aquis.
Cum recubaret humo neque victa sopore quievit,
Consuliturus ei sæpe simul jacui,
Condolui pariter, lacrimarum flumina tersi, 255
Oscula dans rutilis mellificata favis.
Nunc igitur regnet, placitoque fruatur amore,
Quæ mihi jam pridem pectore juncta fuit. »
Adsensu fremit aula poli residente senatu :
Nomen perpetuo scribitur inde libro. 260
Traditur æternum mansura in sæcula censum,

velle épouse du Christ fut inscrit sur le livre éternel. Le ciel où elle doit demeurer à jamais lui ouvre ses inépuisables trésors, et les richesses qu'ils contiennent sont versées sur le lit de la vierge. On pose sur sa tête une couronne radieuse, sertie de béryls entremêlés de blanches émeraudes (44); une bandelette couleur d'améthyste lie ses beaux cheveux, et retombe flexible sur sa collerette garnie de perles. Autour de son cou est un brillant collier de sardoines aux teintes pourprées. Un bracelet de chalcédoines mêlées d'agates est à son bras droit, et sa main est si chargée d'hyacinthes qu'elle en est toute en sueur. Sa cyclade, garnie de gemmes (45), est retenue par un cordon tissu de fils d'or, et les sujets qui la décorent sont brodés avec un art divin. Sa magnifique ceinture chargée de topazes, se ferme au moyen d'une boucle en chrysolite avec ardillon d'or. Par-dessus cet ajustement elle jette un surtout de fin lin trempé deux fois dans la pourpre, et tel qu'en pouvait porter une épouse du Christ. Ainsi parée la vierge-reine se tiendra sur le lit nuptial, et pressera le soleil sous ses pieds. Cependant outre sa virginité il importe qu'elle ait des pensées modestes et que par là aussi elle plaise à l'époux ; qu'un calme imperturbable se lise sur sa figure, qu'il ne lui échappe aucun mouvement de colère, que les orages de la vanité ne troublent point son esprit trop docile, et qu'elle tienne son cœur à l'ancre au milieu des flots. La patience donne aux vertus un éclat particulier. Job a montré par quelle voie on y arrive.

Que parlerais-je d'humilité à qui a la grâce au suprême degré? Qui tend à s'abaisser s'élève d'autant plus. Où il y a trop de disproportion dans deux états différents, l'humble se relève de terre, l'orgueilleux y est renversé. Joseph et Pharaon en sont des exemples. L'un fut tiré du fond d'une citerne, l'autre fut noyé dans la mer. Il est louable d'ailleurs de demander le prix des services ; seulement que l'avarice, cette peste qui dévore le cœur, n'y soit pour rien. Il faut se contenter de peu. Si l'on ne prétend rien au delà, on est à l'étroit sans doute, on est pauvre, mais on règne en possédant Dieu. Saphira, qui elle aussi était une femme, offrit aux apôtres son bien diminué d'une partie; elle mourut pour ce trait d'avarice; la vierge vit pour avoir tout donné. Heureux qui ne se laisse pas vaincre par la mollesse, et qui ne consulte que soi pour mortifier son corps par la peine! Il méprise l'appât des richesses; les parfums, les vases ciselés, les vêtements trop lâches, afin de sauvegarder sévèrement son âme; il s'en tient à ce qui est de l'usage le plus économique. La sobriété seule a rendu Judith victorieuse. Que dirai-je de l'homme au cœur doux, que la grâce nourrit et qui porte ses semblables dans ses entrailles? il est pacifique; il aime tous les hommes; c'est là sa jouissance; il les confond tous dans une même et étroite affection. Deux fois heureux celui dont la volonté est adoucie par la bonté! Sans la bonté rien n'est agréable au peuple ; l'autel même ne l'est point à Dieu. Toutes les fois que l'esprit a sujet d'être triste, il faut que

Virginis in thalamos fundit Olympus opes.
Inseritur capiti radians diadema beryllis,
 Ordinibus variis alba zmaragdus inest;
Alligat et nitidos amethystina vitta capillos, 265
 Margaritato flexilis arte sinu.
Sardonyche impressum per colla monile coruscat,
 Sardia purpurea luce metalla micant.
Dextræ armilla datur carcedone, jaspide mixta,
 Aut hyacintheo sudat honore manus. 270
Brattea gemmatam cycladem fila catenant,
 Sidereis donis arte sigilla tument.
Pulchra topaziacis oneratur zona lapillis,
 Chrysolitha aurata fibula claudit acu,
Veste superposita : bis cocto purpura bysso, 275
 Qualem nupta Deo ferre puella potest.
His cumulata bonis thalamo regina sedebit,
 Atque poli solem sub pede virgo premet.
Cui tamen hoc opus est, cum viginitatis honore
 Ut placeat sponso mens moderata suo : 280
Inconcussa gravem teneat patientia vultum,
 Viribus ira suis ne labefacta ruat,
Neu faciles animos ventosa procella fatiget,
 Fluctibus in mediis anchora cordis agat.
Virtutum speciale decus patientia fulget : 285
 Qua gradiaris iter Job tibi signa dabit.
Quidve loquar humilem, quem gratia celsa decorat?
Et quantum ima petit, surgit ad alta magis.
Quo diversa nimis divisa est causa duobus :
 Qui jacet ille subit, qui tumet ipse cadit. 290
Hæc exempla quidem Joseph Faraoque dederunt :
 Tollitur ille lacu, mergitur iste freto.
Est etiam laudis stipendia poscere, tantum
 Ne premat ipsa suum pestis avara sinum.
Contentus minimis, si non majora requirat, 295
 Pauper in angusto regnat habendo Deum.
Sapphira vel mulier geminos largita minutos,
 Illa tenendo perit, hæc sua dando manet.
O nimium felix quem non modo mollia frangunt.
 Judice qui sese membra labore terit! 300
Spernit opum laqueos, unguenta, toreumata, fluxus,
 Ut custos animæ sit rigor ipse suæ,
Hoc etiam recolens, quid possit parcior usus :
 Sobrietas Judith vincere sola facit. [cit, 305
Quidve animum dulcem memorem, quem gratia pas-
 Cum intra se populos viscera cara ferant!
Pacificus, gaudens unus complectitur omnes,
 Stringit in affectu pectora cuncta suo.
O nimium felix, florens bonitate voluntas,
 Qua sine nil populo, nec placet ara Deo! 310
Hoc opus, ut quotiens aliquo mens fertur amaro,
 Firmet in adversis spes comitata fidem,
Aspera non frangant, tumidos neque prospera reddant:

l'espérance, compagne de la foi, le raffermisse, que l'adversité ne l'abatte pas, que la prospérité ne l'enfle pas. Garder le milieu est le plus sûr. L'homme prend possession de ces biens, si le Christ l'inspirant de sa grâce et réglant ses pas, veut bien les lui accorder. Pour vous, vierge, ces biens sont une parure qui lance des rayons lumineux, et sous les pierreries qui vous décorent vous êtes vous-même une pierrerie. Heureuse virginité! il n'est point de paroles, fussent-elles répétées par cent bouches à la fois, qui puissent donner une juste idée de ce qu'elle est. Et d'abord son lustre est sans tache, et c'est parce qu'elle garde dans toute sa pureté le bien qui lui est propre qu'elle est vénérée du monde entier. Elle garde précieusement et dans son état parfait cette richesse du corps, retenant en outre sans penser aux voleurs les richesses éternelles. Elle ne charge point ses entrailles engourdies, d'un embryon qui y est prisonnier, et ne demeure pas triste et accablée sous ce faix incommode. Dans les agitations violentes de l'âme et du corps, quand par suite du trait qui l'a blessé, le ventre se gonfle, et que l'hydropisie de la volupté augmente, la santé épuisée de la femme ne tient plus qu'à un fil. La peau soulevée (46) se distend si fort au delà de sa mesure habituelle que tout heureuse qu'elle est de son fardeau, la mère en a honte. Elle se fuit elle-même et par pudeur se tient à l'écart de ses propres parents, jusqu'à ce qu'elle soit délivrée du dépôt qui l'accable de son poids. Qui pourrait exactement décrire les douleurs de l'enfantement, ou qui pourrait pleurer en vers toutes les larmes versées, alors que les muscles se relâchant, livrent passage au prisonnier, et que les entrailles s'allègent, au prix de cruelles souffrances? Forcée par la violence de l'accouchement, la porte s'ouvre, et un être peut-être sans vie vient à la vie. La mère s'oubliant elle-même, demande si son enfant vit, et tourne péniblement vers lui des regards mornes. Que voit-elle? un nourrisson dont elle n'est déjà plus la mère, étendu sans mouvement. Elle vient de le mettre au monde, et le voilà mort! Elle ne mérite donc plus d'être appelée ni vierge, ni mère. Déplorant ce double malheur, elle gémit de s'être mariée; elle a perdu l'espoir d'une postérité qui l'eût dédommagée de ses tortures (47); elle n'a plus pour le ranimer les chères larmes de son enfant, et ne les tarit pas à force de baisers; enfin elle n'apaise pas ses tendres vagissements en lui donnant son lait. Dans sa tristesse pareille à celle d'un vieillard décrépit, elle accuse ses entrailles. Ce ventre où reposa son enfant est tout endolori. Que si l'enfant vit, sans être viable, qu'arrive-t-il? Dès qu'il commence à pousser ses premiers vagissements, ou dès que mal déliée encore, sa langue ne fait que bégayer; lorsqu'enfin le moindre murmure échappé à son faible gosier ravit de joie sa mère, survient la mort qui l'arrache au sein maternel. Il ne grandissait que pour mourir. Privée de son enfant, la mère se flagelle misérablement la chevelure, et presse son sein tari sur les lèvres du mort; elle redouble de pleurs et de lamentations passionnées, et baigne de ses larmes cuisantes un corps glacé. Elle se déchire la figure, s'arrache les cheveux, se meurtrit la poitrine. C'est ainsi

Sic mediocre tenens cautius itur iter.
Hæc bona sumit homo, tribuat si gratia Christi, 315
 Inspirante illo, vel moderante gradum.
His ornata bonis radiantia lumina fundis,
 Has retinens gemmas tu quoque gemma micas.
Virginitas felix, nullis æquanda loquellis,
 Nec si centenus suppleat ora sonus! 320
Quod prius est: sine sorde nitet venerabilis orbi,
 Naturæ proprium non vitiando bonum,
Corporis inlæsum servans pretiosa talentum,
 Perpetuas retinens nescia furis opes.
Non premit incluso torpentia viscera fetu, 325
 Aut gravefacta jacet pignore mœsta suo.
Inter anhelantes animæ seu corporis æstus
 In dubio pendens stamine fessa salus,
Quando suis jaculis uteri læsura tumescit,
 Atque voluptatis morbida crescit hydrops. 330
Ultra hominis habitum tantum cutis effera turget,
 Ut pudeat matrem hoc quod amore gerit.
Se fugiens propriis verecunda parentibus aufert,
 Donec depositum sarcina solvat onus.
Quis gemitum partus verbis æquare valebit, 335
 Aut cui tot lacrimas carmine flere vacet,
Cum sua secretum compago relaxat onustum
 Atque dolore gravi viscera fascis agit?

Victa puerperio membrorum porta fatiscit,
 Exit et ad lucem fors sine luce puer. 340
Si vivat genitus, genetrix se oblita requirit
 Tristis, et ad natum lumina lassa trahit.
Respicit expositum, nec jam sua mater, alumnum:
 Quæ vix dum peperit, hæc modo funus habet.
Nec mater fructu meruit, nec virgo vocari: 345
 Hæc duo damna dolens se male nupta gemit
Non validus * * spes rapta dolores,
 Nec fletu nati se fovet illa sui.
Non caras lacrimas infantis ab ore resorbet
 Aut teneras voces lacte fluente rapit. 350
Tristis decrepito damnat sua viscera luctu;
 Quo jacuit natus, heu, dolet ille sinus.
Quid si vita manet pueri, nec semper habenda,
 Incipiat teneros ut dare voce sonos,
Imperfecta rudis confidens murmura linguæ, 355
 Cum matrem dulci fauce susurrus alit,
Contingatque nefas, rapiatur pectore matris?
 Ætas ad damnum crevit adulta suum.
Triste flagellatis genetrix orbata capillis,
 Defuncti in labiis ubera sicca premit; 360
Infundens lacrimas lamenta resuscitat ardens,
 Et gelidum corpus fonte tepente lavat.
Dilacerat faciem, crinem aufert, pectora tundit;

hélas! que sa douleur trouve des armes pour en frapper son corps. Voit-elle le fils d'une autre mère, elle pleure le sien qui était du même âge. Qu'un enfant soit affligé ou qu'il se réjouisse, qu'il coure ou reste en place, l'image du sien apparaît à ses regards abusés. A tout moment elle redemande celui à qui elle a donné le jour; mais il ne vient pas se suspendre au cou de sa malheureuse mère. Qu'est-ce donc et quoi de plus triste s'il meurt étant marié? Son épouse est d'hier, et déjà elle est veuve. Hier vêtue de blanc, elle l'est de noir aujourd'hui et va du lit nuptial au cercueil, où elle embrasse les membres glacés de celui qui tout à l'heure l'avait lui-même réchauffée. Elle fait les préparatifs des obsèques, et par un renversement impie de l'usage, des dépouilles du lit nuptial elle pare le cercueil. Souvent elle va sur la tombe de son mari se livrer à sa douleur; elle a pris en dégoût la maison: elle aime la mort, elle lui porte ses hommages. Couchée sur cette tombe, elle y cherche en vain des consolations; elle ne fait que peser sur les os de celui dont elle avait naguère embrassé le corps vivant. Elle verse à flots des larmes où se mêlent des imprécations que le vent emporte. A servir la mort l'amour perd ses yeux. Qui pourrait décrire les maux de la femme du peuple dans une situation pareille? A peine est-ce un bien pour une reine d'être veuve. « Je n'empêche pas le mariage, dit saint Paul; la trompette apostolique, mais je préfère le sein d'une vierge (48). » Sublime virginité, toi qui par essence es digne du ciel, lorsque tu as plu au Christ et que tu es destinée à partager sa couche, tu n'as plus de morts à pleurer, et tes joies sont sans bornes. L'amour que tu inspires vit toujours, et pour toi le Christ ne meurt pas. Ici tu règnes, là tu es victorieuse, éclatante et pure, partout protégée et sanctifiée de Dieu. O Agnès, chère à Dieu et l'objet de notre vénération par vos mérites, je vous offre ces vers; si vous voulez m'être agréable, mettez tous vos soins à ce que par l'ordre de celui qui est notre juge, chacun de nous reçoive sa récompense, vous la couronne des vierges, et moi le pardon de mes péchés (49). Je souhaite, Christ, que sur les flots agités du monde tu guides les âmes avec la croix pour voile et pour antenne, afin qu'après avoir navigué sur les abîmes de cette mer, nous soyons conduits par ta main au port de la vie.

IV. Aux vierges (1).

Dans les armées apostoliques et parmi les saints prophètes, la vierge a les honneurs immédiatement après les martyrs. Environnée et toute resplendissante de la lumière céleste, la chaste jeune fille s'avance et se rallie aux chœurs des anges. Destinée par sa chasteté à avoir le ciel en dot, elle est conduite à la chambre nuptiale du roi éternel. Sa tête est ceinte d'un triple diadème; des pierreries ornent son sein, son cou et ses cheveux. Ses membres délicats sont revêtus d'une robe de pourpre, sur laquelle est jeté un riche manteau blanc comme la neige. Les roses et les lys sont l'éternel aliment de ses yeux; elle aspire les suaves odeurs du paradis. C'est pourquoi, chère

---

Heu dolor armatus sic sua membra ferit.
Si videt alterius natum, sua pignora deflet, 365
　Æqualemque suum tristis obisse gemit.
Alter si ploret, currat, stet, gaudeat infans,
　Ante oculos nati ludit imago sui.
Quem semel effudit, per cuncta momenta requirit,
　Nec miseræ matris pendet ad ora puer. 370
Quid si aliud gravius, moriatur ut ipse jugalis?
　Quæ nova nupta fuit jam viduata jacet.
De thalamo ad tumulum, modo candida, tam cito nigra,
　Ante quibus caluit frigida membra tenet,
Construit exequias, perversaque vota celebrans 375
　Exornat tumulum, heu, spoliando torum.
Sæpe maritalem repetit miserando sepulchrum,
　Contemptaque domo, funus amata colit.
Incumbit tumulo, solacia cassa requirens;
　Cujus membra prius, nunc super ossa premit. 380
Fletibus inriguis, perituro carmine, luget:
　Funeris obsequio lumina perdit amor.
Quot mala plebeiæ veniant quis pandere possit?
　Vix bene reginæ quæ viduata manet. [vum »‚ 385
« Non veto conjugium, sed præfero virginis al-
Quod dat apostolica Paulus ab ore tuba.
Inclita virginitas, cælos quæ dote mereris,
　Cum thalamis Christi consocianda places,
Funera nulla gemis, sine limite gaudia sumis,

Vivit amor semper, nec tibi Christus obit. 390
Illic regna tenes, hic vincis et integra fulges
　Omni tuta loco, sanctificata Deo. —
Hæc tibi, cara Deo, meritis venerabilis Agnes,
　Offero: quo placeas, tu faciendo colas,
Judicis ut jussu munus tribuatur utrisque: 395
　Quando corona tibi, tunc mihi vel venia.
Opto per hos fluctus, animas tu, Christe, gubernes,
　Arbore et antemna velificante crucis,
Ut post emensos mundani gurgitis æstus,
　In portum vitæ nos tua dextra locet. 400

IV. Ad Virgines.

Inter apostolicas acies sacrosque prophetas,
　Proxima martyribus præmia virgo tenet.
Splendida sidereo circumdata lumine pergens,
　Jungitur angelicis casta puella choris.
Fruge pudicitiæ cæli dotanda talento, 5
　Æterni regis ducitur in thalamis.
Pulchra corona caput triplici diademate cingit,
　Et gemmæ exornant pectora, colla, comam.
Induitur teneris superaddita purpura membris,
　Et candore nivis fulgida palla tegit. 10
Floribus æternis oculos rosa, lilia pascunt,
　Et paradisiacus naribus intrat odor.

fille, nous t'exhortons à chercher ces précieuses faveurs que le Christ a accordées à Eugénie et à Thècle. Vierge de Dieu, fruit du ciel, victorieuse du monde, si tu veux régner à jamais, demande les mêmes grâces au seul roi qui les dispense. Il y a là des palais de topazes, avec des portes d'émeraudes, dont les linteaux sont garnis de sardoines aux reflets variés. Un cordon d'hyacinthe règne autour de la maison, les toits sont couverts d'or; un peuple vêtu de même brille dans cette cour avec le roi de gloire (2). C'est là la demeure des filles qui, par amour de la lumière céleste, consacrent au Seigneur leur corps et leur âme, et lui restent fidèles. Méprise les choses de la terre et tu auras une belle place dans le ciel ; épouse aimée du Christ, tu habiteras avec lui les royaumes supérieurs. La vie présente passe et fuit rapidement: la pureté de la vierge demeure, et doit être glorifiée. L'humble pauvreté, conjointement avec le Christ, source de toute richesse, t'invite, chère fille, à entrer dans notre communauté, où tu prieras pour obtenir par la grâce du Seigneur le secours du Père, et où tu te prépareras l'accès du royaume des bienheureux, afin qu'unie à la vierge Marie, tu mérites de chanter avec elle ses joies dans un concert perpétuel. Qui que tu sois donc qui auras reçu ces arrhes d'une main pieuse, ne te marie point, et ne sois aimée que de Dieu.

V. A Radegonde.

Vous qui par votre origine royale êtes une des puissances de ce monde, et que d'autres couronnes attendent dans le ciel, vous avez méprisé le monde, et par là vous avez mérité d'avoir le Christ en partage. Pendant que dans l'enceinte du cloître, vous vous dérobez à tous les regards, les vôtres se portent vers le ciel. Vous foulez aux pieds les joies dangereuses d'un règne terrestre, pour avoir celle de plaire au roi (1), et le ciel vous approuve. Et maintenant, afin d'y entrer par la porte la plus large, vous suivez les voies étroites. C'est en versant des larmes que vous moissonnerez les véritables félicités. Vous vous martyrisez le corps; les jeûnes sont la nourriture de votre âme ; mais le Seigneur l'aime et veille sur elle.

VI. A la même, sur des violettes.

Si la saison m'avait donné, suivant sa coutume, des lys blancs et des roses vermeilles à l'odeur suave, j'en aurais cueilli à la campagne ou dans les plates-bandes de mon modeste jardin, et j'aurais avec beaucoup de plaisir envoyé à Vos Grandeurs (1) ces petits présents. Mais parce que les uns me manquent, et qu'il me faudrait payer les autres, que votre amitié pour moi fasse de mes violettes des roses. Cependant, parmi les plantes odoriférantes que je vous envoie il y a des violettes pourprées (2); c'est une noble espèce. Teintes du murex royal, elles sentent aussi bon que les autres, et sont également saturées de couleur et d'odeur. Soyez l'une et l'autre douées des mêmes qualités, et que le parfum de mon offrande (3) en reçoive un éternel honneur.

```
Unde magis, dulcis, hortamur ut ista requiras,
  Quæ dedit Eugeniæ Christus et alma Theclæ.
Virgo Dei, fructus cœli, victoria mundi                15
  Ut semper regnes, huc pete regis opes.
Sunt ibi chrysolithis fabricata palatia gemmis,
  Atque zmaragdineo janua poste viret;
Limina sardonychum variato lumine florent,
  Et hyacintheus circuit ordo domum;                   20
Aurea tecta micant, plebs aurea fulget in aula,
  Et cum rege pio turba corusca nitet.
Ille puellarum locus est, quæ, lucis amore,
  Hic servant domino corpore, mente, fidem.
Despice quod terræ est, et clara sedebis in astris,    25
  Christi ut sponsa placens regna superna colas.
Præsens vita nimis fugitivo tempore transit :
  Virginis integritas glorificanda manet.
Paupertas te parva rogat cum divite Christo,
  Ut venias nostro dulcis alumna sinu,                 30
Quo patris auxilium domino obtentura preceris,
  Atque tibi cœlis regna beata pares,
Ut pariter sanctæ merearis juncta Mariæ
  Gaudia perpetuo concelebrare choro.
Has quæcumque piis manibus susceperis arras            35
  Non nuptura homini, sed sis amata Dei.
```

V. Ad domnam Radegundem.

```
Regali de stirpe potens Radegundis in orbe,
  Altera cui cœlis regna tenenda manent.
Despiciens mundum meruisti adquirere Christum,
  Et dum clausa lates, hinc super astra vides.
Gaudia terreni conculcas noxia regni,                   5
  Ut placeas regi læta favente polo.
Nunc angusta tenes, quo cœlos largior intres :
  Diffundens lacrimas, gaudia vera metes.
Et corpus crucias, animam jejunia pascunt,
  Solo quam dominus servat amore suus.                 10
```

VI. Ad eandem de violis.

```
Tempora si solito mihi candida lilia ferrent,
  Aut speciosa foret suavi rubore rosa,
Hæc ego rure legens aut cæspite pauperis horti,
  Misissem magnis munera parva libens.
Sed quia prima mihi desunt, vel solvo secunda,          5
  Profert qui violas, fert et amore rosas.
Inter odoriferas tamen has quas misimus herbas,
  Purpureæ violæ nobile germen habent.
Respirant pariter regali murice tinctæ,
  Et saturat foliis hinc odor, inde decor.             10
Hæ quod utrumque gerunt pariter habeatis utraque,
  Et sit mercis odor flore perenne decus.
```

VII. A la même, à propos de fleurs sur un autel.

L'hiver sévit, la terre est gelée partout; la vie est éteinte dans la campagne, faute de fleurs. En la saison printanière qui est le temps où le Seigneur triompha de l'enfer, l'herbe pousse et déploie sa chevelure avec plus d'abondance. Les hommes ornent de fleurs les portes, les théâtres; les femmes remplissent et parfument de roses leur corsage. Vous autres vous portez des odeurs non pour vous-mêmes, mais pour le Christ; vous en donnez aussi les prémices aux églises. Aux jours de fête vous tressez de vos mains des couronnes pour les autels, et les parez de guirlandes de fleurs nouvellement écloses. Il y a une disposition particulière pour le safran à la corolle dorée, et aussi pour la violette pourprée. Ici paraissent le rouge vif et le blanc de neige; là le bleu est voisin du vert. Les couleurs se contrarient tellement qu'on croirait toutes ces fleurs en guerre les unes avec les autres dans le sanctuaire de la paix. L'une charme par sa blancheur, l'autre par ses tons jaunes d'or; celle-ci sent meilleur, celle-là brille davantage. Bref, c'est une lutte entre ces différentes espèces à qui l'emportera ou par la couleur ou par l'odeur. Cet arrangement, Radegonde et Agnès, est l'œuvre de vos mains. Puissiez-vous respirer un jour les senteurs éternelles!

VIII. A la même, en lui envoyant des fleurs.

Puissante reine, pour qui l'or et la pourpre sont choses viles, un ami vous fait hommage de ces humbles fleurs. Quoiqu'elles ne soient rien par elles-mêmes, cependant par leurs couleurs elles sont quelque chose, la violette par sa teinte purpurine, le safran par son jaune d'or. Riche de l'amour de Dieu, vous avez fui les richesses du monde; vous les méprisez, vous garderez les autres. Recevez ces fleurs variées que je vous envoie; la vie bienheureuse vous en donnera de plus belles (1). Vous qui vous crucifiez maintenant pour renaître à la vie future, vous voyez déjà quelle y sera votre place. Jugez de la vertu des odeurs qui vous y ranimeront par ces fragiles fleurs que je vous offre aujourd'hui. Je vous prie, vous qui devez habiter ce pays, de m'y attirer moi-même, dès que par vos mérites vous y serez arrivée. Mais quoique les fleurs du paradis vous attendent, celles-là (2) souhaitent que vous sortiez dès à présent de votre retraite (3), et bien qu'elles semblent plaire par leur seule odeur, elles n'en décoreront que mieux votre tête, quand vous reviendrez.

IX. A la même, pendant sa retraite.

Esprit que Dieu féconde, vous qui êtes la vie de vos sœurs, et qui pour réchauffer votre âme, vous consumez le corps à force de le dompter, aujourd'hui, Radegonde, vous entrez en retraite (1) ainsi que vous le faites chaque année; je perdrais ma peine à vous en rappeler. Lumière qui vous dérobez trop tôt à nos yeux, sans vous je suis plongé dans les plus profondes ténèbres. Retenue dans le sombre asile d'où nous sommes exclus, vous

VII. Ad eandem de floribus super altare.

Frigoris hiberni glacie constringitur orbis,
   Totaque lux agri, flore carente, perit.
Tempore vernali, dominus quo Tartara vicit,
   Surgit aperta suis lætior herba comis :
Inde viri postes et pulpita floribus ornant,   5
   Hinc mulier roseo complet odore sinum.
At vos non vobis, sed Christo fertis odores,
   Has quoque primitias ad pia templa datis.
Texistis variis altaria festa coronis,
   Pingitur ut filis floribus ara novis.   10
Aureus ordo crocis, violis hinc blatteus exit,
   Coccineus hinc rubricat, lacteus inde nivet ;
Stat prasino venetus : pugnant et flore colores,
   Inque loco pacis herbida bella putas;
Hæc candore placet, rutilo micat illa decore;   15
   Suavius hæc redolet, pulchrius illa rubet.
Sic specie varia florum sibi germina certant,
   Ut color hic gemmas, tura revincat odor.
Vos quoque quæ struitis hæc, Agnes cum Radegunde,
   Floribus æternis vester anhelet odor.   20

VIII. Item ad eandem pro floribus transmissis.

O regina potens, aurum cui et purpura vile est,
   Floribus ex parvis te veneratur amans;
Et si non res est, color est tamen ipse per herbas :
   Purpura per violas, aurea forma crocus.
Dives amore Dei vitasti præmia mundi :   5
   Illas contemnens, has retinebis opes.
Suscipe missa tibi variorum munera florum,
   Ad quos te potius vita beata vocat.
Quæ modo te crucias, recreanda in luce futura,
   Aspicis hinc qualis te retinebit ager.   10
Per ramos fragiles quos nunc præbemus olentes,
   Perpende hinc quantus te refovebit odor.
Hæc cui debentur, precor ut, cum veneris illuc,
   Meque tuis meritis dextera blanda trahat.
Quamvis te expectet paradisi gratia florum,   15
   Isti vos cupiunt jam revidere foris;
Et licet egregio videantur odore placere,
   Plus ornant proprias, te redeunte, comas.

IX. Ad eandem cum se reclauderet.

Mens fecunda Deo, Radegundis, vita sororum,
   Quæ ut foveas animum, membra domando cremas :
Annua vota colens hodie claudenda recurris :
   Errabunt animi te repetendo mei.
Lumina quam citius nostris abscondis ocellis!   5
   Nam sine te nimium, nocte premente, gravor.
Omnibus exclusis uno retineberis antro :

vous enfermez d'autant plus que vous nous tenez plus au dehors. Bien que vous nous fuyiez et ne vous cachiez que pour quelques jours, ce mois nous semblera plus long qu'une année si courte qu'elle soit. Vous nous privez des occasions de vous voir, comme si celui qui vous aime (2) ne vous voyait pas toujours, et comme si, quand je vous vois, je ne pensais pas que je ne vous vois pas assez. Je le jure cependant, je pénétrerai avec vous dans votre retraite, car je vous suivrai en esprit là où il m'est défendu d'aller moi-même. Je prie Dieu qu'à la fête de Pâques vous nous soyez rendue en bonne santé, et alors ce sera pour nous double fête.

X. A la même, après sa retraite.

D'où nous revient ce visage radieux? Quels obstacles vous ont tenue si longtemps absente? Vous aviez emporté ma joie avec vous; vous me la ramenez et êtes cause que nous célébrons deux fois la fête de Pâques. Quoique le blé ne commence qu'à lever dans les sillons, aujourd'hui que je vous revois, je fais la moisson. Je forme déjà les gerbes, j'entasse déjà le grain; je fais en avril ce qu'on fait en août. Bien que le bourgeon de la vigne ne commence qu'à percer, l'automne est venu pour moi et le raisin aussi. Le pommier et le poirier exhalent leurs douces odeurs; mais ils me donnent des fruits en même temps que des fleurs. Quoique la campagne soit nue et qu'on n'y voie pas un épi, depuis que vous avez reparu, elle est riante et l'abondance est partout.

XI. A l'évêque Grégoire (de Tours), sur la maladie du poète.

J'étais malade à la campagne et alité, quand par un aimable message de mon médecin Grégoire, transmis par le bon prêtre Léon (1), je fus invité à venir au plus vite prendre part aux fêtes en l'honneur de saint Martin. Ma faiblesse, je l'avoue, était extrême; la fièvre me brûlait tout le haut du corps, pendant que le bas restait glacé. J'étais si languissant et si abattu que je respirais avec peine, et que mes poumons fatigués n'en pouvaient plus. J'étais très oppressé, j'avais la bouche sèche et brûlante, des gaz recuits s'échappaient de leur magazin secret; j'étais tout embrasé, un bûcher funèbre, une cheminée où le feu a pris; la fièvre demeurait dans mes veines, à la fois visible et invisible. Le Christ enfin vint à mon aide, j'eus une transpiration abondante, et les sueurs froides firent place à une chaleur intense. Rendu maintenant à la santé, ô mon père vénéré, je vous salue. Pasteur, venez au secours d'une ouaille qui a perdu toute sa graisse.

XII. Au même, pour la cause de l'abbesse.

Quel crime a pénétré dans l'enceinte sacrée de la communauté! La douleur m'empêche d'en parler à la légère; il est tel cependant que jusqu'ici jamais pareil crime n'a souillé les yeux et les oreilles, et que ceux dont les temples sont le théâtre du vice, ne le commettraient même pas. Efforcez-vous donc, père vénérable, de représenter

```
Nos magis includis, quos facis esse foris.
  Et licet huc lateas brevibus fugitiva diebus,
  Longior hic mensis quam celer annus erit.       10
Tempora subducis, ceu non videaris amanti,
  Cum vos dum cerno hoc mihi credo parum.
Sed tamen ex voto tecum veniemus in unum,
  Et sequor huc animo quo vetat ire locus.
Hoc precor, incolumen referant te gaudia paschæ, 15
  Et nobis pariter lux geminata redit.
```

X. Ad eandem cum rediit.

```
Unde mihi rediit radianti lumine vultus?
  Quæ nimis absentem te tenuere moræ?
Abstuleras tecum, revocas mea gaudia tecum,
  Paschalemque facis bis celebrare diem.
Quamvis incipiant modo surgere semina sulcis,   5
  Hic egomet hodie te revidendo meto.
Colligo jam fruges, placidos compono maniplos :
  Quod solet Augustus mensis, Aprilis agit;
Et licet in primis modo gemma et pampinus exit,
  Jam meus autumnus venit et uva simul.         10
Malus et alta pirus gratos modo fundit odores,
  Sed cum flore novo jam mihi poma ferunt.
Quamvis nudus ager nullis ornetur aristis,
  Omnia plena tamen, te redeunte, nitent.
```

XI. Ad Gregorium episcopum pro infirmitate sua.

```
Venit ad ægrotum medici vox alma Gregori
  Urbe ex Toronica, dum cubo rure toro,
Concite presbytero recitante Leone sereno,
  Irem ut Martini sunt ubi festa pii.
Tum, fateor, morbi grave debilitate laborans,   5
  Febre calens summa, jam rigor imus eram.
Hinc fragili nimium forti languore redacto,
  Ilia lassa levans halitus æger erat.
Ibat anhelanti vapor aridus ora perurens,
  Ibat ab arcanis flatilis aura coquens.        10
Fervor eram totus tristis rogus, igne caminus,
  Febris et in fibris stabat operta patens.
Donec Christus opem sudore undante refudit,
  Fervidus et gelidas ignis abegit aquas.
Redditus ergo isti, pater alme, saluto saluti : 15
  Auxilium exili sis, rogo, pastor ovi.
```

XII. Ad eundem pro causa abbatissæ.

```
Repsit quale nefas intra pia sæpta synaxi!
  Inconsulte dolor, rumpere verba vetas :
Quale nec ante oculos patulas neque polluit aures,
  Nec facerent, vitio qui sua fana colunt.
Tu tamen, alme pater, pietatis amore labora,   5
  Ut sacer antistes, culmina cujus habes,
```

en cette circonstance, par amour pour la piété, le saint pontife Martin dont vous occupez le siège, et hâtez-vous d'accourir et de rapporter ici le secours de la foi avec le salut (1).

a. Au même, lettre sur le même sujet (1).

Mon humilité recommande à votre abondante charité et à votre autorité paternelle la cause de l'Église catholique dont vous êtes l'appui, et qui par cela même ne peut être ébranlée ni renversée par les bourrasques et les tempêtes. Un prêtre, mon compagnon de cloître, porteur de la présente, et ayant une confiance particulière en votre assistance, accourt vers vous, et vous expliquera chaque chose en détail. Rappelez-vous la recommandation que vous fit Radegonde, ma sainte maîtresse, votre fille et déjà même votre mère, pour assurer la conservation de sa communauté, de sa personne et de toute sa règle; comme elle vous en pria par ses paroles, et vous adjura par ses entrailles. Ordonnez donc que, sans désemparer, et de manière à ce que celui qui voit tout, vous le rende au jour de la rétribution éternelle, ou vienne au secours de celles qui en ont si grand besoin. Faites éclater dans la cause de la justice (2) toute votre sollicitude de pasteur et d'apôtre.

XIII. Au même (1).

Ministre du Seigneur, pasteur plein de bonté, vous qui donnez l'exemple de l'honneur, et êtes le digne ornement d'une famille où la foi va de pair avec la générosité, daigne votre Béatitude se souvenir de sa pieuse servante Justine. Intercédez pour moi, ô vous qui m'êtes un père et par la parenté et par l'autorité. Je vous rends grâce de l'arrivée de mon aïeule qui m'est enfin rendue, et dont sa petite-fille contemple actuellement la douce figure. En me donnant cette joie que mes vœux appelaient depuis longtemps, soyez mon guide et le médiateur entre la petite-fille et l'aïeule.

XIV. Au même, pour le saluer.

Saint et vénéré père, lumière universelle, Grégoire, chef suprême et légitime des prêtres du Seigneur, j'apprends les meilleures nouvelles de vous par votre lettre. Elles me comblent de joie et j'en rends grâce à Dieu. Je vous salue et me recommande humblement à vous que je ne cesse d'aimer et d'honorer.

XV. Au même, même sujet.

Illustre père de la patrie, vous qui, par votre éminente dignité, êtes au-dessus de tous; honneur d'une race généreuse (1), orgueil de la Touraine, lumière venue pour notre bonheur du pays des Arvernes, phare qui éclairez les peuples, montagne détachée des Alpes et plus haute qu'elles-mêmes, vous qui, campé dans la plaine, protégez l'armée des pieux, et veillez à ce que l'ennemi ne fasse aucun mal au troupeau des fidèles, unique tour vers laquelle la population des campagnes tourne les yeux, chef parfait donné à ce pays où vous occupez le trône de saint Martin, cher Grégoire, Fortunat se recommande humblement à vous, son pa-

Unde repræsentes Martinum in tempore sacrum,
   Cursibus atque fide dando salutis opem.

a. Epistula pro eadem re.

Commendans humilitatem meam copiosissimæ vestræ dulcedini et mitissimæ dominationi suggero, ut (causa universalis ecclesiæ talem vos habens basidem, ut nullus ventorum turbo succlinans, nulla procellarum propellens congeries possit illic invenire quod quatiat, aut quod labefactet reperiat) in causa, qua conservus meus presbyter, præsentium portitor, ad vos pro singulari præsidio confidens occurrit (sicut ipse singula poterit explicare), memores commendationis beatæ dominæ meæ, filiæ vel jam matris vestræ, domnæ Radegundis, pro loci sui vel personæ totiusque regulæ stabilitate quod petiit et verborum vel viscerum supplicatione commisit, ita præcipiatis infatigabiliter laborare qualiter ipse vobis in retributione sempiterna restituat qui videt, pro auxilio indigentibus in causa justitiæ vester apostolatus pastoraliter quod desudat.

XIII. Ad eundem.

Antistes Domini, bone pastor et auctor honoris,
   Rite decus generis, quo est generosa fides :
Justinam famulam pietate memento, beate ;
   Per te et commender, stirpe vel arce pater,
Hinc referens grates aviæ, quia reddita tandem 5
   Ad vultus neptis, dulcis imago, venit.
Ista diu nostris votis dans gaudia, rector,
   Inter avam et neptem tu mediator agas.

XIV. Ad eundem salutatoria.

Alme, beate pater, lumen generale, Gregori,
   Jure sacerdotum culminis arce caput,
Reddo Deo grates de vobis prospera noscens,
   Vestris nunc scriptis lætificatus agens.
Me quoque commendans humili prece voce saluto, 5
   Jugiter officio quem mea corda colunt.

XV. Ad eundem salutatoria.

Summe pater patriæ, celsum et generale cacumen,
   Forte decus generis, Toronicensis apex,
Lumen ab Arvernis veniens feliciter arvis,
   Qui inlustrans populos spargeris ore pharus,
Alpibus ex illis properans mons altior ipsis, 5
   Vir per plana sedens qui pia castra tegis,
Neu noceant hostes qui sunt in ovile fideles,
   Unicus in campis publica turris ades.
Huic date dulce caput regioni, care Gregori,
   Martini retinet quem sacra sella patrem, 10

tron. Que Dieu prolonge encore longtemps votre vie dans ce monde!

XVI. Au même, même sujet.

Père saint, chaque fois que s'en présente l'occasion favorable, je m'empresse de vous écrire pour vous payer le tribut de mes vœux. Père de la patrie, que le monde entier révère, cher à moi partout où vous êtes, objet de l'éclatante protection de Dieu, saint pontife Grégoire, je me recommande humblement à vous; priez Dieu, s'il vous plaît, pour votre serviteur.

XVII. Au même, même sujet.

Si les messagers à la course rapide venaient à manquer, cher père, je m'adresserais aux vents pour vous porter mes vers. Cependant comme j'ai en ce moment un porteur sous la main, je le charge d'un mot pour vous, moins éloquent qu'affectueux. Grégoire, cher et pieux pontife, l'honneur de notre temps, voici quelques vers dont je paye le rétablissement de votre santé. Souvenez-vous de moi et me recommandez au Tout-Puissant. Puisse-t-il, vous appelant au trône de saint Pierre (1), faire de vous son associé!

XVIII. Au même, même sujet.

Si, pour vous louer dignement, mes paroles affluaient comme les eaux d'un gouffre qui déborde, ou se précipitaient comme celles que roule un torrent, tout cela ne serait qu'une goutte, et je n'aurais pas rempli mon objet. La Muse elle-même de Virgile serait trop faible pour célébrer votre paternelle munificence. Qui pourrait dire les biens dont vous me comblez? C'est donc en peu de mots que je vous recommande votre serviteur Fortunat. Pardonnez-lui, je vous prie, cette liberté.

XIX. Au même, sur une campagne qu'il lui avait prêtée.

Dans une lettre en vers doux et coulants, que votre amitié a dictée et où vous célébrez ma course par un chemin magnifique (1), vous m'offrez en don (2), et eu égard peut-être à la situation des lieux, une campagne près de la Vienne dont les flots inconstants minent les rives, et d'où le batelier, glissant sur les eaux, ses voiles enflées, contemple les champs cultivés, en chantant le chant des rameurs. Je vous rends grâce, ami cher, dont la bonté est si productive, d'avoir ainsi rehaussé l'honneur de mes fonctions sacerdotales (3). Mais sans cela même, tout ce qui est à vous est à moi, quelle qu'en soit la nature. Les champs du bon pasteur sont à ses brebis.

XX. Au même, action de grâces pour le même sujet.

Vous renouvelez, ô Grégoire, les actes du généreux Martin; il habillait les pauvres, et vous les nourrissez. Vous êtes le plus sage disciple et imitateur de ce bon maître. Il est le général, vous êtes le soldat. Où qu'il soit, son aide ne saurait vous manquer. De même qu'il partagea son manteau, de même vous partagez vos terres; il donnait aux gens des habits, vous leur donnez le confort et l'aisance. Il me secourut autrefois (1); vous

---

Me Fortunatum humilem commendo patrono;
Sic tua vita diu hoc sit in orbe Deo.

XVI. Ad eundem salutatoria.

Si qua mihi, veniet quotiens, occasio dulcis,
Opto, sacer, calamo solvere vota meo.
Summe pater patriæ, toto venerabilis orbe,
Undique care mihi, fulgida cura Dei :
Commendans humilem tibi me, sacer arce Gregori, 5
Pro famulo proprio, quæso, precare Deum.

XVII. Ad eundem salutatoria.

Si cessent homines velociter ire, per austros
Ad te, care pater, carmina missa velim.
Nunc tamen est quoniam gerulus mihi, porrigo verbum,
Sed minus eloquio quam quod amore colo.
Dulcis, opime, decus nostrum, pie papa Gregori, 5
Versiculis brevibus solvo salutis opus.
Sed memor ipse mei commenda, quæso, Tonanti :
Sic te consocium reddat honore throni.

XVIII. Ad eundem salutatoria.

Gurgitis in morem si lingua fluenta rigaret,
Turbine torrentis vel raperetur aquis,
Ad tua præcipue præconia summa, Gregori,
Dum non explerem flumine, gutta forem.
Munificumque patrem æquaret nec musa Maronis : 5
Fers bona quanta mihi quis valet ore loqui?
Hac brevitate, sacer, famulum commendo subactum
Me Fortunatum : sit veniale, precor.

XIX. Ad eundem pro villa præstita.

Tramite munifico celebravit pagina cursum,
Carmine dulcifluo quam tuus edit amor,
In qua forte loci facta est conlatio doni,
Qua Vigenna procax litore frangit aquas,
Lapsibus et tumidis dum fertur nauta carinis, 5
Jugera culta videt quando celeuma canit.
Grates, care, gero, pietatis fruge replete,
Qui facis unde decens multiplicetur apex.
Et sine his mea sunt a te quæcumque tenentur :
Grex habet omnis agris quod bone pastor habes. 10

XX. Ad eundem precatoria pro ipso agro.

Munifici reparans Martini gesta, Gregori,
Texit ut ille habitu, nos alis ipse cibo.
Discipulus placidum sapiens imitando magistrum,
Ille ubi dux residet, miles habebis opem.
Ut chlamydem ille prius, sic tu partiris agellum, 5
Ille tegendo potens, tuque fovendo decens.
Ille inopem antiquum relevans, tu, care, novellum

faites de même aujourd'hui. Il est juste que chacun de vous s'enrichisse de son pauvre. Ce champ vous sera rendu pour en jouir de nouveau (2), dès qu'il me sera redemandé, et retournera à son véritable maître. Je vous rends mille grâces, ô le plus doux des pasteurs, et mille autres encore au moment où moi, votre brebis, je vous écris ces vers. Certes, je ne vous rends pas, cher évêque, autant que je vous dois, cependant invoquez, je vous prie, pour Fortunat la miséricorde de Dieu.

XXI. Au même, sur des peaux qu'il en avait reçues.

Ces pages si bien assemblées, ce rouleau orné de phalères (1), ces vers sur le ton de Sophocle ont été pour ma muse aride un arrosement qui a eu pour résultat de me faire parler de même style que vous. Doux, cher, aimable, éloquent et bon Grégoire, père de la patrie, saint et avisé à la fois, qui attirez le respect de tous par vos libéralités, vos mérites, votre équité, vos mœurs pures, moi Fortunat, chétif que je suis, je me prosterne aux pieds de votre grandeur, et vous recommande selon l'usage avec d'humbles prières celui à qui vous avez envoyé des talaires (2), en y joignant de quoi les attacher, et des peaux blanches pour couvrir ses semelles. Puisse en retour le Seigneur vous revêtir de la robe blanche! Ayez toutes les richesses de la terre, vous qui gratifiez ainsi les petits.

```
Fit dives merito paupere quisque suo.
Quando reposcetur, vestris redit usibus arvum,
    Et domino proprio restituemus agrum.            10
Unde amplas refero grates, dulcissime rector,
    Et repeto pangens hæc, tua, pastor, ovis.
Nec tantum reddo quantum tibi debeo, præsul :
    Pro Fortunato sed, rogo, flecte Deum.
```

XXI. Ad eundem pro pellibus transmissis.

```
Egregio compacta situ, falerata rotatu,
    Atque Sophocleo pagina fulta sopho,
Me arentem vestro madefecit opima rigatu,
    Fecit et eloquio quod loquor esse tuo.
Dulcis, care, decens, facunde, benigne Gregori,    5
    Atque pater patriæ, hinc sacer, inde cate,
Muneribus, meritis, animis et moribus æquis,
    Omnibus officiis unde colaris habens :
Me Fortunatum tibi celso sterno pusillum,
    Commendo et voto supplice rite tuum,           10
Cui das unde sibi talaria missa ligentur,
    Pellibus et niveis sint sola tecta pedis.
Pro quibus a Domino detur stola candida vobis :
    Qui datis hoc minimis, inde feratis opes.
```

NOTES SUR FORTUNAT, LIVRE VIII.

I.

1. — Fortunat s'adresse ici à tous les poètes et orateurs chrétiens en général et indistinctement. Le poète les informe de sa condition actuelle, et à cette occasion il leur parle et fait l'éloge de Radegonde qui eut une si grande influence sur sa conduite et ses résolutions.

2. — C'est-à-dire que sur les instances de Radegonde il renonça à retourner dans sa patrie.

3. — Herménifride, oncle de Radegonde, est le même qui tua Bertarius, son frère et père de celle-ci. Vaincu dans la suite par Théodoric et Clotaire, rois des Francs, il fut précipité du haut d'une muraille et tué, dans une circonstance où tout porte à croire qu'il fut victime d'un guet-apens préparé par Théodoric. Voy. Grégoire de Tours, *Hist. Fr.* III, 4 et 8.

4. — Sur Hamalafrède, cousin germain de Radegonde, voyez la pièce 1 de l'Appendice.

5. — Ce vêtement était prescrit par la règle de saint Césaire que suivait Radegonde. On lit en effet dans cette règle, n° 42 : *Tinctura in monasterio nulla alia fiat nisi lafa et lactina, quia aliud humilitati Virginum non oportet*, Du Cange, v° *Laius*, ne donne pas la signification de cet adjectif. Je suppose qu'il indique une couleur, grise par exemple, et que ce mot de basse latinité pourrait bien venir du grec λᾶϊνεος, de pierre : gris de pierre.

5 bis. — Elle ne portait pas de chaussure, mais, comme le poète semble le donner ici à entendre, une *solle* modeste ou une simple semelle de bois, qui ne préservait pas ses pieds de la boue, et qui plus tard fit partie des reliques de la sainte, mentionnées dans l'inventaire de celles de l'église de Sainte-Croix de Poitiers, dressé en 1470. Voy. le *Trésor de l'Abbaye de Sainte-Croix de Poitiers*, par Mgr Barbier de Montault, p. 12, n° 33.

6. — M. Leo estime que *libera* est pour *liberalis*; je crois que le poète fait ici allusion à la volonté de Radegonde qui, s'étant affranchie par ses vœux des obligations du monde, était libre par ses vœux mêmes de tout respect humain.

7. — Sainte Eustochie, née à Rome en 365, fit vœu de virginité en 382, et se mit sous la direction de saint Jérôme. Ce fut pour elle que celui-ci composa son traité de la Virginité, connu ordinairement sous le nom de *Lettre à Eustochie*. Elle avait appris l'hébreu et le savait parfaitement. Saint Jérôme lui dédia ses commentaires sur Ézéchiel et sur Isaïe. Elle mourut vers 419. — Sainte Paule, mère d'Eustochie, naquit le 5 mai 347. Elle descendait des Gracques. Après la mort de Toxotius, son mari, à qui elle avait donné quatre filles, entre autres Blésilla et Eustochie, elle se consacra tout entière à Dieu, et, accompagnée d'Eustochie, vint se fixer à Bethléem. Là, sous la conduite de saint Jérôme, elle se voua à une pénitence austère. Elle fonda quatre monastères à Bethléem, et fut supérieure de l'un d'eux. Après sa mort en 404 Eustochie lui succéda en la même qualité. — Fabiola, dame romaine, de l'antique famille Fabia, morte le 29 décembre, 400, se maria deux fois, et pour ce fait fut exclue de la communion des fidèles. Elle n'y rentra qu'après une pénitence publique. Elle consacra toute sa fortune à soulager les pauvres, et fonda un hôpital. Elle alla ensuite en Palestine où elle visita saint Jérôme. Voy. l'éloge que celui-ci fait de cette dame *Epist.* 84. — Mélanie, née à Rome vers 388. Elle avait épousé Pinianus, et, d'accord avec lui et sa mère Albina, elle embrassa la vie chrétienne dans ce qu'elle avait de plus austère. Après la mort d'Albina, elle s'enferma dans une cellule sur le mont des Oliviers, et y vécut quatorze ans. Elle mourut à Jérusalem le 31 décembre 444. — Marcella, dame romaine, morte à Rome vers 410. Veuve après sept mois de mariage, elle se retira entièrement du monde dans une communauté de jeunes filles chrétiennes qu'elle avait fondée. Saint Jérôme en fait le plus grand éloge. — Sainte Thècle, vierge d'Isaurie, convertie par saint Paul. Elle souffrit le martyre. Sa fête est le 23 septembre, et chez les Grecs de même. Plus loin, le poète la fait venir de Séleucie, ville qu'on appelait *Seleucia ad Taurum*, en Pisidie, province à laquelle appartenait le district d'Isaurie. — Sainte Eugénie, vierge et martyre à Rome, l'an 304. Sa fête est le 25 décembre.

8. — Grégoire de Nazianze et saint Basile, son ami. — Cette énumération des écrits grecs et latins dont Radegonde faisait sa nourriture spirituelle, semble indiquer que la princesse était également versée dans les deux langues. Pour la latine cela ne peut pas faire de doute ; car outre qu'au temps où vivait Radegonde, l'usage de cette langue était familier à la plupart des religieux de l'un et l'autre sexe, et que la transcription des manuscrits dans les couvents était généralement confiée à des frères ou à des sœurs entendant plus ou moins ce qu'ils transcrivaient, il n'y avait pas alors de traductions en langue vulgaire des auteurs païens et sacrés, grecs ou latins. Cependant, il pouvait y avoir, quoiqu'il soit bien difficile d'en apporter la preuve, des traductions ou fragments de traductions latines, des Pères de l'Église grecque, et ce serait au moyen de ces traductions que Radegonde aurait connu et lu les Pères grecs. Petit-Radel croit que ce fut en leur langue (*Recherches sur les bibliothèques*, 1819 in-8°); Don Rivet le croit aussi : « Elle lisait, disait-il, les Pères grecs comme les latins, et leurs ouvrages dogmatiques comme les moraux. » (*Annales de l'Assoc. pour les Étud. grecq.*, ann. 1879, p. 95.) Mais ces deux affirmations me persuadent difficilement.

9. — Le *doux* Hilaire, et plus loin Ambroise *qui tonne*, désignations, remarque Ampère, qui sont au rebours de la vérité. On pourrait en dire autant du *subtil* Orose.

10. — Voy. la note 3 de la pièce III de ce livre.

11. — J'avoue n'entendre guère ce *votis scripta beata*, et avoir traduit un peu à l'aventure. Peut-être s'agit-il des vies des saints.

12. — Même remarque que ci-dessus.

II.

1. — Voyez la note de la dernière pièce du livre III, relative à ce genre de versification. Outre les noms d'*ophites* ou *serpentins* et d'*échoïques* qu'on donnait à ces distiques, on les appelait encore *péractériques* et *réciproques*. C'est ce dernier nom que leur applique Eberhard de Béthune dans son *Labyrinthus*, L. III, v. 173, en joignant la définition à l'exemple :

> Hæc quæ suscripsi sunt metra reciproca dicta,
> Dimidium primi fine sequentis habent :
> Filia, flecte patrem ; mater, natumque precare ;
> Pro natis Evæ, filia, flecte patrem.

Les Grecs nommaient ce genre de figure ἐπανάληψις, c'est-à-dire l'action de recommencer, de répéter. Sédulius l'a employée dans un poème (*Elegia*) en 55 distiques, qui a pour sujet les louanges du Christ, contient aussi en grande partie des faits de l'Ancien Testament, et offre tous les raffinements de l'épanalepse. Admirateur de ce poète, Fortunat l'a sans doute pris pour modèle dans ses pièces du même genre, lesquelles n'ont pas plus de valeur sous le rapport poétique que celles de Sédulius. Là comme ici tout est sacrifié à ce jeu de versification. Voyez Ébert, *Histoire de la littérature du moyen âge en Occident*, t. I, p. 404, de la traduction de MM. Aymeric et Condamin.

2. — Radegonde, que le poète appelle toujours sa mère, comme il appelle toujours sa sœur Agnès, l'abbesse du monastère de Sainte-Croix de Poitiers. Celle-ci avait été choisie par Radegonde elle-même pour remplir cette dignité. Elle fut sacrée par saint Germain, évêque de Paris.

3. — Je ne suis pas bien sûr d'avoir entendu ce passage, que j'ai traduit du reste littéralement.

III.

1. — Ce poème qui, dans les anciennes éditions, était incomplet et mis en pièces, a été restitué par Brower d'après les manuscrits. George Fabricius, comme le remarque cet éditeur, a plus augmenté le désordre de cette pièce qu'il ne l'a goûtée, y ayant ajouté des notes ennuyeuses, selon sa coutume, et en quelques endroits, *ut canis Nilo*, c'est-à-dire en courant, comme font les chiens, quand ils boivent dans le Nil. Il lui plut, ajoute Brower, de donner à ce poème le titre de *De gaudiis et spe vitæ æternæ*, lequel lui agréait plus à lui hétérodoxe que celui de *De virginitate*. Dès le début du poème, Fortunat fait l'énumération des saints personnages composant la cour céleste, et il les présente dans un ordre qui était déjà de convention de son temps, et qui tantôt tel qu'il est ici, tantôt interverti, a été observé par les poètes chrétiens venus après lui. On en voit un notable exemple dans un cantique spirituel sur *la douleur du péché*, fort touchant, attribué à Godescalch ou Gottschalk, hérésiarque du neuvième siècle, tiré d'un manuscrit de la Bibl. n° 1151, f° 98, et cité par Ed. du Méril dans ses *Poés. popul. latin. antér. au douzième siècle*, p. 177 et suiv. — Le poème de Fortunat est adressé à Agnès, abbesse du monastère de Sainte-Croix.

2. — *Fratres*. On appelait quelquefois de ce nom les apôtres.

3. — « Saint Césaire, évêque d'Arles, fonda vers l'an 512 dans cette ville une abbaye de filles, sous le titre de *Saint-Jean*, et il en confia la direction à Césarie, sa sœur, qui mourut vers l'an 529. Une autre abbesse à peu près du même nom, Casarie, lui succéda et reçut de saint Césaire, son oncle présumé, une règle pour son monastère. Lorsque Radegonde eut fondé l'abbaye de Sainte-Croix à Poitiers, elle fit prier Casarie de lui communiquer la règle établie par saint Césaire, mort en 542. Casarie la lui envoya, et l'accompagna d'une lettre remarquable que l'on peut regarder comme une exhortation éloquente à la perfection religieuse (Voy. le *Thesaur. Anecdot.* de DD. Durand et Martin, t. I, col. 3-6). Ces particularités sont connues par la lettre de Casarie, par la présente pièce, v. 39-48 ; 81, 82, et par la pièce I du même livre, v. 60. Casarie mourut vers l'an 560, et avant la composition des pièces I et III du présent livre ; mais elle était encore vivante à l'époque où Fortunat composa la pièce XIII de l'Appendice, dont les deux derniers vers permettent de supposer, ou que le poète, lorsqu'il les écrivait, était à Arles, près de Casarie, ou que celle-ci était avec lui à Poitiers. » (Note de Guérard, dans *Notic. et Extr. des mss.*, t. XII, 2ᵉ partie, p. 94.) Voy. aussi les *Nouveaux Mélanges* du P. Cahier, t. IV, p. 91, 92, et la Vie de saint Césaire dans Mabillon, *Act. ss. Bened.* t. I, p. 668. — Ajoutons ici, la chose en vaut la peine pour la chronologie des pièces de Fortunat, s'il se trouve jamais quelqu'un d'assez intrépide pour l'entreprendre, ajoutons ce passage tiré des *Singularités, etc.*, de D. Liron, t. I, p. 263 et suiv. » « On trouve dès le commencement du t. I. du *Thesaur. Anecdot.*, de Martène, une lettre de Césarie, abbesse d'Arles, à Richilde et à sainte Radegonde, laquelle lettre nous apprend que Richilde et Radegonde avaient envoyé un exprès à Césarie, et lui avait écrit pour la prier de leur envoyer un exemplaire de la règle que le pape Césaire, de sainte mémoire, avait faite pour les religieuses d'Arles. Cette Césarie (ou Casarie) est la seconde qui avait succédé à la bienheureuse Césarie, sœur de saint Césaire, qui avait été première abbesse du monastère d'Arles. Cette seconde Césarie (ou Casarie) envoya donc un exemplaire de la règle de S. Césaire, à Poitiers, comme elle nous l'apprend dans sa lettre. Il est vrai que le P. Martène marque que cette lettre a été écrite vers 570 ; mais c'est ce qu'il est facile de renverser ; car il est certain que Liliose (la Liliola du v. 43 de cette pièce) qui succéda à la seconde Césarie, reçut dans son monastère sainte Rusticule en 562, et qu'elle mourut en 574. Ces deux faits sont indubitables par la vie originale de sainte Rusticule. Voilà donc Liliose qui a succédé à Césarie, abbesse du monastère d'Arles, longtemps avant l'an 570 : ce qui nous apprend en passant que Fortunat écrivit son huitième livre avant 574, puisqu'il y parle de Liliose (Liliosa) comme vivante ; par conséquent la lettre de Césarie à Richilde et à sainte Radegonde a été écrite avant l'an 562, puisque Liliose était alors abbesse d'Arles, et qu'elle reçut dans son monastère la jeune Marcie Rusticule, et même fort probablement avant l'an 559, puisque la lettre est adressée à Richilde et non à Agnès qui fut faite abbesse en cette année. Il résulte de tout ce détail que Grégoire de Tours s'est trompé, et qu'il le faut abandonner en tout ce qu'il dit du voyage de Radegonde et d'Agnès en Provence, et sur le temps où il met ce voyage ; de plus, qu'il doit demeurer pour constant que la règle de saint Césaire fut reçue au monastère de Poitiers, l'an 559 au plus tard. »

4. — *Liliola*, la même que la Liliose de la note précédente, qui fut abbesse après la seconde Casarie.

5. — C'est-à-dire à la dignité d'abbesse.

6. — *Vous* ; c'est Agnès.

7. — Il est facile de voir de quelle fête Fortunat parle ici : c'est de la nomination ou élection d'Agnès comme abbesse du monastère de Sainte-Croix, par Radegonde, élection qui, d'après le calcul de D. Liron, avait eu lieu en 559. Fortunat rapporte ce fait comme s'il était actuel sans doute par une licence poétique.

8. — Tout ce passage et un autre qui le suit immédiatement sont d'une grande hardiesse ; mais voici qui est au moins naïf. S'il était vrai que la pièce VIII de l'*Appendix spuriorum* publié par M. Fréd. Léo dans son édition, p. 385, fût de Fortunat, on n'aurait pas ici

dernier mot de son sentiment sur la conception de la Vierge. On lit en effet dans cette pièce, strophe troisième :

> Mirantur ergo sæcula
> Quod Angelus fert semina,
> Quod aure Virgo concipit,
> Et corde credens parturit.

La même idée eut cours aux XI° et XII° siècles, témoin ces vers étranges, tirés du *Liber floridi aspectus de nativitate Christi*, et cités par Edelest. du Méril, dans ses *Poésies antérieures au douzième siècle*, p. 144, en note :

> Et pudor et partus sunt sine lite simul :
> Quatuor hæc partum commendant : Virginis auris,
> Vox Gabrielis, opus Pneumatis, umbra patris.

9. — Il est probable que Fortunat fait ici allusion à Agnès en qui il personnifie l'épouse du Christ.

10. — Voyez l'*Apocalypse*, ch. IV.

11. — Élie. Voy. *Rois* IV, ch. 2, 11. — Enoch. Voy. l'*Ecclésiastique*, ch. XLIV, 16.

12. — Ce vers ne me paraît guère être à sa place.

13. — On croit qu'il souffrit le martyre à Patras, en Achaïe.

14. — Saint Jean l'Évangéliste. Il fut le premier évêque d'Éphèse.

15. — Je ne sais où Fortunat a pris cela, saint Jacques *le majeur* fut mis à mort à Jérusalem par Hérode Agrippa, l'an 44, et saint Jacques *le mineur*, qui fut le premier évêque de Jérusalem, y fut assommé par le peuple à l'instigation du grand prêtre des juifs, en 62.

16. — Il prêcha l'Évangile en Phrygie où il mourut à Hiéropolis vers l'an 80.

17. — Selon les traditions, saint Thomas alla prêcher l'Évangile chez les Parthes et jusque dans l'Inde, subit le martyre à Calamine (ville inconnue), et son corps fut transporté à Édesse.

18. — Bartholomé ou Barthélémy, prêcha aussi, dit-on, l'Évangile dans les Indes, l'Éthiopie, etc., et souffrit le martyre en Arménie vers l'an 71.

19. — Selon Lucchi, Naddaver était la ville royale d'Éthiopie, où saint Mathieu était allé prêcher l'Évangile.

20. — Saint Simon, natif de Cana, en Galilée, subit, dit-on, le martyre en Perse, ainsi que saint Jude qui subit le même sort l'an 80. L'Église fait commémoration des deux ensemble le 28 octobre.

21. — Marc fonda l'Église d'Alexandrie, et fut pris et mis à mort par les idolâtres l'an 68. Quant à saint Luc, il n'est pas aussi certain qu'il alla en Égypte, mais il suivit saint Paul en Troade, en Macédoine, partagea sa captivité à Rome, et fut, dit-on, mis à mort en Achaïe, à l'âge de 84 ans.

22. — Cyprien, un des pères de l'Église latine, naquit à Carthage où il fut évêque en 248, et souffrit le martyre en 258.

23. — Sciscia était une ville de la Pannonie supérieure, où saint Quirin fut martyrisé. Voy. Prudence, *Hym.* V, *de Coronis*, et Grégoire de Tours, *Hist. Franc.* I, 33.

24. — Vincent, né à Saragosse, fut martyrisé en 304 par l'ordre du proconsul d'Espagne, Dacien.

25. — Alban fut le premier martyr en Angleterre. Il avait servi dans les armées de Dioclétien. Il embrassa le christianisme, et à son retour en Angleterre, il fut mis à mort en 286, ou, selon d'autres, en 303.

26. — Victor, de Marseille, était soldat dans l'armée de l'empereur Maximien. Arrêté comme chrétien, il subit le martyre vers l'an 303, le 21 juillet.

27. — Saint Genès ou Genest, de Rome, exerçait la profession de comédien sous Dioclétien, et se convertit un jour qu'il parodiait les cérémonies de baptême. Dioclétien le fit frapper de verges. Comme Genest persistait dans sa foi récente, il fut martyrisé vers l'an 286, selon les uns, 303, selon les autres. Sa fête est le 25 août. — Césaire, né en 470, près de Châlons-sur-Saône, entra au monastère de Lérins, et fut nommé malgré lui évêque d'Arles. On a assez parlé de lui dans les notes précédentes.

28. — Saint Denys, apôtre des Gaules, y fut, dit-on, envoyé de Rome vers l'an 250, et fut le premier évêque de Paris. Pendant la persécution de Valérien, vers 272, il souffrit le martyre, à Montmartre, dit-on (*mons martyrum*) et fut décapité (Voy. Livre I°°, pièce XI). Il y a des Actes de ce saint écrits vers la fin du septième ou au commencement du huitième siècle; mais ils ne méritent aucune autorité.

29. — Symphorien, né à Autun au deuxième siècle, souffrit le martyre vers l'an 179, pour avoir refusé d'adorer Cybèle. Sa fête est le 22 août.

30. — Privat souffrit le martyre sous les empereurs Valérien et Galien. D'autres ne le font vivre et mourir qu'au cinquième siècle. Grégoire de Tours, *Hist. Fr.* I, 32, dit que ce fut lors de l'irruption des Alamands dans la Gaule.

31. — Saint Julien, contemporain d'un autre saint Julien qui fut le premier évêque du Mans, au troisième siècle, périt à Brioude ou *Brivas* chez les Arvernes, lors de la persécution de Dioclétien.

32. — Ferréol avait été tribun dans l'armée romaine. Il subit le martyre à Vienne, en Dauphiné, l'an 304.

33. — Hilaire, docteur de l'Église, évêque de Poitiers, naquit dans cette ville au commencement du quatrième siècle, et fut élevé à l'épiscopat par ses concitoyens vers 350. Il a laissé quelques écrits, dont le style véhément et quelquefois obscur et enflé l'a fait appeler par saint Jérôme le *Rhône de l'éloquence latine*. Il mourut vers l'an 367. — Saint Martin, évêque de Tours, né en 316, à Sabarie, en Pannonie, fut d'abord soldat, puis ordonné prêtre par saint Hilaire. Tout le monde connaît sa légende. Il mourut vers 397 ou 400.

34. — Saint Laurent, né à Rome dans le troisième siècle, fut martyrisé sous l'empereur Valérien, avec les circonstances abominables qui ne sont ignorées de personne.

35. — Il y a plusieurs saints du nom de Félix. Cinq sont antérieurs au temps où écrivait Fortunat, mais aucune circonstance de leur vie n'indique qu'ils aient vécu à une époque quelconque à Vicence. Cependant des reliques de celui dont il est ici question étaient, selon Lucchi, conservées dans un monastère de Vicence, conjointement avec celle de saint Fortunat. Ce dernier, mort à Chelles, près de Paris, vers 569, a souvent été confondu avec notre poète qui a été son contemporain et qui l'a connu. Il fut élevé à l'épiscopat, et sans doute à Aquilée, puis il se retira en France où il se lia d'amitié avec saint Germain, évêque de Paris.

36. — Saint Vital, de Milan, martyrisé à Ravenne vers l'an 60, avec ses compagnons, comme l'indique sans doute le mot *reliquos*.

37. — Saint Gervais, fils de saint Vital, souffrit le martyre avec son frère saint Protais, vers la fin du premier siècle. — Saint Ambroise, Père de l'Église, né vers l'an 310, élu évêque de Milan par le peuple en 374, mort en 397.

38. — Sainte Justine, patronne de Padoue, vierge et martyre, vers le quatrième siècle.

39. — Sainte Euphémie, vierge de Chalcédoine, souffrit le martyre vers 307.

40. — Sainte Eulalie, vierge et martyre, née à *Augusta emerita* auj. Merida, en Estramadure. Elle n'avait que douze ans, lors de la persécution de Dioclétien. Un jour elle s'échappa de la maison paternelle pour aller braver le juge, et renversa les idoles en sa présence. Elle fut livrée aux tortures, en 308.

41. — Sainte Cécile, patronne des musiciens, mourut vierge et martyre en Sicile, vers l'an 176. Elle s'accompagnait d'un instrument de musique, à cordes, en chantant les louanges de Dieu.

42. — Thècle. Voy. la note 7 de la pièce qui précède.

43. — La Légion thébéenne ou thébaine.

44. — Les émeraudes sont ordinairement d'un beau vert; les blanches étaient ainsi dites sans doute parce qu'elles étaient d'un vert très pâle. Le béryl est une autre variété d'émeraude couleur vert de mer.

45. — La cyclade, κυκλάς, était proprement un vêtement de femme, qui consistait en une draperie longue et ample qu'on jetait autour du corps comme le *pallium*, et assez large pour couvrir au besoin la figure tout entière. Il y avait autour de ce vêtement une bande couleur de pourpre ou une broderie d'or, d'où lui venait le nom de *cyclas*. Papias donne une autre cause de ce nom: *cyclas, genus vestis a rotunditate dicta, sursum stricta, deorsum ampla*. Il semble qu'à l'époque où écrivaient Sidoine Apollinaire (11, *ep.* 5) et Fortunat, c'était une robe de mariée.

46. — On trouve dans Du Cange le mot *efferentia* interprété par *elatio*.

47. — La lacune de ce vers est ainsi comblée par M. Fr. Leo :

Non validos [lenit prolis] spes rapta dolores ;

conjecture très heureuse et qu'on ne peut ne pas adopter.

48. — Ce n'est pas là précisément ce que dit saint Paul. Voy. *Corinth.* VII, 26-38.

49. — J'ai longtemps balancé pour savoir si *judicis* se rapportait à Radegonde ou à Dieu. Il me semblait que Radegonde pouvait trouver tous ces détails, comme on dirait aujourd'hui, un peu réalistes, et avoir quelque peine à les excuser. Mais j'ai réfléchi qu'au égard à peu de délicatesse qui caractérisait les mœurs de ce temps jusque dans les monastères, Radegonde avait sans doute jugé toutes naturelles les peintures de Fortunat, et les avait aussi approuvées ; j'ai donc rendu à Dieu ce qui d'ailleurs, comme tous les jugements définitifs, lui appartient de toute éternité.

IV.

1. — Cette pièce paraît avoir été composée par Fortunat au nom de Radegonde et d'Agnès pour engager des jeunes filles à entrer au monastère de Sainte-Croix, afin d'y faire profession de la vie monastique. C'est ce qui résulte en effet et plus particulièrement des vers 29 et 30 de cette pièce.

2. — Ces peintures des richesses du paradis toutes matérielles, et dont la toilette de la fiancée du Christ (v. 263 à 276 de la pièce précédente), décrite peut-être d'après les modèles que le poète avait eus sous les yeux à la cour et au mariage de Sigebert, offre un si remarquable exemple, étaient assez fréquentes chez les premiers écrivains du christianisme, et ne sont pas encore tombées en désuétude. Et de même qu'ils se représentaient le paradis rempli de toutes les richesses tirées du sein de la terre, et mises en œuvre par la main des hommes, de même ils l'embellissaient de toutes les merveilles du règne végétal ; ils lui donnaient un printemps perpétuel, et l'éclairaient d'un jour sans fin et sans soleil. Toutes ces imaginations se trouvent dans l'Apocalypse, au ch. XX, 16-23 où est décrite la Jérusalem céleste, et ce sont elles que les poètes et prosateurs dont on parle, ont imitées à l'envi, sans y arriver toutefois à la hauteur des idées, et sans avoir surtout l'éloquence et énergique concision de l'écrivain sacré. Voyez entre autres le *Rythme sur les joies* du paradis attribué à saint Augustin par quelques critiques, et cité par Edel. du Méril, dans *Poésies popul. lat. antér. au XIIe siècle*, p. 131 et s.; un passage d'Abdias, *Histor. certaminis apostolici*, l. VII, ch. 5 dans Fabricius, *Codex apocryphus*, p. 645 ; le poème *De statu futuræ gloriæ*, par Franco, dans Fabricius, *Bibliotheca latina*, au mot FRANCO, etc., etc.

V.

1. — Quel est ce roi à qui Radegonde a voulu plaire? Au roi Clotaire, son mari sans doute, lequel, après s'être opposé de toutes ses forces à la résolution qu'elle avait prise d'embrasser la vie religieuse, avait fini non seulement par y consentir, mais eu trouver bon qu'elle fondât un monastère. Ce fut celui de Sainte-Croix de Poitiers, où elle passa le reste de sa vie.

VI.

1. — Il s'adresse ici à la fois à Radegonde et à Agnès.

2. — Ce sont des violettes mêlées de rouge et de bleu foncé.

3. — Métaphoriquement et en général *merx*, antérieurement à l'époque classique, voulait dire, chose, objet, affaires, etc.

VIII.

1. — C'est là, si je ne me trompe, le sens de ce vers. Quelle apparence en effet que la vie bienheureuse ne donne à Radegonde que des fleurs terrestres pareilles à celles que lui envoie le poète ? Elle ne peut que lui en donner de plus belles.

2. — *Celles-là*, c'est-à-dire les fleurs offertes par le poète qu'il lui envoie dans sa retraite et qu'il suppose faire des vœux pour qu'elle en sorte.

3. — C'était la retraite de carême. Le mot *vos* indique qu'Agnès la partageait avec Radegonde. Le même *vos*, qui est reproduit au vers 12 de la pièce suivante, indique la même chose.

IX.

1. — Voy. sur les motifs de cette séquestration volontaire en temps de carême, la *Vie de sainte Radegonde* par Fortunat, n°s 21, 22. Il paraîtrait surtout par les vers 1 et 2 de la pièce suivante, que Radegonde se retirait alors en quelque endroit solitaire, ignoré des religieuses et du poète lui-même, et où par conséquent il n'était pas possible de venir la troubler.

2. — « Celui qui vous aime, » c'est-à-dire Dieu.

XI.

1. — Ce Léon paraît être le même que celui dont parle Grégoire de Tours, *de Mirac. sancti Martini*, IV, 23, en ces termes : *Leontis presbyteri nostri vernacula*, etc. Par ses prières et avec la protection de saint Martin, il guérit de la fièvre une jeune fille qui était en danger de mort.

XII.

1. — Cette pièce est une allusion aux désordres et aux faits scandaleux qui en 580, deux ans après la mort de

Radegonde, ensanglantèrent le monastère de Sainte-Croix, à Poitiers. Ils avaient pour auteur principal une religieuse nommée Chrodielde, qui se disait reine, fille du roi Charibert. Ces troubles arrivèrent au point que le monastère fut le théâtre de pillages, de sacrilèges, de meurtres et d'autres crimes abominables. Voy. Grégoire de Tours, *Hist. Fr.* IX, 39 et X, 15 et 16.

a.

1. — C'est ici une lettre officielle, qui montre en quel style les ecclésiastiques ou les laïques écrivaient à leur évêque, quand ils réclamaient l'exercice de sa juridiction. Le tutoiement en latin n'y était pas alors permis.

2. — Deux manuscrits portent *justitiæ* au lieu de *Justinæ*. Lucchi estime que cette leçon est fautive, et qu'il faut rétablir *Justinæ*. Cette Justine était nièce de Grégoire de Tours (*De miraculis sancti Martini* II, 2), et prieure du monastère de Sainte-Croix. C'est elle qui, voulant dérober l'abbesse Leubovère aux coups des assassins qui la poursuivaient à l'instigation de Chrodielde (Voir la note 1 de la pièce précédente), la couvrit d'une nappe d'autel qu'elle jeta sur le coffre où l'on renfermait habituellement la sainte Croix et dans lequel l'abbesse s'était réfugiée. Et comme alors le jour était à son déclin, Justine se laissa prendre comme étant elle-même l'abbesse, et fut traînée par les cheveux hors du sanctuaire. L'erreur reconnue, on lui rendit la liberté. Voy. Grégoire de Tours, *Hist. Fr.* X, 15 et suiv. Quant à Lucchi, je crois qu'il est dans l'erreur. La pièce qui suit, où il s'agit en effet de Justine, indique assez que c'est pour une affaire étrangère aux troubles du couvent que l'intervention de Grégoire était réclamée ; et cette affaire paraît avoir été une cause de brouille entre Justine et son aïeule, laquelle brouille Grégoire fit cesser.

XIII.

1. — Cette pièce a été écrite au nom de Justine que le poète fait parler.

XV.

1. — Voyez la *Vie de Grégoire de Tours*, dans Migne. t. LXXI, p. 117.

XIX.

1. — Qu'est-ce qu'un *trames munificus?* Il y a là nécessairement une altération du texte; je crois qu'il faut dire *mirifico* et j'ai traduit en conséquence.

2. — Ce don n'était qu'un prêt, comme le titre l'indique, et surtout le vers 9 de la pièce suivante.

3. — Fortunat était prêtre attaché à l'église métropolitaine de Poitiers.

XX.

1. — Il le guérit d'un mal d'yeux. Voy. la *Vie de Fortunat*, n° 22.

2. — Ce champ était sans doute un bien de l'évêché de Tours et non de l'évêque; sans doute aussi est-ce pour cela que le poète dit *usibus vestris*.

XXI.

1. — Les phalères étaient des plaques rondes d'or, d'argent ou d'autres métaux, sur lesquelles était gravée ou ciselée quelque figure en relief, ainsi, la tête d'un dieu, l'image d'un roi ou d'un empereur, ou quelque emblème; des pendants en forme de croissants ou de larmes y étaient souvent attachés. Les personnes de distinction en portaient sur la poitrine comme ornement; c'était pour les soldats une décoration militaire. On en appliquait aussi sur les harnais et aux mors des chevaux. On en a découvert tout récemment de cette espèce dans des sépultures à char de l'époque gauloise antérieure à César. Ces sépultures situées dans le département de la Marne, ont été explorées et très savamment décrites par M. Auguste Nicaise, dans une brochure intitulée *l'Époque gauloise dans le département de la Marne*, 1884. On y voit que ces phalères étaient appliquées aux deux extrémités du mors; qu'elles étaient en bronze et découpées à jour de manière à ressembler à de la guipure métallique. On voit ici qu'elles servaient encore à orner les *volumes* ou manuscrits en rouleaux. Un reste de cet usage a survécu dans certains livres d'aujourd'hui, entre autres les livres de liturgie, où les signets parfois très nombreux qu'ils renferment, ont à leur extrémité des petites plaques de métal dont le poids empêche le ruban de sortir de sa place ou de se recroqueviller dans l'intérieur des pages. Voyez sur les phalères, leurs formes et leurs usages divers, un très savant et très intéressant article de feu A. de Longperrier, t. II, p. 216 et suiv. de ses *Œuvres*, publiées par M. G. Schlumberger, membre de l'Institut.

2. — Voyez ma *Dissertation*, n° 8.

LIVRE NEUVIÈME.

1. Au roi Chilpéric, à l'occasion du concile de Braine (1).

Ordre des prêtres, vénérables dignitaires de l'Église du Christ, vous que la religion et la foi nous ont donnés pour pères, je veux, tout humble que je suis, faire l'éloge de notre grand roi. Que votre affection pour le poète soutienne la faiblesse de ses vers. — Roi illustre par vos armes, descendant de grands rois, et le premier depuis les anciens qui gouvernez les premiers royaumes, vous, notre chef glorieux dès votre naissance, et qui rehaussez cette gloire par votre modération ; fleur vigoureuse dont votre père est la souche ; qui après lui vous êtes ennobli par une série d'exploits égaux aux siens, vous êtes l'ornement de votre race, comme la race de votre aïeul (2) est le vôtre ; car si vous tirez d'elle de l'éclat, la splendeur qui vous est personnelle rejaillit sur tous vos ancêtres. Quand vous naquîtes, une nouvelle lumière naquit dans le monde, et maintenant votre nom lance de toutes parts des rayons nouveaux. L'orient et l'occident en témoignent ainsi que le nord et le midi. Où n'ont point pénétré vos pas, votre célébrité vous a fait connaître. Il n'est pas un coin du monde qui n'ait entendu parler de vous. Vous suivez la même route que le soleil. La mer du Pont, la mer Rouge, celle de l'Inde vous connaissent déjà. Votre brillante renommée traverse aujourd'hui l'Océan. Ni la violence des vents, ni celle de la mer n'en étouffent le retentissement, et tout de la terre au ciel le favorise. Vous charmez par votre bonté, votre gloire est à son apogée, noble est le germe d'où vous sortez, votre tête s'élève au-dessus des plus hautes. Vous êtes le soutien de la patrie, son espoir, son bouclier dans les combats, sa confiance, sa valeur et sa force ; votre nom, puissant Chilpéric, traduit de sa langue barbare en latin, veut dire *adjutor fortis* (3), et c'est bien celui qui vous appartient. Ce n'est pas en vain que vos parents vous appelèrent ainsi ; c'était le présage de la gloire qui vous attendait. On prévoyait déjà ce que serait le nouveau né, et la suite a justifié cette prévision. Toute la sollicitude de votre père se concentra sur votre chère tête ; de tant de frères que vous étiez vous fûtes son unique amour. Il voyait déjà que vous mériteriez mieux que les autres ; de là le soin particulier qu'il prit de votre éducation, et cette préférence fondée sur ce qu'il aimait en vous son élève. On ne saurait casser le jugement

LIBER NONUS.

1. Ad Chilpericum regem quando synodus Brinnaco habita est.

Ordo sacerdotum, venerandaque culmina Christi,
   Quos dedit alma fides religione patres,
Parvulus opto loqui regis præconia celsi :
   Sublevet exigui carmina vester amor.

Inclite rex armis et regibus edite celsis,   5
   Primus ab antiquis culmina prima regens,
Rector habens nascendo decus, moderando sed augens,
   De radice patris flos generate potens,
Æquali serie vos nobilitando vicissim
   Tu genus ornasti, te genus ornat avi.   10
Excepisti etenim fulgorem ab origine gentis,
   Sed per te proavis splendor honore redit.
Te nascente patri, lux altera nascitur orbi,
   Nominis et radios spargis ubique novos,
Quem præfert Oriens, Libyes, Occasus et Arctus :   15
   Quo pede non graderis, notus honore venis.
Quidquid habet mundus peragrasti nomine, princeps,
   Curris et illud iter quod rota solis agit,
Cognite jam ponto et rubro pelagoque sub Indo,
   Transit et Oceanum fulgida fama sopho.   20
Nomen ut hoc resonet non impedit aura nec unda :
   Sic tibi cuncta simul, terra vel astra, favent.
Rex bonitate placens, decus altum et nobile germen,
   In quo tot procerum culmina culmen habent,
Auxilium patriæ, spes et tutamen in armis,   25
   Fida tuis virtus, inclitus atque vigor,
Chilperice potens : si interpres barbarus extet,
   « Adjutor fortis » hoc quoque nomen habes.
Non fuit in vacuum sic te vocitare parentes :
   Præsagum hoc totum laudis et omen erat.   30
Jam tunc indicium præbebant tempora nato,
   Dicta priora tamen dona secuta probant.
In te, dulce caput, patris omnis cura pependit,
   Inter tot fratres sic amor unus eras.
Agnoscebat enim te jam meliora mereri :   35
   Unde magis coluit, prætulit inde pater.
Præposuit genitor cum plus dilexit alumnum :
   Judicium regis frangere nemo potest.

d'un roi. Vous avez grandi, prince très grand, sous ces illustres auspices, objet à la fois de l'amour de votre père et du peuple. Tout à coup le sort jaloux de tant de mérites se prépare à troubler la tranquillité de votre royaume. Il ébranle les sentiments des peuples et l'alliance qui unissait les frères. Il est vrai qu'en voulant leur nuire, il contribua à leur prospérité. Un grand péril menaçait votre tête; il allait vous accabler; mais votre heure n'était pas venue, et la mort fut écartée. Pendant qu'elle voltigeait autour de vous, en brandissant ses armes, le sort, mais cette fois avec l'aide de Dieu, vous arracha aux glaives (4). Dans cette extrémité vous revîntes de la mort à la vie, et le jour qui devait être le dernier de vos jours en fut le premier. Quand les ennemis machinaient contre vous de coupables guerres, la foi prit les armes et combattit pour vous vaillamment. Votre cause fut gagnée sans vous (5), et Paris revint à qui en était le maître légitime (6). O bon roi, gardez-vous de vous plaindre, car l'acharnement de la fortune à vous poursuivre a tourné à votre avantage. Aux dures épreuves longtemps supportées a succédé le bonheur, et c'est des chagrins passés que vous recueillez les joies présentes. Après avoir enduré des menaces de toutes sortes, vous recouvrez enfin vos royaumes; car ce qui est grand ne devient plus grand qu'au prix de pénibles labeurs. Le sort cruel ne vous nuisit pas, mais il vous éprouva; vous ne vous en élevâtes que plus haut, loin d'en être abattu. L'exercice assidu des armes n'a point brisé vos forces, il les a accrues, et dans l'art de la guerre vous êtes passé maître. Plus se multiplient les périls, plus votre courage s'y déploie. Le repos dont vous jouissez est le prix de vos sueurs. Le monde ne regrette rien de ce qu'il a perdu, puisque le roi vit, et que les royaumes qui vous sont dus vous sont conservés (7). En vous laissant vivre redouté des nations, le créateur a considéré l'intérêt de votre maison, de la patrie et du peuple. Le nom de victorieux qui est le vôtre empêche les rebelles en armes de se précipiter sur les campagnes de la Gaule (8). Vous protégez de vastes États. Le Gète et le Gascon tremblent (9), ainsi que le Danois; tremblent aussi l'Euthien (10), le Saxon et le Breton; tous sont domptés par votre père et par vous, ainsi qu'il est avéré (11). Vous êtes la terreur des Suèves et des Frisons qui confinent à la mer, et loin de se préparer à vous faire la guerre, ils réclament votre domination. Cette terreur dont vous les avez remplis, et qui a eu pour témoins les champs de bataille, a changé de nature, et est maintenant un amour profond. Vous êtes, prince, le mur d'enceinte du royaume dont la porte de fer lève si haut sa tête; vous êtes la tour de diamant de la patrie, qui lance ses feux du fond du midi; vous êtes le bouclier immobile à l'abri duquel le peuple fait entendre ses vœux. De peur que quelqu'un ne trouble cet état de choses, vous vous faites un rempart d'œuvres pieuses (12), et protégez par des frontières bien gardées les richesses du pays. Que dirai-je, prince, de votre justice si bien réglée que personne, pourvu que sa requête soit juste, ne s'en va mécontent? De votre bouche honnête ne sortent que des arrêts sagement

Auspiciis magnis crevisti, maxime princeps,
  Hinc in amore manens plebis et inde patris. 40
Sed meritis tantis subito sors invida rerum,
  Perturbare parans regna quieta tibi,
Concutiens animos populorum et fœdera fratrum,
  Lædere dum voluit, prosperitate favet.
Denique jam capiti valido pendente periclo, 45
  Quando ferire habuit, reppulit hora necem.
Cum retinereris mortis circumdatus armis,
  Eripuit gladio sors, operante Deo.
Ductus ad extremum remeas de funere vitæ,
  Ultima quæ fuerat fit tibi prima dies. 50
Noxia dum cuperent hostes tibi bella parare,
  Pro te pugnavit fortis in arma fides.
Prospera judicium sine te tua causa peregit,
  Et rediit proprio celsa cathedra loco.
Rex bone, ne doleas, nam te fortuna querellis 55
  Unde fatigavit, hinc meliora dedit.
Aspera tot tolerando diu modo læta secuntur,
  Et per mærores gaudia nata metis.
Multimodas perpesse minas, tua regna resumis,
  Namque labore gravi crescere magna solent. 60
Aspera non nocuit, sed te sors dura probavit:
  Unde gravabaris, celsior inde redis.
Altior adsiduis crescis, non frangeris armis,
  Et belli artificem te labor ipse facit.
Fortior efficeris per multa pericula, princeps, 65
  Ac per sudores dona quietis habes.
Nil dolet amissum te rege superstite mundus,
  Cui se servarunt debita regna gradu.
Consuluit domui, patriæ populoque creator,
  Quem gentes metuunt, te superesse virum. 70
Ne ruat armatus per Gallica rura rebellis,
  Nomine victoris hic es et ampla tegis:
Quem Geta, Vasco tremunt, Danus, Euthio, Saxo, Britannus,
  Cum patre quos acie te domitasse patet.
Terror [es] extremis Fresonibus atque Suebis, 75
  Qui neque bella parant, sed tua frena rogant.
Omnibus his datus es timor, illo judice campo,
  Et terrore novo factus es altus amor.
In te, rector, habet regio circumdata murum,
  Ac levat excelsum ferrea porta caput. 80
Tu patriæ radias adamantina turris ab austro,
  Et scuto stabili publica vota tegis.
Neu gravet hæc aliquis, pia propugnacula tendis,
  Ac regionis opes limite forte foves.
Quid de justitiæ referam moderamine, princeps? 85
  Quo male nemo redit, si bene justa petit,
Cujus in ore probo mensuræ libra tenetur,
  Rectaque causarum linea currit iter.

pondérés, et dans toutes les affaires la seule ligne que vous suivez est la ligne droite. Selon vous, la vérité ne souffre pas de retard, et le mensonge n'éclaircit rien. Vos jugements sont inaccessibles à la fraude, l'ordre revient (13). Quoi encore ? Pas un de vos sujets que vous ne surpassiez en génie et en éloquence. Vous entendez sans interprète leurs différents langages, et les traduisez tous dans le vôtre (14). Votre munificence élève les petits, et ce que vous donnez à un serviteur est un gain pour vous (15). De quelque façon donc qu'on vous loue, les louanges s'accumulent, et le bruit en va frapper le ciel. On ne se lasse pas d'aimer un prince que les armes et les lettres favorisent à la fois. Vous devez la puissance à votre valeur, et à votre science le don de charmer. Vous êtes également habile au métier des armes et dans les lois, et vous en avez donné des preuves. Vous brillez tout ensemble comme guerrier et comme législateur (16). Par la bravoure vous rappelez votre père, et votre oncle par le visage. Vous l'emportez sur toute votre race par le savoir et par la doctrine (17). Vous êtes l'égal des rois, mais vous êtes au-dessus d'eux par votre talent dans la poésie (18). Par la science du dogme vous êtes tel que ne fut jamais votre père (19). Dans les armes point de différence entre vous et les princes de votre sang; mais vous les surpassez dans les lettres. Ainsi, en même temps que vous allez de pair avec les anciens rois, vous en êtes le premier. Prince que je ne saurais trop admirer, vous livrez des batailles, et vous faites des vers parfaits; vous réglez vos armes sur les lois et redressez les lois par vos armes. C'est ainsi que vous menez de front l'exercice de deux arts d'un genre bien différent. Si l'on pouvait savoir tous les mérites que vous réunissez en votre personne, on en trouverait assez pour faire l'ornement de plusieurs personnes à la fois. Cependant, ayez-les toujours tous en propre, et que le nombre s'en accroisse encore pour votre bonheur. Que d'un trône dont les annexions se multiplient on vous laisse paisiblement jouir, vous et votre épouse, l'honneur du royaume par ses mœurs, et qui le gouverne en en partageant avec vous l'autorité. Femme de bon conseil (20), intelligente, adroite, circonspecte, utile à la cour, se faisant aimer par ses largesses, excellant enfin en toutes sortes de mérites, l'illustre Frédégonde, est de plus belle comme le jour. Portant la lourde charge des soucis de la royauté, elle est remplie d'affection pour vous, et vous seconde efficacement. Sous sa direction qui se confond avec la vôtre, les palais deviennent plus nombreux, et si la maison royale est florissante et honorée, c'est à ses soins qu'elle le doit. Dans son zèle à stimuler davantage les vœux pour le salut de son mari, elle s'applique à obtenir les prières de Radegonde (21). La gloire du roi a sans doute assez d'éclat par elle-même, mais la reine en est le couronnement. Puisse-t-elle longtemps vous faire honneur par sa fécondité! Puissiez-vous avoir un petit-fils, et vous rajeunir en devenant grand-père (22)! Rendez donc au créateur de dignes actions de grâce; roi, adorez ce roi qui vous protège, et le priez de conserver et d'accroître votre bien. Tout est au seul roi du ciel, et il vous a déjà beaucoup donné. Pardonnez-moi, prince victo-

Nec mora fit vero, falsus nihil explicat error,
   Judiciisque tuis fraus fugit, ordo redit. 90
Quid? quoscumque etiam regni dicione gubernas,
   Doctior ingenio vincis et ore loquax,
Discernens varias sub nullo interprete voces,
   Et generum linguas unica lingua refert.
Erigit exiguos tua munificentia cunctos, 95
   Et quod das famulo credis id esse tuum.
Qualiter hinc itidem tua se præconia tendunt,
   Laudis et hoc cumulo concutit astra fragor.
Cui simul arma favent et littera constat amore :
   Hinc virtute potens, doctus et inde places, 100
Inter utrumque sagax, armis et jure probatus,
   Belliger hinc radias, legifer inde micas.
De virtute pater, reparatur avunculus ore,
   Doctrinæ studio vincis et omne genus.
Regibus æqualis de carmine major haberis 105
   Dogmate vel qualis non fuit ante parens.
Te arma ferunt generi similem, sed littera præfert ;
   Sic veterum regum par simul atque prior.
Admirande mihi nimium rex, cujus opime
   Prælia robor agit, carmina lima polit. 110
Legibus arma regis et leges dirigis armis :
   Artis diversæ sic simul itur iter.
Discere si posset, rector, tua singula quisquis,
   Ornarent plures quæ bona solus agis.
Sed tamen hæc maneant et crescant prospera vobis
   Et liceat solio multiplicante frui, [115]
Coniuge cum propria, quæ regnum moribus ornat,
   Principis et culmen participata regit,
Provida consiliis, sollers, cauta, utilis aulæ,
   Ingenio pollens, munere larga placens, 120
Omnibus excellens meritis Fredegundis opima,
   Aque serena suo fulget ab ore dies,
Regia magna nimis curarum pondera portans,
   Te bonitate colens, utilitate juvans.
Qua pariter tecum moderante, palatia crescunt, 125
   Cujus et auxilio floret honore domus.
Quærens unde viro duplicentur vota salutis,
   Et tibi mercedem de Radegunde facit.
Quæ meritis propriis effulget gloria regis,
   Et regina suo facta corona viro. 130
Tempore sub longo hæc te fructu prolis honoret,
   Surgat et inde nepos, ut renoveris avus.
Ergo creatori referatur gratia digne,
   Et cole, rex, regem qui tibi præbet opem,
Ut servet cumuletque bonum ; nam rector ab alto 135
   Omnia solus habet, qui tibi multa dedit,
Da veniam, victor, tua me præconia vincunt .
   Hoc quoque, quod superor, fit tibi major honor.

rieux, si en vous louant je reste inférieur à ma tâche, mais ma défaite même est tout à votre honneur. Je suis bien peu de chose, je souhaite cependant (et puissent mes souhaits s'accomplir!) que le ciel vous accorde des saisons favorables, la fertilité des campagnes, la paix et l'étroite union des royaumes. Domptez vos ennemis, aimez et défendez ceux qui vous sont fidèles. Soyez aussi le chef de la religion catholique : c'est le suprême honneur du roi qui dispose de tous les honneurs (23), qui a pour lui la durée des siècles et la foi qui vivifie. Que d'autres offrent aux rois de l'or et des pierres précieuses; le pauvre Fortunat n'a que des paroles ; ne les repoussez pas.

II. A Chilpéric et à la reine Frédégonde.

Dure et irrévocable condition de l'homme à l'heure de sa naissance! Témoin la triste origine du genre humain, alors que le serpent séducteur lança son venin, que, mordue par lui, Ève perdit l'innocence et que la mort fut. Notre père Adam légua sa douleur à la terre, et le monde gémissant recueillit les fruits amers de la faute de sa compagne. Leur prévarication les condamna tous deux à l'opprobre. A l'un le travail arrache des plaintes, à l'autre l'enfantement. Puis, ils sont dévorés par la mort qu'ils lèguent à leurs descendants. Leur coupable origine les prive d'héritiers (1). Tel est le triste état où nous ont réduits nos premiers pères. Tout être vivant prit sa fin dès son commencement. Abel périt le premier d'une pitoyable blessure; le hoyau de son frère lui déchira les membres. Seth, qui avait été donné à ses parents pour le remplacer, n'en mourut pas moins malgré cela (2). Citerai-je Noé, loué de Dieu, qu'une arche légère porta sur les eaux, et qu'un cercueil pesant enserre aujourd'hui (3)? Sa sainte progéniture, les justes Sem et Japhet ont pris le même chemin, comme aussi les patriarches Abraham, Isaac et Jacob, nul n'étant exempté de mourir. Ainsi advint-il de Melchisédec, prêtre sacré du Seigneur, de Job et de ses enfants. Le législateur Moïse, l'ami de Dieu et qui conversait avec lui, Aaron, son frère, grand prêtre, Josué, son successeur, chef du peuple, moururent tous, comme l'Écriture nous l'apprend. Ainsi firent Gédéon, Samson, et les Juges, chacun à son tour. De par le Seigneur, Juge par excellence, nul n'échappe à la mort. Le puissant David, roi d'Israël et prophète, est dans la tombe avec Salomon, son fils. Isaïe, Daniel, Samuel et le bienheureux Jonas qui vécut trois jours dans la mer, sont sous terre à présent. Y sont aussi Pierre, le premier par les clefs, et Paul, le premier par la doctrine. Le plus grand qui soit né de la semence humaine, Jean-Baptiste lui-même est mort. La même destinée fut encore celle d'Énoch et d'Élie. Qui naît de l'homme doit mourir. Enfin notre créateur, le Christ dont la résurrection triomphante s'accomplit si rapidement, étant né homme, est mort et a été enseveli dans sa chair. Dites-moi, je vous prie, qui ne meurt pas, puisque notre Sauveur, notre vie,

Parvolus opto tamen, sic prospera vota secundent,
    Ut veniant terris hæc pia dona polis :   140
Aera temperie faveant tibi, tempora pace,
    Frugibus arva micent, fœdera regna ligent.
Edomites [hostes], tuearis amore fideles,
    Sis quoque catholicis religionis apex :
Summus honor regis, per quem donantur honores, 145
    Cui longæva dies constat et alma fides.
Regibus aurum alii aut gemmarum munera solvant :
    De Fortunato paupere verba cape.

II. Item ad Chilpericum et Fredegundem reginam.

Aspera condicio et sors inrevocabilis horæ!
    Quod generi humano tristis origo dedit.
Cum suadens coluber projecit ab ore venenum,
    Morsu et serpentis mors fuit Eva nocens :
Sumpsit ab ipso ex tunc Adam patre terra dolorem, 5
    Et de matre gemens mundus amara capit.
Prævaricando duo probro damnantur acerbo :
    Ille labore dolet, hæc generando gemit.
Mors venit inde vorax, transmissa nepotibus ipsis,
    Heredesque suos tollit origo nocens.   10
Ecce hoc triste nefas nobis genuere parentes :
    Cœperat unde prius, hinc ruit omne genus.
Primus Abel cecidit miserando vulnere cæsus,
    Ac fraterna sibi sarcula membra fodent.
Post quoque Seth obiit, sub Abel vice redditus isdem,
    Et quamvis rediit, non sine fine fuit.   [15]
Quid Noe memorem, laudatum voce Tonantis?
    Quem levis arca tulit, nunc gravis arca premit.
Sic quoque Sem et Jafeth, justissima denique proles
    Sancta et progenies tale cucurrit iter.   20
Quid patriarcha Abraham vel Isac, Iacob quoque dicum de lege necis nemo solutus adest ?   [gnus,]
Melchisedech etiam, domini sacer ore sacerdos,
    Job quoque seu geniti sic abiere sui.
Legifer ipse jacet Moyses, Aaronque sacerdos,   25
    Alloquiisque Dei dignus amicus obit.
Successorque suus, populi dux inclitus Iesus,
    Quos legitis libris, occubuere patres.
Quid Gedeon, Samson vel quisquis in ordine judex?
    Morti suo domino judice nemo fugit.   30
Israhelita potens David rex atque propheta
    Est situs in tumulo cum Salomone suo.
Esaias, Danihel, Samuel, Jonasque beatus,
    Vivens sub pelago, stat modo pressus humo.
Princeps clave Petrus, primus quoque dogmate Pau-
    Quamvis celsæ animæ, corpora terra tegit,   [lus 35]
Semine ab humano cui nullus major habetur,
    Vir baptista potens ipse Johannes obit.
Enoch Heliasque hoc adhuc spectat uterque :
    Qui satus ex homine est et moriturus erit.   40
Ispe creator ovans surgens cito Christus ab umbris,
    Hic quia natus homo est, carne sepultus humo.

a goûté de la mort, et l'a voulu subir pour nous ? Dites-moi, que pourront les empereurs et les rois, quand les membres du créateur ont été déposés sous la pierre du tombeau ? Ni les bras des vaillants, ni la pourpre des rois ne sauraient les soustraire à cette fatalité. Qui vient de la poussière retournera en poussière. Nous naissons tous et mourons également. Une seule mort est d'Adam, du Christ un seul salut. La récompense diffère, mais la mort est une pour tous. Enfants, jeunes et vieux, tous, y passent. Qu'avons-nous donc à faire, je vous le demande, grand roi, puisque nous ne pouvons absolument rien contre la loi commune ? Nous pleurons, nous gémissons, et puis c'est tout. Nos larmes ne nous sont d'aucun fruit ; nous n'avons à en attendre aucun secours. Nos cœurs sont troublés, tourmentés, déchirés ; nous perdons les êtres qui nous sont chers ; il ne nous reste qu'à les pleurer. Celui-là que nous aimons, est rappelé, et ceux qui l'aiment ne le sont point. Qui gît dans le tombeau n'en sort plus. On a beau se récrier contre la mort, elle est sourde et va son chemin. La cruelle qu'elle est ne connaît pas la pitié (4). Que je le veuille donc ou non, je partirai comme les autres. Personne ne reviendra sinon à l'avènement du Christ, alors que la chair revivra, que l'homme renaîtra de sa propre poussière, qu'une peau humide couvrira de nouveau ses membres consumés, et que les cendres rappelées à la vie s'élanceront du fond des tombeaux. Nous irons tous alors habiter d'autres demeures ; là sera notre patrie, car nous sommes ici-bas en pays étranger. Cessez donc de vous désoler, roi pieux, valeureux prince ; où sont allés vos fils tout homme va de même. Le potier façonne le vaisseau comme il lui plaît, et comme il lui plaît aussi il le brise (5). Nulle résistance possible aux arrêts du Tout-puissant dont un regard fait trembler le ciel et la terre. Il a créé l'homme ; qu'avons-nous à dire ? Celui qui a donné reprend ; où est le crime ? Nous sommes son image ; il nous a animés de son souffle ; quand il commande, c'est à nous, son ouvrage, d'obéir. Les montagnes, si tel est son plaisir, les mers, les astres changent en un moment ; tout ce qu'il fait est à sa gloire ; mais l'homme, cette fumée, que fait-il ? Roi puissant, faites donc, de grâce, avec l'aide de Dieu, ce qui doit profiter à vôtre âme ; agissez noblement et virilement ; surmontez la douleur à force de patience, portez un fardeau que nul ne peut éviter, que nous traînons à notre suite en venant au monde, et sans lequel dès qu'il est né, nul ne peut vivre. Soumettons-nous par raison à ce que nous ne pouvons changer. Ayez égard à la reine qui vous aime et que vous aimez, et qui par son union avec vous, rassemble en soi tous les biens. Ordonnez à sa tendresse maternelle de calmer sa douleur ; ne pleurez plus et défendez-lui de pleurer. Il ne lui sied pas d'être triste, son mari étant roi ; qu'elle se réjouisse au contraire et soit fière de partager son lit. En même temps que je lui souhaite une longue vie, je vous conjure de songer

Quis, rogo, non moritur, mortem gustante salute ?
　Dum pro me voluit hic mea vita mori ?
Dic mihi, quid poterunt Augusti aut culmina regum,
　Membra creatoris cum jacuere petris ? [45]
Brachia non retrahunt fortes neque purpura reges ;
　Vir quicumque venit pulvere, pulvis erit.
Nascimur æquales, morimurque æqualiter omnes ;
　Una ex Adam est mors, Christus et una salus. 50
Diversa est merces, funus tamen omnibus unum :
　Infantes, juvenes, sic moriere senes.
Ergo quid hinc facimus nunc te rogo, celsa potestas,
　Cum nihil auxilii possumus esse rei ?
Ploramus, gemimus, sed nec prodesse valemus : 55
　Luctus adest oculis, est neque fructus opis.
Viscera torquentur, lacerantur corda tumultu ;
　Sunt cari extincti, flendo cadunt oculi.
Ecce vocatur amor, neque jam revocatur amator ;
　Nos neque jam repetit quem petra mersa tegit. 60
Quamvis clamantem refugit mors surda, nec audit,
　Nec scit in effectum dura redire pium.
Sed, nolo atque volo, migrabo cum omnibus illuc,
　Ibimus hinc omnes, nemo nec inde redit :
Donec [ad] adventum Domini caro mortua vivat, 65
　Surgat et ex proprio pulvere rursus homo,
Cœperit ut tegere arentes cutis uda favillas
　Et vivi cineres de tumulis salient.
Ibimus ergo omnes alia regione locandi,
　Ibimus ad patriam quos peregrina tenent. 70
Ne cruciere igitur, pie rex, fortissime princeps,
　Quod geniti pergunt quo petit omnis homo.
Quale placet figulo vas fictile, tale paratur ;
　Quando placet figulo, vasa soluta ruunt.
Quod jubet omnipotens, non possumus esse rebelles,
　Cujus ad intuitum sidera, terra, tremunt. [75]
Ipse creat hominem : quid dicere possumus ? idem
　Qui dedit et recipit : crimina nulla gerit.
Illius ecce sumus figmentum et spiritus inde est :
　Cum jubet, hinc imus qui sumus ejus opus. 80
Si libet, in montes, freta, sidera mutat,
　Cui sua facta favent... quid homo fumus agit ?
Rex precor ergo potens, age quod tibi, maxime, prosit,
　Quod prodest animæ cum deitatis ope :
Esto virile decus, patienter vince dolores : 85
　Quod non vitatur, vel toleretur onus.
Quod trahimus nascendo, sine hoc non transigit ullus :
　Quod nemo inmutat, vel ratione ferat.
Consuleas dominæ reginæ et amantis amatæ,
　Quæ bona cuncta capit te sociante sibi ; 90
Maternam affectum placare jubeto dolentem,
　Nec simul ipse fleas, nec lacrimare sinas.
Te regnante viro, tristem illam non decet esse,
　Sed magis ex vestro gaudeat alta toro.
Deprecor hoc etiam, vitam amplam conjugis optans,
　Consuleas genitæ, consuleas patriæ. [95]

à votre fille (6), de songer à la patrie. Le peuple sera ce qu'il verra que vous êtes, et lira sur votre figure ce qu'il attend de vous. Enfin, Job perdant à la fois ses sept fils (7), loua Dieu, et l'auteur des psaumes, David, quand il perdit le sien, le mit dans le tombeau, et donna des festins (8). La sainte et deux fois heureuse mère des Machabées souffrit avec joie la mort de ses sept fils, et dit courageusement au Seigneur : « Gloire à jamais à toi, Seigneur; quand tu le veux, la mère a des enfants (9). » D'où je conclus qu'il vaut mieux rendre grâces à Dieu d'avoir enlevé au ciel ceux qui sont nés de vous (10). Il a tiré ces deux belles perles de la boue et du fumier du monde pour les placer sur un trône parmi les astres. Votre moisson a plu à Dieu qui l'a rentrée dans ses greniers, et qui récolte des grains excellents de ces tendres épis. Vous n'avez point engendré de la paille, mais du pur froment, destiné non pas au feu mais à une renaissance dans le séjour céleste; c'est ce qu'ont mérité vos enfants surtout par leur baptême, par l'eau sainte qui les a lavés et régénérés. Là ils se tiennent devant Dieu comme des vases d'or, ou comme des lampes magnifiques posées sur des candélabres (11). Ames immaculées et toujours radieuses, ils gardent en ces régions la place à ceux qui leur survivent (12). Établis dans la maison du Seigneur ils y ont l'éclat des lys blancs mêlés aux roses vermeilles. Et quand au commandement du Seigneur leurs corps ensevelis reprendront leur forme première, vos enfants seront revêtus d'une robe blanche de toute beauté ou d'une chlamyde palmée tissue d'or, et porteront au front un diadème serti de pierres précieuses. Une palla (13) de la blancheur de la neige, leur couvrira la poitrine; une ceinture brillante serrera leur toge de pourpre. Le père alors et la mère, placés entre l'un et l'autre, auront la joie de les voir hommes faits parmi les habitants du ciel. Celui-là cependant est tout puissant qui multiplie la race d'Abraham, et il fera pour vous ce que dans sa bonté il a fait pour Job. Il fera naître de votre illustre sang le même nombre de fils que vous avez perdus (14), et une postérité qui se rendra fameuse par sa foi. Qui éleva sur le trône de David, son fils Salomon, lequel lui succéda au lieu de son frère, peut redonner à votre épouse un fils à qui son père sourira et qu'allaitera sa mère. Ce fils rampant entre vos bras, sera une cause de joies infinies pour ses augustes parents et pour la patrie (15).

III. Aux mêmes.

Après les tempêtes et autres troubles atmosphériques qui règnent dans la saison où une gelée ennemie durcit la terre, après les froids rigoureux et les brumes tristes et glaciales, un vent qui souffle du midi s'abat sur les campagnes. Le printemps renaît, la glace fond, une douce brise annonce le jour. Les campagnes se parent de nouvelles fleurs, la frondaison s'épanouit, les bois étalent leur verdure, les arbres plient sous le poids de leurs fruits

Talis erit populus qualem te viderit omnis,
  Deque tua facie plebs sua vota metet.
Denique Job natos septem uno triste sub ictu
  Amittens, laudes rettulit ore Deo.   [100]
David psalmographus genitum cum amisit amatum,
  Mox tumulo posuit, prandia festa dedit.
Femina bis felix, pia mater Machabeorum,
  Natos septem uno funere laeta tulit,
Prompta aiens Domino : « Semper tibi gloria, rector,
  Cum vis, summe pater, pignora mater habet ». [105]
Unde Deo potius referatur gratria nostro,
  Germine de vestro qui facit ire polo,
Eligit et gemmas de mundi stercore pulchras,
  De medioque luto ducit ad astra throno.   [110]
Messis vestra Deo placuit, quam in horrea condit,
  Dum spicis teneris dulcia grana metat.
Non paleas generas, frumenta sed integra gignis,
  Nec recremanda focis, sed recreanda polis :
Praesertim qui sic sancto baptismate puri   115
  Hinc meruere rapi, fonte lavante novi.
Stantes ante Deum velut aurea vasa decoris,
  Aut quasi candelabris pulchra lucerna nitens,
Immaculatae animae, radiantes semper honore,
  Vivorum retinent in regione locum,   120
Inque domo domini plantati lumine vernant,
  Candida ceu rubeis lilia mixta rosis.
Jusserit et Dominus cum membra redire sepulta,
  Vestibit genitos tunc stola pulchra tuos,
Aut palmata chlamys rutilo contexta sub auro,   125
  Et variis gemmis frons diadema geret ;
Utentes niveam per candida pectora pallam,
  Purpureamque togam fulgida zona ligat.
Tunc pater et genetrix mediis gaudebitis illis,
  Cum inter sidereos cernitis esse viros.   130
Est tamen omnipotens, Abrahae qui semen adauxit,
  Vobis atque dabit Job quod amore dedit,
Restituens numerum natorum germine digno,
  Progeniemque refert nobilitante fide.
Qui in solium David Salomonis contulit ortum,   135
  Pro vice germani cum redit ipse patri,
Ille tibi poterit de conjuge reddere natum,
  Cui pater adludat, ubere mater alat,
Qui medius vestri reptans per colla parentum
  Regibus et patriae gaudia longa paret.   140

III. Item ad Chilpericum et Fredegundem.

Post tempestates et turbida nubila caeli,
  Quo solet infesto terra rigere gelu,
Post validas hiemes ac tristia frigora brumae,
  Flamine seu rapidi rura gravante noti,
Succedunt iterum vernalia tempora mundo,   5
  Grataque post glaciem provocat aura diem.
Rursus odoriferis renovantur floribus arva,
  Frondibus arboreis et viret omne nemus;

savoureux, le gazon a repoussé, toute la terre est riante. Soyez de même; après avoir pleuré sur les pertes cruelles que vous avez faites, reprenez courage, seigneurs, je vous en prie, et égayez-vous. Pâques revient, le monde ému se livre à la prière avec une ferveur nouvelle. Que la joie soit plus expansive dans les palais des rois, et qu'avec votre agrément vos serviteurs prennent part à cette bienheureuse solennité. Que le Dieu tout-puissant nous fasse la grâce de vous donner la santé en ce monde, et que vos Altesses président longtemps encore aux destinées de la patrie.

IV. Épitaphe de Chlodobert (1).

La mort des rois, quand le triste sépulcre recouvre les dépouilles de ces maîtres du monde, est cruelle et fait couler les larmes du peuple. Ici repose Chlodobert mort à l'âge de quinze ans. Il était arrière-petit-fils de Clovis, petit-fils de Clotaire, et fils de Chilpéric et de Frédégonde, son épouse. La naissance de cet enfant avait donné plus d'essor aux vœux de la France. La patrie et son père, dès qu'il eut grandi, avaient conçu de lui les plus hautes espérances; le sort ennemi se hâta de le leur ravir. Mais celui-là n'est pas à pleurer de ceux qui l'ont aimé, à qui ne peut plus nuire le contact d'un monde plaintif, et qui a les honneurs du ciel. Il avait vécu innocent, il ne mourut point par un crime (2). Il s'applaudit maintenant de posséder un royaume qui n'aura point de fin.

V. Épitaphe de Dagobert (1).

Tête chère au peuple, objet de son éternel amour, Dagobert, futur appui de la patrie et son espérance, tu meurs enfant. Issu d'une race royale, tu n'as été montré à la terre que pour lui être aussitôt ravi (2) et transporté au ciel. Rejeton généreux dont la souche est le puissant et belliqueux Clovis, tu es l'égal par le sang de cet illustre bisaïeul, et, fils de Chilpéric et de Frédégonde, tu ressembles, noble enfant, aux anciens rois. Tu as reçu à temps l'eau sainte du baptême, de sorte que si tu perds un royaume sur la terre, tu en acquiers un autre dans le ciel. Tu vis donc dans la gloire, et quand viendra le juge du monde, tu ressusciteras dans tout ton éclat et ta beauté.

VI. A l'évêque Grégoire pour des vers saphiques.

J'ai reçu votre lettre éloquente; mais elle m'a joué le tour d'arriver trop tard contre mon attente. Toutefois elle est la bien venue, quoique tardive et qu'elle vienne trouver un homme extrêmement occupé. Je souhaite avec passion que vous nous rendiez la science dogmatique de ce Grégoire de Nazianze dont vous êtes déjà l'égal par la dignité, et en attendant, je vous envoie, comme vous m'en aviez donné l'ordre, quelques pièces de poésie. Si elles vous agréent, ami, ce sera pour moi tout profit. Vous me commandez aussi de vous envoyer des vers saphiques; je vous demande pardon; la moisson de mon petit champ me presse; donnez-moi le temps de la faire, et

Dulce saporatis curvantur robora pomis,
   Et redeunte sibi gramine ridet ager.   10
Sic quoque jam, domini, post tristia damna dolentes
   Vos meliore animo lætificate, precor.
Ecce dies placidi revocant paschalia Christi,
   Orbs quoque totus item per nova vota fremit.
Gaudia plus faveant per celsa palatia regum,   15
   Et per vos famuli festa beata colant.
Omnipotens nobis vestram addat in orbe salutem,
   Atque diu patriam culmina vestra regant.

IV. Epitaphium super sepulchrum domni Chlodoberchti.

Flere monent populum crudelia funera regum,
   Cum caput orbis humo mœsta sepulchra tegunt.
Hoc igitur tumulo recubans Chlodoberchthus habetur,
   Qui tria lustra gerens raptus ab orbe fuit.
De proavo veniens Chlodovecho celsa propago,   5
   Chlodacharique nepos Chilpericique genus;
Quem de regina sumpsit Fredegundo jugali,
   Auxerat et nascens Francica vota puer.
Quo patris et patriæ dum spes adolesceret ampla,
   Accelerante die sors inimica tulit.   10
Sed cui nulla nocent queruli contagia mundi,
   Non fleat ullus amor, quem modo cingit honor.
Nam puer innocuus vivens sine crimine lapsus
   Perpetui regni se favet arce frui.

V. Epitaphium Dagoberchti.

Dulce caput, populi, Dagoberchthe, perennis amore,
   Auxilium patriæ, spes puerilis obis,
Germine regali nascens generosus, et infans
   Ostensus terris, mox quoque rapte polis,
Belligeri veniens Chlodovechi gente potenti,   5
   Egregii proavi germen honore pari,
Regibus antiquis respondens nobilis infans,
   Chilpericique patris vel Fredegunde genus.
Te veneranda tamen mox abluit unda lavacri:
   Hinc licet abreptum lux tenet alma throno.   10
Vivis honore ergo et, cum judex venerit orbis,
   Surrecturus eris fulgidus ore nitens.

VI. Ad Gregorium episcopum pro metris Sapphicis.

Pollente eloquio pervenit epistula cursu,
   Sed voluit voto tarda venire meo.
Nec tamen offendit, quamvis remorata requirit,
   Quem tenet adstrictum mente ligante virum.
Cum cupiam, talem qualis fut ille Nazanzo   5
   Gregorium ut repares dogmate, sede parem,
Quæque injunxisti, pater, ecce poemata missi,
   Et mihi proficient, si tibi, care, placent.
Hoc mandas etiam quo Sapphica metra remittam:
   Da veniam, modici dum seges urguet agri.   10

FORTUNAT.   15

aussitôt après je me disposerai à vous obéir. Si ma moisson est bonne, mes vers peut-être en vaudront mieux. Que j'en vienne à bout seulement, et alors je vous enverrai la pièce dans le mètre convenu, et vous la recevrez selon que votre amitié pour moi vous le prescrira.

VII. Au même.

Votre lettre est affectueuse et d'un style charmant; elle est telle que je le désirais, cher Grégoire, et m'est surtout agréable, en ce qu'elle m'assure que votre santé a toujours été bonne. Vous exigiez de moi dernièrement que je fisse des vers dans le mètre où Sapho, cette docte fille, chanta les amours de Vénus, dont Pindare se servit également, et après lui Horace qui modulait ses vers en frappant de son plectre les cordes de sa lyre. Pourquoi demander des chants lyriques à moi qui ai la voix enrouée et qu'on entend à peine? Ma main est inhabile à faire vibrer harmonieusement les cordes de la lyre, et si je l'avais appris jadis de la muse qui ne répond qu'à l'appel des maîtres, il y a longtemps que j'aurais oublié ses aimables leçons. C'est affaire aux doctes d'écrire des vers de ce genre; tout homme n'en pénètre pas dès l'abord le secret; quelques poètes seulement feront usage de ce mètre, et ils y auront assez de peine. Ce n'est pas peu de chose pour un marin de traverser la mer sur un vaisseau, et de vaincre cet élément par de savantes manœuvres (1); sa voile enflée par l'Auster orageux a peine à gagner le port. La voie où vous voulez que je m'engage est ardue et profonde; j'y entrerai cependant; j'en fais le vœu, et si mes pieds ne suffisent pas pour me conduire, l'amitié sera mon guide. Vous avez bien voulu me communiquer un traité manuscrit sur la tragédie, duquel mon pauvre esprit peut à peine saisir le sens. Il répugne au poète modeste de parler le langage qui sied aux rois; il n'est pas donné à un poète gueux d'écrire des vers riches, ni à un Mopsus (2) tel que moi de révéler la science aux doctes. On disserte beaucoup dans ce traité et en y employant toutes sortes d'encres (3), sur les circonstances les plus favorables au rhythme ou au mètre, et sur le nombre des ornements que requiert l'épode dans le vers saphique ou trimètre. Quantité de poètes ont fait usage de plusieurs sortes de vers aux mouvements mélodieux; mais si j'essayais ici de les rappeler j'en estropierais les noms, surtout ayant renoncé depuis vingt ans (4) à faire des vers dans le mètre où la vierge de Lesbos écrivit et chanta les siens. Quiconque voudra con-

Dum meto, da spatium : tibi mox parere parabo ;
  Si saturer fructu, fors meliora cano.
Condere si valeo, cum metro mitto libellum ;
  Quæ cape tu voto quo tibi dictat amor.

VII. Ad Gregorium episcopum.

Corde jucundo, calamo venusto
Litteras mittis, cupiente voto,
Blanda conscribens serie salutis,
  Care Gregori :

Exigens nuper nova me movere   5
Metra quæ Sappho cecinit decenter,
Sic Dionæos memorans amores,
  Docta puella.

Pindarus Graius, meus inde Flaccus
Sapphico metro, modulante plectro   10
Molliter pangens citharista, blando
  Carmine lusit.

Cur mihi injungis lyricos melodes,
Voce qui rauca modo vix susurro ?
Eloqui chordis mea dextra nescit   15
  Pollice dulci.

Qui, vel hæc olim mihi si fuissent
Nota prudentum docili Camena,
Per tot oblitus fueram benignam
  Tempora Musam :   20

Cum labor doctis sit, ut ista pangant
Dogma, nec quisquam rapienter intret,
Et satis constent resonare paucis
  Metra poetis.

Non leve est nautæ rate transfretare   25
Vincere aut vastum pelagus natatu ;
Vix procelloso repetunt sub austro
  Carbasa portum.

Arduum nobis iter et profundum,
Quo jubes pergi : tamen ibo votis ;   30
Si minus possum pedibus viare,
  Ducor amore.

Præstitit, pastor, tua mi voluntas
Codicem farsum tumido cothurno,
Quemque paupertas mea vix valebat   35
  Tangere sensu.

Regiis verbis humili repugnat,
Divites versus inopi recusans
Et mihi Mopso reserare nolens
  Docta sophistis ;   40

Disputans multum variante mitto
Quæque sunt rythmis vel amica metris,
Sapphicum quantum trimetrumve adornet
  Dulcis epodus.

Multus auctorum numerus habetur   45
Plura dicentum modulo canoro,
Quæ volens isto memorare metro
  Nomina frango :

Maxime qui nunc resolutus arte
Postque bis denos loquor istud annos, 50
Clara quod scripsit citharam terendo
  Lesbia virgo.

naître ces difficultés, avant d'en faire l'expérience dans des vers selon la mesure et selon la raison, devra s'exercer à compter les sables des rivages de la Lybie. J'ai hésité à les aborder pour plusieurs motifs entre autres par le manque de ce loisir cher au sage pour étudier avec fruit. Car, sachez-le bien, tout en relisant votre traité je n'en ai pas encore embrassé toutes les dispositions. Mais, croyez-moi, c'est assez pour votre ami de sa seule bonne volonté à cet égard. Donc, mes petits vers, prenez votre essor ; allez d'un vol rapide et accompagnés de mes vœux vers le saint évêque, et renouvelez-lui l'assurance de mon amitié. Peut-être, paresseux que je suis, ne pourrai-je aller de mon pied là où m'appelle son aimable personne ; allez-y donc à ma place et le saluez de ma part. Que le père se souvienne de son fils ; que de sa voix pleine d'onction il prie le Créateur des mondes de se souvenir de moi. Je ne cesse de lui adresser pour vous de pieuses prières, comme font aussi Radegonde et Agnès, ces deux femmes qui nous sont si chères. D'un commun accord elles vous demandent, ainsi que leurs filles, que vous leur fassiez la même grâce qu'à moi (5). Ajoutez-y Justine (6) qui vous en prie également ; et quand vous recommanderez à Dieu sa servante, laquelle vous touche de si près, dites-lui combien votre chère nièce se fait honneur par sa conduite. C'est ainsi, cher Grégoire, que je m'acquitte à la hâte envers vous, en pensée, en paroles et en prières. J'ai à peine rempli ma tâche, eu égard à la pauvreté de mon talent, mais mon amitié pour vous surabonde et déborde.

VIII. A l'évêque Baudoalde (1).

Chef suprême de l'ordre des prêtres, trésor de bonté, honneur des hautes fonctions dont vous êtes revêtu, lumière par l'effet de mon amitié (2), vénérable par la sainteté de votre office, nourri par la piété même, bientôt maître d'un cœur que je vous offre pour gage de ma tendre affection, versé dans toutes les études, fidèle observateur de la loi divine, n'agissant enfin qu'en vue d'obtenir pour votre âme, les dons de la vie future, père, je vous supplie et j'en atteste la terre, les mers et les cieux, de vous souvenir de moi dans vos prières.

IX. A l'évêque Sidoine (1).

Maintenant, ô Mayence, que te voilà rendue à la vie, cesse de pleurer tes malheurs ; ton évêque revient, et pour te secourir. Afin que tu ne succombasses pas à la douleur de l'avoir perdu, il était juste, en vérité, que tu goûtasses les plaisirs de la réfection, après avoir souffert de la faim (2). Voici ton père Sidoine ; il te tend la main ; il t'a donné un aspect nouveau ; tes anciennes ruines ont disparu. Il maintient avec une sainte modération

```
    Scire qui vult hæc, Libycas harenas
    Ante per litus numerare tendat,
  Cuncta quam metris ratione cauta        55
    Carmine cingat.

    Nam moras feci, remoratus ipse,
    Pluribus causis modo hinc et inde,
  Nec vacans legi placida quiete
    Dulce sophistæ.                       60

    Scito nam, pastor, nec adhuc cucurri
    Ordinem totum religens libelli;
  Sed satis, crede, est, satis est amanti
    Sola voluntas.

    Ergo laxatus celeri volatu             65
    Ad patrem sacrum, comitante voto,
  Et sibi nostrum renovans amorem
    Perge, libelle.

    Forte non possum piger ire gressu
    Quo vocat blandus meus ille vultus :  70
  In vicem nostram, rogo te, libelle,
    Redde salutem.

    Sit memor fili pater, ore dulci
    Hunc precans qui nos, mare et astra fecit,
  Ac piis votis bene se colentem          75
    Pectore servet;

    Feminæ caræ, sibi mente nexæ
    Quem colunt, Agnes, Radegundis : idem,
  Sicut exposcunt vice filiarum.
    Solve salutem.                        80
```

```
    Adde Justinam pariter precantem,
    Nempe commendans famulam propinquam,
  Et refer quantum sibi cara profert
    Neptis honorem.

  Hæc tibi promptus prece, voce, mente    85
  Solvo, vix implens, ego pauper arte,
  Sed tamen largo refluens amore,
    Care Gregori.
```

VIII. Ad Baudoaldum episcopum.

```
Summe sacerdotum, bonitatis opima facultas,
  Culmen honore tuo, lumen amore meo,
Officiis venerande sacris, pietatis alumne,
  Pignore amicitiæ corde tenende meæ,
Florens in studiis et sacra in lege fidelis,    5
  Semper agens animæ dona futura tuæ :
Te, pater, ergo precans terram, freta, sidera, testor,
  Ut velis ore sacro me memor esse tuum.
```

IX. Ad Sidonium episcopum.

```
Reddita ne doleas, felix Magantia, casus :
  Antistes rediit, qui tibi ferret opem.
Ne mærore gravi lacrimans orbata jaceres,
  Te meruisse fame
Porrigit ecce manum genitor Sidonius urbi,      5
  Quo renovante locum prisca ruina perit;
Jura sacerdoti sacro moderamine servans,
```

les droits du sacerdoce, car c'est à l'étude de ces droits qu'il dut son élévation. Ton église, objet de son amour apostolique et dont il a enfin repris le gouvernement, produit chaque jour des fruits abondants. Épouse digne de plaire à un tel époux, elle reçoit dans son sein les héritiers nés de la semence céleste. Grâce à votre vigilance, Sidoine, le loup ne ravit plus les agneaux, et il ne périt pas une brebis du troupeau que vous paissez. Vous avez soin de le conduire dans des pâturages où l'herbe est tendre et fleurie, et aménagés de façon à n'avoir pas à craindre les plantes vénéneuses. Pour que le peuple mange vous jeûnez et vous vous privez du nécessaire pour rassasier les autres. Vous revêtez ceux qui sont nus, vous détachez les liens du captif et délivrez son cou du joug qui l'entrave. Vous êtes la maison des exilés et la nourriture de ceux qui ont faim. Heureux qui par de tels moyens fait du Christ son débiteur! La science vous a fait honnête homme, la divine Providence vous a donné la modestie, et l'art une éloquence plus douce que le miel (3). En réparant les anciennes églises et en les décorant avec magnificence vous faites pénétrer plus avant dans le cœur des peuples l'amour de Dieu. Pour protéger votre peuple, vous avez resserré dans leur lit les eaux du Rhin. Que ne ferez-vous pas à la terre vous qui rendez à l'eau un pareil service (4)? Pour avoir restauré et embelli les églises, vous aurez la vie éternelle, et vos louanges n'auront point de mesure. Cependant recueillez encore ici-bas et pendant de longues années le fruit de vos belles actions, comme aussi les vœux de vos ouailles de plus en plus nombreuses.

X. A l'évêque Ragnemodus (1).

Très illustre père de la patrie, vous qu'il me plaît de nommer Rucco, mon cœur est toute tendresse pour vous. La grande amitié que jadis nous avons mutuellement contractée, s'accroît en moi de plus en plus, car rien n'est capable de me faire oublier ceux que j'aime. Que je meure donc plutôt que de ne plus vous aimer! Père saint, je vous envoie mon salut à la hâte, et mes vœux pour que vous occupiez longtemps votre siège épiscopal. Vos filles (2) vous remercient du plat en marbre blanc de Paros, dont vous leur avez fait présent. Toutes les fois qu'on le sert garni de victuailles, la pieuse reconnaissance de ces filles leur fait apercevoir votre image même sous la figure de ce cadeau. Quant à la collection de pierres précieuses qui y est jointe, que la croix vénérable de l'autel à qui vous les donnez et à qui elles profitent vous en rendent tout l'honneur (3).

XI. A Doctrovée, abbé (1).

Vous qui êtes si digne de tous nos respects par vos mérites et votre dignité, Doctrovée, mon ami et mon père, disciple du bienheureux Germain, qui l'avez pris pour modèle dans l'exercice de votre ministère, et qui, marchant sur ses traces sacrées, méprisez le monde et aspirez au ciel, suivez, tout en restant ici-bas, le chemin qui vous y conduit, et priez, s'il vous plaît, pour votre serviteur.

```
    Per cujus studium crevit et ipse gradus.
Parturis assidue gravidos, ecclesia, fructus,
    Quam vir apostolico junctus amore regit;        10
Suscipit heredes cœlesti germine natos,
    Tali nupta viro quando marita placet.
Te vigili custode, lupus non diripit agnos,
    Te pascente gregem, non ovis ulla perit :
Cautius in tuto per mitia pascua ducis,           15
    Toxica ne noceant, florea rura paras.
Sis cibus ut populi, placide jejunia servas,
    Et satias alios subtrahis unde tibi.
Nudos veste tegis, captivo vincula solvens,
    Deposito reddens libera colla jugo.            20
Exulibus domus es, [set] et esurientibus esca :
    Felix cui Christus debitor inde manet!
Te doctrina probum, providentia sacra modestum,
    [Ars] facit eloquio vincere mella tuo.
Templa vetusta novans specioso fulta decore,     25
    Inseris hinc populis plus in amore Deum.
Ut plebem foveas et Rheni congruis amnes :
    Quid referat terris qui bona præbet aquis?
Hic quod fana micant, a te instaurata quod extant,
    Vivis in æterno, laude fluente tibi.           30
Hæc [habeas] longos meritorum fruge per annos,
    Et crescente diu de grege vota feras.
```

X. Ad Ragnemodum episcopum.

```
Summe pater patriæ, dulci mihi nomine Rucco,
    Interiora mei cordis amore tenens :
Quidquid amicitiæ veteris collegimus ambo,
    Crescit in affectum semper, opime, meum.
Nam mihi nulla meos oblivio tollit amantes :      5
    Ante sit extremum, quam mihi desit amor.
Unde, beate pater, properans dependo salutem,
    Optans longinquo te superesse gradu.
Hinc etiam genitæ reddunt tibi pectore grates,
    Munere pro niveo marmore de Pario :          10
Quæ, quotiens epulæ disco tribuuntur in illo,
    In doni specie te pietate vident,
Nam pro gemmarum serie tibi reddat honorem
    Cui data proficiunt crux veneranda throno.
```

XI. Ad Droctoveum abbatem.

```
Vir venerande, sacer meritis et honore colende,
    Droctovee, mihi semper amore pater,
Qui de discipulis Germani jure beati
    Norma magisterii factus es ipse sui ;
Cujus pontificis sacra per vestigia currens       5
    Despicis hic mundum, [dum] cupis ire polo :
Perge libenter iter cœli mansurus in orbe,
    Et pro me famulo, quæso, precato Deum.
```

XII. A Faramodus, référendaire (1).

Ami cher, Faramodus, nom que n'oublie pas qui vous aime, vous qui êtes toujours prompt à rendre de bons offices, si je n'y vais pas moi-même, que ce billet aille vous saluer pour moi et vous rendre des devoirs dont je ne puis m'acquitter en personne. Recommandez-moi, je vous prie, aux rois, nos seigneurs, et recevez mes remerciements pour cet acte d'obligeance. En attendant qu'il me vienne un jour une lettre de vous bien affectueuse, faites-moi réponse par ce messager.

XIII. A Lupus et à Waldo, diacres.

Vous qui méritez qu'on vous honore à cause de la parenté de vos cœurs et de votre inaltérable piété, doux Lupus et respectable Waldo (1), de même que vous vous ressemblez l'un et l'autre par l'identité de vos fonctions sacerdotales et par la bonté, de même vous m'êtes attachés l'un et l'autre par les liens d'une égale amitié. Je fais ce que je peux. Ainsi, étant absent, je ne puis vous saluer que par lettres; là où je ne puis aller vous voir, elles me suppléent. Recommandez-moi, je vous prie, à votre grand évêque (2), et saluez de ma part le roi, la reine et les seigneurs. Dites aussi à Doctrovée, au clergé, à vos concitoyens ce que je leur dirais moi-même, si j'étais présent. Mes respects à l'illustre Mummolus (3) et à Césarius. Enfin rappelez-moi au souvenir de mon ami Constantin.

XIV. De la poutre de la basilique de Saint-Laurent.

Laurent, toi qui, ainsi que tes mérites t'y destinaient, fus brûlé par les flammes vivifiantes (1), mais dont la foi ardente triompha du feu des bourreaux, toi qui fus jadis chéri de Dieu dans ton corps terrestre (car alors tes pensées étaient déjà tournées vers le ciel), qui as pu rendre la vue à des yeux éteints en les touchant du doigt, faire rentrer le jour dans leurs cavités, et y rallumer, comme nous le croyons, la lumière par le signe de la croix, tu fais voir aujourd'hui de nouveaux miracles au peuple, dans le but évident de venir en aide à sa foi. Tandis que des ouvriers renouvelaient la charpente de ton église, une poutre, qui était trop courte, s'allongea d'elle-même, et la foi s'accrut en même temps. C'était grâce à toi que le bois recevait cet allongement, lequel fut si excessif qu'il fallut couper la pièce qui tout à l'heure était trop petite. L'arbre ainsi raccourci par la hache avait donc eu d'autant plus de mérite à croître, et sa cime desséchée avait appris en même temps à s'élever plus haut (2). Or, les éclats détachés de ce bois ont la vertu de rendre aux peuples la santé, et l'aveugle qui en fait l'épreuve avec une ferme confiance, recouvre la vue. Toi, saint lévite, purgé par le supplice dont fut punie ta fidélité, tu sortis des flammes pour entrer dans la lumière et y demeurer. Tels sont les actes du prêtre vénérable qui ont été vus de nos jours; cependant ils doivent être éternellement rappelés à la mémoire des hommes.

XII. Ad Faramodum referendarium.

Dulcis amice mihi, memorabile nomen amantis,
 Promptus in officiis vir, Faramode, bonis,
Si non ipse adii, te pagina missa salutet
 Solvat et obsequium quod minus ipse gero.
Commendesque libens domnis me regibus, oro,   5
 Et referas grates pro pietatis ope.
Inpenso affectu me pagina vestra requirat,
 Hoc remeante tamen redde benigne vicem.

XIII. Ad Lupum et Waldonem diaconos.

Corde parentali, jugi pietate colendi,
 Hinc Lupe blande mihi, Waldo vel inde sacer,
Ut bonitate pari simul estis honore ministri,
 Sic mihi consimili semper amore rati,
Quod valeo facio : absens vel dependo salutem :   5
 Si non possum oculis, vos peto litterulis.
Pontifici summo nos commendate, precamur,
 Regibus et domnis ferte salutis opus.
Droctoveo dulci, clero et concivibus, oro,
 Quod præsens facerem, vos adhibete vicem.   10
Mummolus egregius veneretur, Cæsariusque,
 Et Constantino me memorate meo.

XIV. De basilicæ sancti Laurenti trabe.

Laurenti, merito flammis vitalibus uste,
 Qui fervente fide victor ab igne redis,
Vir dilecte Deo terreno in corpore quondam,
 (Tunc quoque sidereus jam tibi sensus erat)
Qui potuisti oculos tactu revocare sepultos,   5
 Rursus et in vacua fronte referre diem,
(Luminis extinctas iterum accendisse lucernas
 Credimus hic signo te faciente crucis) :
Addita nunc etiam populis miracula præstas,
 Ut fidei tribuas indubitanter opem.   10
Dum tua templa novant breviori robore plebes,
 Creveruntque trabes, crevit et alma fides :
Stipite contracto tua se mercede tetendit :
 Quantum parva prius, postea cæsa fuit.
Crescere plus meruit succisa securibus arbor,   15
 Et didicit sicca longior esse coma.
Unde recisa fuit, populus fert inde salutem :
 Si venit intrepidus, lumina caecus habet.
Tu levita sacer, pœna purgate fideli,
 Unde prius flammas, hinc modo lumen habes.   20
Visa [his] temporibus venerandi antistitis acta,
 Sed tamen æterno sunt memoranda die.

XV. Sur une maison en bois.

Loin d'ici, murs de marbre de Paros ou de pierre, je vous préfère et avec raison le bois de cet artisan. Son palais de planches élève jusqu'au ciel sa masse imposante. La main qui les a jointes l'a fait si solidement qu'on n'y voit pas la moindre fissure. Tout ce qui sert à faire adhérer les pierres les unes aux autres, le sable, la chaux, l'argile, a été rendu inutile dans la construction de cet édifice; la forêt seule en a fourni tous les matériaux. Il est entouré d'un haut et vaste portique carré (1), et est orné de sculptures, œuvre de la fantaisie de l'ouvrier.

XVI. Au duc Chrodinus (1).

Illustre duc, vous dont le monde entier connaît les mérites, et dont la renommée à la voix éclatante divulgue les belles actions, Chrodinus, je n'oublierai pas de vous louer hautement, de peur de paraître seul dérober à la connaissance des gens de bien vos grandes actions. L'Italie et la Germanie vous applaudissent de concert; votre éloge y est dans toutes les bouches. Illustre par vos ancêtres, plus illustre encore par la dignité de votre extraction, vous ne pouviez manquer de plaire aux rois et à la patrie. Les autres vous déclarent leur tuteur et leur nourricier, et c'est à qui enchérira le plus sur votre piété. Pour que tous profitent de vos dons, vous ne les refusez à personne. Vous augmentez d'autant plus vos richesses que vous les prodiguez plus à propos. Le plaisir que vous ambitionnez et recherchez avec le plus de soin est celui de donner. Pour appartenir à tous faites vous en sorte que tous vous appartiennent. Vous êtes le bien général, et n'êtes fâcheux à personne. Vous êtes juste envers tous, et sur qui a la justice pour alliée la rapine n'a point prise. Votre conversation est douce, calme, grave et modeste. Tout enfin vous a été donné pour que rien ne manque à votre gloire. Quoique attaché aux étrangers (2), vous êtes cher aux Romains, heureux d'être l'objet continuel des entretiens des peuples.

XV. De domo lignea.

Cede Parum, paries lapidoso structe metallo :
 Artificis merito præfero ligna tibi.
Æthera mole sua tabulata palatia pulsant,
 Quo neque rima patet consolidante manu.
Quidquid saxa, sablo, calces, argila tuentur,
 Singula silva favens ædificavit opus.   5
Altior inmitior quadrataque porticus ambit,
 Et sculpturata lusit in arte faber.

XVI. Ad Chrodinum ducem.

Inclite dux, meritis totum vulgate per orbem,
 Quem nimis egregium splendida fama refert,
Non ego prætereum præconia celsa, Chrodine,
 Ne videar solus magna silere bonis.
Itala terra tibi, pariter Germania plaudunt,   5
 Laus tua cunctorum semper in ore sonat.
Clarus ab antiquis, digno generosior ortu,
 Regibus et patriæ qui placiturus eras.
Te tutorem alii nutritoremque fatentur,
 Et fit certamen de pietate tua.   10
Ut habeant alii, nulli tua dona recusas :
 Tu tibi plus auges quas bene fundis opes.
Cui possis præstare, libens exquiris, et optas,
 Ut sis apud cunctos : hos facis esse tuos.
Es generale bonum, nulli gravis, omnibus æquus,   15
 Justitiæ socium nulla rapina tenet.
Mitis in alloquio, placidus, gravis atque modestus,
 Omnia cui data sunt, ut decus omnes geras.
Gentibus adstrictus, Romanis carus haberis,
 Felix qui populis semper in ore manes   20

NOTES SUR FORTUNAT, LIVRE IX.

I.

1. — Cette pièce est adressée au roi Chilpéric et aux évêques du concile de Braine. Grégoire de Tours, *Hist. Fr.*, V, 50, rapporte fort au long la cause de la convocation de ce concile. Un clerc nommé Riculfe avait porté contre la reine Frédégonde, femme de Chilpéric, une accusation de la plus haute gravité, celle d'adultère, et il avait imaginé d'imputer à Grégoire, évêque de Tours, la divulgation de ce crime. Il le dénonçait en outre comme coupable de plusieurs méfaits qui devaient le rendre odieux au roi et à la reine. Il avait pour objet de le faire déposer de son siège, et de l'y faire remplacer par un autre personnage dont il avait la faveur et par qui il devait être nommé archidiacre de l'église de Tours. C'est pour s'éclairer sur tout cela que Chilpéric convoqua un concile à Braine où l'imposture de Riculfe fut dévoilée, et l'innocence de Grégoire reconnue. Ce concile eut lieu en 580, l'année même où Fortunat écrivit le panégyrique du prince qui le présidait, et qui était si peu digne de pareils éloges. — Braine, aujourd'hui chef-lieu de canton du département de l'Aisne, situé à 16 kilomètres de Soissons, était une des résidences royales des princes de la dynastie mérovingienne.

2. — Clovis, père de Clotaire Ier duquel Chilpéric était fils.

3. — Je ne vois dans l'allemand moderne que les mots *hilfe* et *reich* qui aient la signification indiquée par le poète.

4. — Chilpéric fut souvent en guerre avec ses frères, et souvent battu il finit toujours par se relever. Cependant il eût été tout à fait ruiné et sans doute dépouillé de son royaume par Sigebert, si Frédégonde « qui selon la coutume de femme, dit la *Chronique de Saint-Denis*, moult plus est de grand engieng à mal faire que n'est homme », n'eût fait assassiner Sigebert dans sa tente par deux sicaires. Voy. Grégoire de Tours, *Hist. Fr.*, IV, 52. Fortunat fait allusion ici à cette dernière guerre, et au bonheur que Chilpéric eut de s'en tirer sain et sauf, *operante Deo*.

5. — C'est-à-dire que Chilpéric ne fut point complice du crime de Frédégonde. Cela est difficile à croire. Quoi qu'il en soit, on serait justement révolté de l'extrême indulgence du poète qui ne voit dans ce crime que la main de Dieu et la victoire de la foi, s'il n'y avait là une allusion à l'intervention de saint Germain, évêque de Paris, pour obtenir de Sigebert qu'il avançait vers cette ville, en chassant Chilpéric devant soi, d'arrêter sa marche. L'évêque alla à sa rencontre et lui dit : « Si tu désires répandre le sang de ton frère, la fosse que tu lui appareilles la trouveras appareillée pour toi, et trébucheras dedans (*Chronique de Saint-Denis*, III). » Sigebert ne tint pas compte de la parole du saint homme ; il continua à poursuivre son ennemi, à l'assiéger dans ses places, à l'obliger enfin à penser « comment et par quel art il pourrait oster du péril de mort sa femme et ses enfants que il avait avec lui amenés ». Frédégonde eut « cet art », et l'on a vu comment elle s'en servit. — Ni Brower ni Lucchi n'ont vu cette allusion.

6. — A Chilpéric même. Je n'ai pas hésité à voir Paris dans *celsa cathedra*.

7. — Le royaume de Soissons duquel Sigebert, à la suite de ses succès contre Chilpéric, s'était fait proclamer roi, et le royaume de Paris dont « tantôt après que le roi de Metz fut enterré, Chilpéric se mit en possession », dit la *Chronique de Saint-Denys*, III, 3 et 4.

8. — Allusion aux Austrasiens, qui avaient suivi leur roi Sigebert dans son invasion de la Gaule, et qui, immédiatement après qu'il avait été tué, étaient retournés dans leur pays.

9. — Les *Vascons* ou Gascons qui habitaient les montagnes des Pyrénées firent souvent des incursions dans la Gaule. La Chronique de Frédégaire dit qu'ils furent domptés par Théodoric et Théodebert.

10. — Des manuscrits écrivent *Estio* qu'on croit être les Esthoniens. Mais on lit dans le *Dictionnaire d'Histoire et de Géographie* de Bouillet que les Esthoniens ne commencent à paraître dans l'histoire de l'Europe qu'à la fin du douzième siècle. Cela semblerait justifier la remarque de Leibnitz, dans ses *Excerpta veterum auctorum*, au t. I, p. 59, des *Scriptores rerum Brunsvicensium*, où il dit qu'*Estio* est mis là poétiquement ; car les Estiens, ou Esthoniens qui habitaient à l'extrémité de la mer Baltique, n'ont pas laissé mémoire d'aucunes expéditions dans ces régions. Quant aux Esthiens, je penche à croire que ce sont les Basques.

11. Chilpéric prit part en effet à ces expéditions de Clotaire et s'y distingua.

12. Afin de se concilier le clergé dont il s'était si bien mis dans le cas de craindre l'hostilité.

13. — Ces éloges outrés ne conviennent guère à Chilpéric, époux de l'impure Frédégonde, après le meurtre de Galésuintha, sa femme légitime, ennemi de ses frères et sans cesse guerroyant contre eux, enfin le Néron et l'Hérode de son temps, ainsi que le nomme Grégoire de Tours, *Hist. Fr.*, VI, 46. « Il faut donc croire, dit Lucchi, que Fortunat, à la manière des poètes, loue ce roi en gardant le silence sur ses turpitudes, et en amplifiant ce qu'il a fait de bien, s'il en fit jamais. Il est difficile en effet qu'on ne trouve pas dans l'homme le plus dépravé quelques parcelles de vertu qu'il soit possible de faire ressortir et de louer. » Cela est vrai, mais cet optimisme est fort peu rassurant, et il n'est guère de coquins qui n'y trouvent des motifs de se faire amnistier.

M. l'abbé Leroux, dans son livre intitulé *Le poète Fortunat*, 1885, in-12, livre fort bien fait quoique un peu trop apologétique, et que je regrette de n'avoir pas connu plus tôt, M. l'abbé Leroux donne cette autre raison des adulations du poète envers les fils de Clotaire (p. 172) :

« Depuis qu'elle avait dit adieu au monde, Radegonde était loin de se désintéresser de la marche des événements pour le bien et l'honneur de sa patrie adoptive ; elle eut à cœur de conserver ses relations avec les fils de Clotaire, qui garderaient toujours eux-mêmes vis-à-vis d'elle un respect dont plus d'une fois la Gaule eut les bénéfices ; car elle ne visa jamais qu'à s'employer pour la paix générale, quand les circonstances le demandaient : ce qui était fréquent. Il n'est pas impossible que sa douceur obstinée, combinée avec la fermeté des conseils, ait dicté au poète l'indulgence de ses jugements ou, plutôt ses louanges aux fils de Clotaire. Les épitres versifiées aux Chilpéric, aux Frédégonde, par exemple, dont plus d'une expression semble jurer avec leurs caractères tel que l'histoire ou mieux que leurs crimes les ont burinés, n'étaient-elles pas écrites surtout à l'appui de missives toutes pacificatrices de Radegonde? Les adulations de la poésie étaient loin d'être inutiles pour faire pénétrer dans ces âmes violentes les conseils de la douceur, ou même les notions et surtout le goût de la justice. »

14. — C'est un don qu'eut aussi Charlemagne. *Eloquentia copiosus erat*, dit Eginhard, c. 25 ; *nec patrio tantum sermone contentus, etiam peregrinis linguis ediscendis operam dedit, in quibus latinum ita didicit, ut æque illa ac patria lingua orare esset solitus.*

15. — Cette réflexion, qui est fort belle, est d'Athalaric, roi des Visigoths, qui régnait un siècle environ avant Fortunat. Elle est rapportée par Cassiodore (*Variar. Lib. VIII, Epist.* 23) en ces termes : « Il y a certaines rencontres où les princes gagnent ce qu'ils donnent, lorsque leurs libéralités leur font honneur. » *Lucrantur incipes dona sua ; ethoc vere thesauris reponimus quod famæ commodis applicamus*. Dans son IIe sermon sur la Conception de la sainte Vierge, Bossuet appelle cette réflexion « un beau mot d'un grand roi ». Fortunat la goûtait beaucoup, car il y revient souvent à propos des personnages, comtes, évêques ou souverains, dont il loue la munificence ou la charité.

16. — Chilpéric Ier est en effet l'auteur d'un édit qui fait partie des Capitulaires, et qui commence ainsi : *Pertractantes in Dei nomen cum viris magnificentissimis*, etc. (V. Behrend et Merkel et aussi Borctius). L'importance de cet édit tant pour l'histoire du droit de succession que pour celui du droit de propriété, est considérable. On estime qu'il doit être postérieur à l'année 575 ; mais il est certainement antérieur à l'année 580 qui est celle où fut convoqué le concile de Braine, et celle aussi vraisemblablement où Fortunat écrivit cette pièce. Du reste la louange que le poète donne ici au législateur est légitime et très bien placée.

17. — Chilpéric, quoiqu'il fût rien moins que savant, avait fort la prétention de l'être, et même en théologie, voulant, au rapport de Grégoire de Tours, *Hist. Fr.*, V, 45, que cet évêque lui-même et les autres docteurs de l'Église pensassent comme lui à cet égard. Il écrivit quelques vers, dit encore Grégoire, en prenant Sédulius pour modèle ; mais les règles de la métrique y sont à peine observées. Il ajouta aussi des lettres à l'alphabet, savoir l'ω des Grecs, puis ae, the, uui, dont les caractères, d'après un très ancien manuscrit de Corbie, ont été donnés sous cette forme ω, ψ, Z, Δ, par MM. Guadet et Taranne dans leur édition de Grégoire de Tours. Cette réforme n'a pas survécu à son auteur. Cependant Chilpéric n'avait pas eu une idée méprisable lorsqu'il cherchait comment on pourrait exprimer par de nouvelles lettres les sons de la langue teutonique qui n'avaient pas leurs semblables en latin. Voy. Ruinart, dans ses notes sur le livre V, 45, de l'Histoire de Grégoire de Tours.

18. — Il ne reste rien de ces vers, si ce n'est quelques-uns en l'honneur de saint Germain, évêque de Paris, rapportés par Aimoin, III, 16. Mais Mabillon, dans ses notes sur la vie saint Germain, pense que ces vers sont trop élégants pour être de Chilpéric, et qu'Aimoin les a refaits. Avec plus de vraisemblance Brower les attribue à Fortunat lui-même. Quoi qu'il en soit le vers 105 : *Regibus æqualis*, etc., a quelque rapport avec ces vers que Charles IX adressa depuis à Ronsard :

Tous deux également nous portons des couronnes ;
Mais, roi, je la reçois ; poète, tu la donnes.

19. — Voyez dans Grégoire de Tours, *Hist. Fr.*, V, 45, la discussion que souleva Chilpéric entre l'évêque et lui au sujet de la Trinité. Le passage est curieux.

20. — Voilà encore des éloges fort sujets à caution, et ce que chacun sait de la vie de Frédégonde est peu propre à leur donner crédit. Fortunat, dit Lucchi, et cette fois-ci très judicieusement, semble les avoir écrits plus pour se conformer à la circonstance qu'à la vérité des faits ; et peut-être que sachant de quelle haine Frédégonde était animée envers Grégoire de Tours, le poète, pour adoucir cette reine, l'aura louée plus qu'il n'aurait voulu.

21. — Ainsi Frédégonde avait sollicité les prières de Radegonde en faveur de son mari ; circonstance assez singulière et dont aucun historien que je sache n'a fait mention.

22. — Chilpéric avait eu deux fils de Frédégonde, Dagobert et Clodobert. Ils moururent peu après le concile de Braine en 580, d'une maladie épidémique qui désolait alors le royaume. Voy. plus loin leurs épitaphes, pièces IV et V ; voy. aussi Grégoire de Tours, *Hist. Fr.*, V, 35 et 51.

23. — C'est sans doute de Jésus-Christ que le poète entend parler.

II.

Cette pièce a pour objet de consoler Chilpéric et Frédégonde de la mort prématurée de leurs fils Clodobert et Dagobert. Le poète y épuise toute sa mauvaise rhétorique.

1. — C'est-à-dire sans doute que sans la faute de leurs auteurs, les enfants ne fussent point morts.

2. — *Genèse*, IV, 4, verset 25.

3. — Dire *arca levis*, en parlant de l'arche de Noé, n'est pas précisément exact, mais il fallait à Fortunat son jeu de mots, et l'*arca gravis* qui est le coffre ou le cercueil où l'on déposa les restes du patriarche, le rend aussi parfait que possible.

4. — Voilà les beaux vers de Malherbe environ mille ans avant lui.

5. — *Ait Dominus: Ecce sicut lutum in manu figuli, sic vos in manu mea, domus Israël.* — *Ecclesiasticus*, XVIII, 6.

6. — Elle s'appelait Rigonthe, et fut fiancée dans la suite à Reccarède, fils de Léovichilde, roi d'Espagne ou des Visigoths. Elle partit emportant avec elle des trésors considérables et accompagnée de quatre mille hommes. Obligée de séjourner à Toulouse pour ravitailler sa troupe, elle fut surprise dans cette ville par une révolte qui la dépouilla de ses richesses, rompit son mariage et lui fit reprendre la direction de Paris. Son père, pendant son absence, y avait été assassiné par ordre de Frédégonde, et peu s'en fallut qu'elle ne pérît elle-même de la main de cette horrible mère. Voy. Grégoire de Tours, *Hist. Fr.*, VII, 9, et IX, 34. Cf. VII, 15, 32, 35, 39.

7. — Job, I, 19.

8. — II *Rois*, 12, v. 20. Là, il est dit seulement que David demanda qu'on lui servit à manger, et qu'il prit de la nourriture. Le poète cite le même fait plus simplement et plus exactement L. X, 11, vers la fin. Ce fils mort était le premier enfant que David avait eu de Bethsabée, devenue sa femme après qu'il eut pourvu à ce qu'Urie, le premier mari, fût tué à l'armée.

9. — Elle n'eut garde de s'exprimer avec cette platitude. D'ailleurs, ce n'est pas à Dieu qu'elle s'adresse, mais à

ses enfants auxquels elle tient ce discours aussi bref que sublime :

Dixit ad eos : Nescio qualiter in utero meo apparuistis ; neque enim ego spiritum et animam donavi vobis et vitam, et singulorum membra non ego ipsa compegi : — Sed enim mundi creator qui formavit hominis nativitatem, quique omnium invenit originem, et spiritum vobis iterum cum misericordia reddet et vitam, sicut nunc vosmet ipsos despicitis propter leges ejus. —Machab., II, 7, v. 22 et 23.

10. — Dagobert et Clodobert moururent, comme on l'a déjà dit, pièce I, note 22 de ce livre, peu après le concile de Braine en 580. Cette même année une espèce de peste ravagea les Gaules. Voy. Grégoire de Tours, *Hist. Fr.*, V, 35. Grégoire n'hésite pas de dire que la mort de ces enfants fut le châtiment providentiel des crimes de Chilpéric et de Frédégonde.

11. — Le *candelabrum* était un meuble qui servait à porter une lumière dans une position élevée au-dessus du sol, afin d'en répandre les rayons à une distance convenable. Il y en avait de diverses espèces. Voy. Rich, *Dict. des Antiquités*.

12. — Il veut parler sans doute de leur père et de leur mère, peu pressés l'un et l'autre d'aller occuper la place qu'on leur gardait si bien.

13. — La palla était un vêtement qui s'ajustait au moyen de deux agrafes sur les épaules, qui tombait seulement devant et derrière jusqu'à la moitié du corps, et couvrait par conséquent la poitrine. On appelait aussi du même nom d'autres vêtements de formes un peu différentes, et dont on trouvera l'explication dans le *Dictionnaire des Antiquités* de Rich.

14. — Les vœux de Fortunat furent exaucés. Après la mort de Dagobert et de Clodobert, Chilpéric eut un troisième fils de Frédégonde, qui fut nommé Théodoric. Cet enfant mourut l'année même de sa naissance, dit Grégoire de Tours, *Hist. Fr.*, VI, 34. Mais il en naquit un autre bientôt après qui reçut le nom de Clotaire, et qui succéda à Chilpéric.

15. — Adonias. *Rois*, III, 1.

IV.

1. — Voy. pièce I, note 5 de ce livre.

2. — C'est bien là ce que veut dire le poète ; ce qui ne laisse pas d'être bien hardi, sous le règne d'une femme comme Frédégonde qui avait à sa charge tant de morts, effets de ses propres crimes. Les commentateurs ne font aucune remarque là-dessus.

V.

1. — Voy. pièce I, note 5 de ce livre.

2. — *Ostendent terris hunc tantum fata*, dit Virgile, parlant de Marcellus, *Eneid.* VI, v. 870.

VII.

1. — Je penche à croire que *natatu* ne se rapporte pas au marin que nous voyons ici sur son vaisseau, mais au vaisseau lui-même. Les Latins disaient, et les Français le disent aussi, d'un vaisseau en marche, *natat* ; Fortunat aurait étendu la métaphore jusqu'à la marche elle-même qu'il appelle *natatus*.

2. — Mopsus est un des interlocuteurs de la V° églogue de Virgile. On ne voit pas pourquoi le poète se donne ce nom pour se ravaler, si ce n'est que Mopsus qui s'entendait très bien à la poésie pastorale, n'eût pas été capable de faire une tragédie. Néanmoins en s'appliquant ce nom, Fortunat se flatte encore beaucoup.

3. — *Miltho* est le mot grec μίλτος, et veut dire vermillon, minium, cinabre. On employait cette encre plus ou moins foncée dans les manuscrits, principalement pour les titres et les initiales des chapitres et alinéas.

4. — Ces poèmes dont Fortunat se déclare ici l'auteur ont péri. A en juger par cette pièce, il est à présumer que la perte n'est pas grande.

5. — Je n'entends pas bien ce que le poète veut dire par ce *solve salutem*. Mais on voit assez que Radegonde et Agnès ont chargé Fortunat de demander à Grégoire de prier pour elles, comme il leur demande de prier pour lui. Du reste, toute cette pièce est pleine d'obscurité ; on en tire moins le sens qu'on ne le lui arrache.

6. — Voyez la note 2 de la pièce XII a du livre VIII.

VIII.

1. — Lecointe, rapporte que ce Baudoalde eut pour successeur à l'évêché de Meaux Gundoalde, et qu'il était lui-même successeur d'Edenus sur le même siège. Edenus avait assisté au 2me concile de Paris en 551. D'où il suit que le temps de Gundoalde coïncide avec celui de Fortunat.

2. — Que veut-il dire par là ? Il est triste d'employer son temps à traduire de pareilles inepties. Quel fatras dans ces huit vers !

IX.

1. — Sidoine, suivant Lecointe, succéda à Ruthard, au siège épiscopal de Mayence. On voit dans cette pièce qu'il avait quitté son siège pendant un certain temps, mais on n'en aperçoit pas la cause, et Lucchi n'a pas cherché à la savoir.

2. — Il manque ici un demi-vers. M. Fr. Leo pense qu'il y avait *gaudia crede dapis*, ou quelque chose d'approchant. Cette antithèse s'offrait pour ainsi dire d'elle-même. On a donc admis la conjecture de M. Leo, plutôt que de laisser subsister une lacune qui, chose assez singulière, existe dans tous les manuscrits.

3. — Au 21e vers, M. Leo estime qu'il manque au commencement le mot *ars*, et on a traduit conformément à cette autre conjecture.

4. — Il semble, remarque Brower, que Sidonius ait élevé des chaussées le long des rives du fleuve, et voulu contenir, par ces travaux de défense, la violence des eaux du Rhin et du Mein, qui, grossies par les neiges et par les pluies, menaçaient d'envahir la ville de Mayence.

X.

1. — Ragnemodus fut évêque de Paris, et remplaça sur ce siège saint Germain mort en 576. Il mourut lui-même en 591. Grégoire de Tours parle souvent de lui, notamment dans *De Miracul. sancti Martini* II, 12, où il dit que Ragnemodus fut guéri de la dysenterie par un peu de terre prise dans le tombeau de saint Martin. — Le nom de *Rucco* que le poète se plaît à lui donner, est bien, comme le dit M. Leo, un nom hypocoristique, c'est-à-dire un nom de tendresse et d'aimable familiarité. Cette remarque pourrait donner lieu à une autre, savoir que Ragnemodus et Rucco à qui le poète adresse la pièce XXVI du l. III, pourraient bien être une seule et même personne. A l'époque où cette même pièce fut écrite, Ragnemodus était simple diacre de l'Église de Paris ; maintenant qu'il est évêque de cette même ville, Fortunat, lui écrivant pour le complimenter, trouve naturellement à lui donner le nom qui rappelle le temps où il traitait le simple diacre avec autant de familiarité qu'il témoigne aujourd'hui de respect à l'évêque.

Le *discus* ou plat rond en marbre que l'évêque Ragnemodus envoie à Radegonde, était de ceux qu'on appelait *missoria*, ou *missoria* (Frédégaire, *Chron.*, c. 73), ou *orbiculi* (*id. ib.*, c. 3). On donne deux étymologies de ce mot (Voy. Du Cange). La première est *mensa*, par la raison que le missorium était posé sur une *table* à manger, la seconde *mitto*, que propose entre autres Vossius, parce qu'aux V°, VI° et VII° siècles, il était d'usage, sous les empereurs d'Orient et les rois mérovingiens, de l'*envoyer en cadeau* à des princes et à des personnages illustres. Mais ces étymologies tirées du latin ne sont pas plus vraies l'une que l'autre. Il est question d'un plat de ce genre sous le nom de μισσούριον, dans une épigramme grecque d'Alexis de Thurium (*Anthol. græca*, éd. d'H. Estienne), qui vivait du temps d'Alexandre. C'est de ce grec sans doute qu'est venu le latin *missorium*. Mais n'insistons pas là-dessus.

Ces plats ou *disques* étaient de la plus grande richesse. Il y en avait d'or et d'argent, ornés de figures en relief ou gravées, et parfois incrustés de pierres précieuses. Grégoire de Tours, au livre VI, ch. 2, de son Histoire des Francs, raconte qu'étant allé voir le roi Chilpéric, à Nogent, ce prince lui montra un grand missorium, pesant cinquante livres, *quod fabricaverat*, dit-il, *ex auro et gemmis*. Je ne sais si par *fabricaverat* il faut entendre que Chilpéric avait *fait fabriquer* ce plat. Mais quand je lis dans le même historien, livre VII, ch. 4, que ce missorium, *quod nuper fecerat* (*Chilpericus*), avait été envoyé au roi Childebert, à Meaux, après la mort de Chilpéric, je trouve dans cette recharge un prétexte pour me demander si à tous les talents qu'avait Chilpéric, et que lui donne si libéralement Fortunat, il ne faudrait pas y ajouter celui d'orfèvre.

Il ne faut pas confondre le *missorium* avec le *repositorium*, quoiqu'ils soient destinés à peu près aux mêmes usages et qu'ils eussent la même forme. Le repositorium était un grand disque, propre à recevoir les mets non pas à même le plat, mais d'autres plats moindres garnis chacun de leurs comestibles. C'était en un mot un surtout. Il paraît dans Pétrone avoir été, au moins par occasion, formé de deux parties, l'une supérieure, l'autre inférieure; ce qui indique que la partie supérieure avait des pieds au moyen desquels elle reposait sur l'inférieure. On lit dans le festin de Trimalcion : *Superiorem partem repositorii sustulerunt, quo facto, videmus infra altilia, sumina*, etc. Pline parle aussi des *repositoria* (IX, 13; XXXIII, 49 et 52, édit. Littré); mais il s'agit là non pas de disques, ni de surtouts, mais de buffets, puisque Pline dit qu'ils avaient des garnitures d'argent aux angles : *Mox additum argentum in angulos*. Ces buffets recevaient aussi des mets.

C'est, je crois, d'un *repositorium rotundum*, puisqu'il est appelé *discus* par Fortunat, qu'il s'agit dans la pièce xiv du livre VII de notre poète. Au centre de ce *discus*, qui était comme une vallée entourée de montagnes de plats, figuraient diverses sortes de mets, comme on en voit figurer sur le repositorium décrit par Pétrone. Voyez dans la *Gazette archéologique*, 1886, n°° 7-8, pag. 180 et suiv., un article très intéressant de M. Eug. Piot, sur un *missorium* de sa collection.

2. — Radegonde et Agnès.

3. — S'il s'agit ici, comme il est probable, de la croix faite du bois de la vraie croix, et envoyée par l'empereur Justin à Radegonde, je ne puis expliquer le mot *throno* que par autel.

XI.

1. — Doctrovée fut disciple de saint Germain, au monastère de Saint-Symphorien d'Autun, duquel saint Germain était abbé avant d'être évêque de Paris. Il succéda lui-même à celui-ci en qualité d'abbé du même monastère, et mourut vers 580.

XII.

1. — On ne sait quel était ce Faramodus. Grégoire de Tours, *Hist. Fr.* 26, dit qu'il y eut un personnage de ce nom, prêtre de Paris, et frère germain de Ragnemodus, évêque de cette ville. Sur le titre de *referendarius* voyez un long article de Du Cange dans l'édition Didot.

XIII.

1. — Ce Waldo paraît être celui dont parle Grégoire de Tours, *Hist. Fr.* VIII, 27, en ces termes : Bertchram, évêque de Bordeaux, étant tombé malade, fit appeler le diacre Waldo qui lui-même avait été nommé Bertchram au baptême, et lui résigna son évêché, en même temps qu'il le nommait son exécuteur testamentaire. Mais le roi ne confirma pas le choix de l'évêque, et nomma Godégisille, surnommé Dodo.

2. — Bertchram.

3. — Il s'agit ici, selon Lucchi, de ce Mummolus qui est appelé préfet par Grégoire de Tours, *Hist. Fr.* VII, 15, que le même historien dit avoir habité longtemps Paris, et qui reprit à Chilpéric les villes de Poitiers et de Tours que ce roi avait enlevées à Sigebert (*Id.* IV, 46).

XIV.

1. — On ne peut pas dire de saint Laurent, qu'il fut brûlé justement, *merito*. Je crois avoir rendu ce mot comme il convient.

2. — Grégoire de Tours, *De Glor. Martyr.* I, 12, raconte aussi ce miracle qui eut pour théâtre Brione, place forte dans le Tyrol, et il cite même à cette occasion les dix premiers vers de cette pièce de Fortunat. L'historien aide beaucoup à comprendre le poète. Il dit la chose plus simplement, et se garde bien, comme le fait Fortunat, de donner du sentiment à la poutre, et de la faire raisonner. Le même miracle est attribué à saint Gall par le moine Ratpert, dans une hymne qu'Edelestand du Méril a reproduite dans ses *Poésies popul. lat. ant. au douzième siècle*, p. 156. Il est dit dans cette hymne, strophe 13° :

Trabem breviorem dat prece longiorem.

XV.

1. — Un manuscrit du Vatican porte *latior*, un autre *inmitior*, d'autres d'origines différentes *immitior*, version qu'on a adoptée ici, et par laquelle le poète, comme le remarque Lucchi, paraît avoir voulu dire *vasta et ingens*. *Altior et mitis* est de l'édition de Paris. Brower affirme avoir lu *innititur* dans son manuscrit de Pulmann.

XVI.

1. — Grégoire de Tours, *Hist. Fr.* VI, 20, fait les mêmes éloges de Chrodinus, Aimoin, *Hist. Fr.* III, 40, aussi. Mais Aimoin l'appelle *Rodinus*.

2. — *Gentibus*. C'est ainsi qu'on appelait les étrangers par rapport aux Romains. Chrodinus était de cette partie orientale du royaume des Francs qu'on appelait *Austria* ou *Austrasia* par opposition à *Neustria*, partie occidentale. Il refusa la dignité de *major domus* ou de maire de palais que lui offraient les Austrasiens, de peur que la justice n'eût à souffrir ou de sa partialité envers eux, ou de sa sévérité. Voyez la belle réponse qu'il fit à cette offre, dans Grégoire de Tours, ch. 58 des *Epitomata* et ch. 59, où l'on voit qu'il conseilla d'élire Gogon à sa place; ce qui eut lieu en effet. Il mourut septuagénaire. Sur les prérogatives des maires du palais, et la puissance de ces magistrats, voir la note 1 de la pièce vii du liv. VII.

LIVRE DIXIÈME.

I. Exposition de l'Oraison dominicale.

Cette exposition que contiennent deux manuscrits du Vatican a été fort mutilée par la main des copistes. Lucchi l'a rétablie de son mieux. Cette pièce est en prose, d'une longueur démesurée, et n'a d'intérêt que pour les théologiens; on ne l'a donc pas traduite.

II. A l'iPlustre Salutaris.

De tous les chagrins qui se glissent dans le cœur de l'homme, et qui, vu les irrésolutions et la mobilité des esprits comme aussi les vicissitudes des temps, rendent nos vœux si sujets à caution, il n'en est pas de plus navrant que de ne pas voir ce que nous désirons, ou de voir ce que nous perdons. Dans l'un et l'autre cas, l'esprit flottant succombe sous une charge qui n'est pas médiocre. Chaque jour il examine ce qu'il possède, et qu'il perd, lorsqu'il commençait à peine à le posséder, triste jusqu'à ce qu'il l'ait obtenu, déconcerté dès qu'il l'a perdu. Mais on reçoit de là un coup plus grave encore, car entre attendre et perdre ce qu'on a attendu, l'espérance s'exalte et s'accuse tour à tour; ici, grande est l'inquiétude de savoir si l'on aura; là, certaine est la douleur s'il faut y renoncer. Nous devons à notre nature corrompue par la prévarication de notre premier père, et dont nous sommes punis par la mort, d'être souvent forcés d'abandonner ce que nous venons à peine d'acquérir. La dent de l'ancien serpent a pénétré si avant dans la racine de notre être, qu'il n'est pas un arbre resté debout qui ne porte la mort dans ses racines. Nous tenons de nos premiers parents cet héritage que leurs descendants, voués à la mort, n'en cherchent pas moins à vivre, quoiqu'ils doivent mourir. La possession acquise de l'arbre de malheur est une blessure dont nous souffrons tous; ses pommes appétissantes ont fait plus de mal à notre race qu'elles ne l'ont nourrie. La mort est entrée dans le monde sous forme de mets. Auteurs et descendants ont été frappés de mort, les uns pour avoir goûté de la pomme, les autres pour en avoir exprimé le suc; car cette coupe empoisonnée qu'Adam se laissa persuader de boire et qu'il but pour son malheur, déborda sur nous, et ce qui coula, pour ainsi dire, d'une fontaine devint une rivière. Celle qui fut notre mère par son origine, notre marâtre par son crime, Ève, monade fatale au tout (1), arrangea ses affaires de telle sorte que, seule, elle détruisit le monde, alors que, dupe de l'artifice du démon, elle perdit son époux innocent et périt elle-même. Mais à quoi bon aux enfants de faire encore le procès à un père cou-

LIBER DECIMUS.

I. Expositio orationis dominicæ.
II. Ad virum inlustrem Salutarem.

Inter humanæ condicionis subripientia vulnera, quæ semper incerto tramite nutantium animorum ac labentium temporum reddunt vota suspecta, nihil est in aliquo aliquid magis quod cruciet, quam quemquam aut non videre quod cupiat aut videre quod perdat; cum trepidans animus in utroque non modico sub fasce succumbat, dum pendulus spectat diuturne quod habeat et, ut habere cœperit, mox amittat, scilicet adflictus donec inpetret, elisus si perdit: sed gravius hoc jaculo res illa percellit, quod inter spectare vel spectata amittere illic spes tenditur, hic damnatur, illic dubius mœror in habeat, hic certus dolor est si relinquat. Habet hoc insitum natura prævaricatione protoplasti parentis ad nos decursa morte multata, ut sæpe quod vix adquiritur mox linquatur; serpentis inveterati dens a radice sic perculit, ut nec arbor steterit quin stirpe mortis fixa vivat. Misit hoc posteris hereditas parentalis, ut jacentes morti quæramus vivere morituri: vulnificavit cunctos infelicis arboris adquæsita possessio, quæ blandientibus pomis prolem prius nocuit quam nutrivit; quo certe sub epuli specie mors intravit. Ferali tactu læsit hoc parentes et posteros: illos gustus, nos sucus: quoniam virulentæ suasionis poculum, quod pater malo sorbuit, in prolem transfudit, et, ut ita dictum sit, quod a fonte manavit, in rivum defluxit. Intulit hoc igitur illa mater de genere sed noverca de crimine, infelix cunctis Eva monades, quod certe sola sic extruit ut universa destrueret, cum veterata machinatione decipulæ rudem virum perderet et periret. Sed proles quid boni faciat, si se in calumniam vel

pable, a le mordre de nouveau, lui déjà mort d'une première morsure, et dont la chute qui nous entraîna tous, l'a suffisamment puni? Quant à moi, j'estimerais inconvenant de mordre encore une fois l'ingrat dont la faute, après tout, nous a valu la grâce, mais qui, en mangeant du fruit de vie, commença d'alimenter la mort, qui, sur la promesse que ses yeux s'ouvriraient, mit la lumière en fuite, et qui, au lieu d'être un dieu comme le serpent l'en avait assuré, retomba homme sur la terre. De là vient que cette funeste nourriture a rendu les enfants nés de lui esclaves du péché. Dans cet état de captivité nous sommes des proscrits à qui le bonheur est refusé, et qui ont pour compagnon le malheur. Notre voyage dans la vie est d'autant plus pénible que l'impitoyable mort nous est plus connue. Du vieil Adam jusqu'à l'homme nouveau nous naissons à la vie en même temps qu'à la mort. Ce fut la destinée d'Abel, d'Enoch et de Noé dont le déluge ajourna la mort sans en changer la nature. Ce patriarche dut la subir; le législateur (Moïse) n'en put éluder la loi, non plus que le prophète (David) et le plus que prophète (Jean-Baptiste). Sara, Rebecca, Rachel, Anne, Elizabeth, quoique d'un sexe inférieur, en burent l'amer calice. Qui plaindra les autres quand le vainqueur même de la mort y a été soumis dans sa chair? Il n'eût pas été pleinement homme s'il n'eût connu le tombeau, ni Dieu s'il ne fût ressussité. Voilà, ô le plus cher de mes amis et l'objet de ma fidèle affection, voilà ce que j'avais à vous dire, à vous qui, vivant au milieu des grandeurs, vous plaignez de la mort de votre sainte fille. Vous m'écrivez avec tristesse, et en interrompant à peine vos sanglots, qu'à l'âge de dix ans, la fleur de sa puberté a été desséchée par l'irruption de la mort; qu'ayant été, pour ainsi dire, enlevée aux approches du mariage, elle n'avait pas été, comme le souhaitait son père, réservée au lit nuptial, mais à la tombe où l'avaient accompagnée des chants bien différents de ceux d'hyménée; que vos vœux avaient été partagés par toute votre famille; que les parents et les gens du pays en avaient témoigné leur joie, que la mère était toute en prières, que la nourrice elle-même se tenait prête à faire son office; qu'enfin votre fille avait une taille flexible comme le jonc, la modestie de la rose, toutes les grâces et l'enjouement de son sexe. Mais où vais-je parler de la beauté aussi fragile que la chair est menteuse, si cet éloge a pour effet d'augmenter vos gémissements? Ce bien que vous possédiez, ô père, n'était qu'un dépôt confié à votre garde. Vous l'avez restitué. Pleurez-le donc comme perdu, mais considérez aussi qu'il ne l'est pas, puisqu'il a fait retour au Christ dans toute son intégrité. Vous plaindrez-vous comme si pareil malheur était arrivé à vous seul? Mais il frappe les rois eux-mêmes. Voudriez-vous être plus heureux qu'Auguste, plus intrépide qu'Alexandre, plus favorisé que Trajan, plus saint que Théodose? La mort traitant de même le prince et le soldat, il faut souffrir avec patience ce qui est commun à tous. Que de femmes arrache-t-elle à leur premier embrassement pour les traîner au tombeau! Combien souffrirent cette perte de la vie, après avoir connu leur mari, sans le posséder, doublement à plaindre, et pour avoir perdu

---

mali parentis extendat, aut ut illum iterum detrahendo remordeat qui semel morsu perierat, cum ipse sibi suffecerit suus lapsus, noster occasus? Itaque puto incongruum si vel illum remorsero per quem gratis venit ingratum, cujus occasione vitalis alimoniæ mors cœpit depasci, cui dum oculorum apertio promittitur, lux fugatur et divinitate promissa homo lapsus redit in terram : hinc est quod prolem genitam nocens esca traxit in prædam. Fecit illa captivitas nos prosperis exules, adversis consortes, et tantum peregrinatio gravior, quam mors dura notior; nascitur ab Adam vetere usque ad novum hominem vita nostra cum morte. Hinc se nec Abel exuit nec Enoch effugiet neque Noe se subtraxit, qui diluvio mortem distulit non mutavit; hoc patriarcha non rennuit, hanc legem legifer non avertit, propheta sustinuit et plus quam propheta succubuit : Sarra quoque, Rebecca, Rachel, Anna, Elisabeth, licet sexus inferior, tamen hoc simul bibit amarum. Quid conqueratur de reliquis, cum ipse triumphator mortis pro parte qua caro factus est et morti subjectus est? nec fuerat plenus homo, si non sensisset et tumulum; nec Deus crederetur, nisi surgeret de sepulchro. Hinc est quod loquor, carissime et fidæ dilectionis mihi voto conexe, eo quod tuos per apices natæ sanctæ transitum conqueraris, vix singultu rumpente indicans calamo tristi, decennalis ætatis inruente funere pubertatis teneræ flosculo marcuisse, cum pæne nuptiali retracta de limine non ad patris votum thalamo datur sed tumulo, et diverso cantico non toro traditur sed sepulchro, ad cujus forte vota jam festinans familia fervebat, sedule parentela excitabatur et patria, mater erat prece suspensa, ipsa adsurgebat cura nutricis : juncea pubertate, rosea modestate, festiva arte sui sexus ornata. Sed quo me rapit formæ decor se prodere tam cito fugax, quo caro mendax, cum defunctæ si prædicetur gloria, adcrescant lamenta? Habuisti igitur istud pater, sed non tuum : reddidisti potius commendatum : ploratur velut amissum ; sed consideretur non perditum quod ad Christum redit intactum. An certe conquereris quasi solus ista perpessus sis, cum casus hic vincat et reges? An felicior Augusto, fortior Alexandro, favorabilior Trajano, sanctior es Theodosio? Cum hoc habeat obitu æquale tam miles quam princeps : patienter dolendum est quod habes commune cum mundo. Quantas autem feminas ab ipso primo complexu retraxit ad tumulum, et pertulerunt dispendium agnito viro, non habito : quæ bis lamentandæ sunt : antea pudorem perdere, sic

leur chasteté, et pour mourir ainsi déparées! D'où il résulte qu'encore que vous vous plaigniez d'avoir été privé de votre fille par une pareille catastrophe, il n'est cependant nouveau pour personne qu'une fille ne peut éviter ce qui nous est venu de la femme. Veillez surtout à ce que cette mort profite à votre vertu, et réglez-vous sur l'exemple de ceux qui, surmontant leur douleur, ont emporté la palme céleste. Parmi ces grands modèles de patience, le plus grand et le plus en évidence est Job. Vous connaissez les reproches qu'il fait à Dieu; cependant il lui rendit grâce pour ses fils, comme s'il les eût reçus de lui dans le moment même où il les perdit. Cet homme si éprouvé s'abandonna tout entier à la volonté de Dieu, de peur de succomber. Quoi encore? Le vaillant David, bien que vainqueur de Goliath, ne s'étendit-il pas comme du foin sous la volonté de Dieu, lorsqu'après avoir perdu son fils, il prit du pain et mangea (2)? Comprenant qu'il fallait céder au Créateur de toutes choses, ce fidèle serviteur craignit de provoquer même par un murmure le ressentiment du Seigneur (3)... Ce père pieux et sans cesse abîmé dans les larmes souhaitait plutôt que sa fille célébrât ses noces avec le Christ; mais pouvez-vous conclure de là qu'il ne l'eût point enlevée à cet état, si elle en eût eu du dégoût? D'où avez-vous appris à sonder les profondeurs des conseils de Dieu, et à connaître quelle sorte de désir était caché dans le cœur de sa fille? Peut-être avait-elle déjà fait choix de ce qu'elle a mérité d'obtenir, et qu'elle n'a obtenu que ce qu'elle a désiré. C'est pourquoi, homme excellent, soyez juge de vous-même, comme vous êtes père, c'est-à-dire que si par amour pour elle vous vous modérez et vous jugez, vous ne serez pas trompé, surtout ayant pour motif de vous adoucir la promesse du Rédempteur et la voix retentissante de l'Apôtre, savoir qu'en un clin d'œil tous les morts sortiront du tombeau, et vivront à l'ombre du Christ, assurés d'une perpétuelle virginité (4).

III. Aux illustres et magnifiques seigneurs, objet de toute notre affection, et à leurs serviteurs (1).

En vertu d'une sorte de loi naturelle, les coutumes se transmettent de génération en génération, et des ancêtres à leurs descendants. Un homme accoutumé à vivre de pain de froment, blanc et savoureux, mangera du pain d'orge avec dégoût, et n'en mangera d'ailleurs que s'il est pressé par la faim; de même si Vos Seigneuries dont l'esprit fait sa nourriture habituelle et quotidienne des doctrines savantes, châtiées et polies, et si, ayant acquis à cet exercice salutaire une éloquence d'une clarté, d'une pureté parfaites, elles s'abaissaient jusqu'à prêter l'oreille à notre langage chargé de rouille, à notre bredouillement, elles ressembleraient à ces gens délicats auxquels on sert de la viande de boucherie, après qu'ils ont mangé des cailles et du faisan. Néanmoins il arrive quelquefois (soit dit sans vouloir m'en faire une

---

perisse! Unde quamvis conqueraris talem te tali casu amisisse sobolem, nulli tamen novum est, ut non potuisset hoc vitare puella quod venit per feminam: illud potius inspice, ut ista res funeris sit virtutis, et ad illorum exempla te coæqua qui dolore victo surgunt ad palmam. Habes itaque inter ipsa patientiæ culmina primum velut in specula Job censuram et normam, qui pro filiis Domino sic gratias retulit tamquam si tunc acceperit cum amisit; qui vir experientiæ voluntati divinæ tradidit totum, ne caderet. Quid vero? David fortis, licet Goliam subdiderit, non se velut fœnum nutui cœlestis substravit, cum filio amisso lavit, epulatus est? Ne repugnet, intellegens uni cedere qui cuncta formavit, servus fidelis timuit offensam boni domini provocare vel murmure. * *quem ut jungeretur divinis ad nuptias, jugiter diffluebat plus pater per lacrimas. Potestis autem conjicere quia talem non tolleret, nisi suis thalamis placuisset. Unde nosti abyssos divini consilii vel tuæ natæ qualis in corde concupiscentia latitavit? Fortassis hoc antea elegit quod meruit et illud prodiit quod optavit. Qua de re, vir optime, esto tibi vix judex et pater es; hoc est si per caritatem te temperes te judices, non offendis: præsertim cum te mitiget promisso redemptoris et præconis Pauli vox simulata tonitrui, quia in ictu oculi resurgere maturabunt sepulti et vivent sub umbra Christi, de virginitate securi.

III. Item alia. Dominis Industribus cunctaque magnificis, omni desiderio complectendis, servientibus Dominorum (a).

Si humanæ consuetudinis isto se generaliter per omnes unus usus extendit et ab antiquis atavis ipso tradente genere et ad nos usque naturali quodammodo lege pervenit, eo quod post triticei panis oblectantem candorem vel suavitatem pascentem ad hordeaceæ frugis aristosa cibaria fastidioso nimium dente, nare, fauce transitur (cum delectabilis escæ dulcedine permutato ad convivium pergere, nisi famis urgueat, austeritas epuli non invitat), hinc est quod industris ac magnifica celsitudinis vestræ gratia, copiosa cotidianæ disciplinæ doctrina superinundante refecta et ferventis ingenii studio lucubrante polita, post illum, ut dixerim, detersum eloquentiæ vestræ nitorem et perspicue clarum exercitatione purgante ad linguæ nostræ rubiginosam facundiam fastidiose vestri sensus fulgida lux inclinat: cum tale sit quod sermonis nostri tumores vacillantibus auditis, ac si post epulas coturnicis aut fasidii viris delicatissimis cibos ingeram pecuales.

(a) Toute cette pièce, la première partie surtout, est d'un style si baroque, si entortillé, si obscur, et, pour tout dire, si sauvage, qu'il est impossible d'en opérer une traduction littérale qui puisse jamais satisfaire et traducteur et lecteur. Il surnage cependant à ce galimatias torrentueux et fangeux une certaine clarté, et c'est grâce à cette faible lueur que j'ai compris le sens général de cette partie, et que j'ai pu la résumer.

application présomptueuse) que tel, au sortir de la table des rois où il s'est régalé, voudrait bien un peu goûter de celle des paysans. Souvent un rustique offre à son seigneur un morceau qui lui agrée. Quoique la vaisselle d'or et les tapisseries de pourpre brillent aux festins des rois, on ne laisse pas que d'aimer mieux s'asseoir à une table dressée à l'ombre de berceaux de pampres ou de lierre chargé de ses grappes. Le berger, au retour de la forêt, a de quoi vous offrir. Il est riche en lait, si le reste lui manque, et le convive qu'il invite veut bien l'accepter. Saluant donc avec un profond respect Vos Grandeurs et Vos Dominations, nous implorons la clémence du roi éternel, afin qu'il prolonge la durée de cette vie fugitive en faveur de nos excellents princes, aujourd'hui régnants, et accroisse votre puissance avec vos devoirs; que tandis qu'ils gouverneront avec justice, vous les serviez avec fidélité et intégrité, et comme eux vous entriez dans le royaume si désiré de notre Rédempteur. Nous espérons dans le Christ et attendons de votre charité que vous nous recommandiez particulièrement non seulement à tous les saints et serviteurs du Seigneur, mais encore aux souverains régnants et à leurs fidèles; nous vous prions en outre avec toute confiance de recevoir le porteur de la présente, lequel est plein de vénération pour vous; il est homme de Radegonde, âme sainte, et votre mère, et il vous fera de sa part des propositions qui auront pour objet ce qui lui est utile et nécessaire. Daignez, en présence du Christ et des anges, tant par respect pour elle qu'en considération de notre prière, vous intéresser à ses affaires comme si elles étaient les vôtres, et vous employer pour elles auprès des rois. Ce que vous aurez fait à cet égard, l'Éternel, cédant à ses prières, vous en récompensera au centuple.

IV. Autre (1).

Nous avons reçu des mains de vos envoyés, qui passaient par ici, votre lettre si remplie d'affection pour nous et que nous désirions passionnément. Nous vous en remercions. Nous y avons lu, à notre grand soulagement, que la santé de Votre Grandeur était bonne, et quant à votre chère fille dont vous nous rappelez la mémoire, nous nous associons à la douleur que vos ressentez de sa mort. Nous nous étions réjouis avec vous pendant qu'elle était vivante, et maintenant qu'elle ne l'est plus, nous la pleurons avec vous. Vous revendiqueriez en vain pour vous seul le privilège de la pleurer, car nous l'aimions autant que vous, et si elle est sortie de vos entrailles, devenue adulte, elle a habité dans les nôtres. Vous nous l'aviez confiée à cette condition, en sorte que, comme sa personne et non pas son cœur devait vous être enlevée, nous dûmes la recueillir pour tenir votre place auprès d'elle. Une sorte d'amour adoptif se substitua à l'amour maternel, car étant née de vous, elle était renée en nous. J'aurais mieux aimé m'entretenir gaîment avec vous d'elle encore vivante, et de ses mérites, que de vous offrir, elle morte, une

---

Sed inter hæc una spe præsumptionis videor animari eo quod aliquatenus post regales delicias esca desideretur ruralis et sæpe rusticus offerat quod animum potentis oblectat. Nam quamvis regum conviviis auro intermicante purpurata palla coruscet, sæpe tamen jucunditate placere mensa plus adsolet vel adumbrata foliis ordinatis ex palmite vel superjecto hederæ corymbo crispante. Igitur habet et de silva reductus pastor quod proferat; cui si desint reliqua, tamen dignantem convivam vel de lacte dives invitat. Quapropter dominationi, celsitudini et, teste domino loquor, profusæ dulcedini vestræ salutes venerabiliter ac desiderantissime persolventes æterni regis clementiam deprecamur, ut domnis præcellentissimis feliciter regnantibus ac vestræ potestatis officiis crescentibus ita fugitivæ hujus vitæ spatia producantur, ut illi plissimo tramite gubernando et vos sine macula fidelissime serviendo creatoris ac redemptoris nostri desiderato pariter intretis in regno, sperantes in Christo de vestræ caritatis affectu humilitatem nostram peculiariter omnibus sanctis et domini famulis, sed etiam domnis regnantibus vel eorum fidelibus profua dulcedine commendetis : hoc fiducialiter deprecantes, ut veneratorem vestrum, portitorem præsentium, hominem domnæ Radegundis matris vestræ, animæ sanctæ, vel ea quæ pro utilitate necessitate prædictæ domnæ suggesserit coram Christo et ejus angelis, tam pro sui necessaria quam prece nostra proprium habere dignemini. Indubitabiliter intimamus, ut quod pro causa illius apud præsentes domnos reges inpendetis apud æternum regem centuplicato munere suis orationibus adquiratis.

IV. Item alia.

Celsitudinis vestræ legatis transcurrentibus omni caritate refertas nos insaturabili voto suscepisse gratificamur epistulas : in quibus ut, quod erat nostræ relevationis, consultum de vestri culminis incolumitate relegimus, inserendo commemorationem dulcissimæ filiæ quod est de mærore partimur. Denique quibus fuit in vivente participata lætitia, sint communes lacrimæ necesse est in defuncta; nec ratio suadet, ut sola tibi privilegium defendas in fletu, quæ habuisti in cujus nos compari ligaremur affectu : quoniam licet formata vestris ex visceribus processisset, tamen non minus adulta nostris in pectoribus habitavit, quippe quæ producens partum ex utero transmiseras quasi in nostro gremio receptorum; ut cum a vobis esset, etsi non corde, tamen corpore recessura, nobis velut in vestra vicarietate fieret amplectenda. Hinc est quod, (quod) matri de illa genitalis causa contulerat, mihi totum velut adoptivus amor explebat, quia, cum vobis genita, nobis tamen erat renata. Equidem optaveram pro meritis ejus, illa superstite vobis-

triste et stérile consolation ; mais le sort jaloux qui nous enlève plus promptement ce qu'il sait nous plaire davantage, m'a donné et ôté presque en un moment un bien pour moi si regrettable. Il n'est rien dans la condition humaine de plus cruel que de ne pas voir ce qu'on possède ou de voir ce qu'on perd. Mais n'est-ce pas laisser trop longtemps le chagrin s'envenimer, et résister au frein des consolations raisonnables, alors qu'on sait qu'on peut adoucir les maux qui ne sauraient être supprimés, et souffrir avec égalité d'âme ce qu'on n'a pu empêcher d'arriver ; surtout quand tant de vertus admirables éclatèrent dans cette jeune fille que les hommes ne cesseront jamais d'en parler, et qu'elle attend près de Dieu la récompense de ses œuvres terrestres? Car outre les autres biens qui sont à louer en elle, et qui ne sont pas enfermés dans le tombeau, puisqu'ils sont l'entretien de tout le monde, je rappellerai seulement celui-ci : si la foi et la persécution font le martyre chrétien, vous n'avez plus à pleurer votre fille ; car il lui est échu de croire fermement et de souffrir, et si le sort auquel elle ne pouvait se soustraire s'est hâté de nous la ravir en sa jeunesse, son innocence lui assure la palme céleste.

V. Au nom de N.-S. Jésus-Christ, cy commencent les vers sur l'oratoire d'Artanne (1).

Qui que tu sois qui viens à ce sanctuaire vénérable pour y demander à Dieu les biens que dispense son amour, sache que l'éclat dont il brille est tout entier en l'honneur de Gabriel, le saint et ordinaire interprète des ordres de Dieu. C'est lui qui fut envoyé du ciel à Zacharie, quand il fut donné à Élisabeth d'enfanter un grand prophète ; c'est lui encore qui annonça à Marie qu'elle porterait en son sein et donnerait à la terre le Rédempteur du monde, roi tout puissant du ciel. Le saint évêque Grégoire a réparé cet édifice, afin d'obtenir pour soi les biens célestes.

VI. Au nom de N.-S. Jésus-Christ, vers sur l'église de Tours, reconstruite par l'évêque Grégoire (1).

Cette église vénérable consacrée au culte du Très-Haut, célèbre par ses reliques, noble tête de la cité, est bâtie sur le lieu même où Martin revêtit un pauvre de sa tunique, et où il fit une série de miracles éclatants. Ainsi, comme le saint évêque célébrait les sacrés mystères, on vit sa main toute resplendissante de pierreries (2) ; elles avaient recouvert tout ce qui en était resté nu, après qu'il eut donné sa tunique (3). On vit encore un globe de feu sortir de sa tête, pendant qu'il bénissait l'autel du Seigneur. C'est cette église que le pieux évêque Grégoire a reconstruite, et à qui il rend, avec le rétablissement du culte, son antique honneur. Elle avait longtemps servi. Les voûtes en étaient très belles ; mais le nouvel édifice, quoiqu'inachevé, est plus beau encore. Elles tombaient de vétusté et demandaient à être rajeunies, on les démolit et on les rebâtit plus solidement. Grégoire y travailla avec le secours

cum loqui de gaudio magis, quam tristis consolatio nasceretur ex fletu. Sed invida rerum series, quæ illud celerius subripit quod magis placere cognoverit, rem mihi desiderabilem pœne uno momento et offerre voluit et auferre. Vel quare nobis rem attulit quam subducere festinavit? Cum nihil sit in humana conditione crudelius quam aut non videre quod habeat aut videre quod perdat. Sed quousque suum mœrorem dolor importunus exacuit ac præceps sine freno moderatæ consolationis excurrit? Cum intellegat hoc temperari debere quod emendare nequiverit et æquanimiter toleret quod infectum facere non valebit ; præsertim cum in illa tot admiranda refulserint, ut nec apud homines in sermone defecerit et apud deum de opere præmia viventis expectet. Nam præter reliqua bona quæ cum illa laudanda sunt (nec tamen clausa jacent in tumulo dum volvuntur per ora cunctorum) hoc unum breviter adsero : si fides et persecutio Christi martyrem facit, non habes in tali filia quod deflere, quia illi et recte credere contigit et perferre, et licet festinasset in juventute sors debita, tamen est innocentia secura de palma.

V. In nomine Domini nostri Jesu Christi incipiunt versus. De oratorio Artannensi.

Quisquis ad hæc properas venerandi limina templi,
  Dona precaturus quæ dat amore deus :
Hæc in honore sacri Gabrielis culta coruscant,
  Quia pia jussa dei rite minister agit,
Zachariæ veniens qui nuntia detulit astris, 5
  Elisabeth datus est quando propheta potens,
Quique redemptorem e cœlo regem omnipotentem
  Post ait ut terris ventre Maria daret.
Quæ sacer antistes nova tecta Gregorius effert,
  Ut sibi cœlestes restituantur opes. 10

VI. In nomine Domini nostri Jesu Christi versus. Ad ecclesiam Toronicam quæ per Gregorium episcopum renovata est.

Emicat altithroni cultu venerabile templum,
  Egregium meritis, nobilis arcis apex ;
Quo propria tunica dum operit Martinus egentem,
  Gestorum serie fulgida signa dedit.
Namque idem antistes, sacra dum mysteria tractat, 5
  Lumina gemmarum est visus habere manu,
Ac de veste fuit quantum sua dextera nuda,
  Tantum membra sibi gemma corusca tegit.
Sanctus item Domini almum dum benediceret altar,
  De capite est visus flammeus ire globus. 10
Quæ modo templa sacer renovata Gregorius effert,
  Et rediit priscus cultus honorque suus.

Fulgida præcipui nituerunt culmina templi,
  Postque usus veteres præmicat aula rudis,
In senium vergens, melius revirescere discens, 15
  Diruta, post casum firmius acta situ.

de Martin, et remit à neuf ce qui en était resté vieux. Les sanctuaires du Seigneur se distinguent par la sévérité de leur style (3 bis), et bien que par cela seul ils soient imposants, ils le sont encore par leur élévation. L'église de Martin que le temps jaloux avait minée, comme le sont les murs par l'affouillement des eaux, Grégoire s'est appliqué à la refaire, et il ne regrette pas qu'elle soit tombée, puisqu'en la refaisant il en a augmenté les dimensions.

A Amiens (4), voyant un pauvre qui tremblait de froid, Martin se hâta de le couvrir de la moitié de sa chlamyde; mais le Christ dit en présence des anges : « C'est moi-même qui, sous la figure du pauvre, ai reçu de Martin, dans le silence de la nuit, cette partie de son vêtement. » O saint évêque, dont les mérites sont ainsi rappelés dans le ciel, le manteau dont tu couvris un pauvre nu revêt un Dieu!

Parmi les riches vases que le divin potier façonna, Martin en est un dont les mérites sont des plus éclatants. Il guérit les plaies d'un lépreux en y appliquant ses lèvres (5); un baiser fut toute sa médecine. En guérissant ainsi les ulcères, la salive même est aussi efficace que les eaux du Jourdain.

Quelle foi généreuse que celle de Martin, quand il était citoyen de Tours! Partout où il se trouvait, la mort perdait sa voie. Un catéchumène gisait à terre sans pouvoir proférer une parole (6); Martin s'étendit sur lui, et la faulx de la mort fut détournée. Ainsi fit-il d'un pendu, fils d'une veuve; il lui rendit la vie (7). Partout où est cet homme de Dieu, il n'est pas permis de mourir.

Le saint voulait couper un pin planté près d'un temple payen (8); le peuple crut qu'il serait infailliblement écrasé; mais comme l'arbre entamé par la hache était sur le point de s'abattre, Martin fit un signe de croix et le força de revenir sur lui-même. O puissance de la foi, la croix fait pencher le pin du côté opposé à celui où il eût penché naturellement!

Un homme avait été mordu par un serpent (9); il était enflé et déjà faisait ses dernières dispositions; Martin le touche du doigt et le venin sort de la plaie. Au même instant, le blessé relève la tête. Un doigt qui tire du venin, voilà un onguent tout nouveau! Un simple attouchement vainqueur de la mort!

Un voleur, après sa mort, recevait des honneurs dont il était indigne (10); à la voix de Martin, son ombre fut forcée de parler. Il dit alors en présence du public qu'on l'avait justement fait mourir, à cause de ses nombreux méfaits, et que loin donc d'être un juste, il était un criminel. O voix sainte qui oblige à parler les cadavres, et à qui répond la cendre des morts!

Une vipère tombée dans un fleuve (11), lasse de nager, gagnait le rivage; déjà elle le touchait de la tête, lorsqu'au commandement de Martin, elle retomba dans l'eau, et reprit avec de pénibles efforts la route qu'elle venait de parcourir. De quel amour de Dieu brûlait le cœur de Mar-

Martini auxiliis operando Gregorius ædem
 Reddidit iste novus quod fuit ille vetus.
Clara supercilio Domini delubra nitescunt :
 Alma licet merito, sunt quoque celsa jugo;   20
Invida subruerat quam funditus ipsa vetustas,
 Ut paries liquidis forte solutus aquis,
Quam pastor studuit renovare Gregorius ædem,
 Nec cecidisse dolet quæ magis aucta favet.
Ambianis tremulum cernens Martinus egenum,   25
 Dimidiæ chlamydis mox ope membra tegit.
Sed coram angelicis turmis se hanc nocte silenti
 Pauperis in specie Christus habere refert.
O sacer antistes, meritis referende sub astris!
 Unde tegis nudum, hinc tua palla Deum.   30
Inter opima Deus figulus quæ vascula fecit,
 Martinus meritis vas in honore nitet.
Leprosi maculas pretiosa per oscula purgans,
 Cui quod ab ore dedit pax medicina fuit.
Ulcera morbosi curans sic fauce beatus,   35
 Quod Jordanis agit tacta saliva facit.
Quam generosa fides Martini in sæcula civis!
 Qui quocumque fuit, mors ibi perdit iter.
Denique cum extincto catechumenus ore jaceret,
 Se superextendens effugat arma necis: 40
Sic viduæ genito laqueato, deinde reducto;
 Est vir ubi iste Dei, non licet ire mori.
Fanaticam pinum sanctus succidere cogens,
 Justum ibi subposuit rustica turba premi.
Cæsa secure arbor cum jam daret alta ruinam,   45
 Ad crucis imperium est ire coacta retro.
Quis vigor hic fidei, validæ dum pondera pini
 Quo natura negat crux facit ire viam!
Serpentis morsu tumido suprema regenti
 Hic digitum ut posuit, pestis iniqua fluit   50
Collecto morbo huc et ab ulcere pollice tracto,
 Dumque venena cadunt erigit ille caput.
Unguentumque novum, digitis traxisse venenum
 Et tactu artifici sic superasse neces!
Dum latro extinctus falso coleretur honore,   55
 Voce huc Martini cogitur umbra loqui,
Publice se referens scelerum pro mole peremptum
 Se quoque nec justum, sed magis esse reum.
O vox sancta, loqui defuncta cadavera cogens,
 Cui post fata jacens dat sua verba cinis!   60
Pergeret in fluvio dum vipera lapsa natatu,
 Et prope litorei tangeret ora soli,
Martini imperio liquidas revocatur ad undas
 Transactumque viæ lassa recurrit iter.

tin, quand il faisait ainsi rebrousser chemin au reptile venimeux!

Une simple lettre de Martin, appliquée sur des personnes dévorées par la fièvre, provoqua par les mérites du saint une sueur abondante (12), d'où résulta la guérison. L'écriture, comme l'eau, avait éteint l'incendie. Quelle grâce divine découlait de cette lettre dont les caractères étaient une fontaine rafraîchissante pour des fiévreux!

Dieu de miséricorde, souverain Seigneur du monde, tu donnas à Grégoire un siège épiscopal, il te donne un temple. L'ancien avait été renversé de fond en comble, il l'a refait, et l'on en voit aujourd'hui la beauté. O bon Créateur de l'univers, à celui qui te rend de pareils honneurs sur la terre, rends-en d'autres dans le ciel par le droit de ta toute puissance. Les combles trop faibles de l'église de Martin ayant cédé sous le poids de la vétusté, Grégoire les abattit, ayant le dessein d'élever une église plus convenable au lieu même où Martin, célébrant les saints mystères, avait fait jaillir de sa tête un globe de feu. Cependant pour que l'ancien édifice ne tombât pas tout entier et ne finît pas misérablement, l'évêque y pourvut par des travaux de restauration. Maintenant, grâce à ces travaux qui étaient urgents, la vieille église renaît avec des beautés nouvelles. Le saint prêtre a repris en sous-œuvre les anciens fondements, et ses constructions surpassent en magnificence celles qu'on voyait auparavant. Aujourd'hui c'est un superbe monument éclairé par de larges fenêtres, et où, pendant la nuit, le jour est entretenu par des moyens artificiels. Les peintures qui décorent ses murs n'en ressortent que davantage, et l'on penserait que les personnages en sont animés (13).

Martin guérit un lépreux (1).

La semence qui croît dans le sol ingrat de la Pannonie a produit un fruit céleste qu'elle a envoyé à la Gaule (15) : c'est Martin, grand par ses mérites, à qui Dieu fit la grâce de donner un siège de sénateur dans le ciel, qui guérit la lèpre par le remède salutaire de ses baisers, et dont la salive purifia un homme infecté de ce mal. Il n'eut pas besoin pour cela de recourir au fleuve du Seigneur, à l'eau du Jourdain, sa bouche en avait les vertus curatives. Que par votre intercession, ô Grégoire, le saint efface les nombreuses souillures du pécheur Fortunat.

Il donne son manteau.

Quand Martin donna la moitié de son manteau à un pauvre, le Christ dit « qu'il en avait lui-même été revêtu. » Riche est la pauvreté qui couvre d'un vêtement le Seigneur, et à laquelle vient s'offrir le divin Créateur des astres.

Il donne sa tunique.

Qui veut connaître la vie et les miracles du bienheureux Martin peut les apprendre ici en un moment. Lorsqu'il eut donné à un pauvre sa tunique, dont une petite partie seulement lui fut rendue, comme les manches trop courtes laissaient

```
Quantus amor Domini tali sub corde calebat,                65
  Quando venena potens ipsa retorquet aquis!
Martini meritis aliis quoque febri crematis
  Sudores refluos pagina sicca dat it;
Unde salutifero medicamine charta fovebat
  Atque graves ignes littera tinguit aquis.               70
Gratia quanta Dei hujus sermone rigabat,
  Febre ubi succensis fons suus ibat apex!
Alme Deus rerum, pie summe, Gregorius, arcis,
  Tu cui das sedem, dat tibi templa sacer.
Nam veteri fuerant hæc funditus eruta lapsu                75
  Tecta, labore novo quæ modo culta cluunt.
Jure potestatis cui tu, bone conditor orbis,
  Hæc danti in terris culmina redde polis.
Victa vetustatis per tempora culminis arca
  Diruit, ut melior surgeret aula solo,                   80
Quo sacra Martinus Domini mysteria tractans
  A capite igniferum misit in astra globum.
Ne tamen ipsa ruens miserando fine jaceret,
  Pontificem meruit qui sibi ferret opem.
Quæ rediviva micans instante labore Gregori,              85
  Decidua in senio, floret honore novo.
Fundamenta igitur reparans hæc prisca sacerdos,
  Extulit egregius quam nituere prius.
Nunc placet aula decens, patulis oculata fenestris,

Quo noctis tenebris clauditur arte dies.                   90
Lucidius fabricam picturæ pompa peronrat,
  Ductaque qua fucis vivere membra putes.

  Leprosum purgavit.

Pannoniæ satio misit tibi, Gallia, fructum
  Gignens cælestem terra maligna dapem,
Martinum inlustrem meritis, qui munere divo                95
  Culmen in ætheria sede senator habet.
Qui lepræ maculas medicata per oscula purgat,
  Curat et infectum pura saliva virum.
Ad fluvium domini cui non fuit ire labore :
  Quod Jordanis habet, sanctus ab ore dedit.              100
Qui sacer ipse mihi te, pastor, agente, Gregori,
  Fortunato adimat tot maculosa reo.

  Chlamys divisa.

Dum chlamydem Martinus inops divisit egeno,
  Christus ea memorat se bene veste tegi.
Dives paupertas, dominum quæ texit amictu,                105
  Cui Deus occurrit qui dedit astra faber!

  Tunicam dedit.

Noscere qui mavis Martini gesta beati,
  Hic poteris breviter discere mira viri.
Denique cum tunicam sacer ipse dedisset egenti,
  Ac sibi pars tunicæ reddita parva foret,                110
```

à nu ses bras, on vit l'une de ses mains couverte de pierres précieuses. O trop heureux celui dont les membres au lieu de drap furent couverts de pareilles richesses, afin que, encore tout souillé de la terre et de la cendre du tombeau, il marchât paré de joyaux, œuvre d'un artiste angélique.

Il ressuscite des morts (16).

Ce que Dieu opère par le moyen des serviteurs qu'il aime le plus, se peut voir aux actes de Martin. Le saint reçut le don de ranimer des cadavres, et de rappeler la vie là où il avait chassé la mort.

Il coupe un pin.

Un pin que coupait Martin allait l'écraser en tombant; le bienheureux fit le signe de la croix, et l'arbre revint sur lui-même. Qui pourrait douter de la vertu divine du saint, en voyant cet arbre revenir en arrière et le bois prendre la fuite?

Il renverse des idoles (17).

Martin voulant renverser des idoles de leur piédestal, un tourbillon de vent s'abattit sur elles et les brisa. L'air vint au secours du juste et combattit pour lui. Qu'elle était grande la foi dans cet homme pour qui le ciel courait aux armes!

Un faux martyr.

Un voleur était honoré comme un martyr; le saint se présente, l'autre s'avoue criminel. A l'éclat des rayons de la foi et de la vertu qui est en elle, l'ombre du coupable ne put ni se taire, ni se cacher.

VII. Au roi Childebert (1) et à la reine Brunehaut, sur la fête de saint Martin, évêque de Tours.

Tandis que pour obéir à mes hauts et puissants seigneurs, je fais route en bateau sur les fleuves et sur les rivières, avec le cœur un peu brouillé, arrive la fête de Martin, à jamais vénéré pour les mérites auxquels il doit de jouir à présent de la lumière éternelle. C'est à cause de lui que dans le monde entier on parle de la Gaule avec admiration. C'est lui dont la vertu pénètre là où le pied de l'homme ne saurait atteindre; qui, semblable à un phare élevé, lance ses feux jusqu'aux Indes; que l'Espagnol aime, ainsi que le Maure, le Perse et le Breton; qui est tour à tour en Orient et en Occident, au Midi et au Septentrion, honorant ainsi tous les peuples de la terre; qui se répand sur les rives de l'Océan; qui, pour être au service de tous, fait le tour du monde; qui, au sortir de la cendre et des durs cilices, est monté au ciel; qui maintenant, couvert de pierreries après avoir été pauvre ici-bas, habite les demeures où rayonnent les saints patriarches et les prophètes, où est la troupe sacrée des vingt-quatre vieillards et des douze apôtres, magnifique sénat que le Christ, son roi et son amour, préside du haut de son trône; où Pierre témoigne de sa suprématie par les clefs, et Paul par la doctrine; où les autres tirent leur éclat de la palme, de la cou-

Quod non texerunt manicæ per brachia curtæ
   Visa tegi gemmis est manus illa viri.
O nimium felix cui contigit in vice lanæ
   Nobilium lapidum lumine membra tegi,
Ut, cum adhuc cinere adspersus foret atque favillis, 115
   Artifice angelico gemmeus iret homo!

Mortuos suscitavit.

Quid Deus in famulis operetur opimus amator,
   Martini gestis magna probare potes;
Ducere qui meruit de morte cadavera vitæ
   Rettulit atque diem reppulit unde necem. 120

Pinus excisa.

Dum caderet Martinum arbor pressura beatum,
   Mox facit ipse crucem, pinus abacta redit.
Quis non virtuti divinæ commodet aurem,
   Dum trabe conversa dant quoque ligna fugam?

Idola prostrata.

Idola dum cuperet Martinus sternere fulta, 125
   Conterit hæc cœlis magna columna ruens.
Auxilium ad justi dignando militat æther:
   Quanta fides cujus currit ad arma polus!

Falsus martyr.

Forte colebatur dum quis pro martyre latro,
   Martini adventu se probat esse reum. 130
Virtutis merito fidei radiante corusco,
   Nec tacet extincti, nec latet umbra rei.

VII. Ad Childeberethum regem et Brunichildem reginam, de natali sancti Martini pontificis Toronici.

Præcelsis dominis famulor dum corde pusillus
   Fluminibusque vagis per vada pergo rate:
Ecce supervenit venerandi in sæcula civis
   Martini meritis luce perenne dies.
Qui modo de Gallis totum mire occupat orbem, 5
   Et virtus pergit quo pede nemo valet.
Qui velut alta pharus lumen pertendit ad Indos,
   Quem Hispanus, Maurus, Persa, Britannus amat.
Hunc Oriens, Occasus habet, hunc Africa et Arctos:
   Martini decus est quo loca mundus habet; 10
Quique per Oceani discurrit marginis undas:
   Omnibus ut præstet, circuit orbis iter.
Per cinerem ascendens, per dura cilicia cælos,
   Stat modo gemmatus, pauper in orbe prius,
Quo patriarcharum decus est radiantque prophetæ, 15
   Quo est sacra turba senum bis duodena patrum,
Inter apostolicum numerum rutilante senatu,
   Quo sedet ipse throno, rex sibi Christus amor,
Quo excellit cum clave Petrus, cum dogmate Paulus,
   Fulget et in reliquis palma, corona, fides, 20

ronne et de la foi; où les martyrs par leur présence éclairent les lieux d'une lumière qui jamais ne s'éteint, et où le livre de vie est écrit de leur sang; où les confesseurs remplissent des palais en pierres précieuses, et où les maisons sont en or et éclairées par un jour éternel. Là aussi, après une vie passée dans les larmes, demeure la grande Radegonde (2), qu'en ce moment peut-être Eugénie tient par la main. Entre tous on reconnaît Martin à son diadème, à l'éclat de la ceinture qui ceint ses reins sacrés. Il chante le triomphe sublime du Christ sur la mort, et applaudit avec amour à sa résurrection. Rois, ce Martin, honoré par vous sur la terre comme votre patron, se souvient de vous dans le ciel. Qu'il vous y glorifie donc dans l'armée des anges, puisque vous célébrez sa fête de préférence à toutes autres. Qu'il lise vos noms aux patriarches et aux prophètes, lui dont on lit aujourd'hui le sien sur un diptyque d'ivoire dans son église, à Tours (3). Qu'il vous rende favorables les hauts personnages apostoliques et les autres patrons que vous honorez ici et dont vous célébrez les fêtes. Que lui encore, l'objet de vos prières dans vos églises, aille trouver le Christ et le prie pour vous. Qu'il raconte vos solennités en son honneur au roi du ciel, pour que vous en obteniez, princes de la terre, les richesses du salut. Que le Seigneur le tienne pour votre patron, afin qu'étant honoré et aimé par vous il vous aime aussi et vous honore. Que le saint qui fit tant de miracles sur la terre, montre tout ce qu'il peut à cet égard en faveur de vous. Que le bienheureux dont la main parut couverte de pierreries, vous protège de cette même main vous et les vôtres. Que celui qui reçut le pouvoir de rappeler à la vie des cadavres, offre ses vœux au Seigneur pour votre santé. Qui fit sortir le venin de la chair d'un homme mordu par un serpent, vous préserve de tous les poisons. Qui fit rebrousser chemin à un reptile, détourne aussi de vous les accidents funestes. Qui préserva de la peste la maison de Lycontius (4) fasse que la vôtre soit saine et florissante. Que celui dont le riche manteau couvrit un pauvre transi de froid, vous couvre de ses ailes apostoliques. Qui rendit à une veuve le fils qu'elle allaitait, vous donne, à vous, mère et aïeule, des petits-enfants (5). Que Childebert, votre fils, conserve sa jeune famille et, restant roi de ce royaume, en acquière de nouveaux. Que votre fille enfin, conformément à vos désirs et à vos vœux les plus chers, vous procure les mêmes joies maternelles que vous a données votre bru bien-aimée. Vos fidèles heureux auront ainsi leurs fêtes. Soyez les premiers à rendre honneur aux serviteurs de Dieu, et alors, Brunehaut, vous goûterez davantage le bonheur d'avoir un patron dont la sainteté est la sauve-garde en ce monde de la maison royale et de ses maîtres. Qu'il daigne ce patron vous éclairer, vous diriger et guider vos pas dans la vie de telle sorte que, par vos actes de piété, vous paraissiez visiblement en communion avec lui.

Quo loca martyribus vernanti lumine florent
   Atque libro vitæ est scriptus honore cruor,
Quo confessores gemmata palatia complent
   Æternumque tenent aurea tecta diem : [ma, 25
Stat quoque post lacrimas ubi nunc Radegundis opi-
   Forsan et Eugeniam nunc tenet illa manu :
Hos inter Martinus habet diademata pulcher,
   Atque sacris lumbis fulgida zona viret,
Cantat et egregios Christi de morte triumphos
   Atque resurgenti plaudit amore Deo. 30
Huncquoque Martinum colitis quem, regna, patronum,
   Vos hunc in terris, vos memor ille polis :
Vos intra angelicas turmas canat ille sub astris,
   Cui vos ante homines fertis honore diem.
Nomina vestra legat patriarchis atque prophetis 35
   Cui hodie in templo diptychus edit ebur.
Reddat apostolicos proceres reliquosque patronos,
   Quem vos hic colitis vel pia festa datis.
Pergat et ad Christum pro vobis ille precator,
   Qui vos in templis vota precando datis. 40
Ante poli referat sua hæc sollemnia regem,
   Dentur ut hinc vobis, regna, salutis opes.
Deputet et Dominus vestrum hunc esse patronum,
   Ut modo qui colitur, vos colat hujus amor.
Qui [que] dedit habitans miracula plurima terris, 45
Distribuat vobis hic quoque mira potens.
Cujus gemmata est tunc dextera visa beati,
   Vos simul et vestros protegat illa manus.
Qui tunc promeruit revocare cadavera vitæ,
   Hic quoque pro vestra vota salute ferat. 50
Qui percusso homini abstraxit de carne venenum,
   Noxia de vobis ipse venena vetet.
Qui serpentis iter fecit revocare retrorsum,
   Ipse graves casus hinc fuget ire retro.
Qui de peste domum salvam dedit esse Lyconti, 55
   Hæc domus incolumis floreat hujus ope.
Cujus opima chlamys tremebundum texit egenum,
   Ejus apostolici vos tegat ala viri.
Qui viduæ matri revocavit ad ubera natum,
   Ipse tibi hic tribuat pignora, mater, ava, 60
Ut Childeberthus maneat cum prole novella,
   Rex sua regna tenens et nova regna trahens,
De genita ut videas genetrix, ut dulcius optas,
   Deque nuru cara quod tua vota rogant;
Unde hic felices habeant sua festa fideles 65
   Et Domini famulis sitis honoris apex,
Quo tibi plus libeat, Brunichildis, habere patronum,
   Quando domum et dominos servat in orbe pius.
Sic quoque te erudiat, regat et sic tramite ducat,
   Actibus ipsa piis ut sibi juncta mices. 70

VIII. Aux mêmes.

Si j'étais appelé à l'honneur de publier les louanges des rois, ce ne serait pas assez de parler jour et nuit pour dire comment le peuple aime ses maîtres, et comment il tient ses regards fixés sur leurs regards. Vous êtes à la fois son miroir, sa lumière et son charme, un ornement sans prix, enfin son honneur même. Le premier de vos bienfaits est le calme et la douceur de votre gouvernement, et, dans vos États, la plus haute piété qui soit dans le monde. L'éclat qui vous environne est un reflet de celui de votre parenté (1) et de votre patrie ; il résulte encore de la tutelle exercée par la reine (2), de votre gloire personnelle, de votre haut rang et enfin de vos œuvres pieuses. Ajoutez-y une paix inaltérable, les espérances que tout sujet fidèle fonde sur vous, et le salut que chacun tient de vous après Dieu. Je partage la joie du peuple et joins mes vœux aux siens, priant le Christ d'en faire croître et multiplier les effets. Que Dieu ait souci de vous et que sa céleste munificence vous maintienne longtemps sur le trône où vous êtes assis; qu'il vous permette d'acquérir de nouvelles possessions sans rien perdre de votre pouvoir sur les anciennes, et de garder religieusement et en commun de telles richesses. Et vous, illustre mère, puissiez-vous voir dans sa pleine maturité la moisson que votre fils a semée et dont la floraison est si belle; puisse de ce fils et de ceux qui naîtront de lui sortir et être donnée à l'aïeule une autre illustre lignée (3)! Que Childebert, cette fleur aimable et brillante de santé, donne à sa mère des fruits où le peuple verra l'accomplissement de ses vœux. Quant à votre fille et à votre bru (4), que le Créateur les comble de ses grâces. Vous cependant continuez à être agréable à Dieu par vos propres mérites. Puissé-je, à mon retour près de vous (5), mériter d'être admis à vous saluer de nouveau et à me réjouir, chétif que je suis, avec des maîtres si bienveillants. Que les rois soient heureux, que le peuple redouble de joie, que tout le pays soit dans l'allégresse, et qu'il en aille longtemps de même pour l'honneur de tous.

IX. Sur son voyage par eau.

Je rencontrai les rois, mes maîtres, près de leur puissante ville de Metz. J'étais à cheval; ils me virent et m'ordonnèrent de m'embarquer, de jouer de la rame et de les suivre dans leur promenade sur la Moselle. Je descendis de cheval et courus en toute hâte vers le fleuve un peu agité. Frêle était mon esquif; j'y montai et volai sur les eaux sans y être aidé par le vent. Il est un endroit où le fleuve coule sur des récifs; ses rives y sont plus resserrées, et l'eau en y passant se soulève. Un mouvement rapide pousse vers ce détroit mon bateau qui s'y embarrasse; déjà même il s'en faut de peu qu'il ne fasse eau par la cale. Sorti de ce mauvais pas, je me donne le plaisir de contempler les campagnes qui se déroulent devant moi, et je file de ce côté, fuyant la haute mer. J'arrive au point où l'Orne se jette dans la Moselle (1). Là, le courant, dont la force est doublée, seconde notre marche. Nous affrontons ces vagues qui se contrarient, mais avec prudence, et pour ne pas nous exposer à être re-

VIII. Ad eosdem in laude.

Si præstaretur præconia pandere regum,
 Non mihi sufficeret nocte dieque loqui,
Qualiter hic populus dominorum pendet amore
 Et vestris oculis lumina fixa tenet.
Vos, quibus et speculum et lux et dulcedo manetis,   5
 Carum ornamentum his simul estis, honos.
Præcipuum donum placidum et placabile regnum,
 Ac vestro in statu est culmen in orbe pium.
Hicque parentela et patria et tutela coruscat,
 Hic decus atque gradus, hic pietatis opus,   10
Hic tranquilla quies, hic spes jucunda fideli,
 Postque Deum in vobis dona salutis habent.
Hic ego cum populo mea vota et gaudia jungo,
 Quæ pius amplificans crescere Christus agat.
Præstet cura Dei vos longa in sede tueri,   15
 Cœlesti ac dono regna tenere diu.
Adquiratis adhuc nova vel possessa regatis
 Ac pie participes has foveatis opes,
Ut tibi quæ floret de nato et germine, messem
 Maturam videas, mater honore micans;   20
Sic ut et ex genito genitisque nepotibus amplis
 Altera progenies inclita detur avæ.
De Childeberctho dulcedine, flore, salute,
 Fructum habeas genetrix, plebs sua vota videns.
De nata atque nuru cumulet tibi dona creator   25
 Cumque pio merito stes placitura Deo.
Hic ego promerear rediens dare verba salutis,
 Congaudens dominis parvulus ipse piis.
Prospera sint regum, populorum gaudia crescant;
 Exultet regio, stet honor iste diu.   30

IX. De navigio suo.

Regibus occurrens ubi Mettica mœnia pollent,
 Visus et a dominis ipse retentor equo.
Mosellam hinc jubeor percurrere navita remo,
 Accelerans tremulis pergere lapsus aquis.
Ascendensque ratem gracili trabe nauta cucurri,   5
 Nec conpulsa notis prora volabat aquis.
Interea locus est per saxa latentia ripis ;
 Litore constricto plus levat unda caput;
Huc proram inplicitam rapuit celer impetus actam,
 Nam prope jam tumidas ventre bibebat aquas.   10
Ereptum libuit patulos me cernere campos,
 Et fugiens pelagus ruris amœna peto.
Gurgite suscipior subter quoque fluminis Ornæ,
 Quo duplicata fluens unda secundat iter.
Inde per exclusas cauta rate pergimus undas,   15
 Ne veluti piscem me quoque nassa levet.

pêchés comme des poissons dans la nasse. De là, passant entre les villas qui bordent les rives, nous gagnons l'embouchure de la Saur (2). Nous voguons entre des collines et des vallées, et descendons rapidement jusqu'à la Saar (3). En arrivant à Trèves, nous contemplons les hauts remparts de cette noble cité, principal séjour des plus nobles familles (4), puis nous nous dirigeons vers son ancien palais du sénat dont les ruines attestent la splendeur d'autrefois. Nous voyons de toutes parts des montagnes aux crêtes menaçantes, des pics qui percent les nues, des chaînes de rochers aux sommets abrupts et hérissés d'éminences voisines des astres. Ces masses de pierre dure ne sont pourtant pas dépourvues de fertilité; il y naît et il en coule du vin. De quelque côté qu'on tourne les yeux, les collines sont couvertes de vignes, et une brise légère caresse les feuilles des pampres (5). Ces vignes sont plantées en échelons réguliers et pressés, et les poteaux peints qui en indiquent les divisions, montent jusqu'au sommet de la montagne (6). La culture sur ces roches affreuses est admirable. La pâleur de la pierre y fait ressortir la couleur dorée de la vigne; un raisin doux comme le miel croît sur ces âpres silex; sa fertilité s'accommode de leur stérilité. Partout où il y a des vignes sur la montagne pelée, elles couvrent la pierre nue de leur ombre et de leur verdure (7). Pour en cueillir les grappes colorées et pendantes le vendangeur se suspend lui-même au rocher. J'eus à la fois le plaisir de la vue et du goût de ces délicieux raisins; j'en avais dans la main quand je suivis les rois en bateau. Le courant me porte ensuite vers la Contrua (8), rivière qu'il suffit d'un bateau pour la remplir. Il y eut là jadis une ville fameuse (9). Enfin j'arrive au confluent du Rhin écumeux et de la fertilisante Moselle (10). Tout le long de cette route on servit aux rois et aux seigneurs de leur suite des poissons dont ces eaux fourmillent. Cependant, pour qu'il ne me manquât aucun plaisir dans ce voyage, je me repaissais du chant des Muses, et mes oreilles le pompaient avec avidité. Le bruit des instruments retentissait dans les montagnes, et les montagnes nous le renvoyaient. La toile d'airain exhalait de doux murmures (11), pendant qu'aux sons des flûtes répondait l'écho des bois. Tantôt saccadée et frémissante, tantôt toute unie, la musique résonne aux flancs des rochers, aussi distinctement qu'au moment où elle sort des instruments de cuivre. Les chants par leur douceur rapprochent les deux rives du fleuve, et le fleuve et les collines n'ont qu'une voix. C'est pour le plaisir du peuple que les rois ont eu l'idée gracieuse de ces divertissements; ils ne manquent jamais d'invention quand ils prennent soin de l'amuser (12). L'esquif avec sa charge approche rapidement du château-fort d'Andernach (13). Quoique les collines soient plantées de vignes sur une étendue considérable, la plaine est fertile en d'autres produits encore plus abondants, car les riverains ont à récolter tout ensemble sur la terre et dans le fleuve. Enfin, tandis que les rois sont installés dans le château et qu'ils y donnent des

Inter villarum fumantia culmina ripis
   Pervenio qua se volvere Sura valet.
Inde per extantes colles et concava vallis
   Ad Saram pronis labimur amnis aquis. 20
Perducor Treverum qua mœnia celsa patescunt,
   Urbs quoque nobilium nobilis æque caput.
Ducimur hinc fluvio per culmina prisca senatus,
   Quo patet indiciis ipsa ruina potens.
Undique prospicimus minitantes vertice montes, 25
   Nubila quo penetrans surgit acuta silex,
Qua celsos scopulos prærupta cacumina tendunt
   Hispidus et tumulis crescit ad astra lapis.
Nec vacat huc rigidis sine fructibus esse lapillis:
   Denique parturiunt saxaque vina fluunt. 30
Palmite vestitos hic respicis undique colles
   Et vaga pampineas ventilat aura comas;
Cautibus insertæ densantur in ordine vites
   Atque supercilium regula picta petit;
Culta nitent inter horrentia saxa colonis 35
   In pallore petræ vitis amœna rubet,
Aspera mellitos pariunt ubi saxa racemos,
   Et cote in sterili fertilis uva placet:
Quo vineta jugo calvo sub monte comantur,
   Et tegit umbrosus sicca metalla viror; 40
Inde coloratas decerpit vinitor uvas,
   Rupibus adpensis pendet et ipse legens.
Delicias oculis habui dapibusque cibatus,
   Hæc jucunda tenens, navita regna sequens.
Hinc quoque ducor aquis qua se rate Contrua complet,
   Quo fuit antiquum nobilitate caput. 45
Tum venio qua se duo flumina conflua jungunt,
   Hinc Rhenus spumans, inde Mosella ferax.
Omne per illud iter servibant piscibus undæ
   Regibus, et dominis copia fervet aquis. 50
Ne tamen ulla mihi dulcedo deesset eunti,
   Pascebar Musis, aure bibente melos:
Vocibus excussis pulsabant organa montes,
   Reddebantque suos pendula saxa tropos.
Laxabat placidos mox ærea tela susurros, 55
   Respondit cannis rursus ab alpe frutex.
Nunc tremulo fremitu, modo plano musica cantu,
   Talis rupe sonat qualis ab ære meat.
Carmina divisas jungunt dulcedine ripas,
   Collibus et fluviis vox erat una tropis. 60
Quo recreet populum, hoc exquirit gratia regum,
   Invenit et semper quo sua cura juvat.
Antonnacensis castelli promptus ad arces
   Inde per accedens sarcina pergo ratis.
Sint licet hic spatiis vineta in collibus amplis, 65
   Altera pars plani fertilis extat agri:
Plus tamen illa loci speciosi copia pollet,
   Alter quod populis fructus habetur aquis.

festins et des fêtes, on visite les filets et on lève les fascines pour en retirer le saumon. On compte les pièces, et le jeune roi, à table sur le rempart, applaudit, chaque fois qu'un poisson est lancé de l'eau sur le pré. Son émotion se calme dès qu'il est en possession de la proie. D'une part il contemple sa bonne fortune, de l'autre il remplit le palais de sa joie, et après avoir mangé des yeux le poisson, il le met en réserve pour son estomac. On lui sert aussi du poisson d'autres parages, c'est-à-dire citoyen du Rhin; il le fait distribuer à la foule qui l'entoure et qui mange à belles dents. Que le Seigneur donne longtemps de pareils spectacles à Vos Seigneuries, et vous, ménagez à vos peuples d'heureux jours. Entretenez-les dans la joie en leur faisant toujours bon visage, et que votre grandeur s'égaye elle-même en y participant.

X. Vers sur l'oratoire d'Artonne (1).

Cet oratoire possède des reliques considérables de bienheureux; son sol est riche de richesses divines. A droite est l'ange Gabriel qui de sa bouche sacrée annonça au monde la joyeuse nouvelle. Quand la Vierge conçut l'auteur du salut éternel, il fut le messager qui lui apporta les dons du rédempteur. A gauche est une pierre du tombeau que le Christ pressa de son corps peu de temps avant d'aller, vainqueur de la mort, rejoindre son père. Là sont aussi les reliques de Grégoire, qui sortit du feu sans blessures, et qui, plongé dans la poix, n'en mourut pas (2). Là encore sont Côme et Damien, tous deux habiles à guérir, non pas tant par le fer ou par les remèdes, que par la loi. Voici Julien égorgé par un glaive ami (3) et dont le peuple arverne honore les dépouilles témoins de son salut. Voilà saint Martin que la Gaule revendique, qui couvrit le Christ de la moitié de son manteau, et qui, pour en revêtir un mendiant nu, se dépouilla de sa tunique. Aussi reçut-il en échange un vêtement de perles, de topazes et d'onyx qu'il fut donné à quelques saints de voir sur son corps, le son de ces pierreries qui s'entrechoquaient ayant trahi leur présence (4). Ajoutez à ces deux noms celui de Victor (5), aux mérites opimes, et qui eut le ciel pour prix de son martyre. On a ici également une nouvelle relique de Nicétius, homme d'une vertu antique, qui réchauffa la ville de Lyon par son éloquence, et sur son sein (6). Le pasteur qui veille sur toutes ces reliques, Grégoire (7), invoque leur secours de la voix et du cœur, afin de vivre en Dieu dans l'éternité.

XI. Au nom de N.-S. Jésus-Christ. Vers faits à table dans la villa de Saint-Martin, en présence des recenseurs (1).

Quand j'entends habiller la cithare (2), et les cordes de la lyre moduler des airs gracieux; quand je vois les instruments d'airain rendre eux-mêmes des sons agréables, et enfin la flûte de Pan charmer les oreilles, je veux aussi, quoique je ne sois qu'un stupide convive agréé par vous, faire parler devant vous ma musette qui s'est tue jusqu'ici. Voici le jour de la résurrection du Christ, celui où il délivra l'humanité des chaînes de l'Enfer, où

Denique dum præsunt reges in sedibus aulæ
   Ac mensæ officio prandia festa colunt,   70
Retibus inspicitur quo salmo fasce levatur,
   Et numerat pisces, cum sit in arce sedens;
Rex favet reficit in mensa, resilit dum piscis ab unda,
   Atque animos reficit quod sua præda venit.
Illuc fausta videns, huc læta palatia reddens,   75
   Pascens ante oculos post fovet ipse cibis.
Præsentatur item mensæ Rheni advena civis,
   Turbaque quo residens gratificatur edens.
Ista diu Dominus dominis spectacula præstet,
   Et populis dulces detis habere dies: 80
Vultibus ex placidis tribuatis gaudia cunctis,
   Vester et ex vestris lætificetur apex.

X. Versus de oratorio Artannensi.

Magna beatorum retinet hæc terra talenta,
   Divinis opibus dives habetur humus.
Pars dextra angelico Gabrielis honore coruscat,
   Gaudia qui mundo detulit ore sacro,
Quando æternalem concepit Virgo salutem,   5
   Dona redemptoris nuntius iste ferens.
Læva est parte lapis tumuli, quem corpore Christus
   Pressit morte brevi, victor eundo patri.
Hic quoque reliquiis micat ille Gregorius almis,
   Qui probus igne redit nec pice mersus obit.   10

Sunt etiam Cosmas, Damianus et ipse, salubres
   Non ferro artifices, sed medicante fide.
Est Julianus item, gladio jugulatus amico,
   Plebs quem Arverna colens arma salutis habet;
Martinusque sacer, retinet quem Gallicus orbis,   15
   Cujus Christum operit dimidiata chlamys,
Se tunica spolians nudum qui vestit egenum,
   Unde datæ sibi sunt alba topazus, onyx,
Quæ meruere aliqui hoc in corpore cernere sancti,
   Gemmarumque sonus quod patefecit opus.   20
Additur hic meritis cum nomine Victor opimis,
   Munere martyrii qui tenet alta poli;
Hic veteris virtute viri nova palma Niceti,
   Urbem Lugdunum qui fovet ore, sinu.
Horum pastor opem corde, ore Gregorius orat,   25
   Vivat ut altithrono vir sine fine Deo.

XI. In nomine Domini nostri Jesu Christi. Versus facti in mensa in villa sancti Martini ante discriptores.

Cum videam citharæ cantare loquacia ligna,
   Dulcibus et chordis admodulare lyram,
(Quo placido cantu resonare videntur et æra)
   Mulceat atque aures fistula blanda tropis:
Quamvis hic stupidus habear conviva receptus,   5
   Et mea vult aliquid fistula muta loqui.
Ecce dies, in quo Christus surrexit ab imo,

il rompit les liens de milliers de malheureux consumés dans les larmes, et où le Tartare vaincu revomit ses prisonniers. Ajoutez que la maison où vous célébrez cette fête est celle où projette encore sa lumière le bienheureux Martin. Le bruit de ses œuvres est monté jusqu'aux oreilles de Dieu. C'est Martin qui par ses mérites obtient de lui tout ce qu'il lui demande avec sa foi fervente, qui rend la vie aux corps qu'elle avait abandonnés, qui enfin nous sert auprès de Dieu avec amour et avec promptitude. Les biens qu'il a acquis sont administrés fidèlement par son successeur légitime, l'heureux Grégoire (3). C'est Grégoire qui préside à ce banquet (4), quoique absent; car le bon pasteur régale ses ouailles dans sa ville épiscopale. Célébrez donc ce jour solennel, vous qui par la grâce du Tout-Puissant êtes ici tous égaux, que Martin dans sa bonté a bien voulu y réunir, et qui avec son agrément y mangez les produits de son propre fonds. Vous donc que Childebert et Brunehaut, sa mère, souverains par la grâce de Dieu de ce royaume, ont envoyés en ce pays (5), usez-en avec modération envers le peuple fidèle, et soulagez les pauvres, s'il y a encore des pauvres. Vous avez appris de vos maîtres ce qu'est le bien, faites-le donc, et que le bonheur qui vous en reviendra soit aussi un aliment pour votre foi. Aujourd'hui Martin vous invite à sa table; goûtez avec joie les plaisirs que ce jour vous apporte. Que le bon évêque Grégoire dont la présence nous est ici refusée y applaudisse quand il les connaîtra, et que le peuple les chante à son tour. Puisse celui qui tient du Christ ce domaine obtenir du Christ par ses prières que Dieu protège les rois, leurs peuples et vous-mêmes.

XII. a. A l'évêque Grégoire. Pour une jeune fille retenue prisonnière par ses juges.

Pasteur, que le monde et moi nous vénérons, qui, à l'exemple du Seigneur, ne voulez pas perdre la moindre de vos brebis, dont les soins, la sollicitude s'étendent sur leurs pâturages, qui les enveloppez de vos regards, de peur qu'il n'en manque à la bergerie, le porteur de ce billet est un père qui pleure sa fille qu'on lui a enlevée d'une manière impie, et qu'on retient prisonnière en pleine paix (1). Digne successeur de saint Martin, Grégoire, père du peuple, rendez, je vous prie, cette fille à son père. Ceux qui sont privés de la vue Martin la leur rend par ses mérites; vous donc qui voyez la lumière du jour, rendez à son père l'enfant dont on l'a privé.

b. A Romulfus. Sur le même sujet.

Si je vous voyais toujours, ami, comme je ne vous vis qu'un moment (2), mon amitié jalouse y trouverait à peine son compte. Mais si je ne puis jouir de votre présence et contempler vos traits, je puis du moins vous écrire et vous saluer de bon cœur. Je recommande respectueusement à vos bontés ce serviteur, afin que si sa demande est juste, vous le recommandiez aussi vous-même. Il a d'abord été torturé cruellement, maintenant il pleure sa fille qu'on lui a ravie, et qui est en

Infernæ legis rumpere vincla potens,
  Quando et vinctorum lacrimantia milia solvit
Et revomunt multos Tartara fracta viros. 10
Addi.- hic aliud, quod Martini aula beati
  Emicat hæc ubi nunc prandia festa fluunt,
Qui valuit gestis aures pulsare Tonantis,
  Obtinet et meritis quod petit alta fides,
Qui pie restituit defuncta cadavera vitæ, 15
  Atque Dei prompte præbet amicus opem ;
Cui successor ovans modo rite Gregorius extans,
  Ille quod acquirit, hic regit ore, fide.
Qui rogat hic præsens, alibi licet insidet absens,
  Exhibet atque cibos pastor in urbe bonus. 20
Nunc igitur celebrate diem sollemniter omnes,
  Quos Deus omnipotens hic dedit esse pares,
Quos sibi Martinus collegit amore benignus
  Et facit ecce escas hic epulare suas.
Ergo sub incolumi Childeberctho ac Brunichilde, 25
  Quos tribuit celsos regna fovere Deus,
Vos, quos miserunt, populum moderate fidelem
  Et relevate inopes, si quis et exstat egens ;
A_ bona de dominis noscendo et agendo benigna,
  Sint quoque lætitiæ pabula vestra fide. 30
Quos invitavit Martini mensa beati,
  Sumite gaudentes quod dat amore dies.
Quæ bonus antistes noscendo Gregorius expers

Plaudat, et hæc populus gaudia vestra canat.
Cujus et hæc domus est a Christo exoret amator, 35
  Reges, vos, populos ut tegat arce deus.

XII. Pro puella a judicibus capta.

a. Ad Gregorium episcopum.

Exemplo Domini mihi vel venerabilis orbi,
  Qui minimas non vis perdere, pastor, oves,
Sollicitis animis curam per pascua tendens,
  Ne desint caulis, circuis ore·greges :
Hic igitur gerulus genitam flens impie demptam, 5
  Captivam subolem tempore pacis habens;
Martinique pii successor honore, Gregori,
  Qui pater es populi, hanc, rogo, redde patri.
Jugiter ille sacris meritis inluminat orbos :
  Orbato hanc patri redde videndo diem. 10

b. Item pro eadem re ad Romulfum.

Si rapidis oculis te semper, amice, viderem,
  Sic quoque vix avidum me satiaret amor ;
Qui, si præsentis non possum cernere vultum,
  Te mihi vel scriptis, care, saluto libens.
Hunc etiam famulum commendo, benigne, verenter, 5
  Et si justa petit, hunc tua lingua juvet,
Qui tortus graviter genitam sibi luget abactam,

prison. Il vous supplie (3) de la lui faire rendre. Écoutez ce malheureux tandis que vous pouvez apporter un remède à sa douleur; en quoi vous aurez souci de Dieu, comme Dieu aura souci de vous.

c. A Gallienus (1). Sur le même sujet.

Comte, vous dont on connaît l'obligeance, la modération, l'habileté, la sollicitude pour les mœurs et l'utilité publique, je vous rends mes devoirs, selon ma coutume; je vous honore, vous suis tout dévoué et vous salue. Je vous recommande cet homme qui a été injustement mis à la torture, et qui, malheureux qu'il est, hélas! a perdu sa fille. Accordez-lui la justice qu'il a chèrement payée des blessures de son corps, et ayez la bonté de faire en sorte que sa fille qui est prisonnière, lui soit renvoyée. Cet homme à qui la loi et sa fille manquent à la fois, est d'une part ou de l'autre menacé de périr; sauvez-le de ce double péril.

d. A Florentinus. Sur le même sujet.

Tandis que chacun s'en va de son côté (1), je vous écris ce billet pour que vous voyiez à sa teneur ce que l'amitié se doit à elle-même. Je vous salue, cher, bon et fidèle ami, à qui je suis dévoué de tout cœur. Je vous recommande ce serviteur qui est réduit à la condition la plus misérable. Il se plaint d'avoir été mis à la torture contre la loi et sans l'avoir mérité; il se plaint encore plus de l'enlèvement de sa fille que des blessures dont son corps porte les marques. Écoutez avec bonté et commisération les paroles de cet infortuné. En lui faisant du bien, vous vous en ferez beaucoup à vous-même.

XIII. Aux évêques, pour leur recommander un voyageur (1).

Très illustres pontifes, voie de la foi, sentier de la vie, vous que Dieu nous a donnés pour guides vers la lumière, que l'Agneau céleste a établis gardiens de son troupeau, afin que vous traitiez ses brebis en bons pasteurs, voici un voyageur qui se désole d'être à l'étranger, et qui voulant se rendre à la frontière d'Italie, n'en sait pas le chemin. Vous qui êtes le secours de l'exilé, le chemin de l'égaré, la règle du salut, faites-lui l'honneur de lui servir de pères, et de l'aider à retourner dans sa patrie. Semez à pleine main, pour qu'une riche moisson soit votre récompense et vous rende le centuple. L'humble Fortunat se recommande à vos hautes et saintes Puissances, et par votre intermédiaire adresse ses prières au Seigneur.

XIV. De l'évêque Platon.

Les rois, dans leur prévoyance, ont donné au peuple pour consolateur, un évêque d'une foi éprouvée, afin qu'il honore Hilaire (1), élève de Martin, que les puissantes ailes de ce confesseur le protègent, et qu'il gouverne avec sagesse le clergé de l'église de Poitiers. Puisse sur ce trône où il est vu du monde entier, le roi Childebert être heureux, avec son épouse, ses enfants, sa mère, sa sœur et

Per vos ut redeat filia clausa, rogat,
Paupere ut audito, dum estis medicina dolenti,
  Et vestris curis sit pia cura Deus.   10

c. Item pro eadem re ad Gallienum.

Officiis exerte tuis, moderamine sollers,
  Sollicitus studiis, utilitate, comes:
More mihi solito, dulcis, tibi debita solvo;
  Qui colo devinctus, reddo salutis opus.
Sit commendatus homo quem male torsit iniquus, 5
  Perdidit et genitam, heu, miser iste suam.
Huic da justitiam de vulnere corporis emptam,
  Et pie captivam fac remeare suam.
Inter utramque necem cui lex et filia defit,
  Unus in ambabus rebus adesto salus.   10

d. Item pro eadem re ad Florentinum.

Dum pergit hinc quisque viam, mea pagina currat,
  Prodat ut eloquio quod sibi debet amor.
Nunc quoque care mihi, bone semper, amice fidelis,
  Pectore devotus reddo salutis opus.
Commendo hunc etiam famulum, dure ante redactum, 5
  Tortus qui legem nec meruisse gemit,
Illa dolens gravius quam vulnera corpore fixa,
  Quod sibi subducta est filia parva, rudis.
Audiat hanc vocem pietas miserando benigne;
  Quæ sibi cum tribuis, hinc tibi magna dabis. 10

XIII. Ad episcopos in commendatione peregrini.

Pontifices summi, fidei via, semita vitæ,
  Quos dedit Omnipotens luminis esse duces,
Custodesque gregi cælestis contulit agnus,
  Vos bene pastores, ut foveantur oves:
Ecce viator adest peragens iter inscius illud   5
  Finibus Italicis, heu peregrina gemens.
Exulis auxilium, errantis via, norma salutis,
  Ad reditum patriæ sitis honore patres.
Semina jactetis, mercedis ut ampla metatis,
  Et redeat vobis centuplicata seges.   10
Fortunatus enim humilis commender opimis
  Ac per vos Domino, culmina sancta, precor.

XIV. De Platone episcopo.

Provida disponunt reges solacia plebi
  Pontificem dantes quem probat alma fides,
Ut colat Hilarium, quem dat Martinus alumnum,
  Et confessoris protegat ala, potens,
Dirigat hic populum successor honore beato,   5
  Et clerum ecclesiæ qui moderetur ope.
Floreat arce decens rex Childeberchtus in orbe

son peuple! Que la sainte présence de Grégoire ajoute à la joie publique, et qu'il n'y ait qu'une seule et même foi pour les deux villes (2). C'est Grégoire qui intronise l'évêque Platon, son disciple (3); c'est lui qui donne à l'église ce jour solennel.

XV. A Armentaria, mère de l'évêque Grégoire (1).

Deux fois heureuse et pour elle et pour le monde la mère des Machabées, noble par la naissance, plus noble par ceux à qui elle l'a donnée! Sept palmes sont sorties de son sein, elle les a envoyées au ciel; l'honneur du martyre est le fruit de ses entrailles. Heureuse aussi et justement heureuse, Armentaria, vous, mère aussi grande par votre enfantement que l'autre le fut par le sien. Si elle l'emporte sur vous par le nombre de ses fils, pour n'en avoir eu qu'un vous l'emportez sur elle, car ce qu'ils ont pu être à eux tous, votre fils l'est à lui seul. Déjà illustre pour lui avoir donné le jour, vous êtes de plus entourée de ses œuvres, et Grégoire est pour vous tout ensemble, la palme, la couronne et l'honneur de sa mère. Je me recommande à vous avec humilité et respect, et vous prie d'invoquer pour moi dans vos prières le secours du ciel.

XVI. A Sigoalde, sur son titre de comte.

Quand je passai les frontières de l'Italie pour venir en ce royaume, le roi Sigebert me confia à votre garde, afin que je voyageasse avec plus de sécurité dans votre compagnie, et que je trouvasse partout un cheval et des vivres prêts. Vous avez rempli votre charge, votre ami se souvient de son guide et toute sa sollicitude pour lui se réveille. D'où venez-vous, après une si longue absence? Dites-le moi, bon Sigoalde, grand par votre titre, plus grand encore au gré de mon amitié, gracieux envers vos clients et prompt à les servir, nom révéré de Fortunat. Puisse le roi Childebert en grandissant vous faire grandir vous-même! Il vous a fait comte; qu'il vous fasse duc. Que ses fidèles serviteurs voient ce qu'ils ont à attendre d'un tel maître, et qu'ils parcourent heureusement et successivement le cours des honneurs.

XVII. Au même, qui avait donné des aliments aux pauvres de la part du roi.

Les belles actions tirent encore de l'éclat des éloges magnifiques dont elles sont l'objet. Louange à toi, Christ, quand chacun fait ce qui est bien! Comte, donnez de façon à faire aimer l'espèce humaine; donnez, sans quoi rien ne va bien pour personne. Le riche prodigue envers les riches et qui, peut-être à cause de cela, est avare envers les pauvres, se rachète en soulageant leur misère. C'est ainsi qu'on en use et qu'on exerce la charité dans votre gouvernement. Quand le pauvre mange, les richesses du riche s'en accroissent. Le pauvre rassasié en récompense le riche avec usure. Il reçoit peu sur la terre, mais il prépare des trésors dans le ciel. Le pauvre donne donc plus au riche que le riche au pauvre. Le riche donne des aliments bientôt épuisés; en échange il reçoit de Dieu des grâces fécondes. L'argent qu'il donne ici-bas, il l'envoie au ciel; ce sont

Cum genitis, populo, matre, sorore, jugo.
Gaudia læta paret præsentia sancta Gregori
Et geminas urbes adjuvet una fides. 10
Qui modo discipulo Platone antistite summo
Sollemnem ecclesiæ hic dedit esse diem.

XV. Ad Armentariam matrem domni Gregorii episcopi.

Felix bis meritis sibi Machabæa vel orbi
(Nobilitas generis nobilior genitis),
Quæ septem palmas cælo transmisit ab alvo,
Martyriique decus protulit illa uterus.
Tu quoque prole potens, recte Armentaria felix, 5
Nec minor ex partu quam prior illa suo.
Illa vetus numero major, tu maxima solo :
Quod poterant plures, unicus ecce tuus.
Fetu clara tuo, geniti circumdata fructu,
Est tibi Gregorius palma, corona, decus. 10
Me Fortunatum humilem commendo verenter,
Ac mihi cælestem quæso preceris opem.

XVI. Pro comitatu ejus Sigoaldo.

Finibus Italiæ cum primum ad regna venirem,
Te mihi constituit rex Sigiberctus opem.
Tutior ut graderer tecum comitando viator
Atque pararetur hinc equus, inde cibus.
Implesti officium custos, revocaris amico; 5
Et mihi vel tandem jam mea cura redit.
Dic, meus, [unde] venis post tempora plurima dulcis,
Magnus honore tuo, major amore meo,
Promptus in affectu, Sigoalde benigne, clientum,
Et Fortunato nomen, amice, pium? 10
Rex Childeberethus crescens te crescere cogat :
Qui modo dat comitis, det tibi dona ducis.
De domino tali videant sua vota fideles,
Cursibus et fiat prospera vita via.

XVII. Ad Sigoaldum comitem, quod pauperes pro rege paverit.

Actibus egregiis præconia fulgida fulgent :
Laus tua, Christe, sonet, dum bona quisque gerit.
Unde genus hominum placeat tu, summe, ministra,
Nam nisi tu dederis, prospera nullus agit.
Divitibus largus forte hinc et parcus egenis, 5
Se ut redimat dives quando fovetur egens.
Dulciter ista tui pia sunt commercia regni :
Dum escam sumit egens, divitis auget opes.
Pauper ventre satur satiat mercede potentem :
Parva capit terris, præparat ampla polis. 10
Divitibus plus præstat egens quam dives egenti :
Dat moritura cibi, sumit opima Dei,
Dans terræ nummum missurus ad astra talentum.

quelques grains semés en vue d'une moisson abondante. Donnons, soyons prodigues, semons et confions cette semence au Christ. N'hésitons pas à donner ce qui nous fera retour plus tard. Donnez et ainsi le Christ sera votre trésorier. Donnez au pauvre; le Christ a de quoi vous le rendre. Avec cette certitude, si vous demandez à Dieu d'une foi ferme les meilleurs de ses dons, il vous les donnera. C'est pour que le roi Childebert jouisse d'une santé florissante, et grandisse sur ce trône où s'assit son aïeul [Clotaire Ier]; c'est pour que le jeune homme devienne plus robuste en prenant des années ; c'est pour que la puissance du petit-fils sur cette terre égale celle de son bisaïeul [Clovis], c'est pour tout cela que Sigoalde, son fidèle et dévoué serviteur, distribue des vivres aux pauvres, au nom et sous l'autorité du roi. Cela fait, il se transporte au sanctuaire du vénérable Martin pour en invoquer l'assistance en faveur de son maître. Et tandis qu'ailleurs le roi travaille aux affaires de son royaume et le gouverne, lui agit de manière à ce que le saint aide le prince de ses prières. Enfin il se rend à Tours où il assiste aux fêtes sacrées (1), et il y distribue de sa main des aliments aux pauvres du Christ. Ils sont reçus avec joie par cette armée du Seigneur, et le peuple de la cité que Dieu protège, prend sa réfection. La foule nombreuse des aveugles pour qui Dieu est la lumière et la voie dans les ténèbres, y sont secourus. Le boiteux l'est aussi, lui dont le Christ dirige les pas, et qui vient à cloche-pied prendre part à l'œuvre de son maître (2). Qui pourrait faire le dénombrement de toutes les maladies au soulagement desquelles accourt Sigoalde? Ce qu'il dépense à nourrir ces milliers de malheureux qui arrivent par bandes, est un gain pour lui-même, comme aussi un moyen de faire sentir partout la main du roi. Comte Sigoalde, Fortunat vous salue, et prie Dieu qu'avec l'aide du prince, vous donniez mieux encore (3) que cela.

XVIII. Aux mêmes. Du banquet du Défenseur.

C'est aujourd'hui le jour de Pâques, jour où le Défenseur donne le banquet traditionnel auquel le comte lui-même se fait un plaisir d'assister. Tous les biens que le Seigneur dispense suivant les saisons et selon nos désirs sont arrivés de toutes parts : de la terre, de la mer et du ciel. Le roi Childebert dont la puissance souveraine est dans tout son éclat, vous soutiendra longtemps encore, Sigoalde, dans la haute situation où il vous a élevé. Que le pays soit heureux du bonheur et de l'amour de son roi, et que la confiance dont l'excellent comte est l'objet, lui valent de plus hauts honneurs!

XIX. Au comte Galactorius (1).

Ami, vous touchez enfin au but où vous deviez arriver ; vous êtes comte. Mais vous aviez déjà mérité cet honneur avant qu'il vous fût conféré. A Bordeaux vous étiez le Défenseur (2) et l'ami de la cité, et à la manière dont vous remplissiez ces deux offices, on disait que vous étiez aussi digne de l'un que de l'autre. Le roi crut

E modicis granis surgat ut alta seges.
Dent, jactent, spargant, commendent semina Christo, 15
  Hic dare nec dubitent quæ reditura manent.
Da : sic Christus erit tibi thesaurarius inde ;
  Præsta inopi quidquid reddere Christus habet,
Hac animatus ope exposcens meliora Tonantis
  Nec dubitante fide quod Deus ista dabit. 20
Pro Childeberchti regis florente salute,
  Surgat ut in solio qui fuit altus avo,
Fiat ut hinc juvenis validis robustior annis,
  Ceu viguit proavus, sic sit in orbe nepos,
Ergo suus famulus Sigoaldus amore fidelis 25
  Pauperibus tribuit, regis ut extet apex.
Hinc ad Martini venerandi limina pergens,
  Auxilium domini dum rogat ipse sui.
Et dum illuc moderans rex pro regione laborat,
  Ut precibus sanctus hunc juvet, illud agit. 30
Denique procedens * * sacra festa tenere,
  Pauperibus Christi præbuit ipse dapem.
Dispensata placent alimenta per agmina Christi,
  Pascitur et populus quem fovet arce Deus.
Plurima cæcorum refovetur turba virorum, 35
  Est quibus in tenebra lux Deus, atque via.
Hinc alitur clodus, quem dirigit ordine Christus,
  Quique sui domini pendulus implet opus.

Quis referat tantos memorare sub ordine morbos,
  Occurrens pariter quos sua cura fovet? 40
Unde catervatim coeuntia milia pascens,
  Erogat ut habeat, rex quoque cuncta regat
Te Fortunatus, comes, hinc, Sigoalde, salutans
  Regis [ut] auxilio des meliora precor.

XVIII. De prandio defensoris.

Paschale hic hodie donum memorabile floret;
  Defensor pascit, quo comes ipse favet.
Delicias Domini quas tempora vota ministrant
  Undique conveniunt flumine, fruge, polo.
Childeberchti etiam dominatio regia refulgens 5
  Te, Sigoalde, diu sublevet arce, gradu.
Sit regio felix felicis regis amore
  Atque boni comitis crescat honore fides.

XIX. Ad Galactorium comitem.

Venisti tandem ad quod debebaris, amice,
  Ante comes merito quam datus esset honor.
Burdegalensis eras et, cum defensor, amator :
  Dignus habebaris hæc duo digna regens.
Judicio regis valuisti crescere judex, 5
  Famaque quod meruit regia lingua dedit.

qu'il pouvait vous élever à la fonction de juge (3) ; mais la voix publique vous y avait déjà appelé, le roi n'eut qu'à sanctionner son avis. Il doit, et il le peut, vous élever encore, et vous faire duc ; c'est le plus haut grade qu'il vous reste à obtenir, afin de pouvoir défendre les villes et les frontières de la patrie, agrandir les domaines de celui qui vous aura tant donné, faire trembler le Cantabre, imprimer la terreur de vos armes au Gascon inconstant, et le forcer à abandonner ses montagnes. Mais, pour le dire en style plus élevé, c'est le saint et unique auteur de toutes choses qui fera tout cela. Le grand et le petit lui doivent donc également leur fortune. De simple recrue Justinien devint duc, et de soldat prince (4) ; je ne parle pas des autres. La même chose a lieu dans l'Église ; un exorciste y devient évêque. Martin en est un illustre exemple, lui qui était saint avant de conférer les saints ordres. Telle est l'œuvre du Tout-Puissant, créateur de l'univers. Il n'y a de grand, croyez-le, que ce qu'il fait. Restez donc, je vous prie, gouverneur et vous en contentez ; mais en homme habile et raisonnable que vous êtes, portez plus haut vos espérances. Cependant, que la faveur dont vous jouissez sous notre monarque ne vous fasse pas perdre de vue le royaume éternel... (5). Faites-vous remarquer par votre justice et par votre piété. Que celle-ci soit la protectrice de votre âme, celle-là de votre corps. Distinguez-vous aussi par votre fidélité et votre constance en amitié, et ne soyez pas avare de la vôtre pour Fortunat.

Debet et ipse potens, ut adhuc bene crescere possis,
    Præstet ut arma ducis, qui tibi restat apex,
Ut patriæ fines sapiens tuearis et urbes,
    Adquiras ut ei qui dat opima tibi, 10
Cantaber ut timeat, Vasco vagus arma pavescat
    Atque Pyrenææ deserat Alpis opem.
Aut (quasi grande loquor) facit hoc sacer unicus auctor :
    A domino erigitur parvus et altus homo.
De tirone ducis venit, et de milite princeps, 15
    Ut reliquos taceam, Justinianus erat.
Hoc et in ecclesia Christo tribuente refertur :
    De exorcista aliquo pontificalis honor.
Egregius merito Martinus testis habetur,
    Qui fuit ante sacer quam sacra jura daret. 20
Hoc agit omnipotens, totum qui condidit orbem,
    Magnaque sola putes quæ facit ipse potens.
Lætior ergo, precor, maneas in culmine rector,
    Majora sperans, vir ratione sagax,
Rege sub hoc florens, æternaque regna requirens 25
    *   *   *   *   *
Justitia ac pietas tecum comitata coruscet :
    Illa tuum pectus protegat, ista latus.
Alta fides etiam, dilectio fida nitescat,
    Et Fortunato sis, comes, amplus amor. 30

NOTES SUR FORTUNAT, LIVRE X.

II.

1. — Il appelle Ève, source de la mort, *monade*, en latin *unitas*, *unus*, *ens*, la première cause de toutes choses : ἡ μονὰς ῥίζα τῶν ἁπάντων, dit Mercure Trismégiste.

2. — Voy. la note 7 de la pièce II du l. IX.

3. — Il y a ici une lacune. M. Fr. Léo pense qu'il y était allégué l'exemple d'un autre père qui avait souhaité la mort de sa fille. Cette fin toutefois n'en reste pas moins fort obscure.

4. — Lucchi croit que cette lettre ainsi que la quatrième est adressée à Mummulenus (v. l. VII, xiv, note 1). C'est une erreur, et les différentes versions indiquées par M. Fr. Léo, et où il ne se trouve aucun nom propre autre que Salutaris, lequel est en titre, fait justement présumer que celui-ci est le bon. Lucchi a commis la même erreur dans le sommaire qu'il a donné de la pièce VI.

III.

1. — Le titre véritable a disparu, remarque M. Léo, ainsi que les noms des nobles personnages auxquels cette lettre est adressée. Cette suppression a peut-être été faite intentionnellement.

IV.

1. — Même remarque que ci-dessus au sujet du titre de cette lettre et du destinataire. On voit assez qu'elle est écrite au nom de Radegonde, au père ou plutôt au père et à la mère de la jeune fille, et que celle-ci a sans doute été élevée, au moins pendant un certain temps, au monastère de Sainte-Croix.

V.

1. — « Dans ses notes sur Grégoire de Tours, Ruinart corrige le titre de cette pièce et celui de la pièce x du même livre : De oratorio *Artanensi*, pour lire De oratorio *Arthonensi*, et les rapporte au vicus Arthona, près Riom. Lucchi se range à l'avis du savant bénédictin. L'habile collecteur des chroniques de la Touraine, M. André Salmon, pense que ces vers sont relatifs à Artanne, près Tours, qui fit toujours partie du domaine des archevêques. L'identité de nom et le passage de l'*Hist. Francorum* : *in multis vero locis infra Turonicum terminum et ecclesias et oratoria dedicavi*, qui s'accorde si bien avec l'avant-dernier vers de cette première pièce : *Quæ sacer antistes nova tecta Gregorius effert*, m'engagent également à accepter cette opinion. Je n'hésite donc pas à ajouter ces deux pièces à celles que Fortunat me paraît avoir composées, sur la demande du père de notre histoire. La première (c'est-à-dire la présente), à en juger par son début, était placée à l'extérieur, la seconde à l'intérieur de l'oratorium d'Arianne. » (Ed. Le Blant. *Inscript. chrétiennes de la Gaule*, t. I, p. 257.)

VI.

1. — La première église, *parvula*, dit Grégoire de Tours, dédiée à saint Martin, fut élevée sur son tombeau par Brice, quatrième évêque de Tours. Quelque temps après elle fut remplacée par une autre merveilleusement belle, *miro opere*, que bâtit Perpétue, sixième évêque de cette ville. Elle fut incendiée en 558 par la faute de Williachaire, qui avait été complice de la trahison de Chramn contre le roi son père, et qui y était venu chercher un asile avec son épouse. Grégoire, dix-neuvième évêque, la trouva dans un état de ruine tel, *dissolutam diruptamque*, qu'il résolut de la reconstruire, et qu'il ne put en faire la dédicace la dix-septième année de son pontificat. Elle était, comme la précédente, ornée de peintures, de mosaïques, etc., exécutées par des artistes du pays. (Grég. de Tours, *Hist. Franc.*, x, 31.) Grégoire a donné lui-même la description du corps de l'église, *ib.* II, 14. Voyez sur la restitution de cet édifice par Ch. Lenormant, le *Grégoire de Tours* de l'édition de la *Société de l'Histoire de France*, t. I, p. 513, et le travail analogue de Jules Quicherat dans la *Revue archéologique* de 1869, t. XIX et XX. Il est fort probable que les vers de Fortunat, sinon en totalité, du moins en partie, ont fait l'objet d'une inscription sur les murs de ce monument. C'est le sentiment de M. Ed. Le Blant (*Inscriptions chrétiennes de la Gaule*, t. I, p. 248), et les raisons qu'il allègue à l'appui, ne laissent aucun doute à cet égard. On pourrait en dire autant de la plus grande partie des pièces de Fortunat relatives à la construction, ou à la réparation, ou à la dédicace de nombreux sanctuaires de la Gaule.

Dans ces dernières années des fouilles ont été faites sur l'emplacement de cette antique église, encore une fois brûlée et réduite en cendres le 25 juillet 998 ou 999, sans qu'on n'en ait pu rien sauver que le corps de saint Martin. Deux rues et toute une suite de maisons occupent aujourd'hui cet emplacement. Une association formée jadis dans le dessein de rechercher le tombeau de saint Martin, et de reconstruire la basilique, avait racheté une partie de ces immeubles. De nombreux sondages opérés sous son impulsion dans les caves de ces maisons, ont fait retrouver les substructions de trois édifices superposés qui seraient la grande église rebâtie au treizième siècle, celle qui l'avait précédée, enfin celle que Grégoire de Tours a décrite. « On comprend », dit M. de Lasteyrie à qui j'emprunte ces détails (*Bullet. du comité des trav. hist. et scient.* Année 1884, n° 4, p. 461), quel intérêt exceptionnel il y aurait à vérifier ces résultats, à poursuivre les découvertes déjà faites, à les compléter par des fouilles méthodiques. »

2. — Voy. la *Vie de saint Martin*, par Fortunat, l. IV, v. 305 et suiv., et Sulpice Sévère, *Dialog.* III, 10; Paulin de Périgueux, *Vit. s. Mart.* IV, v. 85 et suiv.

3. — Voy. Fortunat, *ibid.*, l. III, v. 29 et suiv.; Sulpice Sévère, *Dialog.* II, 1; Paulin de Périgueux, *ibid.*, IV, v. 21 et suiv.

3 bis. — Une glose citée par M. Léo, rend *supercilio* par *altitudine montis*; c'est, je crois, une erreur, vu que *supercilio*, pris dans ce sens, ferait un double emploi avec *celsa jugo* du vers suivant. En effet, ces deux derniers mots renforcés, pour ainsi dire, par l'adverbe *quoque*, indiquent manifestement qu'il s'agit ici d'un attribut différent de celui qui est exprimé par *supercilio*.

4. — Voy. Fortunat, *ibid.*, l. IV, v. 50 et suiv.; Sulp. Sévère, *Vita. B. Martini*, ch. III; Paulin de Périgueux, *ibid.*, I, v. 63 et suiv.

5. — Voy. Fortunat, *ibid.*, l. I, v. 487 et suiv., et Sulp. Sévère, *ibid.*, ch. xviii; Paulin de Périgueux, *ibid.*, II, v. 615 et suiv.

6. — Voy. Fortunat, *ibid.*, l. I, v. 155 et suiv., et Sulp. Sévère, *ibid.*, ch. vii; Paulin de Périgueux, *ibid.*, I, v. 315 et suiv.

7. — Voy. Fortunat, *ibid.*, l. I, v. 170 et suiv.; Sulp. Sévère, *ibid.*, ch. viii; Paulin de Périgueux, *ibid.*, v. 375 et suiv.

8. — Voy. Fortunat, *ibid.*, l. I, v. 219 et suiv.; Sulp. Sévère, *ibid.*, ch. xiii; Paulin de Périgueux, *ibid.*, II, v. 250 et suiv. Remarquez le mot *fanaticam*, pour dire *fano proximam*; aucun dictionnaire ne donne cette explication.

9. — Voy. Fortunat, *ibid.*, l. III, v. 97 et suiv.; Sulpice Sévère, *Dial.* II, 2; Paulin de Périgueux, *ibid.*, IV, v. 122 et suiv.

10. — Voy. Fortunat, *ibid.*, l. I, v. 230 et suiv.; Sulp. Sévère, *Vita B. Martini*, ch. xi; Paulin de Périgueux, *ibid.*, II, v. 158 et suiv.

11. — Voy. Fortunat, *ibid.*, l. IV, v. 272 et suiv., et Sulp. Sévère, *Dial.* III, ch. ix; Paulin de Périgueux, *ibid.*, V, v. 519 et suiv.

12. — Voy. Fortunat, *ibid.*, l. II, v. 19 et suiv., Sulp. Sévère, *Vita D. Martini*, ch. xix; Paulin de Périgueux, *ibid.* II, v. 632 et suiv. Le papier chargé de caractères, dont il s'agit ici, était une lettre écrite par saint Martin au préfet Arborius pendant que la fille était malade d'une fièvre quarte. Paulin de Périgueux, dans ses *Versus de Visitatione nepotuli sui* adressés à Perpetuus, évêque de Tours, raconte une guérison analogue opérée sur son petit-fils et sa fiancée, tous deux gravement malades, par la relation écrite de la main de l'évêque, de plusieurs miracles de saint Martin, relation qu'on avait posée sur l'estomac de ces jeunes gens. Cette guérison ranima la verve de l'aïeul alors fort vieux et lui dicta les vers indiqués ci-dessus qui viennent à la suite du sixième et dernier livre de la *Vie de saint Martin*.

13. — Lucchi cite à ce propos un passage d'Odon, abbé de Cluny, tiré apparemment (car il ne le dit pas) de la Vie de Grégoire de Tours attribuée à cet abbé. Il est dit dans ce passage que les parois intérieures de cette église étaient revêtues de mosaïques (*crustulis*) de marbre rouge, blanc et vert, représentant différentes figures, et que les murs extérieurs étaient ornés de mosaïques faites de pierres de couleur d'or, de saphirs, etc., qu'enfin le toit était couvert en étain. « On sait, dit le savant M. Ed. Le Blant que j'aurai plus d'une fois encore l'occasion de citer, qu'à l'époque mérovingienne, les peintures et les mosaïques tenaient une large place dans l'ornementation des églises. (Voir Grégoire de Tours, *Hist. Fr.*, VII, 22; *De Glor. Mart.*, I, 65, et surtout le fait touchant relatif à la femme de Numatius, *Hist. Fr.*, II, 17; *Acta sanctor.*, t. I, p. 254.) Un passage peu connu des œuvres de saint Paulin de Nole explique comment dans ces temps d'ignorance, il importait de frapper par de saints tableaux les regards grossiers de la foule illettrée. (*De S. Felice Natal.*, X, v. 512 à 531, éd. de 1685; *Poem.* p. 150; conf. p. 155 et *Epist.*, p. 199, 205, 206.) C'est à l'aide de ces peintures et de leurs légendes que nous voyons dans Grégoire de Tours, *Vit. Patrum*, XII, 3), un pauvre esclave chrétien apprendre à lire et à écrire. » (Éd. Le Blant, *Inscript. chrétien. de la Gaule*, t. I, p. 250, note 2.)

14. — Les sept tableaux répètent ce qui vient d'être dit précédemment, mais cette fois sous la forme épigraphique. D'où il faut conclure que les inscriptions se lisaient au-dessous de ces tableaux ou peints sur les murs ou accrochés aux murs. Le procédé n'était pas nouveau, quoiqu'il fût encore rare. Prudence a laissé un recueil de quarante-neuf tétrastiques en hexamètres, qui impliquent un égal nombre de tableaux. Vingt-quatre en sont pris de l'Ancien Testament et vingt-cinq du Nouveau. On ne saurait dire avec certitude en quel endroit ils étaient : peut-être était-ce dans une église. Il est cependant hors de doute, selon M. Ebert, qu'ils existaient avant les tétrastiques, et que ce n'étaient pas des illustrations de ces derniers. Mais M. Ebert n'insiste pas assez sur cette certitude pour que j'en sois convaincu, comme il le paraît être. Voyez son *Histoire de la littérature du moyen âge en Occident*, t. I, p. 312, de la traduction de MM. Aymeric et Condamin. Saint Paulin de Nole avait orné de peintures l'église qu'il avait fait construire en l'honneur de saint Félix. Ces peintures étaient accompagnées de légendes (*tituli*), comme il le dit dans ses *Carmina natalitia*, IX, v. 504. Pablin les fit faire, ainsi qu'il nous l'apprend, afin d'enchaîner la curiosité des pèlerins de la campagne qui, au jour de la fête du saint, accouraient à son tombeau ; car en contemplant ces peintures, ils avaient moins de temps à donner au boire et au manger. Voyez le même, *ibid.*, p. 326.

15. — Saint Martin était né à Sabarie, aujourd'hui Sarvar, en Pannonie. Le poète appelle cette province *maligna*, sans doute parce que c'est de là que sortirent les Huns et autres barbares qui ravagèrent l'Italie et d'autres pays de l'Europe.

16. — Voy. la *Vie de saint Martin*, par Fortunat, III, v. 171 et suiv.; Paulin de Périgueux, *Vit. s. Mart.* IV, v. 270 et suiv.; Sulp. Sévère, *Dialog.* II, 4.

17. — Voy. la *Vie de saint Martin*, par Fortunat, I, v. 300 et suiv.; Sulp. Sévère, *Vit. s. Mart.*, ch. xiv; Paulin de Périgueux, *Vit. s. Mart.*, I, v. 330 et suiv.

VII.

1. — Ce Childebert était fils de Sigebert, roi d'Austrasie, et de Brunehaut. Il était encore enfant, lorsque son père fut assassiné en 575, à l'instigation de Frédégonde. Il lui succéda et sa mère fut régente du royaume. Voy. Grégoire de Tours, *Hist. Fr.*, VIII, 22.

2. — Radegonde était morte en 587, le 13 août.

3. — On aurait désiré quelques détails sur ce diptyque ; mais si comme ailleurs Fortunat ne fait guère autre chose que de nous laisser ou ceci ou cela à désirer. Ainsi il ne dit pas si c'était le nom qu'on voyait sur ce diptyque, ou si c'était son image ; j'ai préféré la première interprétation, étant celle qui est indiquée par le rapprochement que le poète semble faire du nom du saint avec les noms des rois désignés au vers précédent.

4. — On ne sait quel était ce Lycontius.

5. — Le poète parle ici de Brunehaut, grand'mère par son fils Childebert, lequel eut en effet deux fils, Théodebert et Théodoric.

6. — La fille de Brunehaut s'appelait Chlodosuinde, et sa bru, femme de Childebert, Faileuba. (Grégoire de Tours, *Hist. Fr.*, IX, 20.) Chlodosuinde fut fiancée à Reccarède, roi d'Espagne, après l'avoir été à Autharus, roi des Lombards (*id. ib.*, IX, 25). Le poète semble ici faire des vœux pour le mariage de cette princesse, mais nous restons incertains si elle épousa ou non Reccarède. Voy. les notes de Ruinart sur le dernier passage cité de Grégoire de Tours.

VIII.

1. — On sait assez quelle était la parenté de Childebert et celle de Brunehaut, l'un fils et neveu des rois qui s'étaient partagé le royaume de Clovis, l'autre fille d'Athanagilde, roi d'Espagne.

2. — Il s'agit de la tutelle que Brunehaut exerça sur Childebert, qui ne fut pas interrompue, mais qui fut gérée par un conseil de régence, pendant que cette

princesse était à Paris, prisonnière de Chilpéric et de Frédégonde, qu'elle reprit à son retour à Metz, et garda même au moins moralement jusqu'à la mort de son fils.

3. — Voy. la pièce précédente, note 5.

4. — Voy. ibid., note 6.

5. — Lucchi, sur ce mot *rediens*, se borne à dire que Fortunat voyageait alors et qu'à son retour à Metz, il se proposait de venir saluer encore la famille royale. C'est assez probable, mais au fond il n'importe guère.

IX.

1. — L'Orne se jette dans la Moselle à cinq mille pas environ de Thionville, c'est-à-dire à la moitié juste de la distance qui sépare cette ville de Metz.

2. — La Saur se jette dans la Moselle au midi et à deux mille pas de Trèves.

3. — La Saar ou Sarre, qui prend sa source dans le département des Vosges, se jette dans la Moselle à Consarbrück.

4. — Sur la noblesse qui peuplait la ville de Trèves et sur sa décadence, Brower, entre autres passages, cite le suivant extrait du *De Providentia VI* de Salvien : *Treviros domi nobiles, dignitate sublimes, licet jam spoliatos atque vastatos, minus tamen eversos rebus quam moribus*. Salvien écrivait vers le milieu du cinquième siècle, et Fortunat environ un siècle plus tard. Voyez, sur la ruine de Trèves par les Francs, Grégoire de Tours, *Hist. Franc.*, II, 9.

5. — Ovide, *Amor.*, I, VII, v. 54, dit :

Et cum populeas ventilat aura comas.

6. — La *regula* était la mesure d'un champ, d'une vigne, dont les limites étaient marquées par des poteaux peints, *picta*. De là ce champ ou cette vigne fut appelée *pictura* ou *pectura*. Voy. du Cange, au mot *Pictura*.

7. — Cette pierre sèche était du schiste bleu très favorable, dit Boecking (V. la note 2 de notre Dissertation préliminaire où ce nom est par erreur écrit Boecker), à la culture de la vigne.

8. — La Contrua, selon Brower, n'était plus de son temps qu'un ruisseau qui, à deux ou trois mille pas de Coblentz, coulant du pays de Trichonie, se jetait dans la Moselle.

9. — Ni Brower, ni Lucchi ne disent quelle était cette ville.

10. — C'est au confluent de ces deux fleuves que s'élève la ville de Coblentz.

11. — Il parle sans doute de quelque instrument de musique à cordes de métal, posées parallèlement et fortement tendues, comme le sont les fils de la toile sur le métier du tisserand. Peut-être s'agit-il de la harpe ou d'un instrument de cette espèce.

12. — Ces rois que le poète désigne ici et au vers 1er, sont Childebert, qui avait cinq ans lorsque Sigebert, son père, fut assassiné, en 575, et sa mère Brunehaut.

13. — Andernach, ville de la Prusse rhénane, sur le Rhin, à 13 kilomètres de Coblentz.

X.

1. — Voy. la note 1 de la pièce V de ce livre.

2. — D'autres manuscrits portent *Georgius* au lieu de *Gregorius*; mais il est aussi difficile de dire qui est l'un que l'autre. Aucun personnage de ces deux noms ne figure dans le martyrologe, comme ayant souffert le genre de supplice indiqué ici.

3. — Il s'agit de saint Julien qui souffrit le martyre à Brivas ou Brioude, chez les Arvernes, et où son corps fut inhumé. C'est le même dont il est fait mention au l. V, pièce III, v. 11. Fortunat ajoute ici qu'il fut « égorgé par un glaive ami » : je ne sais comment il faut entendre cette expression. La légende ne dit rien de pareil de ce saint Julien.

4. — Voy. le commencement de la pièce VI de ce livre. Fortunat parle souvent de ce miracle, et toujours avec quelques variantes.

5. — Saint Victor de Marseille, selon toute apparence. Il en est parlé dans Grégoire de Tours, *De Glor. Mart.*, I, ch. 77. Il souffrit le martyr à Marseille sous Dioclétien et Maximilien. Ses actes sont dans les *Acta sincera*, I, p. 292.

6. — Saint Nicet, évêque de Lyon, était l'oncle de la mère de Grégoire de Tours, *Hist. Franc.* V, c. 5. Il mourut en 573. Le même Grégoire, *Vit. Patr.*, c. 8, écrivit sa vie. Là, parlant des reliques de saint Nicet, il dit : « Il est venu à nous un mouchoir de lui, qui couvrait sa tête le jour où il mourut. Nous avons reçu ce mouchoir comme un présent du ciel. » Il ajoute qu'il plaça des fils qu'il en avait détachés, dans une église de Tours, où ils firent incontinent des miracles, ayant guéri notamment des possédés du démon.

7. — Grégoire de Tours.

XI.

1. — Childebert, d'après le conseil de l'évêque Marovée, avait envoyé à Poitiers, en qualité de recenseurs, Florentinus et Romulfus (Voyez la pièce qui suit.) De Poitiers ces deux personnages vinrent à Tours, pour remplir leur commission. Mais lorsqu'ils voulurent contraindre le peuple de cette ville à payer, Grégoire s'y opposa, disant que, si du temps de Clotaire, Tours avait été en effet soumise au tribut, ce prince, par respect pour saint Martin, avait fait brûler les registres et abolir l'impôt. Charibert, son fils, avait fait de même, et de plus envoyé à l'église du saint les sommes qui avaient été déjà perçues. Voy. Grégoire de Tours, *Hist. Franc.*, IX, 30.

2. — La cithare était un instrument à cordes qui ressemblait par sa forme au cou et à la poitrine de l'homme (Isidor., *Orig.*, II, 3, 22), c'est-à-dire que le manche était le cou, et le corps de l'instrument la poitrine. Un bas-relief, dit Rich, de l'hôpital de Saint-Jean-de-Latran à Rome, concorde si bien avec la description qu'Isidore fait de cet instrument, qu'il est presque indubitable qu'il offre la forme réelle de la cithare, dans le sens exact et primitif du mot (*Dict. des Antiq.*, au mot *Cithara*). Une autre espèce avait le manche très allongé et le corps rond. De *cithara* ou κιθάρα, les Italiens ont fait *chitarra*, et les Français *guitare*. — Il faut croire que c'est pour les besoins du vers que Fortunat *voit* ici cet instrument chanter, *cum videam cantare*.

3. — Grégoire n'était que le successeur médiat de saint Martin, son prédécesseur immédiat ayant été Euphronius.

4. — *Qui rogat hic præsens*. Le mot *rogare* s'appliquait aux magistrats, soit lorsqu'ils portaient une loi devant le peuple, soient lorsqu'ils *présidaient* aux comices où avait lieu l'élection des magistrats.

5. — Voyez la note 1.

XII *a*.

1. — Voy. la note 1 de la pièce *b* ci-dessous.

b.

1. — Ce Romulfus et Florentinus, à qui est adressée la pièce XII *d*, ne sont autres que les recenseurs men-

tionnés dans la note 1 de la pièce xi. Il est donc permis d'en conclure que la jeune fille dont parle Fortunat, est la même qui, par les recenseurs ou leurs agents avait été enlevée à son père, parce que ce père ne pouvait pas payer l'impôt qu'on exigeait de lui. Il est donc très possible que, revenu à Poitiers de Tours où il avait assisté au banquet de la villa Saint-Martin, Fortunat ait reçu les plaintes du père, et les ait transmises à Grégoire et aux recenseurs qui étaient alors à Tours. Ils y attendaient, à la prière de Grégoire, des lettres de Childebert par lesquelles ce prince déclarait si la ville de Tours serait recensée ou non. Elle ne le fut pas. Sur tout ceci voyez Grégoire de Tours, *Hist. Fr.*, IX, 30.

2. — A la villa Saint-Martin.

3. — Il s'adresse ici à Romulfus et à Florentinus, à qui est adressée plus bas la pièce d.

c.

1. — Grégoire de Tours, *Hist. Fr.*, V, 50, fait mention de Gallienus, et l'appelle son ami. Il ne paraît pas différer de celui à qui le poète s'adresse ici, mais rien n'indique qu'il ait été archidiacre, comme Brower l'affirme.

d.

1. — Après la réunion qui eut lieu à la villa Saint-Martin.

XIII.

1. — Cette espèce de circulaire était sans doute adressée aux évêques qui se trouvaient sur le chemin de Gaule en Italie, et qui pouvaient être très utiles aux voyageurs allant dans ce dernier pays. Il y a deux pièces du même genre au livre V, la xv* et la xviii*.

XIV.

1. — Il ne fut que le successeur médiat de saint Hilaire, ayant succédé immédiatement, en 592, à Mérovée ou Marovée. Voy. Grégoire de Tours, *Hist. Fr.*, V, 50 et la Vie de Fortunat, n° 69.

2. — Tours et Poitiers.

3. — Platon avait été disciple de Grégoire de Tours, en l'église duquel il avait été archidiacre.

XV.

1. — Armentaria était petite-fille d'une fille de saint Grégoire qui fut évêque de Langres, après être devenu veuf. Voy. Grégoire de Tours, *De vitis Patrum*, ch. vii, § 1, 2.

XVII.

1. — Il manque dans le texte un mot après *procedens*; Brower croit que c'est *cupidus*. Avec plus de vraisemblance, M. Leo croit que c'est *Turonos*, leçon que j'ai adoptée. Quant aux fêtes dont il est question, ce sont sans doute celles de Pâques.

2. — *Domini sui*, son roi, et non pas le Seigneur

3. — Ce vers n'est pas très clair. C'est sans doute un vœu pour que les secours dont Sigoalde prit la disposition deviennent plus abondants.

XVIII.

1. — Les *défenseurs* étaient ceux à qui étaient confiées la tutelle et la défense des biens de l'Église. Les villes avaient aussi leurs défenseurs. Voyez le *Glossaire* de du Cange au mot *Defensor*, et surtout l'Ancienne et Nouvelle Discipline de l'Église par L. Thomassin, l'édition latine, partie 1re, livre II, ch. 98.

XIX.

1. — Le même que celui à qui est adressée la pièce xxv du livre VII

2. — Voy. la note 1 de la pièce xviii.

3. — Les juges étaient les assesseurs des comtes, dignité à laquelle ils pouvaient aspirer, et dont il y avait plusieurs sortes, comme aussi il en était de plusieurs rangs. Après elle, comme le dit le poète, venait celle de duc, la plus haute de toutes, et qui complétait dans ce temps-là le *cursus honorum*.

4. — Justinien était neveu de l'empereur Justin par la sœur de celui-ci. On sait que Justin, d'une naissance basse et obscure, s'enrôla dans l'armée romaine où il s'éleva de grade en grade jusqu'à l'empire. Il n'en fut pas tout à fait de même de Justinien. S'il s'enrôla dans l'armée, ce que Fortunat semble indiquer par le mot *tiro*, ce fut dans la troupe des *scholares* qui faisaient leur service dans le palais impérial, et parmi lesquels on choisissait les plus braves et les plus vigoureux pour en former un corps à part, sous le nom de *candidati*. Justinien fut donc *candidatus*, λευχίμων, après cela et apparemment sans transition *magister militum*, ou commandant de troupes, puis *nobilissimus*, et enfin *Cæsar*. C'est à la prière du sénat que bientôt après Justin, malgré lui, dit-on, le créa Auguste et l'associa à l'empire en 521. Voy. du Cange, *Historia Byzantina*.

5. — Le vers pentamètre de ce distique manque dans tous les manuscrits. La *Biblioth. veter. Patr.*, 1644, dont le tome viii contient les poésies de Fortunat, comble ainsi cette lacune :

Immortale piis artibus auge decus.

LIVRE ONZIÈME.

I. Exposition du Symbole.

Qui voudra comparer cette exposition en prose du Symbole des apôtres avec celle qui est dans les œuvres de Rufin, s'apercevra facilement qu'elle est un abrégé de celle-ci, et l'œuvre de Rufin plutôt que de Fortunat. Cette œuvre de Rufin, Fortunat qui était déjà évêque de Poitiers, l'avait sans doute abrégée pour l'instruction de ses diocésains. De même qu'on n'a pas jugé nécessaire de traduire l'*Exposition de l'Oraison Dominicale*, au livre précédent, on ne traduit pas non plus cette *Exposition du Symbole*.

II. A Radegonde, sa royale maîtresse.

Où se cache sans moi ma lumière? Pourquoi se refuse-t-elle à paraître à mes yeux qui s'égarent à sa recherche? Je regarde le ciel, la terre et l'eau; tout cela m'est peu de chose si je ne vous vois pas. Quoique le ciel soit serein et pur, si vous vous cachez, le jour est pour moi sans soleil. Je prie Dieu que les Heures précipitent la course de leur char, et que les jours se hâtent obligeamment d'abréger leur durée. Nous sommes d'avis les saintes sœurs et moi, que vous consoliez, en leur faisant voir votre visage, ceux que vous faites état d'aimer (1).

III. A la même, sur le jour de naissance de l'abbesse (1).

Excellente et aimable mère, félicitez-vous de l'heureux accomplissement de vos vœux; soyez toute à la joie, c'est aujourd'hui l'anniversaire de la naissance de votre fille. Elle n'est pas le fruit de vos entrailles, mais celui de la grâce; elle n'est pas votre fille selon la chair, c'est le Christ qui dans son amour vous l'a donnée; c'est l'auteur et père de toutes choses qui vous la donne pour être éternellement avec vous. Heureuse la postérité dont les siècles ne rompent point la chaîne, et qui demeure impérissable avec sa mère! Que cette fête soit donc en l'honneur de Radegonde, de cet agneau qui a donné Agnès à cette bergerie. Chaque année et pendant longtemps, célébrez-en l'une et l'autre le joyeux retour, et qu'à votre exemple le peuple la solennise par des prières. Enseignez les saintes règles à cette assemblée de vierges, et distribuez-leur les richesses de la vie éternelle. Jouissez toutes deux ici-bas d'une santé qui ne souffre point d'interruption en attendant que l'amour vous réunisse dans l'éternelle lumière.

IV. A la même pour l'engager à boire du vin.

Si par la piété et un saint amour on obtient les grâces qu'on demande, vous qui êtes si généreuse, écoutez vos serviteurs. Fortunat votre agent (1) et Agnès vous conjurent dans ces vers de condes-

LIBER UNDECIMUS.

I. Expositio symboli.

II. Item aliud ad domnam Radegundem.

Quo sine me mea lux oculis [se] errantibus abdit
   Nec patitur visu se reserare meo?
Omnia conspicio simul : æthera, flumina, terram;
   Cum te non video, sunt mihi cuncta parum.
Quamvis sit cœlum, nebula fugiente, serenum,   5
   Te celante, mihi stat sine sole dies.
Sed precor horarum ducat rota concita cursus,
   Et brevitate velint se celerare dies.
Consultum nobis sanctisque sororibus hoc sit,
   Ut vultu releves quos in amore tenes.   10

III. Item aliud ad eandem de natalicio abbatissæ.

Mater opima, decens, voto lætare beato,
   Gaude : natalem filia dulcis habet.
Hanc tibi non uterus natam, sed gratia fecit;
   Non caro, sed Christus hanc in amore dedit.
Quæ sit in æternum tecum, tibi contulit auctor,   5
   Perpetuam prolem dat sine fine pater.
Felix posteritas quæ nullo deficit ævo,
   Quæ cum matre simul non moritura manet!
Sit modo festa dies, sancto Radegundis honore :
   Agnen hanc vobis agnus in orbe dedit.   10
Gaudia distensos pariter celebretis in annos,
   Et per vos populus vota superna colat,
Virgineosque choros moderamina sancta docentes,
   Perpetuæ vitæ distribuatis opes.
Hinc longinqua salus teneat vos corpore junctas,   15
   Rursus in æterno lumine jungat amor.

IV. Item aliud ad eandem, ut vinum bibat.

Si pietas et sanctus amor dat vota petenti,
   Exaudi famulos munere larga tuos.
Fortunatus agens, Agnes quoque versibus orant,

cendre à réparer vos forces en buvant du vin. Qu'ainsi le Seigneur vous donne tout ce que vous lui demanderez. Nous le prions de concert qu'il vive pour vous comme vous l'aimez, et si ce n'est pas vous offenser, nous vous supplions, mère auguste, de faire cesser les inquiétudes de vos deux enfants. Que la nécessité et non la gourmandise vous détermine à boire du vin (2). Une pareille boisson fortifie l'estomac affaibli; c'est celle que Paul, la trompette des Gentils, ordonne à Timothée, pour ne pas laisser cet organe se débiliter (3).

V. A l'abbesse Agnès sur sa naissance (1).

Très sainte vierge du Christ, notre joie et notre honneur, Agnès, aux mérites sans tache, quelle n'a pas été votre obligeance pour moi? Il vous a plu de passer tout ce jour à vous occuper de moi plus que d'habitude; vous avez privé votre maîtresse, qui prend tant de plaisir à vous écouter, du charme de vos entretiens! J'ai aussi remarqué que vous n'aviez mangé ni l'une ni l'autre, et que c'est moi, pour ainsi dire, qui ai eu faim pour vous deux. J'entends : le lourd sommeil, Agnès, pesait sur vos yeux brillants. Voudriez-vous anticiper sur les longues nuits d'hiver? Cependant qui ne se contenterait du repos de ces nuits, dont une seule dure presque autant que deux jours ensemble? Les nuages cachent le ciel tout entier; on ne voit ni étoiles, ni lune; mais si la gaieté est dans votre cœur, les nuages devant moi se dissipent. Que celle qui m'a ordonné d'écrire ces vers (2) ressente les vraies joies, et qu'elle vous soit propice quand elle ira les goûter au ciel.

VI. A la même.

Vous qui êtes ma mère par votre dignité (1), et ma sœur par le privilège de l'amitié, à qui je rends hommage en y faisant concourir mon cœur, ma foi et ma piété, que j'aime d'une affection céleste, toute spirituelle et sans la criminelle complicité de la chair et des sens, j'atteste le Christ, les apôtres Pierre et Paul, sainte Marie et ses pieuses compagnes que je ne vous ai jamais regardée d'un autre œil et avec d'autres sentiments que si vous aviez été ma sœur Titiana, que notre mère Radegonde nous eût portés l'un et l'autre dans ses chastes flancs, et que ses saintes mamelles nous eussent nourris de leur lait. Je crains hélas! car j'en vois le danger, que les moindres insinuations des méchantes langues ne compriment la manifestation de mes sentiments. Cependant, je suis résolu de vivre avec vous comme je l'ai fait jusqu'ici, si vous voulez bien vous-mêmes me continuer votre amitié.

VII. A la même.

Que dirai-je à ma chère mère et à mon aimable sœur, seule et absent de ce que j'aime. Si je suis exclus des lieux qu'elles habitent, mon esprit inquiet a une voix pour s'enquérir d'elles; il demande respectueusement à les voir toutes deux ensemble. Chère sœur, je vous prie de vouloir bien remplir

```
Ut lassata nimis vina benigna bibas.
Sic tibi det Dominus quæcumque poposceris ipsum,    5
  Et tibi, sicut amas, vivat uterque rogans :
Suppliciter petimus, si non offendimus, ambo,
  Ut releves natos, mater opima, duos.
Non gula vos, sed causa trahat modo sumere vina,
  Talis enim potus viscera lassa juvat.             10
Sic quoque Timotheum Paulus, tuba gentibus una,
  Ne stomachum infirmet sumere vina jubet.
```

V. Item aliud ad abbatissam de natali suo.

```
Dulce decus nostrum, Christi sanctissima virgo,
  Agnes quæ meritis inmaculata manes :
Sic tibi conplacuit hodiernum ducere tempus,
  Ut mihi nec solitam distribuisses opem?
Nec dare nunc dominæ modulamina dulcia linguæ,      5
  Cui dum verba refers, pascitur ore tuo?
Abstinuisse cibis etiam vos ipse probavi
  Et quasi pro vobis est mihi facta fames.
Audio, somnus iners radiantes pressit ocellos;
  An nimias noctes anticipare volis?                10
Cui non sufficiant hæc tempora longa quietis,
  Cum prope nox teneat quod duplicata dies?
Nubila cuncta tegunt, nec luna nec astra videntur;
  Si sis læta animo, me nebulæ fugiunt
```

```
Gaudia vera colat quæ nos hæc scribere jussit,     15
  Et tecum faveat ducta sub arce poli
```

VI. Item aliud ad eandem.

```
Mater honore mihi, soror autem dulcis amore,
  Quam pietate, fide, pectore, corde colo,
Cælesti affectu, non crimine corporis ullo.
  Non caro, sed hoc quod spiritus optat amo.
Testis adest Christus, Petro Pauloque ministris,    5
  Cumque piis sociis sancta Maria videt,
Te mihi non aliis oculis animoque fuisse,
  Quam soror ex utero tu Titiana fores,
Ac si uno partu mater Radegundis utrosque,
  Visceribus castis progenuisset, eram,            10
Et tamquam pariter nos ubera cara beatæ
  Pavissent uno lacte fluente duos.
Heu mea damna gemo, tenui ne forte susurro
  Impediant sensum noxia verba meum;
Sed tamen est animus simili me vivere voto,        15
  Si vos me dulci vultis amore coli.
```

VII. Item aliud ad eandem.

```
Quæ caræ matri, quæ dulci verba sorori
  Solus in absenti cordis amore loquar?
Quas locus excludit mene anxia voce requirit,
  Et simul ut videat per pia vota rogat.
```

auprès de notre pieuse et bonne mère les devoirs que je ne lui ai rendus qu'imparfaitement. Qu'elle vive pour moi et avec vous de longues années, et qu'un seul salut dans le Christ soit le nôtre à tous les trois; telle est ma prière. Que ni la vie présente, ni la vie future ne nous séparent, mais que nous mourions ensemble, et qu'ensemble nous soyons sauvés. Cependant je souhaite que d'ici là vous viviez encore de longs jours, afin qu'auprès de ma mère et de ma sœur mon repos soit assuré.

VIII. A la même.

Le sort a favorisé mes vœux de la manière la plus agréable; mes prières ont obtenu que j'aie part à vos dons. C'est à moi surtout qu'a profité le repas donné à nos sœurs, car si vous les avez si bien régalées, ç'a été par un effet de vos bontés pour moi. Avec quelle conscience admirable vous avez concilié ces deux choses, remplir mon cœur de joie et leurs estomacs de bons mets! Les mets sont la nourriture du corps, la tendre affection est celle de l'âme. Plus on en sent le besoin, plus vous mettez de bonne grâce à le satisfaire. Que le Tout-puissant accueille vos prières et vos souhaits pieux, et qu'il vous fasse vivre un jour de la nourriture éternelle! Que les siècles vous retrouvent toujours jeune près de votre mère pleine de vie, et que Dieu vous maintienne toutes deux au gouvernement de cette communauté!

IX. A la même qui lui avait envoyé des eulogies (1).

Vous m'ordonnez avec une charitable sollicitude de vous faire savoir comment ont été consommés les mets que vous m'avez envoyés. Les légumes arrosés de miel ont fait aujourd'hui les frais du premier service; on y est revenu non pas une, non pas deux, mais trois et quatre fois. J'aurais pu me repaître de leur seule odeur. Un seul porteur ne suffit pas pour servir tous ces mets; ils mirent sur les dents tous ceux qui s'y relayèrent. On apporta ensuite un superbe morceau de viande dressé en forme de montagne, et flanqué de hautes collines dont les intervalles étaient remplis par un jardin de ragoûts variés où entraient les produits les plus délicieux de la terre et des eaux. Avide et gourmand comme je le suis, j'ai eu raison de tout cela, et montagne et jardin ont trouvé place en mon ventre. Je ne rapporte pas chaque chose en détail, car vos largesses m'ont vaincu. Volez donc victorieuse au ciel et par delà les astres.

X. A la même sur le même sujet.

Les mets se multiplient, se confondent et arrivent de tous les côtés. Lequel prendre d'abord? charmante incertitude! c'est d'abord, dressé sur un plat d'argent (1), un beau morceau de viande, accompagné de légumes qui nagent dans une sauce extrêmement grasse; c'est ensuite un plat de marbre où sont des produits du jardin, dont l'assaisonnement au miel m'a ravi le palais. Une écuelle en verre contourné (2) est toute chargée de poulets, lesquels sans leurs plumes sont encore d'un poids énorme. Quantité de fruits s'offrent pêle-mêle dans des corbeilles ornées de peintures; seule, leur

---

Te peto, cara soror, matri pietate benigna
    Quod minus inpendi tu famulare velis.
Illa decens tecum longo mihi vivat in ævo,
    Et tribus in Christo sit precor una salus.
Nos neque nunc præsens nec vita futura sequestret,
    Sed tegat una salus et ferat una dies. 10
Hic tamen, ut cupio, vos tempora longa reservent,
    Ut soror et mater sit mihi certa quies.

VIII. Item aliud ad eandem.

Accessit votis sors jucundissima nostris,
    Dum mereare meæ sumere dona preces.
Profecit mihimet potius cibus ille sororum,
    Has satias epulis, me pietate foves.
Qua probitate micans partes conponis utrasque! 5
    Me recreas animo has saturando cibo.
Pascunt membra dapes, animam dilectio nutrit :
    Quæ, cui plus opus es, dulcior esca venis.
Audiat omnipotens et te pia vota petentem,
    Et tibi perpetuos fundat in ore cibos. 10
Sæcula longa simul cum matre superstite vernes,
    Et vestro freno stet chorus ille Deo.

IX. Item ad eandem pro eulogiis transmissis.

Sollicita pietate jubes cognoscere semper,
    Qualiter hic epulis, te tribuente, fover.
Hæc quoque prima fuit hodiernæ copia cenæ,
    Quod mihi perfuso melle dedistis holus;
Nec semel aut iterum, sed terque quaterque cucurrit, 5
    Cujus me poterat pascere solus odor.
Portitor ad tantos missus non sufficit unus;
    Lassarunt totiens qui rediere pedes.
Præterea venit missus cum collibus altis
    Undique carnali monte superbus apex. 10
Deliciis cinctus, quas terra vel unda ministrat,
    Conpositis epulis hortulus intus erat.
Hæc ego nunc avidus superavi cuncta gulosus :
    Et mons et hortus ventre tenetur iners.
Singula nec refero, quia me tua munera vincunt : 15
    Ad cœlos victrix et super astra voles.

X. Item aliud de eadem re.

Multiplices epulæ concurrunt undique fusæ;
    Quid prius excipiam, me bonus error habet.
Carnea dona tumens argentea gavata perfert,
    Quo nimium pingui jure natabat holus.
Marmoreus defert discus quod gignitur hortis, 5
    Quo mihi mellitus fluxit in ore sapor.
Intumuit pullis vitreo scutella rotatu,
    Subductis pinnis quam grave pondus habens!

odeur suave assouvit ma faim. Une jarre de terre noire me donne un lait de toute blancheur; elle arriva triomphante; elle était bien sûre de me plaire. C'est ainsi que soumis à la mère, ma maîtresse, je lui rends compte de l'emploi des présents de sa fille, demeurant toujours avec elles en tiers dans leur pieuse affection.

XI. A la même sur des fleurs.

Heureux convive, vois ces apprêts délicieux qui se recommandent par leur bonne odeur, avant de se faire estimer par leur saveur; vois cette quantité de fleurs brillantes qui te sourient agréablement. La campagne offre à peine autant de roses que cette table. Les lys à la blancheur lactée y ressortent sur un fond de pourpre, et les uns à l'envi des autres embaument ces lieux de leurs parfums nouveaux. C'est sur ce parterre qui dégoutte de rosée que les plats sont dressés. Pourquoi les roses couvrent-elles ce que la nappe couvre ordinairement? c'est qu'une table sans nappe, mais avec des fleurs variées et odoriférantes qui en tenaient lieu, devait plaire davantage. Sur les murs tapissés de guirlandes de lierre, et où des masses de roses prodiguent leur éclat, on ne voit plus la chaux dont ils sont enduits. Telle est la richesse du décor qu'outre ces gracieuses fleurs, on penserait voir les prés verdir jusque sous les toits. Mais si ce qui nous plaît tant passe si vite, ô paradis, invite-nous à tes festins. Tout cela est l'œuvre des mains industrieuses de ma sœur, et ma mère était digne d'en avoir l'honneur.

XII. Pour des eulogies. A la même.

Je vous ai envoyé des présents, non pas les miens, croyez-en cet aveu; ce sont plutôt les vôtres qui vous font retour. Vous nous offrez des mets largement arrosés de miel, vous dont la sainte bouche distille le miel le plus doux. Ce qu'il me reste de vos friandises est énorme; veuillez m'en croire, pendant que ma gourmandise vaincue les rejette. Mais pardonnez-moi, sœur vénérée, cœur excellent : si mon amitié fut présomptueuse, que ce ne soit là qu'un péché véniel. Et maintenant que votre vénérable communauté prie pour moi le Christ, afin qu'il n'y voie pas un péché plus grave.

XIII. Pour des châtaignes. (A Radegonde et Agnès.)

Cette corbeille d'osier a été tissée de mes mains, croyez-m'en, chère mère et chère sœur; elle contient des châtaignes, présent rustique que je vous offre, et qui vient d'un châtaigner de la campagne.

XIV. Pour du lait. (A Agnès.)

J'ai vu la marque de vos doigts sur ces blancs-mangers dont vous m'avez fait présent, et celle de votre main est restée là où vous avez enlevé la crème. Dites-moi, je vous prie, qui a dressé vos ongles délicats à graver si bien? Dédale aurait-il été votre maître? O amitié vénérable dont l'image m'était représentée et par les empreintes laissées sur ces mets, et par les parties qu'on en avait enlevées!

Plurima de pictis concurrunt poma canistris,
 Quorum blandifluus me saturavit odor.   10
Olla nigella nitens dat candida pocula lactis,
 Atque superba venit quæ placitura fuit.
Hæc dominæ matri famulans, hæc munera natæ
Junctus amore pio tertius ipse loquor.

XI. Item aliud de floribus.

Respice delicias, felix conviva, beatas,
 Quas prius ornat odor quam probet ipse sapor.
Molliter arridet rutilantum copia florum;
 Vix tot campus habet quot modo mensa rosas.
Albent purpureis ubi lactea lilia blattis   5
Certatimque novo fragrat odore locus.
Insultant epulæ stillanti germine fultæ;
 Quod mantile solet, cur rosa pulchra tegit?
Conplacuit melius sine textile tegmine mensa,
 Munere quam vario suavis obumbrat odor;   10
Enituit paries viridi pendente corymbo,
 Quæ loca calcis habet, huc rosa pressa rubet.
Ubertas rerum tanta est, ut flore sereno
 Mollia sub tectis prata virere putes.
Si fugitiva placent, quæ tam cito lapsa recedunt,   15
 Invitet epulæ nos, paradise, tuæ.
Dædalicis manibus nituit textura sororis;
 Tantum digna fuit mater habere decus.

XII. Item aliud pro eulogiis.

Munera direxi, sed non mea, crede fatenti :
 Ad te quæ veniunt sunt tua dona magis.
Melle superfusas cunctorum porrigis escas,
 Cujus ab ore pio dulcia mella fluunt.
Copia quanta mihi maneat de munere vestro   5
 Credite, dum spargit jam gula victa cibos.
Sed mihi da veniam, venerando corde benigna :
 Quod præsumpsit amor sit veniale mihi.
Nunc Christum pro me chorus ille verendus adoret,
 Ne peccatorem me mea culpa gravet.   10

XIII. Item aliud pro castaneis.

Ista meis manibus fiscella est vimine texta :
 Credite mi, caræ, mater et alma soror;
Et quæ rura ferunt, hic rustica dona ministro,
 Castaneas molles, quas dedit arbor agris.

XIV. Item aliud pro lacte.

Aspexi digitos per lactea munera fixos,
 Et stat picta manus hic ubi crama rapis.
Dic, rogo, quis teneros sic sculpere conpulit ungues?
 Dædalus an vobis doctor in arte fuit?
O venerandus amor cujus, faciente rapina,   5
 Subtracta specie, venit imago mihi!

Mais ce ne fut qu'une vision passagère. L'image se rompit dans son enveloppe trop mince, et je n'en pus sauver même une parcelle (1). Que le Seigneur vous fasse la grâce de vous livrer pendant de longues années encore à de tels amusements et puisse pendant tout ce temps-là votre mère rester parmi vous!

XV. Sur le même sujet. (A Radegonde et Agnès.)

Que pouvaient ma mère et ma sœur me donner d'aussi délicieux que ce lait, venu si à propos pour réparer mes forces? Car selon l'ordonnance de l'apôtre saint Paul, le lait est la nourriture des malades (1). Vous vous montrez soucieuses de ma renommée; que Dieu ait toujours de vous le plus tendre soin.

XVI. Sur un dîner. (A Agnès.)

J'ignorais, je l'avoue, que vos dîners avaient été préparés pour moi, et s'étaient lassés de m'attendre. Je ne mérite donc pas d'avoir encouru votre déplaisir. Jamais on n'eût pu me soustraire à votre compagnie, si l'on n'eût usé pour cela d'un misérable artifice. Qui me rendra ces repas où je vous dis avec franchise que vous êtes les délices de mon âme? Dîner loin de vous et jeûner, c'était tout un pour moi; nul mets sans vous ne pouvait me rassasier. Quelque faim que j'aie eue, votre douce parole m'eût tenu lieu des plats les plus relevés, et elle eût rempli mon cœur. Le médecin par un procédé contraire fait de cruelles blessures. Tout médecin est trompeur, et c'est en trompant qu'il démontre son art. Le mien qui n'est jamais rassasié de tout ce que la terre et l'eau lui fournissent, a pensé que j'aurais assez de mon seul ordinaire (1). A présent donc que je vous ai préparée à la pitié, pardonnez-moi, et ne mettez pas à ma charge le crime d'autrui.

XVII. Sur un présent fait par lui.

Ce gage de mon amitié est l'œuvre de mes mains; je souhaite qu'il vous agrée à vous et à ma maîtresse (Radegonde), quoiqu'il soit bien médiocre et d'une pauvre exécution. Mais que ma bonne intention en augmente le prix. Si vous voulez bien réfléchir, vous verrez que les petits présents de ceux qui aiment avec constance ont une grâce que n'ont pas les autres.

XVIII. Pour des prunes. (A Radegonde et Agnès.)

Je vous envoie de quoi faire bombance. Ce sont des prunes noires, comme on les appelle. Je les ai cueillies dans le bois; ne les dédaignez pas, je vous prie. Si vous voulez bien accepter ces fruits sauvages, j'ai, grâce à Dieu, quelque autre chose en réserve qui ne vous déplaira pas. Ne vous effrayez pas de ce qu'elles pendent à leur branche; ce ne sont pas là des champignons sortis de terre, ce sont des fruits qu'un arbre a portés (1). Je n'aurais pas la cruauté de donner à ma mère ce qui pourrait lui faire du mal; cet aliment est sain, elle peut en manger sans crainte.

XIX. Pour d'autres friandises et du lait. (A Agnès.)

Avec tous vos mets délicats, c'est le jeûne que

Spes fuit, hæc quoniam tenui se tegmine rupit :
  Nam neque sic habuit pars mihi parva dari.
Hæc facias longos, Domino tribuente, per annos,
  In hac luce simul matre manente diu.   10

XV. Item aliud pro lacte.

Quid tam dulce darent mihimet materque sororque,
  Quam modo quod tribuunt congrue lactis opem,
Sicut apostolico præcepit dogmate Paulus,
  Cum infirmis animis lac jubet ipse dari ?
Sollicitam mentem geritis de nomine nostro :   5
  De vobis semper sit pia cura Deo.

XVI. Item aliud pro prandio.

Nescivi, fateor, mihi prandia lassa parari :
  Sic animo merear posse placere tuo ;
Nec poterant aliqui vultu me avellere vestro,
  Si non artificis fraus latuisset inops.
Quis mihi det reliquas epulas, ubi voce fideli 5
  Delicias animæ te loquor esse meæ ?
A vobis absens colui jejunia prandens,
  Nec sine te poterat me saturare cibus.
Pro summis epulis avido tua lingua fuisset,
  Replessent animum dulcia verba meum.   10
Ordine sed verso medicus fera vulnera gignit,
  Et fallax artem decipiendo probat.
Quem numquam saturat quidquid mare, terra minis-
  Credebat solo me saturare meo.   [trat,
Sed modo da veniam, quæso, pietate parata,   15
  Alterius facinus ne mihi constet onus.

XVII. Item aliud pro munere suo.

Composui propriis manibus munus amoris,
  Sed tibi vel dominæ sit rogo dulce meæ,
Quamvis exiguo videantur inepta paratu :
  Crescant affectu quæ modo parva fero.
Si bene perpendas, apud omnes semper amantes 5
  Muneribus parvis gratia major inest.

XVIII. Item aliud pro prunellis.

Transmissas epulas, quæ pruna nigella vocantur,
  Ne rogo despicias, quæ mihi silva dedit.
Si modo dignaris silvestria sumere poma,
  Unde placero queam dat meliora Deus.   [pendit :
Hoc quoque non metuas quod ramo umbrante pe- 5
  Non tellus fungos, sed dedit arbor opes.
Non ego crudelis, qui matri incongrua præstem :
  Ne debites puros sumere fauce cibos.

XIX. Pro aliis deliciis et lacte.

Inter multiplices epulas jejunia mittis,

vous m'envoyez et le supplice du feu que vous me faites endurer rien qu'à les voir. Ce que convoitent mes yeux le médecin l'interdit à ma bouche, et sa main me retire ce qu'appète ma gourmandise. Cependant, comme avant tout vous me servez d'excellent lait, vos présents l'emportent sur tous les présents des rois. Maintenant, ma sœur, réjouissez-vous, je vous prie avec notre pieuse mère ; bonne est la table où je suis, car c'est la table de la joie (1).

XX. Pour des œufs et des prunes. (A Radegonde et Agnès.)

D'une part des friandises, de l'autre des légumes ; ici des œufs et là des prunes ; ce sont là vos présents et c'est ma nourriture. Il y en a de blancs, il y en a de noirs. Puisse cette bigarrure ne point troubler la paix de mon ventre ! Vous m'ordonnez de m'en tenir à deux œufs le soir : à vous dire vrai, j'en ai gobé trois. Plaise à Dieu que tous les jours de ma vie ma pensée obéisse à vos ordres comme ma gourmandise le fait aujourd'hui !

XXI. Sur son absence. (Aux mêmes.)

Si une forte pluie ne l'en eût empêché, votre ami fût allé vous surprendre. Désormais je ne veux pas être absent une seule heure des lieux où vous êtes ; car je vous aime, et vous voir pour moi c'est la vie.

XXII. Sur un repas. (A Radegonde.)

Au nom de la piété, au nom de celui qui commande aux astres, au nom de ce que la mère aime, le frère désire vivement que tandis que nous mangeons, vous preniez vous-même quelque nourriture. Si vous le faites, j'aurai mangé deux fois.

a. Même sujet.

J'ai mangé tant de bonnes choses que j'en ai le ventre gonflé comme un ballon. Le lait, les légumes, les œufs, le beurre, tout y a passé. Mais voici qu'il m'arrive d'autres mets et d'un genre nouveau. Le mélange en pareil cas est un agrément et une douceur de plus. Ici est le beurre, à côté est le lait ; ainsi le corps gras se rapproche de l'élément dont il est formé.

XXIII. Vers sur un festin. (A Radegonde et à Agnès.)

Plongé dans les délices d'une table où il y en avait pour tous les goûts, je mangeais et sommeillais en même temps. Tantôt j'ouvrais la bouche, tantôt je fermais les yeux, et tout en mangeant, j'avais, croyez-moi, mes amies, l'esprit trop brouillé pour être en état de parler à mon aise et avec facilité. Mes doigts ni ma plume n'étaient capables d'écrire des vers ; ma muse était ivre, et ma main n'eût formé que des zig-zags. A moi et aux autres buveurs la table semblait nager dans le vin. Cependant pour répondre aux aimables sommations de ma mère et de ma sœur, je leur ai fait aujourd'hui comme je l'ai pu, ces quelques vers. Quoique le sommeil m'assaille et m'enlace, mon amitié me

```
Atque meos animos meos plura videndo cremas.
  Respiciunt oculi medicus quod non jubet uti,
  Et manus illa vetat, quod gula nostra rogat.
Attamen ante aliud cum lactis opima ministras,     5
  Muneribus vincis regia dona tuis.
Nunc cum matre pia gaudens soror esto, precamur :
  Nam nos lætitiæ mensa benigna tenet.
```

XX. Pro ovis et prunis.

```
Hinc me deliciis, illinc me pascitis herbis,
  Hinc ova occurrunt, hinc mihi pruna datur.
Candida dona simul præbentur et inde nigella :
  Ventre utinam pax sit, sic variante cibo !
Me geminis ovis jussistis sero cibari ;            5
  Vobis vera loquor : quatuor ipse bibi
Atque utinam merear cunctis parere diebus
  Sic animo, ceu nunc hoc gula jussa facit.
```

XXI. De absentia sua.

```
Si me non nimium pluviatilis aura vetaret,
  Dum nesciretis, vos repetisset amans.
Nec volo nunc absens una detenter ut hora,
  Cum mea tunc lux est quando videtur amans.
```

XXII. De convivio.

```
Per pietatis opus, per qui plus imperat astris,
```

```
  Per quod mater amat, frater et ipse cupit
Ut, dum nos escam capimus, quodcumque ciberis :
  Quod si tu facias, bis satiabor ego.
```

a. Item de eadem re.

```
Deliciis variis tumido me ventre tetendi,
  Omnia sumendo : lac, holus, ova, butur.
Nunc instructa novis epulis mihi fercula dantur,
  Et permixta simul dulcius esca placet.
Nam cum lacte mihi posuerunt inde buturum :       5
  Unde prius fuerat, huc revocatur adeps.
```

XXIII. Item versus in convivio factus.

```
Inter delicias varias mixtumque saporem,
  Dum dormitarem dumque cibarer ego,
(Os aperiebam, claudebam rursus ocellos
  Et manducabam somnia plura videns),
Confusos animos habui, mihi credite, caræ,         5
  Nec valui facile libera verba dare.
Non digitis poteram, calamo neque pingere versus,
  Fecerat incertas ebria Musa manus.
Nam mihi vel reliquis sic vina bibentibus apta
  Ipsa videbatur mensa natare mero.               10
Nunc tamen, ut potui, matri pariterque sorori
  Alloquio dulci carmina parva dedi.
```

pousse à vous écrire ; mais ma main est bien mal assurée.

a. Sur le même sujet.

La conversation et la table de ma douce maîtresse ont récréé son serviteur ; ses diverses et charmantes plaisanteries, l'ont extrêmement diverti.

XXIV. Sur un présent qu'il leur fait. (Aux mêmes.)

Si vous n'avez pas encore complété, comme on dit ici les complies (1), je vous prie humblement d'accepter de bon gré ces présents. Ne les dédaignez pas à cause de leur peu de valeur, car si vous me demandez ce que j'en pense, je vous dirai qu'on voit la grandeur de l'amitié dans la petitesse du présent.

XXV. Sur son voyage. (Aux mêmes.)

Les courts instants de la vie humaine sont troublés par d'innombrables incidents, et la vie elle-même s'écoule dans l'inconstance et l'instabilité. De son côté l'esprit manque d'équilibre, incertain qu'il est de l'avenir, et ne sachant pas même ce qu'enfantera le lendemain. Quand j'eus pris congé de vous, l'ami Eomundus me reçut avec sa bonté habituelle. Je le quittai pour me rendre en toute hâte au palais de Cariac (1), d'où je partis pour aller à Tincillac (2). De là l'évêque Domitianus (3) m'entraîna aux fêtes célébrées en l'honneur de Saint-Albin (4). Cela fait, je montai sur un petit bateau qui, emporté par le courant et pendant qu'il pleuvait, me poussa déjà fatigué et non sans de nombreux périls, vers un point où un fort vent du nord bouleversait le fleuve (5) et faisait décrire aux flots des sinuosités extravagantes. Les rives étaient impuissantes à contenir les eaux. Celles-ci envahissaient les terres, et leurs forces irritées entraînaient à la fois les prés, les champs, les bois, les moissons, les viornes et les saules. Pendant que j'étais ainsi le jouet des flots déchaînés, le vent et la pluie faisaient rage. Le bateau tour à tour escaladait les vagues et retombait dans l'abîme. Tantôt ferme à la barre, le pilote maîtrisait la tourmente, tantôt il était chassé vers la rive par une lame énorme qui se retirait ensuite. Cependant battu par les flots ennemis et noyé d'écume, l'esquif ne cessait d'embarquer de l'eau. Les lames léchaient sa coque ; caresses hostiles sous des apparences de paix, et pour nous d'autant plus perfides et dangereuses. Mais le temps me manque pour rappeler tous mes sujets de plaintes, et je renferme en moi des murmures qui en sortiront plus tard tous à la fois. Surtout, que la puissance divine me fasse la grâce de vous revoir heureuses d'ici à peu de temps.

XXVI. Même sujet. (Aux mêmes) (1).

Il gèle serré partout ; l'herbe flexible baisse la tête et n'a plus la force de la relever. La terre est couverte d'une écorce dure, et les branches des arbres sont chargées d'une neige molle et

Etsi me somnus multis impugnat habenis,
 Hæc dubitante manu scribere traxit amor.

a. Item de eadem re.

Blanda magistra suum verbis recreavit et escis,
 Et satiat vario deliciante joco.

XXIV. Item de munere suo.

Si non complestis quod hic completa vocatur,
 Hæc, rogo suppliciter, suscipe, sume libens.
Nec parva spernas : nam si mea vota requiras,
 Munus in angustum cernitur amplus amor.

XXV. Ad easdem de itinere suo.

Casibus innumeris hominum momenta rotantur,
 Instabilique gradu pendula vita meat.
Ipsa futurarum titubans mens anxia rerum
 Ventura ignorat quid sibi lux pariat.
Nam me digressum a vobis Eomundus amator   5
 Illa suscepit qua bonitate solet.
Hinc citus excurrens Cariacæ devehor aulæ ;
 Tincillacensi perferor inde loco.
Hinc sacer antistes rapuit me Domitianus,
 Ad sancti Albini gaudia festa trahens.   10
Inde relaxatus, per plura pericula fessum
 Puppe sub exigua fluctus et imber agit,
Quo gravis incumbens Aquilo subverterat amnem
 Et male curvatos extulit unda sinus.
Nec sua commotos capiebant litora fluctus :   15
 Invadunt terras æquora fusa novas.
Pascua, rura, nemus, segetes, viburna, salictum
 Viribus iratis una rapina tenet.
Huc mihi commisso per confraga murmura ponti
 Flatibus horrificis laxa fremebat hiems,   20
Surgebatque cadens per aquosa cacumina puppis,
 Ascendens liquidas monte vacante vias ;
Quo rate suspensa modo nubila nauta tenebat,
 Gurgite subducto rursus ad arva redit.
Fluctibus infestis pelagi spumante procella,   25
 Assidue rapidas prora bibebat aquas ;
Æquora lambebant inimica pace carinam,
 Tristius amplexu nos nocitura suo.
Sed mora nulla vetat varias memorare querellas :
 Post referenda simul murmura corde tego.   30
Hoc mihi præcipue divina potentia præstet,
 Ut cito felices vos revidere queam.

XXVI. Item aliud.

Passim stricta riget glacies concreta pruina,
 Nec levat adflictas flexilis herba comas.
Terra jacet crustata gelu sub cortice duro,
 Mollis et arboreas nix legit alta comas.

épaisse. Sur les fleuves qui coulaient à l'aise, s'est formée une croûte solide comme un mur; l'eau condensée s'est revêtue d'une cuirasse pesante. Arrêtées par leur propre masse, les eaux se sont liées d'elles-mêmes, et c'est à peine si à travers les digues qu'elles ont élevées, elles se frayent un passage. Des rives de glace se sont formées au milieu des fleuves; nous ne souhaitons pas d'aller dessous, et l'on ne peut non plus aller dessus. La glace s'est amoncelée sous l'influence d'un vent du nord violent. Qui donc laissera-t-elle passer cette eau qui combat contre elle-même? Mais s'il vient à souffler un vent tiède comme celui qui a l'origine du monde était porté sur les eaux, et si par vos fréquentes prières vous fléchissez le Tout-puissant, j'arriverai heureusement ainsi que vous le désirez (2), car, de vous obéir de cœur en tout ce que vous m'ordonnerez, plaise à Dieu que j'en aie le pouvoir aussi bien que j'y aurais de plaisir et que j'en ai la volonté!

Proflua crustatum struxerunt flumina murum .   5
    Et densata gravem vestiit unda cutem.
Mole sua frenantur aquæ, se lympha ligavit,
    Obice sub proprio vix sibi præbet iter.
Fluminibus mediis nata est crystallina ripa,
    Nec cupimus subter, nec super itur iter.   10
Asperius tumuit glacies Aquilone frement
    Cui dabit illa viam quæ sibi pugnat aqua?
Sed si concipitur nunc spiritus ille caloris,
    Qui tum in principio perferebatur aquis,
Assiduis precibus si flectitis Omnipotentem,   15
    Et mihi, ceu cupitis, prosperiora datis.
Nam vobis parere animo quodcumque jubetur
    Posse utinam sic sit, quam mihi velle placet!

NOTES SUR FORTUNAT, LIVRE XI.

II.

1. — Voy. liv. VIII, pièce IX, note 1, et la Vie de sainte Radegonde, par Fortunat, dans ses écrits en prose.

III.

1. — Ce jour de naissance d'Agnès n'était pas le jour où elle était née à la vie charnelle, mais celui où, ayant été choisie par Radegonde pour être abbesse du monastère de Sainte-Croix, elle était née en même temps à la vie spirituelle. C'est ainsi que le *natalis dies* des évêques était le jour de leur intronisation, et qu'on en célébrait exactement les anniversaires.

2. — Il entend par là les religieuses de Sainte-Croix.

IV.

1. — Fortunat par ce mot d'*agens* entend bien, selon son habitude, faire un jeu de mot avec *Agnes*, comme il en a fait un d'*agnus* avec la même, dans la pièce III de ce livre, vers 10. Mais s'il se pare de cette qualification d'*agens*, il en a le droit, car il était effectivement l'*agens in rebus* l'homme d'affaire du monastère, des intérêts duquel il s'occupait avec l'approbation et au grand contentement de la mère et de l'abbesse. — « Au bas empire on nommait *agentes in rebus*, *magistriani* ou *ministeriani*, une classe d'employés du palais mis à la disposition du ministre chargé de la police générale (*magister officiorum*), pour remplir des missions au dehors. Placés jadis sous les ordres du préfet du prétoire (*præfectus prætorio*), ils avaient pris la place des agents appelés *frumentarii*, que leurs exactions avaient fait supprimer à l'époque de Dioclétien. » (*Diction. des antiquités* de MM. Daremberg et Edm. Saglio, au mot *Agentes in rebus*).

2. — Il s'adresse ici également à Agnès et à Radegonde.

3. — *Modico vino utere propter stomachum*, dit saint Paul à Timothée, I, 5, 23.

V.

1. — Cette pièce ne me paraît guère correspondre au titre, à moins qu'on n'entende comme je l'ai fait l'*hodiernum tempus* du troisième vers par le *natalis dies*; ce qui n'est pas impossible.

2. — C'est Radegonde qui lui avait donné cet ordre.

VI.

1. — *Mère* par sa dignité d'abbesse, titre auquel Agnès avait droit et que lui donnaient toutes les sœurs. Le poète ne le lui donne ici qu'à cause de cela, et en ayant soin d'y joindre immédiatement celui de sœur. Sa *mère* par excellence et qu'il ne cesse d'appeler ainsi, comme ci-devant pièce IV, était Radegonde. — M. Léo dit de ce poème qu'il a été écrit après la mort de Radegonde. Est-ce parce que celle-ci est appelée *beatæ* au vers 11? Mais le vers 10 et dernier où on lit le mot *vos* paraît assez indiquer que le poète s'adresse et à Agnès et à Radegonde.

IX.

Les eulogies, selon l'ancien usage et dans la langue de l'Église, étaient des pains bénits qu'on offrait aux fidèles pendant la messe, et dont on réservait une partie pour la sainte Eucharistie. C'était aussi des pains et autres aliments que les évêques et les prêtres, après les avoir bénits, s'envoyaient les uns aux autres, en les accompagnant de missions *salutatoires*. C'était encore la desserte de la table des évêques et des abbés, qui était distribuée probablement aux pauvres. Enfin on comprit sous le nom d'eulogies tout présent même profane envoyé ou reçu, et c'est de celles-ci qu'il s'agit dans cette pièce et dans d'autres de Fortunat.

X.

1. — Voy. note 1 de la pièce XXIV du livre VII.

2. — Il me paraît difficile d'entendre autrement que je l'ai fait les mots *vitreo rotatu*; on fabrique encore des corbeilles formées de bâtonnets de verre contournés et entrelacés, comme sont les corbeilles d'osier. Voy. la pièce XIII. Après tout, peut-être ne s'agit-il que d'une écuelle ronde. Tous ces détails seraient très précieux pour l'industrie mérovingienne, s'ils étaient plus clairs.

XII.

1. — Voy. la note 1 de la pièce IX.

XIV.

1. — Que pouvaient être des mets au lait qui gardaient la marque des doigts de l'artiste et dans les dessins qu'il y avait tracés, et dans les vides qu'il y avait laissés? Quelque chose comme des blanc-mangers, ou tout autre laitage rendu solide de manière à pouvoir subir cette double opération? Quoi qu'il en soit, et tout persuadés que nous devions être de l'excellence d'un mets préparé par des mains si délicates et si industrieuses, la description qu'en fait le poète n'est pas assez claire, assez précise pour en extraire la formule d'un plat dont les *Cuisinières bourgeoises* puissent enrichir leurs nomenclatures.

XV.

1. — *Corinth*. I, 3.

XVI.

1. — Ainsi, le poète fut empêché par son médecin, sous quelque fallacieux prétexte, d'assister au dîner qu'Agnès avait préparé pour lui. De là, pour se venger, cette imputation de gourmandise qu'il lui adresse et ce jugement sévère et laconique qu'il porte sur le corps si redoutable des suppôts d'Esculape.

XVIII.

1. — A la façon dont Fortunat s'exprime, il semblerait que ce fruit fût inconnu à Radegonde et à Agnès, puisqu'il les engage à n'en avoir point de défiance; c'est fort probable. Il s'agit en effet de fruits issus de sauvageons qui, ne se rencontrant que dans les bois où ni l'une ni l'autre n'avaient pour habitude de se promener, elles avaient besoin d'être assurées de leurs propriétés inoffensives; sans quoi l'avertissement de Fortunat serait une plaisanterie assez fade.

XIX.

1. — Je n'entends pas ce qu'il veut dire par cette table de la joie. Peut-être s'agit-il de la sainte Table. Mais j'ai traduit littéralement.

XXIV.

1. — J'ai tâché de conserver le jeu de mots dans ma traduction. Une fois complies dites, il était défendu aux religieux d'avoir des entretiens avec qui que ce fût, et d'en recevoir des cadeaux. Telle était la règle de saint Benoît, qu'avait adoptée saint Césaire, et après lui Radegonde.

XXV.

1. — J'ignore quel est ce palais. Les éditeurs et annotateurs ne donnent à cet égard aucun éclaircissement. Voy. sur les motifs de ce voyage l'en-tête des notes de la pièce VIII du livre VI.

2. — Tincillac paraît avoir été un monastère où saint Albin fut abbé, avant d'être évêque d'Anjou, comme le dit Fortunat dans la vie de ce saint, n° 5. C'est sans doute de ce monastère où il était alors que Fortunat fut appelé par Domitianus pour venir à Angers célébrer la fête de saint Albin.

3. — Ce Domitianus succéda à Eutrope sur le siège d'Angers. Il avait assisté au troisième concile de Paris en 557, puis au second de Tours en 566. Fortunat dit liv. III, VI, qu'il présida à la dédicace de l'église de Nantes; en 568, suivant Lecointe.

4. — Fortunat écrivit la Vie de saint Albin, selon le témoignage de Grégoire de Tours, *De Glor. Confess.* 96, et cette vie est comprise en effet dans les écrits en prose de Fortunat. M. Ebert, dans son *Histoire de la littérature du moyen âge en Occident*, traduite de l'allemand par le docteur Joseph Aymeric et le docteur James Condamin, t. I, p. 576, remarque que cette vie de saint Albin est le premier essai de Fortunat dans la prose en général, et il fonde cette assertion sur ces paroles du prologue adressé à un « personnage apostolique » : « Quid ergo a me infra doctorum vestigia latitante res alta requiritur, quem ad scribendi seriem nec natura profluum, nec litterata facundum, nec ipso usquequaque *usus* reddidit expeditum. » Voy. cette Vie de saint Albin dans la *Patrologie* de Migne, t. 88, p. 479 et suivantes.

5. — Ce fleuve était ou la Mayenne ou la Sarthe.

XXVI.

1. — Voy. sur les motifs de ce voyage dont on ignore le but, l'en-tête des notes de la pièce VIII du liv. VI.

2. — Ce vers est extrêmement obscur, et l'on ne peut qu'en conjecturer le sens, bien loin d'oser l'affirmer. Il se déduit toutefois assez naturellement de l'ensemble de la pièce. Mais il ne souffrirait aucune difficulté si au lieu de *prosperiora datis* on lisait *prosperiora dabit*, ce dernier mot se rapportant à *omnipotentem* du vers précédent. La construction ne serait pas moins vicieuse, mais Fortunat en offre maints exemples.

APPENDICE

I. Sur la ruine de la Thuringe (1).

Triste condition de la guerre! sort jaloux des choses humaines! Que de superbes royaumes renversés tout à coup! Des palais où le bonheur habita si longtemps, gisent à terre consumés par l'incendie. La demeure royale, si florissante jadis, n'est plus couverte, au lieu de toit, que de cendres lugubres; elle s'est effondrée avec les magnifiques ornements d'or qui la décoraient; ce n'est plus qu'un monceau de ruines. Ses hôtes ont été envoyés captifs chez leur vainqueur et maître (2). Des hauteurs de la gloire ils sont tombés dans la condition la plus basse. Une foule de serviteurs de même âge et brillants de santé ont péri; ils ne sont plus que la poussière sordide du tombeau. Une troupe d'illustres et puissants personnages de la cour restent sans sépulture, et privés des honneurs que l'on rend à la mort. La sœur de mon père (3), au teint de lait, aux cheveux d'un rouge plus vif, plus étincelant que l'or, est couchée sur le sol où elle a été abattue. Des cadavres, hélas! mal inhumés jonchent les campagnes, vaste et unique cimetière de toute une nation. Que Troie ne soit plus la seule à pleurer sa ruine, la Thuringe a eu ses massacres comme elle. La matrone, les mains chargées de fers, était traînée par les cheveux, sans avoir pu dire un triste adieu à ses lares. Il n'était pas permis au captif de coller ses lèvres sur le seuil de sa maison, ni même de tourner la tête du côté des lieux qu'il ne devait plus revoir. L'épouse marchait pieds nus dans le sang de son mari, et la sœur sur le cadavre de son frère. Nul ne versa des larmes funèbres sur l'enfant arraché des bras de sa mère et suspendu encore à ses baisers; nul ne poussa un gémissement. Mais perdre ainsi la vie est moins cruel pour l'enfant que pour la mère. La mère, à bout de ses forces, a perdu jusqu'à celle de pleurer. Toute barbare que je suis, je ne pourrais verser autant de larmes qu'il en fut versé alors, quand j'en verserais un lac. Chacun eut les siennes; les miennes seules furent pour tous et la douleur publique devint ma douleur privée. La fortune a décidé du sort de ceux que l'ennemi a frappés; je ne leurs survis que pour les pleurer. Ce sont pas seulement mes parents défunts que je suis forcée de pleurer, ce sont encore ceux que la mort a épargnés. Souvent je comprime mes larmes, mon visage en étant tout humide; et si mes sou-

APPENDIX.

I. De excidio Thoringiae.

Condicio belli tristis, sors invida rerum!
  Quam subito lapsu regna superba cadunt!
Quæ steterant longo felicia culmina tractu
  Victa sub ingenti clade cremata jacent.
Aula palatino quæ floruit antea cultu, 5
  Hanc modo pro cameris mœsta favilla tegit.
Ardua quæ rutilo nituere ornata metallo,
  Pallidus oppressit fulgida tecta cinis.
Missa sub hostili domino captiva potestas,
  Decidit in humili gloria celsa loco. 10
Stans ætate pari famulorum turba nitentum
  Funereo sordet pulvere functa die.
Clara ministrorum stipata corona [potentum]
  Nulla sepulchra tenens mortis honore caret.
Flammivomum vincens rutilans in crinibus aurum 15
  Strata solo recubat lacticolor amita.
Heu male texerunt inhumata cadavera campum,
  Totaque sic uno gens jacet in tumulo.
Non jam sola suas lamentet Troja ruinas:
  Pertulit et cædes terra Thoringa pares. 20
Hinc rapitur laceris matrona revincta capillis,
  Nec laribus potuit dicere triste vale.
Oscula non licuit captivo infigere posti,
  Nec sibi visuris ora referre locis.
Nuda maritalem calcavit planta cruorem 25
  Blandaque transibat fratre jacente soror.
Raptus ab amplexu matris puer ore pependit,
  Funereas planctu nec dedit ullus aquas.
Sorte gravi minus est nati sic perdere vitam:
  Perdidit et lacrimas mater anhela pias. 30
Non æquare queo vel barbara femina fletum
  Cunctaque guttarum mœsta natare lacu.
Quisque suos habuit fletus, ego sola sed omnes
  Est mihi privatus publicus ille dolor.
Consuluit fortuna viris quos perculit hostis; 35
  Ut flerem cunctis una superstes agor.
Nec solum extinctos cogor lugere propinquos:
  Hos quoque, quos retinet vita benigna, fleo,

pirs se taisent, mon chagrin parle toujours. Quand le vent murmure, j'écoute s'il m'apporte quelque bonne nouvelle; mais de tous mes parents, je ne vois pas l'ombre d'un seul. Celui dont la vue et la tendresse étaient ma consolation, la fortune ennemie l'a ravi à mes embrassements. Si loin que tu sois, en pensant à ta cousine, n'as-tu pas des remords? Nos affreux malheurs ont-ils détruit en toi l'affection. Rappelle-toi du moins, Hamaléfrède (4), tes premières années et ce qu'alors était pour toi Radegonde; rappelle-toi combien tu me chérissais, toi fils du frère de mon père, et parent plein de bonté. Ce que m'eussent été feu mon père, mon frère ou ma sœur, seul tu m'étais tout cela. Quand j'étais toute petite tu me prenais doucement dans tes bras; je me suspendais à tes baisers, et tu me charmais par tes paroles caressantes. A peine laissais-tu passer une heure sans venir me trouver; maintenant il se passe des siècles sans que j'entende un mot de toi. Mon cœur était tourmenté d'inquiétudes et elles allaient jusqu'à la colère, faute de savoir quand et d'où tu reviendrois. Si ton père te retenait, ou ta mère, ou les soins de la royauté (5), encore que tu te hâtasses de me rejoindre, tu me semblais toujours en retard. Peut-être, cher cousin, était-ce là un présage que je te perdrais bientôt; une tendresse importune ne saurait durer longtemps. J'étais dévorée de chagrin si nous n'étions pas ensemble sous le même toit. Sortais-tu, c'était, pensais-je, pour t'en aller au loin. Aujourd'hui vous êtes en Orient (6) et je suis en Occident; l'Océan me retient sur ses bords, et toi, c'est la mer Rouge. Tout un monde est jeté entre deux êtres qui s'aiment, et sépare ceux qui ne s'étaient jamais séparés. La distance est immense, mais elle l'eût été davantage que tu serais encore allé au delà. Cependant reste où te retiennent les vœux de tes parents (7), vœux meilleurs que ne le furent pour toi ceux de la Thuringe, quand elle était plus heureuse. Je souffre donc bien davantage, et je me plains avec plus de force de ce que tu ne me donnes pas signe de vie. Celui que je veux voir, je ne le vois pas; une lettre m'eût rappelé sa figure, ou son portrait m'eût rendu l'homme que la distance me dérobe. Je saurais quelle vertu de nos ancêtres, quelle gloire échue à nos parents revivront en toi; je saurais si sur ton visage se joue la couleur vermeille de celui de ton père. Crois-moi, cher parent, tu ne serais pas absent tout entier si tu m'écrivais. Une page de la main d'un frère est une partie de lui-même. Tous ont quelque faveur en partage; je n'ai pas même la consolation. O crime! plus j'aime et moins je reçois en retour. Si d'autres, par une bonté qui est une loi pour eux, s'enquièrent de leurs serviteurs, pourquoi, de grâce, me négliges-tu moi qui te suis alliée par le sang? Souvent, pour recouvrer l'esclave né dans sa maison, le maître passe les montagnes, affrontant la neige et brisant la glace; il pénètre dans les sombres cavernes des rochers; les frimas ne sauraient refroidir la chaleur de son affection; mais soutenu par elle, sans guide et les pieds nus, il court et enlève aux ennemis leur proie malgré

Sæpe sub umecto confidens lumina vultu;
 Murmura clausa latent, nec mea cura tacet. 40
Specto libens, aliquam si nuntiet aura salutem,
 Nullaque de cunctis umbra parentis adest.
Cujus in aspectu tenero solabar amore,
 Solvit ab amplexu sors inimica meo.
An, quod in absenti te nec mea cura remordet, 45
 Affectum dulcem cladis amara tulit?
Vel memor esto, tuis primævis qualis ab annis,
 Hamalafrede, tibi tunc Radegundis eram,
Quantum me quondam dulcis dilexeris infans,
 Et de fratre patris nate, benigne parens. 50
Quod pater extinctus poterat, quod mater haberi,
 Quod soror aut frater, tu mihi solus eras.
Prensa piis manibus heu blanda per oscula pendens
 Mulcebar placido famine parva tuo.
Vix erat in spatium, quo te minus hora referret; 55
 Sæcula nunc fugiunt, nec tua verba fero.
Volvebam rabidas inliso in pectore curas,
 Ceu revocareris, quando vel unde, parens.
Si pater, aut genetrix, aut regia cura tenebat,
 Cum festinabas, jam mihi tardus eras. 60
Sors erat indicium, quia te cito, care, carerem;
 Inportunus amor nescit habere diu.
Anxia vexabar, si non domus una tegebat,
 Egrediente foris, rebar abisse procul.
Vos quoque nunc Oriens et nos Occasus obumbrat, 65
 Me maris Oceani, te tenet unda rubri,
Inter amatores totusque interjacet orbis:
 Has dirimit mundus, quos loca nulla prius.
Quantum terra tenet tantum divisit amantem:
 Si plus arva forent, longius isses iter. 70
Esto tamen, quo vota tenent meliora parentum
 Prosperior quam quæ terra Thoringa dedit.
Hinc potius crucior validis onerata querellis,
 Cur mihi nulla tui mittere signa velis.
Quem volo nec video, pinxisset epistula vultum, 75
 Aut loca quem retrahunt ferret imago virum:
Qua virtute atavos repares, qua laude propinquos,
 Ceu patre de pulchro ludit in ore rubor.
Crede, parens, si verba dares, non totus abesses:
 Pagina missa loquens pars mihi fratris erat. 80
Cuncti munus habent, ego nec solacia fletus.
 O facinus, quæ dum plus amo, sumo minus!
Si famulos alii pietatis lege requirunt,
 Cur, rogo, prætereor sanguine juncta parens?
Ut redimat dominus vernam, sæpe ipso per Alpes 85
 Frigore concretas cum nive rumpit aquas;
Intrat in excisis umbrantia rupibus antra,
 Ferventem affectum nulla pruina vetat,
Et duce cum nullo, pede nudo, currit amator
 Atque suas prædas, hoste vetante, rapit; 90

eux. Quoique blessé, il court au travers de leurs bataillons, et rien ne coûte à son amour pour rentrer en possession de ce qu'il veut avoir. Mais moi qui suis toujours incertaine de vos destinées, c'est à peine si je goûte un instant de repos, de tranquillité d'esprit. Où es-tu? je le demande au vent qui siffle, aux nuages qui volent suspendus dans les airs. Est-ce la Perse belliqueuse ou Byzance qui te réclame? Es-tu gouverneur de l'opulente Alexandrie? Demeures-tu près de Jérusalem où naquit d'une vierge le Fils de Dieu? Tu ne m'écris rien de tout cela, comme pour aggraver ma douleur et lui donner des armes. Si ni la terre, ni la mer ne m'apportent des nouvelles, que ce soit du moins un oiseau, et qu'il m'en apporte de bonnes. Si je n'étais soumise à la sainte clôture du monastère, où que tu sois j'arriverais tout à coup. Je m'embarquerais sur une mer fouettée par les orages, et naviguerais gaiement malgré le vent et la tempête. Penchée sur les flots et plus forte qu'eux, je les maîtriserais, et ce qui effraye les nochers ne me ferait pas peur à moi qui t'aime. Si le vaisseau se brisait sous l'effort de la tourmente, je m'accrocherais à quelque planche, et si, par malheur, je ne pouvais la saisir, je nagerais à force de bras pour t'aller rejoindre sûre, en te revoyant, de n'avoir couru aucuns dangers, et de trouver bientôt dans ta tendresse un soulagement aux fatigues du naufrage. Ou si dans cette aventure je perdais ma déplorable vie, tu as sous la main du sable pour m'y ensevelir et m'élever un tombeau. Mon cadavre y serait porté en présence de spectateurs attendris, et tu assisterais vivement ému à ces funérailles. Tu inhumerais en pleurant celle dont tu-méprises les larmes, pendant qu'elle vit encore, et tu en verserais d'amères sur celle à qui tu refuses même de parler. Mais pourquoi, cher parent, écarter certains souvenirs? pourquoi en différer le lugubre récit? Pourquoi te taire, insondable douleur, sur la mort de mon frère? Comment son innocence donna-t-elle dans les embûches des pervers et comment fut-il ravi au monde pour avoir été confiant? Malheureuse que je suis! En rappelant ce crime lamentable, mes larmes refoulées jaillissent de nouveau, et mes blessures se rouvrent. Tandis que désireux de te voir, il se préparait à voler vers toi, il en fut empêché par ma tendresse fraternelle (8). Pour n'avoir pas voulu être dur pour moi, il attira les coups sur sa tête; la crainte de me faire de la peine fut la cause de sa mort. Il était jeune encore quand il fut frappé, et n'avait point de barbe, si ce n'est un léger duvet; et j'étais moi, sa sœur, absente, et n'ai point vu les horreurs de sa fin. Non seulement je l'ai perdu, mais je ne lui ai point fermé les yeux, ni ne me suis jetée sur son corps, ni ne lui ai adressé les derniers adieux Je n'ai pas réchauffé de mes larmes brûlantes ses entrailles glacées, je n'ai point embrassé ses chères lèvres au moment où il expirait. Je n'ai point entouré de mes bras le cou de cet infortuné, et ne l'ai point pressé sur ma poitrine haletante. Il ne lui était plus permis de vivre. Pourquoi le souffle qui l'abandonua n'était-il pas le mien,

Adversas acies et per sua vulnera transit,
   Quod cupit ut capiat, nec sibi parcit amor.
Ast ego pro vobis momenta per omnia pendens,
   Vix curæ spatio, mente, quiete fruor.
Quæ loca te teneant, si sibilat aura, requiro, 95
   Nubila si volitant pendula, posco locum :
Bellica Persidis seu te Byzantion optat,
   Ductor Alexandræ seu regis urbis opes?
An Hierosolymæ resides vicinus ab arce,
   Qua est genitus Christus virgine matre Deus? 100
Hoc quoque nulla tuis patefecit littera chartis,
   Ut magis hinc gravior sumeret arma dolor.
Quod si signa mihi nec terra nec æquora mittunt,
   Prospera vel veniens nuntia ferret avis!
Sacra monasterii si me non claustra tenerent, 105
   Improvisa aderam qua regione sedes.
Prompta per undifragas transissem puppe procellas,
   Flatibus hibernis læta moverer aquis.
Fortior eductos pressissem pendula fluctus,
   Et quod nauta timet non pavitasset amans. 110
Imbribus infestis si solveret unda carinam,
   Te peterem tabula remige vecta mari :
Sorte sub infausta si prendere ligna vetarer,
   Ad te venissem lassa natante manu.
Cum te respicerem, peregrina pericla negassem, 115
   Naufragii dulcis mox relevasses onus;
Aut mihi si querulam raperet sors ultima vitam,
   Vel tumulum manibus ferret harena tuis.
Ante pios oculos issem sine luce cadaver,
   Ut vel ad exequias commoverere meas. 120
Qui spernis vitæ fletus, lacrimatus humares,
   Atque dares planctus, qui modo verba negas.
Quid fugio memorare, parens, quid differo luctus?
   De nece germani cur, dolor alte, taces,
Qualiter insidiis insons cecidisset iniquis 125
   Oppositaque fide raptus ab orbe fuit?
Hei mihi, quæ renovo fletus referendo sepultos,
   Atque iterum patior, dum lacrimanda loquor!
Ille tuos cupiens properat dum cernere vultus,
   Nec suas impletur, dum meus obstat amor. 130
Dum dare dura mihi refugit, sibi vulnera fixit :
   Lædere quod timuit, causa doloris adest.
Percutitur juvenis tenera lanugine barbæ,
   Absens nec vidi funera dira soror.
Non solum amisi, sed nec pia lumina clausi, 135
   Nec superincumbens ultima verba dedi,
Frigida non calido tepefeci viscera fletu,
   Oscula nec caro de moriente tuli,
Amplexu in misero neque collo flebilis hæsi,
   Aut fovi infausto corpus anhela sinu. 140
Vita negabatur : quin jam de fratre sorori
   Debuit egrediens halitus ore rapi?

celui de la sœur et non pas du frère? Quand il vivait, je lui faisais des litres (9) pour orner ses habits; j'en aurais envoyé pour orner son cercueil. N'était-il pas permis à mon amour de parer ses dépouilles? Oui, frère, crois-moi, je suis une impie; j'étais responsable de ta vie; je suis la cause unique de ta mort, et je ne t'ai pas donné un tombeau! Je quittai une fois ma patrie; je fus captive deux fois (10), puis en butte de nouveau à la violence des ennemis, après la mort de mon frère. Cette mort me fit retenir les larmes que je n'avais pu verser sur la tombe de mon père, de ma mère, de mon oncle et de mes autres parents (11). Depuis que je l'ai perdu, ce frère, je le pleure tous les jours; il a emporté chez les morts mes joies et les siennes. Ainsi périrent tour à tour (12) et pour mon malheur mes parents bien-aimés. Dans cette série de massacres le sang royal fut le premier versé. Les maux que je souffris alors, je ne pourrais, si j'étais près de toi, te les redire de bouche, et navrée comme je le suis, tu ne m'en consolerais pas. Écris-moi donc, je te prie, sérénissime cousin (13), et adoucis par tes bonnes paroles la violence de mon chagrin. Le souci que j'ai de toi je l'ai aussi de tes sœurs; je les aime de cet amour qu'engendre la consanguinité! Mais il ne m'est pas permis de serrer dans mes bras de parentes qui me sont si chères (14), ni d'imprimer sur les lèvres de l'une et de l'autre d'avides baisers. Salue-les pour moi si, comme je le souhaite, elles sont toujours de ce monde; porte-leur, je te prie, mes vœux et mes baisers. Recommande-moi aussi aux rois des Francs (15).

Ils ont pour moi des bontés de mère. Puisses-tu vivre longtemps, et puisse mon propre salut trouver dans vos honneurs de nouvelles sûretés! Christ, exauce ma prière : que cette lettre arrive sous les yeux de ceux que j'aime, qu'elle soit suivie d'une réponse douce à mon cœur et qui, par sa promptitude à venir, mette fin à mon supplice d'espérer en vain et depuis si longtemps.

II. A Justin et à Sophie Augustes (1).

Gloire au Père, au Fils et au Saint-Esprit, un seul Dieu adoré en trois personnes; majesté, trinité, substance simple, égale en durée, indivise et du même temps; douée de la même vertu immanente; unité de puissance inhérente à trois, ce que peut le Père, le Fils le pouvant et le Saint-Esprit; formant, il est vrai, trois personnes distinctes, mais virtuellement unies, d'une seule nature, mais possédant également la lumière, la puissance et le trône; trinité éternelle en soi, régnant sans le temps, n'ayant aucun besoin d'expérience et contenant tout sans rien acquérir!

Gloire à toi, créateur de toutes choses et rédempteur, qui dans ta justice as donné l'empire à Justin! C'est donc avec raison qu'il revendique la domination sur les rois, étant comme il est, le serviteur du roi des cieux et sachant lui plaire; c'est avec raison qu'il commande à Rome et au monde romain, lui le sectateur des dogmes de l'Église de Pierre, prêchés par un seul homme, Paul, la trompette retentissante, à des milliers d'hommes, alors que versant le sel de sa bouche sur les Gentils stupéfaits,

---

Quæ feci vivo, misissem listra feretro :
    Non licet extinctum vel meus ornet amor?
Impia, crede, tuæ rea sum, germane, saluti;   145
    Mors cui sola fui, nulla sepulchra dedi.
Quæ semel excessi patriam, bis capta remansi
    Atque iterum hostes, fratre jacente, tuli.
Tunc, pater ac genetrix, et avunculus, atque parentes,
    Quos flerem in tumulo reddidit iste dolor.   150
Non vacat ulla dies lacrimis post funera fratris,
    Qui secum ad manes gaudia nostra tulit.
Sic miseræ dulces consummavere parentes,
    Regius ac series sanguis origo fuit.
Quæ mala pertulerim neque præsens ore referrem,   155
    Nec sic læsa tuo consuler alloquio.
Quæso, serene parens, vel nunc tua pagina currat,
    Mitiget ut validam lingua benigna luem.
Deque tui similis mihi cura sororibus hæc est,
    Quas consanguineo cordis amore colo.   160
Nec licet amplecti quæ diligo membra parentum,
    Osculer aut avide lumen utrumque soror.
Si, velut opto, manent superis, rogo redde salutes,
    Proque meis votis oscula cara feras.
Ut me commendes Francorum regibus oro,   165
    Qui me materna sic pietate colunt.
Tempore longævo vitalibus utere flabris,
    Et mea de vestro vernet honore salus.
Christe, fave votis : hæc pagina cernat amantes,
    Dulcibus et redeat littera picta notis,   170
Ut quam tarda spes cruciat per tempora longa,
    Hanc celeri cursu vota secuta levent.

II. Ad Justinum et Sophiam Augustos.

Gloria summa patris natique ac spiritus almi,
    Unus adorandus hac trinitate Deus,
Majestas, persona triplex, substantia simplex,
    Æqualis, consors atque coæva sibi,
Virtus una manens idem, tribus una potestas   5
    (Quæ pater hæc genitus, spiritus ipsa potest),
Personis distincta quidem, conjuncta vigore,
    Naturæ unius, par ope, luce, throno,
Secum semper erat trinitas, sine tempore regnans,
    Nullius usus egens, nec capiendo capax.   10
Gloria summa tibi, rerum sator atque redemptor,
    Qui das Justinum justus in orbe caput.
Rite super reges dominantem vindicat arcem
    Cœlesti regi qui famulando placet.
Quam merito Romæ Romanoque imperat orbi   15
    Qui sequitur quod ait dogma cathedra Petri,
Quod cecinit Paulus passim, tuba milibus una,
    Gentibus et stupidis fudit ab ore salem,

sa parole rapide faisait le tour du monde (2), et que la foi et son éloquence réchauffait les cœurs glacés.

Gloire à toi, créateur de toutes choses et rédempteur, qui dans ta justice as donné l'empire à Justin ! La foi ébranlée se consolide et jette un nouvel éclat; la loi vénérable est rentrée dans son ancienne demeure. Remercions Dieu de ce que le nouvel empereur maintient toutes les prescriptions du concile de Chalcédoine (3). C'est grâce à vous, Auguste, que la Gaule en préconise les actes, ainsi que les peuples du Rhône, du Rhin, du Danube et de l'Elbe. A l'occident, les peuples de la Galice, de la Gascogne et leurs voisins les Cantabres y adhèrent également. La sainte croyance a volé jusque chez les nations les plus reculées; elle a passé l'Océan et a été bien accueillie des Bretons. Que vous prenez bien votre part des soucis du Seigneur, objet de votre amour ! Il fait vos affaires et vous faites les siennes. Vous recevez l'assistance du Christ et vous lui en rendez l'honneur. Il vous a donné le souverain pouvoir, vous lui donnez la foi en retour. Il ne pouvait vous donner plus de pays que vous n'en gouverniez, ni faire que vous lui rendissiez rien de plus précieux que la foi elle-même. Les Pères exilés pour la cause du Christ, revinrent dès que vous ceignîtes la couronne; ceux qui étaient en prison, rendus à leurs sièges, disent que vous seul êtes le bien général. En guérissant les maux de tant de confesseurs, vous avez, prince, rendu en même temps à la santé des peuples innombrables. Le Thrace, l'Italien, le Scythe, le Phrygien, le Dace, le Dalmate, le Thessalien, l'Africain, font des vœux pour vous (4). Ce sera votre louange, tant que le soleil luira sur le monde. Partout où il y a des hommes, l'honneur y pénètre avec vous.

Gloire à toi, créateur de toutes choses et rédempteur, qui dans ta justice as donné l'empire à Justin ! Celle que vous épousâtes dans vos heureuses années, et dont les mérites égalent les vôtres, l'illustre Sophie, est devenue Auguste par cet hymen. L'honneur qu'elle rend aux saints lieux et le zèle qu'elle apporte à les embellir attirent sur sa personne les grâces du ciel. De l'Orient où sa foi généreuse s'est manifestée d'abord avec éclat, elle a envoyé en Occident des présents magnifiques. A la prière et selon les vœux de Radegonde, elle a donné à cette reine, fille de la Thuringe, des fragments vénérés de la croix où le Christ, fait chair, a bien voulu être suspendu et laver nos péchés de son sang.

Gloire à toi, Créateur de toute choses et Rédempteur, Sophie est aujourd'hui sur le trône ! O piété, de la fontaine bienfaisante ont coulé jusqu'ici ces eaux de la foi que l'amour du Christ répand dans tous les lieux du monde. Princes augustes, une même volonté est la vôtre, et pour l'accomplir vous rivalisez d'efforts. Vous, impératrice, vous relevez votre sexe, comme vous, empereur, le vôtre. Vous nous rendez Constantin, et vous, sa pieuse compagne, Hélène. En l'un comme en l'autre même honneur, même amour de la croix. Hélène a retrouvé ce signe du salut, vous, Sophie le répandez partout; l'Orient n'en a plus le privilège; l'Occident en est rempli.

Gloire à toi, créateur de toutes choses et rédempteur, Sophie est aujourd'hui sur le trône ! Par

Cujus quadratum linguæ rota circuit axem,
  Eloquiique fide frigida corda calent.   20
Gloria summa tibi, rerum Sator atque Redemptor,
  Qui das Justinum justus in orbe caput.
Ecclesiæ turbata fides solidata refulget,
  Et redit ad priscum lex veneranda locum.
Reddite vota Deo, quoniam nova purpura, quidquid 25
  Concilium statuit Calchedonense, tenet.
Hoc meritis, Auguste, tuis et Gallia cantat.
  Hoc Rhodanus, Rhenus, Hister et Albis agit.
Axe sub occiduo audivit Gallicia factum,
  Vascone vicino Cantaber ista refert.   30
Currit ad extremas fidei pia fabula gentes,
  Et trans Oceanum terra Britanna favet.
Quam bene cum domino curam partiris amator !
  Ille tuas causas, tu facis ecce suas.
Dat tibi Christus opem, tu Christo solvis honorem : 35
  Ille dedit culmen, reddis et ipse fidem.
Nil fuit in terris quod plus daret ille regendum,
  Nec quod plus reddas quam valet alma fides.
Exilio positi patres pro nomine Christi
  Tunc rediere sibi, cum diadema tibi.   40
Carcere laxati, residentes sede priore,
  Esse ferunt unum te generale bonum.
Tot confessorum sanans, Auguste, dolores,
  Innumeris populis una medella venis. [salus, Afer, 45
Thrax, Italus, Scytha, Phryx, Daca, Dalmata, Thes-
  Quod patriam meruit nunc tibi vota facit.
Hæc tua laus, princeps, cum sole cucurrit in orbe :
  Quo genus est hominum huc tuus intrat honor.
Gloria summa tibi, rerum Sator atque Redemptor,
  Qui das Justinum justus in orbe caput. —   50
Cui meritis compar nubens felicibus annis
  Obtinet augustum celsa Sophia gradum :
Quæ loca sancta pio fixo colit, ornat amore
  Et facit hoc volo se propiare polo.
Cujus opima fides Orientis ab axe coruscans   55
  Misit ad Occasum fulgida dona Deo :
Regina poscente sibi Radegunde Thoringa,
  Præbuit optatæ munera sacra crucis,
Qua Christus dignans adsumpta in carne pependit,
  Atque cruore suo vulnera nostra lavit.   60
Gloria summa tibi, rerum Sator atque Redemptor,
  Quod tenet augustum celsa Sophia gradum.
O pietas huc usque rigans de fonte benigno,
  Cujus amor Christi fundit ubique fidem !
Ecce pari voto, Augusti, certatis utrimque :   65
  Ipsa tuum sexum subrigis, ille suum ;
Vir Constantinum, Helenam pia femina reddis :
  Sicut honor similis, sic amor ipse crucis.
Illa invenit opem, tu spargis ubique salutem,
  Implet et Occasum quod prius Ortus erat.   70
Gloria summa tibi, rerum Sator atque Redemptor,
  Quod tenet augustum celsa Sophia gradum.

vous la croix du Seigneur revendique le monde; où elle était inconnue, on la voit désormais, et l'on est protégé par elle. La foi des nations (4) en Jésus-Christ est devenue plus grande quand l'espérance, aidée de leurs yeux, leur eut permis de contempler l'instrument du salut; cette foi a été doublée par le témoignage de leurs sens, depuis que grâce à votre présent, elles la voient attestée par la croix elle-même. Cultivant le terrain que la parole de l'apôtre nous excite à labourer, vous le fertilisez par ce bois. Déjà le bruit de votre munificence s'est répandu jusque dans le Septentrion; l'Orient et l'Occident parlent de vous et s'y piquent d'émulation. Ici c'est le Romain qui redit vos louanges, là c'est le Barbare, qu'il soit Germain, Batave, Gascon ou Breton. Qu'avec cette croix, Sophie, votre pays florisse à jamais! Vous, Sophie, faites qu'on la désire et qu'elle se multiplie jusqu'aux extrémités de la terre. Prosternée et suppliante, Radegonde l'adore et la prie pour la longue durée de votre empire. Fondant en larmes et unie à ses sœurs, elle souhaite que votre foi en recueille d'abondantes félicités. Soyez heureuse, Sophie, avec Justin, votre époux, et entourée de l'ordre sacré des patrices. Et puisque vous régnez sur le monde romain, rendez au sénat ses droits, et soyez la souveraine vénérée du peuple qui porte la trabée. Que Dieu ajoute sa sanction suprême aux vœux formés pour votre bonheur, et que ce qui est aimé de Radegonde demeure impérissable pour vous. Couchée sur la poussière, elle prie continuellement pour que la couronne impériale reste longtemps sur votre tête. Faites toujours le bien; appliquez à cela votre volonté, votre étude, votre intelligence et toutes vos pensées. Ayez soin de Radegonde et qu'elle-même se souvienne de vous.

III. A Artachis (1).

Après la ruine de ma patrie et la destruction des palais de mes parents, malheurs que la Thuringe eut à souffrir d'une armée ennemie, si je parlais des combats funestes par lesquels la guerre s'est terminée (1), et du rapt dont je fus l'objet, que de larmes n'aurais-je pas à verser d'abord? Que me reste-t-il donc à pleurer? Est-ce ma nation opprimée, frappée à mort, ou ma chère famille victime de toutes sortes de calamités? Mon père est tombé le premier, mon oncle (2) l'a suivi, me laissant au cœur l'un et l'autre une affreuse blessure. Un frère me restait; mais par une fatalité cruelle, la terre qui le recouvre pèse aussi sur moi. Tous (ô souvenir qui me déchire les entrailles!) tous sont morts. Tu leur survivais, Hamalafrède, et voilà que tu es mort aussi (3)! Et c'est pour l'apprendre à Radegonde depuis si longtemps oubliée, que vous m'écrivez cette lettre si triste et qui a dû vous coûter tant à m'écrire (4)? J'ai longtemps attendu de celui que j'aimais un présent pareil. Est-ce de l'armée (5) que tu me l'envoies? Ces écheveaux de soie, destinés à être mis en œuvre (6), veulent-ils dire que, tandis que je les filerai, mon amour de sœur y trouvera des consolations? Voilà donc les marques de l'intérêt que tu offres à mon immense dou-

---

Per te crux domini totum sibi vindicat orbem :
  Quo nescita fuit, hoc modo visa tegit.
Accessit genti major fiducia Christi,   75
  Quando salutis opem spes oculata videt,
Sensibus et duplicata fides, cum munere vestro
  Plus animæ credant, quod cruce teste probant.
Hoc Augusta colens, quod apostolus, instat aratro :
  Tu ligno, hic verbo lætificatis agrum.   80
Hæc jam fama favet qua se septentrio tendit,
  Ortus et Occasus militat ore tibi.
Illinc Romanus, hinc laudes barbarus ipse,
  Germanus, Batavus, Vasco, Britannus agit.
Pars tua cum cruce sit florens, Augusta, per ævum, 85
  Cui facis extremis crescere vota locis.
Hanc prostrata solo supplex Radegundis adorat
  Et vestro imperio tempora longa rogat,
Atque rigans lacrimis, conjuncta sororibus, optat,
  Ut hinc vestra fides gaudia larga metat.   90
Felix Justino maneas cum principe conjunx
  Ordine patricio cincta, Sophia, sacro.
Romula regna regens, tribuas sua jura senatu,
  Teque sibi dominam plebs trabeata colat.
Vota superna Deus votis felicitatis addat,   95
  Nec vobis pereat quod Radegundis amat,
Assiduo cantu quæ pulvere fusa precatur,
  Temporibus largis ut tibi constet apex.
Voto, animo, sensu, studio bona semper agendo,
  Sit tibi cura sui, sit memor illa tui.   100

III. Ad Artachin.

Post patriæ cineres et culmina lapsa parentum,
  Quod hostili acie terra Thoringa tulit,
Si loquar infausto certamine bella peracta,
  Quas prius ad lacrimas femina rapta trahar?
Quid mihi flere vacet? Pressam hanc funere gentem, 5
  An variis vicibus dulce ruisse genus?
Nam pater ante cadens et avunculus inde secutus
  Triste mihi vulnus fixit uterque parens.
Restiterat germanus apex, sed sorte nefanda
  Me pariter tumulo pressit harena suo.   10
Omnibus extinctis (heu viscera dura dolentis!)
  Qui super unus eras, Hamalafrede, jaces.
Sic Radegundis enim post tempora longa requiror?
  Pertulit hæc tristi pagina vestra loqui?
Tale venire diu expectavi munus amantis,   15
  Militiæque tuæ hanc mihi mittis opem?
Dirigis ista meo nunc serica vellera penso,
  Ut, dum fila traho, soler amore soror?
Siccine consuluit valido tua cura dolori?
  Primus et extremus nuntius ista daret?   20
Nos aliter lacrimis per vota cucurrimus amplis;

leur, et que m'apporte ton premier et à la fois ton dernier messager? Ici mes vœux accompagnés de larmes abondantes suivaient un autre cours; ils attendaient autre chose que ces amères douceurs. J'étais horriblement inquiète et tourmentée. Si peu d'eau peut-il calmer l'ardeur de ma fièvre? N'ayant pas été trouvée digne de te voir vivant, ô Hamalafrède, ni d'assister à ta mort, c'est comme si je te perdais deux fois. Mais pourquoi, cher Artachis, mon enfant, te parler ainsi et donner par mes larmes un nouvel aliment aux tiennes? J'aurais dû plutôt t'envoyer des consolations ; mais ma douleur de la perte du défunt ne m'arrache que des paroles douloureuses. Nous étions consanguins à un degré très rapproché ; il l'était même au premier, comme fils du frère de mon père. J'ai Bertharius pour père, Herménéfride est le sien ; mais quoique nés des deux frères, nous ne sommes pas du même pays. Rends-moi au moins, cher neveu (7), ce bon parent, et sois-moi par l'affection ce qu'il me fut lui-même avant toi. Envoie souvent, je te prie, des messagers à ce monastère pour s'informer de moi ; unissez vos efforts pour que cette sainte maison reste à Dieu, et qu'appuyés de ceux de votre pieuse mère (8), elle puisse rapporter au ciel des fruits dignes de lui. Maintenant que le Seigneur vous dispense largement le bonheur, joint à une santé dans le présent qui sera votre parure dans l'avenir (9).

IV. Vers sur Sigismond.

Un souci dont elles ont conscience obsède les âmes chrétiennes, celui que la santé de tous demeure en bon état. Quant à moi qui plus que nul autre demande à être éclairé sur ce qui vous concerne, je m'informe vite et souvent de vous à quiconque passe et repasse. J'interroge d'un œil inquiet la marche des vents capricieux pour savoir d'où et quand me viendra quelque bonne nouvelle de vous. Apprenez surtout par cette lettre, mon aimable ami, que je ressens comme miennes votre douleur et vos craintes. Et comme vous savez que mes dispositions à votre égard sont les mêmes que vous avez pour moi, faites-moi savoir par un mot de votre main que vous vous portez bien.

V. Sur le roi Childebert.

Voyez la note concernant cette pièce, qui ne vaut à aucun titre la peine qu'on la traduise, et dont on se borne à donner le texte ci-dessous.

VI. Sur la reine Brunehaut (1).

Fille des rois, mère honorée par-dessus toutes les mères, entourée de toutes parts de princes illustres et pieux, dont un fils règne en Gaule et une fille en Espagne, puissiez-vous commencer sous d'heureux auspices des années plus prospères. Que votre fils protège les Allobroges, que votre fille gouverne les Gètes, que ces enfants,

```
        Non erat optanti dulcia amara dari.
   Anxia sollicito torquebar pectora sensu :
        Tanta animi febris his recreatur aquis?
   Cernere non merui vivum nec adesse sepulchro,   25
        Perferor exequiis altera damna tuis.
   Cur tamen hæc memorem tibi, care Artachis alumne,
        Fletibus atque meis addere flenda tuis?
   Debueram potius solamina ferre parenti,
        Sed dolor extincti cogit amara loqui.        30
   Non fuit ex longa consanguinitate propinquus,
        Sed de fratre patris proximus ille parens.
   Nam mihi Bertharius pater, illi Hermenefredus :
        Germanis geniti nec sumus orbe pari.
   Vel tu, care nepos, placidum mihi redde propinquum, 35
        Et sis amore meus quod fuit ille prius.
   Meque monasterio missis rogo sæpe requiras
        Ac vestro auxilio stet locus iste Deo,
   Ut cum matre pia vobis hæc cura perennis
        Possit in astrigero reddere digna throno.    40
   Nunc dominus tribuat vobis felicibus ut sit
        Præsens larga salus, illa futura decus.
```

IV. Versus ad Sigimundum.

```
   Christicolas animas hæc conscia cura fatigat,
        Ut circa cunctos stet sine labe salus.
   Ast ego præ reliquis circum tua lumina pendens
        Qui venit atque redit prompta requiro frequens:
   Sollicitis oculis volitantia flabra recurro,      5
        Quando vel unde tui nuntiet aura boni.
```

```
   Hoc [tibi] præcipue mea, dulcis, epistula signet
        Quod dolor atque metus sit tuus ille meus ;
   Et quia nos animo cognoscis currere tecum,
        Del de te incolumi pagina missa fidem.       10
```

V. De Childeberctho rege.

```
   Rex regionis apex et supra regna regimen,
        Qui caput es capitum, vir capitale bonum ;
   Ornamentorum ornatus, ornatius ornans,
        Qui decus atque decens cuncta decenter agis,
   Primus e! a primis, prior et primoribus ipsis,    5
        Qui potes ipse potens, quem juvat Omnipotens,
   Dulcia delectans, dulcis dilecta potestas.
        Spes bona vel bonitas, de bonitate bonus,
   Digne nec indignans, dignos dignatio dignans,
        Florum flos florens, florea flore fluens,    10
   Childeberctho cluens : hæc Fortunatus amore
        Paupere de sensu pauper et ipse fero.
   Audulfum famulum commendo supplice voto,
        Me quoque : sic nobis hic domineris apex.
```

VI. De Brunichilde regina.

```
   Regia progenies, præcelsi et mater honoris,
        Undique regnantum cincta decore pio,
   Gallia cujus habet genus et Hispania fetum,
        Masculus hinc moderans, inde puella regens :
   Auspicium felix sit prosperioribus annis :       5
        Hic tegat Allobrogas, dirigat illa Getas,
```

fruits de vos entrailles, règnent sur ces deux nations; qu'ils vous donnent, chacun dans son pays, des petits-fils dont la troupe aimable et respectueuse servira de cortège à celle qui est deux fois aïeule et par son fils et par sa fille. En voyant les uns et en entendant les autres, vous prendrez plaisir à les compter, heureuse à la fois et de les avoir en votre présence et de les écouter. Enfin, portant vos regards vers les deux pays soumis à la domination de vos enfants, vous vous réjouirez comme mère et comme aïeule, avec la patrie et le peuple. Je vous recommande mon serviteur Andulfe et moi avec lui. Que votre gloire à tous continue à briller de tout son éclat.

VII. A Agiulfe (1).

Nom qui m'est cher et que j'aimerai toujours, Agiulfe, vous qui, au témoignage de tous et principalement au mien, vous faites remarquer par la bonté de votre cœur et vous attirez la sympathie de tous par votre cordialité, tant que vous cultiverez ces dispositions et que vous en resterez l'objet, on applaudira à votre élévation. Nature excellente, ami généreux, agréable aux maîtres que vous servez, d'une bonté charmante, chéri de tous et lien entre tous, la joie est sur votre figure et la confiance est en votre cœur. Puissiez-vous, sous les princes aujourd'hui régnants, garder longtemps votre haute dignité et puisse, ami, leur salut tourner à votre gloire. Recommandez-moi, je vous prie, à leurs hautes puissances; portez-vous bien et soyez heureux, pendant que le temps vous permet de l'être (2). Recommandez-leur aussi Audulfe mon ami. Que votre vie continue à être rréprochable; que tout prospère au gré du roi, et que Dieu vous accorde de longues années (1).

VIII. Épitaphe de Nectaire (1).

Dans ce triste tombeau repose le corps de Nectaire enlevé à la fleur de l'âge par une mort cruelle. Il avait vingt ans quand cette ennemie le frappa au déclin du jour. Il était fils de Proculus, et par un sort néfaste il en est pleuré avant d'avoir tenu tout ce qu'il promettait. Il avait la figure gracieuse; il était plein de modération et de bon sens, tel enfin que son père n'eût pas à rougir d'avoir mis en lui ses espérances. Toutefois il y a de grandes consolations aux grandes douleurs. Nul n'est exempt de la mort; les pauvres et les rois en prennent également le chemin. Mais celui-là vit toujours que recommande le bien qu'il a fait.

IX. Vers sur un envoi de fruits (1).

Une main amie vous envoie du fond de l'Occident ces excellentes pommes (2). Nous les avons vues pendant à leurs rameaux dans notre jardin ; notre pieuse amitié pour vous nous porte à vous les offrir. Vous n'avez rien à craindre pour votre âme de ce qu'ils ont été cueillis sur l'arbre; il y a longtemps que ce fruit du paradis est inoffensif, car depuis que le Christ a été cloué à la croix rédemptrice, l'innocence qu'Ève nous avait enlevée

---

Gentibus et geminis pariter tua germina regnent
  Et tibi det fructus iste vel ille locus,
Quo te circumdet, pia, blanda corona nepotum,
  De genito et genita bis genitalis ava. 10
Illos auditu, hos visu læta recensens,
  Præsens hinc gaudens, inde sed aure favens,
Subque tuis cernens regiones mater utrasque,
  Cum populo et patria lætificeris ava.
Audulfum famulum commendo, me quoque secum : 15
  Sic maneat cunctis gloria vestra nitens.

VII. Ad Agiulfum.

Nomen dulce mihi, mihi semper amabile nomen,
  Omnibus unanimis, plus mihi mente nitens,
Qui corde amplectens cunctos tibi reddis amantes,
  Dum colis et coleris, carus haberis apex.
Moribus excellens, Agiulfe, benigne sodalis, 5
  Præcipuis dominis qui famulando places,
Vir bonitate decens, concordia vincta per omnes,
  Lætitiæ facies, pectore fida fides :
Stet tuus amplus honor longe his regnantibus [ipsis]
  Illorumque salus sit tibi, care, decus. 10
Supplico commender per te dominantibus altis :
  Sic valeas felix, dum tenet ista dies.
Audulfum proprium commenda, magne, relatu :
  Sic tua vita decens hoc sit in orbe manens.

Regale ad votum felicia cuncta sequantur, 15
  Detque Deus vobis tempora temporibus.

VIII. Epitaphium Nectarii.

Triste sub hoc tumulo crudeli funere rapti
  Nectarii juvenis membra sepulta jacent.
Ipse quater quinos valuit superesse per annos,
  Quem fugiente die mors inimica tulit.
Hic Proculo genitore satus, sed sorte nefanda 5
  Ante tenet lacrimas quam sua vota parens;
Gratus in aspectu, sensu moderatus opimo,
  Qualem non puduit spem generasse patrem.
Sunt tamen ingenti solacia magna dolori,
  Quod quod in orbe venit non sine morte manet : 10
Hæc via pauperibus, hæc est et regibus una,
  Sed vivit semper quem bene facta fovent.

IX. Versus pro pomis directis.

Cardinis occidui regio quæ sumpsit ab ortu,
  Mittit amicalis dulcia poma manus;
Hæc quoque, quæ nostro pendentia vidimus horto,
  Admonet affectus munera ferre pius.
Non animi metuant, hæc sunt quod ab arbore carpta : 5
  Jam fraus nulla nocet quod paradisus habet; [sit,
Namque redemptrici postquam in cruce Christus adhæ-
  Per lignum rediit quod prius Eva tulit;

nous est revenue par le bois. La femme a mérité d'être lavée du crime de son sexe. De la première vint la mort, de la seconde qui fut vierge vint le salut. Nous avons joint à ces rustiques produits de la terre le modeste tribut des eaux. Donnez donc, je vous prie, au frère, ou des pommes, ou des huîtres ; il choisira selon son goût. Mais que la triste cervoise et les impuretés qu'elle dépose fassent crever Dagaulfus (3) ; qu'il en devienne hydropique. Que celui qui empoisonna ainsi l'eau naturelle ne rafraîchisse son stupide gosier que de cette désagréable boisson. Au contraire, et ainsi le demande et le mérite celui qui a le goût délicat, que Draccon boive le doux Falerne de nos vignobles. Cependant, mon bon, je vous prie, au nom du Seigneur, de saluer de ma part et comme il convient ma sœur Papiana. Je vous prie encore de recevoir les présents du Christ de telle sorte que Papiana ne vous soit plus désormais une épouse, mais une chaste sœur (4). Nous ignorons ce que l'avenir nous prépare ici-bas. Qui résiste à la mort quand sa fureur est déchaînée ? Nul ne voit cette voleuse de notre âme avant qu'elle ne la prenne ; nul ne pourra se cacher le jour qu'il lui plaira de venir. Il faut prendre ses précautions avant qu'elle ne nous emporte chez les Ombres, d'où il n'est parent, ni force qui puisse nous tirer. Achevez donc ce que vous avez toujours eu à cœur de finir, de peur que la mort ennemie ne survienne tout à coup, et ne vous en laisse pas le temps. Acquérez maintenant ce qui est le meilleur ; rompez avec le passé, et dépouillant le vieil homme, emparez-

vous des biens du ciel. Au nom du Seigneur nous vous prions l'une et l'autre de nous donner votre fille. Consentez à ce que les soins qu'elle reçoit de ses parents, passent de vos mains dans les nôtres. Vous l'avez engendrée ; nous la réchaufferons dans notre sein.

X. Autre. (A Radegonde et à Agnès.)

Que me conte-t-on ? quel bruit est venu charmer mes oreilles ? Si, en effet, vous vous êtes approchées de la sainte table réconciliées, faites-le-moi savoir par un mot de votre main, qui me témoigne de cet heureux changement et de votre tendresse mutuelle. Mère et sœur que j'aime, et que je confonds l'une et l'autre dans une pieuse affection, célébrez par un chant de joie les joies de ce jour (1).

XI. Autre (1). (A Agnès.)

Aujourd'hui j'ai célébré le joyeux et saint anniversaire de Noël, revenu encore une fois dans le monde. En tous lieux arrivent le fromage principalement, les écuelles rondes en bois garnies de viandes, de volailles, de tous les mets enfin qu'à cette époque de l'année vous offrez à tout le monde, et que chacun depuis longtemps est accoutumé de recevoir. Soyez maîtresse de vous-même, gouvernez toujours avec elle, vous qui jour et nuit faites couler de votre bouche des paroles de miel.

```
Jam meruit mulier purgari crimine sexus :
    Mors fuit illa vetus, virgo novella salus.           10
Et quia silvestrem tribuunt elementa paratum,
    Misimus exiguum, quod dedit unda, cibum.
Deprecor ergo, pares vel poma vel ostrea fratri :
    Eligat alterutrum, quod sibi majus amat.
Sed Dagaulfum hæc rumpat cervesia tristis,              15
    Fæce lagunari turbida, tendat hydrops :
Faucibus in stupidis talem bibat ille liquorem,
    Tam male sinceras qui vitiavit aquas.
At siculi meritis exposcit opima voluntas,
    Dulcia vineti Dracco Falerna bibat.                  20
Hoc tamen in domino, qui te regat, oro benigne,
    Rite salutetur mi Papiana soror ;
Addo preces [pariter] : capias sic munera Christi :
    Ne tibi post uxor, sed sit honesta soror.
Quid ventura dies portat nescimus in orbe ;             25
    Quis morti obsistat, si furibunda ruit ?
Furem animæ nemo ante videt quam tollere possit,
    Nec placitum poterit dissimulare diem.
Causa cavenda prius, subito quam mergat ad umbras
    Est ubi nemo parens, nec levat ulla manus.          30
Sed bene quod placuit constanti perfice voto,
    Ne spatium rediens mors inimica neget ;
Nunc meliora tene, jam, quod fuit, inde recedo,
```

Et cape cælestes huc redivivus opes.
Per dominum votis utræque rogamus utrumque,   35
    Detur ut in nostro filia vestra sinu ;
Officio vestro ad nos migret cura parentum,
    Vos generando utero, nos refovendo sinu.

X. Item aliud.

Dulcibus alloquiis quæ fabula fertur in aure ?
    Si mihi jam placidas mensa benigna tenet,
Placatos animos, tabula redeunte, notate,
    Prodat ut affectum litera picta manu.
Dulcis amore pio pariter materque sororque,   5
    Gaudia festivo concelebrate sono.

XI. Item aliud.

Hodie festivum celebravi diem, in orbem
Domini natalem sacratum venisse diem.
Ubique inprimis venerunt caseum —
Dein veniunt lignea scutella rotata —
Carnem, pullum simul discus ornatus undique —   5
Temporis quæ spacio cunctis feras cibos in ore
Et a cunctis longum sem...
Domina super te et tu simul semper cum ipsa
Quæ die noctuque melliflua diffundis ab ore.

XII. Autre (1). (A Radegonde.)

Tandis que je veux chanter des vers sur ma lyre, cette lyre que vous connaissez, je débute avec plus de nonchalance que je ne le fais habituellement. La muse désaccoutumée de son office, le remplit mal, et ne peut accorder son instrument harmonieux avec le mien. Cependant quoique mes cordes résonnent à peine et tremblottent sous mes doigts, ma seule amitié fait que j'ai l'audace de parler. Mère chérie, bonne, aimable, douce et d'une piété qui ne se lasse jamais, vous dont l'affection me maintient le titre de père, et à qui je ne laisse pas de donner celui de mère comme si j'étais née de vous; vous en qui je vois revivre et j'honore les vertus de votre aïeule, je vous salue humblement et d'une voix émue, vous recommandant l'âme de votre serviteur, comme aussi la fille que votre cœur a enfantée par la grâce. Que le roi des cieux vous conserve longtemps l'une et l'autre en ce monde.

XIII. Autre. (A Radegonde et à Agnès.)

Que la règle de Césaire soit votre honneur et votre ornement dans le monde, et soyez aimées l'une et l'autre du Christ et de son père. Que Césarie (1) et la grande Casarie paraissent au milieu de vous, et vous aident à relever chez vous l'ancienne gloire de leur maison. Que la grâce y répande tellement sa lumière que la maison d'Arles reçoive de celle de Poitiers un éclat qui croisse d'âge en âge. Méritons ainsi de vivre pour le roi du ciel (2); après cela que mon corps repose avec les vôtres dans le même tombeau. Si vos cœurs offensés retiennent encore quelques mumures (3), je prie Dieu qu'ils soient oubliés et vous soient pardonnés. Que le Christ ami de la paix et plein d'une admirable douceur soit votre médiateur et le lien de vos cœurs. Que la vénérable Casarie gouverne avec moi cette maison, elle qui veut que vous vous confondiez avec elle dans une pieuse étreinte (4).

XIV. Autre. (A Radegonde à Agnès et à Casarie.)

Vous êtes là deux mères et une sœur : à laquelle de ces saintes parentes adresserai-je ce billet? La dignité dont elle est revêtue m'indique la plus jeune, et l'âge plus avancé des deux autres leur donne le droit d'être préférées. Mais il m'est plus doux d'envoyer mon salut aux trois ensemble, ayant pour elles une égale affection. Heureuse la table (1) qui réunit ces trois lumières (2) à la fois et qui fait multiplier par leur exemple les fruits de la communion pascale. Puissent les délices que vous y goûterez les goûter encore dans le royaume de Dieu, de concert avec le chœur des anges!

XV. Autre. (A Radegonde et à Agnès.)

Bonne nuit et bonne santé à ma mère et à ma sœur! Ce billet leur apporte les vœux d'un fils et d'un frère pour leur prospérité. Que les anges visitent vos cœurs et en dirigent par leurs entretiens les chères pensées. La nuit me force d'être bref. Voilà six vers; supportez-les à vous deux, je vous prie.

XII. Item allud.

Dum volo carminibus notum percurrere plectrum,
 Incipio solito pigrius ire pede.
Nec mihi doctiloqua consentit harundine Musa,
 Quæ desueta suum pandere nescit opus.
Sed quamvis dubio trepidet mea chorda relatu, 5
 Audacter solo promptus amore loquor.
Cara, benigna, decens, dulcis, pia semper habenda,
 Cujus in affectu stat mihi patris honor,
Per quam, quæ genuit, recolunt mea viscera matrem,
 Et mores aviæ te renovante colo : 10
Suppliciter humilis verbo trepidante saluto,
 Commendans animam sed famulando meam,
Et pariter natam, peperit quam gratia cordis :
 Quas rex cœlorum servet in orbe diu.

XIII. Item allud.

Sic vos Cæsarii monitis honor ornet in orbe,
 Atque ambas caro cum patre Christus amet ;
Sic hic Cæsaria et præcelsa Casaria surgat,
 Ut per vos priscus hic reparetur honor;
Gratia sic talis niteat, qua crescat in ævo 5
 Per vos Pictavis Arelatense decus ;
Sic pie cœlesti mereamur vivere regi
 Et mea vobiscum membra sepulchra tegant :
Si quod in offenso retinetur pectore murmur,
In vice laxatum sit veniale precor; 10
Pacem Christus amans, mira dulcedine plenus,
 Pectora vestra sacer se mediante liget.
Obtineat pariter veneranda Casaria mecum,
 Quæ simul amplexu vos cupit esse pio.

XIV. Item allud.

Quam prius inscribam fixam pietate parentem,
 Quo geminæ matres, extat et una [soror]?
Hanc præponit honor, quæ junior extat in annis;
 Illis ætas gravior jure senile favet.
Sed mihi dulce tribus pariter mandare salutem, 5
 Est quoniam vobis carus et unus amor.
Felix quæ retinet pariter tria lumina mensa,
 Et paschale bonum multiplicare facit!
Angelico cœtu sic participante fruantur
 Deliciæ vobis in regione Dei. 10

XV. Item allud.

Nocte salutifera maneant materque sororque :
 Hoc nati et fratris prospera vota ferant;
Angelicus cœtus præcordia vestra revisat
 Et regat alloquiis pectora cara suis.
Tempora noctis agunt, ut hac brevitate salutem : 5
 Sex modo versiculis vel duo ferte, precor.

XVI. Autre. (A Agnès ou à Radegonde.)

Bien que ce que je voudrais retenir, m'échappe, le soir venu, cependant la nuit ne vous a point enlevée à moi tout entière, car si l'on ne voit pas des yeux du corps ceux qu'on aime, on les voit des yeux de l'âme, et la mienne était là où ma personne ne pouvait être. Qu'il est saint le lieu où ne sont jamais désunis ceux qui s'aiment, et qui voient des yeux du corps ceux qu'ils sont avides de voir, quand d'ailleurs habite parmi eux le Christ dont la bonté et le divin amour resserrent les liens des cœurs. Je fais ici des vers par votre ordre depuis bien des années (1) ; prenez-les, je n'y parle de vous que comme vous méritez qu'on en parle

XVII. Autre (1).

Louez Dieu, mes sœurs, et le remerciez par vos pieuses prières du bonheur considérable qui habite en votre maison. Pour moi, j'en suis exclus, et reste dehors pendant que vous retenez à l'intérieur celle que vous aimez (2). Je l'aime comme vous, mais il ne m'est pas permis comme à vous d'être avec elle (3). Qu'elle vive pour nous longtemps encore (4), florissante de santé et participante de tous vos biens.

XVIII. Autre. (A Agnès.)

Tout est en fête aujourd'hui ; seul au monde je me plains de ne pas être présent à votre anniversaire. Peut-être que si j'avais été en retraite dans un autre pays (1) je me serais senti plus d'ardeur à venir vous trouver. Maintenant d'autres que moi font des cadeaux à ma sœur, et moi qui aurais pu lui offrir des pommes, je ne lui ai donné que des mûres (2). Mais quoique de ma personne je sois loin de vous, mon cœur est avec vous ; je vous prie donc d'avoir pour agréable les présents que je vous ai envoyés. Que le Dieu tout-puissant pardonne à ma mère et à ma sœur de n'avoir rien fait pour me retenir auprès d'elles (3) ! Puissiez-vous vous-même, étant déjà sur l'âge, célébrer cette fête plusieurs années encore, également heureuse et avec votre mère et avec moi votre frère !

XIX. Autre (1). (Aux mêmes.)

Que ce jour de fête se renouvelle pendant de longues années ; qu'il nous ramène ses joies infinies ce jour de fête. Que Dieu accueille avec bonté des vœux si prospères ; que par les mérites de Martin Dieu accueille avec bonté des vœux si prospères (2). Ces joies que j'ai partagées avec vous, que le Christ me les conserve ; qu'il me les conserve longtemps en ce monde ces joies que j'ai partagées avec vous. L'oreille me tinte encore d'un son doux et suave, pareil à celui de la voix humaine, l'oreille me tinte encore d'un son doux et suave. Il coulait de votre bouche une nourriture plus exquise que le miel ; elle-même était un miel nouveau, cette nourriture plus exquise que le miel. Le chœur variait ; ici c'étaient des roulades précipitées, là des chants angéliques ; le chœur variait. Que les hymnes sacrées aient longtemps encore cette voix pour interprète ; que

XVI. Item aliud.

Quamvis quod cuperem fugit me, vespere facto,
   Te mihi non totam nox tulit ista tamen :
Etsi non oculis, animo cernuntur amantes ;
   Nam quo forma nequit mens ibi nostra fuit.
Quam locus ille pius qui numquam abrumpit amantes, 5
   Quo capiunt oculis quos sua vota petunt ;
In medio posito bonitatis principe Christo,
   Cujus amore sacro corda ligata manent !
Hic quoque sed plures [ago] carmina jussa per annos
   Hinc rapias tecum, quo tibi digna loquar. 10

XVII. Item allud.

Plaudite voce Deo, pia reddite vota, sorores,
   Quod sic vobiscum gaudia tanta sedent.
Me foris excluso, vos hanc retinetis amantes :
   Quod commune placet, non simul esse licet.
Hæc longæva diu maneat per singula nobis, 5
   Floreat et cunctis participanda bonis.

XVIII. Item aliud.

Cuncti hodie festiva colunt : ego solus in orbe
   Absens natali conqueror esse tuo ;
Qui si forte latens alia regione fuissem,
   Ad vos debueram concitus ire magis.
Nunc alii tibi dant, ego munera nulla sorori, 5
   Vel dare qui potui pomula, mora toti.
Sed quamvis absens specie, sum pectore præsens,
   Et, rogo, quæ misi dona libenter habe :
Sic Deus omnipotens parcat matri atque sorori,
   Quæ non egerunt me retinere sibi. 10
Hæc pia festa diu multos, senis ipsa, per annos
   Læta matre simul, me quoque fratre colas.

XIX. Item aliud.

Hæc mihi festa dies longos superinstet in annos,
   Gaudia magna ferens hæc mihi festa dies.
Præstet amore Deus tam prospera vota per ævum,
   Martini meritis præstet amore Deus.
Participata mihi vobiscum hæc gaudia Christus 5
   Servet in orbe diu participata mihi.
Mitis in aure sonus suavi dulcedine tinnit,
   Organa vocis habens mitis in aure sonus.
Blandior esca favis vestra de fauce rigavit,
   Et nova mella dedit blandior esca favis. 10
Huc variante choro vox inde rotata cucurrit,
   Sensibus angelicis huc variante choro.

XX. Autre. (A Radegonde.)

Le serviteur zélé de sa bonne maîtresse désire savoir comment vous avez passé cet heureux jour; car tandis que vous vous réjouissez et battez des mains, je me rejouis bien davantage, en ayant pour motif votre bonne santé, le principal objet de mes vœux. S'il n'est pas encore parti (1), qu'il attende un peu les bonnes choses que vous me destinez; qu'il ne parte pas la nuit (2), mais seulement au lever du jour.

XXI. Autre. (A Agnès.)

Ainsi, toutes les heures de la journée d'hier se sont passées de telle sorte que j'ai à me plaindre de n'avoir pu entendre la voix de ma mère. Tel qu'un agneau enlevé à la brebis qui l'allaitait, erre triste, éperdu, dans la verte prairie, tantôt fuyant et faisant retentir l'air de ses bêlements, tantôt revenant à la bergerie qui lui déplaît sans sa mère; tel je prétends être quand par mon absence je suis hors de la portée de vos paroles. Je tiens à peine dans le lieu de ma réclusion; mais de là je rends grâce à ma douce et chère sœur des conseils qu'elle m'a donnés touchant les secours de la piété (1). Vous retenez la moitié de moi-même, elle (Radegonde), est en possession de l'autre moitié; quand je vous vois toutes les deux, je suis tout à l'une et tout à l'autre. Maintenant, chère sœur, je prie Martin et Hilaire d'être auprès de vous, et Dieu, notre unique espérance, de vous protéger vous et vos filles (2).

XXII. Autre. (A Radegonde.)

Mère bien-aimée, si je ne puis être présent pour vous payer le tribut de mon affection, je le ferai absent. Près de vous j'obéirais en tout ce que vous me commanderiez, et mon incapacité se rendrait peut-être agréable par de petits services. D'un cœur dévoué mais dans un langage rustique, je ferais entendre à votre oreille quelque chant sur le mode pastoral. Je me fatiguerais le corps du matin au soir pour exécuter les ordres de ma maîtresse, et je la servirais en pliant le cou. Mes mains ne se refuseraient à aucune corvée; celle qui écrit ces vers tirerait l'eau du puits, provignerait la vigne (1), grefferait, planterait et cultiverait volontiers les légumes. Ma gloire serait de me rôtir la peau avec vous au feu de la cuisine (2), et de laver la vaisselle. Je vous ai envoyé d'ici le Marcel (3) à qui sa sainte vie a mérité une place dans le royaume céleste. Si le style de cette biographie n'est pas digne de vous plaire, il n'en sera pas de même des miracles de celui qui en est l'objet. Vivez longtemps pour moi avec votre fille et dans la compagnie de vos sœurs; que le chœur de ces vierges peuple de plus en plus la bergerie du Seigneur. Si vous m'écriviez un mot, il me serait plus doux que le suc pompé par l'abeille sur des fleurs de choix.

XXIII. Autre. (A Agnès.)

Agnès, vous qui par vos mérites m'êtes plus

Carmina sancta diu vox illa ministret ab ore,
Et recreent animos carmina sancta diu.

XX. Item aliud.

Sollicitat famulum dominæ sua cura benignæ,
  Qualiter a vobis læta sit acta dies;
Nam dum plaudis ovans, mea sunt tua gaudia majus:
  Tunc mihi vota favent, dum tibi membra vigent.
Ni vale jam fecit, spectet bona nostra parumper,   5
  Nec sub nocte volet sed veniente die.

XXI. Item aliud.

Sic hesterna dies totas mihi transtulit horas,
  Ut matris vocem non meruisse querar:
Qualiter agnus amans genetricis ab ubere pulsus
  Tristis et herbosis anxius errat agris
(Nunc fugit ad campos feriens balatibus auras,   5
  Nunc redit ad caulas, nec sine matre placent),
Sic me de vestris absentem suggero verbis;
  Vix tenet incluso nunc domus una loco.
Sed refero hinc grates placidæ caræque [sorori],
  Quod me consuluit de pietatis ope.   10
Tu retines medium, medium me possidet illa:
  Cum geminas video, tunc ego totus ago.
Nunc tibi, cara, precor Martinus, Hilarius adstent,
  Et te vel natos spes tegat una deus.

XXII. Item aliud.

Si nequeo præsens, absens tibi solvo tributum,
  Ut probet affectum, mater amata, meum.
Si non essem [absens], facerem quodcumque juberes:
  Obsequiis parvis forte placeret iners;
Pectore devoto sed rustica lingua dedisset   5
  Pastoris calamo matris in aure sonum;
Imperiis famulans tererem mea membra diurnis,
  Servirent dominæ subdita colla suæ;
Nulla recusarent digiti, puteoque profundo
  Quæ manus hoc scripsit prompta levaret aquas,   10
Protraheret vites et surcula figeret hortis,
  Plantaret, coleret dulce libenter holus.
Splendor erat tecum mea membra ardere coquina,
  Et nigra de puro vasa lavare lacu.
Hinc tibi nunc absens Marcelli munera misi,   15
  Cui dedit excelsum vita beata locum,
Et si displiceant indigno verba relatu,
  Conplaceant animo signa superna tuo.
Sis longæva mihi cum nata et messe sororum,
  Virgineoque choro crescat ovile Dei.   20
Si tu verba dares, essent plus dulcia quam si
  Floribus electis mella dedisset apes.

XXIII. Item aliud.

Flumine nectareo meritis mihi dulcior Agnes,

douce qu'un fleuve de nectar, et qui occupez toutes mes pensées, sous le regard de Dieu, voyez avec quelle rapidité tout change, tandis que le temps s'enfuit comme à tire-d'ailes. Dans l'incertitude où nous sommes des événements, nous n'en connaissons ni les heures, ni les minutes. Qui pourrait nous garantir que l'homme vivra demain ou ne vivra pas? Aujourd'hui la cime des arbres est chargée de neige; leurs rameaux plient sous le poids des frimas; qu'un jour pur se lève le lendemain, les frimas tombent et fondent à la chaleur du soleil. Ainsi l'homme, dans le doute où il est de son salut, ignore de plus combien de temps il lui reste à vivre. Mais comme toutes choses passent et s'écoulent par différentes voies, soyez prévoyante, et aimez ce qui jamais ne se perd. Que le Christ soit votre gloire, votre espérance et votre amour; n'attendez votre salut que de lui. Méditez sur toutes ces considérations et les roulez dans votre esprit; c'est le moyen de conserver votre corps chaste pour l'époux. Si le sommeil s'empare de vous, et que vous reteniez le Christ en votre cœur, éclairée par sa divine lumière, vous êtes armée contre les ténèbres de la nuit. La dévotion au Christ est un rempart tutélaire et solide, et si le voleur exerce sa furie, on est protégé contre lui par la paix du cœur. Abandonnez-vous tout entière aux embrassements du Christ; qui est à lui n'a point à craindre d'être criminel. Agissez enfin de telle sorte que lorsque le juge du monde viendra vous trouver dans la chambre nuptiale, vos entrailles soient pures et immaculées. Alors, quand vous arriverez au ciel, vos sœurs Thècle et Suzanne viendront au-devant de vous, leurs lampes allumées, et vous recevront avec joie dans leur compagnie. A peine de retour, je vous fais à la hâte ces recommandations; quand vous les lirez, souvenez-vous de moi.

XXIV. Autre (1).

Je suis inquiet, triste, je succombe sous le poids des soucis, j'ai l'âme bouleversée; je ne puis articuler un mot. Des bruits vagues me torturent le cœur; je ne fais plus de vers. Avec un esprit aussi agité que le mien, je ne saurais rien dire de précis. Hélas! si les nuages voulaient entendre le triste aveu de mes désirs, ils me transporteraient aussitôt près de vous. Si je pouvais m'adapter des ailes comme Dédale, j'aurais déjà, moi qui vous aime, revolé vers vous au plus vite. Le Seigneur qui sonde le fond des cœurs, sait quel chagrin mine le mien en secret. Rappelez à ma bonne maîtresse, puisque je ne le puis moi-même, la promesse que je lui ai faite. Ne croyez pas cependant qu'il y ait eu de ma faute; faites valoir mon excuse si vous le pouvez, car j'en atteste le ciel, je ne veux pas que vous rapportiez à ma mère la cause de mon retard. Qu'elle prie pour son serviteur. Je prendrai mes mesures pour revenir au plus tôt, et quand je serai en sa présence, qu'elle me gronde et qu'elle me batte.

XXV. Autre. (A Radegonde ou Agnès.)

Que ce billet envoyé aux mères et maîtresses (1) leur porte mes recommandations, mes supplica-

---

Quam præsente deo, pectore, mente colo,
Aspice quam celeri mutantur cuncta rotatu,
   Dum veluti pinnis tempora nostra volant.
Casibus incertis scrupulos nescimus et horas;   5
   Cras sit homo an non sit quis dabit inde fidem?
Arboris oppressit hodie nix alta cacumen,
   Duraque ramorum brachia curvat hiems:
Crastina forte dies puro si fulserit ortu,
   Si qua pruina jacet, sole calente liquet.   10
Sic quoque mens hominum dubio de fine salutis
   Ignorat quantum vivere vita queat.
Sed quoniam vario transcurrunt omnia lapsu,
   Quem numquam perdas dilige corde sagax:
Sit tibi Christus honor, Christus spes, Christus amor, 15
   In solo semper fige salutis opem.
Temporibus cunctis hunc per tua viscera volve:
   Sic sponso servent membra pudica fidem.
Si sopor obripiat, retinendo in pectore Christum
   Tempore sub noctis luminis arma geris;   20
Illum mente colens muro tutaris opimo,
   Et si latro furit, pax tua corda tegit.
Hujus in amplexu te totam effunde licenter:
   Illum quisquis habet crimina nulla timet.
Hoc age ut, ad thalamos cum venerit arbiter orbis, 25
   Visceribus puris immaculata mices;
Lampade fulgenti tunc te veniente sorores
   Excipiant læto Thecla, Susanna choro.
Hæc modo dum redeo breviter mandata relinquo:
   Tu quoque, dum relegis, me memorare velis.   30

XXIV. Item allud.

Anxius, afflictus curarum pondere curvor,
   Pectore confuso nec dare verba queo;
Murmure sub dubio laceror neque carmina laxo,
   Nescio certa loqui mente vagante mihi.
Heu, tristem si vota velint audire fatentem,   5
   Me subito ferrent nubila missa tibi;
Dædalico lapsu si pinnas sumere nossem,
   Ad vos quantocius jam revolasset amans:
Novit enim Dominus, qui corda latentia pulsat,
   Quam mea, sed tacite, viscera cura domet.   10
Reddite, cum nequeo, dominæ promissa benignæ:
   Nec tamen hic culpam crede fuisse meam:
Excusa, si forte potes, per sidera testor,
   Me neque velle moras matris in aure feras.
Oret pro famulo: citius remeare parabo,   15
   Et cum præsentor, verbere, voce domet.

XXV. Item allud.

Supplicibus votis referat mandata salutis
   Matribus ac dominis pagina missa loquens.

tions et mes vœux pour leur santé, et tandis que ce voyage m'empêche de vous (2) présenter ma figure, que ma sollicitude témoigne au moins de mon affection pour elles. Nous ne sommes point absents les uns des autres si, par la ferveur de nos prières et la force de notre amitié nous nous maintenons toujours en présence les uns des autres.

XXVI. Autre. (A Radegonde et à Agnès.)

C'est d'un cœur dévoué qu'un fils apporte à sa mère, un frère à sa sœur ces petits présents. Il y en a trois pour deux personnes, et c'est moi troisième, en union avec vous, qui en suis le porteur. Ces excellentes pommes conviennent à d'aussi excellentes créatures que vous. Excusez-moi seulement de ce qu'elles sont enveloppées dans un pareil linge (1) ; ce billet leur servira de corbeille.

XXVII. Autre. (A Agnès.)

Je vous ai envoyé le plus beau des présents, une croix, le signe de notre salut, afin qu'elle protège à la fois les deux frères (1). Qu'elle soit pour nous tour à tour la gouvernante de nos pensées et le bien commun que notre amitié se partage. Quand elle sera avec vous, elle restera d'autant plus avec moi, et me sera d'autant plus efficace qu'elle possédera votre cœur. Que cette image ne cesse de le remplir, et alors la grâce du Christ ne vous manquera jamais. Celui qui par amour pour les hommes a été suspendu à la croix, maintenant suspendu au mur de votre cellule, vous tend la main. Je salue avec un profond respect notre commune mère. Puissiez-vous la posséder longtemps vous et vos sœurs (2).

XXVIII. Autre (1). (A Radegonde.)

Illustre, douce et gracieuse mère, vous qui travaillez avec tant de zèle que d'une poignée de grains vous récoltez une moisson plantureuse, qui, dans cette vie si fugitive prenez plaisir à vous fatiguer le corps, vous jouirez avec le Christ d'un éternel repos. Quand toute en sueur vous préparez la nourriture pour la communauté, vos mains sont tour à tour brûlées par le feu et gercées par l'eau froide. J'ai constamment l'envie de me jeter entre vos bras [pour les arrêter]; l'énormité de vos corvées me pèse lourdement sur le cœur. A présent vous allumez les fourneaux ; vous allez et venez surveillant la cuisson des mets, et moi, paresseux que je suis, je ne puis aider ma mère ! Mais que votre fille porte la charge à son tour et vous la rende plus légère en la partageant. Puisse le Sauveur du monde vous y aider l'une et l'autre, et puissiez-vous longtemps l'une et l'autre conserver son divin appui !

XXIX. Autre. (A Radegonde et à Agnès.)

Nous allons visiter une île (1) en butte à tous les caprices de l'Océan. Quand les flots qui se succèdent sans interruption se dressent jusqu'au ciel, l'eau ainsi tourmentée fait entendre des aboiements furieux, et le sable du rivage est mis en fuite. Tantôt la haute marée l'envahit, tantôt la terre elle-même fait naufrage et disparaît sous

Dumque recusat iter nostrum tibi reddere vultus,
    Affectum saltim sollicitudo probet :
Nec sumus absentes, si nos oratio dulcis   5
    Præsentes semper cordis amore tenet.

XXVI. Item aliud.

Matri natus ego, frater simul ipse sorori
    Pectore devoto parvula dona fero.
Tertius unitus tria munera porto duabus :
    Tam dulces animas dulcia poma decent.
Sed date nunc veniam mihi quod fano tali habetur : 5
    Munera quæ portet, charta canister erit.

XXVII. Item aliud.

Hoc tibi pro summo direxi munere signum,
    Ut pariter fratres crux tegat una duos;
Alternis vicibus hæc pectora nostra gubernet,
    Et commune bonum participetur amor.
Ad te quando venit, mecum magis ista manebit;   5
    Plus mihi proficiet, cum tua corda tenet.
Sit hujus species intra tua viscera semper,
    Tunc tibi perpetuam Christus habebit opem.
In cruce sacrata qui tunc pietate pependit,
    Hæc tibi cum pendet, porrigit ille manum.   10

Communem matrem venerando voce saluto,
    Quæ maneat vobis consociata diu.

XXVIII. Item aliud.

Dulcis, opima, decens, cui tanta est cura laboris,
    Ut tibi sit modico semine magna seges,
Quæ modo membra libens fugitivo tempore lassas,
    Cum Christo dabitur perpetuanda quies.
[Dextra,] ubi nempe paras sudando sororibus escas, 5
    Undis et flammis hinc riget, inde calet.
Assiduis votis inter tua brachia volvor,
    Atque meos animos sarcina vestra terit.
Nunc faciendo focos, epulasque coquendo, recurris,
    Nec valeo matrem quippe juvare piger.   10
Filia sed portet præsens onus omne vicissim
    Et reddat pondus participando leve.
Auxilium tibi det mundi reparator utrisque,
    Atque diu pariter hanc socialis opem.

XXIX. Item aliud.

Pergimus inclusas a gurgite cernere terras,
    Qua vagus Oceanus fertque refertque vices.
Fluctibus assiduis cum surgit ad æthera pontus,
    Huc feritate sua mobilis unda latrat;
Litus harenosum refugit, nunc suscipit æstus,   5

l'amoncellement des vagues. Sur tel point l'eau se retire glacée pour revenir bouillante. Il y a trois dons de Dieu dans cette île, et quoiqu'elle soit stérile elle ne laisse pas que de produire d'excellents fruits, le sol y nourrissant des hommes dignes du ciel. Pour moi si j'étais retenu en quelque ville, sans vous, au milieu même de ses milliers d'habitants, je serais seul. Puissé-je, ô ma mère et ma sœur, mériter de vous revoir dans la joie, quand viendra le jour de la cène du Seigneur ! Si mon frère Simplicius revient bientôt je vous prie de le saluer de ma part. Veuillez me recommander aux prières de vos sœurs. Que le Christ par son amour les fasse toutes à lui !

XXX. Autre. (Aux mêmes.)

J'apprends qu'on se prépare à de longs jeûnes ; si j'y suis condamné que l'épreuve ne m'en soit pas trop forte. Je redoute la faim ; j'en entends déjà les murmures près de moi. Qu'elle passe vite afin que vous n'en périssiez pas vous-mêmes (1). Bientôt je m'enfuirai et me cacherai dans les cavernes ; Dieu veuille seulement que je triomphe de mon ventre à jeun ! Mais si d'autres ont actuellement pour nourriture la piété et la grâce, il n'y aura rien à craindre pour moi (2).

XXXI. Autre. (A Radegonde.)

Vous qui avez le pouvoir de rendre du miel aux alvéoles qui n'en ont plus (1), vous m'avez envoyé de grands vers écrits sur de petites tablettes (2).

Aux jours de fête vous donnez force bons repas ; mais les mets dont je suis le plus avide, ce sont vos paroles. Vos petits vers (3) sont pleins de charme ; il n'en est pas un mot qui ne nous captive le cœur. Tous les sujets aimables que vous y traitez suffisent aux autres ; mais ce que je demande pour moi c'est un langage où la douceur s'allie à la sincérité. Je vous supplie de faire mention de moi dans vos entretiens avec les sœurs ; j'en sentirai mieux que vous êtes ma mère. Faites-moi valoir auprès d'elles et d'autres encore, j'en amenderai d'autant et mériterai, grâce à vous, de gagner ma cause.

XXXII. (Fragment).

La veine que le cœur fait parler, la langue qui s'est exercée selon le goût du monde, va s'exercer désormais au style des livres éternels (1).

XXXIII. (Fragment).

Il servait à l'armée où il recevait du roi de nouvelles récompenses.

XXXIV. Sur Magnéric, évêque de Trèves.

Vous qui êtes arrivé hiérarchiquement à la plus haute dignité ecclésiastique, père des pères, archiprêtre, honneur de l'épiscopat, qui devez à vos mérites et à votre foi d'être par le choix de Dieu à la tête de l'Église, bon Magnéric, disciple de l'illustre Nicet (1), destiné par votre nom même

---

Nunc, mare dum turget, naufraga terra latet ;
Quo gelidum abscessit, rediens [huc] occupat ardor :
  Atque loco huc uno sunt tria dona Dei.
Quamvis sit sterilis, fructus fert illa beatos,
  Dum cœlo dignos pascit harena viros.   10
Ast ego vel si qua sine vobis urbe tenerer,
  Inter multa tamen milia solus eram.
Cernere vos lætas merear, materque sororque,
  Cum venit excelsi cena beata Dei.
Si citius redeat frater Simplicius, oro,   15
  A me mandatæ ferte salutis opus ;
Et rogo per vestras me commendate sorores :
  Sic faciat cunctas Christus amore suas.

XXX. Item aliud.

Audivi, fateor, jejunia longa parari :
  Ad me si veniant, non toleranda gravent ;
Expavesco famem quæ jam vicina susurrat :
  Ne pereatis item, transeat illa celer.
Mox quoque diffugiens vacuis me abscondo cavernis, 5
  Dum modo jejuno non ego ventre domer.
Sed si nunc alios pietas et gratia pascit,
  De me nulla mihi causa timoris erit.

XXXI. Item aliud.

In brevibus tabulis mihi carmina magna dedisti,
  Quæ vacuis ceris reddere mella potes ;
Multiplices epulas per gaudia festa ministras,
  Sed mihi plus avido sunt tua verba cibus :
Versiculos mittis placido sermone refectos,   5
  In quorum dictis pectora nostra ligas.
Omnia sufficiunt aliis quæ dulcia tractas,
  At mihi sinceros det tua lingua favos.
Supplico me recolas inter pia verba sororum,
  Verius ut matrem te mea vota probent ;   10
Omnibus et reliquis, te commendante, reformer,
  Ut per vos merear quod mea causa rogat.

XXXII.

Pectore vena loquax, mundano culta sapore
  Venit ad æternos lingua colenda libros.

XXXIII.

Militiam peragens, capiens nova præmia regis.

XXXIV. De Magnerico Treverensi episcopo.

Culmen honorificum, patrum pater, archisacerdos,
  Pontificale decus, proficiente gradu
Quem fidei titulus meritis erexit in altum,
  Ecclesiæque caput, distribuente Deo,
Discipule egregii, bone Magnerice, Niceti,   5
  Nominis auspicio magne canende tui,

à être proclamé grand (2), qui eûtes la gloire insigne d'être élevé par un tel maître, qui le rappelez par vos œuvres fructifiantes, et qui marchez, sans dévier sur ses saintes traces, vous voilà maître à votre tour en agissant canoniquement comme serviteur (3). Vous vous montrez le digne successeur de votre pieux devancier, et faites de l'héritage qu'il vous a laissé, l'emploi le plus libéral. Après sa mort, le père a grandi et vous a fait grandir vous-même, car pendant qu'il prenait possession du ciel, vous preniez possession de son siège. Vous qu'il a nourri, vous nourrissez son troupeau à sa place, et le troupeau se console de la perte qu'il a faite de lui par le gain qu'il a fait de vous. Vous avez été désiré par vos frères (4), les prêtres ont accueilli avec joie votre élévation ; les peuples aiment en vous leur pasteur d'autant plus qu'ils en sont aimés. Vous donnez à manger à qui a faim, un toit à qui est sans abri, des vêtements à qui est nu, le repos à qui est fatigué, et rendez l'espérance à l'étranger. En agissant ainsi, prêtre vénérable, vous vous mettez en mesure de rapporter au maître le double des talents qu'il vous a confiés (6). Priez pour Fortunat, doux ami et père; donnez-moi l'espérance du pardon, et gardez pour vous la palme.

```
Clare sacro merito tanto informante magistro,
    Quem reparas operum fructificante loco,
Cujus, opime, sequax sancta et vestigia servans
    Rite minister agens ecce magister ades,         10
Auctorisque pii successor dignus haberis
    Heredisque sui frugiparensque manes.
Crevit post obitum pater et te crescere fecit :
    Dum capit ille polum, tu capis arce locum.
Grex alitur per te vice præcessoris, alumne,       15
    Nec sua damna dolet, dum tua lucra tenet.
Fratribus optandus, jucundus honore ministris,
    Carius et populis pastor amore places.
Te panem esuriens, lectum hospes, nudus amictum,
    Te fessus requiem, spem peregrinus habet.      20
Hæc faciens intende magis, venerande sacerdos,
    Ut commissa tibi dupla talenta feras.
Pro Fortunato exorans quoque dulcis amator,
    Spem mihi dans veniæ, sit tibi palma, pater.
```

FIN DES POÉSIES.

NOTES SUR FORTUNAT. APPENDICE.

1. — Sur la destruction de la Thuringe par Clotaire et Théodoric. Voyez Grégoire de Tours, *Hist. Franc.* III, 7 et suiv. Le poëte introduit ici Radegonde, et, selon l'opinion commune, parle en son nom. J'ai peine, je l'avoue, à partager cette opinion, d'une manière absolue du moins ; car de l'aveu même de Fortunat, Radegonde faisait des vers, et non seulement des petits, mais aussi des grands :

Versiculos (lui dit-il) mittis placido sermone refectos...
In brevibus tabulis mihi carmina magna dedisti.
Appendix, pièce xxxi.

Il se peut que ces *grands* vers soient une allusion à l'*Excidium Thoringiæ*, et que Radegonde les ait envoyés à Fortunat, ainsi que la pièce iii, adressée à Artachis, pour qu'il les corrigeât.

2. — Parmi ces captifs étaient Radegonde elle-même, fille de Berthaire, et son frère. Elle était alors âgée de sept à huit ans. On sait que Clotaire la prit pour sa part du butin, qu'il l'épousa dès qu'elle fut nubile, et qu'il fit tuer ce frère en guet-apens peu de temps après.

3. — *Lacticolor amati.* Voyez ma Dissertation, n° 5.

4. — Hamalafrède était fils de Baderic qui fut tué par Herménéfride, frère de celui-ci. Il était donc cousin germain de Radegonde, puisque Berthaire, père de celle-ci, était frère des deux autres.

5. — Ces mots font supposer qu'Hamalafrède était d'âge à partager ces soins avec son père.

6. — Après le meurtre de son père, Hamalafrède s'était réfugié à Constantinople où il avait pris du service dans les armées de l'empereur. Il paraît même y avoir rempli des fonctions très élevées, ainsi qu'on va le voir un peu plus bas. Il avait été suivi dans cet exil où la force des choses avait plus de part que sa volonté, par quelques-uns de ses parents, par ses sœurs entre autres. L'une d'elles paraît même avoir été mariée à un Grec et en avoir eu un fils nommé Artachis que Radegonde appelle son neveu. C'est par pure affection sans doute qu'elle le qualifie ainsi, car elle n'eut jamais de sœur. La pièce iii de cet Appendix est adressée à un Artachis.

7. — Voyez la note précédente et ma Dissertation, n° 9.

8. — Le frère de Radegonde voulait quitter la Gaule et aller en Orient rejoindre son cousin, Radegonde l'en empêcha. Elle revient sur ce fait au vers 145. Voyez sur ce frère tué par ordre de Clotaire la *Vie de Fortunat* n° 52.

9. — « C'est, je crois, dit Guérard (*Not. et Extr. des Mss.* t. XIII, 2ᵉ pièce, p. 83) la plus ancienne mention qui ait été faite de ces bordures ou ceintures mortuaires employées à orner les cercueils et à tendre les églises. L'usage de pareils ornements dans nos cérémonies funèbres n'a pas son origine dans le paganisme grec ou romain ; c'est des cérémonies sombres des religions du Nord qu'il a passé dans celles de la religion chrétienne. On doit rapporter également à cette pratique, usitée chez les nations septentrionales, et particulièrement chez les Thuringiens, d'orner de *listra* les cercueils, cet ancien droit de litre réservé aux fondateurs, aux patrons des églises et des chapelles, ainsi qu'aux seigneurs qui possédaient la haute justice du territoire où elles étaient situées, et en vertu duquel, à la mort de l'une de ces personnes, sa famille ou ses héritiers faisaient peindre sur les murs de l'église ou de la chapelle soumise à ce droit, en dedans ou en dehors, selon le cas, et quelquefois aussi des deux côtés en même temps, une ceinture ou bande noire, large d'un pied et demi ou de deux pieds, sur laquelle, de distance en distance, étaient représentées les armoiries du défunt. »

Ajoutons que ces listres ou listes n'étaient pas seulement à l'usage des morts, mais aussi, comme le dit ici Radegonde, à celui des vivants : *quæ feci vivo,* dit-elle, vers 113. Ces listes étaient sans doute d'une espèce toute différente ; mais au fond c'était un ornement, une garniture qui devait s'adapter aux bords des vêtements et leur servir de parure.

10. — La première fois, lorsqu'elle fut prise et emmenée par Clotaire, la seconde lorsqu'elle fut reprise, après s'être enfuie d'Aties où Clotaire la faisait élever et garder jusqu'à ce qu'il l'épousât.

11. — Elle n'avait guère pu s'acquitter de ce devoir, ayant été enlevée à son pays à l'âge d'environ sept ans, et presque immédiatement après le meurtre de sa famille.

12. — *Consummavere.* Il semble que ce mot doive être pris ici au sens passif et avoir été mis pour *consummati sunt*; mais il veut dire : firent ou complétèrent la somme (*summa*), le nombre des victimes qu'entraîna la ruine de la Thuringe et des rois qui la gouvernaient. *Is numerus consummat... millia tria et ducenta,* « ce nombre complète trois mille deux cents mailletons (*malleorum*). » Columelle, III, 5.

13. — Dans ce *serene parens*, je crois voir la marque que le titre de *serenus* ou de *serenitas* était alors employé à la cour des empereurs d'Orient. (Voy. livre VI, ii, note 8). Hamalafrède y avait droit et comme prince, et comme dignitaire de l'empire à Constantinople.

14. — *Parentum* se rapporte bien ici aux deux sœurs, indiquées dans le vers suivant par *lumen utrumque.*

15. — Radegonde prie Hamalafrède de la recommander aux rois francs, quoiqu'elle fût assurée d'ailleurs de leur bienveillance envers elle et de leur protection. Cela fait présumer qu'il y avait entre Hamalafrède et les rois francs un échange de lettres et très probablement des liens de parenté. On ne s'explique guère pourtant des relations quelconques entre ce prince et des rois exterminateurs de sa famille. Mais déjà peut-être la politique rapprochait les distances et faisait taire les ressentiments.

II.

1. — Justin II ou Justin *junior,* surnommé le Thrace parce qu'il était originaire de cette province, était neveu de Justinien à qui il succéda sur le trône de Constantinople en 565 ; Sophie, sa femme, était nièce de la fameuse Théodora, femme de Justinien. Il n'y a guère à

louer dans la vie de Justin que son orthodoxie qu'il sut rendre compatible avec la tolérance, et l'édit par lequel il rappela toutes les personnes exilées pour cause de religion. Après l'invasion et l'occupation de l'Italie presque tout entière par les Barbares, soulevés contre lui pour avoir été trompés et joués par lui, il se consola dans les plaisirs, et abandonna la direction des affaires à l'impératrice Sophie qui les dirigea fort mal. C'est celle-ci, surtout que loue Fortunat et qu'il remercie d'avoir envoyé à Radegonde, sur la demande de cette pieuse reine, des fragments de la vraie croix. Voyez sur cet envoi les circonstances qui ont accompagné la réception, les pièces I à v du livre II, et surtout les notes auxquelles elles ont donné lieu.

2. — Voy. sur *quadratum* orbem ou *axem* la note 5 de la pièce x du livre VI.

3. — C'est le 5e concile œcuménique où fut condamné Eutychès.

4. — Si tous ces peuples faisaient des vœux pour Justin, ce n'est pourtant pas à lui qu'ils devaient leur patrie, mais à Justinien dont les procédés à leur égard furent toujours prudents et habiles. Justin gâta les affaires en traitant ces peuples et leurs envoyés avec hauteur, en leur refusant les gratifications que son père leur avait accordées et qu'ils osaient regarder comme un tribut, en leur disant que l'empire n'avait pas besoin d'eux, qu'il saurait bien se défendre contre eux, et qu'ils aient à l'avenir à respecter ses frontières. Justin ne tarda pas beaucoup à être puni de cette jactance.

5. — *Accessit genti*, etc. Le poète entend-il par là les peuples de l'Orient ou la nation romaine proprement dite? C'est sans doute ce qu'il est assez indifférent de savoir. Toutefois, comme Sophie avait envoyé non seulement à Rome, mais ailleurs, des morceaux de la vraie croix, il est probable qu'il s'agit ici de toutes les nations.

III.

1. — Après ces combats où les Thuringiens furent définitivement vaincus sur les rives de l'Unstrudt, par Clotaire, roi de Neustrie, et Théodoric, son frère, on fit un égal partage du butin et des prisonniers. Dans le lot du roi de Neustrie tombèrent, comme je l'ai déjà dit note 2 de la première pièce, Radegonde et son frère.

2. — Cet oncle était Herménéfride nommé au vers 33. Il fut précipité par trahison du haut des murs de la ville de Tulbiac, pendant qu'il conversait avec les rois Théodebert et Théodoric, et « se rompit le cou », selon l'expression d'un vieux traducteur de Grégoire de Tours. Plusieurs, dit cet historien, *Hist. Fr.*, III, 8, accusèrent Théodoric d'être l'auteur de cette trahison.

3. — Radegonde rappelle ici la pièce I ci-dessus, écrite par elle à Hamalafrède, et dont la réponse lui avait apporté la nouvelle de la mort de son parent.

4. — Ce pluriel indique bien qu'Artachis avait des parents avec lui à Constantinople, et que c'est à eux que s'adresse ici Radegonde.

5. — On a vu dans la pièce I de cet Appendix qu'Hamalafrède était en Orient; ici on voit qu'il était dans les armées de l'empereur, au service duquel il mourut peut-être.

6. — Ce passage laisse assez deviner à quel genre de travail s'occupait Radegonde dans les moments où elle voulait bien interrompre le cours de ses austérités : c'était la broderie que Clotaire avait voulu qu'elle apprît, lorsqu'elle était élevée dans la villa royale d'Athie, en Picardie, en même temps qu'on l'y instruisait dans les lettres sacrées et profanes ; et c'est à broder des ornements d'autel et des vêtements sacerdotaux qu'elle employait ce talent mondain, dans son monastère. On voit que ses parents, exilés forcés ou volontaires en Orient, lui envoyaient de ce pays la matière première, c'est-à-dire de la soie.

7. — Peut-on dire que cet Artachis était fils d'une sœur d'Hamalafrède, laquelle est peut-être désignée ici par ce vers,

Ut cum matre pia vobis hæc cura perennis?

Cette sœur avait peut-être suivi son père en Orient, et y avait épousé un Grec, d'autant plus que le nom d'Artachis a toutes les apparences d'un nom grec. Radegonde n'avait certainement plus de frère, puisqu'on sait que le sien avait été tué par ordre de Chilpéric. On ignore si elle eut des sœurs ; mais si elle en avait eu, elle n'eût pas manqué d'en parler ici. Celui qu'elle appelle son neveu ne pouvait donc être que fils d'une sœur d'Hamalafrède, l'un et l'autre ses cousins germains ; elle était, comme on dirait aujourd'hui, la tante d'Artachis à la mode de Bretagne. Remarquez en outre le soin que prend ici Radegonde de parler de son père, de son oncle et des différents degrés de sa parenté, comme si Artachis, à cause de sa jeunesse, ignorait tout cela.

8. — Voyez la note ci-dessus.

9. — *Illa futura decus*. J'ai traduit mot à mot. Mais est-ce bien cela que le poète a voulu dire?

V.

Sur le roi Childebert.

Rex regionis apex et supra regna regimen,
    Qui caput es capitum, vir capitale bonum,
Ornamentorum ornatus, ornatius ornans,
    Qui decus atque decens cuncta decenter agis,
Primus et a primis, prior et primoribus ipsis,
    Qui potes ipse potens, quem juvat omnipotens,
Dulcia delectans, dulcis, dilecta potestas,
    Spes bona vel bonitas, de bonitate bonus,
Digne nec indignans, dignos dignatio dignans,
    Florum flos florens, florea flore fluens,
Childeberthe cluens : hæc Fortunatus amore
    Paupere de sensu pauperis et ipse fero.
Andulfum famulum commendo supplice voto,
    Me quoque : sic nobis hic domineris apex.

On voit que tout le mérite de cette pièce, si mérite il y a, consiste en une série d'allitérations qui, dans chaque vers, roulent sur une lettre différente, laquelle commence chaque mot de ce vers. On a voulu voir dans cette versification absurde, l'influence de l'ancienne versification allemande. C'est tout simplement un de ces nombreux exemples de mauvais goût qu'on rencontre chez tous les peuples, où de tout temps les jeux de mots et de lettres ont été tenus pour de l'esprit, et ont souvent plus de succès que lui. Ce que Fortunat fait ici, et ce qui depuis a été tant de fois renouvelé, est une tradition romaine. Il y a beaucoup d'allitérations dans Plaute. Servius en veut jusque dans Virgile. Dans sa remarque sur ce vers du troisième livre de l'Énéide,

Sola mihi tales casus Cassandra canebat,

Il dit : *Hæc compositio jam vitiosa est quæ majoribus placuit*. Voyez aussi Broukhusius, sur Tibulle, l. I, *Eleg.* 1, v. 3.

VI.

1. — « Cette pièce est importante, dit Guérard, en ce qu'elle prouve contre don Vaissette, le mariage de Récarède, roi des Visigoths, avec Clodosuinde, fille du roi Sigebert et de la reine Brunehaut. Le poète célèbre cette dernière, à laquelle ses vers sont adressés, et la félicité d'avoir donné un protecteur aux Allobroges et

une gouvernante aux Gètes. Il s'agit ici d'abord de Childebert, son fils, qui, déjà roi d'Austrasie, succéda, en l'année 593, à Gontran, dans les royaumes d'Orléans et de Bourgogne, où était situé le pays des Allobroges; et ensuite de la princesse Clodosuinde, mariée, ainsi qu'on avait déjà lieu de le conjecturer d'après Grégoire de Tours (*Hist.* X, 16, 20, 328), à Récarède qui régna sur les Visigoths depuis l'année 586 jusqu'à l'année 601 : car la date de la pièce qui est nécessairement postérieure à l'année 593, époque où Childebert hérita du royaume de Bourgogne, s'oppose à ce que nous rapportions ce qui est dit de cette gouvernante, ou reine des Gètes, à la princesse Ingonde, autre fille de Sigebert et de Brunehaut, qui épousa, en 580, Herménégilde, fils du roi des Visigoths, mais qui mourut en Afrique dès l'année 585 (*Ibid.* VIII, 28). Comme il est certain, d'après le témoignage de notre poète qui donne à Brunehaut le titre d'aïeule par son fils et par sa fille, que Clodosuinde eut des enfants de son mariage avec Récarède, il paraîtrait assez vraisemblable que Lieuva II, fils et successeur de Récarède, était né de ce mariage, si l'on ne trouvait écrit dans Isidore (*Goth.*, *ad annum* 601), que la mère de ce Lieuva était d'une condition ignoble. (*Not. et Extr. des Mss.*, t. XII, 2ᵉ partie, p. 91.)

VII.

1. — Guérard, après avoir remarqué que Frédégaire fait mention d'un Agilulfus envoyé par Agon, roi des Lombards, à Clotaire, vers l'an 617, dit qu'il n'est guère vraisemblable que ce soit celui à qui cette pièce est adressée. Il ajoute qu'on trouve un personnage du nom d'Agilulfus qui était à la cour du roi Thierry, vers l'an 603, et qui figure avec le titre de duc des Bavarois, dans la loi de cette nation. Il dit encore que ce qui ferait supposer que cet Agilulfus est l'Agilulfus de Fortunat, ce sont les mots *regale ad votum* de l'avant-dernier vers (*Not. et Extr. des Mss*, t. XIII, 2ᵉ partie, p. 92.) Mais l'Agilulfe du poète paraît avoir été simplement un grand dignitaire de la cour des rois d'Austrasie. Le poète a recours à son crédit pour appuyer la recommandation qu'il fait d'Andulfe à Brunehaut, comme il la lui fait à lui-même, s'adressant ainsi à la fois à Dieu et à ses saints.

2. — Ne dirait-on pas que le poète prévoit une disgrâce possible?

VIII.

1. — Ce Nectarius paraît avoir été le frère de Baudegisilus, évêque du Mans, et avoir épousé Dumnola, fille de Victorius, évêque de Rennes, veuve de Burgolenus, et tuée en 586 par Bobolenus, référendaire de Frédégonde (Grég. de Tours, *Hist. Franc.*, VII, 15). Guérard dit que Fortunat loue cette dame dans la pièce IV du livre III; c'est une double erreur. Ce n'est pas Dumnola que loue le poète, c'est Dumnolus, évêque du Mans; ce n'est pas à la pièce IV, mais à la pièce VI dudit livre, vers 27. Quant à Proculus, il paraît, selon Guérard, avoir été l'agent confidentiel que Radegonde envoya en 559 à saint Germain, évêque de Paris. Voy. Guérard, *Not. et Extr.*, t. XII, 2ᵉ partie, p. 92, et *Vita s. Radegondis reginæ*, lib. III c. 1, nº 8, dans les *Act. SS.*, *mensis Augusti*, t. III, p. 76, c.

IX.

1. — Cette lettre est sans adresse; mais il y a toute apparence qu'elle est adressée à Dracco.

2. — On remarquera que dans cette pièce c'est Fortunat qui tantôt parle au nom de Radegonde et d'Agnès, tantôt en son propre nom.

3. — Dagaulfus ou Dagulfus est célébré dans l'épitaphe de Vilithuta, son épouse, livre IV, pièce XXVI. Vilithuta était d'origine barbare, quoique née à Paris, et avait les mœurs et l'esprit d'une dame romaine ou gauloise. Étant morte en couches au bout de trois ans de mariage, le poète composa en son honneur une épitaphe dans laquelle il vante sa beauté, sa piété et ses vertus, en accordant aussi des louanges à son mari. Ici, les louanges dont celui-ci est l'objet dans l'épitaphe ont fait place à des imprécations qui d'ailleurs ne sont qu'une plaisanterie. Selon Guérard, Drucco (notre texte porte *Dracco*) serait le même que Drucco, diacre de Paris, à qui est adressée la pièce XXVI du livre III. Mais dans cette pièce il faut lire *Rucco*. Ailleurs, livre IX, pièce x, le nom de Rucco est un nom d'amitié donné par Fortunat à l'évêque Ragnemodus, et l'on en trouvera l'explication dans la note 1 de cette pièce x.

4. — Il semblerait, d'après cette recommandation et la suite, que Drucco et Papiana, appelée ici sa sœur par le poète, c'est-à-dire *sœur spirituelle*, après avoir eu de leur mariage une fille que Radegonde et Agnès leur demandent pour le monastère de Sainte-Croix, auraient été exhortés à se séparer l'un de l'autre pour se consacrer à Dieu.

X.

1. — Le jour de Noël vraisemblablement, comme il est dit dans la pièce qui suit. Il paraît bien qu'il y avait eu quelque brouille entre Radegonde et Agnès, et que la réconciliation avait été scellée par la communion, le jour de la naissance du Christ.

XI.

1. — Quoique cette pièce « ne puisse, dit Guérard (*Not. et Ext.*, t. XII, 2ᵉ partie, p. 94), être considérée que comme la matière d'un poème que l'auteur aurait d'abord écrit en prose » (ce qui est hors de doute), je ne crois pas avec Guérard « qu'elle soit sans liaison dans les idées »; j'ai essayé de le démontrer dans la traduction. Elle paraît d'ailleurs se rattacher à la pièce précédente. Le poète s'y adresse à Agnès qui gouvernait le monastère sous Radegonde, et il semble lui recommander ici une modération dont elle s'était apparemment départie, et qui avait entraîné entre elle et Radegonde la brouille momentanée dont il est parlé dans la note 1 de la pièce x, et dans la pièce XIII.

XII.

1. — On ne saurait dire à qui cette pièce est adressée. Il semble pourtant que ce fut à Radegonde, puisqu'il y est parlé de sa fille par la grâce, qui est Agnès. Mais quelle était cette *avia* à laquelle le poète fait allusion, v. 10? Quelque princesse thuringienne peut-être.

XIII.

1. — Césarie était morte vers 529. C'est par une sorte de prosopopée que le poète la fait intervenir ici. Voy. sur Césarie et sur Casarie la pièce III, note 10, du livre VIII.

2. — Ce *mereamur* indique que Fortunat prenait le même intérêt que Radegonde et Agnès à la bonne renommée du monastère de Sainte-Croix, dont il était d'ailleurs l'administrateur au temporel, et sans doute aussi le conseil au spirituel.

3. — Voy. la note 1 de la pièce XI.

4. — Il semble assez par là que Casarie, non seulement vivait encore à l'époque où ce poème fut composé, mais qu'elle était alors à Poitiers où elle s'occupait avec Fortunat (ce qui est indiqué par le mot *obtineat* qui veut dire ici gouverner) d'établir la règle de Saint-Césaire à Sainte-Croix. Là en effet, elle devait s'entendre

mieux avec Fortunat, que si le poëte, comme on l'a supposé, fût allé à Arles dans ce dessein. Mais, au rapport de Grégoire de Tours, *Hist. Fr.* IX, 40, Radegonde y serait allée depuis pour se plaindre à Sigebert de Marovée, évêque de Poitiers; qui avait refusé de recevoir en personne les reliques envoyées d'Orient à Radegonde par l'impératrice Sophie. Dom Liron, dans ses *Singularités*, etc., t. I, p. 263 et suivantes, a des sentiments tout à fait opposés, au sujet de Casarie, qu'il appelle la *seconde Césarie*, du temps où elle fut abbesse et où elle mourut, de la religieuse qui lui succéda, et enfin du voyage de Radegonde à Arles.

XIV.

1. — Il n'est pas douteux que *mensa* n'ait ici la même signification qu'au vers 2 de la pièce x.

2. — Guérard, *loc. cit.* p. 95, dit que les trois femmes dont il est ici question, « sont probablement Radegonde et Agnès auxquelles le poëte donne souvent le nom de *mères*, et Justine qui nous est connue par un autre poème de Fortunat (l. VIII, xiii). Guérard se trompe quant à Agnès que le poëte appelle constamment sœur, et quant à Justine, celle-ci était à la vérité jeune alors, mais elle n'était pas la première en dignité puisqu'elle n'était que prieure et qu'Agnès était abbesse. Ne serait-ce pas Casarie qui se trouvait alors au monastère de Saint-Croix (voy. la note 4 de la pièce xiii ci-dessus), et qui bien qu'étant la plus jeune des trois est qualifiée de mère par le poëte, parce qu'elle était abbesse du monastère d'Arles, et que cette maison, maintenant que celle de Sainte-Croix en adoptait la règle, pouvait être à l'égard de celle-ci comme une maison-mère?

XVI.

1. — Voyez ma Dissertation n° 1.

XVII.

1. — Cette pièce paraît être adressée à toutes les religieuses de la Communauté.

2. — La personne dont il est ici question est sans doute Casarie. Voy. la note 4 de la pièce xiii ci-dessus.

3. — Le poëte n'habitait pas en effet le monastère; il n'en avait ni le droit, ni la prétention.

4. — Au vers 5 j'ai cru devoir, sans autorité, il est vrai, substituer à *singula* qui ne signifie rien, *sæcula*, expression qui revient à satiété dans le poëte et dans toutes les circonstances analogues.

XVIII.

1. — Fortunat était alors en retraite dans quelque monastère trop éloigné pour qu'il eût le temps et le moyen de venir assister à l'anniversaire d'Agnès.

2. — Vers 6 : *mora ioti.* Voyez ma Dissertation n° 2.

3. — On voit ici que si le poëte était loin de sa mère et de sa sœur, c'était par leur ordre ou du moins parce qu'elles n'avaient rien fait pour l'empêcher de partir.

XIX.

1. — Voy. ce qui a été dit de ces vers échoïques ou serpentins, l. III, pièce dernière et la note. Voyez aussi l. VIII, pièce ii. La traduction en est nécessairement difficile et maussade, la reproduction de la partie du vers répétée dans le texte, ne pouvant toujours avoir la même concision en français qu'en latin.

2. — La fête dont il est ici question était donc la Saint-Martin.

3. — *Sensibus angelicis* ne signifie absolument rien. Ne faut-il pas lire *cantibus*?

XX.

1. — C'est-à-dire le messager.

2. — Il y a ici *stet veniente die*, ce qui est absurde, le poëte ne pouvant recommander à la fois à son messager et de ne pas partir la nuit, et de rester, le jour venant : c'est précisément le contraire qu'il a dû dire. J'ai donc mis *sed* au lieu de *stet*, en dépit du manuscrit.

XXI.

1. — C'est-à-dire qu'Agnès lui avait sans doute recommandé de faire sa principale occupation de la prière; car il me paraît y avoir dans cet *incluso loco* quelque allusion à une retraite volontaire ou forcée du poëte, où il avait peine à se maintenir. La vérité est, comme on le voit en plusieurs endroits, que toute cause qui l'empêchait d'approcher ou de voir Radegonde et Agnès, lui était insupportable.

2. — Je lis ici *natas*, c'est-à-dire filles spirituelles, en dépit de tous les manuscrits et de toutes les éditions! Voy. ma Dissertation n° 6.

XXII.

1. — J'ai longtemps cherché ce que veut dire le poëte par ces mots, *protraheret vites*. Le sens que j'ai adopté m'a semblé le plus naturel. Il indique la plantation de la marcotte ou rejeton de la vigne qu'on couche en terre pour qu'elle prenne racine, quand on veut provigner. Les vignerons des environs de Paris abusent de ce procédé qui épuise la vigne, mais lui fait produire plus de raisins et rapporter plus de vin, sans le rendre meilleur, au contraire.

2. — On voit ici à quelles humbles fonctions s'abaissait la reine Radegonde, pour rendre son sacrifice plus méritoire aux yeux de Dieu. Quant aux offres de services que lui fait le poëte et aux dispositions qu'il montre à lui rendre ceux qu'on attend du dernier des domestiques, ils rappellent ce passage où saint Paulin (*Natalis* I) dit à saint Félix, objet pour lui d'une sorte de culte : « Je garderai la porte de ton sanctuaire; le matin je balayerai ton seuil; je consacrerai mes nuits à de pieuses veilles dans ton temple. »

3. — C'est la vie de saint Marcel qu'on attribuait aussi à un autre Fortunat, évêque de Lombardie, retiré en France ainsi que son homonyme, mais qu'on a restituée au nôtre en se fondant sur des raisons dont on trouvera le détail dans la préface de cette vie publiée par Migne, *Patrol. latine*, t. 88, p. 541. Parmi ces raisons il est singulier qu'on n'allègue pas cette pièce, déjà connue cependant par la publication que Guérard en avait faite (*Not. Extr. des Mss.*, t. XII, 2ᵉ partie, p. 107), et où il paraît bien que Fortunat parle comme s'il était l'auteur de ladite pièce.

XXIV.

1. — Guérard dit que cette pièce est adressée à Radegonde, c'est une erreur. Les six premiers vers sont adressés à Agnès seule; les quatre suivants à la même et à Radegonde en même temps. Les vers 11 et 12 s'adressent encore à Agnès ainsi qu'à une autre personne qui était peut-être Casarie (v. ci-dessus, pièces xiii, note 4, xvii, note 2). L'une et l'autre en effet étaient naturellement indiquées pour assurer Radegonde que le poëte tiendrait envers elle sa promesse. À partir du 13ᵉ vers jusqu'à la fin, c'est Agnès seule qui est interpellée

de nouveau. Guérard ajoute que c'est Agnès qu'il faut sans doute reconnaître sous le nom de mère (matris in aure), c'est une autre erreur, puisque ce ne peut être la mère Agnès que le poète chargé de l'excuser de son retard auprès de la mère. (Voy. *Not. et Extr. des Mss.* t. XII, 2ᵉ partie, p. 97). Il n'y a jamais eu de mère pour Fortunat que Radegonde; Agnès est constamment sa sœur.

XXV.

1. — Les mères et maîtresses sont à la fois Radegonde, Agnès, et si Agnès est comprise sous les mêmes dénominations, c'est d'abord parce qu'elle est associée ici à Radegonde, et ensuite parce que pour ses religieuses elle était effectivement mère et maîtresse.

2. — Le poète s'adresse ici particulièrement à Radegonde ou à Agnès, mais plutôt à celle-ci.

XXVI.

1. — *Fano tali habetur*. Voyez ma Dissertation n° 3.

XXVII.

1. — C'est-à-dire Agnès et Fortunat, un frère et une sœur pouvant être désignés par cette appellation générale.

2. — « Vous et vos sœurs », tel est évidemment le sens de *vobis*.

XXVIII.

1. — Dans cette pièce Guérard (*Not. et Ext. des Mss.* t. XII, 2ᵉ partie, p. 97) confond Agnès avec Radegonde, comme il le fait d'ailleurs dans un grand nombre des pièces qu'il a publiées. Ici, il fait plus, il dit que le poète semble y désigner Radegonde sous le nom de sœur; or, cela n'est pas, comme il est aisé de le vérifier. C'est au contraire sous le nom de mère qu'il la désigne au dixième vers, après avoir dit plus haut combien il souffre de la voir se livrer à d'aussi viles occupations sans pouvoir la soulager. J'ai remarqué ci-devant, note 2 de la pièce XXII, que Radegonde s'exerçait à ce genre de mortifications. Si d'ailleurs le poète appelle une fois Agnès mère (l. XI-VI), il a soin d'ajouter *par sa dignité* d'abbesse. La mère par excellence, je le répète, pour Agnès et Fortunat, est constamment Radegonde.

XXIX.

1. — Cette île était située sans doute près des côtes de Bretagne.

Il en a parlé déjà dans la pièce XVII du livre I, adressée à Placidine, et dans sa lettre en prose à Félix, évêque de Nantes, livre III, pièce IV. Que l'île dont il parle ici soit la même ou une autre, elle contenait sans doute trois monastères que le poète appelle plus bas trois dons, et où il allait de temps en temps, ainsi que d'autres personnages du clergé de Nantes, faire des retraites religieuses. Voy. *Vie de Fortunat*, n° 74 et l. III, IV et XXVI de ces poésies.

XXX.

1. — Il y a dans le texte *ne parietis iter*, mots dont je ne puis comprendre le sens. M. Fr. Leo conjecture *ne pereatis item*; j'ai adopté cette version.

2. — Il veut peut-être dire que si Radegonde et Agnès se nourrissent de la piété et de la grâce, il n'a rien à craindre, étant résolu à user des mêmes aliments.

XXXI.

1. — Le poète ne cesse de comparer au miel la parole ou le langage de ses deux amies; ici le miel de Radegonde est si abondant qu'elle aurait de quoi en rendre aux alvéoles des abeilles, qui n'en ont pas ou qui n'en ont plus; car c'est ainsi qu'il faut entendre *vacuis ceris*, de même que *ceras inanes* dans Virgile (Georg. IV, 241).

2. — Que pouvaient être ces grands vers écrits sur de petites tablettes? Des vers élégiaques comme ceux de la pièce *De excidio Thoringiæ*, et de celle *Ad Artachin* (1ʳᵉ et 3ᵉ de l'Appendix)? Et ne pourrait-on pas voir dans ce passage une allusion à ces pièces?

3. — Ces *versiculi* ne sont pas évidemment la même chose que les *magna carmina*, sinon quant à la mesure des vers, du moins quant à la longueur. Il s'agit vraisemblablement de petites pièces très courtes dont les sujets étaient peu sérieux et consistaient par exemple en simples compliments. Radegonde s'y montrait aimable et enjouée, ce qui, au sentiment de Fortunat, devait suffire à ceux à qui elle faisait l'honneur de les adresser. Fortunat en demandait pour soi d'aussi aimables, mais où la sincérité ne devait pas se borner à des compliments. Ce qu'il voulait c'était des conseils et des remontrances.

XXXII.

1. — Ce distique isolé et jeté comme au hasard, ne serait-il pas un engagement pris par le poète, de renoncer aux occupations mondaines de l'esprit, au moment où, élevé à l'épiscopat, il se préparait aux travaux de son ministère? Et les *Expositions de l'Oraison dominicale* (l. X) et du *Symbole* (l. XI) ne seraient-elles pas un des premiers effets de cette déclaration?

XXXIV.

1. — Nicet avait été le prédécesseur immédiat de Magnéric au siège épiscopal de Trèves. Voy. Grégoire de Tours, *Hist. Fr.* X, 29, et *Acta sanct. sæc. 1*, 6 juil. p. 190.

2. — Jeu de mots sur *Magnericus* et *magnus*.

3. — Cela veut-il dire que, comme évêque, il était le maître du clergé, et en même temps le serviteur des fidèles?

4. — Ces frères sont les évêques.

5. — Voy. la parabole des cinq talents dans saint Matthieu, ch. XXV.

APERÇU

DES LICENCES QUANTITATIVES ET GRAMMATICALES DE FORTUNAT (1).

(Le chiffre romain indique le livre; le chiffre arabe qui le suit indique la pièce, et le même chiffre qui vient après, le vers.)

Fautes de quantité.

Ādhuc, *pour* ădhuc, I, 20, 23; IV, 26, 11; V, 14, 11; X, 6, 115.
Ālacer, *pour* ălacer, II, 9, 61.
Aperĭēbam, *pour* aperĭebam, XI, 23, 3.
Būfalus, *pour* būfalus, VII, 4, 21.
Candělabrum, *pour* candēlabrum ; V, 5, 7; IX, 2, 18.
Cătholicus, *pour* cătholicus, VI, 1ª, 29 ; IX, 1, 144, et *passim*.
Cěrimonia, *pour* cæremonia, I, 11, 23.
Cĭlicium, *pour* cĭlĭcium, X, 7, 13.
Commověrere *pour* commovērere, App. 1, 120.
Cŏnecto, *pour* cŏnnecto, VI, 1, 119 et 135.
Cōnfitěreris, *pour* cŏnfitēreris, IV, 9, 26.
Crěmum *pour* crēmum, XI, 14, 2.
Creătura, *pour* creātura, II, 15, 8.
Cŭī, *dyssil.* I, 16, 29; VIII, 3, 98.
Cŭī, *idem*, III, 22, 8; IV, 5, 11.
Cŭjŭs, *trisyl.*, VI, 1, 135 ; VII, 5, 22.
Dăpes, *pour* dăpes, VII, 24 g. 3.
Defěcerit, *pour* defēcerit, I, 16, 20.
Děhinc, *pour* děhinc, II, 4, 6 et 8; IV, 2, 7.
Dĭĕi, *pour* diēi, VII, 21, 13.
Diplŏide, *pour* diplŏide, V, acrostiche, vers 3.
Ecclěsia, *pour* ecclēsia, partout, excepté I, 16, 34 et 44.
Ēmorrhois, *pour* hæmorrois, VIII, 3, 175.
Fanăticus, *pour* fanăticus X, 6, 43.
Forĭs, *pour* forīs, III, 7, 48; App. 13, 17.
Frixūria, *pour* frixūria, VI, 8, 14.
Hěrěsis, *pour* hæresis, III, 15, 25.
Hěresis, *pour* hæresis, V, 2, 29.
Hěros *pour* hēros, II, 14, 12.

(1) Ce tableau est extrait en grande partie des Index dont M. Frédéric Leo a fait suivre sa belle édition des Œuvres poétiques de Fortunat. Ils sont au nombre de trois : 1° *Index grammaticæ et elocutionis*, 2° *Index rei metricæ*, 3° *Index locorum*. Ce grand travail a été exécuté avec une patience, une conscience et une méthode dignes des plus grands éloges, et ajoute une valeur considérable à cette édition d'un poète dont les irrégularités de toute nature avaient jusqu'ici lassé la critique.

Idŏla, *pour* idōla, X, 6, 125.
Instăbilis, *pour* instābilis, V, 2, 48.
Lĭtania, *pour* lītania, VII, 15, 6.
Mansŭĕtudo, *pour* mansūētudo, VI, 2, 78.
Nēc, *devant une voyelle, pour* nĕc, I, 11, 21.
Ŏnăger, *pour* ŏnäger, VII, 4, 22.
Pălătinus, *pour* pălātinus, IV, 4, 15; IV, 21, 6.
Perfĕrĕbatur, *pour* perferēbatur, XI, 26, 14.
Persĕquĕbatur, *pour* persĕquēbatur, II, 14, 1.
Pĕtĕbatur, *pour* petēbatur, V, 3, 30.
Pŏtens, *pour* pŏtens, I, 15, 17.
Prævărĭcando, *pour* prævārĭcando, IX, 2, 7.
Prĕtĭum, *bisyllabique, pour* prĕtīum : ferre prĕtīum sæculi, II, 2, 26.
Psaltĕrium, *pour* psaltērium, IV, 7, 5.
Quantŏcius, *pour* quantōcius, App. 24, 8.
Quīā, *monosyllabique, pour s'élider avec la voyelle suivante :*

      Filius ut dicant quiā est creatura Dei, II, 15, 8.

Rĕfulsit, *pour* rĕfulsit, IV, 19, 5.
Regīmen, *pour* regimen, App. 5, 1.
Sacerdotĭūm, *quadrisyllabique* : dumque sacerdotĭō fruebatur, II, 7, 11, et ailleurs III, 6, 28.
Scăfa, *ou* scăpha *pour* scāfa, VI, 8, 14.
Scĭo, *pour* scīo : unde sibi scĭat non peritura domus, I, 3, 12.
Scrĭpulos, *pour* scrīpulos, App. 23. 2.
Trĭnĭtas, *pour* trīnītas, II, 5, 5 : III, 6, 52; App. 2, 2 et 9.
Trĭnus, *pour* trīnus, V, 5, 41 et 54.
Trĭpŭdiare, *pour* trĭpūdiare VIII, 3, 4.
Vitæ, *pour* vitæ, VI, 2, 78. Peut-être faut-il lire dans ce passage, *viæ*; on propose aussi *lyræ* et *fidæ* qui sont à tous égards plus convenables.

Césures.

En général et sans que le poète y mette aucun discernement, les césures sont semi-quinaires ou de deux pieds et demi, et semi-septénaires ou de trois pieds et demi. Elles tombent souvent sur un monosyllabe : *ultima quamvis sic*, III, 8, 3 ; et quand ce monosyllabe commence par une voyelle, la voyelle finale du mot qui la précède est mangée par lui : *nec felix vota aut infelix*, VI, 5, 345, auquel cas ce même monosyllabe devient césure.

Élisions.

Le poète en fait un insupportable abus avec les monosyllabes, *tu, te, me, se, de, qui, quæ, quo, quem, cui, nam, dum, cum, pro*, etc., sans qu'aucun d'eux soit jamais justifié par l'intention de produire une image ou harmonie imitative, comme par exemple Virgile dans ce vers :

    Non aliter quam *qui* adverso vix flumine lembum
    Remigiis subit.
                          (*Georg*. I, 201.)

ĕ long.

Adverbes en ē long fait bref : *æquĕ*, VII, 10, 9; X, 9, 22; *benignĕ*, I, 7, 12; *concitĕ*, VIII, 3, 11; V, 11, 5; *congruĕ*, XI, 15, 2; *impiĕ*, X, 12°, 5, etc.

ĭ long.

Remplacé presque partout par *ĕ* bref à l'ablatif sing. des adjectifs de la troisième déclinaison en *is* : *cœlestĕ*, *dulcĕ*, *fortĕ*, *gravĕ*, *missilĕ*, *mobilĕ*, *simplicĕ*, *supplicĕ*, *tristĕ*, *venerabilĕ*, etc., pour *cœlesti*, *dulci*, *forti*, *gravi*, etc.

ĕs, long.

Fait bref à la seconde personne du singulier du présent de l'indicatif d'un verbe de la deuxième conjugaison : *nitĕs* : tu nitĕs unde Dei, III, 14, 22.

Fait bref de même à la seconde personne du singulier de l'imparfait et plus-que-parfait du subjonctif : *redderĕs* : redderĕs esse tuam, I, 16, 4; et VII, 16, 20; *recitassĕs* : recitassĕs in aure, III, 18, 9; *essĕs* : immemor essĕs ovem, II, 21, 6; *petissĕs* : quaque petissĕs iter, VI, 5, 84; *issĕs* : longius issĕs iter, App. 1, 70.

Fait bref également au nominatif des noms en *ĕs* de la troisième déclinaison : *Agnĕs*, V, 19, 12; *famĕs* : morti famĕs accidit illinc, II (acrost.), 4, 12; *frugĕs* : frugĕs abundat aquis, I, 20, 18; *prolĕs* : prolĕs ad astra volat, I, 8, 8.

īs long.

Fait bref à la seconde personne du singulier de l'indicatif présent dans les verbes de la quatrième conjugaison : *parturīs* : parturīs assidue, IX, 9, 9; *venīs* : si venīs in campos, VII, 5, 39. Voy. encore *sīs* : et sīs amore meus, App. 3, 36; *velīs* : ut velīs ore sacro, V, 12, 8, et IX, 8. 8.

ĭs, bref.

Fait long dans *præcedĭs* : præcedĭs amplificando patres, I, 15, 28; *magĭs* : ista placere magĭs ars, III, 20, 4.

ŭs, long.

Au génitif singulier des noms de la 4ᵐᵉ déclinaison, fait bref : *cœtŭs* : cœtŭs honorifici. II, 9, 1; *sexŭs* : sexŭs et ætatis, 9, 62; *cultŭs* : divini cultŭs adhærens, II, 10, 19; *pontificatŭs* : pontificatŭs enim moderans, IV, 4, 19; *senatŭs* : jura senatŭs habens, IV, 6, 15.

h consonne.

Ætas accessit, sĕd hæc juvenescit. I, 13, 13.
Intrat, sĕd hunc tua regna refrenant, I, 21, 7; etc.

hiatus.

In gremiō Abrahæ vernante locandas, I, 21, 7.

Voyelle finale brève faite longue devant les mots commençant par *sp* et *st*.

Jucundā species, II, 4, 17.
Generosā stemmata. I. 15. 29.

Verbes déponents changés en verbes actifs.

Admodulari : Dulcibus et chordis admodulare lyram, X, 11, 2.
Debacchari : insana Baccho judice debaccharent, Prolog. n° 5.
Dominari : Cui rabies mundi nil dominare potest, III, 14, 16.
Famulari : Quod minus impendi tu famulare potes, XI, 7, 6.

Verbes déponents pris passivement.

Adipisci : Crevit adeptus honor, I, 15, 34, et V, 4, 4.
Abuti : Tam lectio negligi quam usus abuti, V, 6, § 1.
Mirari : Nec mirari poterunt nec amari. Prolog. § 4.

Solécismes et barbarismes.

Alvus, *fait du genre masculin* : misero processit ab alvo, II, 16, 135, et VIII, 3, 87.
Ausus, *fait du genre neutre* : auso securi (*pour* ausu) Prolog. § 1.
Butur (*pour* butyr) *au lieu de* butyrum : lac, olus, ova, butur, XI, 22ª, 2.
Calces, *et* calcis, *pour* calx : sablo, calces, argila tuentur, IX, 15, 5. Quæ loca calcis habet, XI, 11, 12.
Candelabrum, *fait du masculin :* inter candelabros radiabat, V, 5, 125.
Cerimonia, *pluriel neutre pour* cæremonias : in prisco peragens cerimonia templo, I, 11, 23.
Certatur (*pour* certior fit) : Certatur varia fertilitate locus, III, 13, 14.
Cidar, *pour* cidaris . cidar, aurum, purpura, byssus, II, 9, 33.
Construiturus, *pour* constructurus : horrea... construitura Dei, II, 9, 64, et III, 9, 25.
Consulere *pour* consolari : populum spes consolat illa, IV, 6, 5. Consolaturus ei sæpe... jacui, VIII, 3, 254. V. aussi *App.* I, 156.
Ducis *pour* dux : De tirone ducis venit et de milite princeps, X, 19, 15.
Egregius, *comparatif neutre pris adverbialement :* extulit egregius quem nituere prius, X, 6, 8 et I, 6, 12.
Fodent *pour* fodiunt : Ac fraterna sibi sarcula membra fodent, IX, 2, 14.
Fover, *pour* fovear : epulis te tribuente fover, XI, 9, 2.
Genium *pour* genius : Ecclesiæ genium, gloria, decus, honor, II, 9, 18. Quem gradus et genium... attollunt, V, 15, 3.
Helix *pour* helice, dont le génitif est *helices;* Fortunat dit *helicis :* Ardenna an Vosagus, cervi, capræ, helicis, uri, VII, 4, 19; *et de plus* helicis est un anapeste.
Lambiat *pour* lambat : lambiat ore caput, VI, 5, 70 et 162.
Monades *pour* monas : infelix cunctis Eva monades, X, 2, pièce en prose.
Triades *pour* trias : lumen... cum spargeret una Triades, V, 2, 1.
Orbs, *pour* orbis : orbs quoque totus, IX, 3, 14.
Peregrum *pour* peregrinorum : susceptor peregrum, IV, 10, 14.
Pilente, *de* pilens *pour* pilentum : hinc pilente petens loca, VI, 5, 181.
Quo *pour* ubi, *passim.*
Senes *ou* senis *pour* senex : Unde senes fieret junior inde redit, I, 13, 14. Inde senis largam ructat ab ore tubam, II, 15, 8, et d'autres exemples.
Urgues *pour* urges : urgues me præcipitem... transire V, 6, pièce en prose.
Urgas, *pour* urgeas : ne lacrymis urgas pia fata, IV, 26, 137.

TABLE DES MATIÈRES.

	Pages.
Avertissement	1
Vie de Fortunat par Lucchi	3
Dissertation préliminaire. Pourquoi Fortunat n'a-t-il jamais été traduit en aucune langue?	21
Livre I	45
Prologue	ib.
I. A Vital, évêque de Ravenne	47
II. Sur l'église de Saint-André bâtie par Vital	48
III. Sur la basilique de Saint-Étienne	49
IV. Sur la basilique de Saint-Martin	ib.
V. Sur la cellule où Saint-Martin vêtit un pauvre	ib.
VI. Sur la basilique de saint Martin	50
VII. Sur la basilique de Saint-Martin construite par Basilius et Baudegunde	ib.
VIII. De la basilique de Saint-Vincent au delà de la Garonne	ib.
IX. Sur la basilique de Saint-Vincent à Vernémète	51
X. De saint Nazaire	ib.
XI. Sur la basilique de Saint-Denis	52
XII. Sur la basilique de Saint-Bibien	ib.
XIII. Sur la basilique Saint-Eutrope	53
XIV. Sur le calice de l'évêque Léonce	ib.
XV. Sur l'évêque Léonce	ib.
XVI. Hymne sur l'évêque Léonce	55
XVII. A Placidine	57
XVIII. De la villa Bisson, près de Bordeaux	ib.
XIX. Sur la villa Vérégine, près de Bordeaux	ib.
XX. Sur la villa Prœmiacum, près de Bordeaux	58
XXI. Sur la rivière du Gers	ib.
Notes	60
Livre II	65
I. De la croix du Seigneur	ib.
II. En l'honneur de la sainte Croix (c'est le *Pange lingua* qui est reporté aux Notes de ce livre)	70
III. Vers en l'honneur de la sainte Croix ou de l'oratoire attenant à l'église de Tours	65
IV. Du signe de la croix. Acrostiche reporté aux notes de ce livre	77
V. Même sujet. Autre acrostiche reporté aux notes de ce livre	79
VI. Hymne en l'honneur de la sainte Croix (c'est le *Vexilla* qui est reporté aux notes de ce livre)	80
VII. Sur saint Saturnin	66
VIII. Sur Launebode qui bâtit une église à saint Saturnin	67
IX. Au clergé de Paris	68
X. Sur l'église de Paris	69
XI. Sur le baptistère de Mayence	70
XII. De la basilique de Saint-Georges	ib.
XIII. De l'oratoire de Trasaricus	ib.
XIV. Sur les saints d'Agaune	71
XV. De saint Hilaire	ib.
XVI. Sur saint Médard	72
Notes	76
Livre III	85
I. A son seigneur et patron en Dieu cher à lui par excellence, à l'évêque Eufronius	ib.
II. Au même	ib.

	Pages.
III. Au même	86
IV. A son seigneur très saint et très digne du siège apostolique, à son père l'évêque Félix	87
V. Au même sur son nom	89
VI. Au même sur la dédicace de son église	ib.
VII. En l'honneur des saints dont les reliques sont dans cette église	90
VIII. A la louange du même	92
IX. A l'évêque Félix, sur la fête de Pâques	93
X. Au même, loué pour avoir détourné le cours d'une rivière	95
XI. Sur Nicétius, évêque de Trèves	ib.
XII. Du château de Nicétius sur la Moselle	96
XIII. A Villicus, évêque de Metz	97
a. Au même	98
b. Au même	ib.
c. Au même, sur une tapisserie représentant une vigne	ib.
d. Au même, sur des poissons servis à sa table	ib.
XIV. De Carentinus, évêque de Cologne	ib.
XV. A Igidius, évêque de Reims	99
XVI. A l'évêque Hilaire	100
XVII. [Sur l'évêque Berthram, qui lui avait donné place sur son char	ib.
XVIII. Au même, sur ses opuscules poétiques	ib.
XIX. A l'évêque Agricola	ib.
XX. A Félix, évêque de Bourges, sur une tour qu'il avait fait faire pour renfermer les hosties consacrées	101
XXI. Au seigneur vénérable qui se recommande par ses travaux apostoliques, à l'évêque Avitus l'humble Fortunat	ib.
XXII. Au même	ib.
a. Au même	102
XXIII. Sur Agéric, évêque de Verdun	ib.
a. Au même	ib.
XXIV. Au vénérable prêtre Auflon	103
XXV. A Paternus, abbé, sur un manuscrit corrigé	ib.
XXVI. Au diacre Ruccon	104
XXVII. A l'archidiacre de Meaux	ib.
XXVIII. Au diacre Jean	ib.
XXIX. Au diacre Anthémius	ib.
XXX. Au diacre Sindulfe	105
Notes	106
Livre IV	111
I. Épitaphe d'Eumérus, évêque de Nantes	ib.
II. Épitaphe de Grégoire, évêque de Langres	ib.
III. Épitaphe de Tétricus, évêque de Langres	112
IV. Épitaphe de Gallus, évêque de Clermont-Ferrand	ib.
V. Épitaphe de Ruricie, évêque de Limoges	113
VI. Épitaphe d'Exocius, évêque de Limoges	ib.
VII. Épitaphe de Chalactéricus, évêque de Chartres	ib.
VIII. Épitaphe de Cronopius, évêque de Périgueux	114
IX. Épitaphe de Léonce Ier, évêque de Bordeaux	115
X. Épitaphe de Léonce II, évêque de Bordeaux	ib.
XI. Épitaphe de Victorien, abbé du monastère d'Asana	116
XII. Épitaphe d'Hilaire, prêtre	ib.
XIII. Épitaphe de Servilion, prêtre	117
XIV. Épitaphe de Présidius	ib.
XV. Épitaphe du diacre Bobolénus	ib.

	Pages.
XVI. Épitaphe d'Atticus	118
XVII. Épitaphe du jeune Arcadius	ib.
XVIII. Épitaphe de Basile	ib.
XIX. Épitaphe d'Aracharius	119
XX. Épitaphe de Brumachus	ib.
XXI. Épitaphe d'Avolus	ib.
XXII. Épitaphe de deux innocents	120
XXIII. Épitaphe de Julien	ib.
XXIV. Épitaphe d'Orientius	ib.
XXV. Épitaphe de la reine Theudechilde	121
XXVI. Épitaphe de Vilithuta	ib.
XXVII. Épitaphe d'Eufrasie	124
XXVIII. Épitaphe d'Eusébie	125
Notes	126
Livre V	129
I. A Martin, évêque de Galice	ib.
II. Au même	131
III. Aux habitants de Tours, sur leur évêque Grégoire	133
IV. Pour l'anniversaire de la consécration de Grégoire	134
V. A Grégoire, sur les Juifs convertis par Avitus, évêque de Clermont-Ferrand	135
VI. A Syagrius, évêque d'Autun, lettre en prose suivie d'un poème figuré reporté aux notes	147
VII. A Félix, évêque de Nantes	141
VIII. A Grégoire, évêque de Tours après un voyage	ib.
a. Au même	ib.
b. Au même sur un livre prêté	142
IX. Au même, pour une invitation	ib.
X. Au même, pour lui recommander une femme	ib.
XI. Au même, après son retour chez lui	ib.
XII. Au même, pour le saluer	143
XIII. Au même, sur des fruits et des greffes	ib.
XIV. Au même, pour lui recommander une jeune fille	ib.
XV. Au même, pour lui recommander un voyageur	ib.
XVI. Au même, pour le saluer	144
XVII. Au même pour le saluer	ib.
XVIII. Fortunat aux saints seigneurs, pères apostoliques en Jésus-Christ, pour recommander un voyageur Italien	ib.
XIX. A Arédius, abbé	ib.
Notes	145
Livre VI	151
I. Sur le roi Sigebert et sur la reine Brunehaut	ib.
a. Sur les mêmes	154
II. Sur le roi Caribert	155
III. Sur la reine Theudechilde	157
IV. Sur Bertichilde	158
V. Sur Gélésuinthe	ib.
VI. Sur le jardin de la reine Ultrogothe	163
VII. Sur la villa Cantus Blandus et ses pommes	166
VIII. Sur un cuisinier qui lui avait enlevé son bateau	ib.
IX. A Dynamius, de Marseille	167
X. Au même	168
Notes	170
Livre VII	175
I. A Gogon	ib.
II. Au même, qui l'invitait à souper	176
III. Au même	ib.
IV. Au même	ib.
V. Sur le duc Bodégisile	177
VI. Sur Palatina fille de Gallus Magnus et femme du duc Bodégisile	178
VII. Sur le duc Lupus	ib.
VIII. Au même	180
IX. Au même	181

	Pages.
X. A Magnulfe, frère de Lupus	182
XI. A Jovinus, patrice et gouverneur de Provence	ib.
XII. Au même	183
XIII. A Félix, son ancien camarade	185
XIV. Sur Mummolénus	ib.
XV. Sur le comte Bérulfe	186
XVI. Sur Condan, majordome du palais	ib.
XVII. A Gondoaire	187
XVIII. A Flavus	188
XIX. A Flavus et à Evodius	ib.
XX. A Sigismond, son très obligeant et très cher ami	ib.
XXI. A Sigismond et à Alagisile	ib.
XXII. A Boson, référendaire	189
XXIII. A Paternus	ib.
XXIV. a. Sur des plats	ib.
b.	ib.
c.	190
d.	ib.
e.	ib.
f.	ib.
g.	ib.
XXV. Au comte Galactorius	ib.
Notes	191
Livre VIII	197
I. A divers en son nom	ib.
II. Sur son voyage, lorsque voulant aller trouver saint Germain à Paris, il était retenu à Poitiers par Radegonde	198
III. De la Virginité	199
IV. Aux Vierges	206
V. A Radegonde	207
VI. A la même, sur des violettes	ib.
VII. A la même, à propos de fleurs sur un autel	208
VIII. A la même, en lui envoyant des fleurs	ib.
IX. A la même, pendant sa retraite	ib.
X. A la même, après sa retraite	209
XI. Grégoire de Tours, sur la maladie du poète	ib.
XII. Au même, pour la cause de l'abbesse	ib.
a. Au même, lettres en prose sur le même sujet	210
XIII. Au même	ib.
XIV. Au même, pour le saluer	ib.
XV. Au même, même sujet	ib.
XVI. Au même, même sujet	211
XVII. Au même, même sujet	ib.
XVIII. Au même, même sujet	ib.
XIX. Au même, sur une villa qu'il lui avait prêtée	ib.
XX. Au même, action de grâces pour le même objet	ib.
XXI. Au même, sur des peaux qu'il en avait reçues	212
Notes	213
Livre IX	219
I. Au roi Chilpéric, à l'occasion du concile de Braine	ib.
II. Au roi Chilpéric et à la reine Frédégonde	223
III. Aux mêmes	224
IV. Épitaphe de Clodobert	225
V. Épitaphe de Dagobert	ib.
VI. A l'évêque Grégoire pour des vers saphiques	ib.
VII. Au même	226
VIII. A l'évêque Baudoalde	227
IX. A l'évêque Sidoine	ib.
X. A l'évêque Ragnemodus	228
XI. A Doctrovée, abbé	ib.
XII. A Faramodus, référendaire	229
XIII. A Lupus et à Waldo, diacres	ib.
XIV. De la poutre de la basilique de Saint-Laurent	ib.
XV. Sur une maison en bois	230
XVI. Au duc Chrodinus	ib.
Notes	231
Livre X	235
I. Exposition de l'oraison dominicale	ib.
II. A l'illustre Salutaris, lettre en prose	ib.

TABLE DES MATIÈRES.

III. Aux illustres et magnifiques seigneurs, objet de toute notre affection, et à leurs serviteurs, lettre en prose. ... 237
IV. Autre lettre en prose. ... 238
V. Sur l'oratoire d'Artonne. ... 239
VI. Sur l'église de Tours, reconstruite par Grégoire. ... ib.
VII. Au roi Childebert et à la reine Brunehaut, sur la fête de Saint-Martin. ... 242
VIII. Aux mêmes. ... 244
IX. Sur son voyage par eau. ... ib.
X. Sur l'oratoire d'Artonne. ... 246
XI. Vers faits à table dans la villa de Saint-Martin, en présence des recenseurs. ... ib.
XII. a. A l'évêque Grégoire, pour une jeune fille retenue prisonnière par ses juges. ... 247
b. A Remulfus, sur le même sujet. ... ib.
c. A Gallienus, sur le même sujet. ... 248
d. A Florentinus, sur le même sujet. ... ib.
XIII. Aux évêques, pour leur recommander un voyageur. ... ib.
XIV. De l'évêque Platon. ... ib.
XV. A Armentaria, mère de Grégoire de Tours. ... 249
XVI. A Sigoalde, sur son titre de comte. ... ib.
XVII. Au même qui avait donné des aliments aux pauvres de la part du roi. ... ib.
XVIII. Du banquet du Défenseur. ... 250
XIX. Au comte Galactorius. ... ib.
Notes. ... 252

Livre XI. ... 257

I. Exposition du symbole. ... ib.
II. A Radegonde, sa royale maîtresse. ... ib.
III. A la même, sur le jour de naissance de l'abbesse. ... ib.
IV. A la même pour l'engager à boire du vin. ... ib.
V. A l'abbesse, sur l'anniversaire de sa naissance. ... 258
VI. A la même. ... ib.
VII. A la même. ... ib.
VIII. A la même. ... 259
IX. A la même qui lui avait envoyé des eulogies. ... ib.
X. A la même, sur le même sujet. ... ib.
XI. A la même, sur des fleurs. ... 260
XII. A la même, pour des eulogies. ... ib.
XIII. Pour des châtaignes (A Radegonde et Agnès). ... ib.
XIV. Pour du lait. (A Agnès). ... ib.
XV. Sur le même sujet. (A Radegonde et Agnès). ... 261
XVI. Sur un dîner. (A Agnès). ... ib.
XVII. Sur un présent fait par lui. ... ib.
XVIII. Pour des prunes. (A Radegonde et Agnès). ... ib.
XIX. Pour d'autres friandises et du lait. (A Agnès). ... ib.

XX. Pour des œufs et des prunes. (A Radegonde et Agnès). ... 262
XXI. Sur une absence. (Aux mêmes). ... ib.
XXII. Sur un repas. (A Radegonde). ... ib.
XXII a. Même sujet. ... ib.
XXIII. Vers sur un festin. (A Radegonde et Agnès). ... ib.
a. Sur le même sujet. ... 263
XXIV. Sur un présent qu'il leur fait. (Aux mêmes). ... ib.
XXV. Sur son voyage. (Aux mêmes). ... ib.
XXVI. Même sujet. (Aux mêmes). ... ib.
Notes. ... 265

Appendice. ... 267

I. Sur la ruine de la Thuringe. ... ib.
II. A Justin et à Sophie, Augustes. ... 270
III. A Artachis. ... 272
IV. Vers sur Sigismond. ... 273
V. Sur le roi Childebert. ... ib.
VI. Sur la reine Brunehaut. ... ib.
VII. Agilulfe. ... 274
VIII. Épitaphe de Nectaire. ... ib.
IX. Vers sur un envoi de fruits. ... ib.
X. Autre. (A Radegonde et Agnès). ... 275
XI. Autre. (A Agnès). ... ib.
XII. Autre. (A Radegonde). ... 276
XIII. Autre. (A Radegonde et Agnès). ... ib.
XIV. Autre. (A Radegonde, Agnès et Casarie). ... ib.
XV. Autre. (A Radegonde et Agnès). ... ib.
XVI. Autre. (A Agnès ou à Radegonde). ... 277
XVII. Autre. ... ib.
XVIII. Autre. (A Agnès). ... ib.
XIX. Autre. (Aux mêmes). ... ib.
XX. Autre. (A Radegonde). ... 278
XXI. Autre. (A Agnès). ... ib.
XXII. Autre. (A Radegonde). ... ib.
XXIII. Autre. (A Agnès). ... ib.
XXIV. Autre. ... 279
XXV. Autre. (A Radegonde et Agnès). ... ib.
XXVI. Autre. (A Radegonde et Agnès). ... 280
XXVII. Autre. (A Agnès). ... ib.
XXVIII. Autre. (A Radegonde et Agnès). ... ib.
XXIX. Autre. (A Radegonde et Agnès). ... ib.
XXX. Autre. (Aux mêmes). ... 281
XXXI. Autre. (A Radegonde). ... ib.
XXXII. (Fragment). ... ib.
XXXIII. (Fragment). ... ib.
XXXIV. Sur Magneric, évêque de Trèves. ... ib.
Notes. ... 283
Aperçu des licences quantitatives et grammaticales de Fortunat. ... 289

FIN DE LA TABLE DES MATIÈRES.

www.ingramcontent.com/pod-product-compliance
Lightning Source LLC
Chambersburg PA
CBHW070741170426
43200CB00007B/604